和泉市の歴史5

府中地域の歴史と生活

和泉市史編さん委員会◆編

刊行にあたって

一九九六（平成八）年に始まった市史編さん事業では、市域を横山地域、松尾地域、池田地域、信太地域、府中地域の五つに区分し、それぞれの地域の歴史的特徴を描く「地域叙述編」五巻、市域全体あるいは市域をこえて時代の特徴を示す諸テーマを取り上げた「テーマ叙述編」三巻、市域全体の歴史展開をまとめた「通史編」一巻で構成される『和泉市の歴史』全九巻の刊行をすすめてきました。これまでに地域叙述編四巻、テーマ叙述編三巻が刊行されています。

さて、このたび地域叙述編の五冊目である「府中地域の歴史と生活」を刊行する運びとなりました。題名に府中地域とありますが、この本では、現在の府中町だけでなく、旧和泉町（国府村、伯太村、郷荘村）の範囲を対象にしています。

和泉市は旧和泉町を中心に誕生し、現在もこの地域に市役所が置かれています。この地域は、歴史をひもとけば、和泉市の名前の由来となった清水が湧き出た地であり、古代には国府がおかれ、和泉国の政治・経済の中心として、広い範囲に影響を及ぼしました。また、小栗街道や槇尾街道、牛滝街道が交差し、人や物、新しい文化が入ってくる都市として早くから栄えました。さらには、槇尾川の下流域に広がる平野部には広大で肥沃な耕地が広がり、人びとの生活を支えました。まさに豊かな泉のように歴史と文化にあふれる地域といえるでしょう。

本書を含めた『和泉市の歴史』が多くの市民に親しまれ、地域の歴史に学びつつ、市民生活のよりよい未来を展望するための書として活用されますことを祈念いたします。

結びになりましたが、本書の刊行に多大なご協力をいただいた史料所蔵者、諸機関、諸団体、また本書の調査執筆にあたられた市史編さん委員をはじめとする関係各位に深く感謝の意を表します。

二〇二四（令和六）年三月

和泉市長　辻　宏康

目　次

凡例

・表記は原則として常用漢字、現代仮名遣いに準拠した。ただし、地名、人名などの固有名詞、専門用語などについては、その限りではない。
・引用史料は原則として、読み下し文とするか読み仮名を付し、出典を記した。
・使用した史料群の名称について、略称を用いたものもある。詳しくは巻末の一覧を参照いただきたい。
・参考文献は巻末に一覧で示した。
・『和泉市の歴史』の各巻を参照した場合、『横山と槙尾山の歴史』は『横山編』、『松尾谷の歴史と松尾寺』は『松尾編』、『池田谷の歴史と開発』は『池田編』、『信太山地域の歴史と生活』は『信太編』、『和泉市の考古・古代・中世』は、『考古・古代・中世編』、『和泉市の近世』は『近世編』、『和泉市の近現代』は『近現代編』とした。
・年号表記は、太陽暦施行（一八七三［明治六］年）以前は和暦で示し、（　）内に西暦を付し、施行以後は、西暦（和暦）年で表記した。年号が頻出する場合は、省略したところもある。
・氏名は、原則として敬称を略した。
・写真・図・表については、各部ごとに通し番号を付した。
・本書で扱う歴史的事象や引用した史料の中には、人権問題にかかわる記載もみられるが、学術的観点から、そのまま掲載した。利用にあたってはその趣旨を理解し、適切な配慮をいただきたい。

序　地域史を叙述する

「府中」地域の現況　府中町・肥子町から槙尾川上流を望む。2011（平成23）年撮影。

地域史を叙述する　―『府中地域の歴史と生活』の刊行にあたって―

和泉市史編さん事業は、和泉市域を地理的・歴史的に固有の性格をもつ五つの地域に分けた地域叙述編五冊、市域内外にわたる重要テーマを掘り下げるテーマ叙述編三冊、それを踏まえた総合叙述（一冊）という構想で進められてきた。本巻は、地域叙述編の最後となる府中編であるが、その位置づけを示すために、これまでの編さんの経緯を簡単に振り返っておきたい。

1

地域叙述編のうち横山編（二〇〇五年）・松尾編（二〇〇八年）・池田編（二〇一一年）は、横山谷、松尾谷、池田谷という自然条件に規定された一定の歴史的・社会的まとまりのはっきりした空間を対象としており、古代以来の一山寺院（槙尾山や松尾寺）に即して、また地域の開発に即して、叙述の軸を設定して刊行した。信太編については、信太山丘陵の周辺を対象とすることははっきりしていたが、その周辺への広がりを明瞭に線引きすることはできず、どのように叙述するかの模索が必要であり、それに先んじて、テーマ叙述編の考古・古代・中世編（二〇一三年）を先行させた。

考古・古代・中世編は和泉市域の多面的な歴史像を提供しているが、この地域が中世以前には継続して、和泉国の政治的中心地であり続けたことで、和泉国全体の歴史展開と密接に結びつくものとなっている。和泉市域の条里遺構の残る辺りには、すでに弥生時代には巨大環濠集落の存在が著名な池上曽根遺跡で確認され、さらに古代・中世期を通じて、国府（国衙）が所在し続けたからである。

その後、信太編（二〇一五年）は信太郷七ヶ村だけでなく、信太山丘陵の用益で利害を交錯させる村むらを対象とする方針で編集・刊行された。そこでは、信太山丘陵に隣接して村域を展開させた黒鳥村や伯太村も含め、さらに丘陵部からの用水を利用する池上村なども対象としている。いわば、信太山丘陵を磁極として見えてくる地域像を提示しようとしたものである。

地域叙述編の最終巻となる府中編であるが、対象地域である条里制が敷かれた平野部は中世以前までは国府（国衙）の所在する政治的中心地であると同時に、交通の要衝で都市的な場として、周辺の地域に対して、社会的・経済的にも集約点としての意味を持っていた。しかし、近世以降には近隣では突出して大きな「村」である府中村が存在したものの、地域全体を秩序づけるような都市は存在していない。さらに、条里制が敷かれた平野部は、連続的に沿岸部まで広がっており、地理的に明瞭な境界線が引かれるような条件はない。そのため、府中編において、どのように地域史を叙述するのかは自明ではなく、その模索を進めつつ、テーマ叙述編の近世編（二〇一八年）・近代編（二〇二一年）の編集を先行して行った。

この間の検討の中で、本巻の対象とする地域に共通する大きな要素として、池田谷・松尾谷から平野部に出た地域であり、槙尾川から用水を引き、水不足の時には谷山池から水を下して生産を成り立たせていた地域であることが注目された。それらの村は、一之井（池田下村）、太田井（坂本村・今在家村）こうこうず井（黒鳥村・府中村）、久保津戸井（観音寺村・寺門村・今福村・和気村）、東風川井（桑原村）、桑畑井（府中村）の六用水・一〇ヶ村である。谷山池用水組合をめぐる村むらの関係は、この地域を全体として考えるうえでポイントになるであろうと考えられた。

このうち池田下村は池田編の中心的な対象として叙述しており、本巻ではメインで取り上げるのは適切ではない。黒鳥村は、信太編でも取り上げたが、同村の平野部（下代）はこうこうず井により灌漑された。府中村と黒鳥村が利用するこうこうず井は谷山池用水の中心的な用水であり、黒鳥村の用水については、本巻の叙述に欠かすことはできない。池上村もこうこうず井の余水を受けており、こうこうず井のあり方を考えるうえで欠かすことができない。この両村は信太編でも取り上げているが、谷山池用水を理解するうえで本巻でも改めて取り上げる必要がある。こうした模索を重ねることとなった。

ところで、小田村は谷山池用水組合とは関わらないが、本巻の対象地域として位置づいている。一八八九（明治二二）年に近代行政村が設置され、この地域には、国府村（府中・肥子・井口・和気・小田）、伯太村（伯太・同在住・黒鳥・池上）、郷荘村（坂本・今在家・一条院・桑原・観音寺・寺門・今福）という三つの行政村が形成された。この三ヶ村に含まれる村むら（近代には大字）は隣接しており、これらの村むらがそれぞれの行政村を構成することはおかしくはない。しかし、必ずしもこれらの村むらが一つの行政村となる必然性があったというわけではなかろう。ある意味でこの組合せは一つの選択された結果と言えるであろう。そのため近代の行政村は、近世村を引き継ぐ行政村内部の大字が強固なまとまりをもつとともに、行政村として共通する課題に直面することで地域としてのまとまりが形成されてくる（行政村―大字の二重性）。そのような存在と考えられる。

そして、この三ヶ村が一九三三（昭和八）年に合併し、和泉町となる。さらに一九五六（昭和三一）年には和泉町など七町村の合併で和泉市が誕生するのである（のち八坂町・信太村も含まれる）。様ざまな合併案が持ち上がり、統合対象が選択され直した和泉市誕生の経緯を振り返ると、現在の市域の形成が唯一の必然性をもっていたわけではなく、選び取られた選択の結果だということはより明瞭である。そしてこうして形成された和泉市が年月を積み重ねる中で、一つの自治体としての成熟を遂げてくることが理解される。

こうして本巻の対象としては、先に触れたように谷山池用水組合を一つの軸として考えることができるが、もう一つ、この国府村・伯太村・郷荘村という行政村のあり方、さらに和泉町としての範囲が重要な意味を持つと考えられるのである。このような二つの側面がクロスする条里制が敷かれる平野部を対象として、「府中」地域と呼ぶことにする。本巻は、この「府中」地域の歴史像を描いていくこととしたい。

2

これまでの地域叙述編四冊、テーマ叙述編三冊の蓄積の上に立って、先のような位置づけで「府中」地域の歴史叙述に取り組むこととするが、そこから導かれる叙述の軸についてあらかじめ触れておきたい。

第一には、考古（第1部）・古代（第2部）・中世（第3部）においては、対象を「府中」地域に限定することは困難である。そこで、テーマ叙述編（考古・古代・中世）の展望を前提に、国府（国衙）の所在する中心地（磁極）としての性格に集約して叙述し直すこととする。その際、古代の王権との関係や中世都市・府中に焦点を合わせるとともに、条里制の施工や谷山池用水の開発など、「府中」地域の歴史環境の形成を念頭に置くこととしたい。

中世末には、近世の村（ひいては近代の大字）につながる集落が形成されている。谷山池用水組合の秩序の諸要素も出揃っていた。一方で、中世都市としての系譜を持つ府中も大きな「村」となり、「府中」地域は多様な村むらの併存する状況となっていた。こうしたことを踏まえて、第二には、近世（第4部）においては、谷山池用水組合をめぐる争論を通じて、享保期に近世的な用水秩序が形成され、展開していく経緯を一つの軸とする。同時に、谷山池用水組合に属する村も一様ではなく、先に触れたように丘陵部との境界域にある村などは、その村をトータルに捉えようとすると、用水組合の側面からだけではなく、丘陵部に造られた溜池なども含めた村全体の用水条件にも留意する必要があろう。それは、同時に谷山池用水組合の内実を探ることにもなるのである。

第三には、多様な村の姿を提示することである。そのうち府中村は、家数・人口や石高も突出して大きな「村」であるが、内部に五町が形成され、平安時代以来の五社惣社が所在するなど、特別な位置にあったことは間違いない。そのため、府中村については、その歴史展開を一つの軸として叙述するとともに、それ以外の村についても特徴的な側面に光を当てて叙述することにした。そこでは、村の用水条件や旗本知行（相給）などの条件、座と村落構造・村落運営などに注目する。その際、谷山池用水組合の外であるが、国府村に属することになった小田村も取り上げる。多様な座儀の構成と運営主体について詳細にうかがえるからである。これによって、「府中」地域の隣接する村むらの間でもそれぞれが固有の性格をもつことが浮き彫りになろう。

なお、先述したように谷山池用水組合のうち池田下村については池田編を参照いただきたいが、今在家村についてもテーマ叙述編（近世）で述べているので参照いただきたい。

第四には、近代（第5部）については、国府村・郷荘村・伯太村から和泉町が形成されるプロセス、および和泉町のあり方を一つの軸とする。和泉町を含む行政町村が戦後に合併して和泉市が誕生するが、その市域に含まれる空間全体の近代化の動向はテーマ叙述編（近代）で概観している。そこには、和泉府中駅が設置され、周辺が繁華街となるとともに、市役所が置かれ、行政的な中心地となる様相についても紹介している。そこで、地域叙述編たる本巻では、先に触れた行政町村と大字の二重構成の問題に光を当てることとした。近世以来の地域結合を持続させる大字。その多くに座が存在し、生活レベルの結合を培ってきた。その意味を探るには、近世からの連続性と変化の両面をにらみつつ、近代的な行政町村のあり方を合わせて理解する必要がある。この軸の設定には、こうした狙いが込められている。

3

これまでの地域叙述編各冊は時代貫通的な軸を設定して、各地域の歴史展開を描いてきたが、以上の説明からうかがえるように、本巻の叙述の軸は時代ごとに微妙な差異がある。* ここには、府中編をどのように編集するかについてのむずかしさが表現されているともいえる。そのため、テーマ叙述編を先行させ、そこでの模索が必要だったわけである。

*古代・中世（第2・3部）については、国府（国衙）を中心地（磁極）とする周辺地域を「」無しの府中地域と表記しているが、これは、第一の軸を表現するものとして使用している。また、本巻のタイトルは、『府中地域の歴史と生活』としたが、書名としてのわかりやすさを考慮したものである。

同時に本巻の編集を可能にしたのは、一九九七年以来継続して取り組まれた大阪市立大学（現大阪公立大学）日本史研究室と和泉市教育委員会、そして各地域の町民の方がたとの合同調査であったことに触れておかねばならない。合同調査については、テーマ叙述編（近世）で詳しく述べているので参照していただきたいが、その特徴は近世の村から近代の大字、そして現在の町会へとつながってくる、その町会を単位に総合的な調査を行うものである。そこでは、それぞれの地域での生活構築の歴史を、時代輪切りではなく、通時代的に捉えることの重要性が意識されていた。その際、地域で営まれ続けた（そして高度成長以後、継続が困難になっている）座にも多くの光が当てられてきた。本巻の第4部や第5部で各村・大字の座について多くの言及があるが、それを可能にしたのが合同調査なのである。さらに言えば、第4部・第5部の部分けを越えた相互乗り入れを可能にし、先の軸設定で触れたような歴史認識を可能にしたのが、合同調査の蓄積であったと言えよう。また、本巻の一つの軸である谷山池用水組合を含め、灌漑や耕地開発をめぐる叙述にも、合同調査における各村むらの水利調査の成果が活かされている。

地域叙述編『府中地域の歴史と生活』の編集の経緯と意図を述べたが、その意図が実現され、新しい地域史として多くの方がたに受け留めていただけることを願っている。

第1部 和泉平野の生活のはじまり

池上曽根遺跡の大型建物と井戸

槙尾川下流域を中心とした「府中」地域は、和泉地域の中心として古代から近世を通じて栄え、今に至る。その中心性の基礎は弥生・古墳時代にさかのぼる。

第1章では「府中」地域の成り立ちとして、地理的な条件に加えて、岩宿時代から弥生時代までを概観する。とくに弥生時代では、池上曽根遺跡を頂点として繁栄した弥生社会が、中期末の池上曽根遺跡の突然の衰退を契機として大きく変化する。弥生社会変動のプロセスを、槙尾・松尾両河川の下流域に展開する、水利で結ばれた数多くの弥生中期集落群と、後期初頭に和泉中央丘陵上に環濠集落として突如出現する高地性集落・観音寺山遺跡との関係に注目して解き明かした。「府中」地域での弥生集落の動向は、弥生時代中・後期の社会変動を考える一つのモデルとして重要である。弥生時代後期の集落の再編成を生じさせた社会変容は、倭国が成立する古墳時代社会を生み、池上曽根遺跡に代わって府中・豊中遺跡群が地域の中心的集落として姿を現す。

第2章では古墳時代の「府中」地域を描き、のちに和泉国府が置かれることになる必然性にせまる。和泉地域には初期の前方後円墳が存在せず、前期末になって築造される和泉黄金塚古墳や丸笠山古墳を嚆矢とする。その立地から、和泉黄金塚古墳の主体は信太山地域に、丸笠山古墳の主体は「府中」地域にあったと考えられる。両前方後円墳のあと、首長墓は中規模以下の帆立貝形古墳や円墳となるが、これが大王と和泉地域の首長との関係を如実に表す現象であることを、王権内の覇権争いを軸に、地域首長の果たした役割を加味しながら、和泉の在地首長の根使主から茅渟縣主への移行を、允恭期以降の覇権争いの結果として説いた。

この地域の安定した展開が、六世紀以降、水利を整えることによって中心性を強め、飛鳥・奈良時代以降も国府所在地として発展することに繋がっていくのである。

なお、第1部では、府中地域とその周辺も取り扱うため、基本的に「府中」地域と記述することにする。

第1章　「府中」地域の歴史のはじまり

1　「府中」地域の地理的環境

和泉地域は大阪府の南西部を占め、北東から南西にのびる大阪湾に面して帯状に長く展開する。堺市の石津川《いしづがわ》河口から、阪南市の箱作《はこづくり》まで海岸線はほぼ一直線で、真西から四五度近く南に振れ、約三三キロメートルある。箱作から岬町の多奈川《たながわ》までは、真西から一七度程度の振れとなり海岸線は東西に近くなり、約九キロメートルのび、あわせて四〇キロメートル以上の沿岸部をなす。対岸は淡路島、そして神戸市など西摂地域で、明石海峡を遠望することができる。背後には和泉山脈があり、それに続く高位段丘（三六万年前～一九万年前）や中位段丘（一三万年前～八万年前）が南東から北西にのびる。いくつもの河川が北西流し、段丘を開析して谷地を刻み、下流部に平野部を形成する。これら段丘地形である丘陵地のうち、天野山金剛寺あたりから堺沿岸までのびる泉北丘陵が幅八キロメートル、長さ一五キロメートルともっとも大きく（信太山丘陵を含む）、これが東の河内地域と、泉北丘陵を含む和泉地域との自然境界となっている。

このように、和泉地域は長い沿岸部と背後の奥行きのある丘陵地からなり、海から山間部まで、そこを流れる河川の流域ごとに個性ある地域を形成している。主要な交通路として、沿岸沿いのルートで大阪北部と結びつくとともに、山間部においても断層による河内長野から日根野に抜ける外通谷《そとかよいだに》（国道一七〇号）があり、南河内地域と泉南地域がつながっている。

この和泉のなかで、槙尾川および牛滝川《うしたきがわ》の上・中流域、および両河川が合流した大津川流域が、もっと

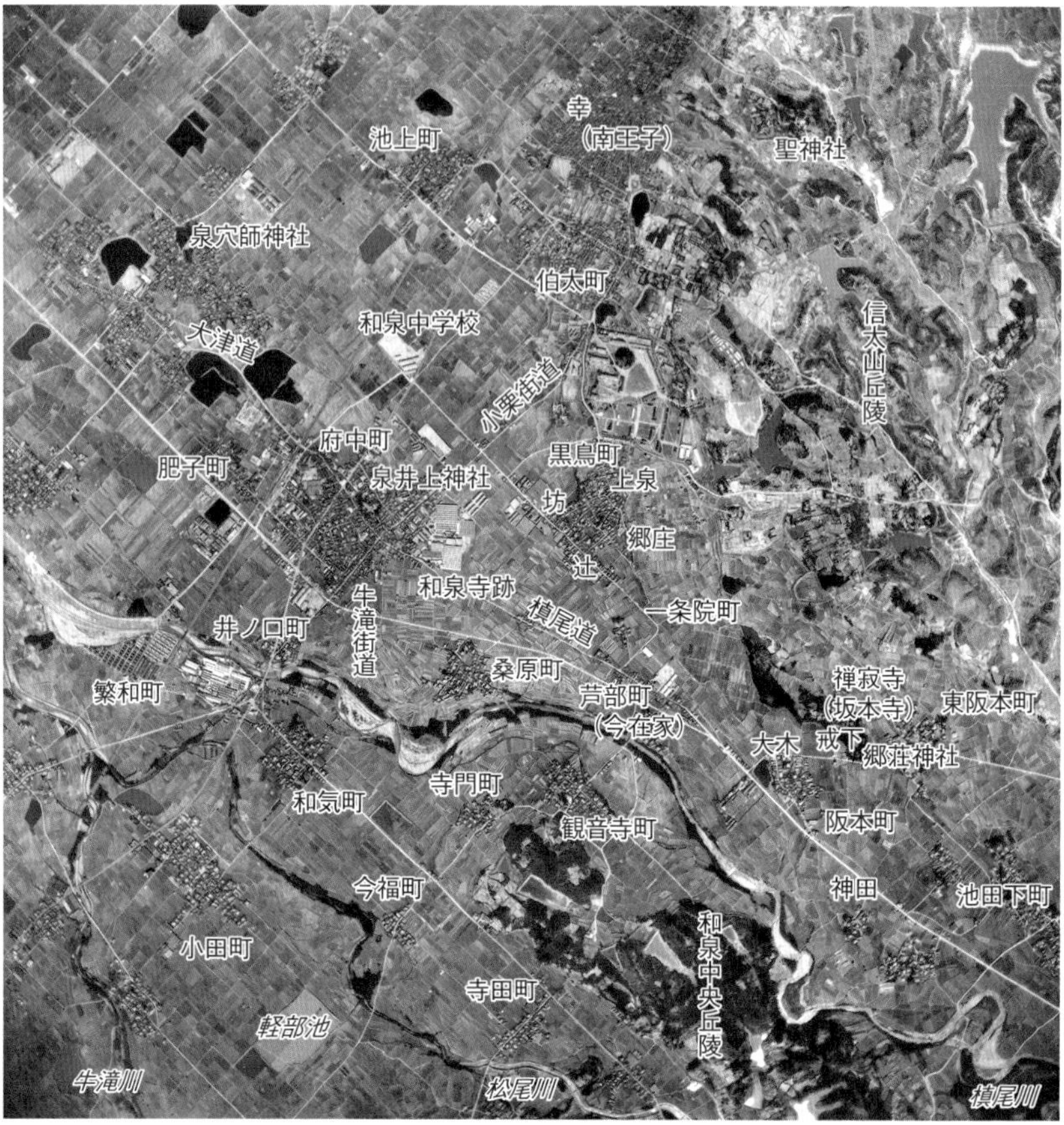

写真1　戦後「府中」地域の航空写真　米軍撮影（国土地理院）。現在の情報を補った。

も広い平野であり、河口部は典型的な三角州をなして大阪湾に突き出している。ただし地形的には、府中地域を含む平野部の半分以上は（上流側）、六万年前から三万年前に堆積した低位段丘にあたり、一万年前以降の沖積層は沿岸側に限られる。

現在の槙尾川は、芦部《あしべ》町と観音寺町の間を抜けると、流路は西に折れ、府中町の南の井ノ口《いのくち》町と和気町の間を流れる。しかし、池田谷を流れる槙尾川は、芦部町と観音寺町の間を抜けて平坦地に出た一帯に扇状地を形成しており、芦部町を起点として、北は池上町の東から、南は現流路にかけて、五〇度ほどの範囲に放射状にのびる多くの旧流路が確認されている。そして府中町は、その中央に位置する。泉井上神社の和泉清水をはじめ、和泉の名前の由来となったといわれる湧水は、扇状地を流れてきた水による。低位段丘が広がる和泉平野のなかでも、槙尾川の分流が流れる府中地域をはじめとする一帯は、人びとが生活する上で恵まれた自然環境にあったといえるだろう。

2 「府中」地域の岩宿時代・縄文時代

地球の地質年代の区分のなかで約二六〇万年前以降のもっとも新しい第四紀は、寒冷な氷期と温暖な間氷期が約一〇万年サイクルで繰り返される。海面は低下と上昇を繰り返し、動植物相《どうしょくぶつそう》も分布域が移動する環境変化の激しい時代であった。第四紀はまた、人類が誕生し、七八億人まで増殖してきた時代でもある。今日では、われわれの祖先である新人（ホモサピエンス）は、約二〇万年前のアフリカで登場し、それまでの旧人が絶滅していったのに対し、短期間のうちに世界に拡散したとみられている。

日本列島に新人が出現した時期はまだ未解明だが、三万年前以降の遺跡は近畿地方でも数多く見つかっている。一〇万年前ごろの間氷期のあと、七万年前から一万年前までの最終氷期が続いていた時期である。海面はいまより一〇〇メートル以上低く、大阪湾や瀬戸内海の海底も陸地で、岩宿人《いわじゅく》の生活舞台は、いまの陸地だけでなく海面下にも広がっていた。近畿地方から瀬戸内東部では、サヌカイトを使ったヤリ先（国府型ナイフ形石器）を作り、それを装着した投げ槍でナウマンゾウなどの大型動物を狩猟していた。移動する動物を追いかけての遊動生活を送っていた。和泉地域の岩宿時代の遺跡は多くはないが、市域とその周辺では大園《おおぞの》遺跡（高石市）や父鬼《ちちおに》（大床《おおどこ》）遺跡が知られている（『信太編』・『横山編』）。

最終氷期は二万年前ごろにもっとも寒くなったあと、温暖化に転じる。現在、土器の出現によって縄文時代の始まりとするが、炭素14年代測定によれば、一万六〇〇〇年前とされる（草創期）。実際には、定住性の安定した縄文文化が定着する縄文時代前期は、いまより温暖な六〇〇〇年前ごろの縄文海進以降であり、それまでの一万年間は長い移行期といえる。

縄文時代草創期に入ると、有舌《ゆうぜつ》（茎）尖頭器《せんとうき》とよばれるヤリ先が現れ、市域とその周辺では大園遺跡や伯太北遺跡で出土している。縄文文化は前期・中期までは東日本の方が圧倒的に遺跡数が多く、西日本では希薄である。しかし後期以降になると、東日本の集落遺跡は激減し、西日本で遺跡が増加する。市域での縄文時代遺跡としては仏並《ぶつなみ》遺跡がもっとも著名である（『横山編』）。「府中」地域でいえば、伯太北遺跡が中期末から後期の土器を出土した集落遺跡として知られる。

「府中」地域の中心的な遺跡である府中・豊中遺跡群や、隣接する板原《いたはら》遺跡（泉大津市）など、槙尾川の下流域に連なる遺跡でも中期末の土器が散見することから、中期末ころには縄文人が定着したのは確実といえる。また、後期になると土器の出土は増加するが、その出土量は決して多くない。槙尾川中流域の万町北《まんちょうきた》遺跡や上流域の仏並遺跡のような竪穴建物などの明確な生活痕跡は「府中」地域では未検出であり、多くの縄文土器は遺構から遊離した状況で出土する。

府中遺跡などで縄文時代の遺構が見つからないのはなぜなのか。府中遺跡〇三―〇〇二地点（図2）では黄褐色粘土層（地山層）中から、石斧による加工痕を有する木材が見つかっている点は、注目しなければならない。一般に、考古学調査では、岩宿時代の遺跡を調査する明確な意図でもない限り、黄褐色粘土層を調査することは稀である。しかし、槙尾川中流域の万町北遺跡でも黄褐色粘土層中から縄文時代に属す石器が出土する。和泉地域で広く見られる黄褐色粘土層の上層は一万年から四千年前に形成された堆積層であることから、縄文時代の遺構が黄褐色粘土層中に存在する可能性が高いということを認識すれば、将来的に縄文時代の遺構の検出例は増えるだろう。

中期末から後期にかけての集落の実態も不明な点が多いが、晩期に属す突帯文系土器《とったいもん》（船橋式）は、板原遺跡の西方に位置する虫取遺跡《むしとり》（泉大津市）において、弥生時代前期の土器と共伴する。集落の実態は不明であるが、縄文時代晩期になると比較的広い範囲に縄文人が居住し、それが次なる弥生文化を受け入れる土壌を形成したのだろう。

3　弥生文化の定着

弥生時代の始まり

「紀元前三世紀に朝鮮半島から北部九州に稲作が伝わり、弥生時代が始まる。完成された水稲栽培技術をもち、石器と青銅器と鉄器を併用する弥生文化は瞬く間に日本各地を席巻した。弥生時代は約六〇〇年続き、四世紀初めに古墳時代へと移行する」という長い間の考古学上の定説は、今、大きく揺れ動いている。精度の高い理化学的な年代測定法が確立された結果、稲作の伝来は紀元前一〇世紀にまでさかのぼり、古墳時代が始まる三世紀中ごろまで、弥生時代は一一〇〇年間も続いた。ゆっくりと時間をかけて、水田稲作を生業とする文化は列島各地に浸透していったのである。

では、近畿地方はどうか。理化学的成果も汎用した結果、近畿地方が弥生社会へと変貌するのは紀元前七～五世紀ごろとする考えが導き出されている。弥生時代の始まりの年代は、北部九州でも近畿地方でもまだ完全に決着を見たわけではないが、従来の考え方よりずいぶんさかのぼることについては共通認識になりつつあるといえる。

この時間軸の変更にともない、弥生時代の枠組みも修正しなければならない点が出てきているが、和泉地域の弥生文化が石津川下流の四ツ池遺跡（堺市）から始まったことに変更はない。四ツ池遺跡では、それまで縄文文化が定着していた台地上に弥生文化を携えた人びとが入り、二つの文化が融合したと考えられている。四ツ池遺跡で育まれた弥生文化は石津川上流部に向け、かの地に漸次弥生文化を定着させていった。

　市周辺では、四ツ池遺跡に定着した弥生人とは別の系統が、縄文人の住んでいなかった槙尾川支流の下流域に、独自に弥生文化を定着させたようだ。弥生時代前期中葉までに環濠集落を形成していた池浦遺跡（泉大津市）を嚆矢《こうし》とし、前期後半代になると池上曽根遺跡や虫取遺跡、大園遺跡（高石市）にも弥生集落が出現する。虫取遺跡では縄文文化と弥生文化の接触があったようで、縄文時代晩期の突帯文系土器と弥生時代前期の土器が共伴している。

　市よりさらに南でも、独自の弥生文化の成立があった。氏《うじ》の松《まつ》遺跡（泉南市）では、片妻側に独立棟持柱《むねもちばしら》を備えた建物を含む、掘立柱建物だけで構成される弥生時代前期の集落が確認されており、四ツ池遺跡や池浦遺跡とは系統を異にする集団が定着したことを示している。従来は四ツ池遺跡で醸成された弥生文化が南下し、和泉地域南部に弥生文化をもたらしたといわれていたが、弥生文化が定着するまで何度かの出自の異なる集団による弥生文化の伝播があり、それぞれの地域に独自の文化がもたらされた可能性がある。和泉地域南部への弥生文化の伝播が、四ツ池遺跡から一元的に行なわれたというのは、再考すべきだろう。

池上曽根遺跡の発展と弥生時代の「国」

　弥生時代前期後半に成立した池上曽根遺跡は、その早い段階で環濠集落を形成した。池上曽根遺跡の前期環濠の全貌は明らかではないものの、これまでの調査成果から考えて南北二五〇メートル、東西一五〇メートルにも及ぶ大きさで、集落面積は二万八〇〇〇平方メートルになる。前期環濠集落としては全国的に見ても破格の大きさである。

池上曽根遺跡の成立に関して、以前から池浦遺跡の住人が新天地を求めて池上曽根遺跡に移住し、環濠集落を開いたと考えられてきたが、地形的にみて大きな発展が期待できない池浦遺跡の住人が短期間で突然勢力を増し、池上曽根遺跡に二万八〇〇〇平方メートルもの環濠集落を築いたと考えるのは無理がある。弥生文化を携えた人びとが波状をなして和泉の地にやってきたと考えるなら、池浦遺跡の住人とは別の、もっと大きな集団が池上の地に環濠集落を成立させたと考えるべきだろう。弥生時代の始まりがさかのぼることによって時間軸が広がり、和泉地域の歴史を考えるうえで様ざまな選択肢が出てきたのである。

池上曽根遺跡に定着した弥生文化は、集落構成員数も含め当初から大きな潜在能力を持っていた。この潜在的な力は、弥生時代中期に至り爆発的な発展を示す。池上曽根遺跡は中期になると前期環濠をあっさりと捨て、それを遥かに上回る新たな環濠を掘削する。中期初めに掘られた環濠は南北三一〇メートル、東西三〇〇メートル以上の範囲を幅四メートルの溝で囲繞《いじょう》する。環濠の総延長は一キロメートルに及び、集落面積は六万平方メートルになる。

その後も順調に発展を続けた池上曽根遺跡は、中期後半には環濠から大きく隔たった位置に外濠を新たに掘削し、二重の大溝で囲繞された集落を形成する。集落面積は一一万平方メートルに達し、内濠と外濠を備えた複雑な集落構成をとる。

集落中枢部には南北正方位に則った方形区割により施設を配し、その中心に床面積一三五平方メートル(八〇畳に相当)という弥生時代最大級の高床建物と、内径二メートルもある一木刳《いちぼくく》り抜き井戸を設ける。この中心施設を取り巻くように各種の工房を配し、その外側に一般居住域を置くという、都市的とも称される集落を築き上げた。外濠を取り巻くように広大な墓域が帯状に設けられており、このころの集落人口は一〇

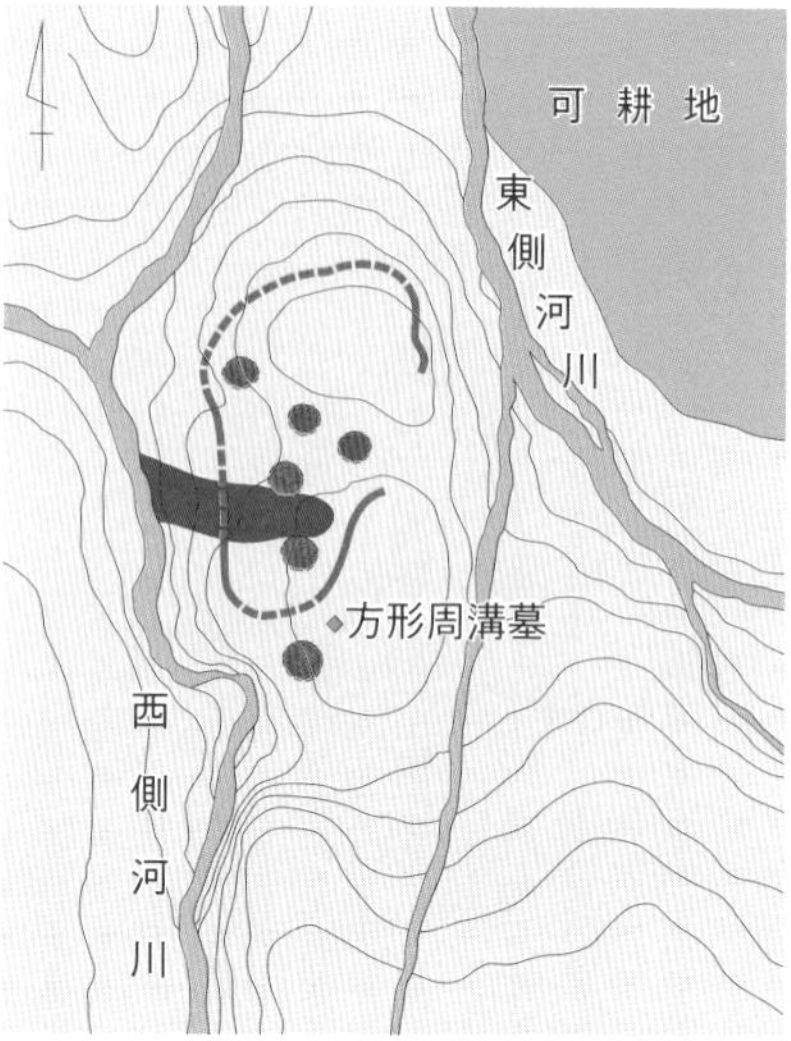

弥生時代前期後半　紀元前 4 世紀ごろ

河川に挟まれた微高地を環濠で囲む。環濠内は集団ごとに分散居住している。環濠の外に方形周溝墓が築かれる。

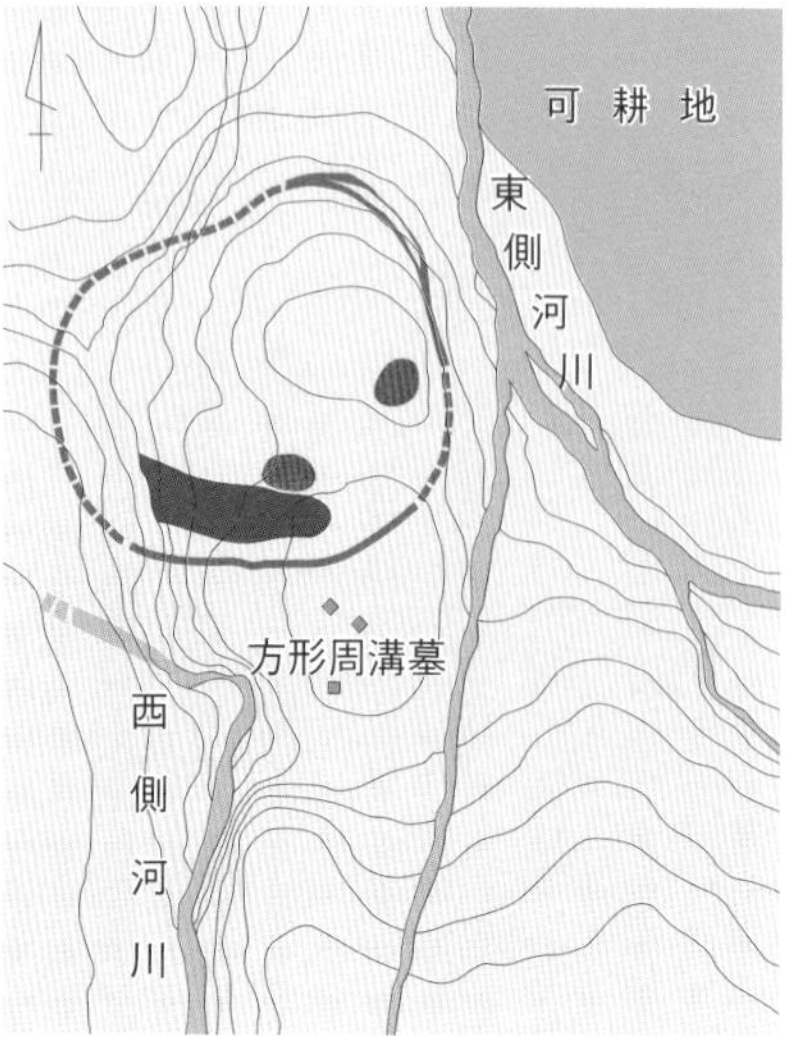

弥生時代中期前半　紀元前 3 世紀ごろ

前期環濠を廃し、新たな環濠が掘削される。環濠の掘削にともない、集落西側河川の流路が切り替えられる。環濠内の様相は明らかではない。

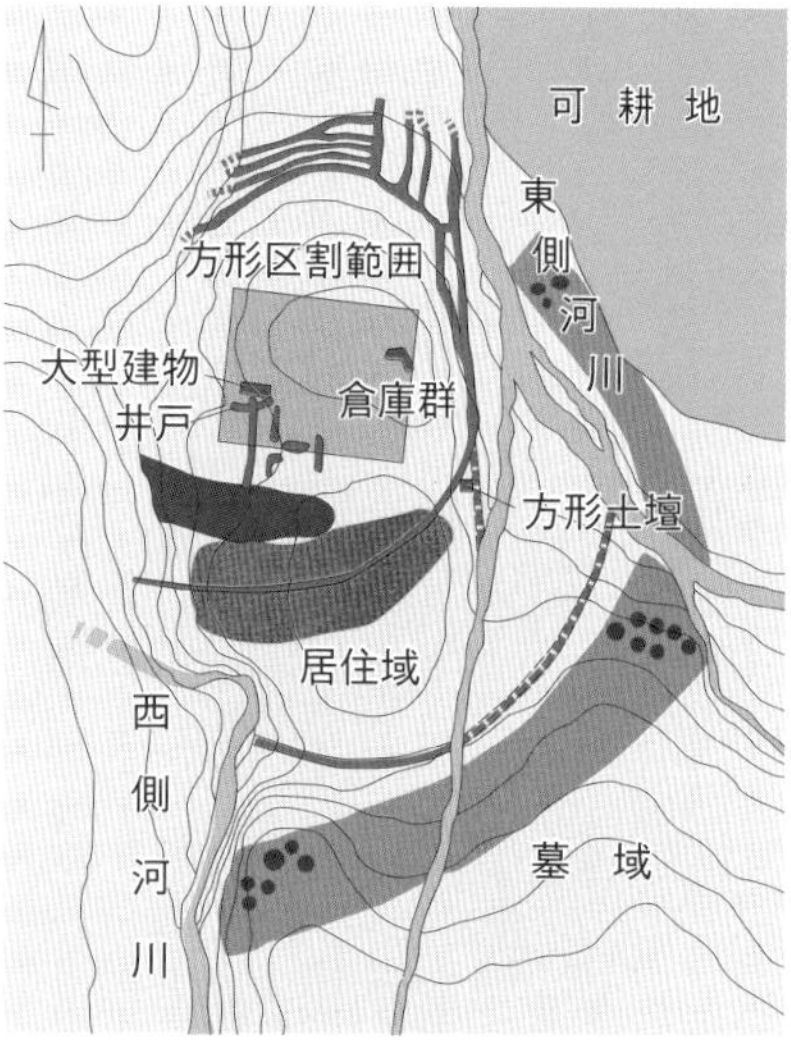

弥生時代中期後半　紀元前 2 ～ 1 世紀

新たに外濠が掘削され、集落面積が最大となる。北側は多重環濠帯を形成する。外濠を取り巻くように方形周溝墓帯が形成される。集落中心部に方形区割が施行される。

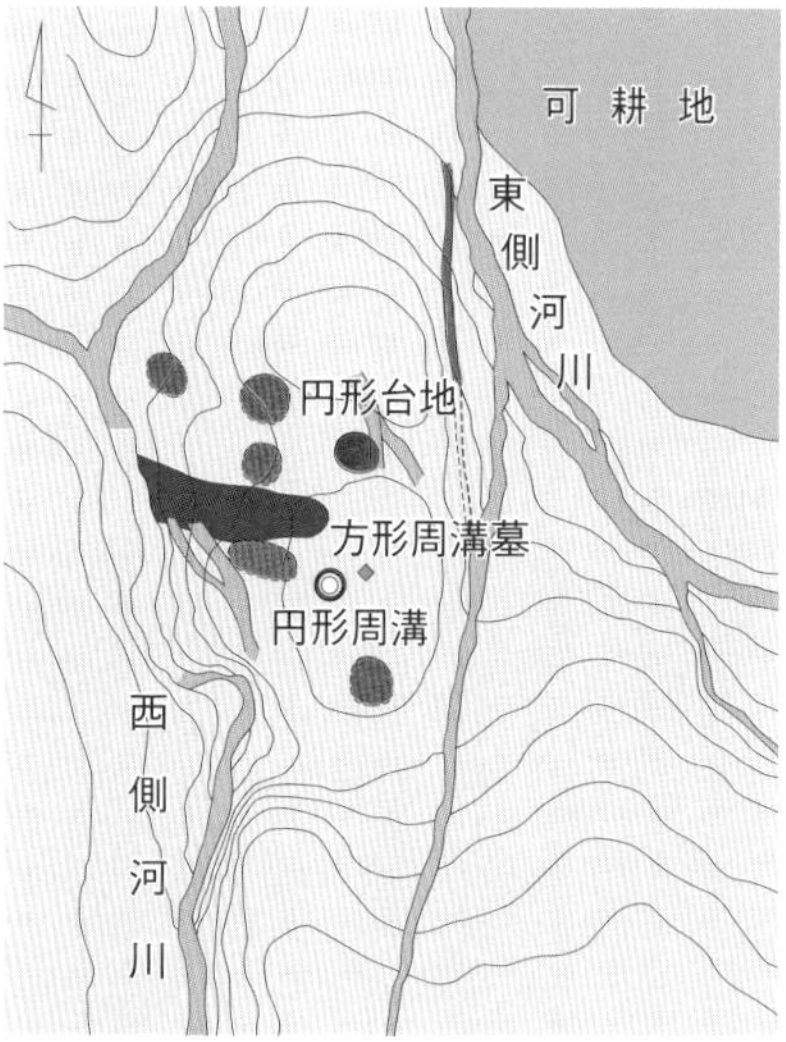

弥生時代後期　紀元 1 ～ 2 世紀

環濠が無くなり、分散居住の形態をとる。環濠が無くなったことにより、西側河川の流れが旧来のものに戻る。

特殊遺構　居住空間　溝（人工）
自然流路　墓域

図 1　池上曽根遺跡の変遷

〇〇人を超えていたと言われる。

大型建物に接して設けられた井戸は祭祀に関わるものとされ、遺構の卓越性から、地域を総括する祭祀がここで執り行われていたことが読み取れる。当時の池上曽根遺跡の影響力は半径五キロメートルの範囲に及び、その範囲にある二〇ヶ所ほどの弥生集落の盟主的な地位を築いていた。これらの集落を総括するレベルの祭祀が執り行われていたのだろう。

この池上曽根遺跡を中心とした弥生集落群の総体が、『漢書地理志』などの中国の歴史書に百余国あったと記された「国」に相当するものと考えられている。池上曽根遺跡はその「国」の首都的な地位にあり、経済・文化の中心を担った。

4 「府中」地域の弥生文化

府中遺跡の弥生集落

ＪＲ阪和線和泉府中駅の東側、およそ一キロメートル四方の範囲が府中遺跡である。縄文時代中期から現代まで途切れることなく歴史を紡ぐ、大規模かつ長期にわたる集落遺跡で、和泉地域の中心地として、それぞれの時代で大きな役割を担ってきた。現在では和泉府中駅西側に展開する豊中遺跡と一体的に捉えられており（府中・豊中遺跡群）、両者を合わせた面積は二〇万平方メートルにもなる全国屈指の複合遺跡である。

弥生時代には府中遺跡も池上曽根遺跡の影響下にあり、その発展と歩を一にしていたことは容易に想像できる。ただ、遺跡の大きさに比して府中遺跡の弥生時代の情報は少なく、その様相は未知の部分が多い。これまでに府中遺跡で見つかった弥生時代の遺構・遺物の出土地点を地図上に記すと、遺跡地の東端と西端

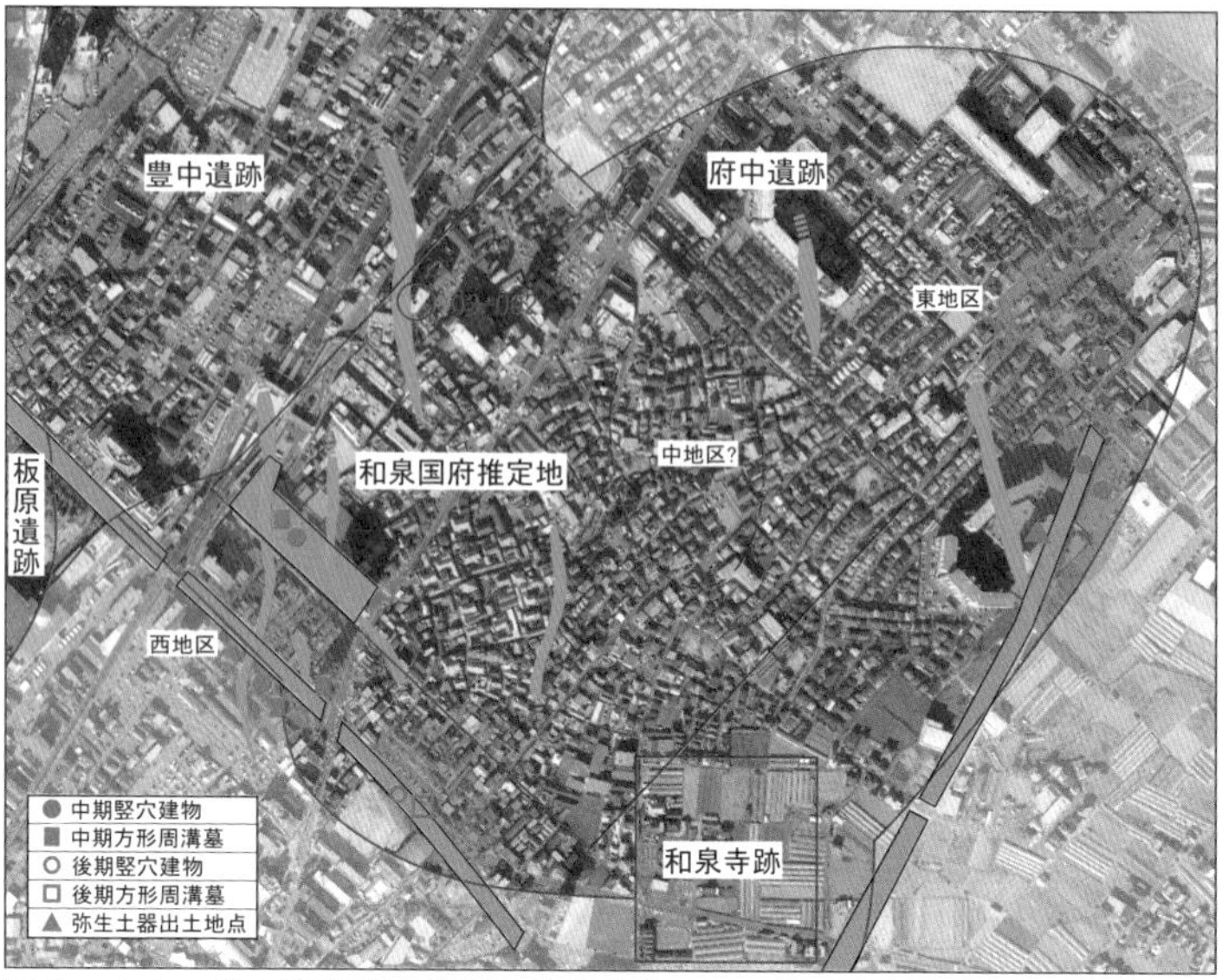

図2　府中・豊中遺跡群の位置と弥生集落

に集中していることがわかる（図2）。これを仮に東地区と西地区と呼び分けておこう。両地区の周辺には北上する槙尾川の旧河道が幾筋も確認されていることから、弥生時代は河川に挟まれた微高地に生活の場を設けていたのだろう。東地区で出土した弥生時代中期前半の遺物が最も古く、池上曽根遺跡が最盛期を迎えようとするまさにそのタイミングで府中遺跡の弥生文化が始まったことがわかる。西地区は中期後半以降に集落が発展したようだ。西地区の南方では弥生時代後期の集落が確認されているが、府中遺跡全体では後期の遺構・遺物は驚くほど少ない。

　和泉府中駅前再開発地区の調査結果から、西地区での弥生集落の構造をみると、円形竪穴建物を主体とした居住域に近接して方形周溝墓が営まれ、居住域と墓域には明確な区画施設は認められない。想定される集落範囲は五〇〇〇～一万平方メートルであり、集落の外郭を限る環濠は未確認である。一時期に十数棟の竪穴建物で構成された、さほど大きくない集落であったのだろう。東地区も一時期の集落構成は同程度であったと考えられる。府中遺跡における弥生時代の遺構・遺物の分布状況をみると、遺跡中央部分の広い範囲でそれらが確認されていないが、古墳時代以降の府中遺跡のあり方を考えると、弥生時代にこの部分が空白ということは有り得ない。未だ検出されていないだけで、ここにも弥生集落は存在したと考えられる（仮に中地区としておく）。つまり、府中遺跡における弥生時代の集落は、東・西・中と大きく三群に分かれていたことが想定されるのである。

槙尾川・松尾川下流域の弥生集落

槙尾・松尾両河川の下流域には肥沃な沖積平野が広がる。水量も豊富であるから、水田経営に最も適した地域と思われがちであるが、両河川は相当な暴れ川であったようで、弥生時代では下流域に安定した大きな集落を築くことは困難であった。

槙尾・松尾両河川の下流域では、槙尾川右岸にあたる府中遺跡西地区で、槙尾川と松尾川に挟まれたエリア（槙尾川左岸）では和気遺跡・寺田遺跡で、松尾川と牛滝川（岸和田市）に挟まれたエリア（松尾川左岸）では小田遺跡・軽部池遺跡・軽部池西遺跡・山ノ内遺跡で、弥生時代中期～後期の遺物が出土している。しかしながら、今のところ中期の竪穴建物が見つかっているのは府中遺跡西地区と、寺田遺跡、軽部池遺跡に限られている。このことから、槙尾・松尾両河川下流域の弥生集落は個個に大規模になることはなく、府中遺跡西地区や東地区と同じような規模・構造を有していたものと考えられる。つまり弥生時代中期には、現在の伯太町あたりから小田町あたりにかけ、集落面積が一万平方メートル以下の等質的な集落が、河川に挟まれた微高地上に点点と展開していたのである。

発掘調査が実施された軽部池遺跡で、当時の集落の実態を見てみよう。軽部池遺跡は、マンション建設にともない一九九四～九五（平成六～七）年に調査されたものである。松尾川左岸の、法隆寺領荘園の用水を確保するため奈良時代までに築造された軽部池と松尾川に挟まれた部分に位置する。かく乱による遺跡の消滅部分は大きかったものの、一万二〇〇〇平方メートルの調査区の中に弥生時代中期の集落一単位分と水田、墓域が包括されていた。弥生時代の集落は約三〇〇〇平方メートルの規模を有し、中期後半の前葉から

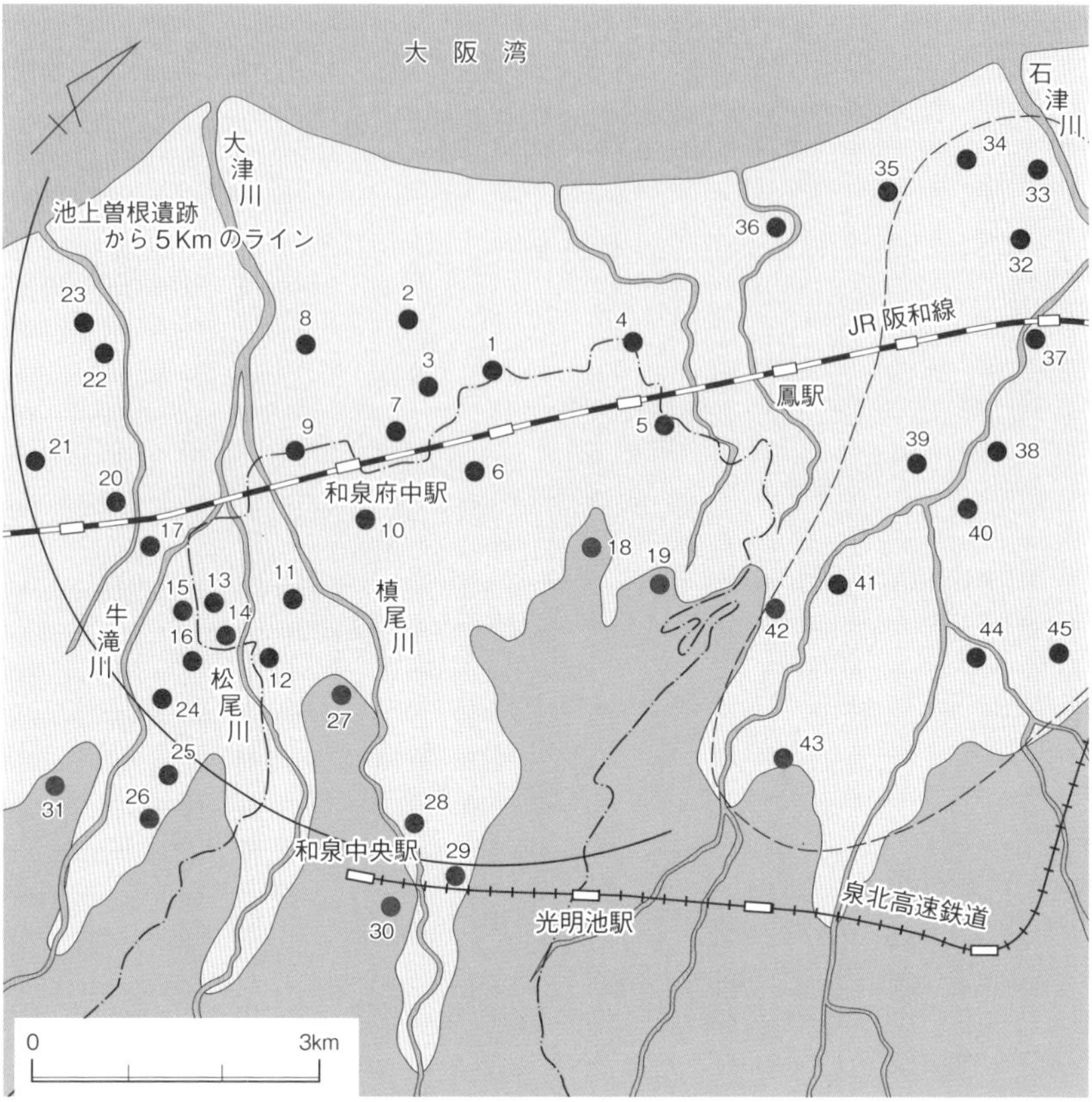

図3　和泉地域北部の弥生集落の分布

1池上曽根遺跡（前～後期）2池浦遺跡（前期）3七ノ坪遺跡（後期）4大園遺跡（前～中期）5上町遺跡（後期）6伯太北遺跡（中～後期）7豊中遺跡（中～後期）8虫取遺跡（前～中期）9板原遺跡（中期）10府中遺跡（中～後期）11和気遺跡（中～後期）12寺田遺跡（中期）13小田遺跡（中期）14軽部池遺跡（中期）15軽部池西遺跡（中～後期）16山ノ内遺跡（中期）17西大路遺跡（中～後期）18惣ケ池遺跡（後期）19大野池遺跡（後期）20下池田遺跡（中～後期）21栄の池遺跡（中～後期）22春木上ノ山遺跡（中期）23春木八幡山遺跡（前期）24田治米宮内遺跡（前期）25山直南遺跡（中期）26山直中遺跡（中期）27観音寺山遺跡（後期）28池田下遺跡（中期）29池田寺遺跡（中期）30万町北遺跡（中～後期）31どぞく遺跡（後期）32四ツ池遺跡（前～後期）33船尾西遺跡（中期）34浜寺黄金山遺跡（中期）35日明山遺跡（前～中期）36羽衣砂丘遺跡（前期）37下田遺跡（後期）38毛穴遺跡（中期）39上遺跡（中期）40鈴の宮遺跡（中期）41西浦橋遺跡（中期）42昭和池遺跡（中期）43野々井遺跡（中～後期）44小坂遺跡（中期）45平井遺跡（中期）

後葉まで継続したが、後期直前に突如として消滅する。竪穴建物一七棟、掘立柱建物七棟が検出されたが、かく乱により失われた遺構を勘案すると三〇棟程度の建物が存在したものと考えられる。出土遺物の時期、遺構の重複関係などから、その存続期間中に三期にわたる変遷が考えられ、一時期の集落は十棟余りの竪穴建物と数棟の掘立柱建物で構成されていたことがわかる。集落の北・西側には水田が広がり、南方には墓域が設けられていた。

　検出された竪穴建物には床面積五〇平方メートル超（直径八メートル）の円形建物と二〇平方メートル級の方形建物（一辺四メートル）の二種があり、その構成比が一対二・四であることから、主となる円形建物一に対して二～三棟の方形建物がともない、一つの単位となっていたのであろう。

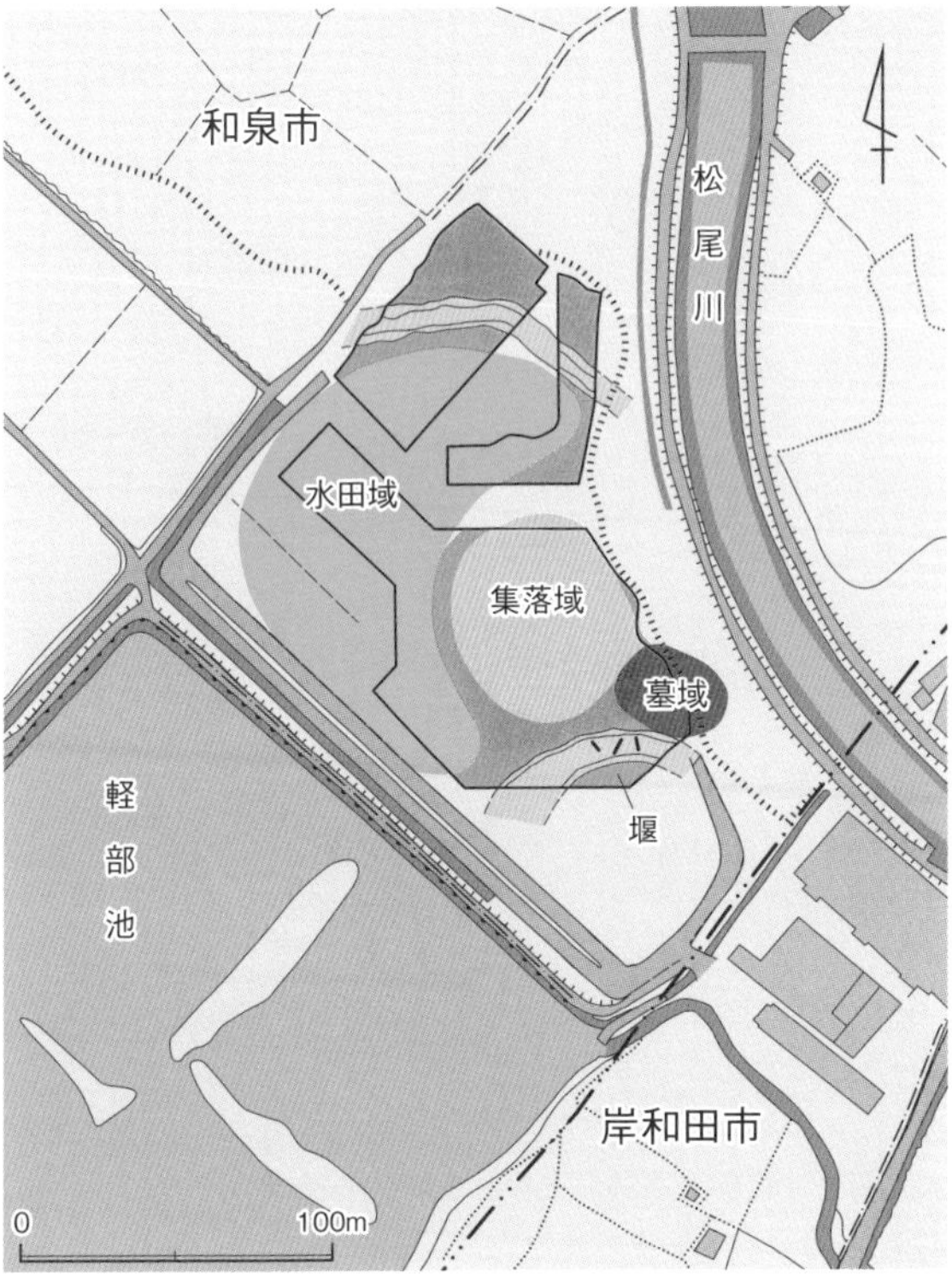

図４　軽部池遺跡の調査範囲と弥生集落の想定

　この軽部池遺跡の弥生時代中期集落を最も特徴付けるのは、竪穴建物の周囲に上水を集落内に引き込む溝を配し、排水用の溝と区別されていたことが明らかになった点と、集落南側の松尾川の旧河道に構築された堰と水田への受水口が確認された点である。二ヶ所の堰には時期差が認められ、それぞれに受水口を設ける。堰に使用された数百本に及ぶ木杭の大半が鉄器により加工されていた。鉄器の入手、堰の構築、勾

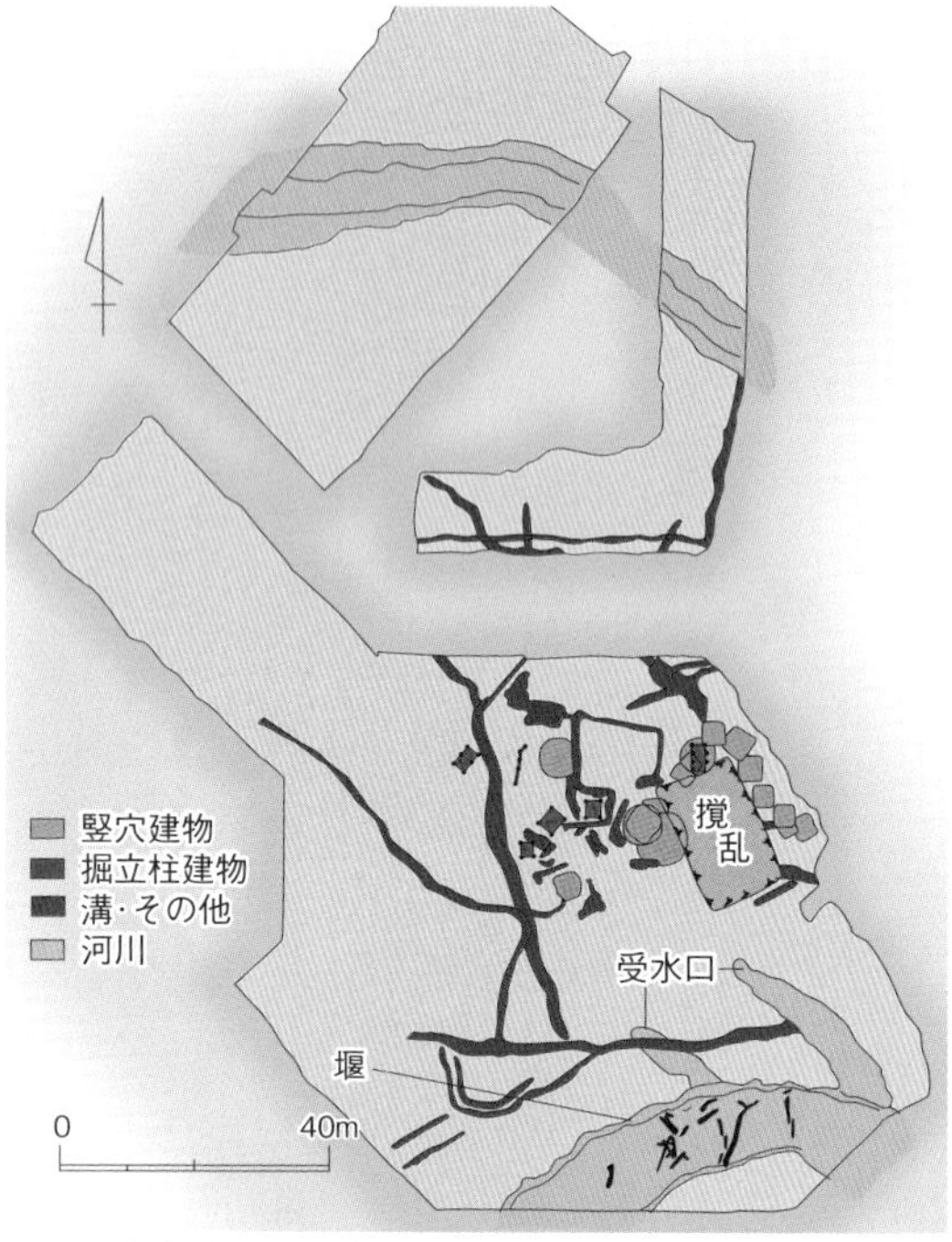

図５　軽部池遺跡の主な弥生時代の遺構

配を計算したうえでの水田への導水路の開削は、集落構成人員を最大に見積もっても五〇人程度（労働人口は三〇人以下であろう）の軽部池遺跡単独でできるものではない。周辺の複数の集落が協働して事業に当たったのだろう。軽部池遺跡はその受水口に設けられた、いわば水守の集落であった。槙尾川左岸（松尾川右岸）の寺田遺跡でも導水施設が確認されていることから、軽部池遺跡と同じような位置付けができるものと考えられる。

槙尾川・松尾川下流の集落群は、基本的には等質的であったものの、灌漑水路への入水を管理する集落が重きをなしたことは想像に難くない。槙尾川左岸地区では寺田遺跡が、松尾川左岸地区では軽部池遺跡が、等質的な集落群にあって重きをなしていたと考えられるのである。

池上曽根遺跡を筆頭に、大中小の集落がピラミッド状に存在する本地域の弥生社会を想定し、府中遺跡と和気遺跡を槙尾・松尾両河川の流域開発の拠点と考える見方がこれまでに示されている。しかしながら、府中遺跡（西地区）も和気遺跡も、現在判明している内容からは流域開発の拠点となる中規模集落とは呼べない。府中遺跡の中地区にそれが存在した可能性が高いと考えているが、実態が判明するまで留保しておきたい。

5　観音寺山遺跡の成立と展開

高地性集落・観音寺山遺跡

弥生時代中期最末期、あるいは後期初頭（紀元一世紀前半）で、地域の盟主であった池上曽根遺跡は、それまでの地位を喪失する。それは地域の象徴であった大型建物と井戸の廃絶に如実に示されている。池上曽根遺跡の権威の失墜は、近畿地方一円という大きなエリアでの政治的背景をともなう集落再編成の結果と考えられており、中期段階で重要視されていたさまざまな事象が、別の事項にシフトすること―例えば金属器の価値と需要の高まりと、それに相対する石庖丁に代表される石器の価値の低下―によって、弥生時代中期の拠点的な大集落の地位が保持できなくなるのである。

池上曽根遺跡の権威の失墜は、当然その影響範囲である「府中」地域にも大きな変化をもたらした。府中遺跡西地区・東地区、寺田遺跡、和気遺跡、軽部池遺跡、小田遺跡などの集落が活動を停止し、槇尾川と松尾川の下流域に弥生集落の空白を生む。それに代わるかのように出現したのが、和泉中央丘陵の先端近くの観音寺山遺跡である。

観音寺山遺跡は、和泉中央丘陵の尾根筋を中心に、弥生時代後期に営まれた高地性集落である。二重の環壕に囲まれた三つの地区で約一五〇棟の竪穴建物が確認されている（コラムⅠ参照）。弥生時代の高地性集落としては早い時期の例であり、その典型とされる。観音寺山遺跡では、弥生時代後期の初めから終わりまで、二〇〇年余り集落が継続した。集落を営む原動力となったのは、灌漑水路を紐帯として関わりの深かった「槇尾川右岸のグループ（府中西地区）」、「槇尾川・松尾川間のグループ（和気・寺田）」と「松尾川左岸のグループ（軽部池・小田・軽部池西・山ノ内）」の三つのグループだったのだろう。この三つのグループがいっせいに観音寺山遺跡に集結したことによって、槙尾川・松尾川下流域に弥生集落の空白が生まれたのである。

二重環壕は集落開始当初に掘られており、その構築には相当な労力が必要であったにもかかわらず、それがなぜ掘られたのだろうか。当時の人びとが、防御を固めた砦のような集落を築かねばならなかったのは、池上曽根遺跡の権威の失墜を原因とする動揺の先に、他者から暴力的な行為を受ける危険をはらんでいるという認識があったためだろう。三つのグループが総力を挙げて環壕掘削に取り組んだ様が思い浮かぶ。

しかし、現実的には武力の行使は起こらなかった。考古学的にもそのような痕跡は認められない。理由はわからないが、何らかの方法により武力行使は回避されたのだろう。武力行使の危険性がない以上、徐々に緊張は解かれ、丘陵上の環壕集落はその存在意義を喪失する。観音寺山遺跡の二重の環壕は、弥生時代後期中葉を迎えるころにはすでに埋まっており、用をなさなくなっていた。

弥生時代の終焉

緊張が緩和された弥生後期中葉以降、不便な丘陵上の集落から、低地の府中遺跡や和気遺跡に徐徐に人びとが戻ってくる。府中遺跡西地区の南方で営まれた弥生後期集落では、一辺二〇メートルを超える大型の方形周溝墓が検出されており、中心的な勢力が再び低地に戻ってきたことをうかがわせる。後期初めに起こった弥生社会の動揺は収まり、高地性集落の使命は終わる。

観音寺山遺跡の終わりをもって、「府中」地域の弥生時代は幕を下ろす。低地に戻ってきた人びとの手によって、次の古墳時代が幕を開ける。ただし、池上曽根遺跡がもとの権威を取り戻すことはなかった。弥生時代中期における池上曽根遺跡の役割を、古墳時代になると府中・豊中遺跡群が担っていく。

コラムⅠ　和泉地域有数の規模を誇る高地性集落　観音寺山遺跡

高地性集落は、西日本を中心に今から約二二〇〇～一八五〇年前（弥生時代中期後半から弥生時代後期）に突如として山頂や丘陵上に出現した。これまで、『後漢書』東夷伝倭人条や『三国志』魏志東夷伝倭人条にみられる倭国大乱・倭国乱に結び付けられ、二～三世紀代の防御的色彩の強い集落と考えられてきた。しかし、近年研究の進展により、高地性集落が出現する弥生時代後期の実年代が紀元後すぐにさかのぼると考えられるようになり、中国史書の記述との年代にずれが生じている。また、争いに限らないさまざまな役割をもった集落の可能性も指摘されている。

和泉地域には、数こそ少ないが興味深い高地性集落が点在している。弥生時代中期後半まで平地に存在していた地域の中心的な集落と、新たに弥生時代後期から出現する高地性集落とが関連していることが特徴のひとつである。他地域でも平地の集落と高地の集落の関係が見て取れるところもあるが、和泉地域はその関係を如実にうかがうことができる。そのひとつとして、「府中」地域には、全国でも有数の規模を誇る観音寺山遺跡が和泉中央丘陵にある。

和泉中央丘陵上に営まれた観音寺山遺跡

弥生時代中期後半の「府中」地域周辺では、府中遺跡、軽部池遺跡、寺田遺跡、和気遺跡など、平野部や河川の近くに集落が営まれた。これらの集落は稲作を生業の中心とし、比較的安定した生活をしていた。しかし、中期後半から後期へと移り変わる時期（おおよそ紀元後）に、平地にあったこれらの集落が終焉もし

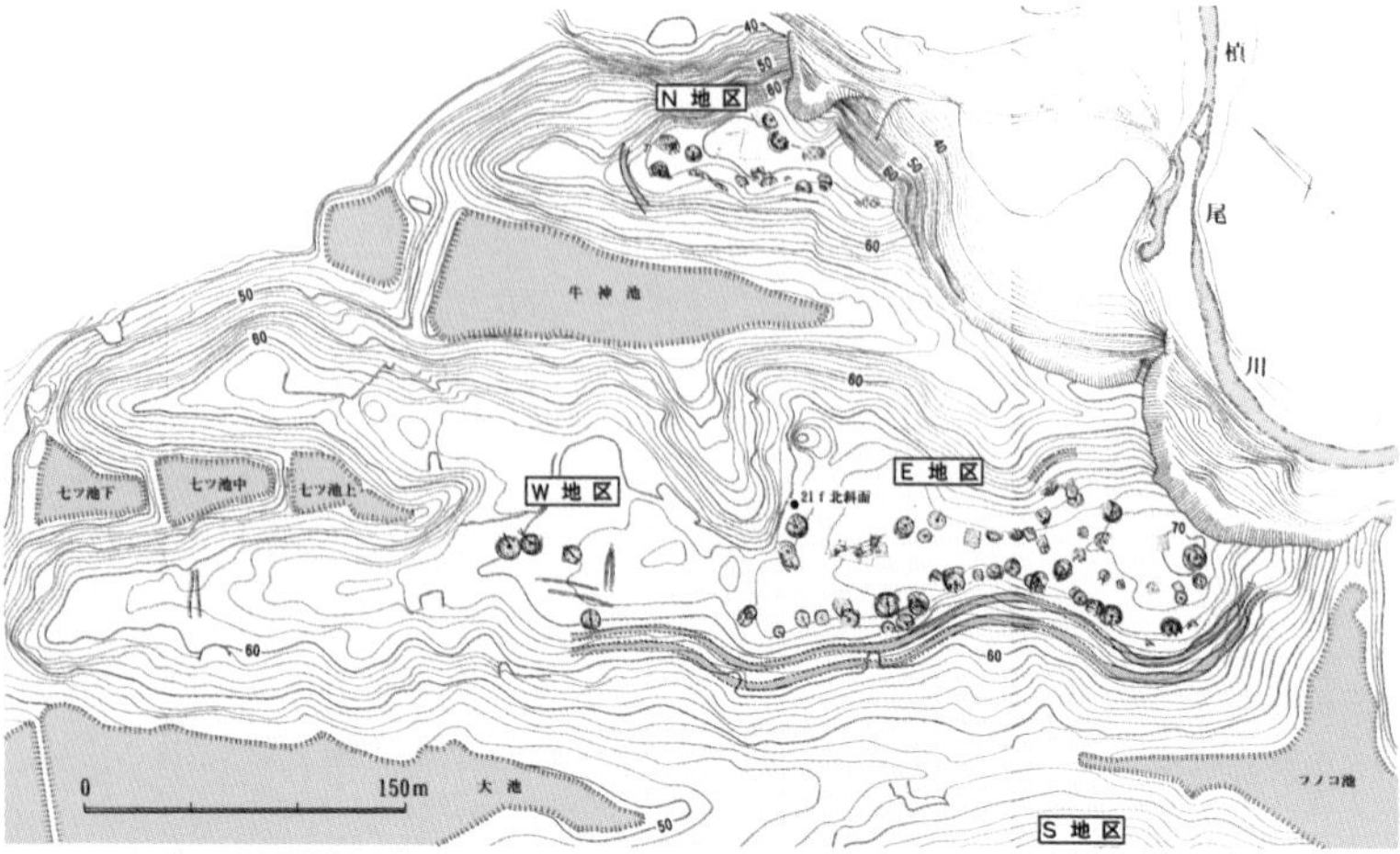

図6　観音寺山遺跡　全体図　同志社大学提供（一部加筆）。

くは規模を縮小し、突如として丘陵上に観音寺山遺跡が出現する。集落が丘陵上に築かれる要因は、地域内での緊張関係、気候変動による洪水の多発などさまざまな説が挙げられているが、いずれも確定できるものがない。

観音寺山遺跡は、和泉中央丘陵南西端の標高六〇～六五メートル、平野部からの比高差が約二五メートルのところにある。東側を流れる槙尾川の河原や現在の観音寺町周辺からだと、切り立った崖の上に集落があるようにみえる。遺跡からは眼下に府中町周辺、その先に大阪湾を挟んで六甲山系や摂津地域、淡路島がみえ、非常に眺望が優れている。

一九六六（昭和四一）年、住宅開発に先んじて行われた分布調査で弥生時代中期～後期の遺物の散布が認められたのが、観音寺山遺跡発見の契機となった。一九六八年二月～八月にかけて発掘調査が行われ、当初の想定をはるかに上回る遺構・遺物の発見があった。この発掘調査は、丘陵の頂部に展開した大規模な高地性集落の大部分を明らかにした数少ない事例であり、弥生時代の集落研究に大きな影響を与えた。

長大な環壕とその意味

調査区は、E地区・S地区・N地区・W地区の四つに分けて把握された。発掘調査が行われたE地区・W地区・N地区それぞれで、丘陵頂部の平坦面に竪穴建物や掘立柱建物などを築いて生活していた様子が明らかになった。S地区は発掘調査が行われなかったが、E地区と同等の規模があったと考えられる。出土した土器から、観音寺山遺跡は弥生時代後期（紀元後～二世紀後半）の長期間、丘陵上に集落を営んでいたことがわかった。市内にある高地性集落の惣ヶ池遺跡や大野池遺跡より出現が早く、弥生時代の中でも大きな変化期であった後期の実状を考えるうえで非常に重要な集落といえる。

写真２　環壕の断面写真　同志社大学提供。

観音寺山遺跡を特徴付ける遺構のひとつは、集落を取り囲む長大な環壕である。環壕は、幅二～七メートル、深さ一～二メートルで、断面V字形を呈している。発掘調査で確認された環壕は一部分であったが、丘陵に沿って掘削されていることから、W地区とE地区を二重（内壕・外壕）に取り囲んでいたと推測される。環壕は集落が丘陵上に築かれた当初から設けられたが、四〇～五〇年後には埋まってしまい、機能を停止していた。しかし、その間には一～二回の掘り直しを行っており、集落の人びとによって維持管理されていたのであろう。環壕が掘削された理由は不明だが、丘陵の傾斜変換点にあることから、外からの侵入を防ぐ能力は十二分にあっただろう。ここで注目すべき点は、環壕が埋まった後も集落は長期間続いていくことである。つまり、環壕は集落開始期の限られた期間のみ必要だったことがわかる。

それでは、環壕はどれだけの期間・作業量で掘削されたのか。仮に環壕がW・E地区を取り囲むように掘削されていたとすると、総延長は約一キロメートルと推定され、幅、深さがそれぞれ平均三メートル、二メートルであるため、総土量は約三〇〇〇立方メートルと算出できる。現代の工事現場では標準的には一日当たり一人の作業量が二立方メートルとされているため、木製の掘削道具を使用する弥生人一人の作業量を1日当たり一立方メートルと仮定し一〇〇人で掘削作業をしたとすると、約三〇日間を要する。それだけの作業量を集落の開始期に、観音寺山遺跡に住む人びとだけで行えたのかは疑問である。ひとつの可能性として、周辺集落の住民も協同して集落の開村作業をしていたとも考えられる。さらに、このことから槙尾川周辺の小地域内に存在する集落は、ある一定度のまとまりをもって相互に協力しながら集落を存続させていた可能性がある。

環壕は何のために設けられたのか。高地性集落は「争い」にかかわる防御的集落であったのか。観音寺山遺跡では、重量があって殺傷能力の高い石鏃や石槍、投石として使用された円礫などが出土している。環壕の断面が深いV字状になっていることもあわせて、開村当初は他地域との緊張関係があった可能性がある。しかし、五〇年ほどで環壕の機能が果たされなくなることと、観音寺山遺跡より後出する惣ヶ池遺跡や大野池遺跡からは「争い」を示すような遺構・遺物が確認されていないことを考え合わせると、ある段階で緊張関係が解けたと考えられ、観音寺山遺跡もいわゆる防御的な集落ではなくなっていったと考えられる。つまり、環壕埋没後の弥生時代後期中葉以降は、武力をともなう緊張関係があった可能性は低いと考えられ、一概に高地性集落がいわゆる防御的集落であったとは言い難い。

写真４　遺跡から出土した弥生土器　同志社大学提供。

写真３　折り重なるように築かれた竪穴建物　同志社大学提供。

無数に築かれた竪穴建物

観音寺山遺跡の発掘調査では、弥生時代後期の竪穴建物が約八〇棟確認された。竪穴建物の規模は大小さまざまで、最大直径一一メートル、最小直径四・六メートルの円形竪穴建物、最大一辺八・一メートル、最小一辺一・九メートルの方形竪穴建物が検出されている。また、竪穴建物の多くには重複関係が認められ、同一場所で拡大・縮小させながら建て替えるものや、少し場所をずらして建て替えるものなど数多く存在する。最も多いものでは四～五回建て替えている。これらの重複している竪穴建物を数えると、総計で約一五〇棟近くが営まれていたことになる。このような状況から、人びとは丘陵上の狭い平坦面を巧みに利用しながら、長い期間集落を営んでいたことがわかる。さらに、竪穴建物から出土する弥生土器から、同時期の竪穴建物は二〇～三〇棟ほどと類推できる。

観音寺山遺跡で特筆されるのは、竪穴建物内で石器加工や鉄器加工が行われていたことである。石器加工を行ったと考えられる竪穴建物では、素材となるサヌカイトの剥片、サヌカイトを割るための敲石、刃先などを調整するための砥石など、素材や加工具が多く出土している。その一方で、完成品のみが出土する竪穴建物もあることから、生産と消費の関係もしくは、普段生活するための住居と生産・加工するための作業場等の住み分けがあった可能性がある。観音寺山遺跡では、各地区に石器加工場と考えられる竪

写真５　遺跡から出土した鉄器　同志社大学提供。

写真６　W-１号住居　同志社大学提供。

穴建物が一～二棟程度あったと考えられ、それらの時期は前葉から中葉にあたるものが多い。石器加工場と考えられる竪穴建物は、住居用の建物と大きさや屋内施設などで異なっている点はみられない。

　鉄器加工を行っていたと考えられる竪穴建物にW－１号住居がある。集落の北西端に位置するこの建物は直径八・六～一〇・二メートルの大型円形竪穴建物で、一回建て替えられている。建物内中央に位置している炉は、内部に多量の木炭や灰が入り、炉壁も非常に硬く締まっていた。さらに、建物内からは鉄鏃、鉄斧のほかに、鉄器素材と考えられる棒状鉄製品が三点出土している。これらのことから、W－１号住居は中央炉付近で鉄器の加工を行っていたと考えられ、観音寺山遺跡でも鉄器加工が行われていたということがわかる。

高地性集落での金属器生産の可能性

　日本列島において、弥生時代中期の鉄器が出土する例は非常に限られている。その多くは、中国大陸や朝鮮半島から持ち込まれたものであった。池上曽根遺跡の大型建物の柱や井戸、軽部池遺跡の河川の護岸用の木杭に鉄器での加工痕が確認されていることから、弥生時代中期には鉄器が使用されていたことがわかる。これらの鉄器は池上曽根遺跡のような地域の拠点的な集落が管理し、小集落に分配していたと考えられる。

鍛冶技術は、弥生時代中期末から後期初頭にかけて、九州から近畿にかけて徐じょに伝播した。近畿地域では、淡路市五斗長垣内《ごっさかいと》遺跡、京都市西京極《にしきょうごく》遺跡、枚方市田口山《たのくちやま》遺跡、和泉市惣ヶ池遺跡など十数遺跡で鍛冶炉のある竪穴建物が確認されている。観音寺山遺跡でも、弥生時代後期に集落内で鍛冶作業を行っていたことがわかる。

和泉市で弥生時代に鉄器加工をしていた竪穴建物は、先に紹介した観音寺山遺跡W・1号住居と惣ヶ池遺跡の資料を合わせて五棟となった。それらの竪穴建物の遺構と遺物から、当地域で行っていた鉄器加工方法は、炉で熱した鉄素材を打ち延ばして成形するものや、鏨などで叩き切って鉄器を作っているものがあったと推測する。両遺跡の竪穴建物の集落内での分布状況などを分析すると、和泉地域の弥生時代後期の集落には鉄器を主に扱う建物が数棟存在しており、他地域から鉄素材を入手し、その素材を用いた鉄器の加工・製作を集落内で担っていたと指摘できる。

和泉地域における高地性集落の位置づけ

和泉市以南の泉州では、観音寺山遺跡（和泉市）、惣ヶ池遺跡（和泉市）、大野池遺跡（和泉市）、上《かみ》フジ遺跡（岸和田市）、どぞく遺跡（岸和田市）、向井池《むかいいけ》遺跡・棚原《たなはら》遺跡（泉佐野市）、新家《しんげ》オドリ山遺跡（泉南市）、滑瀬《なめんじょ》遺跡（泉南市）の九ヶ所で高地性集落が確認されている。これらの高地性集落の共通点は、標高四〇メートル以上、平野部からの比高差二〇メートル前後の平坦面が比較的広い低丘陵上に集落が築かれる点である。さらに、大野池遺跡や上フジ遺跡などを除いて、低丘陵ながらも眺望が優れているのが大きな特徴として挙げられる。

出土遺物や遺構にも特徴的なものがあり、観音寺山遺跡では分銅・豊富な鉄器・鉄器工房が、惣ヶ池遺跡

写真7　惣ヶ池遺跡出土小形仿製鏡

写真8　上フジ遺跡出土小銅鐸　大阪府文化財センター提供。

では小形仿製鏡・鉄器・鉄器工房が、上フジ遺跡では小銅鐸が、滑瀬遺跡では硯石が、棚原遺跡では焼土や炭が入った土坑、ノロシを上げていたと考えられている遺構などがみられる。青銅器や鉄器は、当時の貴重財で最新の利器・祭器であるため、一般の集落に流通することは少なく、金属器の生産集落や地域の中心的な集落などの限られた集落が所有していた。また、金属器は交易品として扱われているため、そのような遺物が出土するということは、高地性集落が交流の結節点になっていたと考えられる。和泉地域の高地性集落は、従来いわれている逃城や防御的機能を有するもので、閉鎖的なイメージがもたれていた。しかし、これまでみてきたように交流拠点として開かれた集落であり、交流の中で多様な物品や技術を受容することができた、和泉地域でも中心的な役割を担っていた集落だったと考えられる。

観音寺山遺跡の終焉と古墳時代への幕開け

観音寺山遺跡は、弥生時代が終わるとともに集落も終焉する。それ以降、人びとの生活痕跡はみられなくなる。それでは、観音寺山遺跡の人びとはどこに行ったのであろうか。現在、発掘調査で確認された近隣の古墳時代初頭集落は、府中遺跡、寺田遺跡、下池田遺跡が挙げられる。未だ不明な部分もあるが、観音寺山遺跡の人びとは多様な技術などを携えて平野部の集落に分散していったと考えられる。さらに、そのひとつである府中遺跡を中心とする地域は古墳時代から現在まで、和泉市の中心的な地域へと成長を遂げるのである。

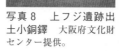

第2章　「府中」地域の中心性

1　古墳時代の首長の拠点と集落の様相

ここではおよそ三〜六世紀の四〇〇年間にあたる古墳時代について述べる。三〜四世紀を前期、倭国王《わこくおう》墓《ぼ》が古市古墳群《ふるいちこふんぐん》（藤井寺市・羽曳野市）や百舌鳥《もず》古墳群（堺市）に築かれた五世紀を中心とする時期を中期、六世紀を後期とする。前期については、奈良盆地南東部の纒向《まきむく》遺跡（桜井市）を王権拠点とし、その一帯に倭国王墓が築かれたオオヤマト古墳群の段階と、四世紀前半に奈良盆地北辺の佐紀《さき》遺跡（奈良市）に本拠を移し、墳墓地も佐紀古墳群（西群）に移った後半の段階に区分される。

そのような古墳時代に「府中」地域はどのような展開をみせるのか。そしていかにして和泉地域の中心になり得たのか。

府中・豊中遺跡群の展開

弥生時代から古墳時代への過渡期に、現在の国府小学校（府中町）の近くで、一辺約一七メートルで方形に区画された場所がみつかっている。首長の居住空間あるいは祭祀空間のいずれかであった可能性があり、この場所で古墳時代へ向けての礎が築かれていた。

「府中」地域の東部、現在の府立伯太高等学校（伯太町）の近くでも竪穴建物が複数確認されている。地面を方形に掘りくぼめた竪穴建物で、弥生土器から土師器への過渡期の土器が出土している。あわせて鍛冶

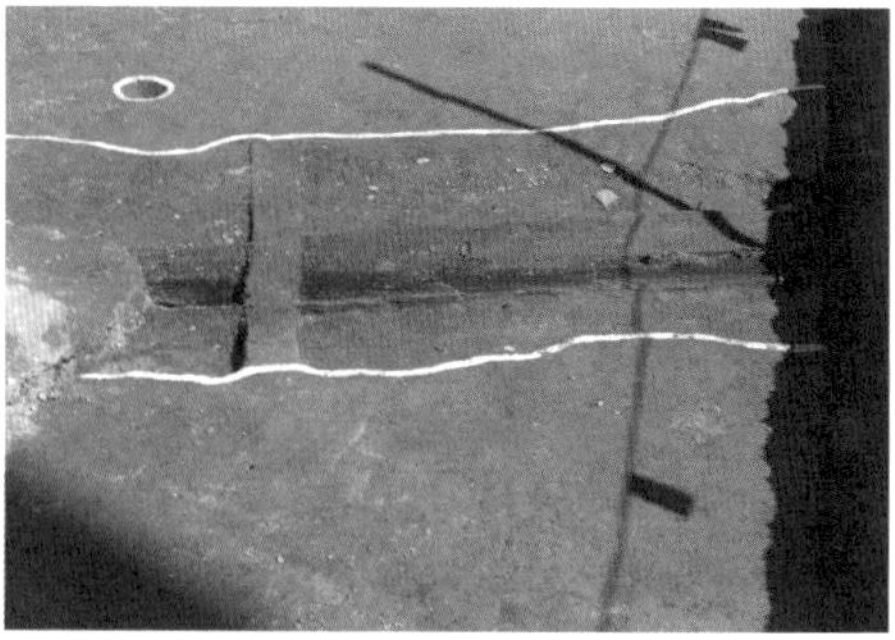
写真９　木樋　和泉市育委員会。

にかかわっていたとみられる掘立柱建物もみつかっている。また、泉大津市豊中町でも竪穴建物が複数確認されており、府中・豊中遺跡群では、このころ河道に囲まれた標高一七～一九メートルの微高地に分散して居が構えられていた。

近畿地方では庄内《しょうない》式土器という弥生土器と土師器の特徴をもつ土器が広く使われていたが、和泉では弥生時代の伝統を引き継いだような土器、いわゆる伝統的V様式と呼ばれる土器が使われており、独自の地域性をもっていた。

四世紀になると「府中」地域は新たな展開を迎える。JR阪和線和泉府中駅前再開発に先立つ発掘調査（二〇〇四～一二年）によって、和泉府中駅周辺に集落が集中し、首長の居住域が営まれたことが明らかになった。

この集落の形成にあたっては、まず、弥生時代の河道の一部を改修し新たな水路に付け替えられ、集落の整備がすすめられた。付け替えられた水路は二本あり、そのうちひとつは、方形に区画された突出部をめぐっている。方形区画内には倉か櫓《やぐら》とみられる二間×二間の総柱（一間ごとにくまなく柱を立てた）の掘立柱建物がある。そのほかにも掘立柱建物が多数存在しており、水路に平行して建てられた二間×三間の総柱の建物もあり、計画的に整備されたこの地に、首長がいたのではないかと思われる。

五世紀になると、「まつり」にかかわるものが多くみられるようになる。例えば、木樋《もくひ》をともなった導水施設がみつかっている。木樋は半分に断ち割った丸太材の内側を刳《く》ったもので、残存している部分の幅は三五センチメートルであった。木樋自体は溝の中で固定されており、河道の方に向かって伸びていた。ただし、木樋は部分的に設置されたのか、河道の数メートル手前で素掘りの溝へとつながっていた。

木樋がつながる河道の左岸の縁には、拳大から人頭大の河原石を敷き詰めて整地された様子が確認され、そこには初現期の須恵器の甕が据えられていた。河道からは土器や木器とともに胡桃や桃の種、葦や広葉樹の葉などの植物がみつかっている。また、右岸の水際には大木が樹立していた。さらに、自然流路内で半分に断ち割った丸太材がみつかっており、これも先に述べた木樋に連続するものとみられる。

さらに、この地点から北方に四〇〇メートル余りのところでも河道が確認されているが、そこでは、土師器や須恵器に加え大量の木製品が出土している。舟形や刀、剣、素環頭大刀《そかんとうたち》をはじめ、鞘《さや》、鞘口《さやぐち》、弓、さしば、琴柱《ことじ》、紡織具、盤《たらい》や槽《かいばおけ》などの什器、鎌や鉄斧《てっぷ》の柄《え》、鋤《すき》や鍬《くわ》などの農具、建築部材などの木製品がみられる。

刀や剣の木製品は農耕儀礼にともなう模擬戦、弓は魔除けの儀礼、農具は豊穣の祈願などに使用されていたのだろう。そして、琴を弾きならし神へ音楽をささげ、清らかな水に舟形とともにこれらの木製品を流したであろう様子が目に浮かぶ。

ほかにこの河道の上流地域にあたる地点、和泉府中駅東側では、河道のテラス状になった部分から建築部材の柱、梁《はり》や網代壁《あじろかべ》、草屋根などが出土している。部材の特色から春日大社（奈良市）の伝統行事「春日若宮おん祭」における御旅所の行宮《あんぐう》のような祭場で使われたものではないかとの想定もされている。

このように、府中・豊中遺跡群の中核部では、首長が主宰するまつりの場が整えられた。そしてそこを中心に集落が拡大していくのである。

対外交流

府中・豊中遺跡群では、朝鮮半島の系譜をもつ土器、いわゆる韓式《かんしき》土器が多く出土している。韓式土器には赤焼けの軟質のもの（軟質土器）や灰色の硬質のもの（陶質土器や瓦質土器）などがある。土器の表面に

写真10　淡路型の土器　大阪府教育委員会提供。

は製作時の痕跡、縄目や格子目がみられるのが特徴である。とくに陶質土器は、須恵器の源流になるもので、泉北丘陵における須恵器生産に影響を与えた。韓式土器は五世紀ころのものが多く、集落が拡大し整備される時期と一致する。また、瓦質土器も出土しているがこれは六世紀代のものとの指摘があり、長期にわたって朝鮮半島との交流があったとみられる。

府中・豊中遺跡群の中心からおよそ二キロメートル南に位置する寺田遺跡（寺田町）では、韓式土器がともなう竪穴建物や土坑《どこう》（穴）がみつかっており、渡来人が定住していたとみられる。また、鉄滓《てっさい》や鞴《ふいご》の羽口《はぐち》なども出土しており、鍛冶遺構をともなう竪穴建物もみつかっている。おそらく渡来人が鉄器生産技術をともないこの地にやってきたのだろう。府中・豊中遺跡群では鍛冶工房のようなものはみつかっていないが、集落内で鉄斧やそれを装着する木製の柄などが出土しているので、鉄器を保有していたことは確実で、韓式土器が出土しているところは渡来人の工房をともなう居住域であった可能性が高い。

「府中」地域ではこのような日本列島外の物だけではなく、日本列島内の他地域との交流を示す物がみつかっている。府中・豊中遺跡群に近接する和泉寺跡（府中町）の発掘調査で、淡路島やその周辺の地域の特徴をもつ淡路型の土器が出土している。原料の粘土をみると、在地産と考えられるものもあることから、淡路の人が和泉に来て土器を製作した可能性もあるが、淡路島周辺との交流があった証拠となろう。

府中・豊中遺跡群は、四世紀から五世紀には首長居館を含めた居住域が整備され、集落内では「まつり」

が行われた。さらに、広く他地域との交流をもち、また、渡来人による新しい技術を取り入れ、和泉地域でも代表的な集落へと発展した。これは府中・豊中遺跡群の首長が王権の傘下に入ったことを意味しており、奈良時代以降の和泉郡・和泉国の中心地として発展していく前提となった。

2 「府中」地域と信太山丘陵の古墳

四世紀後半における大阪湾岸の重視

和泉地域にはオオヤマト段階にさかのぼる前方後円墳はなく、王権本拠地が佐紀（奈良市）に移って以降の四世紀中ごろから後半（佐紀段階）にかけて、久米田《くめだ》貝吹山《かいぶきやま》・摩湯山《まゆやま》古墳（岸和田市）や丸笠山《まるかさやま》・和泉《いずみ》黄金塚《こがねづか》古墳（和泉市）などの有力古墳が次つぎに現れる。これは明石海峡に面して五色塚《ごしきづか》古墳（神戸市）が築造されることと連動するものである。佐紀段階の王権は、大阪湾岸を重視し、瀬戸内海の海上交通を掌握する政策を進めたと考えられる。これは日本海側も同様である。

当時の王権は、工具や武器の原材料である鉄素材の入手先を朝鮮半島南部に依存しており、いまの大韓民国金海市にあった金官国（金官加耶）が主たる交易相手であった。その交易は、博多湾岸の集団が担っていた。しかし布留二式以降、つまり四世紀前葉に倭王権は、それらの集団を介さず、朝鮮半島との直接交易に転換したと考えられる。これにより畿内の倭人が朝鮮半島に赴くことが始まり、外洋航海に耐える船舶を建造し、瀬戸内海の航路や港の整備が進められることになる。それまでにない長距離航海は、大阪湾に面する和泉から摂津沿岸の操船に慣れた人びとが担うことになった。こうして、住吉津《すみよしつ》から榎津《えなつ》（大阪市住吉区遠里小野）、堺そして石津川河口部一帯が、大阪湾沿いの港津として整備される。のちに百舌鳥古墳群が形

図7　摩湯山古墳の墳丘　S＝2500分の1。

成されるのは、これらの港津を意識したものと考えられる。和泉地域における有力古墳の築造も、このような時代背景を有するものであろう。

丸笠山古墳

丸笠山古墳（伯太町）は、佐紀段階に築造された前方後円墳である。伯太神社から信太山丘陵を七〇〇メートルほど上がった地点にあり、前方後円墳とされるが、丸笠神社が建設されたために前方部は削平《さくへい》されている（丸笠社は延喜式内社で元は池田谷奥の宮里《みやさと》にあったという見解もある）。直下の平野部の標高が約二〇メートルであるのに対し標高五〇メートルあまりの地点に位置する。

古墳は北西から南東に入る谷が二又に分かれる、いま丸笠池となる地点にあり、両側の谷にはさまれた丘陵尾根

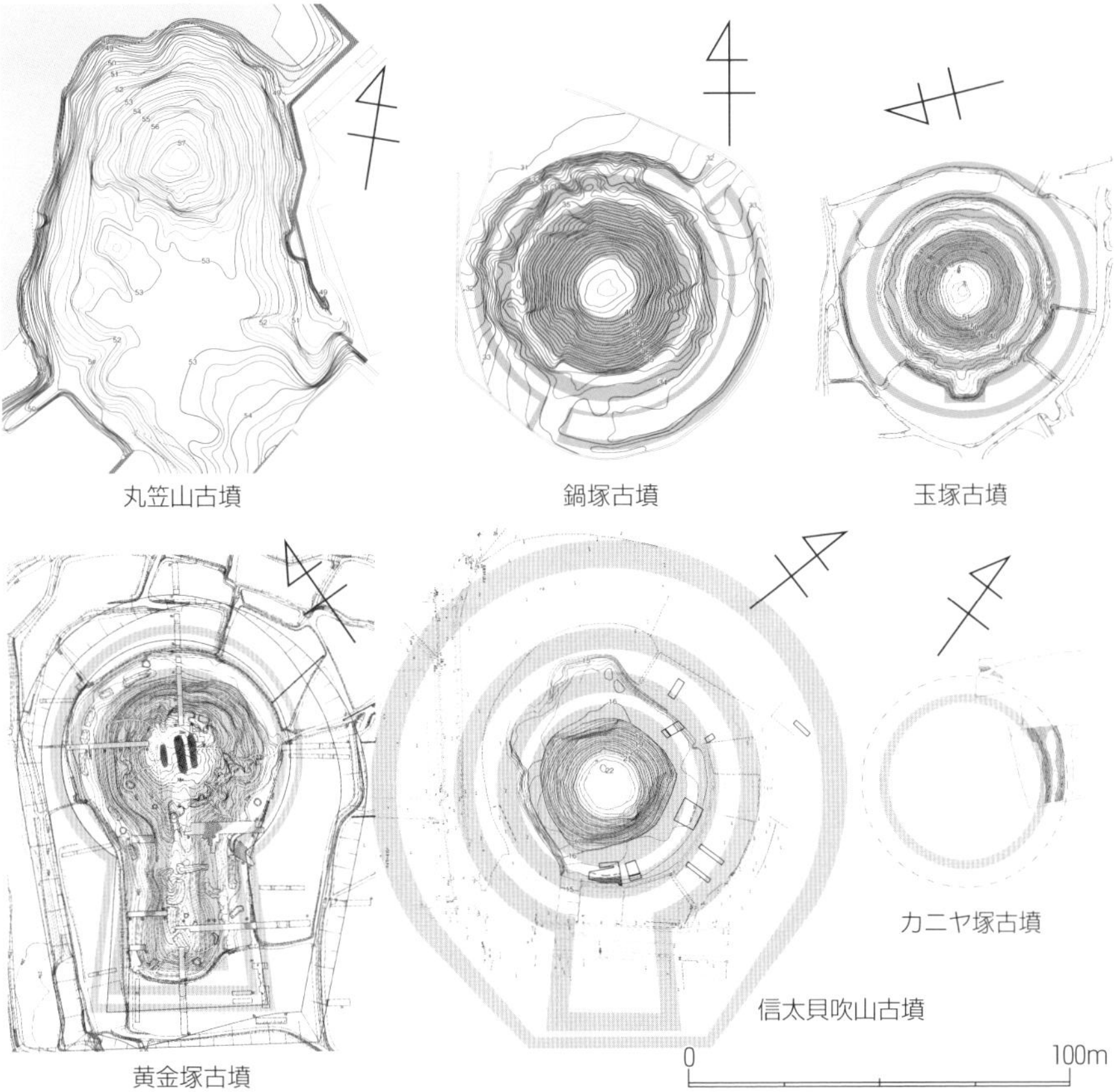

図８　府中地域と信太地域の首長墳　S＝2500分の1。

の先端に位置する。尾根先端部である北側を後円部とし、前方部を南の方角に向けて構築されていたと考えられ、墳丘側面を西に向けている。古墳背後の東側は平坦な段丘面が広がっており、その西縁に築造していることからも、伯太から府中にかけての西側の平野部を意識した立地と主軸配置といえる。

　現存する後円部では、墳丘の流出が大きく、整った円弧状の等高線は崩れている。成形された墳丘と墳丘外の自然地形との区別も不明瞭で、墳裾《ふんすそ》がどこかという推定は難しく、くびれ部にあたる屈曲も認められない。等高線がある程度円弧状を示す範囲で、直径五〇～六〇メートル程度と推定しておく。前方部は本来の姿がまったくわからないが、削平部の南に丘陵残丘の高まりがあり、その手前で収まるものと考えられ、そうすると後円部とあわせて墳丘長は七〇メートル程度であろうか。

かつて埴輪が存在したという記録が残されているが、いま知られる埴輪片は、和泉市教育委員会が所蔵する二片のみである。こうした現状であるが、丘陵を最大限利用して築造することから前期古墳と推測され、前期後半との学説にしたがっておく。

丸笠山古墳は、その選地と主軸配置、またいま知られる集落遺跡から考えると、古墳から約二キロメートルの距離にあるものの、和泉府中駅一帯の府中・豊中遺跡群の集団によって築造されたと考えられる。

府中・豊中遺跡群に関連して、府中地域に和泉平野から連続する条里が認められないことを取り上げておく。条里は、七世紀後半に全国の平野を一町（一〇坪、約一〇九メートル四方＝一万平方メートル＝一ヘクタール）ごとに分けた土地の区画である。府中地域に条里がないのは、六世紀後半以降に近畿地方から始まり全国に及ぶ国家的な耕地開発において、施工範囲から除外されたからであろう。一般的な集落であれば、より高い地点の移転が行われる。しかし、府中・豊中遺跡群は古墳時代を通して有力集団の居住域であり続けた拠点的な遺跡群で、六世紀中ごろまでには府中地域の一画が中心域となっており、その土地利用を継続する措置が執られたと考えられる。

古市・百舌鳥古墳群の築かれた古墳時代中期

古市《ふるいち》・百舌鳥《もず》古墳群が新たに出現する変化について、戦後の考古学界では、応神天皇以降の時代に、奈良盆地に基盤を置く権力主体から河内に基盤を置く権力主体への王統の交代があったと想定されてきた。仲哀天皇と神功皇后の間に生まれたとされる応神が、ホムダワケという異質な実名をもつことから、それまでの王統とはつながらないと考えられたからである。『古事記』『日本書紀』（「記紀」）には、仲哀の急死後、神功は神託により朝鮮半島に出征し諸国を従え、九州に戻って応神を生み畿内に凱旋するが、その際、応神の異母兄にあたる麛坂王《かごさかのみこ》・忍熊王《おしくまのみこ》がそれを阻もうとして戦争となり、神功側が勝利するとある。これも新たな権力主体への交代を示唆する。今日《こんにち》では、外部による別の王権に転換したとみる河内王朝論は成立しないが、畿内の諸勢力間で主導権が交代したと考える河内政権論はなお有力である。

政権交代をめぐって多くの議論があり、今日では政権交代について否定的にみる学説も多い。「記紀」にみえる応神以降の大王の宮殿が、墳墓の所在地である河内ではなく、ほとんどが奈良盆地南部に営まれたと伝えられていることから、政権の権力基盤は変わっていないとみるのである。墳墓の所在地が河内であることについては、対外関係への対応がより重要となり、政策的に墓域を移したにすぎないと説明する。なお、政権交代を考える場合でも、河内の在地勢力が台頭して王権を掌握したとの見方は、河内の前期古墳と古市・百舌鳥古墳群とは接続しないため、今日では否定されている。現時点では、倭王権の王族層のなかで実権を握る王統に交代があったとみるかどうかに絞り込まれている。

河内政権論をどうみるか

考古学の議論においても両論があるが、政権交代を主張する考え方は以下のようなものである。古市・百舌鳥古墳群への王墓の墓域移動にともない、各地において佐紀段階に前方後円墳を築造した首長系譜が後続せず、古市・百舌鳥古墳群の時期に前方後円墳を築造したのは同じ地域でも別系譜であり、中央と地方の変動が連動することから、政権交代があったというものである。

河内政権直前の佐紀段階には、倭国王墓として五社神《ごさし》古墳（奈良市）があり、昼飯大塚《ひるいおおつか》古墳（大垣市）・宝塚1号墳（松阪市）・神明山《しんめいやま》古墳（京丹後市）・行者塚《ぎょうじゃづか》古墳（加古川市）・金蔵山《かなくらやま》古墳（岡山市）・渋野丸山《しぶのまるやま》古墳

（徳島市）・富田茶臼山《とみたちゃうすやま》古墳（さぬき市）・白鳥《しらとり》古墳（山口県平生町）など、各地にその設計にもとづく前方後円墳が築造されている。しかし、多くは一代限りで断絶し、後続する前方後円墳は築かれていない。後続する場合も、宝塚1号墳に続く2号墳や行者塚古墳に続く人塚《ひとつか》古墳のように、帆立貝形古墳や円墳に後退する。

市域においても、「府中」地域では、佐紀段階に前方後円墳である丸笠山古墳が築造されるが、中期には大型円墳の鍋塚《なべづか》古墳や玉塚《たまづか》古墳になる。信太地域でも、前方後円墳である和泉黄金塚古墳から、信太貝吹山《しのだかいぶきやま》古墳やカニヤ塚《づか》古墳といった帆立貝形古墳ないし円墳になる。岸和田市域でも、摩湯山古墳のあと後続する古墳はなく、久米田古墳群では貝吹山古墳に続く中期の風吹山《かぜふきやま》古墳は帆立貝形古墳になる。

佐紀から古市・百舌鳥古墳群への転換期における地域の古墳の変化には二つのあり方がある。まず前記の考え方のように、佐紀段階とは別の首長系譜が古墳時代中期前半に前方後円墳を築くパターンである。もうひとつは、前方後円墳がなくなり、帆立貝形古墳や円墳になるパターンである。和泉地域は後者ということになる。府域でも、中期前半の大型前方後円墳としては、太田茶臼山《おおだちゃうすやま》古墳（茨木市）や心合寺山《しおんじやま》古墳（八尾市）、淡輪《たんのわ》の西陵《さいりょう》・ミサンザイ古墳（岬町）、また四天王寺（大阪市）境内にある長持形石棺から推測される不明古墳がある程度である。中期前半の前方後円墳は全国的にも限られたもので、かなりの地域では帆立貝形古墳や円墳へと転じ、より従属的な地位に後退する。また有力首長墓そのものが見当たらなくなる地域も少なくない。

こうした現象は、倭王権が中央権力として力を強めたからであり、地域権力を押さえ込んだと考えることは誤りではない。しかし中期前半は、各地に大規模な前方後円墳がなお築造された時代であり、こうした前方後円墳を築造した地域大首長と倭王権との連合体制のピークにある。中期に現れる大規模前方後円墳がすべて新興の勢力であり、佐紀政権のもとで五社神型前方後円墳を築造した首長系譜がことごとく押さえ込まれることは重視すべきだろう。この転換からすると、佐紀政権とそれを支えた各地の政治勢力に対して、新たに台頭した河内に基盤を置く王権内の別勢力とその支持勢力との対抗関係があり、主導権の交代が生じたと理解することが妥当ではないだろうか。以上の考えに立ち、古市・百舌鳥古墳群を残した段階の倭王権の政治権力を河内政権と呼ぶことにする。

鍋塚古墳と信太貝吹山古墳

古墳時代中期に入ると、「府中」地域では、丸笠山古墳に後続する首長墓として、自衛隊信太山駐屯地内の大型円墳である鍋塚古墳（伯太町）が築造される。丸笠山古墳からは南西に約六〇〇メートルの位置にあり、府中地域からは一・三キロメートルと近く、平野に面する標高三五メートルほどの台地に立地するため、府中からもよく望むことができる。

緩やかに北西に下る台地上に築造されており、高い側の南東部には周濠がめぐる。しかし、周濠は北東と南西の渡り土手かと思われる高まりで途切れ、西側には現状では認められない。墳丘は全体としてかなり改変を受けているようで、テラス面が不明瞭で段築成の復元は容易でない。ただし、西側から北側にかけての標高三五メートルあたりに平坦部があり、テラス面を反映している可能性がある。これより上部は一段とみてよく、下部は裾部まで四メートルほどの高低差があるので、もう一面下位のテラス面がある三段築成であったとみておきたい。ただし、地盤の高い南東側では、下段斜面はほとんど高さのないものであろう。帆立貝形古墳の小方部あるいは造り出しとみられる張り出しはなく、円墳と考えられ、直径約七〇メートルに及ぶ。当時の寸法に当てはめると五〇歩［六九・三メートル］にあたるのかもしれない。

築造時期は、前期後半とされる丸笠山古墳から六〇〇メートルの近い距離にあり、丸笠山古墳に後続す

写真11　府中背後の信太山丘陵にある３古墳

る首長墓とみるのが自然であるので、中期前葉、五世紀前葉とみておこう。

鍋塚古墳と重なる時期のものとして、信太地域では、和泉黄金塚古墳に後続する帆立貝形の信太貝吹山古墳（太町）がある。発掘調査により埴輪列や葺石が検出されているが、まだ全体の形状や規模は明らかではない。残存する円丘部についても墳端は明確ではなく、小方部は戦後間もなくの航空写真で推測されるものの現在は失われている。図示した推定復元からすると、円丘部径約八〇メートル、墳丘長約一〇〇メートルとなる。出土した円筒埴輪は、窖窯《あながま》焼成導入前の円筒埴輪Ⅲ期と呼ばれる時期のものである。鍋塚古墳の円丘は直径約七〇メートルと巨大なものであるが、墳形や規模から信太貝吹山古墳の方が上位に位置づけられる。

玉塚古墳とカニヤ塚古墳

鍋塚古墳に後続する首長墳とみられるのが、造り出し付き円墳で直径約五〇メートルの玉塚《たまづか》古墳（阪本町）である。府中に近い鍋塚古墳からは南東に一・三キロメートルほど離れ、阪本町の背後に位置し、府中地域とは約二キロメートルと距離がある。墳丘は鍋塚古墳よりひとまわり小さくなる。墳頂部で円筒埴輪列が確認されており、採集資料もありそうだが公表されたものはない。

墳丘は良好に残存しており、とくに上段は明瞭で、これに造り出し上面の位置から、三段築成に復元できる。周濠がめぐるが、造り出しの取り付く部位では正円でなくやや広くなっていた可能性がある。墳丘上段の裾は明瞭で直径約三〇メートルと計測でき、これは一尺＝二五センチメートトの南朝尺《なんちょうじゃく》による二〇歩に相当する。これより下位は等高線と設計寸法を考慮して復元した。復元直径は三五歩［五二・五メートル］とみておこう。漢尺から南朝尺への転換は四四〇年代（TK二一六型式期）であり、玉塚古墳は四四〇年代に築造に着手し、埋葬時期は四五〇年代に下るのではないだろうか。

玉塚古墳は府中地域から遠くなり、鍋塚古墳ともやや距離が離れている。しかし現時点では、別系譜とみるよりも、同一系譜の連続する首長墓と考えておきたい。大型の鍋塚古墳が先行し、次にやや縮小した玉塚古墳となり、そこで断絶するという推移は、信太地域の黄金塚→貝吹山→カニヤ塚古墳だけでなく、各地の首長系譜の事例とも共通する。カニヤ塚古墳の円筒埴輪は窖窯焼成導入後のものであり（円筒埴輪Ⅳ期）、玉塚古墳も同一段階の埴輪をもつと推測される。

古墳時代後期の前方後円墳　信太狐塚古墳

玉塚古墳に後続する首長墳である。信太千塚古墳群中、最も高い場所に築かれた古墳のひとつで、墳形は前方後円墳である。規模は墳丘全長五八メートル、後円部径三三メートル、前方部幅三五メートルである。墳丘上には塹壕《ざんごう》の痕跡が多数残っており、後円部中央には、高射砲を設置するために掘られたともいわれる巨大なかく乱坑がみられる。主体部は不明であるが、石室を思わせるような石材は今のところ確認されていないので、木棺直葬《じきそう》であったとも考えられる。墳丘盛土は、黒褐色土と黄灰色土、褐色土が互層になるように、版築《はんちく》状に成形されていた。

葺石や埴輪は確認されていないが、かく乱坑からは須恵器の器台や装飾付壺などが出土している。また、盛土内から坏が出土しており、墳丘構築時に何らかの祭祀が行われていたと考えられる。出土した須恵器から、信太狐塚古墳は六世紀中ごろに築造されたことが明らかになった。

信太千塚古墳群

大阪層群が隆起してできた標高五〇～六〇メートルほどの信太山丘陵には古墳が点在しており、いわゆる群集墳を形成している。大きく分けると信太山丘陵最北端部から王子川上流となる惣ヶ池のある主谷で二つのグループに分けられる。惣ヶ池主谷の北側は、道田池古墳群や聖神社古墳群などのいくつかの群集墳が点在している。南側は、和泉市内最大級の群集墳である信太千塚古墳群が所在している。信太狐塚古墳の築造が契機となってか、六世紀中ごろ以降に爆発的に古墳が築造されるようになる。これが信太千塚古墳群である。

信太千塚古墳群は、信太山丘陵上の南北三キロメートル、東西一・二キロメートルの範囲に、現在一〇〇基程度の古墳が確認されている。多くが開発などにより消滅したが、大阪府立泉大津高等学校地歴部により調査され、まとめられた『和泉信太千塚の記録』には、八三基の古墳が紹介された。その後の市教育委員会の分布調査や発掘調査により、現在では少なくとも一〇〇基程度の古墳が存在していたことが明らかになっている。信太狐塚古墳を除きすべて円墳で、直径一〇メートル前後の規模のものが多い。

埋葬施設は、確認されているもので、横穴式石室が七基、竪穴式石室が一三基、木棺直葬が一二基、円筒埴輪棺が三基であり、多種多様な墓制が混在していることがわかる。後期古墳に特徴的ないわゆる畿内系の横穴式石室が少なく、竪穴系の埋葬施設が目立つ。

姫塚古墳（七八号墳）は、横穴式石室に箱形石棺が収められており、その石材に和歌山県紀の川左岸で採

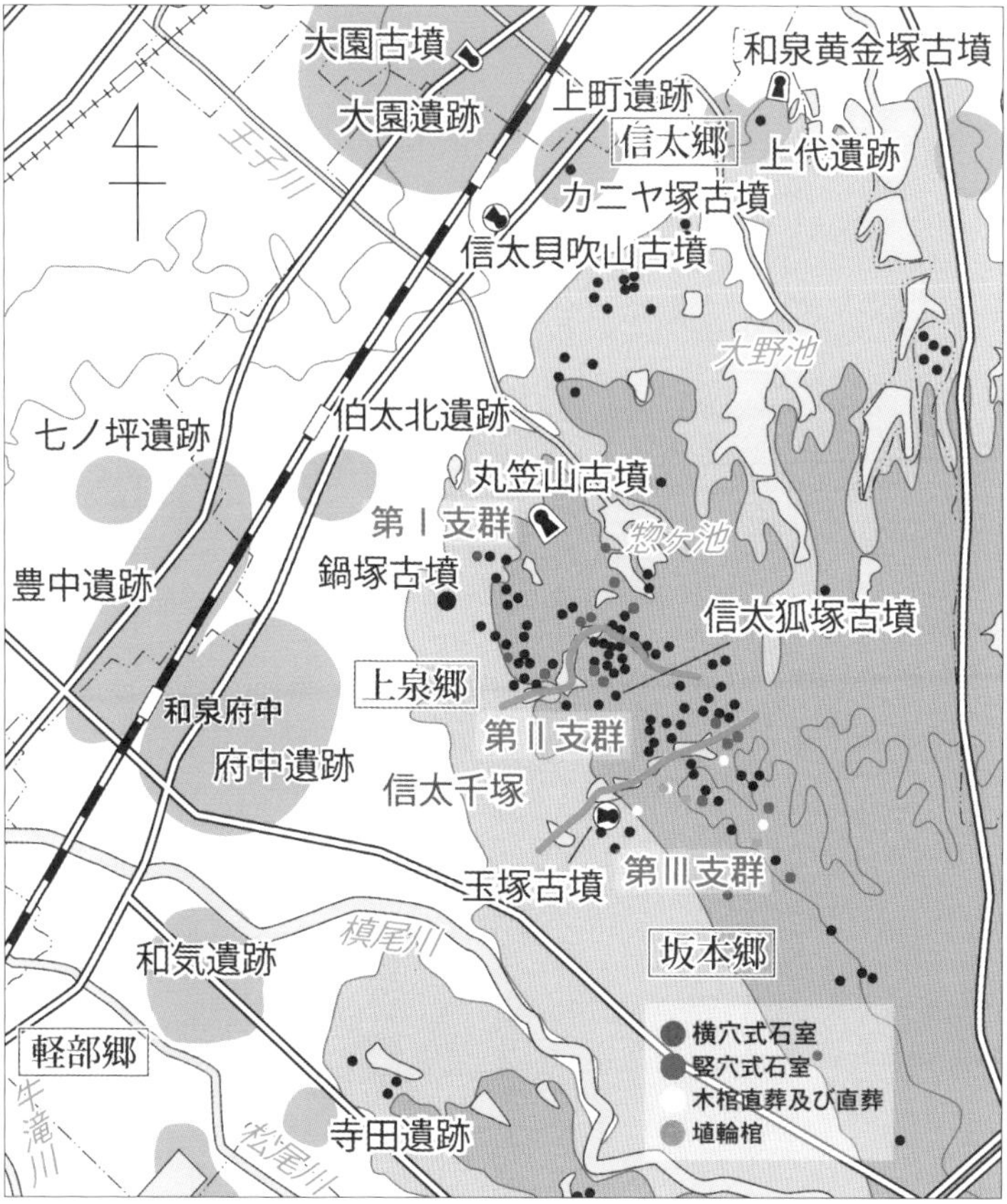

図9　信太千塚古墳群

れる緑色片岩《りょくしょくへんがん》が使用されている。これは紀《き》氏との交流が推測される重要な資料である。

カガリ塚古墳（五号墳）では、横穴式石室の羨道に須恵質の鰭付埴輪状土製品が立て並べられていた様子が確認されており、この土製品はほかに類をみないもので、この古墳の特殊性が感じられる。

五〇号墳は、小型の竪穴式小石室を埋葬施設にもっており、須恵器や土玉、馬具や銀環が副葬されていた。信太千塚古墳群では珍しく馬具が副葬された古墳で、被葬者は馬具が所有できるそれ相応の人物であったと考えられる。ただし、主体部が大和政権で採用されている横穴式石室ではなく、竪穴式小石室であることと貴重財である馬具を所有していることのギャップがあり、馬具の入手経路や倭王権とのかかわり、地域での地位など、被葬者について検討の余地がある。

目塚古墳は、両袖式の横穴式石室を主体部にもち、須恵器や耳環《じかん》、馬具、大刀、鉄鏃、砥石、鉄釘、人骨などが出土している。また、追葬が行われていたことが確認されており、都合四体の埋葬が行われていたことがわかっている。この古墳の被葬者も五〇号墳同様、馬具を所有しているが、五〇号墳との大きな相違点は、主体部に横穴式石室を採用していることで、倭王権とかかわりをもつ人物であったと考えられる。

信太千塚古墳群は、墳形はほぼ円墳に限られているという点を除くと、多種多様な埋葬施設、副葬品がみられ、統一感がみられない。信太千塚古墳群は『和泉信太千塚の記録』に従うと、三つの支群に分けられる。中津池、高津池以北を第Ⅰ支群、第Ⅰ支群と鏡池、ワカンポ《（わがんぼ）》池、大池との間を第Ⅱ支群、それより以南を第Ⅲ支群とする。第Ⅰ支群及び第Ⅱ支群は上泉郷、第Ⅲ支群は坂本郷に属すると考えられ、それぞれの郷に属する集落を意識して造られた墓域であったと考えられる（第４部第４章１参照）。

第Ⅰ支群に横穴式石室が集中しており、第Ⅲ支群に木棺直葬及び円筒埴輪棺が集中しているという特徴がみられる。横穴式石室は倭王権とのかかわりを示し、竪穴式小石室、木棺直葬や円筒埴輪棺のような竪穴系の埋葬施設は、古墳時代後期においては在地的な要素を示していると考えられる。つまり、上泉郷は倭王権とのかかわりの深い地域、坂本郷は在地的な地域ということがいえよう。

３　茅渟県主と根使主

葛城氏・紀氏との関係

九世紀前半に編纂された『新撰姓氏録《しんせんしょうじろく》』によると、和泉の諸勢力には葛城《かつらぎ》氏や紀《き》氏と同族系譜にある氏族が多い。倭王権のなかで、対外関係において重要な役割を担ったのが、朝鮮半島での葛城襲津彦《かつらぎのそつひこ》の活動が伝承される葛城氏であり、また襲津彦と兄弟とされる紀角宿禰《きのつののすくね》で知られる紀氏である。四世紀後半以降、和泉地域の諸勢力は瀬戸内の海上交通にかかわったと思われるが、葛城氏や紀氏という有力な中央豪族の指揮下に組み込まれ、葛城襲津彦や紀角宿禰と同族とされる関係が生まれたのであろう。

葛城氏は、奈良盆地西部の諸集団で、外戚として王族に肩をならべる勢力であった。「記紀」の葛城襲津彦の記事に対応するように、前期末から中期には、金剛山地東側一帯から馬見《うまみ》丘陵東縁にかけての奈良盆地西部に、それまでになかった墳丘長二〇〇メートル級の前方後円墳が次つぎに築造される。

葛城地域でもっとも古い大型前方後円墳は、佐紀後半期にさかのぼる築山《つきやま》古墳（大和高田市）である。後円部四段・前方部三段で、オオヤマト古墳群の渋谷向山《しぶたにむかいやま》古墳（天理市）の段築構造を受け継ぐもので、この時期の古墳としてほかに例がない。これに次ぐ中期はじめには巣山《すやま》古墳（奈良県広陵町）と島の山古墳（奈良県川西町）があり、三段築成となるが、前方部が細く長い特徴は築山古墳を継承する。これらは倭国王墓と異なる独自の前方後円墳である。馬見丘陵中央部では、巣山古墳のあと新木山《にきやま》古墳（奈良県広陵町）を後続して築造されるが、新木山古墳は古市・仲津山《なかつやま》古墳の設計図にもとづく類型墳とみられる。またやや遅れて、葛城南部に墳丘長約二五〇メートルの室宮山《むろみややま》古墳（御所市）が築造されるが、これは古市・誉田御廟山《こんだごびょうやま》古墳の類型墳である。前代に独自の前方後円墳を築造するが、次世代では河内政権との関係が緊密になったことがうかがえる。その一方、巣山古墳や島の山古墳の特徴を受け継ぐ前方後円墳が、淡輪《たんのわ》（大阪府岬町）に築造されている。これが西陵《さいりょう》古墳である。そして佐紀古墳群東群のウワナベ古墳（奈良市）、馬見丘陵北東の川合大塚山《かわいおおつかやま》古墳（奈良県河合町）がさらに続く。

西陵古墳は、室宮山古墳と同世代の人物とみられるが（ＴＫ73型式期）、墳丘の特徴から葛城地域と親縁な関係にあったことがうかがえる。淡輪には、西陵古墳に始まり、これに後続するミサンザイ古墳や西小山《にしこやま》古墳が築造される。雄略期の紀小弓《きのおゆみ》の墓を淡輪に造るという記事や、淡輪古墳群で特徴的な「淡輪技法」を

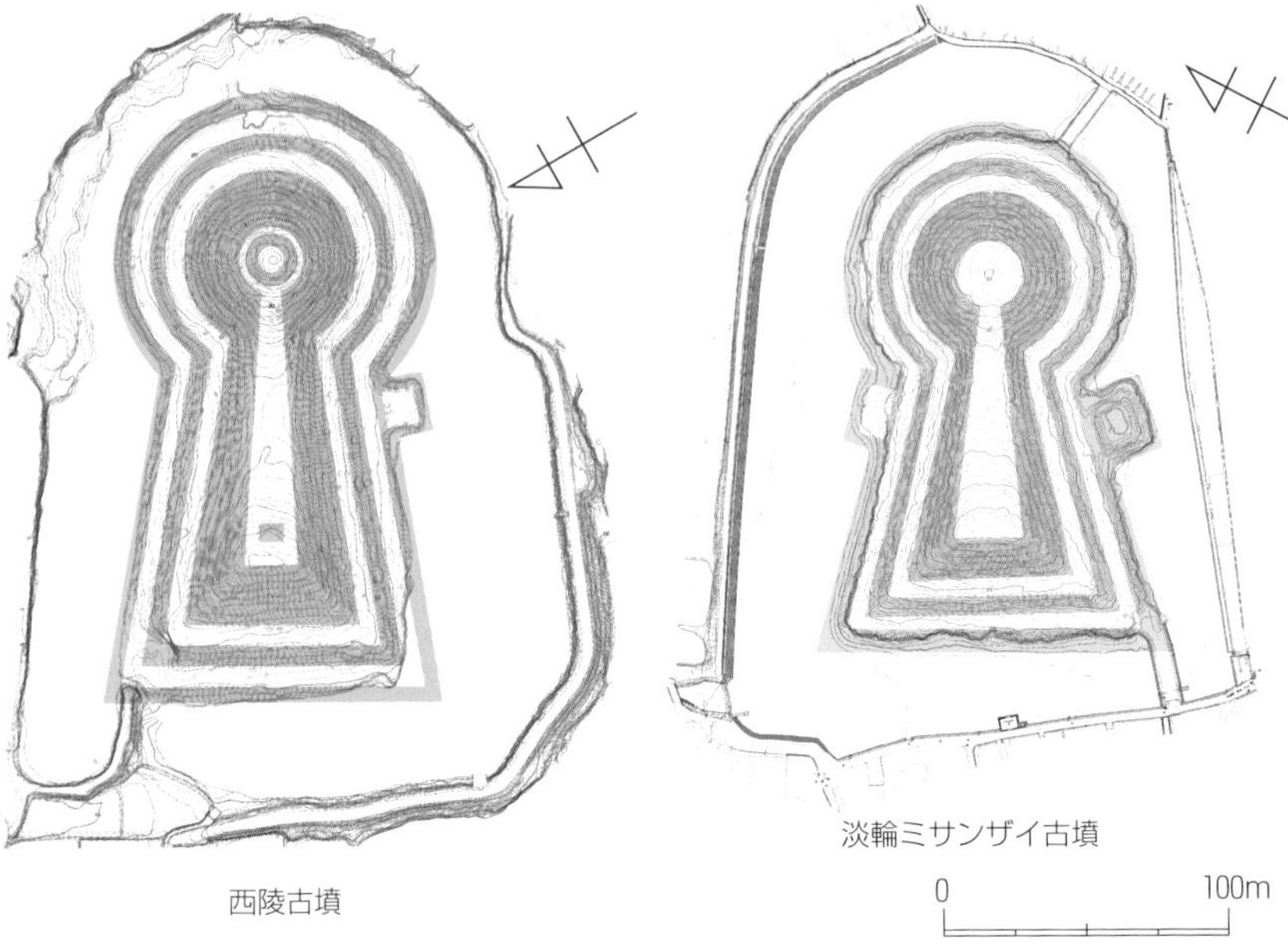

図10　淡輪の西陵古墳（左）とミサンザイ古墳（右）　S＝4000分の1。

もつ埴輪が紀ノ川北岸の木ノ本古墳群と共通することから、紀氏の墳墓とみるのが有力である。葛城氏と紀氏は、葛城襲津彦と紀角宿禰を兄弟とする同族系譜をもつが、それが墳丘形態の上でも追認できる。

　紀角宿禰は、三九二年の百済における辰斯王《しんしおう》を廃し阿花《あしん》王《おう》を立てる政変に関与した人物の一人で、これが紀氏が半島外交にかかわることを示す最初の史料となる（『日本書紀』応神三年条）。また、仁徳四一年条にも百済に派遣される記事がある（『日本書紀』）。紀ノ川北岸の楠見《くすみ》遺跡（和歌山市）から、半島の工人を招聘して五世紀初めころに焼成した最古級の須恵器が出土している。紀伊での須恵器生産の開始は、西陵古墳の被葬者の活躍期のなかで考えることができるかもしれない。河内政権の成立とともに、紀氏の半島への関与が始まり、墳丘長二〇〇メートル級の前方後円墳を築造する地位を一気に獲得したのである。

　西陵古墳が巣山古墳に後続する設計の前方後円墳であることから、その被葬者は紀ノ川下流部の在来勢力ではなく、葛城氏の一族であり、紀伊に土着し紀氏集団を形成した人物であったのではないだろうか。そうすると、葛城出自の紀氏最高首長と、それを迎え入れた在来集団側の首長を想定することができ、淡輪古墳群と木ノ本古墳群はそれぞれの墳墓であったと考えることができるかもしれない。西陵古墳の被葬者は、半島外交に関与する紀氏の始祖とされる紀角宿禰的な人物であったといえる。

和泉地域で佐紀政権期に前方後円墳が築かれたのは、近木川《こぎがわ》流域の地蔵堂丸山《じぞうどうまるやま》古墳（貝塚市）が最南端で、泉南から紀ノ川下流域にかけて有力な古墳は築造されていない。この時期に瀬戸内海上交通を担ったのは、紀伊の集団ではなく、近木川以北の集団であり、紀伊の集団はまだ関わっていないと思われる。河内政権期において、葛城氏が紀ノ川下流域に入り込み、中央豪族である紀氏となることで、葛城氏や紀氏と泉北の諸集団との関係が生まれるのではないだろうか。紀氏はやがて葛城氏から自立化していくのであろうが、初期においては葛城氏の意向のもとにあり、和泉の諸集団を配下として海上交通を担ったとみたい。

茅渟県をめぐって

和泉地域には、のちの大鳥郡・和泉郡に茅渟県《ちぬのあがた》が、日根郡に別の県《あがた》（固有名は知られておらず「日根県」と仮称される）が設定されていた。県とは、倭王権への貢納のための生産組織およびそれを監督する機構である。『日本書紀』に「茅渟県陶邑《すえむら》」と見え、茅渟県は陶邑という須恵器の生産拠点を管轄していた。これ以外にも、王宮に供するための海魚の捕獲と加工品の貢納も役割に含まれていたとみられる。こうした茅渟県に課された貢納を、地元にあって任されたのが茅渟県主《ちぬのあがたぬし》氏である。

茅渟県の成立時期については、四世紀後半とみる説（第2部第1章）や五世紀後半とみる説がある。しかし、茅渟県が設定される主目的が須恵器の貢納にあったとすれば、泉北地域での須恵器生産にともなって置かれた可能性があるだろう。須恵器生産の開始は河内政権成立後しばらく経過した五世紀前葉のことである（四

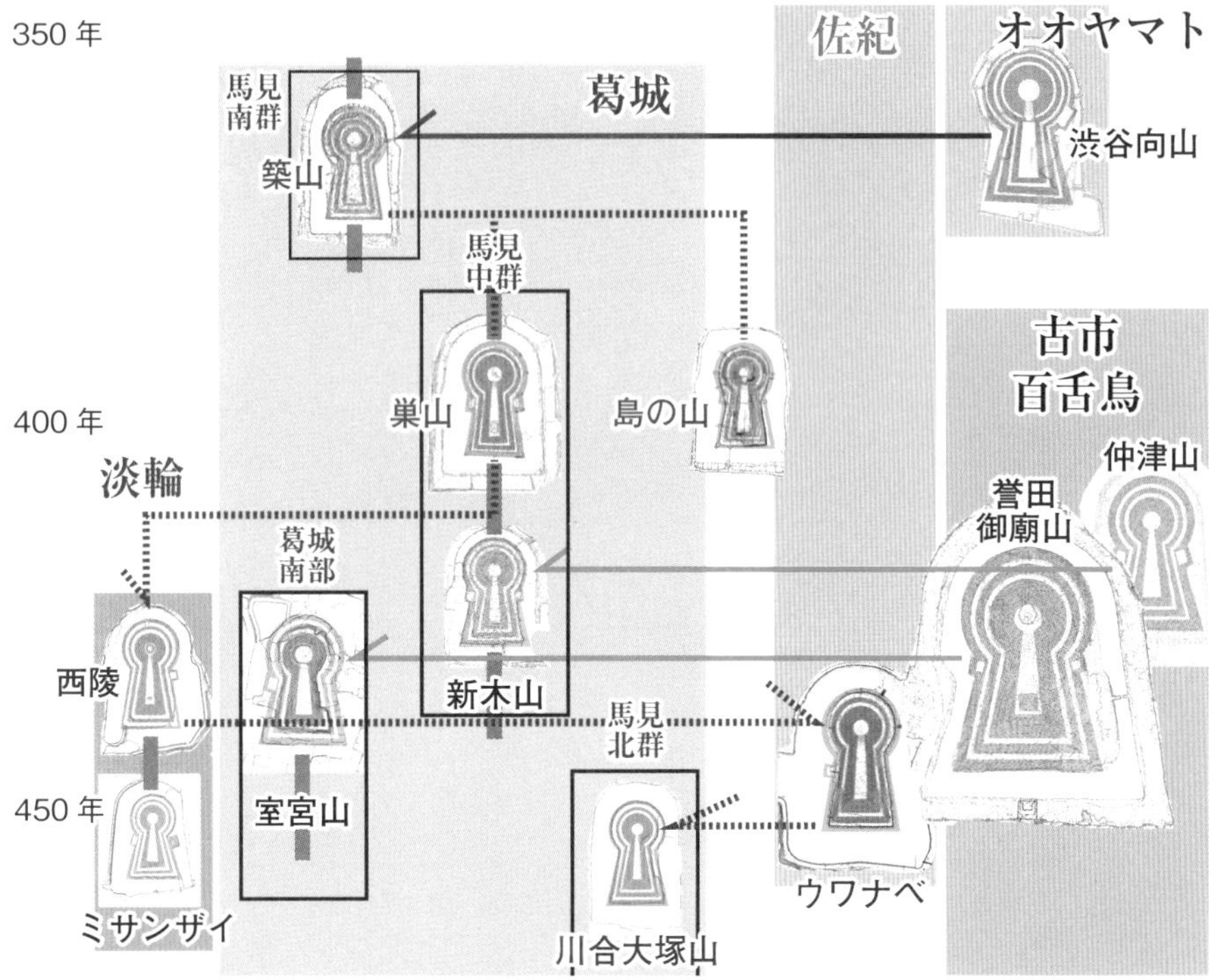

図11　葛城地域の大型前方後円墳と淡輪の西陵古墳　S＝20000分の1。

世紀後葉との見方もある）。いま判明している最古の窯跡は大野池《おおのいけ》・栂《とが》地区にあり、これは地元豪族が工人を招聘して焼成させたものとみられている。しかし、その後（ＴＫ７３型式期）に成立する高蔵寺《たかくらでら》・陶器山《とうきやま》地区が須恵器生産の主導的な役割を果たしており、これら東部地域が王権直属の窯場で、茅渟県におかれた「陶邑」にあたると考えられている。高蔵寺・陶器山地区での須恵器生産の開始は五世紀前半で（五世紀初頭との見方もある）、茅渟県の設置はこの時期である可能性があるかもしれない。

茅渟県を五世紀後半とする説においては、和泉地域の在地勢力とみられる根使主《ねのおみ》が雄略天皇に倒されることで（後述）、茅渟県が設定され、茅渟県主氏が登場すると説明される。府中南東の和泉寺跡から「珍縣主廣足作《ちぬのあがたぬしひろたり》」とヘラ書きされた文字瓦が出土したことから、茅渟県主氏は和泉寺を造営した中心氏族と考えられている。したがって、府中地域が茅渟県主氏の本拠であったとみるのが自然である。この茅渟県主氏の台頭は、追討された根使主に代わるものと考えられ、五世紀後半以降のことである。茅渟県の設定が五世紀前半とすると、茅渟県主氏の登用以前は、五世紀前半までの有力首長が貢納を担っていたと考えられ、独自に須恵器生産を行っていた信太地域の首長であろうか。

履中系と允恭系

ここで河内政権内部の問題にふれておく。政権を担ったのは基本的に同一勢力とみられるが、内部に二系統があった可能性が高い。「履中系と允恭系の対立論」と呼ばれるものである。応神以降の王統譜は、応神―仁徳―履中―反正―允恭―安康―雄略―清寧―顕宗―仁賢―武烈で、仁徳のあと、その子である履中・反正・允恭が順に即位し、允恭のあとは、履中や反正の子が王になることはなく、允恭の系統が王位を占める（のちに履中系が復活）。両系統の対立関係がうかがえる点を挙げてみよう（『日本書紀』）。

まず允恭は、即位する際に「兄の二天皇（履中・反正）は、わたしを愚か者として軽んじた」と述べる（反正六年一月条）。履中は葛城葦田宿禰《かつらぎのあしだのすくね》の娘である黒媛《くろひめ》を妃とするが、允恭は即位後、葦田宿禰を攻め滅ぼす（允恭五年七月条）。さらに、允恭の子である安康は、即位すると、弟のワカタケル（雄略）に反正の娘を娶《めと》らせようとするが拒絶される（允恭四二年一二月条）。次いで、ワカタケルに仁徳の子である大草香皇子《おおくさかのみこ》の妹である幡梭皇女《はたびのひめみこ》を娶らせようと、根使主を大草香皇子のもとに遣わす。大草香は喜んで受諾し、それを示すために押木珠縵《おしきのたまかずら》を安康に届けるよう根使主に渡す。ところが、根使主は押木珠縵を自分のものにし、断られたという偽りの報告をし、安康は大草香皇子を攻め滅ぼす（安康元年二月条）。そして、安康は幡梭皇女を雄略に娶せるとともに、自分もまた大草香の妻であった履中皇女の中蒂姫《なかしひめ》を妃とする（安康二年正月条）。安康は、大草香と中蒂姫との間に生まれた眉輪王《まよわおう》（履中の孫）に一年半後に殺され（安康三年八月条）、ワカタケルは眉輪王を尋問するが、葛城の円大臣《つぶらのおおおみ》のもとに逃げ、これを引き渡さない円大臣とともに屋敷に火を放って焼殺する（雄略即位前紀＝安康三年八月）。次いで、履中と黒姫との間に生まれた市辺押磐皇子《いちのへのおしはのみこ》を狩りに誘い出し射殺し、次いで市辺同母弟の御馬皇子《みまのみこ》も処刑し（雄略即位前期＝安康三年一〇月条）、即位する。

以上のように、允恭即位後、履中の子や孫を排除し、また葦田宿禰や円大臣という葛城氏の有力者を相次いで倒しており、こうしたことから履中系と允恭系の対立関係があったと考えられている。

これは、中国南朝の劉宋《りゅうそう》に朝貢した、讃・珍・済・興・武という倭の五王からも裏付けられる。讃と珍は兄弟、済が父で興・武はその子で兄弟であることは記されるが、珍と済の続柄が記されておらず、これは書き落としでなく、異系であったとの見方が有力である。倭王珍は反正、済は允恭、興は安康、武は雄略と考えられ、讃は仁徳か履中かのどちらかとみられている。

『日本書紀』は、応神在位が二七〇～三一〇年の四一年、仁徳が三一三～三九九年の八七年など、明らかに在位期間が水増しされている。一方、『古事記』には一五代分について没年が干支で記され、そこから導かれる年代の方が、信憑性が高い。これによると、応神が三九四年没、仁徳が四二七年没、履中が四三二年没、反正が四三七年没、允恭が四五四年没、雄略が四八九年没である。

このうち允恭については、『古事記』の没年四五四年に対し、『日本書紀』による在位年は四一二～四五三年で、在位四二年間はありえないが、没年は一年違いで近似する。『古事記』での允恭在位は、反正没の四三七年から四五四年となり、倭王済の遺使が四四三年と四五一年であることから、倭王済は允恭というのが定説である。倭王済が允恭とすると、「履中系と允恭系の対立論」と、倭王讃・珍に対し済以下が異系とみられることは符合する。つまり允恭は、履中・反正の王統とは対抗的な関係にある異なる系統から王位に就き、子の安康・雄略にわたって、それ以前に王位にあり勢力のあった王族や外戚勢力の弾圧を進めたと考えることができる。

允恭と和泉

允恭の登場は、河内政権内で主導権が交代する転機であったと考えられる。『古事記』による反正没の四三七年以降、履中系の押さえ込みが始まり、履中系と結びついていた地域勢力への圧迫も進められる。

允恭の在位期間は、「府中」地域の玉塚古墳や信太地域のカニヤ塚古墳の被葬者と重なり、いずれの墳丘規模も前代より縮小し、次世代には継続しない。一方、淡輪では西陵古墳のあと大型前方後円墳である淡輪ミサンザイ古墳が築造され、これは允恭墓とみられる大仙古墳の設計にもとづく類型墳で、紀氏は引き続き重用されている。

允恭は、皇后の妹である弟姫《おとひめ》（衣通郎姫《そとおしのいらつめ》）のために茅渟宮《ちぬのみや》を営み、日根野に遊猟するとして茅渟宮にしばしば行幸したという。同じ名前の茅渟宮は、二五〇年以上を経た奈良時代になって、元正天皇が整備させたものとして現れる。霊亀二（七一六）年四月に、茅渟宮の造営を目的として大鳥・和泉・日根三郡を和泉監《げん》が管轄する体制を整え、以後、造営工事が進められる。近年、信太地域西側の大園遺跡で、著しく削平されてはいるが大型掘立柱建物の柱穴が少なからずみつかっており、巨大な一木を刳り抜いた井桁をもつ井戸群やトイレ遺構が検出され、またカニヤ塚古墳の周濠を苑池に転用した庭園も発掘された。東西一キロメートルに及ぶ範囲に特別な諸施設が広がっており、元正の和泉宮《いずみのみや》（茅渟宮）といわれている（『考古・古代・中世編』第2部第1章）。和泉監設置に進む直前の霊亀二（七一六）年三月に、「茅渟宮を維持する」ために和泉郡・日根郡に経済的・人的負担を命じていることから、新たに造営を開始する前のこの時点で、前身となる「茅渟宮」があったとみられている。そうすると、五世紀中ころの允恭の茅渟宮以来、大園遺跡とその周辺が王権直属の御料地として維持されてきたということになろう。ただし、奈良時代の柱穴の残存状況から、允恭の茅渟宮があったとしても、古墳時代の遺構は削平で失われているようである。

允恭の茅渟宮が大園遺跡にあったとすると、近接する信太地域にはカニヤ塚古墳の被葬者がいたのであるが、王権の意向に従わざるをえなかったのであろう。王権との関係を考える場合、茅渟県主以前に県の運営を担っていた在地勢力をどう考えるかという点とも関連しよう。一方の府中地域は、直径五〇メートル余りの大型円墳である玉塚古墳の被葬者の本拠地であり、府中・豊中遺跡の内容から和泉最有力であったとすれば、この点も茅渟宮が信太地域に造営された理由になるのかもしれない。

根使主事件

先にふれたように、允恭没後の安康元年、根使主は、大日下皇子のもとに遣わされ、大草香皇子は妹の幡梭皇女がワカタケルに嫁することを受諾するが、根使主は、大草香皇子が差し出した押木珠縵をわがものとし、断られたという偽りの報告をし、大草香皇子は安康に攻め滅ぼされる。それが一六年後に、中国からの使者の応接役に指名され、その際に押木珠縵を被ったことから発覚し、雄略に追討される。これが、『日本書紀』雄略一四年四月条に記される根使主事件である。『日本書紀』の紀年では四七〇年にあたる。

根使主事件は、和泉の諸集団にとって勢力図が大きく変わる大事件であった。紀氏系集団は分裂し、前代まで力をもっていた紀臣《きのおみ》系の勢力が後退し、紀直《きのあたい》（国造）系の集団とに分かれ、さらに茅渟県主氏を代表とする豊城入彦命《とよきいりひこのみこと》を祖とする上毛野《かみつけの》系が台頭する。事件後、根使主の集団は二分され、一方は妃である大草香皇子の妹の草香幡梭姫に与えられ大草香部の部民とされ、他方は茅渟県主氏の袋担ぎとされる。そして根使主の後裔がのちの坂本氏であることが記される。

根使主は、その後裔が現在の阪本町を本拠とする坂本氏であること、その坂本氏は『新撰姓氏録』によると紀角宿禰を祖とする紀臣系であることから、和泉地域を本拠とする紀氏系氏族であったと考えてよい。雄略期には、葛城円大臣が追討され、淡輪での大型前方後円墳の築造も継続せず紀氏への抑圧に進んでいる。根使主事件は、さらに紀氏と結びついていた和泉の勢力を押さえ込む局面に至ったものと理解できる。

和泉の在来勢力である根使主は、雄略期の直前まで有力古墳を築いた首長系譜につながる人物であろう。和泉地域で五世紀中葉の有力古墳となると、「府中」地域の玉塚古墳か信太地域のカニヤ塚古墳に絞り込まれる。両者を比較すると、玉塚古墳が直径五二メートル、カニヤ塚古墳が直径約四五メートルで、玉塚古墳の被葬者の方が有力である。また、府中・豊中遺跡は古墳時代の開始期以来の、この地域を代表する大規模な遺跡である。以上のことから、根使主は、丸笠山―鍋塚―玉塚古墳という首長系譜の後続首長だったと考えることができるのではないか。

そして事件後、根使主の本拠であった府中地域は接収され、茅渟県主氏に明け渡されたと考えられるだろう。その一方、根使主の集団の半分は、新たな盟主として登場する茅渟県主氏に従属し、その監督下に、府中地域から坂本地域に移され、この地域の開発に従事したのではないだろうか。こうして古墳時代の中核拠点であった府中地域は茅渟県主氏のものとなり、六世紀以降、槙尾川から取水するこうこうず（国府河津とも）井の用水路を引き、移動した根使主集団の子孫もまた太田井《おおたい》水路を掘削し、坂本氏として復活していくことになる。

コラムⅡ　六世紀における「府中」地域の灌漑整備

和泉市史編さんにあたって、大阪市立大学（現大阪公立大学）合同調査の機会に、水利関係の調査を重ね、その成果は『考古・古代・中世編』で示した。ここでは、その後の合同調査の成果も加味して、府中地域一帯の水利関係をみておこう。ただし、主要な水路は現存しているが、昭和初期に光明池水路ができたことで変化し、また、溜池の埋め立ても進み、明治時代までのあり方と同じではない。市街化にともない舗装下に埋設されたものは視認できず、水路の連続がわからない場合もある。また未調査域もあり、合同調査に入った地域でも、離農が進んで水利関係の資料があまり残っていないこともある。水利組合のみなさんの話も、高度経済成長期を経た現代のものである。したがって、明治期までの水利を正確に復元するには、江戸時代あるいは明治期にまとめられた絵図、あるいは関係資料を分析することが不可欠となる。とはいえ、関係資料をつきあわせての綿密な復元作業が必ずしも十分にできていないのが実情である。以上の長いお断りを了解いただいたうえで、図をご覧いただこう（図12）。

府中地域の水利としては、こうこうず（国府河頭）井・桑畑《くわばた》井・府中清水が重要である。また槙尾川南岸の、松尾川にはさまれた地域には久保津戸《くぼつと》井がある。こうした水路は現用で、また現在はコンクリートで固められ、発掘調査を実施する機会もなく、直接的な年代の手がかりはない。しかし、これらの幹線水路の成立は六世紀にさかのぼると考えている。なぜそう考えられるのかを説明しておく。まず重要であるのは、近畿地方では、六世紀後半から七世紀前葉にかけて、古墳時代集落が立ち退かされ、より標高の高い地点に古代集落を移配すること、また立ち退いた跡地は耕作地となることが確認されている。これは七世紀を通して列島全域におよび、古代国家の強権性を示す重要な考古学の成果である。市域でも同様に、六世紀前半までに水田開発が可能であった範囲は限られ、集落はその近傍の水の引けない低位段丘に位置していたが、槙尾川の上流から水路を引く、あるいは信太山丘陵にある大野池のような溜池を山間部に築堤することで、段丘面を水田に変える大規模な国家的な新田開発が実施されたのである。池田谷の各所に六世紀後半以降の群集墳が築造されるのも、同じ地域開発の一環である。

　府中地域の灌漑が整備される時期を考えるため、まずは、こうこうず井より上流で槙尾川から取水する太《おお》田《た》井についてみておこう。阪本地域を本拠とする坂本氏は、七世紀はじめの推古天皇の時代に中央豪族となるが、もとは雄略天皇の時に討伐された根使主の一族である（第2部第1章および『考古・古代・中世編』参照）。彼らは五世紀後半に阪本地域に移配され、七世紀はじめに中央豪族にまで成長し、本拠地に坂本寺《さかもとでら》を建立するに至る。坂本氏の台頭には阪本地域の段丘面の開発が不可欠であるから、太田井の掘削は六世紀と考えられるだろう。またこうした開発は、本来、生産力の高い平野部から始まり、池田谷の段丘面に進むと考えられるので、府中地域を灌漑するこうこうず井も六世紀にさかのぼるとみるのが妥当だと思う。この点に関し、駅前再開発事業による発掘調査で、いくつもの自然流路が六世紀に埋没しているとの所見がえられた点も重要である。分流する自然流路を整理したとみることができ、こうこうず井や桑畑井という幹線水路の整備を示すと考えられるのではないか。以上のような理解により、幹線水路の掘削は六世紀後半と考えている。

　ただし、図示したものは七世紀後半に施工された条里地割に沿って整っており、さらなる整備がなされた段階のものである。地割がない時期の景観は不明だが、灌漑域の標高を考えての井堰の計画的設置、そこからの幹線水路の掘削が、まずは六世紀後半に行われたであろう。また、新田開発といっても一気に全面的に

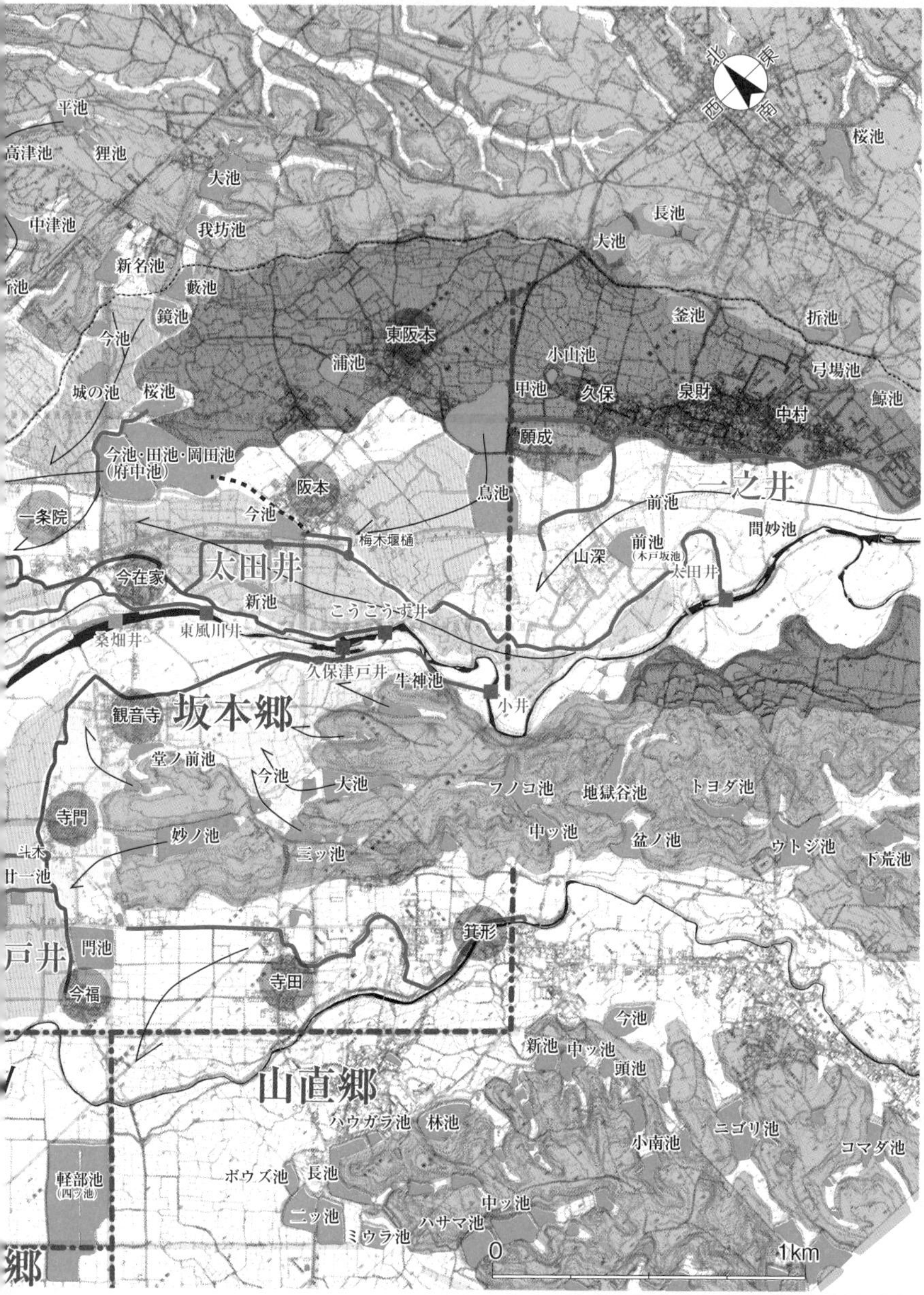
北
東
西
南
平池
高津池
狸池
大池
中津池
我坊池
新名池
藪池
鏡池
今池
城の池
桜池
今池・田池・岡田池
(府中池)
一条院
東阪本
浦池
阪本
今池
梅木堰樋
鳥池
小山池
甲池
久保
泉財
中村
願成
桜池
長池
大池
釜池
折池
弓場池
鯨池
一之井
前池
間妙池
前池
(木戸坂池)
山深
太田井
太田井
今在家
新池
こうこうず井
東風川井
桑畑井
久保津戸井
牛神池
小井
観音寺
坂本郷
堂ノ前池
今池
大池
フノコ池
地獄谷池
トヨダ池
中ッ池
盆ノ池
ウトジ池
下荒池
寺門
妙ノ池
三ッ池
斗木
廿一池
門池
戸井
今福
寺田
箕形
今池
新池
中ッ池
頭池
山直郷
ハウガラ池
林池
小南池
ニゴリ池
コマダ池
軽部池
(四ッ池)
ボウズ池
長池
ニッ池
中ッ池
ハサマ池
ミウラ池
0
1km
郷

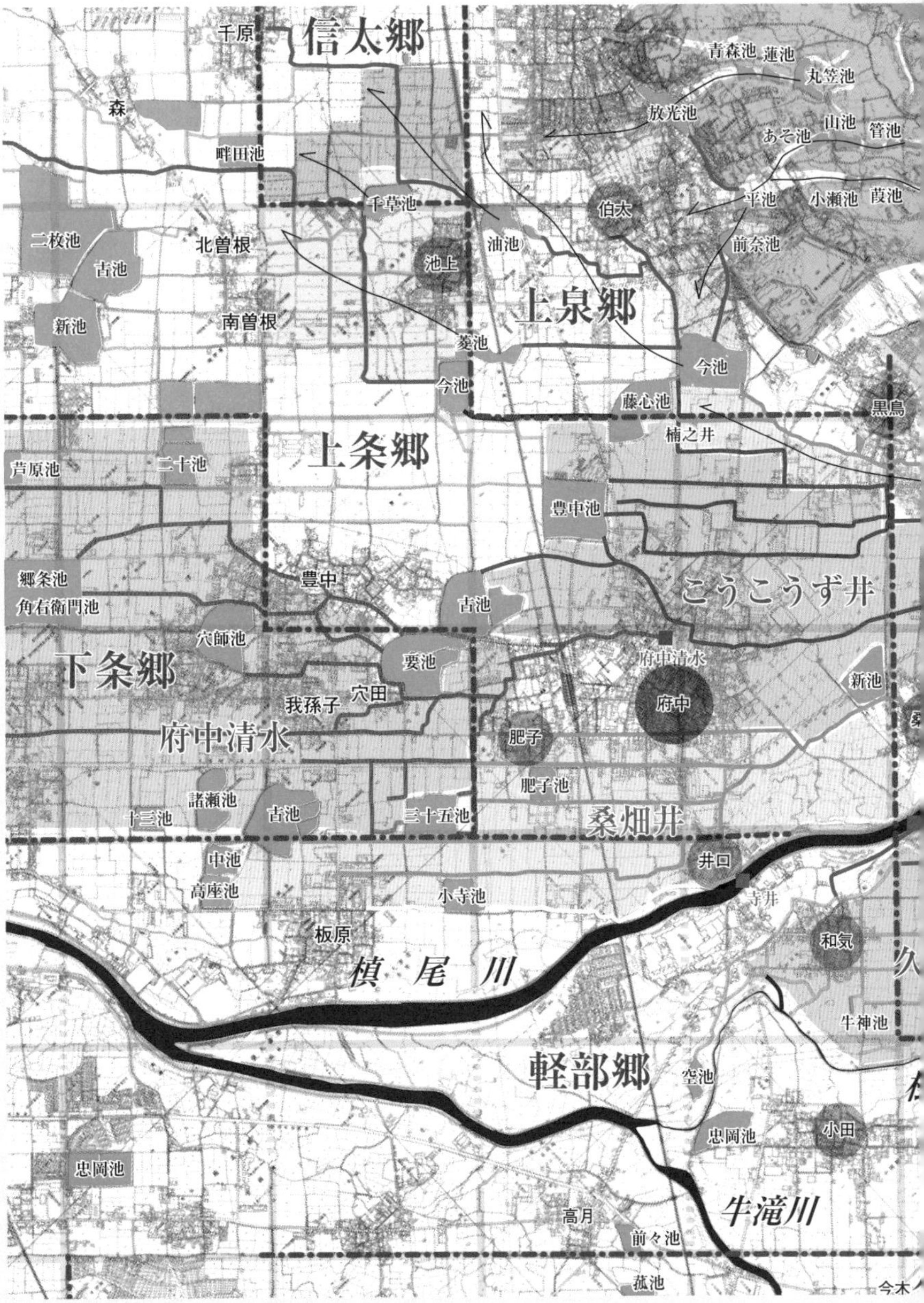

図12　府中地域周辺の水利環境　1961年地形図をもとに作成。

収穫可能な田地になったわけではなく、耕地化の進展にともない水利開発はその後も進められるので、図に示したものは最終的な姿である。古代以来の長い時間のなかで新たな溜池の掘削による水路の変更もあったであろうが、それを後づけることはできない。しかし、府中地域の地割に沿う水路網の骨格は、古代にできあがったものであろう。

では、府中地域にとって重要なこうこうず井と桑畑井を概観しよう。こうこうず井の井堰は標高三〇メートル、一・二キロメートル導水し、灌漑域としては標高二八メートル以下をカバーする。桑畑井の井堰は、九〇〇メートルほど下流で標高二七メートル、八〇〇メートルほど導水し、灌漑域としては標高二四メートル以下をカバーする。この両者によって、府中地域の南北幅一・五キロメートルほどの範囲を灌漑する。その面積は、条里大区画（里）四つ分、一四四町になる。こうした両者の灌漑域から考えると、桑畑井とこうこうず井は一体で計画されたものと思われる。また伯太町の耕地の大半も、こうこうず井の余水を今池と藤心池に溜めた水により、さらに伯太町の水は、油池や菱池に溜めて池上町で用いられている。なお、伯太町の今池には、芦部町北方にあった府中池から黒鳥町を通る水路の余水も導水されていたと思われる。

府中地域には、これとは別に、泉井上神社内の湧き水である府中清水を水源とする水路がある。この水路により、肥子町の西の泉大津市域（下条郷）の水田を灌漑する。なお、井ノ口町と和気町の間の槇尾川に架かる柳田橋のすぐ東に、井口の名前の通り井堰（寺井）がある。その高さは標高一八メートルで、四〇〇メートル導水し、泉大津市板原町の標高一六メートル以下の灌漑域をカバーしている。

以上のようなあり方が基本的に古代にさかのぼるとすると、こうこうず井と、桑畑井および府中清水による灌漑域の差が、上泉郷（上条郷含む）と下泉郷（下条郷）の区分に関係するようにも思われる。七世紀後半に行政界を区切る上で、生活単位である郷域の境界決定において水利関係は重要な要素であったであろう。古代の上泉郷は、いまの伯太町にあたる狭い上泉郷と広い上条郷をあわせたものと推測されるが、その変則的な領域の形は、水利系統に関係するのではないかと思われる。

ただし仮にそうであったとしても、実際にはそうはいかなかった。こうこうず井と桑畑井の流末にあたる泉大津市側は未調査であるが、豊中池・古池・要《かなめ》池・穴師池などがならんでおり、西側の広大な泉大津市域の水田は溜池による。こうこうず井と桑畑井の利用としては図示した範囲が基本であり、槙尾川の水は大阪湾岸まで十分いきわたる水量はなく、数多くの溜池を掘削しなければならなかったのである。こうした水利の区分が、大局的には和泉市と泉大津市の市境につながっているようである。

最後に久保津戸井にふれておこう。久保津戸井堰はこうこうず井堰に近いので、これも六世紀後半と考えていいように思われる。久保津戸井の取水口は標高二九メートル、観音寺町の丘陵の北辺を約九〇〇メートル進み、南に折れて寺門町の丘陵先端を通り、約一キロメートルで今福町南の松尾川に落とす。灌漑域としては標高二七メートル以下をカバーし、槙尾川と松尾川にはさまれた和気町一帯を灌漑する。条里地割が施工され、それに沿って水路が整えられている。その面積は条里大区画ひとつ分三六町分程度である。

第2部 和泉と古代王権

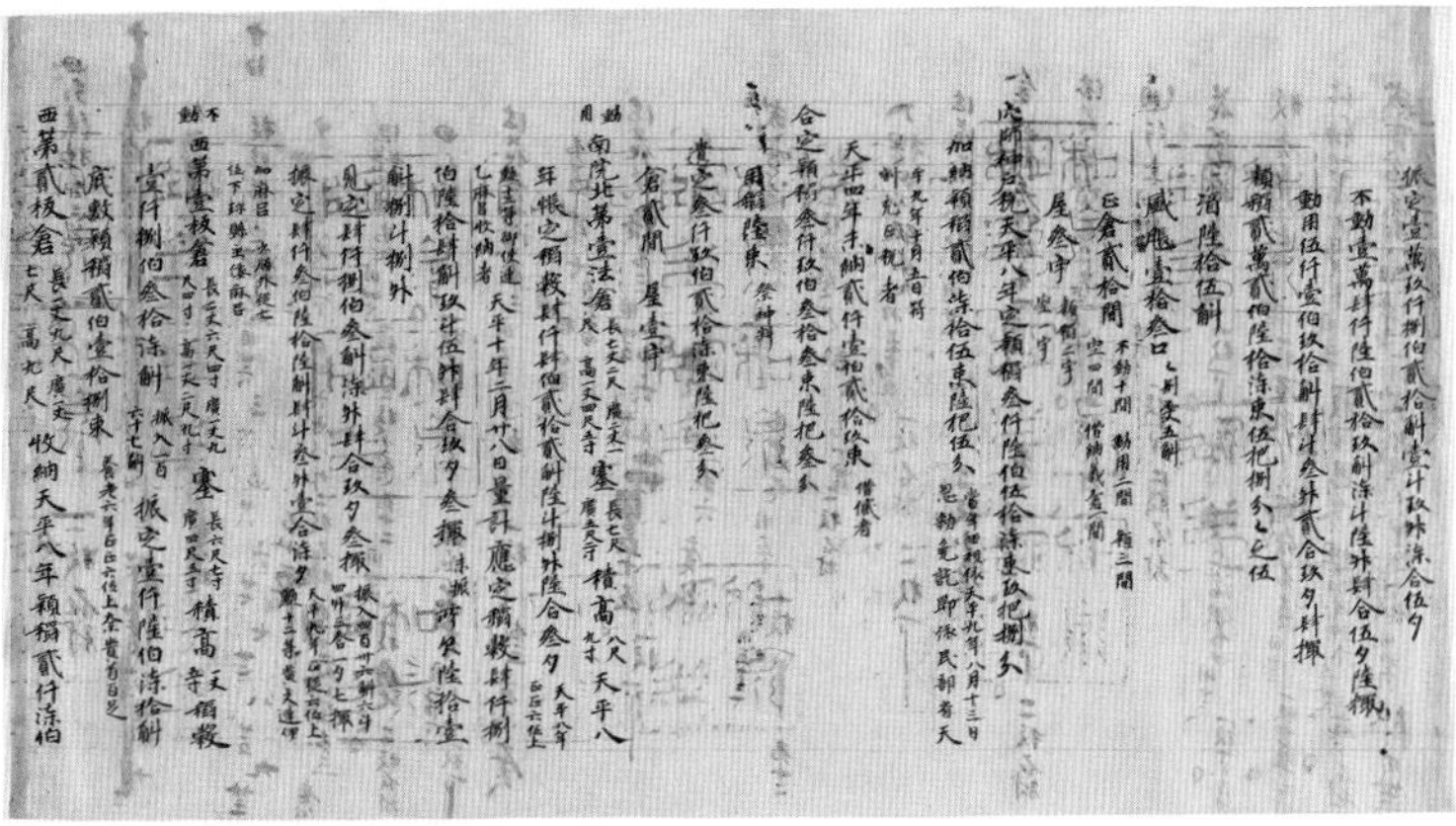

天平９（737）年度和泉監正税帳　和泉郡の正倉の記載部分。正倉院宝物正集第13巻第10紙。写真は宮内庁正倉院事務所より提供。

第2部では、残されている史料が乏しいため、取り扱う地域をのちの和泉郡の範囲や和泉国（和泉監）全体に拡大して歴史をたどることになる。その中で府中地域に焦点を合わせていく。古代において、府中を中心とする地域や和泉郡の地域の著しい特色は、その時々の王権との結びつきが強いことであった。

のちの和泉郡・大鳥郡にあたる地域には、四世紀ごろに「茅渟県《ちぬのあがた》」が設定され、「茅渟県主《ちぬのあがたぬし》」というウジが統括した。県は王権に直属して物や人の貢納を行い、県主がそれを取り仕切った。この「茅渟県」の本拠地は府中地域の可能性が高く、「茅渟県」もこの地域を中心に展開していたと推定される。また五世紀には「茅渟宮《ちぬのみや》」という王宮が置かれた。その所在地は、和泉郡と大鳥郡の境界付近と考えられる。この王宮はその後も維持され続け、八世紀に実在が確認される「茅渟（和泉）宮」に連なる可能性が高い。

八世紀の和泉国（監）に関する基本史料は、天平九（七三七）年の「和泉監正税帳《いずみげんしょうぜいちょう》」である。正税帳とは、律令時代の国（和泉では監）の基本財源の一年間の収支報告書で、毎年作成して中央に提出された。これを詳細に分析して、大鳥郡・和泉郡・日根郡の三郡を比較すると、特に和泉郡のみに、護国経典である金光明《こんこうみょう》経《きょう》を読経《どきょう》する法会や、国家的に重視されている泉穴師神社の財源の負担、和泉宮（珎努宮）の運営経費などの特定の支出があり、正税を収納する倉の規格性・統一性が高いなど、中央政府の関与が認められる。

和泉国の郷のうち上泉郷《かみついずみごう》と下泉郷《しもついずみごう》は、もと一つの地域であったものと考えられ、和泉郡の中心地域であった。そこには「泉穴師神社」「泉井上神社」という、泉という小地名を冠する二つの重要な神社が存在した。前者は奈良時代の和泉国でもっとも重視された神社であった。また後者は、和泉という小地名・郡名・国名のもととなった泉の祭祀が発展したもので、国府と密接に関係する神社であった。

古代編では、以上の府中地域やのちの和泉郡にあたる地域と王権との関係を軸にしながら、この地域に展開した豊かな歴史を叙述していきたい。

第1章　倭王権との結びつき

1　茅渟県

和泉の古名茅渟

茅渟《ちぬ》（血沼、珎、珍など表記はさまざま）は現在の和泉（泉州）地域の古名である。『古事記』神武《じんむ》天皇段に、神武東征のとき、兄の五瀬命《いつせのみこ》が矢傷をうけた手を洗ったことから「血沼海《ちぬのうみ》」と称したとの説話がある。また、大阪湾で黒鯛（チヌ）が豊富にとれたので茅渟海と呼ばれたともされる。和泉（泉）という地名は市内府中町の泉井上神社の「和泉清水」に由来するという伝承があり、もとはこの周辺を指す小さな地名であっただろう。現在の和泉地域を「和泉」と称するのは大鳥郡・和泉郡・日根郡を管下に持つ和泉監《いずみげん》が初めてであり、その時期は霊亀二（七一六）年である。本章はより古い時代を論じるので、泉という場合、現在とは異なり、府中町周辺のみの地域を指す。

県の設置

茅渟に県《あがた》が設置された。県は倭王権時代の支配組織の一種であり、大王《おおきみ》家に直接に従属してさまざまな貢納《こうのう》を行い、あるいは奉仕し、大王家の物質的・人的基盤を支える重要なシステムであった。倭王権の本拠地といっていい大和や河内の周辺や西日本に分布した。県を統轄したのが県主《あがたぬし》である。県主は本来は職掌・地位の名であったが、のちには次第に氏《うじ》あるいは姓《かばね》として用いられるようになった。県主は、倭王権に従属して、貢納・奉仕などを管掌する職務をおびた、その地の有力豪族であった。

県制の成立時期についてさまざまな見解が提起され、現在でも確かな共通認識があるとはいえない。ひとつの有力な見解が倭王権の初期の段階といえる四世紀ごろに成立し、国造《こくぞう》制や部民《べみん》制の成立にともない、存在意義を失っていったとするものである。これに対して、五世紀中~六世紀初頭に成立し、国造や部民と併存したとする見解もある。第二の説では、国造制や部民制と異なる県制の独自の意義が明確でなく、なぜこの時期に県制が生まれたのかがあまりうまく説明できない。県制から国造・部民制への推移を想定する第一の見解のほうが自然であると思われる。

茅渟県の設置は和泉市を含む茅渟地域が大王家に直接に結びつくようになったことを物語り、この地の歴史にとって大きな画期であったことは間違いない。それ以前の情勢はまったく不明である。河内地域の南端に位置する茅渟は古い段階から倭王権の勢力範囲に含まれたと思われるが、王権と深く関わり大きな意義を持つようになったのはこの時からであろう。和泉地域における古墳の展開が四世紀後半ごろの和泉黄金塚《こがねづか》古墳（上代町）や久米田貝吹山《かいぶきやま》古墳・摩湯山《まゆやま》古墳（いずれも岸和田市）から始まるのもそれと深い関係があろう。また、府中・豊中遺跡群が四世紀に整備された首長居館を持つようになり、その後、周辺地域での人びとの居住が拡大し、この地域を代表する集落となったことも大いに参考になる（第1部）。

茅渟県主

茅渟県を統轄したのが茅渟県主《ちぬのあがたぬし》氏である。『日本書紀』雄略《ゆうりゃく》天皇一四年条に、かつての悪事が露見した根使主《ねのおみ》が攻め殺され、その子孫を二分して、一部は大草香部《おおくさかべ》の民とし、一部は茅渟県主の従属民としたとある。また、天平一〇（七三八）年四月五日付の和泉監正税帳《いずみげんしょうぜいちょう》（正倉院文書）に、和泉郡少領外従七位下《しょうりょうげじゅしちいげ》珍県主倭麻呂《やまとまろ》・同郡主帳《しゅちょう》无位《むい》珍県主深麻呂《ふかまろ》の名がみえる。この時でも茅渟県主氏が和泉郡周辺で大きな勢力を誇ったことがわかる。倭麻呂は『日本霊異記《りょういき》』中巻第二話に「泉郡大領《たいりょう》血沼県主倭麻呂」ともみえる。彼は鳥の邪淫《じゃいん》を見て出家して行基の弟子となり、信厳《しんごん》と名乗ったことが知られる（『考古・古代・中世編』第2部第3章参照）。

茅渟県主氏は和泉郡のなかでも、中心に位置する現在の府中町周辺を本拠としたと推定されてきたが、近年、それがいっそう明確になった。和泉寺跡（府中町）は大規模な古代寺院跡である。ここから「珎県主広《ひろ》足《たり》」の名を刻んだ瓦（時代は八世紀前半ごろ）が出土した。茅渟県主がこの寺院と何らかの結びつきを持ったことが明らかになった。やはり、茅渟県主氏の本拠地はこのあたりであった。

写真1　和泉寺跡で出土した「珎県主廣足」の人名が刻まれた瓦　写真は大阪府教育委員会より提供。

池の造営

『古事記』垂仁《すいにん》天皇段に次のような興味深い記述がある。垂仁天皇は四世紀に実在したと思われる大王《おおきみ》である。

印色入日子命《いにしきのいりひこのみこと》（垂仁天皇の子）は血沼池を作り、また狭山《さやま》池を作り、また日下高津《くさかたかつ》池を作りたまひき。また鳥取の河上宮《かわかみのみや》にましまして横刀《たち》壹仟口を作らしめたまひき。こを石上《いそのかみ》神宮に納めまつる。すなはちその宮にましまして、河上部《かわかみべ》を定めたまひき。

前半部分の池の造営は『日本書紀』垂仁天皇三五年九月条にも「五十《い》瓊敷命《にしきのみこと》を河内国に遣わし高石池・茅渟池を作る」と記され（五十瓊敷命は五十《い》瓊敷入彦命《にしきいりひこのみこと》とも。『古事記』の印色入日子命に同じ）、後半の刀の製作について垂仁天皇三九年一〇月条・垂仁天皇八七年二月五日条に関係する記事がある。

『古事記』の血沼池と『日本書紀』の茅渟池は同じで、高津池も高石（高脚）池と同一であろう。ただし、『日本書紀』では、狭山池の造営はこの時期からさかのぼる崇神《すじん》天皇六二年七月二日条に関係する記載がある。『古事記』『日本書紀』ともに垂仁天皇期に河内南部で開発が行われたことを記す点で共通する。

『日本書紀』で五十瓊敷入彦命が茅渟菟砥《うと》川上宮（鳥取の河上宮に同じ）で製作した刀剣が石上神宮に収蔵されたとされることは『古事記』と共通するが、『日本書紀』により詳しい説話が注の形で記される。刀剣はまず忍坂邑《おしさかむら》に収蔵され、石上神宮に移され、神の求めにより和珥《わに》氏系の物部首《もののべのおびと》氏の始祖市河《いちかわ》が管理したというのである。また、五十瓊敷入彦命は後に妹大中姫《おおなかつひめ》に刀剣の管理を委《ゆだ》ねようとするも、大中姫は物部連《むらじ》氏の祖十千根《とおちね》に管理させたともある。登場人物からみて、これらが物部首・物部連氏の伝承であることは自然に理解できる。

先のように、県の成立が四世紀にさかのぼるととらえると、五十瓊敷入彦命を主人公とするこれらの説話のとくに池の造営に関わる部分が問題になる。歴史的な事実として、この時に池の造営とそれにともなう開発が王権の手によって行われ、茅渟県が成立したと考えることは可能であろう。

ただし、問題も残る。垂仁天皇や次の天皇とされる景行《けいこう》天皇を実在した天皇と考えることはおおむね妥当である。景行天皇は五十瓊敷入彦命の兄弟に当たるが、名は大足彦忍代別尊《おおたらしひこおしろわけのみこと》である。忍代別の部分は実際の名前らしいと推測される。五十瓊敷入彦命の名も同様で、祖父崇神天皇（御間城入彦《みまきいりひこ》五十《い》瓊殖《にえ》）や父垂仁天皇（活目入彦《いくめいりひこ》五十《い》狭茅《さち》）の名とも似る。五十瓊敷入彦命という人物の存在自体さらに検討を要するし、より細かな年代の推定もかなり難題である。

また、『新撰姓氏録《しょうじろく》』によると、和泉国に日本武尊《やまとたけるのみこと》の後裔とされる県主氏がいた。これは茅渟県主氏とは別の氏族である。県主氏は和気公《わけのきみ》氏と祖が同じであり、奈良時代には日根郡少領は別君（和気公）豊麻呂《とよまろ》であった。こちらの県主についてもさらに検討の必要がある。

2　衣通姫と茅渟宮

衣通郎姫の説話

茅渟県《ちぬのあがた》の内実がどのようなものであったかについて直接知りうる材料は乏しい。五世紀になると、この地域も新しい姿となったと思われる。いくつかの注目すべき事柄がある。まず、茅渟宮の設置である。これはいわゆる衣通郎姫《そとおしのいらつめ》の説話の一部である（表1）。『日本書紀』によると、衣通郎姫は允恭《いんぎょう》天皇の皇后忍坂《おしさかの》大中姫《おおなかつひめ》の妹弟姫《おとひめ》のことであり、姿が絶妙無比で、艶色が衣を通して輝くようであったので、衣通郎姫と呼ばれた。允恭天皇との恋愛物語が記載される。

『古事記』にも衣通郎女の物語が存在するが、やや混乱があるようで、問題がよこたわる。まず、衣通郎女は允恭天皇の女子軽大郎女《かるのおおいらつめ》（母は忍坂大中津比売命）の別名であり、同母兄である木梨軽《きなしのかる》太子と密通して禁忌を犯した人物として描かれる。『日本書紀』とはまったく系譜が異なる。しかし、允恭の皇后忍坂大中津比売命の妹の記載は『古事記』にもある。応神《おうじん》天皇の子若沼毛《わかぬけ》二俣王《ふたまたのおう》の子に大郎子《おおいらつこ》（またの名は意富富杼王《おおほどのおおきみ》）・忍坂大中津比売命・田井中比売《たいなかひめ》・田宮中比売・藤原琴節郎女《ことふしのいらつめ》・取売王《とりめのおう》・沙祢王《さねのおう》があり、このうち、藤原琴節郎女の「琴節《ことふし》」と「衣通《そとおし》」の音が近い。漢字の表記はまったく異なり、意味やそこから受けるイメージも異なるが、音の共通性からこれらが同一人物であることはほぼ間違いない。以下に示すが、衣通郎姫は藤原宮を住まいとした。琴節郎女に藤原が付くのはそれとのつながりを示す。さらに、もう一人の

允恭天皇７年12月１日条	新室の宴。允恭天皇は、皇后がためらったにも関わらず、弟姫を召した。弟姫は母とともに近江坂田にいたが、皇后の心情をはばかり参向しなかった。天皇は舎人中臣烏賊津使主を遣わし、烏賊津は弟姫を召すのに成功した。弟姫は烏賊津に従い倭の春日に至り櫟井で食を取った。烏賊津は京に至り、弟姫を倭直吾子篭の家に留め復命した。天皇は、皇后の表情が穏やかでなかったので、弟姫を宮中から遠ざけ、藤原に宮室を作った。皇后はちょうど出産の日に、天皇が初めて藤原宮に行幸したのを恨み、産殿を焼いて死のうとしたので、天皇はおおいに驚き皇后をなぐさめた。
允恭天皇８年２月条	天皇の藤原行幸。衣通郎姫が歌（「我が夫子が　来べき夕なり　ささがねの　蜘蛛の行ひ　是夕著しも」）を詠んだ。天皇が歌「ささらがた　錦の紐を　解き放けて　数は寝ずに　唯一夜のみ」で答えた。天皇は桜を見て歌「花ぐわし　桜の愛で　同愛では　早くは愛でず　我が愛づる子ら」を詠んだ。皇后はおおいに恨んだ。衣通郎姫は王宮から遠く離れることを望み、天皇は河内の茅渟に宮室を設け、衣通郎姫を住まわせた。天皇はしばしば日根野で遊猟した。
允恭天皇９年２月条	天皇の茅渟宮行幸
允恭天皇９年８月条	天皇の茅渟宮行幸
允恭天皇９年10月条	天皇の茅渟宮行幸
允恭天皇11年正月条	天皇の茅渟宮行幸。皇后は弟姫をねたんではいないが、民が苦しむとして行幸の回数を減らすように求め、行幸はまれになった。
允恭天皇11年３月４日条	天皇の茅渟宮行幸。衣通郎姫は歌「とこしえに　君も会へやも　いさな取り　海の浜藻の　寄る時時を」を詠んだ。天皇は衣通郎姫にこの歌を他人に聞かせてはならない、皇后が聞けばおおいに恨むだろうと諭した。人びとは浜の藻を「なのりそも」と呼んだ。衣通郎姫が藤原宮にいたとき、天皇は大伴室屋連に衣通郎姫の名を後世に伝える方法を問うた。室屋は国造たちに命じ衣通郎姫のために藤原部を定めた。

表１　『日本書紀』における允恭天皇と衣通姫

「そとおしひめ」らしき人物がいる。応神天皇と迦具漏比売《かぐろひめ》の間の子が川原田郎女《かわらだのいらつめ》・玉《たまの》郎女《いらつめ》・忍坂大中比売・登富志郎女《とおしのいらつめ》・迦多遅王《かたぢのおう》である。ここにも忍坂大中比売の名がみえ、その妹は登富志（とふし、とほし）郎女である。この女性も「そとおしひめ」である可能性がある。結局、『古事記』では、「そとおしひめ」は応神の子で允恭の皇后忍坂大中比売の妹、応神の子若沼毛二俣王の子で允恭の皇后忍坂大中比売の妹、允恭と皇后忍坂大中比売の子の三つの系譜が記載されるのである。なお、『古事記』に茅渟宮に関わる要素はまったくない。

『日本書紀』の説話で衣通郎姫の住まいは藤原宮と茅渟宮の二ヶ所である。当初、允恭天皇の宮から離れるために、藤原宮にいたにもかかわらず、同じ理由で茅渟宮に移るのも不自然である。允恭の王宮は現在の飛鳥（奈良県）に比定される遠飛鳥宮《とおつあすかのみや》であり、藤原宮がさほど離れていないのは事実である。このようなことから、本来、この二ヶ所の宮室は、おおまかなストーリーは共通するが、それぞれ二つの異なる説話の構成要素であったと解釈することも可能である。つまり、（A）衣通郎姫の召し―藤原宮での居住（王宮の周辺）―允恭天皇の行幸―藤原部《べ》の設置、（B）衣通郎姫の召し―茅渟宮での居住（王宮の遠隔地）―允恭天皇の行幸、という二つの物語がもともと存在したと思われる。藤原部の設置を実行したのは大伴室屋《おおとものむろや》であり、（A）は大伴氏の関係する伝承であった可能性がある。それに対して、（B）はやや不明確なところも残るが、中《なか》臣《とみ》烏賊津《のいかつ》の説話の一つとして伝承されてきたのではなかろうか。それは中臣氏の政治的な地位や祭祀をつかさどることの根拠となる説話で、烏賊津は神の言葉を判断する審神者《さにわ》あるいは執政者として登場し、知識の豊かな忠臣の姿も浮かび上がる。かつてその姿に後世の藤原（中臣）鎌足・不比等の実像が反映されたとする見解もあったが、現在、あまり有力とはいえない。

茅渟地域の氏族分布を詳細に論じた吉田晶は、中臣系の氏族が石津川とその上流の芦田川の流域に集中して分布することやこの流域の開発が中臣氏の主導的な役割によって果たされたことなどを指摘した。この地域の北東に河内の丹比《たじひ》が立地する。ここにも中臣系氏族が分布した。彼らはいわゆる「陶邑《すえむら》」の須恵器生産と関わってこの地に居住し、王権の祭祀に関連する職務を果たしたと思われる。烏賊津の説話はこれらの中臣系氏族と関係がありそうであるが、茅渟宮との間に直接的な関係を見いだすことはできないようである。

茅渟宮の所在

茅渟宮がどこに存在したかについて、現在二つの考え方がある。八世紀に離宮として茅渟宮（和泉宮とも）が存在した。『続日本紀』や正倉院文書に関係する記述があり、実在にまったく問題はない。所在地はおそらく大鳥郡と和泉郡の境界のあたり、両郡にまたがるように存在したと思われる。衣通郎姫の茅渟宮をこの離宮につながるものと考え、八世紀の茅渟離宮の所在地にもとめるのが一つの見解である。もうひとつの見解は先に述べた茅渟菟砥《うと》川上宮（鳥取の河上宮）の後身と理解する見解である。鳥取は茅渟の南部、現在の阪南市鳥取中周辺と思われる。菟砥川は現在、阪南市東部の山地から北へ流れる男里《おのさと》川の支流の名である。五十瓊敷入彦命《いにしきいりひこのみこと》の墓は和泉国日根郡にあった宇度墓《うどばか》であった（『延喜式』諸陵寮）。宇度《うど》は菟砥と同じ地名である。宇度墓は淡輪《たんのわ》ニサンザイ古墳（大阪府岬町）に比定される。川上宮が茅渟の最南端に位置した（少なくともそう伝承されていた）ことは事実であろう。これによると、茅渟宮は茅渟の最南端に存在したことになる。

ひとつの問題は川上宮が実際に存在したかどうかである。さらに、茅渟宮で衣通郎姫が詠んだ歌「とこしえに　君も会へやも　いさな取り　海の浜藻の　寄る時時を」に改めて注目すると、そこで詠われたのは海や浜であり、それは「なのりそも」の名の由来となった（表1）。この歌でイメージされた茅渟宮と、和泉山脈から流れ出る川の上にあって鍛冶などとつながりをもつ川上宮との間に類似する点はあまりない。それは茅渟地域の中央部の海岸からさほど離れない場所に存在したのではなかろうか。允恭期ごろに成立した茅渟宮はその後も、何らかのかたちで維持され、八世紀の茅渟離宮がその後身であったとみられる。

3　軽部と我孫公氏

軽部と軽部郷

軽部《かるべ》は部民制のなかでも名代《なしろ》・子代《こしろ》に分類される。名代・子代とは天皇（大王）・后妃・子らの名号又は宮号を冠し、その宮に物の貢納や人の出仕《しゅっし》のかたちで奉仕する部である。名代・子代の設置は天皇や王族に物質的基盤を与え、王権を強化するための方策であったと考えられる。允恭《いんぎょう》天皇が、后妃忍坂大中姫《おしさかのおおなかつひめ》のために刑部《おさかべ》を、衣通郎姫《そとおしのいらつめ》のために藤原部《べ》（前述）を、さらに、木梨軽《きなしのかる》皇子のために軽部を設置したのがまとまった事例で、五世紀中ごろから本格的に設定されたと思われる。

写真2　軽島豊明宮伝承地の碑

軽部の場合、軽宮に奉仕した部であるが、軽は大和の地名（奈良県橿原市大軽町付近）である。応神《おうじん》天皇の王宮は『古事記』で「軽島之明宮《かるしまのあきらのみや》」、『日本書紀』で「明宮」とされる。『古事記』応神天皇段に「剣池《つるぎのいけ》」を造ったとの記載があり、『日本書紀』にも「剣池・軽池」など四つの池を作ったとする記事がある。剣池は現在の石川池（奈良県橿原市石川町付近）と考えられ、軽の近辺である。軽池の具体的な所在地は不明であるが、軽に存在したことは間違いない。これらの池は軽の王宮の周辺に存在し、周りの水田などの灌漑に利用されたと思われる。このような点から、実際に軽に王宮が営まれたことが推定でき、その起源が応神期と伝承されていたことは事実であろう。「軽」を名に含む、允恭天皇の子木梨軽皇子・軽大娘《かるのおおいらつめ》皇女の存在から、遅くともこのころに軽に王宮が存在し、この兄妹がそれを住居としたことは充分に想定できる。允恭天皇が木梨軽皇子の名代として軽部を定めたのが設定を示す記述である。

泉に軽部が設置されたことは後の軽部郷という地名の存在から確かめられる。天平一九（七四七）年の「法隆寺伽藍縁起《がらんえんぎ》幷《ならびに》流記《るき》資財帳《しざいちょう》」に和泉郡にとても大きな法隆寺の所領が記載されており、池の所在地として「軽郷」の記載がある。平安時代中期の状況を示す『和名類聚抄《わみょうるいじゅうしょう》』にも和泉郡に「軽部郷」がある。軽部郷は和気町・小田町、泉大津市南部・忠岡町付近である。現在も軽部池という池があるが、これが資財帳の池に相当するのかどうかは不明である。なお、この地に弥生時代の小規模な集落が存在した（軽部池遺跡）が、その後の状況は明らかでない。軽部氏の分布および地名などから軽部は和泉のほかに、山背・摂津・下総・下野・但馬・備前・備中国などに設置されていたと考えられる。軽部の伴造《とものみやつこ》氏族と考えられるのは軽部臣《おみ》（巨勢氏の同族）・軽部君《きみ》・軽部造《みやつこ》などである。

室町時代成立の『太子伝玉林抄《たいしでんぎょくりんしょう》』に法隆寺領として、和泉国の「珎南北荘」という荘園の名がみえる。珎は「ちぬ」である。鎌倉時代に和泉郡が泉郡と南郡に分割され、現忠岡町と岸和田市の境界がその境界となった。「南北荘」とは南北に分割された泉郡と南郡にまたがって存在する荘という意味で、その境界付近に存在したと推定される。まさに、軽部郷のあたりで、「珎南北荘」は資財帳に記載された軽部郷の法隆寺領の後身と考えて間違いはないであろう。ただし、このころの荘園の実態はまったく不明である。

我孫公氏

府中周辺の、論じなければならない氏族として我孫《あびこ》（表記は阿比古・我孫子・吾彦など、さまざま）公氏がある。『新撰姓氏録《しんせんしょうじろく》』によると、我孫の名をもつ氏が次のように存在した。我孫は氏の名としても、姓とし

写真3　軽部池　池の北（写真では左）側が灌漑耕地。

ても用いられる点で稲置《いなぎ》・県主《あがたぬし》と共通し、これをもつ者は古い時代に大きな勢力をもった豪族であった。本来は屯倉《みやけ》に関する官職の名称であったらしい。

左京皇別　　軽我孫　彦坐命《ひこいますのみこと》の後裔
（四世孫白髪王《しらがのおう》が成務《せいむ》天皇の時代に軽の地を賜わり、初めて阿比古の姓となった）
山城国皇別　　軽我孫公　彦坐命の後裔
摂津国神別地祇　　我孫　大己貴命《おおあなむちのみこと》の後裔
摂津国未定雑姓　　我孫　豊城入彦命《とよきいりひこのみこと》の後裔
和泉国未定雑姓　　我孫公　豊城入彦命の後裔
摂津国皇別　　依羅宿祢《よさみのすくね》　彦坐命の後裔

依羅宿祢氏には我孫の名称がないが、もとは依羅我孫氏であった。『続日本紀』天平勝宝二（七五〇）年八月一六日条に、摂津国住吉郡の人依羅我孫忍麻呂《おしまろ》らに依羅宿祢という氏姓が与えられたことがみえる。なお、『古事記』によると、依網《よさみ》我孫氏は彦坐命の異母兄弟の建豊波豆羅和気王《たけとよはずらわけのおう》の後裔であり、『新撰姓氏録』の記載と異なる。

ここにみえる和泉国の我孫公氏の居住地が中世の「我孫子郷」「吾孫子荘」（旧豊中村、池浦村、宮村、長井村、辻村、穴田村、板原村　現泉大津市）とみられる。現在の泉大津市「我孫子」は明治期に長井村・辻村が合併して中世の地名をもとに改称されたものである。肥子《ひこ》町もこれに関わる地名の可能性がある。

祖は異なるが軽にも和泉にも我孫を名に持つ氏が存在することは、もちろん両者の深い関わりを物語る。そして、祖を同じくすると思われる軽我孫氏と依羅我孫氏が存在することは、さらに依網屯倉（大阪市）とのつながりを物語る。我孫と屯倉の関係を重視すると、茅渟にもなんらかの大王家の所領の存在を想定することができよう。

ここで注目されるのが前述の茅渟宮や茅渟山《ちぬのやま》屯倉（『日本書紀』安閑《あんかん》天皇元年一〇月一五日条）である。池の造営の点から、茅渟宮《ちぬのみや》にも池を利用した周辺所領の存在を想定することができる。王権に海産物の貢納を通して奉仕する禁制地とされた高脚海《たかしのうみ》などもその一部であった可能性がある。我孫氏は茅渟宮の周辺所領の管理などに当たった可能性が考えられる。そして、茅渟宮の周辺所領は茅渟山屯倉とおそらくは無関係ではなかったと思われる。王宮も屯倉もある中心的な施設（「みや」あるいは「やけ」）とさまざまな用益地からなる経済体の性格を持つ点で共通し、住居の性格が強い場合に「宮」、経営拠点としての性格が強い場合に「屯倉」と称された。茅渟山屯倉は「茅渟山」であることからすると、より東方の丘陵部を中心とする部分がその実体であったと思われる。茅渟山屯倉は後の和泉郡山直《やまだい》郷の地（岸和田市三田《みた》町付近）に比定されることが多いが、確かな根拠があるわけではない。

応神期ごろに軽の王宮が設置された可能性が強く、茅渟宮や軽部が設置されたのは允恭《いんぎょう》期ごろであったと思われる。もうひとつの依網屯倉の名称が初めて史料に登場するのは、『日本書紀』仁徳《にんとく》天皇四三年九月一日条の説話である。依網屯倉阿弭古《あびこ》が珍しい鳥を捕らえ、仁徳天皇に献上した。この時、彼はいつも網を張り鳥を捕らえているがこのような鳥を捕らえたのは初めてであると述べた。百済王族の酒君《さけのきみ》がこの鳥は人に従って鳥を捕らえることのできる、「くち」（鷹）であると見極め、酒君は飼いならし天皇に献上した。そこで、百舌鳥野《もずの》で遊猟し、また、鷹甘部《たかかいべ》を定めた。鷹を飼ったところを鷹甘邑《むら》と称した。このような物語である。これは鷹飼の起源説話であるとともに、地名依網の起源説話でもある。つまり、網を張って鳥を捕らえたので、「依網」（よさみ）なのであろう。説話自体に屯倉の設置を物語る部分はないが、鷹の飼育の施設や狩猟地が依網屯倉を構成する要素であった可能性がある。

皇極《こうぎょく》天皇元（六四二）年五月五日に、依網屯倉の前で「射猟《うまゆみ》」が行われた（『日本書紀』）。鷹飼の説話に依網における屯倉の成立の事実を見て取ることができるかもしれない。依網屯倉の存在からの類推を加えて、我孫公氏の居住や茅渟宮への関与はやはり茅渟宮の設置と同じような時期、五世紀前半からなかばごろであったとみていいと思われる。

4　物部氏と物部田池

物部と同族の居住

軽部《かるべ》郷周辺において物部《もののべ》氏とその同族の居住が確認できる。この地域が物部氏の有力な拠点であったことがわかる。

行基《ぎょうき》の活動を物語る『行基年譜《ぎょうきねんぷ》』天平一三（七四一）年記に物部田池と物部田池溝がみえる。物部田池は「久米多《くめだ》」池と同じく「泉南郡丹比郡里」にあり、物部田池溝は長さ六〇丈、広さ、深さともに五尺と記され、所在地はやはり「泉南郡」であった。泉南郡という表記は天平一三年記の段階のものではなく、明らかに後のものである。物部田池溝に「物部田池尻申候」（溝が物部田池の尻に取り付くの意味であろう）の注記がある。行基の行った事業のなかに、物部田池・溝の築造があった。ここで注目したいのは物部田池という名称である。その所在地は、『行基年譜』の記載からは明らかにならないが、嘉暦《かりゃく》二（一三二七）年六月五日「藤原《ふじわらの》清高《きよたか》譲状《ゆずりじょう》幷《ならびに》関東《かんとう》安堵《あんど》外題《げだい》」に「軽部郷北方《きたかた》番井口《ばんいぐち》幷《ならびに》物部《もののべ》里《り》地頭職《じとうしき》」とあり、軽部郷の近辺に物部の地名が

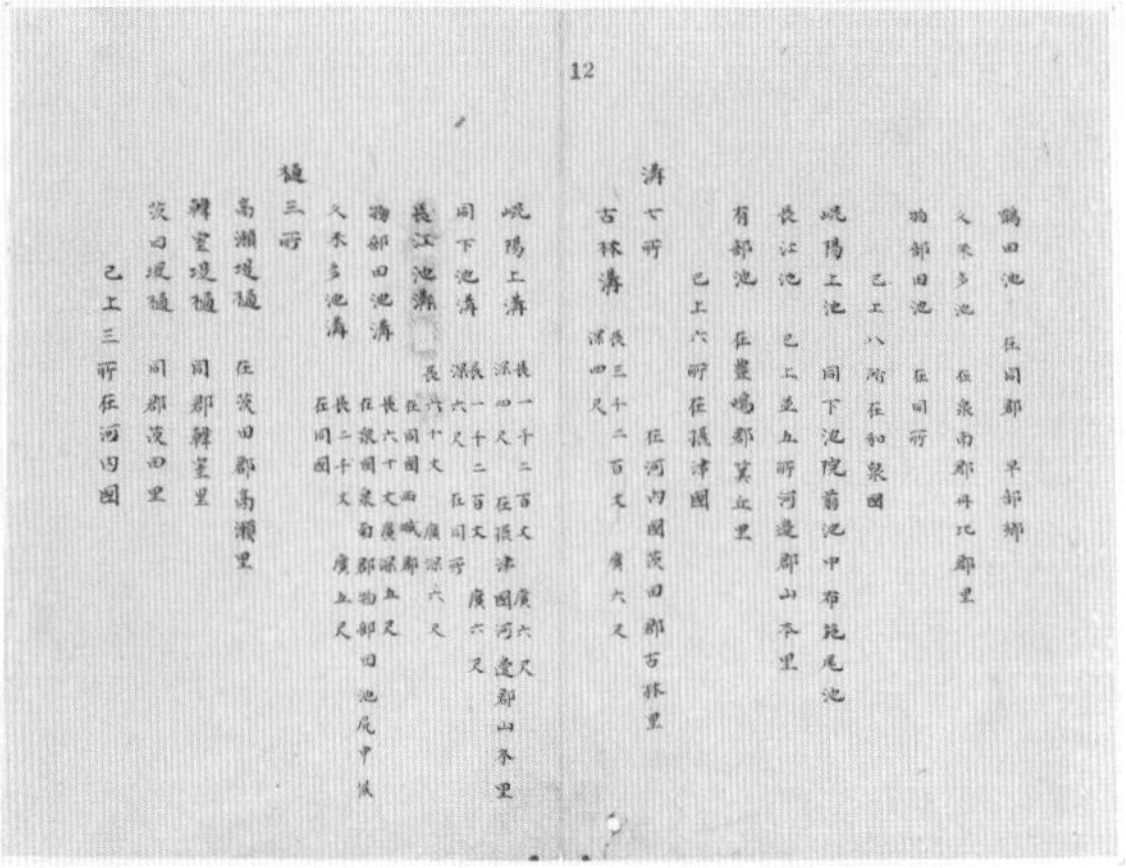

12

鶴田池　在同郡　早部郷
久米多池　在泉南郡丹比郡里
物部田池　在同所
己上八所在和泉國
昆陽上池　同下池院前池中布施尾池
長江池　己上五所河邊郡山本里
有部池　在豊嶋郡箕丘里
己上六所在攝津國

溝七所
古林溝　長三千二百丈　深四尺　廣六尺　在河内國茨田郡古林里
昆陽上溝　長一千二百丈　深四尺　廣六尺　在攝津國河邊郡山本里
同下池溝　長一千二百丈　深六尺　廣六尺　在同所
長江池溝　長六十丈　廣深六尺　在同國西城郡
物部田池溝　長六十丈　廣深五尺　在泉國泉南郡物部田池尾中流
久米多池溝　長二千丈　廣五尺　在同國

樋三所
高瀬堤樋　在茨田郡高瀬里
韓室堤樋　同郡韓室里
茨田堤樋　同郡茨田里
己上三所在河内國

写真４　『行基年譜』（複製）　天平十三年記。「物部田池」「物部田池溝」がみえる。写真は大阪府立狭山池博物館より提供。

あったことが推定される。鎌倉時代の史料であるが、これは貴重である。物部田池・溝はおそらくこの物部里あるいは、少なくとも、その周辺に存在しただろうが、これ以上の追究は不可能である。

　泉大津市に曽根《そね》・二田《ふった》の地名がある。ここは曽根連《むらじ》氏、物部二田氏の居住地とみて問題はないであろう。『新撰姓氏録《しんせんしょうじろく》』和泉国神別によると、曽根連は物部氏と同族の采女臣《うねめのおみ》と同祖である。同じく右京未定雑姓によると、二田物部は、物部氏の祖饒速日命《にぎはやひのみこと》が天降った時の従者二田天《ふったあまの》物部の後裔とされる。やや離れるが、唐国《からくに》（唐国町）の地名も重要な地名である。これは韓国連《からくにのむらじ》氏に関連する地名であろう。韓国氏は物部韓国氏ともいい、物部氏の同族である。韓国源《からくにのみなもと》らの言上によると、源らは物部大連《おおむらじ》（守屋《もりや》）の苗裔で、先祖が韓国（朝鮮半島）への使者となったことから、物部連を改めて韓国連という氏姓になったとされる（『続日本紀』延暦九［七九〇］年一一月一〇日条）。『新撰姓氏録』和泉国神別でも、韓国連は伊香我色雄《いかがしこおの》命《みこと》の後である采女臣と同祖であり、物部氏の同族である。

　さて、このように物部氏がこの地に居住するようになった理由は明確ではないが、物部氏の職掌を考慮すると、おぼろげながら浮かび上がってくるようにも思われる。物部氏は倭王権の軍事部門を担当する豪族であった。彼らは大和に本拠地をもつ王権にとって軍事的に重要な地に配置されたはずである。現在の大阪府から兵庫県東南部までの大阪湾岸は瀬戸内海の東端の要衝であった。瀬戸内海の水上交通は王権と西日本をつなぐ動脈であり、さらに軍事的な活動を含む、朝鮮半島や中国との関係においてもきわめて重要な意味

図1　捕取部万関係地名

を有した。物部氏が大阪湾岸に拠点をもったことは、この地域性を考えると、自然に理解することができる。

次の物語にも注目したい。『日本書紀』崇峻《すしゅん》天皇即位前紀によると、用明《ようめい》天皇二（五八七）年の物部守屋の滅亡にあたり、その近臣捕鳥部万《ととりべのよろず》は「難波宅」（難波は大阪市）を守っていたが、守屋の死を聞いて「茅渟県有真香《ありまか》村」へ向けて逃亡し、山に隠れていたところを発見され、自殺した。河内を本拠地とした物部守屋が難波宅を有した。万が逃亡した有真香村は現貝塚市久保付近に比定され、さらに南下すれば、万の出身地かと思われる鳥取である。物部氏はこの地とも何らかのつながりを有したことが推定される。「法隆寺伽藍《がらん》縁起幷流記資財帳《えんぎならびにるきしざいちょう》」によると、八世紀に、法隆寺は日根郡の「深日《ふけ》松尾山」（深日は岬町）を領有した。奈良時代の史料において軽部郷や日根郡の鳥取郷に法隆寺の所領が確認できることは、物部守屋の滅亡に際し、厩戸皇子《うまやどのみこ》が居住した斑鳩の法隆寺に、滅亡した守屋の所領が施入されたと考えると、ほぼ疑問なく納得できる。

依網屯倉と物部氏

物部氏は前述の依網屯倉《よさみのみやけ》の周辺にも居住した。『新撰姓氏録』によると、饒速日命《にぎはやひのみこと》の後裔とされる依網連《むらじ》氏や物部依網連氏が存在した（左京神別天神・右京神別天神・河内国神別）。複姓の物部依網氏は『日本書紀』推古《すいこ》天皇三一（六二三）年是歳条に物部依網連乙《おと》等の名がみえ、この段階ですでに存在したことが確認できる。依網連について『続日本紀』神護景雲《じんごけいうん》元（七六七）年七月二四日条に河内国志紀郡・丹比郡の依羅造《みやつこ》氏に依羅連を賜姓したことがみえる。依網連はもとは依網造であったとも考えられるが、依網連には渡来系氏族もあり、それに該当するかもしれない。物部氏が遅くとも七世紀初頭までに依網屯倉の周辺に居住し、複姓氏族である物部依網連氏を生み出していたことは事実である。

依網屯倉に関して、依網池の造営の記事が『日本書紀』にあることから、水田耕作などの経済的基盤として性格を持ったことはまちがいない。しかし、この地が住吉津に近いことにも留意しなければならない。また、大阪湾岸で難波津と茅渟の中心との中間に位置する。このような地に物部氏の拠点が置かれたことに違和感はない。このように、物部氏は難波・依網屯倉（住吉津）・大津川河口域と少なくとも難波以南の主要な港湾やその周辺に居住した。倭王権の軍事部門を担う氏族としてまさにふさわしいといえるだろう。

次に時期の問題を考える。依網屯倉の名称が初めて史料に登場するのは、『日本書紀』仁徳《にんとく》天皇四三年九月一日条の説話である。さらに、前述の五十瓊敷入彦命《いにしきいりひこのみこと》の刀剣制作の物語にも留意することが必要である。この物語は石上《いそのかみ》神宮の神宝の起源に関わり、物部十千根《もののべのとおちね》が登場する。また、別伝に和珥《わに》氏系の物部首が登場する。刀剣の制作そのものを事実とする積極的な根拠は乏しい。おそらく石上神宮に神宝として刀剣が存在し、その起源が後の段階になって五十瓊敷入彦命や川上宮と結びつけられたと理解するのが自然だろう。『日本書紀』に物部連の祖十千根、あるいは物部首《おびと》の始祖市河《いちかわ》が管理したと記される。この二氏は氏の名は同じであるが、系譜がまったく異なる別の氏族である。

物部首《おびと》氏は後に布留宿祢《ふるのすくね》となった。『新撰姓氏録』によると、市川（市河に同じ）が大鷦鷯《おおさざき》天皇（仁徳天皇）の時代に布都努斯《ふつぬし》神社を石上の御布瑠村の高庭に祭り、神主となった。市川は仁徳天皇の時代の人物と伝承されていたようである。これを『日本書紀』の説話と対照してみると、刀剣はこのころに石上神宮に移されたと伝承されていた可能性がある。石上神宮の神宝の刀剣の起源（制作はさらにさかのぼるが）が仁徳天皇の時代と関わって伝承されていたことは物部連氏の和泉居住の時期と何らかのつながりを持つかもしれない。

あくまでも物部連とは異なる物部首氏の伝承であるが、物部首氏は物部連氏の管下にあったとする見解もある。

重要な鍵となるのは石上神宮の創建時期であるが、まだ定まった見解がない。石上神宮の禁足地から五世紀前半あるいは後半の祭祀遺物が出土することや、その周辺に広がる布留遺跡で五世紀ごろに祭祀が開始されたと考えられることなどから、五世紀ごろに石上神宮が創建されたとする見解に従うべきであろう。五世紀ごろに石上神宮の創建、物部氏の和泉居住、刀剣の起源説話の形成といった事柄がひとつの出来事として生じたととらえることが可能であろう。

物部氏と和泉

物部氏が和泉市から泉大津市あたりに拠点を作り上げた時期は確実にはわからない。ただ、倭王権にとって大和の西方と深いつながりを持つようになった時期は、この地域に宮を造営した伝承をもつ応神《おうじん》天皇（難波の大隅宮）、仁徳天皇（難波の高津宮）に象徴される、王権に直結する港湾としての難波津が誕生した五世紀初頭ごろであろう。この時に、物部氏が大阪湾岸に連なるようにして拠点を構築した可能性はあると思われる。その点において、先の二つの説話は興味深い。ただし、当時の王権やそれを支える物部氏は必ずしも大きな力を有したとはいえないところもある。王権や物部氏が急速に勢力を拡大したのは五世紀中葉から後半とみるのが普通である。また、この時期に、和珥《わに》氏やその同族である物部首氏が大きな勢力をもったとも考えにくい。

その後の府中地域

四世紀に茅渟県が設置され、茅渟地域は倭王権と直接的な奉仕関係をもつようになったが、五世紀前半から中ごろに、県に基づく関係を基盤として、新たな関係が構築された。それは府中町周辺地域に則していうと、茅渟宮《ちぬのみや》の設置、軽部《かるべ》の設置、物部氏の来住であった。のちの史料にみえる網曳御厨《あみひきのみくりや》は王権に海産物を貢納する海岸沿いの施設であった。これも茅渟県《あがた》を構成する要素の一つであったと考えられるが、やや離れる。

この時期に、県の、どちらかというと、概括的であいまいな王権に対する奉仕から、より明確で、詳細な奉仕のあり方が作り上げられたといえる。その内容は王権の茅渟宮やその周辺所領を管理すること、名《な》代《しろ》・子代《こしろ》として軽宮に奉仕すること、大阪湾岸の軍事の一翼を担うことであった。これは基本的に倭王権全体の国制の発展（部民《べみん》制・屯倉《みやけ》制の確立）の結果なのであって、茅渟に特有の現象とはいえない。

その後、この地の物部氏はおそらく没落した。物部守屋の滅亡に関わってである。この年に死去した用明天皇の後継をめぐって、動乱が勃発した。有力な後継候補であった穴穂部皇子《あなほべのみこ》と連携した物部守屋は、額《ぬか》田部皇女《たべのひめひこ》（のちの推古天皇）の命を受けた蘇我馬子《そがのうまこ》や泊瀬部皇子《はつせべのみこ》・竹田皇子・厩戸皇子らと対立し、滅亡した。守屋の旧領が法隆寺に施入されたとの見解が提起されている。これは重要な指摘である。八世紀に軽部郷に法隆寺の所領が存在したことはこの地の物部氏の所領が没収されて、法隆寺に施入されたとすると、きれいにつじつまがあう。ただし、物部守屋の本拠は河内の阿都別業《あとのべつぎょう》（あるいは渋河の家）であり、守屋はそこで敗死した。この地の物部氏と物部守屋がどのような関係にあるのか不明である。日根郡鳥取郷の山は守屋の近臣捕鳥部万《ととりべのよろず》の出身地のようであり、阿都を本拠とする守屋の勢力が南にも伸びていたことはおそらく事実であろう。守屋の滅亡の後、この地は厩戸皇子や法隆寺の経済的基盤となったと考えられる。厩戸皇子の死後、皇極《こうぎょく》天皇二（六四三）年に、その子山背大兄王《やましろのおおえのおう》が妻子などとともに滅亡し、厩戸の後裔は絶えたが、法隆寺は存続した。

軽部はそのまま存続したはずであるが、大化改新の時に部民制が廃止されたので、軽部も廃止されたのだろう。それを基盤として律令制的な国郡里制が実施されていった。茅渟宮はそのまま存続し、八世紀になっても離宮として利用された。以上はおおまかな歴史の動きに基づく推測で、六世紀から七世紀前半までの史料は残念ながら、限られる。

第2章　律令制下の和泉郡と府中

1　古代の和泉地域

和泉監の誕生

大宝元（七〇一）年に大宝律令が完成すると、律令制をひとつの軸とした国家統治が名実ともに始動する。地方については、国―郡―里（のち郷）といった行政区分が設定され、地方官として国司《こくし》や郡司《ぐんじ》が任命されるようになる。こうした新たな地方行政のしくみは、和泉地域にも確実に浸透していく。

ただ、和泉地域は特殊な経緯をたどる。和泉国となる領域は、律令制当初は河内国に含まれ、霊亀二（七一六）年四月に大鳥・和泉・日根の三郡を河内国から分離して「和泉監《いずみげん》」が設定される（『続日本紀』）。これは、その前月に和泉・日根郡を「珍努宮《ちぬのみや》」の人的・物的基盤とすることを命じたこと（『同』）に基づく。珍努宮は茅渟県《ちぬのあがた》に関わって設けられた倭王権以来の離宮と考えられる。そして、この離宮に特別の思いを寄せた元《げん》正《しょう》天皇により、その増改築と維持のために和泉監が設置されたのである。離宮を抱えるがゆえに、通常の「国」とは異なる「監」という官司の管轄下に置かれた和泉地域は、行政区分としても和泉監と称された。なお、監の設置により、離宮の名は「和泉宮《いずみのみや》」に改称された可能性が高い。

このように誕生した和泉監であるが、天平一二（七四〇）年八月には廃止されて河内国に併合され、天平宝字元（七五七）年五月に改めて「和泉国」として分立する（ともに『続日本紀』）。こうした変遷は、この地域が時の天皇や中央政府の意向・政策の影響を強く受けたことを示している。この点に留意しておきたい。

和泉国府の所在地

現在の和泉市域は、この和泉監／和泉国のなかの和泉郡域に含まれる。そして、和泉郡には国府《こくふ》が置かれていたと考えられる。当然、和泉監の時代にも同様の施設は設置されたが、その正確な名称は定かではない。ここでは監府《げんふ》と称しておこう。都から派遣されてきた監司《げんし》／国司の執務空間である監府／国府は、和泉地域の行政・支配の拠点として機能した。

この監府／国府の所在地は、残念ながらわかっていない。一般に国府の周辺は「府中」と称され、のちに地名化することが多い。本章では、おおむね府中町の範囲を念頭に「府中」と称するが、この「府中」という地名に基づけば、現在の府中町を中心とした地域にかつて和泉国府が所在していたことになる。実際に、JR和泉府中駅東方の府中町五丁目には、「御館山《みたちやま》」という地名が残る。「御館」は、都から赴任してきた国司の官舎である国司館《こくしのたち》にちなむ可能性がある。そうであれば、この近辺に国府の諸施設が展開していたと想定できる。ただ、「御館」が国司館を指すという確証はない。

また、近隣の泉井上神社の境内には、和泉国の惣社《そうじゃ》（総社）が鎮座している。平安時代に入り、国司の守《かみ》（受領《ずりょう》）が、国内の主たる神社を参拝してまわる神拝《しんぱい》が慣例化すると、その便宜のため、国府の近くに国内の神がみを勧請した惣社が設置されるようになる。ここに参拝すれば、一度で国内の神がみに詣でたことになるというわけである。したがって、惣社の存在はその周辺に国府が所在したことを強く示唆する。だが、惣社の史料上の初見は、一一世紀末の因幡国の事例までくだる（『時範記《じはんき》』康和元〔一〇九九〕年二月一五日条など）ので、惣社の存在を根拠に八世紀から府中に国府が所在したとは断定できない。

国府は移転することもあり、現在の府中に国府が置かれていたとしても、それが必ずしも八世紀までさかのぼるとは限らない。また、和泉府中駅周辺の府中遺跡群の発掘調査によれば、そこから検出されるのは五・六世紀や中世の遺構・遺物が中心であり、八世紀ごろに国府が所在したことを示すような遺構・遺物は現在のところ発見されていない。こうしたことから、八世紀の監府／国府は別の地域に所在しており、現在に伝わる「和泉府中」なる地名は、のちに移転してきた国府に基づくという可能性も考慮しなければならない。その場合、珍努宮＝和泉宮の所在地の候補とされる、大園遺跡の周辺地である信太山丘陵西麓（JR北信太駅周辺）が注目される。たしかにこの地は、天皇に提供する海産物を採るための禁制地とされた「高脚《たかしの》海《うみ》」も近く、茅渟県の設置以来、伝統的に王権との結びつきが強い。この離宮に隣接して監府／国府が置かれたと考えることもできるだろう。ただ、離宮の維持・管理を目的に和泉監が設置されたとはいえ、両者が必ず隣接しなければならないわけではない。

　離宮の人的・物的基盤として役割を果たすためにも、監府は和泉地域全体の統治を視野に入れて設置されたはずである。その意味では、後世の府中が和泉国の支配拠点として長く機能したことは見逃せない。いまだ確証はえられていないものの、八世紀から府中に監府／国府が置かれた可能性は高いだろう。

　和泉郡という郡名は、監（国）名を冠しており、このあとに述べる「和泉監正税帳《しょうぜいちょう》」から読み取れる特質をみても、八世紀以来、同郡が和泉監／国の行政・支配の中心地として機能していたことは明らかである。監府／国府が置かれていたと考えるならば、府中はこうした和泉郡の中核と位置づけることができる。

　なお、一〇世紀に成立した『和名類聚抄《わみょうるいじゅうしょう》』によれば、和泉郡には信太《しのだ》郷・上泉《かみついずみ》郷・下泉《しもついずみ》郷・軽部《かるべ》郷・坂本郷・池田郷・山直《やまだい》郷・八木《やぎ》郷・掃守《かにもり》郷・木嶋《このしま》郷の一〇郷が置かれていた。『和名類聚抄』の郷名は、九世紀ごろの状況を示しているため、八世紀の里・郷の状況をそのまま伝えているわけではない。ただし、軽部郷（軽郷）と八木郷については、奈良時代の史料で確認できる（「法隆寺伽藍《がらん》縁起《えんぎ》幷《ならびに》流記《るき》資財帳《しざいちょう》」、天平勝宝九年画師等歴名案（正倉院文書））。このうち上泉郷・下泉郷が府中の中心だったと考えられる。

以下では、和泉地域の行政・支配の中心として機能した和泉郡の特質を、「和泉監正税帳」という史料を手がかりに考えてみたい。それは、和泉郡の中核としての府中の特質とも重なるものといえるだろう。

2　和泉監正税帳

正税帳

正税帳《しょうぜいちょう》とは、令制国の一年間の収支を報告する公文書である。古代の税として租・調・庸がよく知られるが、このうちの租（田租《でんそ》）は、口分田《くぶんでん》などから収穫された稲の一部を納めさせるものである。租は都に進上されずに現地で貯蓄され、地方行政の財源である正税を形成した。この正税は出挙《すいこ》により運用することになっていた。出挙は、田植え前の種籾や収穫前の食糧として、春と夏に稲を貸し付け、秋に本稲《ほんとう》（元本）と利稲《りとう》（利息）を返却させる、本来は農業共同体の再生産を支えるしくみだった。しかし、国家が強制的に貸し付け、五割の利稲を徴収する奈良時代の正税出挙は、税としての側面が強い。この出挙が適正に行われれば、正税は徐々に増加していくことになる。

こうして貯蓄・運用された正税は地方財源として、行政実務の遂行、都への貢進物の購入（交易）、飢饉・災害といった緊急時に支出された。正税帳は、この正税の収支を都の太政官に報告するため、毎年国司・郡司によって作成された行政文書である。正税帳のような律令制に基づく公文書のことを律令公文《りつりょうくもん》と呼ぶ。

後述するように、正税帳では一国の収支の総計とともに、郡単位の収支も記載しており、特に後者からは各郡の特質をうかがうことができる。和泉監《いずみげん》については、天平九年度の正税帳（作成は翌一〇年）が伝存している。監府《げんふ》が置かれていたとすれば、この文書は府中で作成されたことになる。

正倉院文書としての伝来

天平九（七三七）年度の和泉監正税帳は、東大寺正倉院に伝わる正倉院文書として伝来した。正倉院文書は、奈良時代に聖武天皇や光明皇后らが主導した、国家的な大規模写経事業に関する帳簿類である。これらの帳簿類は、造東大寺司《ぞうとうだいじし》などの国家機関のもとに置かれた写経所の内部で使用されたものがほとんどである。外部に発信するものではないため、一度使用して不要となった紙（反故紙《ほご》）の未使用面を再利用したものが多い。こうした反故紙には、保管期限の切れた戸籍や計帳、正税帳などの律令公文《くもん》が含まれ、それを再利用した写経所の帳簿類が伝存した結果、もとの律令公文も現代まで伝えられたのである。和泉監以外にも、大倭《やまと》国や尾張国、駿河国などの正税帳が残されている。

ただし、写経所ではもとの律令公文から必要な分を切り取って再利用するため、公文の原形が保たれることはほとんどない。和泉監正税帳については、江戸時代後期の天保年間に正倉院文書の整理を行った穂井《ほい》田忠友《だただとも》が編修した『正倉院古文書正集』の第一三・一四巻に、途中に欠損部分を含みつつも、正税帳の原形を復元する形で、八つの断簡が収録・排列されている（第一四巻末尾は摂津国正税帳）。正集の第一三・一四巻を、写経所の帳簿としての使用状況とあわせて図示したのが図2である。

新補紙《しんほし》に挟まれる、貼り継がれた一～五枚の紙のまとまりが断簡である。天平九年度の和泉監正税帳は、天平一五～一七年の写経所の業務を記録した文書として再利用されたことがわかる。穂井田による和泉監正税帳の排列・復元は正しく、現存しない途中の欠損部（新補紙が挿入されている部分）の記載内容も後述のように復元可能である。

こうした和泉監正税帳をもとに和泉郡の特質について考えてみたいと思うが、それに先立ち正税とされた稲の形状とそれを収納した倉について説明しておきたい。

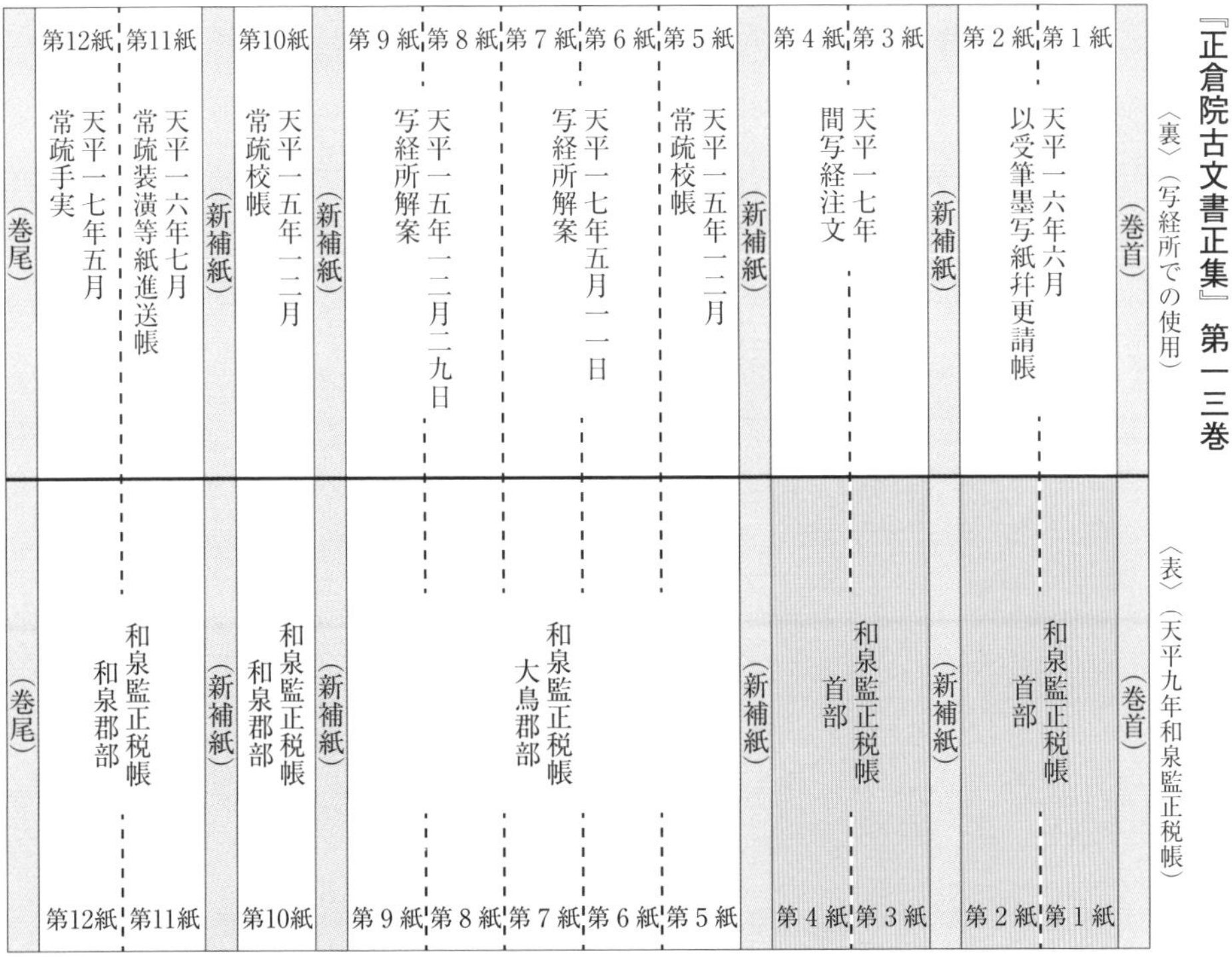

図２　和泉監正税帳の現状

正税と正倉

租や出挙本稲・利稲として納入される稲は、稲の穂首のみを刈り取った穎稲《えいとう》の形状で、□束《そく》□把《わ》（一束＝一〇把）の単位で勘定される。長期の貯蓄や他所への移送を想定せず、日常的に現地で出納する場合は、この穎稲の形状で徴収・保管された。一方、稲の長期保存や運送を前提とする場合には、容積を減らすため、稲穂から籾を分離する。この形状の稲は稲穀《とうこく》（穀）と呼ばれ、単位は□斛《こく》（石《こく》）□斗□升（一石＝一〇斗、一斗＝一〇升）が用いられた。

正税を中心とした公的物資は、正倉《しょうそう》と呼ばれる高床の総柱《そうばしら》建物の倉や、低層の倉庫である屋《おく》に収納された。正倉は、国内の各郡に設置された役所である郡家《ぐうけ》に付設され、溝や柵で囲んだ空間＝院の内部に整列していた。この正倉の集まった区画（院）が正倉院である。そして、正税のうち穎稲は穎稲倉、稲穀のうち限定された用途に使う動用穀《どうようこく》は動用倉に収納され、満倉になった動用倉は封印されて不動《ふどう》穀《こく》・不動倉とされた。

『正倉院古文書正集』第一四巻

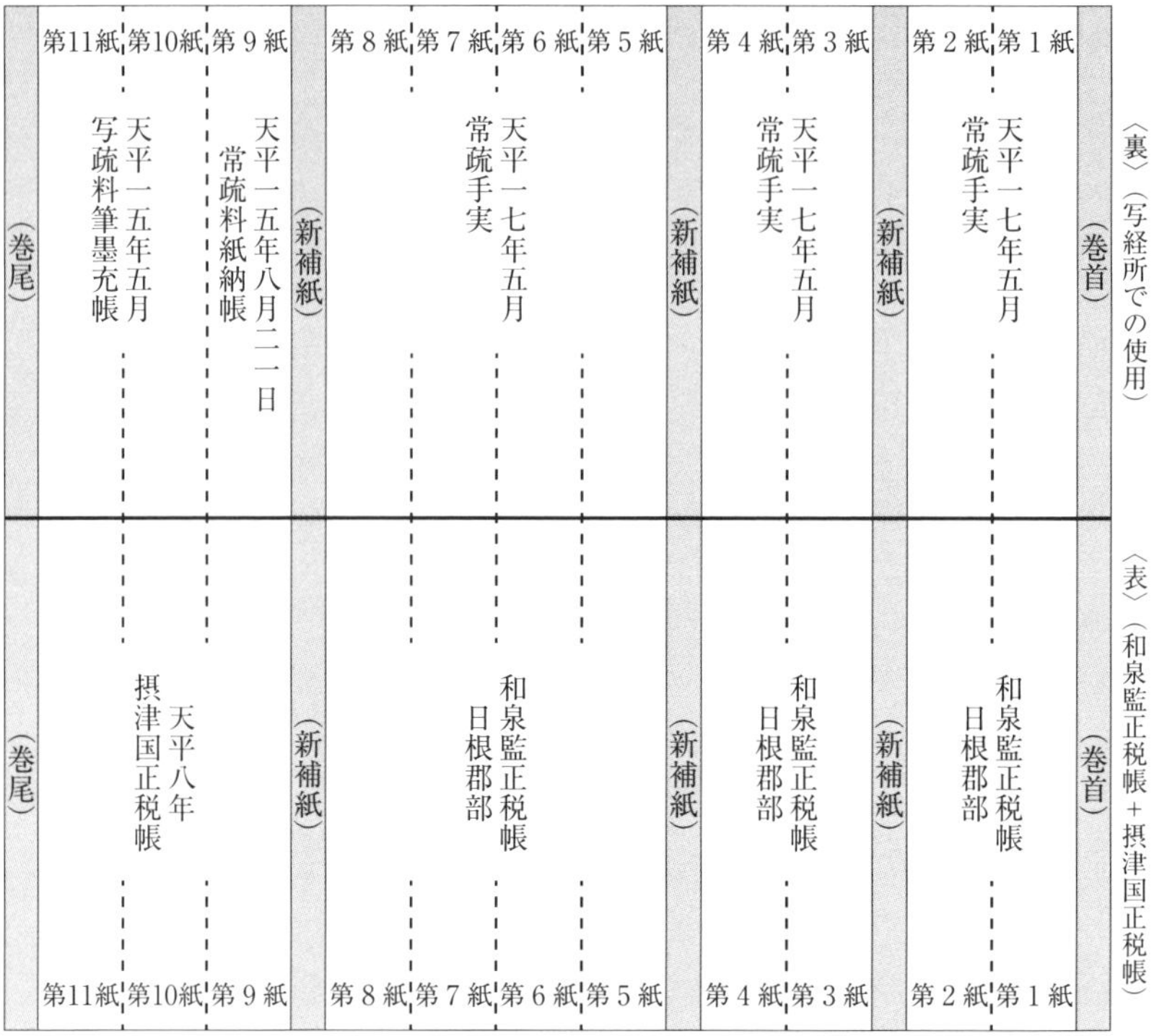

穎稲倉は日常的に出納され、対する動用倉は、賑《しん》給《ごう》（飢饉や疫病流行などの際に、高齢者や身寄りのない人々を中心に米や塩を支給する救済制度）など、限られた場合にのみ支出され、貯蓄を原則とした。施錠して封を加えられた不動倉の鑰《かぎ》は都に送られ、開用には天皇の許可が必要だった。

和泉監正税帳を読む

では、以上を念頭に天平九年度の和泉監の収支を記載した正税帳の内容を概観しよう。一般に正税帳は、国（監）全体の収支の総計を記載した首部《しゅぶ》と、郡ごとの収支を記載した郡部《ぐんぶ》に分かれる。和泉監正税帳も例外ではない。

和泉監正税帳の首部の記載項目を整理すると次のようになる。

Ⅰ　天平八年度からの繰越（稲穀・穎稲それぞれの繰越額）

Ⅱ　天平九年度の正税出挙等による穎稲の運用・収入

a出挙の貸付額の総計、負担者死亡による免除額、未納額、納入額（本稲＋利稲）
b借貸《しゃくたい》（国司に無利息で貸し出された穎稲）の総額（貸し付けた稲はすべて回収）
c租の納入額（天平九年は疫病により租は全免）
d死亡した伝馬《てんま》（各郡に設置された公用の馬）の皮の売却益

Ⅲ　天平九年度に支出可能な稲穀・穎稲の数量

Ⅳ　天平九年度の支出状況
a稲穀（動用穀）と穎稲の支出総額
b支出項目　→表2
c酒の支出総額
d過去の年度の穎稲未納額

Ⅴ　天平九年度の正倉の状況
a倉の総数と種別（不動倉・動用倉・穎稲倉・借納入放生稲倉・借納義倉・空倉）
b屋の総数と種別（穎稲屋・空屋）

Ⅰでは前年度から繰り越された稲の総量が記される。稲穀については不動穀・動用穀ごとの数量も記載される。Ⅱは、Ⅰのうち穎稲について、天平九年度の正税出挙などによる運用と、租や馬皮の売却益などの収入状況を示している。実際には種々の支出と出挙などは並行して実施されたが、帳面上はあらかじめ穎稲の運用・収入結果を計上して（Ⅱ）、それをもとに天平九年度に支出可能な穎稲数を算出し（Ⅲ）、具体的な支出状況を記している（Ⅳ）。

日本列島では天平七～九年にかけ、疫病が大流行し、多くの死者・罹患者を出した。Ⅱの記載によれば、天平九年の和泉監では五五三人が死亡し、彼らが納めるはずだった出挙稲は回収不能（免除）となっている。このほかにも一三八人分の出挙稲が未納となっているが、これも疫病の影響だろう。さらにこの年は、疫病蔓延を理由に租が免除されたため（『続日本紀』天平九年八月甲寅条）、租による収入は無かった。こうしたことから、繰り越された穎稲と比べ、Ⅲに示された天平九年に支出可能な穎稲数は減少している。

Ⅲに示された稲穀・穎稲からの支出状況を具体的に記載したのがⅣである。ここからは、天平九年の和泉監でどのような名目の支出があったかを知ることができる。あわせて過去の年次から繰り越されてきた穎稲の未納額も記載されている。

末尾となるⅤでは、監内の正倉を倉と屋に分け、その総数と内容物に基づく倉の種別を記載している。

支出項目の復元

右に示した首部の概要は、和泉監全体の状況を総合したものであり、これに続く郡部は、大鳥・和泉・日根の三郡ごとの収支と正倉の状況を、首部と同じ様式・順番で記載している。実際の稲の出納の場は、各郡の郡家に付設された正倉院であることから、郡部の記載にはその地域の行政・支配の在り方や特質が反映していると考えられる。特に支出項目を示す首部のⅣ－bと、それに相当する郡部の記載からは、和泉監や監内の各郡の具体的な活動をうかがえる。表2は、欠損部を復元しつつ、首部と大鳥・和泉・日根の三郡のⅣ－b相当部分の支出項目を列挙したものである。

正税帳は総計を記した首部と郡部で構成されるため、それぞれに欠損部があったとしても、相互に記載を補い合うことで復元できる。例えば、表2の№1は賑給の記載である。首部と日根郡部の記載は残るものの、大鳥・和泉郡部の記載は欠損している。しかし、首部と日根郡部の支出額は一致することから、この賑給については、日根郡からのみ支出されたことになる。従って、大鳥・和泉郡には記載がなかったと復元できる。

一方、№4の年料交易麦《ねんりょうこうえきむぎ》の項目には、都に納入すべき麦を購入（交易）するために支出した正税が計上されているが、これも首部と日根郡部のみ記載が残っている。この場合は、日根郡部の支出額は首部より少ないため、残る大鳥・和泉郡の両方かいずれかの郡からも正税が支出されたことになる。このように断定できない箇所も残り、具体的な数量までは分からないことが多いが、首部・郡部のⅣ－b相当部分の全体像を復元することができる。

3　正税帳からみた和泉郡・府中

和泉郡の支出項目

表2に示した郡別の正税《しょうぜい》の支出項目をみると、その大部分は共通している。しかし、特定の郡のみに計上される支出項目も確認できる。

表2の№13「交易進上調陶器料《こうえきしんじょうちょうのすえきりょう》」は、都に進上するための「陶器」の交易に使用した正税を計上するが、古墳時代以来の陶邑《すえむら》窯跡の所在地をもとに、大鳥郡のみの支出と推定されている。また、№14「交易進上真筥料」は、都に進上する「真筥《まはこ》」（米などを入れる丸いかご）の交易に使用した正税だが、旧日根郡域にあたる現在の阪南市の地名「箱作《はこつくり》」を根拠に、「真筥」をこの地の特産品と考えると、日根郡独自の支出項目とみなせる。このように郡別の支出項目には、郡ごとの産業や生産活動が反映しているといえよう。

では、府中を含む和泉郡にはどのような特徴が見出されるだろうか。和泉郡の独自の支出項目と考えられるのは、№7「正月14日二寺読経供養料」、№11・12「神戸《かんべ》調銭料」「神戸田租料」、№17－12「和泉宮御田苅稲収納」である。

№7は、持統天皇八年（六九四）五月に『金光明経《こんこうみょうきょう》』を諸国に安置し、毎年正月八日に、各国の官物《かんもつ》（のちの正税）を使って講説させるよう指示したことに端を発する正月の仏事である（『日本書紀』）。奈良時代にも諸国正税を財源に、国府で正月八～一四日に『金光明経』と『最勝王経《さいしょうおうきょう》』の読経が行われていた。これは国司《こくし》（監司《げんし》）が主体となって実施する法会であることから、和泉監府《げんふ》の所在地、すなわち和泉郡からの支出と推定するのが妥当だろう。なお、読経の実施された「二寺」は不明である。

№11・12は和泉郡に所在する泉穴師《あなし》神社に関わる支出である。この神社は国家的に重視され、神戸と呼ばれる戸（世帯）が与えられた。神戸とされた戸の人びとの納めるべき租《そ》（田租《でんそ》）や調といった税は、国家ではなくその神社に給付されることになっていた。この記載からは、神戸の負担額に相当する調と田租を和泉監が代納し、正税から支出したことがわかる。和泉郡部末尾の正倉《しょうそう》の記載（V相当部分）には、和泉郡の正倉の状況に加え、泉穴師神社の神税倉《しんぜいそう》の情報も掲載されている。これは、神社の財物を収納した神税倉を和泉郡が管理していたことを意味している。すると、泉穴師神社の神戸に関わる調銭料・田租料も、和泉郡からの支出とみていいだろう。

№17－12は和泉宮に関連する支出である。離宮である和泉宮（珍努宮《ちぬのみや》）には、「御田《みた》」が付属していた。和泉宮の維持・管理を目的に設定された和泉監は、離宮付属の田地経営も管轄しており、この支出項目は、監司が和泉宮の御田の収穫・収納作業を監督するための費用として計上されたものである。この項目は、大鳥郡部・日根郡部には存在せず、和泉郡のみの支出であることが確実である。このことは、日常的な離宮の管理を和泉郡が担っていたことを示しているだろう。

No.	首部	大鳥郡	和泉郡	日根郡	備考
1	賑給（４月21日民部省符）	なし	なし	賑給（４月21日民部省符）	首部と日根郡の賑給の穀の支出額は一致
2	賑給（５月19日勅）	*賑給（５月19日勅）*	*賑給（５月19日勅）*	賑給（５月19日勅）	この賑給は『続日本紀』に対応記事あり 各郡より支出と推定
3	賑給（９月28日勅）	*賑給（９月28日勅）*	*賑給（９月28日勅）*	賑給（９月28日勅）	各郡より支出と推定
4	年料交易麦	*年料交易麦？*	*年料交易麦？*	年料交易麦	大鳥・和泉両郡もしくはどちらか一方からも支出
5	難波宮雇役民粮米	*難波宮雇役民粮米？*	*難波宮雇役民粮米？*	難波宮雇役民粮米	大鳥・和泉両郡もしくはどちらか一方からも支出
6	傳馬料	*傳馬料*	*傳馬料*	傳馬料	傳馬は郡ごとに設置されると推定
7	正月14日二寺読経供養料（金光明経・最勝王経）	なし	*正月14日二寺読経供養料（金光明経・最勝王経）*	なし	監府所在郡の和泉郡の支出と推定
8	造地黄煎料（11月９日民部省符）	*造地黄煎料？（11月９日民部省符）*	*造地黄煎料？（11月９日民部省符）*	造地黄煎料（11月９日民部省符）	大鳥・和泉両郡もしくはどちらか一方からも支出
9	県醸酒（12月23日民部省符）	*県醸酒？（12月23日民部省符）*	*県醸酒？（12月23日民部省符）*	県醸酒（12月23日民部省符）	大鳥・和泉両郡もしくはどちらか一方からも支出
10	官奴婢食料米（11月12日民部省符）	*官奴婢食料米？（11月12日民部省符）*	*官奴婢食料米？（11月12日民部省符）*	官奴婢食料米（11月13〈12〉日民部省符）	大鳥・和泉両郡もしくはどちらか一方からも支出
11	神戸調銭料（10月５日民部省符）	なし	*神戸調銭料（10月５日民部省符）*	なし	和泉穴師神社の神戸。穴師神社の神税倉は和泉郡に記載されることから同郡の支出と推定
12	神戸田租料（10月５日民部省符）	なし	*神戸田租料（10月５日民部省符）*	なし	和泉穴師神社の神戸。穴師神社の神税倉は和泉郡に記載されることから同郡の支出と推定
13	交易進上調陶器料（９月22日民部省符）	*交易進上調陶器料（９月22日民部省符）*	なし	なし	陶邑の存在から大鳥郡と推定
14	*交易進上真筥料（11月13日民部省符）*	なし	なし	交易進上真筥料（11月13日民部省符）	旧日根郡域の地名「箱作」（現阪南市）の存在から日根郡と推定
15	*監月料*	*監月料？*	*監月料？*	監月料	大鳥・和泉両郡もしくはどちらか一方からも支出か
16	*朝使料*	*朝使料？*	*朝使料？*	朝使料	大鳥・和泉両郡もしくはどちらか一方からも支出か
17	*監巡行部内料（総計）*	*監巡行部内料（総計）*	*監巡行部内料（総計）*	監巡行部内料（総計）	監司の部内巡行は各郡で実施と推定
	－１ *祭幣帛并大祓使*	－１ *祭幣帛并大祓使？*	－１ *祭幣帛并大祓使？*	－１ 祭幣帛并大祓使	大鳥・和泉両郡もしくはどちらか一方からも支出か
	－２ *祭幣帛使*	－２ *祭幣帛使？*	－２ *祭幣帛使？*	－２ 祭幣帛使	大鳥・和泉両郡もしくはどちらか一方からも支出か
	－３ *修理池*	－３ *修理池*	－３ *修理池？*	－３ 修理池	No.18より大鳥郡では池修理実施を確認できる。和泉郡も支出の可能性あり
	－４ *出挙正税*	－４ *出挙正税*	－４ *出挙正税*	－４ 出挙正税	正税出挙は全郡で実施と推定
	－５ *難波宮雇役民粮*	－５ *難波宮雇役民粮？*	－５ *難波宮雇役民粮？*	－５ 難波宮雇役民粮	大鳥・和泉両郡もしくはどちらか一方からも支出か
	－６ *催百姓産業*	－６ 催百姓産業	－６ *催百姓産業*	－６ 催百姓産業	産業催促は全郡で実施と推定
	－７ *責計帳手実*	－７ 責計帳手実	－７ *責計帳手実*	－７ 責計帳手実	計帳作成は全郡で実施と推定
	－８ *検校栗子*	－８ 検校栗子	－８ *検校栗子*	－８ 検校栗子	栗の検校は全郡で実施と推定
	－９ 傳馬価直	－９ 傳馬価直	－９ *傳馬価直*	－９ 傳馬価直	
	－10 巡行部内教導百姓	－10 巡行部内教導百姓	－10 *巡行部内教導百姓*	－10 巡行部内教導百姓	
	－11 監月料	－11 監月料	－11 *監月料*	－11 監月料	
	－12 和泉宮御田苅稲収納	－12 なし	－12 *和泉宮御田苅稲収納*	－12 なし	
	－13 徴納正税	－13 徴納正税	－13 *徴納正税*	－13 徴納正税	
	－14 封正倉	－14 封正倉	－14 *封正倉*	－14 封正倉	
18	*修理池人夫料*	修理池人夫料	*修理池人夫料？*	修理池人夫料	酒糟の支出。和泉郡も支出の可能性あり

表２　和泉監の正税からの主要支出項目（天平９年度） *斜字*の支出項目は欠損部分の復元、色付きの支出項目は各郡独自のもの。井上薫「和泉監正税帳の復原をめぐって（『奈良朝仏教史の研究』吉川弘文館、1966、初出1962）、亀田隆之「古代勧農政策とその性質」（『日本古代用水史の研究』吉川弘文館、1973、初出1965）、薗田香融「和泉監正税帳について」（『日本古代財政史の研究』塙書房1981、初出1967）の知見をもとにした、『復元　天平諸国正税帳』（現代思潮社、1985）の復元案にもとづき作表した。

以上の和泉郡独自の支出項目には、国家的法会や神社、離宮の管理に関わる支出という傾向が認められる。これは、大鳥郡や日根郡の独自項目が、その地域性（特産品）と関わるものであったことと対照的といえよう。府中を含む和泉郡は、和泉監のなかでも、とりわけ中央政府の意向に即した支出に対応することが求められた地域だったということになる。

次に和泉監正税帳郡部の正倉記載（V相当部分）に着目してみたい。ここからも各郡の特質をうかがうことができそうである。

正倉院の復元

和泉監正税帳では、日根郡部の正倉記載は完存し、和泉郡も六割程度が残る。残存状況の良くない大鳥郡とあわせてその情報をまとめたのが表3である。

まず、正税帳における正倉の記載情報を確認しておこう。三郡とも個々の正倉ごとに情報が記載されている。個別の正倉記載は「南第壹《いち》」などで始まり、各正倉がその所在地によって東・西・南・北に分かれ、そのなかでさらに第一から順に倉番号が振られている。これに続いて「甲倉《こうそう》」などの倉型が記される。「甲倉」は横木を井桁状に組み上げた校倉《あぜくら》のことである。そのほか、丸太を組み上げた「丸木倉《まるきぐら》」、壁面を木板で形成した「板倉《いたくら》」が確認できる。また、壁体構造や材質に関わらず、正倉のなかでも中心的な位置づけを与えられた大型の倉は「法倉《ほうそう》」と称されている。

これらの記載のあとには倉の容積（縦×横×高）が記される。そして、稲の出納記録が、出納年月日とその時の責任者である監司・郡司の名とともに記され、収納の現状が記録される。収納される稲の単位が□束《そく》□把《わ》であれば穎稲《えいとう》、□斛《こく》□斗□升であれば稲穀である。

このように所在方位、倉番号、倉型、容積、出納状況が記録され、正倉は一間ずつ細かく管理されていた。表3ではこれらの情報を正税帳の記載順にまとめている。完存する日根郡の正倉記載をみると、倉と屋《おく》で記載を分け、それぞれを所在方位ごとに掲出して倉番号を付与しており、所在方位が混在することはない。現存部をみる限り、大鳥郡や和泉郡も同様の原則で記載されたと考えても矛盾はない。

ところで、正倉の所在が東・西・南・北で表示されることから、各郡では方位を基準とした正倉のまとまりを確認できる。これらはどのような配置を示すのだろうか。

長元三（一〇三〇）年に作成された「上野国交替実録帳《こうずけのくにこうたいじつろくちょう》」（上野国不与解由状案《ふよげゆじょうあん》）という史料がある。一一世紀の上野国司の交替・引継ぎに際して作成された文書の下書きで、そこには同国内の郡家《ぐうけ》の施設について、「無実」となった（現存しない）ものを書き上げた箇所がある。そのなかに正倉も含まれるが、どの郡でも東・西・南・北・中など、個々の正倉の所在地を示す記載をともなっている。上野国内（群馬県内）では郡家遺跡の発掘調査が進んでおり、遺構から「実録帳」の伝える郡家のあり方が八世紀にさかのぼることが確認されている。

「実録帳」のうち、新田郡《にったぐん》の記載をみると、無実となった正倉が東・北・西・中などの方位とともに書きあげられている。そして、新田郡家の遺構である群馬県太田市の天良七堂遺跡《てんらしちどう》では、発掘調査により、郡家の正庁である郡庁を取り囲むように、東・北・西に正倉院が展開していたことが判明している（図3）。したがって「実録帳」の東・北・西の記載は、三方位に分かれて展開していた正倉院を示していることになる。

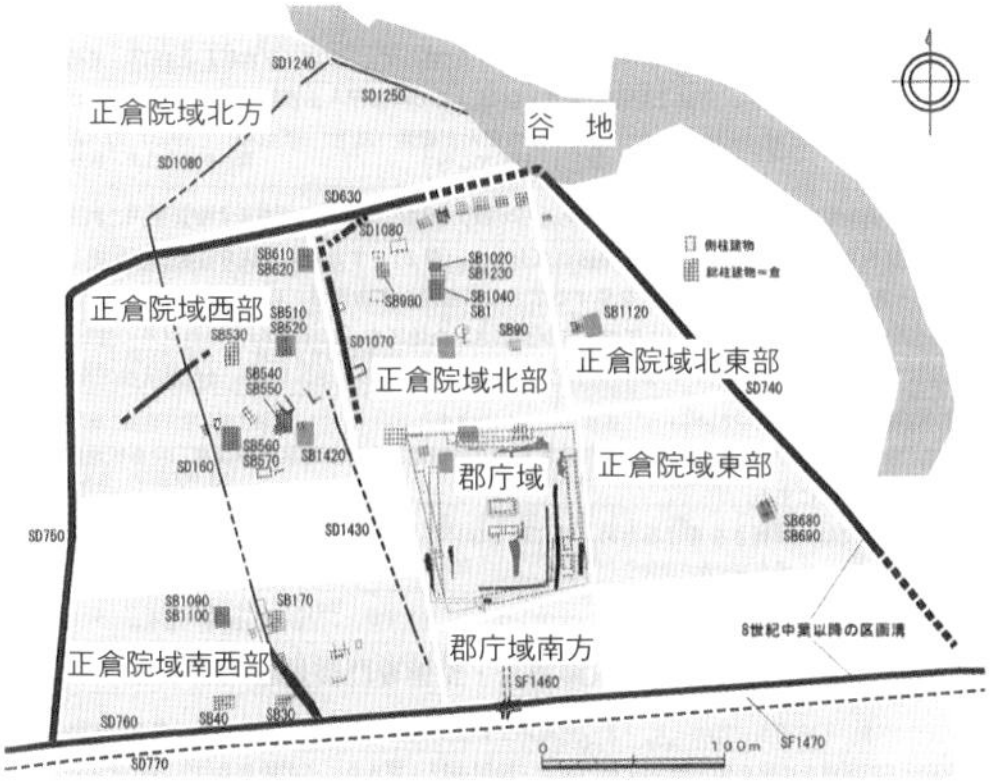

図3　上野国新田郡家の郡庁域と正倉院　『史跡上野国新田郡家跡　――平成24～28年度の調査報告と総括――』（群馬県太田市教育委員会、2019年）所載の図2に加筆。

郡名	No.(記載順)	所在方位	倉番号	倉型	内容物	容積(㎥)	出納状況	郡別の正倉・屋の内訳など
大鳥郡	①	東院	第一	板倉	稲穀	78	●不動倉	正倉27（不動8、動用2、穎稲5、借納放生稲1、空11）／屋2（穎稲2）
	②	東院	第二	板倉	稲穀	74	○動用倉：出納なし	
	③	東院	第三	板倉	稲穀	95	○動用倉：賑給に支出☆	
	④	東院	第四	板倉	空	53	空倉	
	⑤〜㉙	《欠損部》→不動7、穎稲5、借納放生稲1、空10／屋2（穎稲2）の記載						

郡名	No.(記載順)	所在方位	倉番号	倉型	内容物	容積(㎥)	使用状況	郡別の正倉・屋の内訳など
和泉郡	①	南院北	第一	法倉	稲穀	609	○動用倉：出納なし	正倉20（不動10、動用2、穎稲3、空4、借納義倉1） ※南院第二倉は正税帳作成段階では機能していなかったと考えられる
	②	西院	第一	板倉	稲穀	184	●不動倉	
	③	西院	第二	板倉	穎稲	81	穎稲倉：欠損のため出納不明	
	④〜⑬	《欠損部》→不動7、穎稲2、借納義倉1の記載 西院と北院に所在と推定						
	⑭	北院？	？	？	稲穀	？	○動用倉：賑給に支出☆	
	⑮	南院	第一	板倉	稲穀	198	●不動倉	
	⑯	南院	第三	板倉	稲穀	137	●不動倉	
	⑰	東院	第一	丸木倉	空	32	空倉	
	⑱	東院	第二	丸木倉	空	28	空倉	
	⑲	東院	第三	丸木倉	空	29	空倉	
	⑳	東院	第四	丸木倉	空	24	空倉	
	㉑	西院	第一	屋	穎稲	233	穎稲屋：出挙、借貸、雑用に支出☆	屋3（穎稲2、空1）
	㉒	西院	第二	屋	穎→空	218	穎稲をすべて出挙に支出し空屋☆	
	㉓	南院北	—	屋	穎稲	208	穎稲屋：すべて出挙に支出後、馬皮直と正税を納入☆★	
穴師神税（和泉郡）	①	東院	第一	丸木倉	穎稲	47	穎稲倉：出納なし	倉2 ※和泉郡の正倉・屋とは別途記載 ※東院第二倉は正税帳作成段階では機能していなかったと考えられる
	②	東院	第三	板倉	穎稲	49	穎稲倉：出納なし	
	③	西院	—	屋	穎稲	67	穎稲屋：穎稲を加納★	屋1

郡名	No.(記載順)	所在方位	倉番号	倉型	内容物	容積(㎥)	使用状況	郡別の正倉・屋の内訳など
日根郡	①	南院	第一	甲倉	稲穀	56	●不動倉	正倉14（不動3、動用1、穎稲6、空4）
	②	南院	第二	丸木倉	穎稲	32	穎稲倉：出納なし	
	③	南院	第三	丸木倉	穎稲	72	穎稲倉：出挙に支出☆	
	④	南院	第四	板倉	空	35	空倉	
	⑤	西院	第一	丸木倉	穎稲	34	穎稲倉：出納なし	
	⑥	西院	第二	甲倉	穎稲	88	穎稲倉：出納なし	
	⑦	北院	第一	丸木倉	空	32	空倉	
	⑧	北院	第二	丸木倉	穎→空	74	穎稲をすべて出挙に支出し空倉☆	
	⑨	北院	第三	板倉	穎稲	83	穎稲倉：穎稲を納入★	
	⑩	北院	第四	板倉	稲穀	77	●不動倉	
	⑪	北院	第五	甲倉	稲穀	92	●不動倉	
	⑫	北院	第六	法倉	稲穀	453	○動用倉：賑給に支出☆	
	⑬	東院北	第一	丸木倉	空	24	空倉	
	⑭	東院北	第二	丸木倉	穎稲	29	穎稲倉：出納なし	
	⑮	東院	第一	屋	穎稲	145	穎稲屋：すべて出挙に支出後、正税と馬皮直を納入☆★	屋2（穎稲1、空1）
	⑯	東院	第二	屋	空	—	空屋	

表3　和泉監正税帳の郡別正倉一覧　「倉種」「内容物」の色は図4・5と共通。「使用状況」の●は不動倉、○は動用倉を示し、☆は稲穀や穎稲の支出を、★は納入を示し、図4・5と共通。

これを参考にすれば、和泉監でも郡庁を取り囲むように正倉院が配置されていたと考えることができる。日根郡の場合、「南」＝南院に四つ、「西」＝西院に二つ、「北」＝北院に六つ、「東院北」に二つの倉が、「東」＝東院には二つの屋が所在した。従って、日根郡庁を取り囲むように、東院・西院・南院・北院と東院北の五つのブロックに分かれて正倉院が配置されていたと想定できる。その大まかな復元図が図4である。

写真5　復元された古代の郡家付属の正倉　茨城県つくば市平沢官衙遺跡。写真はつくば市教育委員会より提供。

和泉郡の正倉院

では、府中を含む和泉郡の正倉院はどうだったのだろうか。和泉郡部の正倉記載は冒頭が残存しており、そこには郡内に不動倉《ふどうそう》一〇間、動用倉《どうようそう》二間、穎稲倉《えいとうそう》三間、空倉《くうそう》四間、借納義倉《しゃくのうぎそう》一間の合計二〇間の倉と、屋《おく》が三間（穎稲屋二間、空屋一間）所在したと記されている。和泉郡部の正倉記載は途中に一か所の欠損部があるが、その前後の記載内容と冒頭の倉・屋の総計から、この欠損部には不動倉七間、穎稲倉二間、借納義倉一間の計一〇間の記載があったことになる。この一〇間と、その直後の半損部の一間（⑭）を含む、合計一一間分の記載内容を推定してみよう。以下、表3を参照し、①②などの番号は、「No.（記載順）」に対応している。なお、和泉郡の場合も、所在方位ごとに、郡庁を囲んで正倉院が置かれていたと考えておく。

個別の正倉記載の最初は①の南院北第一法倉である。これについで②③の西院第一・第二板倉が続き、その後は④～⑬が欠損、⑭も前半部分が半損している。そして⑮⑯は南院第一・第三板倉となる。記載のない南院第二板倉は、この段階では亡失していたか、倉としての機能を失っていたのだろう。そして⑰～⑳が東院第一

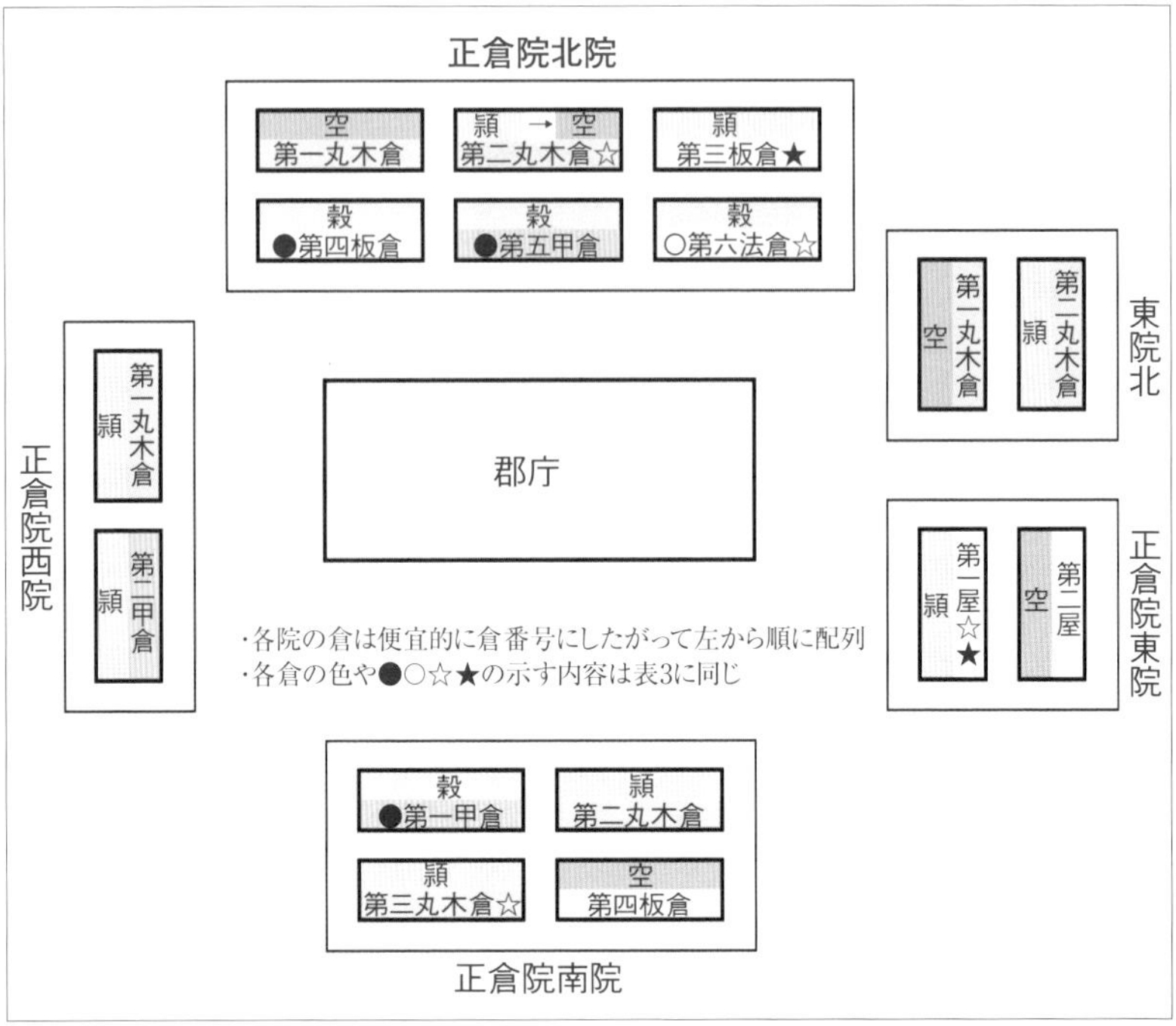

図４　日根郡の正倉配置推定復元図

〜四丸木倉、㉑・㉒は西院第一・第二屋、そして㉓が南院北の屋となっている。なお、このあとには泉穴師神社の神税倉の記載が続く。

和泉郡部でも倉と屋の記載を分け、そのうえで正倉院（所在方位）ごとに倉もしくは屋を掲出し、各院内で第一から順に倉番号を振っている。この原則に基づくと、欠損・半損部直前の②③は西院の倉の記述、直後の⑮は南院の最初となる第一板倉の記載で、以下の記載も完存しているため、欠損・半損部の④〜⑭には西院の倉の続き、もしくは現存部に確認できない北院の倉の記載があったことになるだろう。

もし、すべて西院の記載だとすると、西院には合計で一三間の倉が所在したことになる。各院の倉の数は、日根郡では北院の六間、和泉郡のほかの記載では東院の四間が最大である。したがって、西院に一三間もの正倉が所在したとは考え難い。欠損・半損部の後半は北院の倉の記述だったと考えるのが妥当だろう。すると、半損する⑭は北院の記載の末尾となる。

さらに欠損・半損部に踏み込んでみよう。所在方位

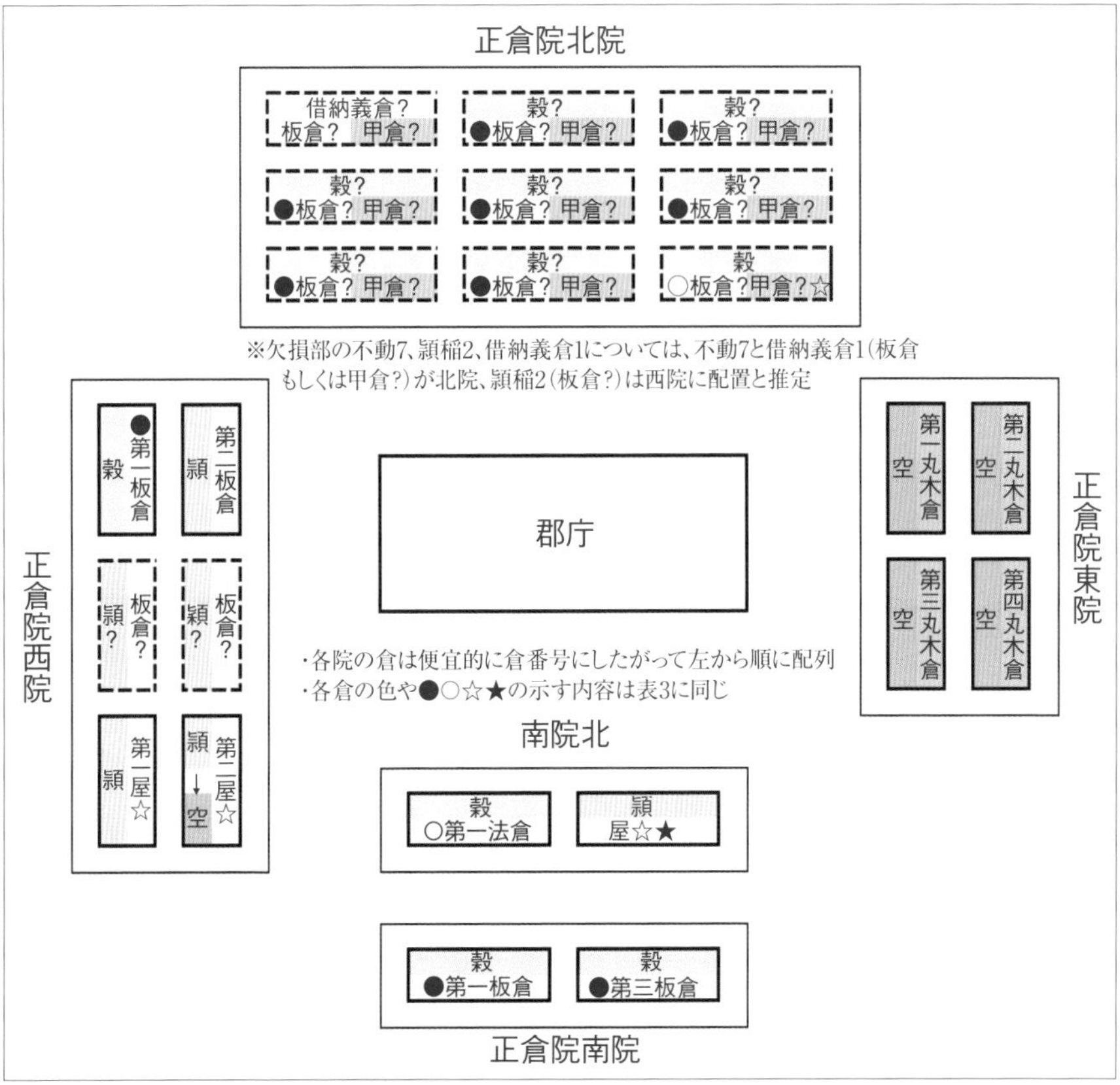

図５　和泉郡の正倉配置推定復元図

と倉型の関係に着目したい。日根郡の場合、屋のみの東院を除くと、東院北は倉型が丸木倉で統一されるものの、ほかでは複数の倉型が混在する。したがって、所在方位＝院別に並べた際に倉型がランダムにあらわれる。これに対して和泉郡では、南院は板倉のみ、東院は丸木倉のみ、南院北は法倉と屋が混在するが、倉としては法倉一間のみである。こうした傾向に注目すると、和泉郡では欠損・半損部も含め、正倉院ごとにできるだけ倉型を揃えていたと推測できるだろう。

　このように考えると、西院・北院の記載と推測できる④〜⑭の欠損・半損部も、西院第一・第二板倉の続きと思われる前半部は板倉だったと考えられよう。さらに、東院が丸木倉の空倉のみ、南院が不動穀を納めた板倉のみであることからは、和泉郡では倉型のみならず、その収納物や用途も正倉院単位で統一していたとみることができる。欠損部の④〜⑬には、穀を納めた不動倉が七間、穎稲倉二間、借納義倉一間が記載され、半損部の⑭は穀を納めた動用倉である。西院には、穎稲を納めた第二板倉と第一屋、もとは穎稲を納めていた第二屋があることを考えると、不動穀を納めた第一板倉はあるものの、西院では日常的に出納する穎稲を主に管理していたと考えられる。すると、欠損部に含まれる穎稲倉二間は西院に所在したのではないだろうか。

そして、⑭は北院記載の末尾と考えられ、かつ稲穀を納めた動用倉であることを踏まえると、北院には稲穀を納めた倉が集められていた可能性が高い。そうであれば、欠損部の不動倉七間は北院に所在したのではないだろうか。あわせて、義倉が非常時用の備蓄穀物を収納する倉であることを考えれば、借納義倉も日常的な出納が想定されない不動倉・動用倉の集まる北院に所在したと考えてよいのではないだろうか。一般に、穎稲は丸木倉や屋、稲穀は板倉や甲倉に収納されることが多いため、北院の稲穀を納めた倉は板倉もしくは甲倉だった可能性が高いだろう。上記の想定のもと、和泉郡の正倉院を復元したのが図5である。

ここまでの和泉郡正倉院の復元は、推測を重ねたものであり、可能性の域を出ない。ただ、日根郡と比べると、和泉郡の正倉院の方がより高い規格性・統一性を備えていることは確かだろう。すでに述べたように、和泉郡独自の支出項目の検討から、同郡は中央政府の意向に即した支出が求められていた。だとすれば、その財源を納めた正倉院に対しても、中央政府のより強い関与が想定できるだろう。倉型や収納物・使用法が正倉院ごとに分かれていたのは、国家的な行事や施設の管理のための財源を、より適正に管理・出納するため、中央政府やその意向をうけた監司によって、規格化・統一化がはかられた結果なのではないだろうか。だとすれば、正倉院のあり方にも和泉郡の特質があらわれているといえるだろう。

4　古代の府中

以上、和泉監正税帳《いずみげんしょうぜいちょう》を手がかりに、和泉郡の特質について考えた。和泉監という官司・行政区画は、離宮の増改築・維持を目的に設定された。その後の監の廃止や和泉国の再設置なども含め、和泉地域は時の天皇や中央政府の意向・政策の影響を強く受けてきたのである。

そのなかで和泉郡は、国家的行事や施設に関わる支出が求められ、その財源を納めた正倉院も規格性・統一性が高く、中央政府の関与をうかがわせるものだった。こうした特徴は、大鳥・日根郡とは様相を異にする。中央の影響を強く受けるという和泉監／国の特質が、監府《げんふ》／国府《こくふ》が置かれた和泉郡にはとりわけ強く現れたのだろう。この意味において、和泉郡はまさに和泉監／国の行政・支配の中心とみなすことができる。

また、中央の影響を受けやすいという地域的特質は、この地域の歴史に根差していると考えられる。古くからこの地に盤踞《ばんきょ》していた有力勢力を茅渟「県主《あがたぬし》」として掌握し、「高脚海《たかしのうみ》」を禁制地とするなど、倭王権以来、和泉地域は王権との結びつきが強かった。こうした歴史的背景があったからこそ、八世紀以降の古代国家は、離宮の設置や監の分立と再編などといった政策を進めることができたのだろう。

八世紀以来、監府／国府が所在した可能性のある府中は、こうした和泉郡の中核として、後世に至るまで和泉地域の支配の拠点として位置づけられたのである。

第3章　和泉郡の神がみ

1　和泉郡の官社とその分布

和泉国の官社の概要

神祇令《じんぎりょう》に規定されている律令的祭祀の代表的なものが祈年祭《としごいのまつり》である。『延喜式』巻九・十神名上下（いわゆる神名帳《じんみょうちょう》）には、この祭祀において律令国家から幣帛《へいはく》の班給《はんきゅう》をうける三一三二座の神を祭る官社《かんしゃ》（式内社《しきないしゃ》）二八六一社がすべて列挙されている（座の数は奉斎されている神の数。一つの官社に複数の神が祭られる場合があるので、官社数はこれより少なくなる）。

祈年祭では、成立当初から八世紀ごろまでは、全国の官社の祝部《はふりべ》（各官社の神職）が中央の神祇官に参集して幣帛の班給を受けるのが原則であった。しかし祝部・官社にとって、毎年中央までのぼらねばならないことは大きな負担であり、次第に参上しなくなった。こうした事態に対応して、延暦十七（七九八）年から、畿外の二三九五座については、国府に参集して国司から幣帛の班給をうけるように改められた。これがいわゆる国幣社《こくへいしゃ》である。これに対して、畿内の官社は、これまでどおり神祇官から幣帛を班給されるので、官幣《かんぺい》社《しゃ》と称されるようになった。

畿内の七三七座五七三社の祝部は、引き続き神祇官に参集して幣帛を受けたが、その時、幣帛を案《あん》（机）の上に置いて班給される一九八社（大社）と、案に置かないで班給される三七五社（小社）に格付けされた。その際、後者のなかから鍬・靫《ゆき》を幣帛に加えて班給する場合があった（六五座に鍬と靫、二八座に鍬のみ、三座に靫のみ)。これは小社をさらに格付けしたものであろう。

神名帳には、官社ごとに、大社・小社の別、名神《みょうじん》として特定されている官社、祈年祭のほかに相嘗祭《あいなめのまつり》・月次祭《つきなみのまつり》・新嘗祭《にいなめのまつり》の班幣を受ける官社、鍬と靫もしくは鍬のみを支給される官社が注記されている。和泉国についてそれを整理すると表4のようになる。

このうち、和泉国で唯一の大社は大鳥郡の大鳥神社である。同社は名神として奉幣を受け、月次祭・新嘗祭の班幣も受ける。この点も和泉国内では同社のみである。『続日本後紀』承和《じょうわ》九(八四二)年十月己巳(九日)条によると、この時すでに従《じゅ》五位下の神階(神に与えられる位階)を持っていることが知られる。これ以前のいつ授与されたのかは明らかでないが、当社は、知られる限りで和泉国の官社で最も早く神階を受けたと考えられる。また『日本三代実録』貞観《じょうがん》元(八五九)年正月二十七日甲申条によると、大鳥神が正《しょう》五位下勲八等から従四位下に上げられているが、和泉国の官社で勲位を持つものは、九世紀まではほかにない。また中世には和泉国一宮とされている。このように大鳥神社は九世紀には和泉国随一の有力社としての地位を確立したと思われる。

	座	座の内訳		社	名神	月次	新嘗	鍬・靫	鍬
		大	小						
大鳥郡	24	1	23	23	1	1	1	4	4
和泉郡	28		28	21					3
日根郡	10		10	9				2	1
合　計	62	1	61	53	1	1	1	6	8

表4　和泉国の神がみ(郡別)

郡	鍬と靫	鍬のみ
大鳥郡	山井神社	蜂田神社
	大鳥神社	陶荒田神社2座
	生国神社	大鳥浜神社
	等乃伎神社	大歳神社
和泉郡		積川神社5座
		旧府神社
		聖神社
日根郡	日根神社	比売神社
	加支多神社	

表5　鍬と靫、もしくは鍬のみを支給される官社

しかし八世紀についてみると、天平九(七三七)年の「和泉監《いずみげん》正税帳《しょうぜいちょう》」には大鳥神社の神戸《かんべ》(神社に与えられた封戸《ふうこ》・神封)はみえず、当時和泉監内の神戸は穴師《あなし》神戸だけであった。この点からすると、すでに『信太編』で指摘されているように、八世紀の和泉国の主要神社は泉穴師神社であった可能性が高く、大鳥神社の社格が上昇するのは九世紀以後のことであったと推測される。

和泉国において、鍬と靫もしくは鍬を加えて班給される官社

郷名	官社名	座数	所在地
信太	旧府		和泉市尾井町
	聖		和泉市王子町
上泉	曽祢		泉大津市北曽根
	泉井上		和泉市府中町
	博多		和泉市伯太町
	和泉		和泉市府中町
	丸笠		和泉市伯太町
下泉	泉穴師	2	泉大津市豊中町
	粟		泉大津市式内町
軽部			
坂本			
池田	男乃宇刀	2	和泉市仏並町
	穂椋		もと和泉市和田町
山直	楠本		岸和田市包近町
	淡路		岸和田市摩湯町
	積川	5	岸和田市積川町
	山直		岸和田市内畑町
八木	夜疑		岸和田市中井町
掃守	兵主		岸和田市西之内町
	意賀美		岸和田市土生龍町
木嶋	阿理莫		貝塚市久保
	矢代寸	2	岸和田市八田町
	波多		岸和田市畑町

表6　郷別にみた和泉郡の官社　神名帳記載の官社を和名類聚抄の郷別に整理した。所在地は『式内社調査報告』などによる。

は表5のようである。これらの官社に鍬・靫が幣帛に加えられるようになった契機はさまざまであろうが、ほとんど明らかでない。和泉郡の積川《つがわ》神・旧府《ふるふ》神・聖《ひじり》神については、いずれも神階を授与されている点で共通することが注意される。和泉郡の官社ではほかに泉穴師神にも神階が授与されても幣帛に鍬は加えられていないが、先の三神については、神階授与が契機のひとつとなったと推測しておきたい。

和泉郡の官社の分布

神名帳には和泉郡には二十八座・二十一社が挙げられている。これらを『和名類聚抄《わみょうるいじゅうしょう》』の郷別に整理したのが表6である。『式内社調査報告』などによってその所在地を古代寺院跡とともに示したのが図6である。これによると、ほとんどの郷には少なくとも一社以上の官社が存在していたことがわかる。しかしそのなかで、坂本郷と軽部《かるべ》郷には官社がないことが注意される。前者については図6で確認すると、その範囲は、槇尾川流域の和泉市和田町より下流部分の池田郷にまで広がるとみられる。すなわち、坂本郷とそれに接する池田郷の一部分に官社が分布していないのである。それでは、この二つの地域に官社が分布していないのはなぜであろうか。

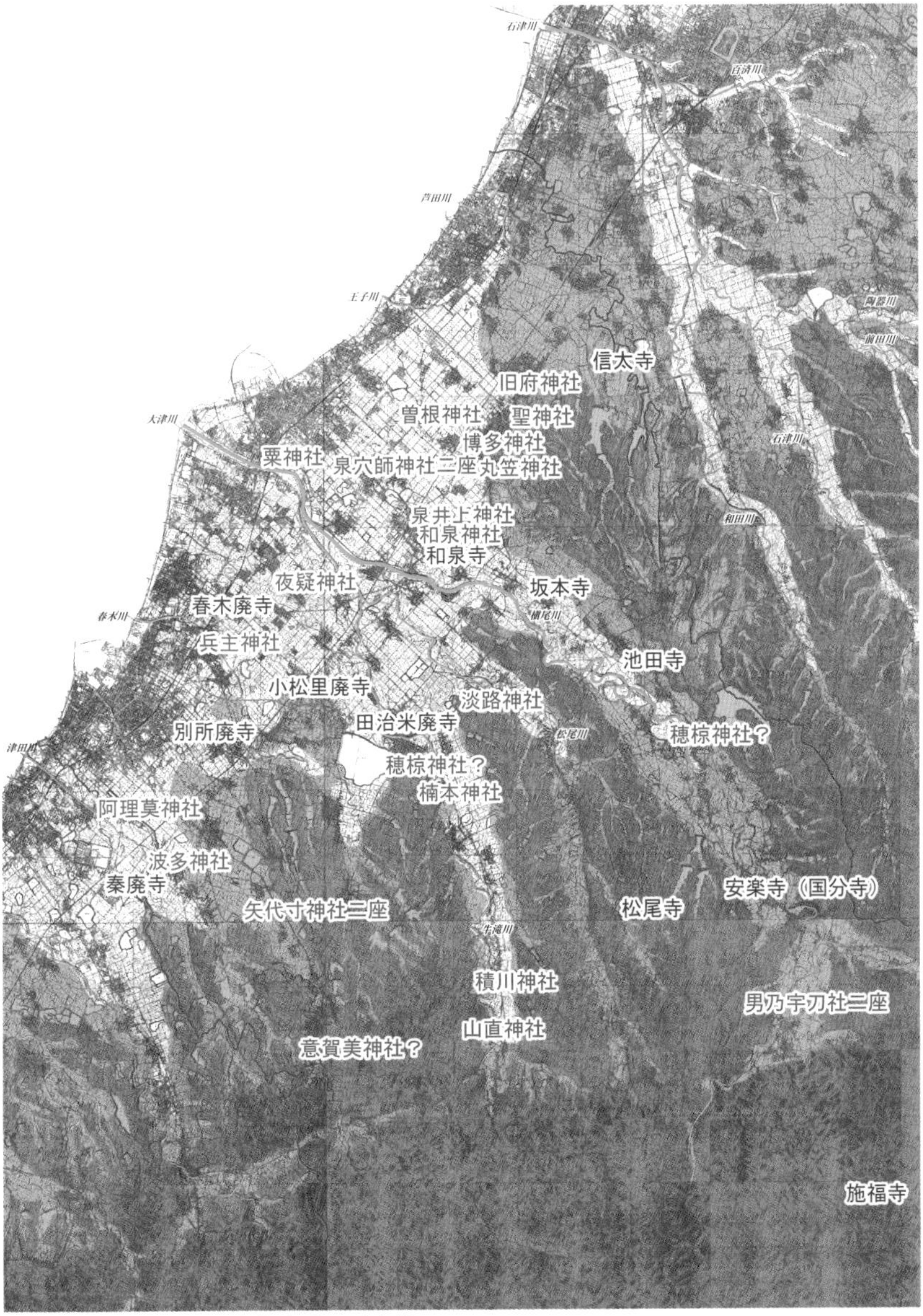
石津川
芦田川
王子川
大津川
春木川
津田川
信太寺
旧府神社
曽根神社
聖神社
博多神社
粟神社
泉穴師神社二座
丸笠神社
泉井上神社
和泉神社
和泉寺
和田川
夜疑神社
坂本寺
春木廃寺
槇尾川
兵主神社
池田寺
小松里廃寺
淡路神社
田治米廃寺
松尾川
別所廃寺
穂椋神社？
穂椋神社？
楠本神社
阿理莫神社
波多神社
秦廃寺
安楽寺（国分寺）
矢代寸神社二座
松尾寺
牛滝川
積川神社
男乃宇刀社二座
山直神社
意賀美神社？
施福寺

図6　和泉郡の官社と古代寺院の所在地

坂本郷と軽部郷

まず坂本郷とそれに隣接する池田郷の地域には、坂本寺跡と池田寺跡が並んで存在する。隣接する上泉《かみついずみ》郷の和泉寺跡も視野に入れると、三ヶ寺が連続することになる。和泉国地域は古代寺院の多い所であるが、この付近は特に寺院が接近して建立された地域と言えよう。従来この点が多く注目されてきたが、そのためにかえってこの地域が官社の空白地帯であることが見落とされてきた。では、この空白地帯はどのような地域であったのであろうか。

乾哲也・奥村宏美によると、坂本寺は七世紀中葉（六四〇年代か）に造営が始められ、池田寺は坂本寺とほぼ同時期かやや遅れて創建され、和泉寺は本格的な発掘調査は行われていないものの、七世紀中葉以降に本格的に整備されたか、もしくは七世紀第三四半期《しはんき》に建立が始まったとしている。この地域には、七世紀中葉前後に仏教が濃密に浸透したとみられる。

一方、軽部郷の地域については、天平十九（七四七）年二月十一日「法隆寺伽藍《がらん》縁起《えんぎ》幷《ならびに》流記《るき》資財帳《しざいちょう》」の水田の項に「和泉郡卌五町九段」、薗地の項に「和泉郡二段」、池の項に「和泉郡軽郷一塘」、庄倉の項に「和泉郡一処」がみえる。第1章で指摘されているように、法隆寺領としてまとまって存在していたとみられ、物部氏の旧領を引き継いだものであろう。物部氏が滅亡したのは用明《ようめい》天皇二（五八七）年のことであるから、この地域には六世紀末から七世紀初めに仏教が浸透したと考えられる。

これらによると、この二つの地域には、比較的早い時期から仏教が濃密に浸透していた点で共通する。この二つの地域も含めて、各郷の範囲内にはさまざまな神が祭られていたであろう。そのうちの特定の神が社殿を持つようになり、さらにそのうちのいくつかが官社とされたと考えられるが、この二つの地域では、仏教が早い段階から濃密に浸透した結果、官社にまで発展することができた神社がなかったのである。

写真６　泉井上神社

2　泉井上神社

「和泉郷」

槙尾川は、松尾川・牛滝川と合流して、大津川と名を変えて大阪湾にそそいでいる。この槙尾川・大津川の右岸側に上泉郷と下泉郷が並んでいる。この二つの郷は、名称や隣接している位置関係から見て、もと「和泉郷」という一つの地域であったと推定される。上泉郷《かみついずみ》・下泉郷《しもついずみ》は和泉郡全一〇郷のうちの二郷にすぎないが、そこに和泉郡の官社《かんしゃ》の約三三パーセントに当たる七社（八座）が集中している（表6、図6）。この点や名称から見て「和泉郷」が古代の和泉地域の中心地域であったであろう。

この地域には、泉井上神社と泉穴師《あなし》神社というように、名称に「泉」を冠する二つの重要な官社が存在する。ここではまず前者について考える。

泉井上神社（写真6）は、中世には、総社《そうじゃ》として境内に一宮から五宮（〔一宮〕大鳥《おおとり》神社、〔二宮〕穴師神社、〔三宮〕聖《ひじり》神社、〔四宮〕積川《つがわ》神社、〔五宮〕日《ひ》根《ね》神社）が形成され、受領《ずりょう》の神拝《しんぱい》が行われていた。この点から見て、当社が、ある時期から和泉国内の有力神社であったことは明らかである。この点をさらに「泉」「和泉」という地名から考えたい。

写真7　和泉清水　1970年代に撮影。

地名「和泉」の展開と泉井上神社

『続日本紀』霊亀二（七一六）年三月癸卯（二十七日）条に、

　河内国和泉・日根の両郡を割《さ》きて、珍努宮《ちぬのみや》に供せしむ。

とあり、同四月甲子（十九日）条に、

　大鳥・和泉・日根の三郡を割きて、始めて和泉監《いずみげん》を置く。

とあるので、大宝令制下において、河内国内に大鳥・和泉・日根の三郡が存在したことは明らかである。

それより前に『日本書紀』持統《じとう》天皇三（六八九）年八月丙申（十六日）条に「河内国大鳥郡高脚海《たかしのうみ》」とある。大鳥郡の「郡」の文字は「評」が「郡」に改められた後の知識によって書かれており、大宝令以前に「大鳥評」（おおとりのひょう・こおり）が存在していたことがうかがえる。また同欽明《きんめい》天皇十四（五五三）年五月戊辰条の「河内国言さく、泉郡の茅渟海の中に梵音《ぼんおん》有り」という史料がある。ここにみえる「泉郡」も書き改められているが、これによって「泉評」が存在したと想定しうるだろう。その後、大宝令の施行によって「泉郡」となったが、和銅六年（七一三）五月の行政地名の一斉改正にともなって「和泉郡」とされたと考えられる。

ここで注意すべきことは、「評」の段階や大宝令の「郡」の段階の「泉」「和泉」が、まだ「泉評」「泉郡」「和泉郡」の範囲を示す地名にとどまっていることである。和泉評家《ひょうけ》や和泉郡家《ぐうけ》の所在地は不明であるが、泉の湧出地の近くにあり、その泉にちなんで「評」や「郡」の名称とされたのではないか。その泉とは、先に述べた泉井上神社境内の「泉」がもっともふさわしいであろう。

その後、河内国から大鳥・和泉・日根の三郡を割いて「和泉監」が設置された。この「和泉監」の「和泉」という地名は、三郡全体を指している。この時が、三郡全体すなわち和泉国の範囲全体を指す呼称として「和泉」が用いられた最初である。

泉井上神社は、社名が示すように、現在も境内に「泉」のあとが存在する（写真7）。かつてこの「泉」を対象とする祭祀が行われており、それが発展して社殿を持つに至ったと考えられる。この「泉」にちなんで、その周辺に小地名として「泉」もしくは「和泉」があったのであろう。「泉」「和泉」という地名は、泉井上神社周辺の小地名から出発して、泉評・泉郡・和泉郡の範囲を示す地名となり、さらに和泉監全体（三郡全体）を指す地名へと拡大したのである。

泉井上神社は、和泉評家・和泉郡家の近くにあり、和泉監や和泉宮（茅渟宮《ちぬのみや》）も近隣にあった可能性がある。和泉郡全体や和泉国全体を示す「和泉」という地名は、当社のもととなった境内の「泉」に由来すると考えられるのである。

3　泉穴師神社

神階と神封

和泉郡内に所在した官社《かんしゃ》のうち、泉を冠するものとして、泉穴師《あなし》神社がある（写真8）。当社は泉大津市豊中町に存在するが、この地は『和名類聚抄《わみょうるいじゅうしょう》』の下泉《しもついずみ》郷に相当するとみられる。下泉郷は、上記のように、もと和泉郷から分立したものであったと考えられ、古代和泉の中心地域であった。当社は、この中心地域に存在する。

和泉国内の六二神のうち、九世紀までで神階が授けられた記録が残るのは、大鳥神（大鳥郡）、積川《つがわ》神・泉穴師神・旧府《ふるふ》神・聖《ひじり》神（以上和泉郡）、比売《ひめ》神（日根郡）のわずか六神にすぎないが、そのうち泉穴師神は承和九（八四二）年十月に無位から従五位下を授けられたのをはじめに、貞観七（八六五）年二月に従五位上に上げられ、わずか四ヶ月後の六月に正五位下となり、さらに貞観十年二月には従四位下が授けられている。古代和泉の重要神であったことは明らかである。

また、上述のように、八世紀段階では、和泉国内に存在した神封は穴師神戸《かんべ》のみであるので、この点からも当社が重要官社であったということができる。この穴師神戸については、『新抄格勅符抄《しんしょうきゃくちょくふしょう》』大同元年（八〇六）牒に、

穴師神　五十二戸　大和五戸　和泉八戸　播磨卅九戸

とあるが、この穴師神がどこの神かは記されていない。しかし、播磨三九戸について、『播磨国風土記』飾《しか》磨郡《まぐん》安師里《あなしのさと》条に、戸数は記さないが「穴師の里　土は中の中　右、安師と称《い》ふは、倭の穴无《あなし》の神の神戸と託《つ》きて仕え奉る。故《か》れ、穴師と号《なづ》く。」とあるのと対応するので、大同元年牒の穴師神は大和の神であろう。これによると「和泉八戸」も大和の穴師神の神戸とみていい。したがって、泉穴師神社とは、大和の穴師神の神戸が置かれた地においてその神が祭られたことに起源があると推定できるのではないか。

神酒の供給と和泉国安那志社

泉穴師神社は、外国使節に対して神酒を供給する儀礼に、和泉国でただ一つ関係する神社としてみえることでこれまで注目されてきた。『延喜式』玄蕃寮《げんばりょう》の新羅客《しらぎきゃく》条には、

凡そ新羅の客入朝せば、神酒を給え。その酒を醸《つく》る料の稲は、大和国賀茂・意富《おお》・纏向《まきむく》・倭文《しとり》の四社、

河内国恩智《おんち》の一社、和泉国安那志《あなし》の一社、摂津国住道《すむち》・伊佐具《いさぐ》の二社、各三十束、合せて二百四十束を住道社に送れ。大和国片岡の一社、摂津国広田・生田・長田の三社、各五十束、合せて二百束を生田社に送れ。（中略）生田社に醸る酒は、敏売《みぬめ》崎に於いて給い、住道社に醸る酒は、難波館に於いて給え。

（下略）

とある。これによると、敏売崎で供する神酒は摂津国の広田社ほか四社の稲を用いて生田社で醸造され、難波館で供する神酒は大和国の賀茂社ほか八社の稲を用いて住道社で醸造されることになっていた。このうち和泉国の安那志社が泉穴師神社に相当し、後者のグループの一社としてみえるのである。

この神酒供給の対象、目的等については議論があるが、本来は新羅使だけでなくすべての外国使に対して行われたこと、外国使のケガレを祓うことが目的であるとする見解は十分な検討を経たものではなく説得的ではないこと、政治的服属関係の確認と見るべきであるとする説が妥当である。しかし、この見解では、敏売崎と難波館で二重に行われることが十分に説明されていない。そこで入境儀礼を考慮するという観点に学んで、敏売崎では畿内へ入った地点で政治的服属関係の確認を行い、難波館では王権基盤の中枢部とりわけ京に進むことを前提として政治的服属関係を再確認することが行われたと考えておきたい。

以上を前提にしたうえで、ここでは、焦点を泉穴師神社に当てて、難波館で供給する神酒を醸造する稲を提供する八社の中に当社があることの意味を考えたい。この八社を、先行研究を参考にして『延喜式』神《じん》名帳《みょうちょう》の官社と対応させると、以下のようである。

大和国　賀茂社　葛上郡《かずらきのかみ》　鴨津波八重事代主命神社《かもつばやえことしろぬしのみこと》（二座）
〃　意富社　十市郡《とおち》　多坐弥志理津比古神社《おおにいますみしりつひこ》（二座）
〃　纏向社　城上郡《しきのかみ》　穴師坐兵主神社《あなしにいますひょうず》または穴師大兵主神社

写真８　泉穴師神社

〃　倭文社　葛下郡《かずらきのしも》　葛木倭文坐天羽雷命《かつらきのしとりにいますあめのはづちのみこと》神社
河内国　恩智社　高安郡《たかやす》　恩智神社（二座）
和泉国　安那志社　和泉郡　泉穴師神社（二座）
摂津国　住道社　住吉郡　中臣須牟地《なかとみのすむち》神社・神須牟地神社・須牟地《すむちの》曽祢《そね》神社
〃　伊佐具社　河辺郡　伊佐具神社

これら諸社の所在地については、和泉国の安那志社と摂津国の伊佐具社のほかは外国使の入京ルートに沿う地域にあたるとする考えが参考になる。ここから離れる二社のうち摂津国の伊佐具社が難波館での神酒供給に関係した理由は明らかでないが、和泉国の安那志社については、前述のように、大和国の穴師神の神戸が置かれた地において同神が祭られたことに起源があるとすると、大和国の穴師神が供出する稲の一部を分担したと考えられるのではないか。すなわち泉穴師神社の神酒のための稲の供出は、穴師坐兵主神社または穴師大兵主神社のそれと一体のものとして理解できるのである。このように考えれば、難波館で外国使に供給する神酒を醸造するための稲を提供する八社の中で、和泉国の安那志社のみが地域的に離れている理由が理解できるのではないか。

第3部 中世和泉府中・国衙と地域

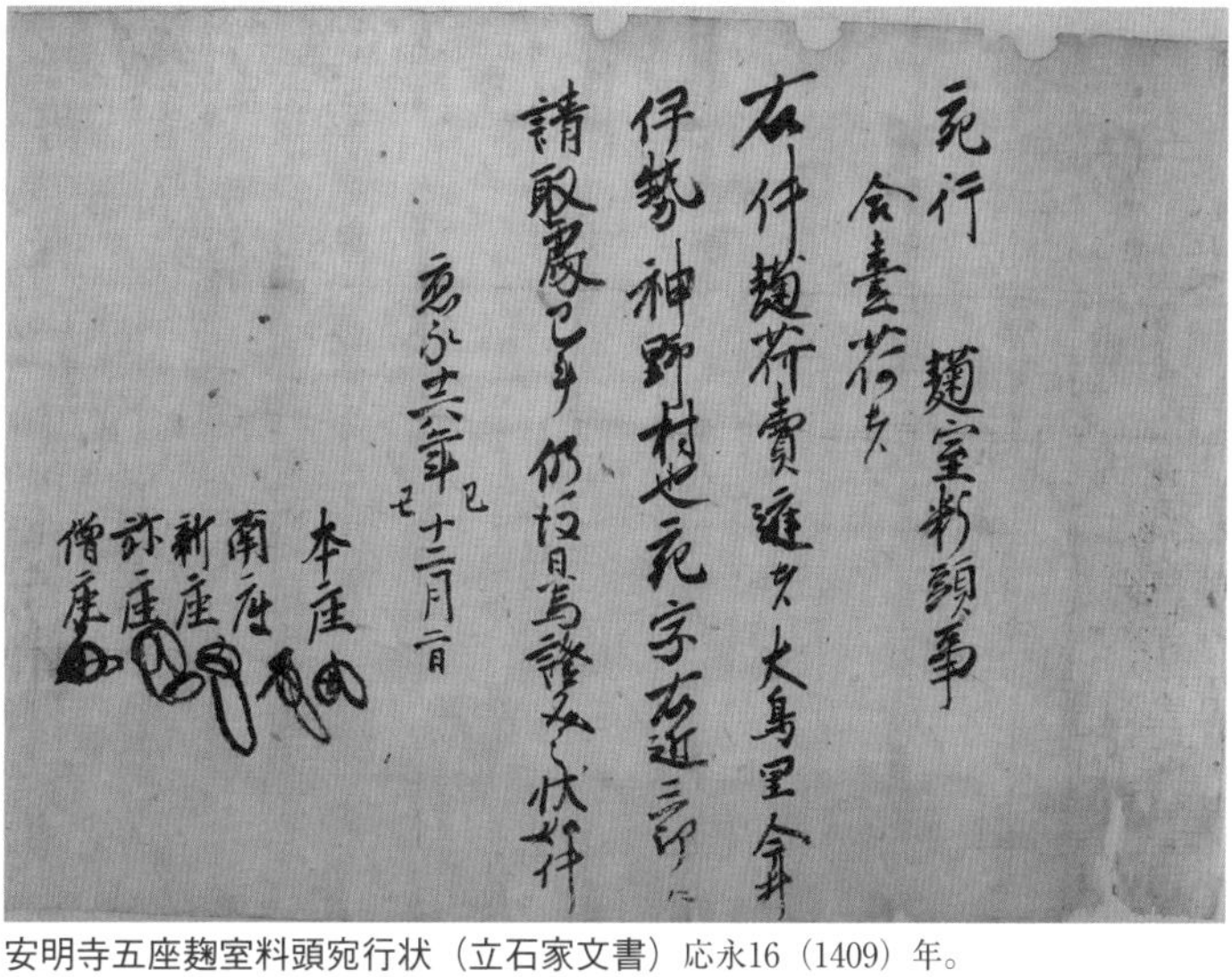

安明寺五座麹室料頭宛行状（立石家文書）応永16（1409）年。

第3部は、平安時代後期から戦国時代、織田信長の時代までをあつかう。

古代において府中地域は王権との結びつきが特に強いことが述べられてきた。そうした傾向は、平安時代後期以降も形を変えながら維持された。国衙とよばれる役所が引き続き機能し、地域の有力者が「在庁」（官人）として結集した。在庁の多くは、村むらに基盤を置き、在地領主となっていったが、府中を拠点とする有力者も複数いた。

鎌倉時代になると、幕府から任命された守護が府中に「守護所」を置き、市庭に高札を立てて統制をはかったが、在庁らが依然として大きな力を持っていたようである。国内の中心的な神社である惣社が府中に置かれ、それを在庁の系譜をひく田所氏らが管理した。府中では熊野街道と、湾岸部と山中をむすぶ街道が交差しており、交通の要衝であった。また槇尾川右岸の最も重要な灌漑用水路である国府河頭井《こうこうずい》が府中のなかを貫流している。府中に隣接する黒鳥村が和泉国内で麹の販売についての独占権を発揮できたのも、府中が持つ伝統的な地位によるのだろう。

南北朝・室町時代の和泉守護は細川氏であった。細川氏も課役や信仰などの側面から府中への関わりを強めようとした。しかし、在庁の系譜をひく地元有力者たちの活動は相変わらず盛んであり、一揆を結んで守護方に対峙したりした。この時期になると「泉」字を名称に冠する寺院など、多くの寺院が府中内外で活動していたことがわかる。港湾都市である堺が有力になっていくが、府中のもつ求心性は簡単にはおとろえず、それが在庁らの自立的性格を支えていたのだろう。

府中地域では黒鳥村にみられるように村落の自治の進展と成熟も早くからみられた。村むらの先進性は、農業用水を介した村落のつながりを強めた。また地域社会における多様な信仰を育み、古来の仏像が長い間、在地で守られていくことになった。

戦国時代になって岸和田を拠点とする守護代の松浦氏が地域権力として進出し、また都市堺の影響力がいっそう増すと、府中地域の在地領主の姿は次第に史料から消えていく。織田信長の勢力が和泉国まで及ぶようになると、その配下に組みこまれた領主もいた。彼らのなかには、天下統一の戦いのなかで没落したり、仕官して地元を離れたりする一族もいたようである。

在地の領主たちが変貌してゆく一方で、府中周辺の村むらはその姿をいっそう明瞭に現していく。

第1章　中世前期の和泉国府・府中と地域社会

1　和泉国府と鎌倉幕府

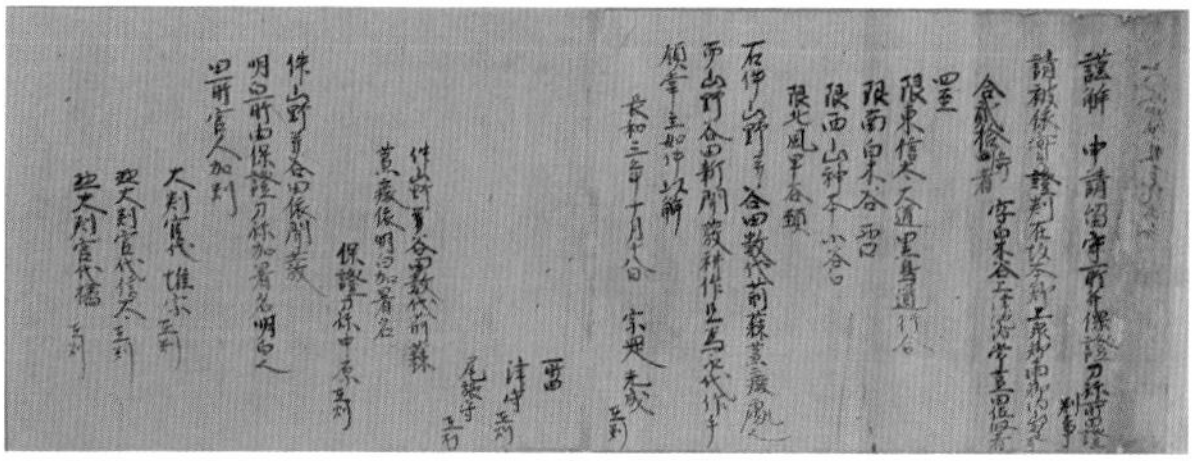

写真1　宗岡光成解状案（河野家文書）　長和3（1014）年。大阪府指定文化財「黒鳥村文書」。

中世の国衙と在庁

一〇世紀以降の諸国では律令制の国司四等官制が崩れ、国守（受領《ずりょう》）、代官の目代《もくだい》、私的な従者である郎等《ろうとう》が国務を主導する体制が定着した。また従来の郡郷司に代わり、権守《ごんのかみ》・権介《ごんのすけ》・判官代《ほうがんだい》の官職を持つ在庁官人《ざいちょうかんじん》（以下、在庁とする）が国府の政庁である国衙《こくが》を運営するようになった。在庁の出自は旧来の郡郷司の一族、都から下った下級官人、国守の郎等、動産をもち農業経営に優れた富豪の輩や田堵《たと》などからなる。在庁は国衙の「所《ところ》」（部署）を分掌し「国の侍」として武力を有し、国司や目代の下で一国の統治を担った。また在地に私領を形成し、公領（国衙領）である郷・保《ほ》・名《みょう》などの支配を請け負う存在となった。

和泉国でも一一世紀初頭の長和三（一〇一四）年の文書に、大判官代の惟宗《これむね》氏・信太《しのだ》氏・橘《たちばな》氏や「所田」（田所《たどころ》）が在庁として現れる（写真1）。惟宗氏や橘氏、および大中臣《おおなかとみ》氏・宮道《みやじ》氏はおそらく都から下向した官人、信太氏や珍《ちぬ》氏・大鳥《おおとり》氏は大鳥郡・和泉郡の在地氏族の系譜を引く者と思われる（表1）。在庁の宮道惟平《みやじこれひら》は藤原道長の帰依を受けた東寺長者・小野僧正仁海《にんかい》の父とされ

在庁	登場年代
宮道惟平	平安中期
所田（田所）	長和3（1014）年
大判官代　惟宗氏	長和3（1014）年
惣大判官代　信太氏	長和3（1014）年
惣大判官代　橘氏	長和3（1014）年
大判官代　酒人盛信	寛治2（1088）年・寛治6（1092）年
在庁季俊	保安元（1120）年
判官代　珍為光・光時	保安4（1123）年ごろ
一在庁日向権守清実	文治2（1186）年
大判官代　大鳥氏	建久7（1196）年
大判官代　大中臣氏	建久7（1196）年
禰宜　大中臣氏	建久7（1196）年
国神主　藤原氏	建久7（1196）年
取石権守正方	建仁2（1202）年・建永元（1206）年
中原俊成	文永9（1272）年
惣官	文永9（1272）年

表1　和泉国府周辺の在庁　『高野春秋編年輯録』「河野家文書」『古今最要抄』『知信記紙背文書』『吾妻鏡』『徴古雑抄　大鳥郷文書』「和田家文書」による。

る（『高野春秋編年輯録』）。「所田」こと田所は国衙領の田地を管理する「所」を管掌する在庁である。在地の土地証文に保証を加える保証刀禰《とね》である中原氏も都から下向した官人であろう。

一一世紀の国府周辺では長和三（一〇一四）年に宗岡光成《むねおかみつなり》が、近辺の坂本郷・上泉郷の田地開発を進め、その支配権を在庁と保証刀禰から認められた（河野家文書）。寛治二（一〇八八）年にも在庁（大判官代）の酒人盛信《さかひともりのぶ》が、荒廃した田地の再開発を進めるため、上泉郷の白木谷池司職に任じられるよう国衙に申請し、目代の認可を受けた。酒人盛信の先祖は上泉郷の「池預《いけあずかり》」であり、郷内に領主権を持つ存在であった。

酒人氏は代だいの在庁と思われるが、宗岡氏も国衙や在庁に連なる在地の有力者であった。鎌倉時代初期の建保七（一二一九）年に村国貞守《むらくにさだもり》が坂本郷の飛鳥部里《あすかべり》に所領を持っていた。彼らは私領を持つ領主への発展を志向しており、そのなかには酒人氏のようにその公的権限と領主権が国衙によって「職《しき》」として認定される者もあった。また和泉国の在庁は中世前期には、国衙（留守所）の下文を発給して開発政策や紛争の解決を行った。

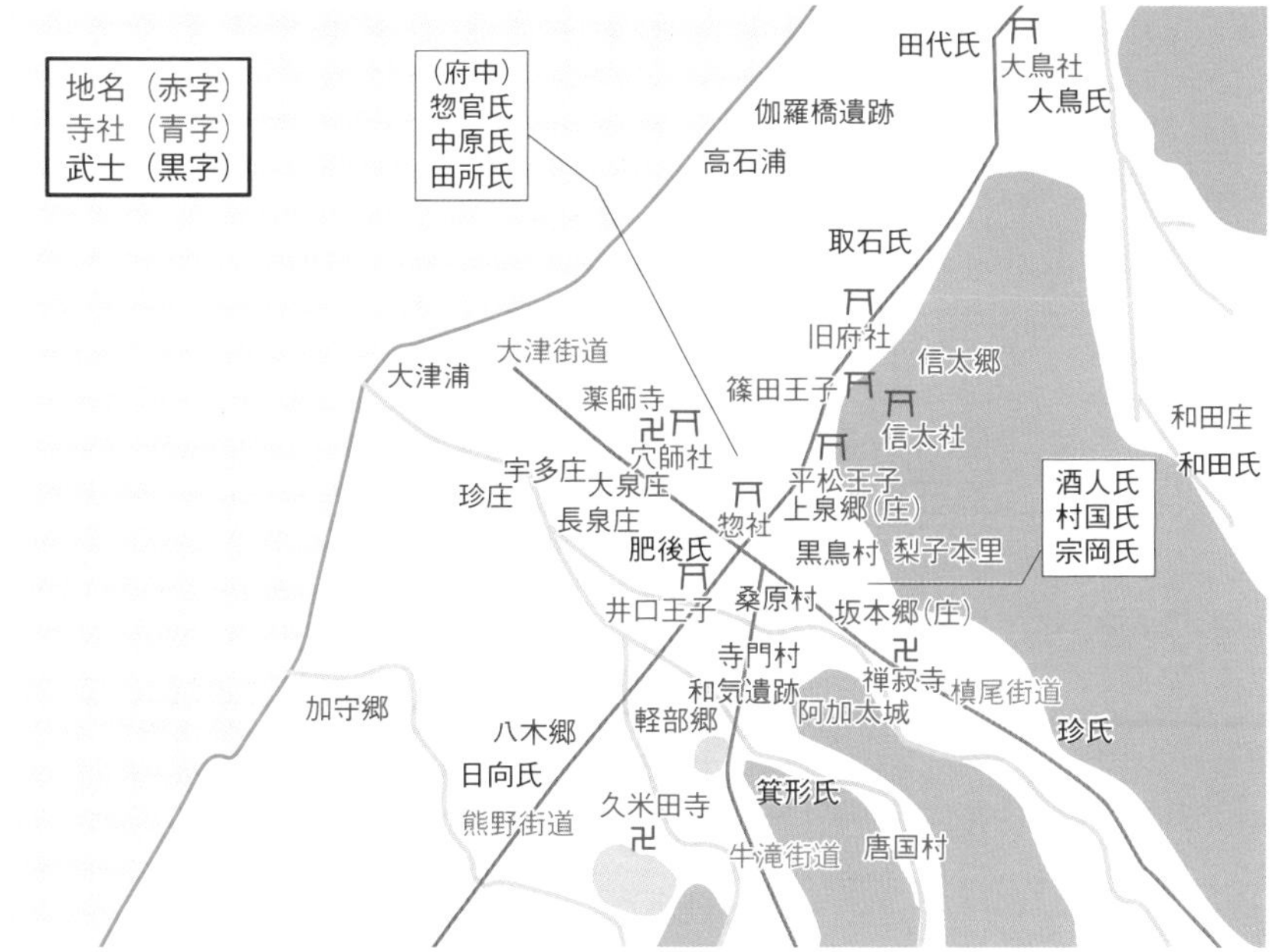

図１　中世前期　府中周辺地図

中世和泉国府の空間

国衙がある国府は中世前期においてもなお、一国の政治の中心地であった。中世和泉国の国衙の所在地や国府の範囲は判明していないが、朝廷の熊野詣《くまのもうで》の一行が国府に宿泊しており、国衙が熊野街道沿いにあったことは間違いない。国府域は熊野王子社の平松王子《ひらまつおうじ》と井口王子《いのくちおうじ》に挟まれた領域の内とみてよい。

国府を拠点とする在庁も国衙の近辺に屋敷を構えていた。天仁二（一一〇九）年には「和泉館《たち》辺下人小屋」が朝廷の熊野詣の宿所とされている（『中右記』）。国府に国司や目代の館とその「下人」（郎等）の住居があったことがわかる。酒人氏や信太氏のほかにも、和泉郡池田郷に所領を持つ珍氏、南郡八木郷を本拠とした日向権守清実《きよざね》、大鳥郡取石を本拠とした取石《とろす》権守正方《まさかた》のように、在庁は国府に近い領域に本拠や所領を持っていた。清実は源平内乱期に河内・和泉に勢力を持った源 行家《みなもとのゆきいえ》（鎌倉幕府将軍源頼朝の叔父）を匿《かくま》っている。清実の本拠は近木《こぎ》（貝塚市）とする説もあるが、国府に近い八木に拠点があったのも確かだろう。正方は鎌倉時代初期に院使や国使と結託し大鳥郷を押領している（田代文書）。

国府は古くから一国の経済の中心地でもある。和泉国府も在庁や領主が集まる場であり、住民の町屋があったと考えられ、国府の居住者を相手にした商いが営まれたと思われる。鎌倉時代の延応二（一二四〇）年、鎌倉幕府が「当市庭《いちば》」に人身売買禁止法の「札」を掲示して「国中」に触れるよう、幕府が任命した和泉守護に伝達している（鎌倉幕府追加法）。和泉守護の政庁である守護所《しゅごしょ》は和泉国府に置かれたであろうから、この「当市庭」は和泉国府の市といえる。国府の市は幕府の法を周知させる場になっていた。これは和泉国の人びとが国府の市に出入りして売買を行ったためであろう。なお幕府が禁止した人身売買は飢饉が続く中世にあっては各地で行われ、和泉国府の市でも行われていた可能性がある。

惣社と国衙寺社

和泉国府には一国の神祇祭祀の中心となる惣社があった。南北朝時代から戦国時代の古文書や古記録には「惣社」および「五社宮」の表現がみられ（『東草集』、泉井上神社文書、『政基公旅引付』）、両者を同一の神社とみるか、別の神社とみるか、二つの説がある。いずれにせよ惣社は中世前期から在庁と結びついており、南北朝時代には府中神主ついで在庁の田所氏の管理となった。和泉国の「惣社」あるいは「五社宮」は、在庁や国衙領の領主の結集の場であった。国衙の運営には神主を兼ねる者も参画していた。鎌倉時代初期の留守所下文《るすどころくだしぶみ》に「国神主」の藤原氏、禰宜の大中臣氏が在庁とともに連署している（田代文書）。藤原氏や大中臣氏が神主を務める神社は国衙との関わりが強い有力な神社であろう。

国府には多数の神社や寺院が存在する。鎌倉時代後期の『和泉国神名帳《いずみのくにじんみょうちょう》』にみえる酒人社《さかひとしゃ》は在庁の酒人氏と関わりのある神社と考えられ、市辺社《いちのべしゃ》は国府の市の祭神（市神）の可能性があろう。この市辺社は江戸時代の「府中村絵図」（辻村家蔵、第4部第3章掲載、以下同）にみえる御館山《みたちやま》の近く（小栗街道＝熊野街道の南）の「市辺天神」を指すならば、国府の市もその付近と想定できよう。

寺院では、鎌倉時代前期の熊野参詣の記録によれば、国衙近辺に「和泉国府堂」があった（『後鳥羽院熊野御幸記』、『修明門院熊野御幸記』、『頼資卿熊野詣記』）。名称からみて国府を代表する寺院であった可能性がある。永保元（一〇八一）年にも国府の「南郷」に光明寺があった（『為房卿記』）。「和泉国府堂」は朝廷や国衙の要請に応じて、祈祷《きとう》や祈願を行う寺社と考えられる。国府に近い黒鳥村の安明寺で作成された暦応二（一三三九）年の置文《おきぶみ》（掟）には国分寺の涅槃会という法会がみえる（河野家文書）。南北朝時代にもなお国衙祈祷寺院としての国分寺があった（所在地不詳）。

写真２　現在の五社総社本殿（府中町）　慶長10（1605）年。重要文化財。

和泉国の一宮《いちのみや》から五宮《ごのみや》までの各社は国府から離れてはいるが、一宮の大鳥《おおとり》社（大鳥大社）に関わる大鳥氏や、三宮の信太《しのだ》社（聖神社）がある信太郷の信太氏は在庁であった（『徴古雑抄』大鳥郷文書、田代文書）。また二宮の穴師社《あなししゃ》（泉穴師神社）がある大津（泉大津市）は国衙の外港（国府津）であった。

和泉国衙と鎌倉幕府

源平の内乱（治承《じしょう》・寿永《じゅえい》の内乱）を勝ち抜いた鎌倉幕府の勢力は和泉国にも及び、国の軍事と警察を担う守護が補任され、和泉国府に守護所が置かれた。承元元（一二〇七）年には後鳥羽院政のもとで和泉守護が廃止

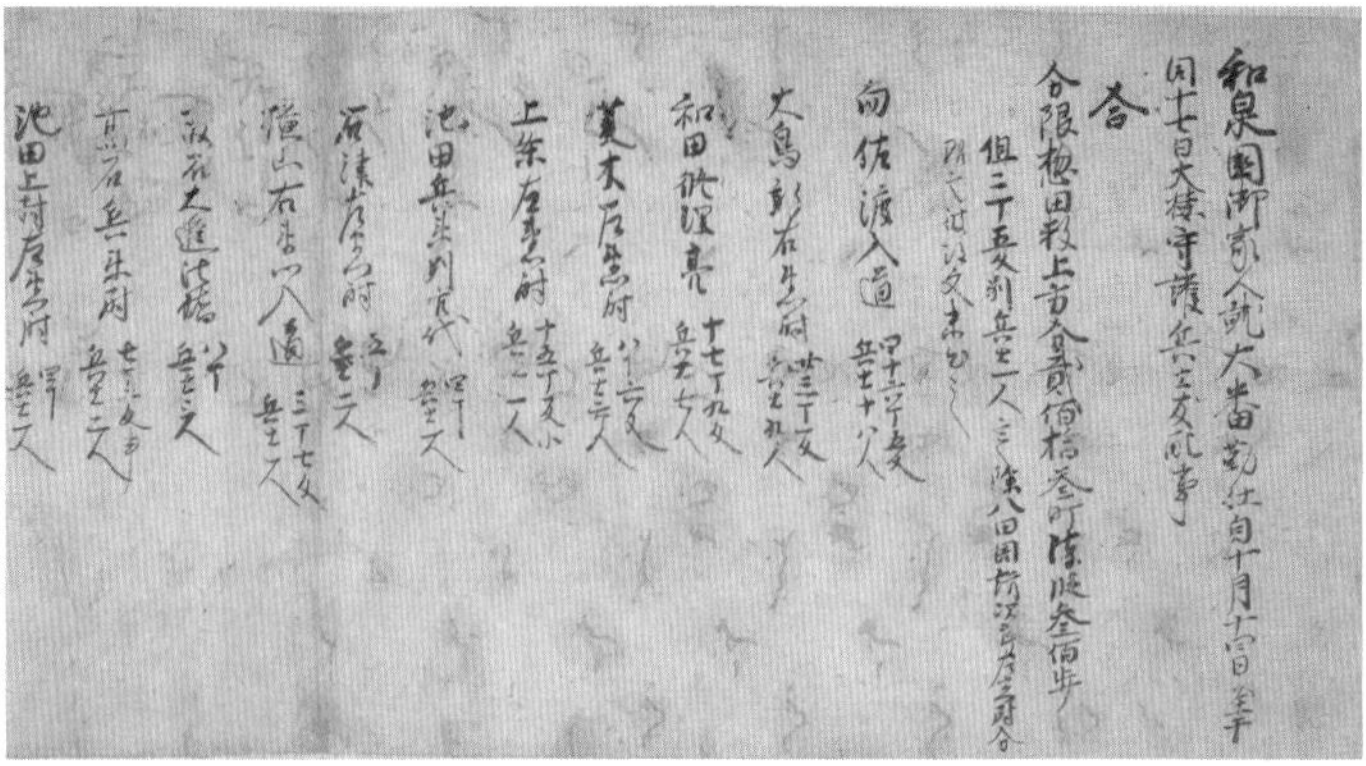

写真3　大番役支配状（和田家文書）　文永9（1272）年。東京大学史料編纂所撮影。冒頭の部分。

されるが、承久の乱で幕府に敗れた後鳥羽上皇が配流されると再び和泉守護が設置された。鎌倉時代中期以降は幕府執権北条氏の一族が守護職を世襲する。守護は六波羅探題・幕府連署の北条重時《しげとき》流、ついで幕府連署北条政村《まさむら》の子孫が受け継いだ。守護は国衙在庁への命令権を持っていた。和泉国府でも幕府の人身売買禁止法が守護により国府の市に掲示されたように、幕府と守護による国府の市への支配が進展した。これは単に国府の市を支配するにとどまらず、市を統括する国衙の機構を守護が掌握したことを意味するものであった。

守護の重要な任務のひとつは、国内の幕府御家人を動員して朝廷を守護する京都《きょうと》大番役《おおばんやく》などの軍役を務めることであった。和泉上方（大鳥郡・和泉郡）の御家人に対して京都大番役を命じた文永九（一二七二）年の支配状がある（写真3）。この在庁の一族である大鳥氏、信太氏、高石氏が大番役を務めている。大番役の兵士人数は御家人の田地二町五反ごとに兵士一人と定められている。この大番役支配状は在庁の中原俊成《なかはらとしなり》が作成し、正文は在庁の惣官が保管していた。在庁が御家人の交名《きょうみょう》（名簿）や御家人の所領台帳を保管していたからこそ、大番役の動員が可能だったのである。

正嘉二（一二五八）年にも、和泉国御家人は上皇の高野詣の御所宿直《とのい》を務めた。この時の御家人の着到状《ちゃくとうじょう》（参加名簿）にも信太氏がみえる（和田家文書）。文永九年の大番役支配状と正嘉二年の御家人着到状は、幕府御家人で大鳥郡和田庄荘官の和田氏の文書に残されている。和田氏はおそらく在庁からこれらの文書を入手したと思われ、荘園の在地領主であっても国衙とのつながりが推察される。

国衙には一国支配のための文書が保管されており、在庁は朝廷・国司や幕府の命令に応じて証拠となる文書を用意した。平安時代後期の池田谷宮里庄の田地をめぐる在地勢力の紛争にも国衙が保管する「国図《こくず》帳《ちょう》」「国図流記《こくずるき》」（ともに一国の土地台帳）や「田所勘状《かんじょう》」（田所の答申状）が証拠文書となっている（『知信記』紙背文書）。文暦二（一二三五）年、和泉国の在庁は久米田寺（岸和田市）の寺領免田《めんでん》について「郷々田数田《ごうごうでんすうた》所引付《どころひきつけ》」にもとづき「勘申」（答申）を行った。「郷々田数田所引付」は郷（国衙領）の田地を記した文書であろう。この勘申は久米田寺の寺領をめぐる紛争に際して、守護の逸見入道《へんみにゅうどう》の求めに応じたものであった（久米田寺文書）。

宝治二（一二四八）年の久米田寺の免田をめぐる鎌倉幕府での裁判でも、文暦二年の勘申や「在庁勘状《ざいちょうかんじょう》」「国惣勘文《くにそうかんもん》」「承久三年以前引付《じょうきゅうさんねんいぜんひきつけ》」が相論《そうろん》（訴訟）の証拠として使われている。「国惣勘文」はおそらく一国の田地を記載した台帳、「承久三年以前引付」も承久の乱以前の田地を記した文書であろう。在庁が保管する土地の文書や台帳は、和泉国の領主や寺院になくてはならないものであった。正和元（一三一二）年にも在庁の惣官が久米田寺をめぐる相論で、六波羅探題から田数注進状の提出を命じられている。嘉暦三（一三二八）年の久米田寺領の相論でも久米田寺は、寺社の免田は国衙の「田文」（大田文《おおたぶみ》）や惣勘文にもとづくべきと主張し、建長年間に幕府による西国大田文の調進に際して和泉国の惣官に命じて調進させた田文である「諸郷保田文《しょごうほたぶみ》」を証拠として引用している（久米田寺文書）。

文暦二年に勘申を行った在庁はみな惣判官代の中原氏である。鎌倉時代中期には在庁のなかでも中原氏が優勢となっている。また権守のような雑任《ぞうにん》国司（国守《くにのかみ》でない下級の国司）以外の在庁が姿を消し、惣官や田所といった中世後期につながる在庁が現れてくる。

2　和泉国府をめぐる街道と交通

熊野詣と和泉国府・御所

平安時代後期から鎌倉時代前期にかけての和泉国を特徴づけるものに、毎年のように行われた朝廷（上皇・公家）の熊野詣がある。浄土世界を体現する熊野三山に参詣する熊野詣は、治天の君である上皇にとって、その権勢を誇示し、公家や荘園・国衙領の在地領主を編成動員していく政治行動でもあった。熊野街道沿いには参拝の場である熊野王子社が建てられ、その付近に宿所が設けられた。

和泉国府も熊野詣の宿泊地になり、参詣の公家や従者でにぎわったであろう。朝廷の熊野詣の最盛期であった鎌倉時代前期には、国府近辺の王子社に近接して御宿・御所が建てられた。長承三（一一三四）年の鳥羽法皇の熊野詣では池田王子（岸和田市）の付近に「池田御所」が設けられた（『長秋記』）。建仁元（一二〇一）年の後鳥羽上皇の熊野詣では平松王子の付近に「平松新造御所」が設けられた（『後鳥羽院熊野御幸記』）。これは後に「平松御宿」とも言われている（『修明門院熊野御幸記』）。

こうした御所や御宿は朝廷の命令で国司や国衙が設置・維持し、王子社の参拝にともなう様ざまな遊興や芸能の場となったに違いない。そのことが参詣者と在地の人びとの交流、地域経済の活性化をもたらしたと思われる。一方で熊野詣は和泉国の荘園・国衙領の領主や住民の負担により維持されていた。承安四（一一七四）年の熊野詣で国府に宿泊した公家の吉田経房《よしだつねふさ》に奉仕した「家憲《いえのり》」は、国府付近の長泉庄の荘官である下司《げし》を務める中原家憲であろう（『吉記』、東京国立博物館所蔵高山寺文書）。建仁元年の熊野詣では国府近辺にある九条家の荘園大泉庄が、九条家に仕える公家の藤原定家《ていか》から奉仕を求められた（『後鳥羽院熊野御幸記』）。熊野詣に必要な経費の賦課を理由に守護が廃止された後鳥羽院政期には、熊野詣のための御所整備が進められた。

熊野詣による地域の活性化のためか、国府近辺の熊野街道沿いには先述の権守のような有力な在庁が登場した。池田王子に近い八木郷には平安時代後期に「一在庁」の日向権守清実が現れた。国府の北の取石（高石市）でも鎌倉時代初期に取石権守正方が現れた。ただしこれ以後、朝廷の熊野詣の衰退や在庁中原氏の台頭もあって、権守の在庁は姿を消していく。

承久の乱と後鳥羽上皇配流の後、朝廷の熊野詣は衰退し、御所なども維持されなくなる。弘安四（一二八一）年の亀山上皇の熊野詣では平松御所が衰微していたことがわかる（金剛寺聖教奥書）。その一方で武士や庶民による熊野詣は中世後期に「蟻の熊野詣」と言われる最盛期を迎え、国府もその宿泊地としての役割を果たした。

写真４　平松王子跡碑（幸三丁目）

和泉国府と大津・高石・堺

和泉国府は国内の支配者集団（在庁・守護被官・惣社神主・祈祷寺僧など）が集住し、国の人びとが集まる市がある経済の中心地であった。和泉国では国府以外にも港湾都市があり、国府との間に交通経済のネットワーク関係があった。

国府に近い大津（泉大津市）は国府の外港である。康平二（一〇五九）年には醍醐寺《だいごじ》（京都府京都市）の求めにより京都に運ぶ紀伊産の材木が「大津木屋御目代御宿」で管理されて、材木も集積されていたと

写真5　伽羅橋遺跡出土遺物　大阪府教育委員会所蔵資料。公益財団法人大阪府文化財センター写真提供。

思われる。大津木屋目代は大津に駐在する国衙の一所目代《いっしょもくだい》であり、材木の引き渡しを認めた「材木下文《くだしぶみ》」を醍醐寺に交付している（東南院文書）。鎌倉時代の承久の乱後にも紀伊国の材木が和泉国の船で運送されている（神護寺文書）。

　和泉国は首都京都をとりまく畿内諸国の一つでもあり、京都を中心とした首都圏の交通や、遠隔地の流通経済に組み込まれていた。大津に集積された材木も和泉国内の需要を満たすのみならず、京都の権門や寺院の建築事業の資材に利用された。

　大鳥郷に属する高石浦《たかいしうら》は和泉国一宮の大鳥社に供菜《くさい》を貢納する「御祓戸《おはらえど》」であったが、鎌倉時代初期から「廻船商人」が寄港するようになった（『徴古雑抄』大鳥郷文書）。高石浦の中心部と考えられる伽羅橋遺跡《きゃらばしいせき》（高石市の芦田川河口）からは、多数の陶磁器が出土した（写真5）。高石浦も国府の外港であったと考えられる。

　中世後期に和泉国で随一の都市になる堺（堺市）も、鎌倉時代から、諸国を遍歴して鋳物生産と販売を行う廻船鋳物師《かいせんいもじ》の発着港であった。しかも鋳物だけでなく布絹・米穀・魚介類・酢・櫛《くし》・陶器・酒麹《さけこうじ》・材木などの流通の場でもあった（『民経記』紙背文書）。堺で売買された魚介類・酢・櫛・酒麹・陶器は和泉国の特産であり、材木も「杣」とよばれた和泉国山間部の産物であった。このような多様な物産は和泉国府の市でも取り引きされていたと思われる。

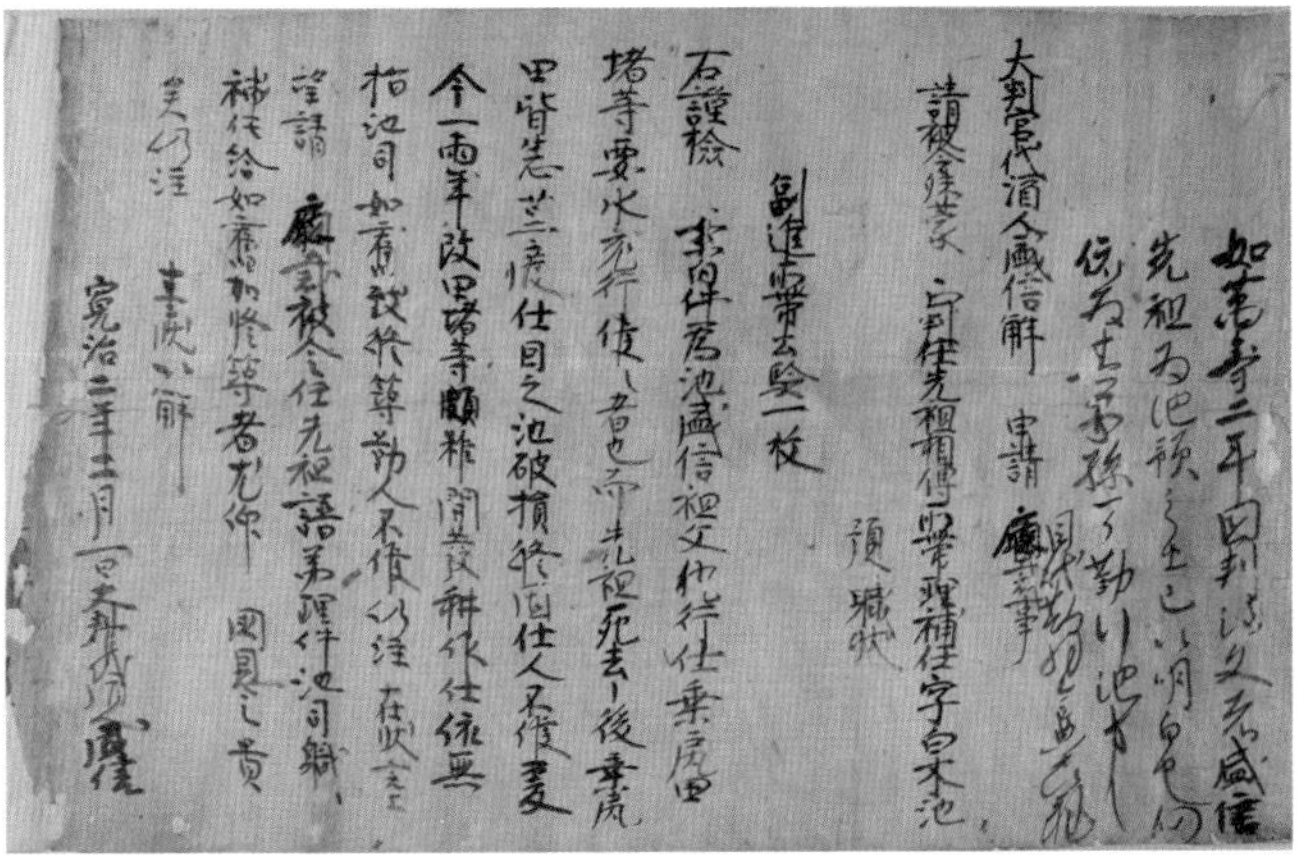

写真6　酒人盛信解（河野家文書）　寛治2（1088）年。大阪府指定文化財「黒鳥村文書」。

宗岡氏・酒人氏の開発と国衙

先にみたように一一世紀初頭の長和三（一〇一四）年、宗岡光成は国衙近辺の坂本郷・上泉郷の山野と谷田（白木谷上津池付近）の開発を進め、その「作手《さくて》」（耕作経営と領有の権限）の認定を国衙に申請し、在庁と保証刀禰の認可を受けた。宗岡光成が領有した山野の一部は、広瀬《ひろせ》景恒《かげつね》、ついで宗岡景《かげ》宗《むね》という人物が相伝し、鎌倉時代中期には安明寺山として黒鳥村が領有することになる（河野家文書）。宗岡景宗は宗岡光成の末裔と見られる。宗岡氏・広瀬氏の開発は山林を資源採取・用益の地とし、山林の谷水を利用して谷田を開発するというものであった。

寛治二（一〇八八）年にも、在庁の酒人盛信が荒廃した田地の再開発を進めるため、上泉郷の白木谷池司職に任じられるよう国衙に申請し、目代の認可を受けた（写真6）。酒人盛信は寛治六（一〇九二）年にも上泉郷の「白木・中津尾・上津尾三箇池」の修理と再開発のため、国衙に「人夫食料」の提供を求めた。国衙または目代は実検使を派遣して現地調査を行うことを指示している（河野家文書）。

盛信の先祖は上泉郷の「池預」であった。しかし先祖が死去した後に田地が荒廃し池が破損してしまった。盛信は再開発のため、旧来の田堵に代わる新たな田堵を雇用し、開発を進めた。また、池を修築するため、池の支配権を意味する「池司職」に任じられた。盛信の「勧農《かんのう》」と再開発は国衙による職の補任、人夫と食料の支給を背景に、山あいに築かれた池を用水源とし、田堵を雇用することで進められた。

このように国府周辺でも在庁や有力者による開発が進められ、その所領は相伝されていくようになった。しかし国衙領の開発には国衙の認可が必要であった。また開発には池の修理と維持、その権限（職）の認可、田堵などの住民の組織化が欠かせなかった。在庁といえども開発の人夫と食料を国衙に頼らねばならなかった。

中世初期の国衙は在庁や有力者に権限や人夫・食料を与えて開発を推進した。特に和泉国衙は府中一帯から和泉郡の平野部にかけての用水路整備や開発に関わっていた。槇尾川左岸の丘陵上に位置する大規模なため池である谷山池は、鎌倉時代初期に東大寺を再建した重源により築造されたという伝承を持つ。しかし広い地域を灌漑する水源である谷山池の築造には、国衙が関与していたという説もある（『考古・古代・中世編』第1部第1章参照）。また泉井上神社（惣社の所在地）を水源とする和泉清水《しみず》も大津周辺の村落の開発水源であった。

和泉国衙周辺の荘園

永承五（一〇五〇）年の太政官符《だじょうかんぷ》によれば、和泉国には朝廷の五位以下の官人が多数下向して所領を形成し、その所領を貴族に寄進して荘園を設立していた。（田中忠三郎所蔵文書）。平安時代後期になると国衙領の開発と在地領主の形成を基盤に、諸国で荘園の立荘が増加する。荘園は貴族や寺社などの権門《けんもん》勢力が国主

荘園	領主
大泉庄	摂関家 → 九条家 → 一条家　15世紀末まで存続
長泉庄	八条院（院御願寺安楽寿院）→ 天皇家（大覚寺統）　一部の土地が高野山
今泉庄	摂関家 → 近衛家　得分の一部が興福寺　南北朝時代に南朝方が押領
珍庄	法隆寺　後に珍南北庄　珍南庄は16世紀末まで存続
上泉郷(庄)	国衙　→　青蓮院門跡　15世紀末まで存続

表2　和泉国府周辺の荘園と領主

や国司との人脈により国衙領の一部を寄進させ、再開発を名目として朝廷から立荘の認可を得ることで成立する。このとき権門は国衙が持つ領域的な支配権と官物《かんもつ》年貢・公事《くじ》徴収権を譲渡され、不輸《ふゆ》・不入《ふにゅう》の権を獲得する。国衙領の在地領主は国衙から切り離され荘園の荘官として組織される。このように荘園制は権門と国主・国司の関係を軸に形成される。

和泉国でも荘園の立荘が進展したが、和泉国府周辺の所領では、荘園よりも国衙領である郷の割合が大きい。和泉市域とその周辺では上泉郷・信太郷・坂本郷・軽部郷・上条郷・下条郷がある。鎌倉時代中期より以前の荘園は、この郷域内に形成された所領をもとに形成された比較的小規模なものが多い。

摂関家《せっかんけ》領の大泉庄《おおいずみのしょう》は国府周辺を領域とした荘園である。鎌倉時代初期に摂関家のうちの九条家に伝領され、ついで九条家から分かれた一条家が一五世紀末まで領有した。鎌倉時代後期には高野山平等心院に供料《くりょう》を納めるようになる。神社が荘園住民の精神的紐帯となることは多く、大泉庄は鎌倉時代後期の『和泉国神名帳』にみえる大泉社を核にした村落組織を基盤とする荘園である可能性もあるだろう。

長泉庄《ながいずみのしょう》は天皇家の御願寺《ごがんじ》である安楽寿院《あんらくじゅいん》の荘園で、鳥羽上皇の皇女八条院《はちじょういん》が伝領した。以後も天皇家の一族が相伝し、後の南朝につながる大覚寺統《だいかくじとう》の経済基盤となった。寛喜三（一二三一）年に高野山の法印貞暁《じょうぎょう》（源頼朝の子）が和泉国「長家庄」を僧の道勝《どうしょう》（公家の西園寺実氏《さいおんじさねうじ》の子、高野山一心院主《いっしんいん》）に譲与している（『吾妻鏡』）。「長家庄」は長泉庄にあたる可能性がある。西園寺実氏は頼朝の姉の孫であり、源氏将軍の血統として貞暁と関係があったのであろう。以後も長泉庄は高野山領として存続した。長泉庄は国内八ケ郷に田地が散在し、国府周辺にも田地があった可能性がある。また法隆寺領の珍庄《ちぬのしょう》も大津周辺から坂本郷に田地が散在する荘園であった（法隆寺文書）。

和泉市域とは考えられていないが、和泉郡域を中心に広く散在する荘園に今泉庄《いまいずみのしょう》がある。摂関家領であり、五摂家《ごせっけ》の一つである近衛家が相伝した。このように平安時代後期までに成立した国府周辺の荘園には、荘園の名称に「泉」がつくことが特徴的である。和泉郡にある荘園という意味でこのような荘園名になったとすれば、和泉市域の荘園の特質といえるだろう。

郷を単位とする領域型荘園は、国府周辺では承久の乱後に現れる。これは後鳥羽院政の崩壊により、立荘を抑制していた国司や国衙の統制力が低下したことによる。上泉郷は乱後に治天の君となった後高倉上皇により立荘され、後に青蓮院門跡《しょうれんいんもんぜき》領となった。国府周辺では鎌倉時代を通じて国衙領の優越する状況が維持されていくが、国衙領といえども国主や国司の私的所領としての性格を持ち、在地領主がおり、住民集団が生活していることでは、荘園と変わりはない。

荘園公領と在地領主・地頭

中世の荘園と国衙領（公領）は権門と在地領主の支配する所領という点で同質であり、その量的な比重もさほど大きな違いはない。荘園と国衙領（公領）からなる中世の基本的な土地制度を荘園公領制という。

荘園と国衙領には複数の在地領主がいるのが通例である。上泉郷における宗岡氏・広瀬氏や酒人氏、坂本郷における宗岡氏や村国氏がよい例である。彼らは国衙領であれば国衙、荘園であれば荘園領主の保護や支援を必要とした。しかしながら宗岡氏や酒人氏は在地領主として生き残れなかった。そうしたなかでも国衙在庁の信太氏・中原氏や現在の肥子町一帯を本拠とした肥後氏《ひごし》は在地領主として生き残り、鎌倉幕府の国《くに》御家人《ごけにん》の身分を兼ねることになった。国衙在庁および国御家人であることは国衙と幕府につながり生き残る道であった。

しかし幕府は、関東出身の御家人を和泉国の荘園公領の地頭職に補任し、国御家人より有利な地位を与えた。国府周辺では上泉庄・坂本郷・軽部郷・上条郷で承久の乱以降に地頭が現れる。その多くは下地《したじ》（現地）の支配を行わず幕府が定めた新補率法《しんぽりつぽう》の得分を収取する新補地頭とみられている。そのうち島津《しまづ》・新田《にった》・岩松《いわまつ》・波多野《はたの》・武田《たけだ》の諸氏は諸国に所領を持つ御家人であり、和泉国の所領に下向しなかった。

「黒鳥村文書」のなかに実名不明の人物による鎌倉時代末期の文保二（一三一八）年の立願文《りつがんもん》が残されている。これは悪政を行う坂本郷の荘官である小地頭・公文《くもん》の解任と、関東御家人で坂本郷前地頭の武田義泰《よしやす》の再任を祈って作成され、黒鳥村の安明寺の本尊仏に納められた願文である。願文の作成者は小地頭・公文と対立し、前地頭の武田義泰を支援していたことになる。

地頭になり得る関東御家人は、国御家人や在地領主にとっては抑圧的な存在でもあった。ただし坂本郷の場合、願文作成者は在地勢力である小地頭や公文を憎悪し、関東御家人の武田義泰を応援している。在地の勢力のなかにも抗争があり、関東御家人の前地頭に結びつく在地勢力が生まれるほどに、鎌倉時代末期の在地情勢は複雑な様相を呈していた。

4　寄人・神人・供御人と国衙在庁

寄人の国・和泉

中世には諸国で様ざまな職能に従事する人びとは「道々《みちみち》の輩《ともがら》」と呼ばれた。そうした「道々の輩」こと職能民は中世前期には官司・権門・寺社の奉仕民となり、奉仕や負担と引き替えに様ざまな特権を認められ

本所	寄人
朝廷　内膳司	網曳御厨供御人
朝廷　典薬寮	地黄御薗寄人
朝廷　大膳職	陶器寄人
朝廷　内蔵寮	御櫛生寄人
朝廷　蔵人所	鋳物師（燈炉供御人）
朝廷　大歌所	大歌所十生寄人
院（上皇）	院召次
院（上皇）	院御櫛生
摂関家	大番舎人
摂関家	今泉庄寄人
興福寺・春日社	春日神人

表３　和泉国府周辺の寄人　平安時代後期～鎌倉時代。

ていた。寺社に奉仕する者は神人《じにん》、朝廷に奉仕する者は供御人《くごにん》と呼ばれた。彼らは総称して寄人《よりうど》と呼ばれる。

永承五（一〇五〇）年の和泉国司あて太政官符によれば、和泉国には朝廷へ納入する官物《かんもつ》を免除された免田が九八〇余町、雑役を免除された寄人が一二八〇人あり、国衙の在庁と書生は二七〇余人とされている（田中忠三郎所蔵文書）。この免田の多くは寄人が耕作経営していたと考えられ、寄人は権門や官司に仕えて国衙への賦課を減免されていた。寄人の免田《めんでん》は各地に散在しており、散在免田から権門の荘園になった所領も和泉国では一定度あったと考えられる。とくに国府周辺や和泉郡域には長泉庄・今泉庄・珍庄のような散在型荘園が存在していた。今泉庄には寄人がいた（東大寺文書）。こうした荘園は散在免田や寄人の編成を前提として形成されたのであろう。

中世前期の和泉国の寄人には、諸官司に属して特産物の生産を担い、漁業・鋳物・陶器・櫛・地黄《じおう》（生薬の一種）の調進を勤める供御人《くごにん》が多い（壬生家文書など）。このほか摂関家に奉仕する大番舎人《おおばんとねり》、奈良春日社に仕える春日神人、院（上皇）に奉仕する院召次《いんめしつぎ》や櫛造《くしづくり》（櫛の生産集団）がいた。在地の領主または住民でもある彼らは広く和泉国内各地において、その生業や職能に従事し、奉仕する権門の住む京都や奈良、在地、諸国を往来して、流通経済を担う存在でもあった。

和泉国府の周辺では寄人の活動は史料に現れないが、やはりこうした寄人は多数存在していたと思われる。康平三（一〇六〇）年には、大津をはじめ和泉国の沿岸部を漁場とする網曳御厨《あみひきのみくりや》の供御人が、朝廷の造営のための材木の負担を免除された（高野山文書）。船をもつ御厨の供御人は漁業のかたわら材木の輸送にも関わったと考えられる。鎌倉時代にも紀伊国の材木が和泉国の船で京都に運ばれている（神護寺文書）。在庁の珍氏は平安時代後期に大番舎人を兼ねていた（『知信記』紙背文書）。大番舎人は摂関家領の大泉庄や今泉庄に、院召次は天皇家領の長泉庄に拠点があったとみるべきであろう。朝廷の熊野詣では院召次が院に、大番舎人が摂関家の関係者に奉仕をしていた可能性も十分考えられる。また朝廷の大歌所《おおうたどころ》に属する十生供御人も、朝廷の熊野詣の宿所や王子社で催される和歌や楽曲に対して奉仕を行ったに違いない。

こうした寄人は、官司や権門に属し、国衙からは自立した存在であった。和泉国衙もこれに対抗して職能や生業の編成を行った。黒鳥村の麹生産集団はその代表であろう。

国衙在庁と寄人の抗争

中世前期の和泉国では寄人の編成という「人の支配」が広くみられ、同じ領域内で国衙領・荘園の住民と寄人が混在し、住民が寄人を兼ねていた。このため官司・寺社の寄人と国衙との間で、平安時代後期から鎌倉時代にしばしば激しい抗争事件が起こった。国衙を指揮する朝廷は、寺社の寄人・神人の横暴を禁止する法令（新制《しんせい》）を出している。こうした抗争の背景には免田の支配や流通経済をめぐる競合があった。

なかでも国衙と春日神人との抗争は最も激しく繰り返し発生した。保安元（一一二〇）年、和泉守源雅《みなもとのまさ》経《つね》が春日社散在神人の末光《すえみつ》・得尋《とくじん》に暴行を加えたため、春日神人は神木《しんぼく》を掲げて上洛し神威によって朝廷に圧力をかけ、春日社と一体の興福寺も朝廷に強訴《ごうそ》を行った。これにより目代と在庁の季俊《すえとし》が獄舎に入れられた（『中右記』、『古今最要抄』）。鎌倉時代の建久九（一一九八）年には和泉郡の池田郷で郷預所《あずかりどころ》と収納使が春日神人に暴行を加え、国衙が興福寺領の春木庄《はるきのしょう》（春木町周辺）と谷川庄《たにがわのしょう》（泉南郡岬町）でも暴行を起こした（『古記部類』）。池田郷では建暦三（一二一三）年にも郷預所と収納使が春日神人を殺害した（福智院家文書）。

写真７　春日大社（奈良市）

春日神人は国府周辺では史料に現れないが、国府周辺の散在型荘園である珍庄の領主である法隆寺は興福寺の支配下にあり、珍庄に春日神人の勢力があったと考えてもおかしくはなかろう。また大番舎人に対しても建仁元（一二〇三）年、国衙の収納使が大番舎人で大鳥郷の村刀禰の友貞《ともさだ》の住宅を押妨し、取石権守正方が刀禰職の押領を企てた（田代文書）。大番舎人は国衙付近の摂関家領にも拠点があったと思われるため、国衙と大番舎人の抗争は摂関家領との争いにつながる恐れがあった。国衙と興福寺・春日社・大番舎人の確執・抗争は後鳥羽院の支配下において頂点に達した。

和泉国司は仁平元（一一五一）年、官司寄人への官物賦課を段別三斗から和泉国の官物率法《かんもつりっぽう》（賦課基準）に合わせて段別三斗五升にしようと訴訟を起こし、御櫛生（櫛の生産集団）や陶器寄人《とうきよりうど》と相論になった（壬生家文書）。承久の乱以後にも在庁は大歌所十生供御人の官物年貢の未納を訴えた（『民経記』紙背文書）。

幕府御家人と寄人

鎌倉幕府の支配が展開するようになると、朝廷や国衙に代わって、幕府や地頭御家人と権門・寺社寄人との抗争が目立ってくる。幕府の御家人が地頭に任じられて所領支配を進めるなかで寄人の権益との衝突は避けられなかった。

寿永三（一一八四）年には源平内乱のなかで「武士」（鎌倉幕府の軍勢）が和泉国に進駐し、大鳥郷の大番

写真8　大津川

舎人の友貞《ともさだ》らの住宅に押し入り資財を奪い取った（田代文書）。元暦二（一一八五）年には源義経《よしつね》の家人佐藤《さとう》忠信《ただのぶ》と同一人物とも言われる「兵衛尉《ひょうえのじょう》忠信」の代官が大鳥郷で乱暴を働いた（田代文書）。春木庄においても「武士」が駐留しており（松尾寺文書）、全国的内乱のなか幕府勢力の乱暴狼藉は国府周辺でも起こったと考えられる。

幕府が後鳥羽上皇の朝廷に圧勝した承久の乱の直後にも、幕府勢力が網曳《あみひきの》御厨《みくりや》において御厨給田《きゅうでん》・網庭《あみば》浦《うら》・日根《ひね》鮎川《あゆかわ》での新儀の段別五升の兵粮米《ひょうろうまい》の徴収を企てた。段別五升米は新補率法の賦課率に当たるので、これは新補地頭による賦課の強行である。御厨供御人の訴えを受けた幕府により段別五升の徴収は停止されている（高野山文書）。

古代より和泉国では漁業が盛んで、寛弘九（一〇一二）年の和泉国符に「半ば漁釣《ぎょちょう》の事を宗とし、耕耘《こううん》の業なし」とあるほどに漁業に従事する住民が多かった。網曳御厨は供御人の給田や、網庭（漁場）が属する浦（漁村）から成り、和泉国の海岸部のみならず日根鮎川のように内陸河川でも漁業を行っていた。国府付近の大津川でも河川漁業を行っていたとみるべきであろう。また御厨供御人は船を利用した材木の海上輸送にも関わっていた。こうした広域的な活動は利害の衝突を誘発し、幕府に連なる地頭御家人との抗争は避けられなかった。

承久の乱後、政情が安定すると幕府は次第に狼藉行為を抑制し、朝廷とともに寺社の強訴や寄人・神人の利殖行為を取り締まる公権力となっていった。とくに神人が神社の権威を背景に、俗人の所領を神社に寄進させて「神物《しんもつ》」とし、「神物」を元手にした金融活動を行い、その担保として所領を拡大する動きは、大きな問題となった。こうした動向を公権力として抑制する立場の幕府は、寄人との抗争を起こさなくなっていく。

5　南北朝内乱と国府・府中

悪党蜂起と国府周辺

鎌倉時代末期には、諸国で悪党と呼ばれる反体制勢力による蜂起が激化した。和泉国では大鳥庄（鎌倉時代中期まで大鳥郷）で大番舎人の惣刀禰《そうとね》（沢村氏・上村氏）が地頭の田代《たしろ》氏に反抗し、大鳥郡から河内北部・摂津南部の勢力と広域的に連合し、荘内に城郭を築いて蜂起した（田代文書）。大鳥庄の悪党蜂起として知られる。これは以前からの寄人と地頭の抗争が、広域の在地勢力を加えた継続的な悪党蜂起に発展したものであった。

国府付近の大泉庄でも元応年間（一三一九～二一）に悪党による濫妨が発生した。大泉庄にも大番舎人の拠点があったと思われ、荘内の勢力に大番舎人を加えた蜂起の可能性がある。摂関家領である大泉庄の領家職は公家柳原資明《やなぎはらすけあき》であった（高野山西南院文書）。柳原家を含む日野家一族は、持明院統《じみょういんとう》の天皇家に仕える資明と大覚寺統の後醍醐天皇に仕える日野資朝《ひのすけとも》に分裂していた。持明院・大覚寺の皇統分裂に絡む公家の一族間対立が大泉庄の悪党蜂起に関係していた可能性もあろう。

こうした蜂起は大鳥庄悪党のように幕府と朝廷の体制を揺るがし、鎌倉幕府滅亡の原動力のひとつになった。悪党の蜂起を支えた和泉国の寄人は、元弘の乱（幕府と後醍醐天皇の戦い）では倒幕勢力の一翼を担った。幕府の国御家人でもあった和田庄《みきたのしょう》（堺市）の和田《みきた》助家《すけいえ》・助康《すけやす》父子は、大歌所十生供御人の長官にして朝廷の蔵人所《くろうどどころ》の配下でもあり、和田庄に支配権を持つ春日社とも関係があった。和田氏は国御家人として元弘の乱

荘園	年代	悪党蜂起者	悪党行動
大鳥庄	正応３（1290）年	惣刀禰上村宗綱・国御家人	領家雑掌追放・刈田
大鳥庄	正和元（1312）年	惣刀禰上村宗親・若松氏ほか	刈田・押作
大泉庄	元応年間（1319～21）	大泉庄悪党	詳細不明
大鳥庄	嘉暦元（1326）年	大鳥郡内武士・沢村基氏	城郭を構える・放火狼藉
大鳥庄	元徳２（1330）年	大鳥郡内武士・沢村基氏 河内国住人	城郭を構える・放火狼藉
大鳥庄	建武４（1337）年～	上村基宗・殿来氏	刈田狼藉
大鳥庄	康永３（1344）年～	上村基宗	荘園押領・狼藉
珍庄	貞和２（1346）年	高石新左衛門	荘園乱入
大鳥庄	観応２（1351）年	上村基宗・殿来氏	荘園押領

表４　国府周辺の悪党蜂起　「田代文書」『嘉元記』による。元号は出典史料による。

の当初は幕府軍にあったが、幕府倒壊直前の元弘三（一三三三）年に倒幕勢力に転じた。和田氏の戦力は大歌所十生供御人や春日神人を基盤のひとつとしていたのであろう。和田氏が用いた「野臥《のぶせり》」つまりゲリラにも供御人や春日神人がいた可能性がある。

　幕府滅亡後の南北朝内乱でも、惣刀禰上村氏を中核とした大鳥庄悪党の蜂起は続いた。貞和二・正平元（一三四六）年、在庁であり大鳥庄の刀禰である高石氏一族の高石新左衛門《しんざえもん》は、河内・播磨《はりま》の法隆寺領に乱入し、また和泉国珍庄への乱入を企てた。高石新左衛門は最後には「上洛」したところで「敵方」に討たれた（『嘉元記』）。こうした蜂起は国府周辺の治安を揺るがすものであった。

和泉国府と建武政権

　大鳥庄の悪党が連携した和泉国の武士勢力に若松庄《わかまつのしょう》（堺市）の国御家人若松氏がいる。幕府の打倒を図る後醍醐天皇に味方した河内悪党の楠木正成は、後醍醐の挙兵直前の元徳三（一三三一）年に若松庄に乱入した（臨川寺文書）。これは正成と若松氏の対立ではなく若松氏や大鳥庄悪党との連携を意味すると考えられる。

　元弘元（一三三一）年、討幕計画が露顕した後醍醐は笠置山《かさぎやま》（京都府相楽郡笠置町）に挙兵した。後醍醐は幕府軍に敗れて隠岐《おき》に流されたが、楠木正成は河内南部の赤坂城《あかさかじょう》・千早城《ちはやじょう》に幕府軍を引き付けて抵抗を続けた。和泉国の悪党・在地勢力・寺院は正成を支援し、千早城に籠城する者も現れた（『徴古雑抄』、久米田寺文書）。また正成自身、「河内和泉の野伏《のぶし》」を編成していた（『太平記』）。

元弘三（一三三三）年には和田氏が楠木方に寝返り、和泉・河内両国では幕府の支配は急速に麻痺状態に陥った。幕府軍の足利高氏《たかうじ》（のち尊氏）が後醍醐方に味方して京都の六波羅探題を攻略すると、幕府の本拠鎌倉も新田義貞らの足利軍により陥落し、北条氏一門と幕府は滅亡した。この原動力に畿内や和泉国の在地勢力の粘り強い抵抗があったのは疑いない。同年六月、「将軍家」（おそらく将軍宮の護良）の命令で黒鳥村が、もと関東御家人の宇佐美為成《うさみためしげ》に宛行われている（脇文書）。この宛行は、幕府勢力（おそらくは守護北条氏）から没収した所領を倒幕勢力へ宛行うものであった。

幕府滅亡後は、後醍醐天皇の皇子大塔宮護良親王《おおとうみやもりよししんのう》が和泉国主、公家四条隆貞《しじょうたかさだ》が和泉国司となり、隆貞の父隆資《たかすけ》が国務を動かし、楠木正成は守護となった。目代となったのは、もと北条氏被官小西氏出身で八木郷を本拠とした八木法達《やぎほうたつ》である（久米田寺文書）。在地勢力が在庁を指揮する目代の立場になったのである。

しかし目代の八木法達と和田助家・助康は所領をめぐって対立し、正成は和田父子を支援した。八木氏と和田氏の対立も、在庁と寄人・神人の抗争を再燃させかねない危険性があった。後醍醐の建武政権は、護良・正成・法達といった軍事勢力の割拠と均衡の上にようやく維持されていた。

国府から離れた日根郡の日根野《ひねの》氏や淡輪《たんのわ》氏は、護良や正成に味方した国府近辺の勢力とは異なり、倒幕の最高殊勲者であった足利尊氏の「御奉行所《ごぶぎょうしょ》」に馳せ参じている（日根文書、淡輪文書）。建武二（一三三五）年、尊氏は後醍醐から離反し、翌年に京都を制圧し、建武政権は崩壊した。

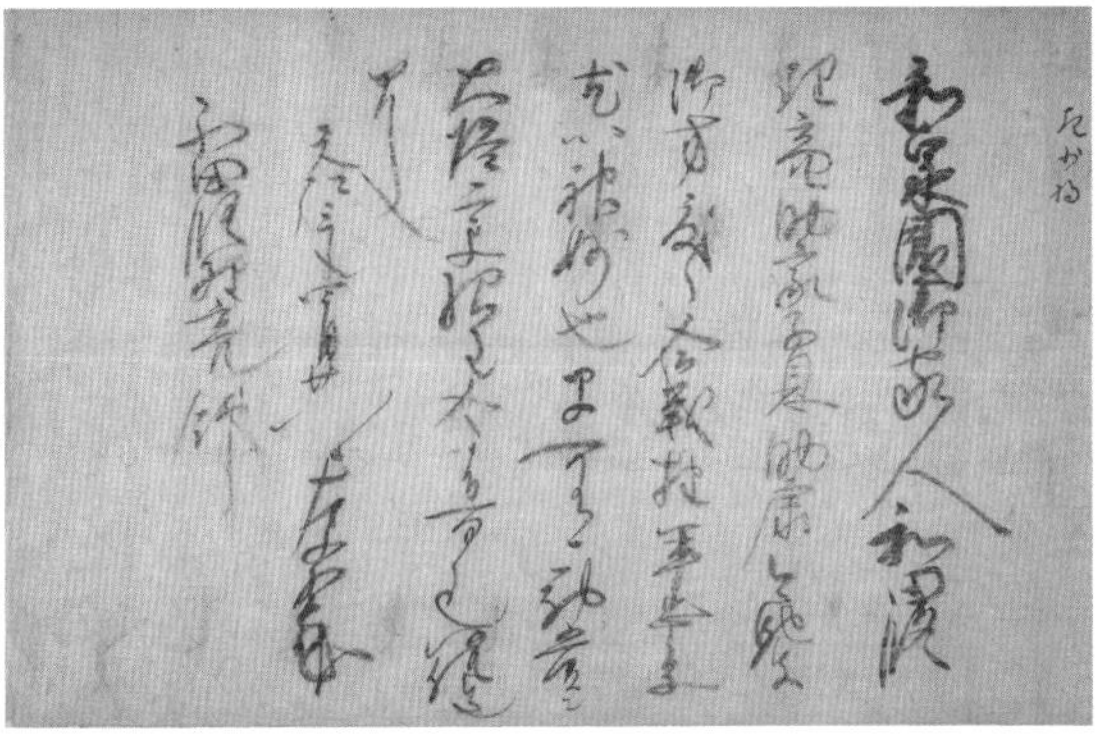

写真９　護良親王令旨（和田家文書）　元弘3（1333）年。東京大学史料編纂所撮影。

内乱と国府・城郭

持明院統こと北朝を擁した足利尊氏・直義兄弟による武家政権の再興により、和泉国でも鎌倉幕府の国御家人であった者は足利軍の守護に従った（日根文書、淡輪文書）。吉野に逃れた後醍醐天皇の南朝方は、和泉国では正成討死後も守護楠木一族と日代八木法達に支えられた。幕府軍と南朝軍は建武三・延元元（一三三六）年から、和泉国で合戦を繰り広げた（和田家文書）。摂津国・河内国北部・和泉国海辺部から攻勢をかける幕府軍に対して、南朝軍は和泉国山間部や河内国中南部を拠点とし、和泉国府周辺の大鳥・和泉両郡から山間部にかけての一帯が内乱序盤の激戦地となった。ただし建武四・延元二（一三三七）年一〇月以降、八木法達は姿を消し、和泉国の南朝軍の指揮は守護楠木一族が握っていく。

建武五・延元三（一三三八）年には、奥羽から来援した南朝の公家《くげ》大将《たいしょう》である北畠顕家《きたばたけあきいえ》が和泉国に攻め込んだ。顕家軍は坂本城《さかもとじょう》（阪本町）と観音寺城《かんのんじじょう》（観音寺町・弥生町）を拠点に、幕府軍を阿倍野・天王寺（大阪市）まで押し返した。観音寺城は国府より南にあり、南朝軍はこうした山間部と平野部の境に当たる山上に城郭を築いて防御と侵攻の拠点とした。しかし顕家は幕府軍に押されて石津（堺市）で敗れて戦死。幕府軍は攻勢に転じて観音寺城と箕形城《みがたじょう》（箕形町）を攻略した（田代文書）。これにより国府周辺は幕府軍が制圧し、しばらくは戦闘が起こらない状況が続く。これは尊氏・直義の二頭政治の安定期と重なっていた。

南朝は大泉庄の領家職《りょうけしき》（得分の一つ）を紀伊国の高野山の鎮守丹生社《にゅうしゃ》に与え、高野山を味方につけようとした（高野山文書）。また貞和四・正平三（一三四八）

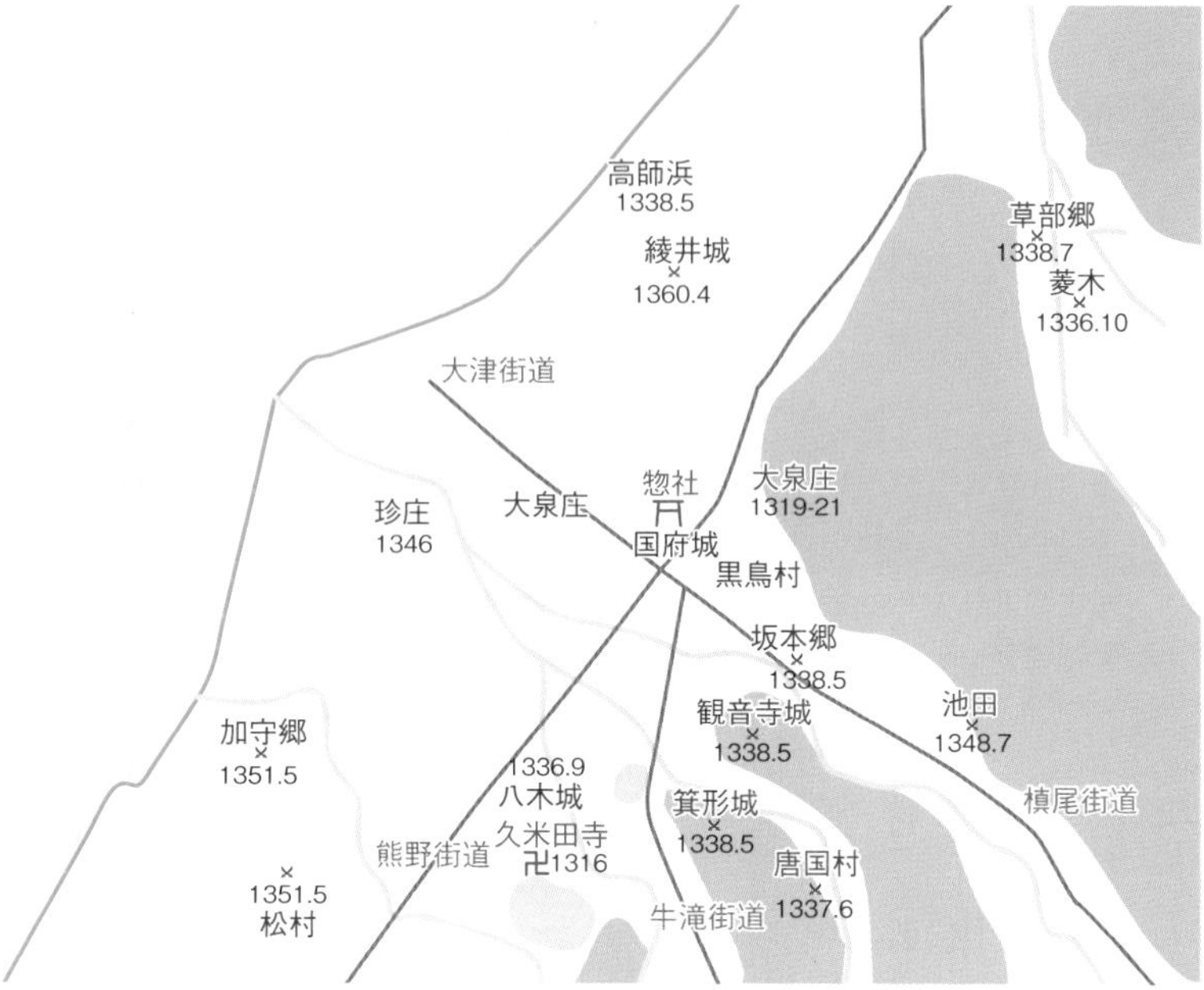

図２　南北朝時代の国府周辺の戦場

年の正成の子楠木正行《まさつら》と幕府軍の四條畷《しじょうなわて》合戦では、和田氏が楠木氏から「さとの人」の動員を指示された（和田家文書）。和田氏の配下にはなお大歌所十生供御人や春日神人がいたのであろう。

四條畷合戦は幕府の勝利に終わったが、今度は幕府内部で尊氏・直義兄弟の対立抗争が激化した（観応擾乱《かんのうじょうらん》）。観応二・正平六（一三五一）年に尊氏が直義を討つため南朝と講和すると（正平一統《しょうへいいっとう》）、正成の子楠木正儀《まさのり》が勢力を回復し、和泉国府周辺を制圧した。正儀の率いる楠木一族は正平一統破綻後も二〇年近くにわたり和泉国のほぼ全域を支配した。この時期の和泉国での命令文書はほぼ南朝と楠木氏の発給文書である。幕府の発給文書は幕府軍の一時的な侵攻時期を除くとほとんど見られなくなり、国府周辺でも戦闘が起こらなくなる。

楠木氏と在庁・軍勢

楠木正儀は南朝が任命する河内・和泉両国の守護にして、国宣《こくせん》という命令文書を発給する国主であった。南朝天皇の綸旨《りんじ》も正儀の国宣・施行状《しぎょうじょう》（執行文書）・下知状《げちじょう》（判決状）により施行され効力を持った。公家一統の南朝政権に従う存在とはいえ四半世紀近くもの間、一族と和泉国の武士を統率し武家様の文書を発給した正儀は、和泉国に君臨した地域武家権力であった。

正儀配下で楠木一族の和田《わだ》氏は和泉守（和泉国司）となり、和泉国府（留守所《るすどころ》）の在庁を指揮して和泉国衙方惣講《そうこう》師《し》職《しき》という役職の僧を任命する袖判下文を出している（写真10）。和泉国衙の在庁は内乱期にも健在であり、楠木氏の支配も在庁を基盤の一つとしていた。また在庁は南朝または守護の正儀に対する役も務めており、正儀は田所の忠勤を取り次ぐ文書を出している（泉井上神社文書目録）。

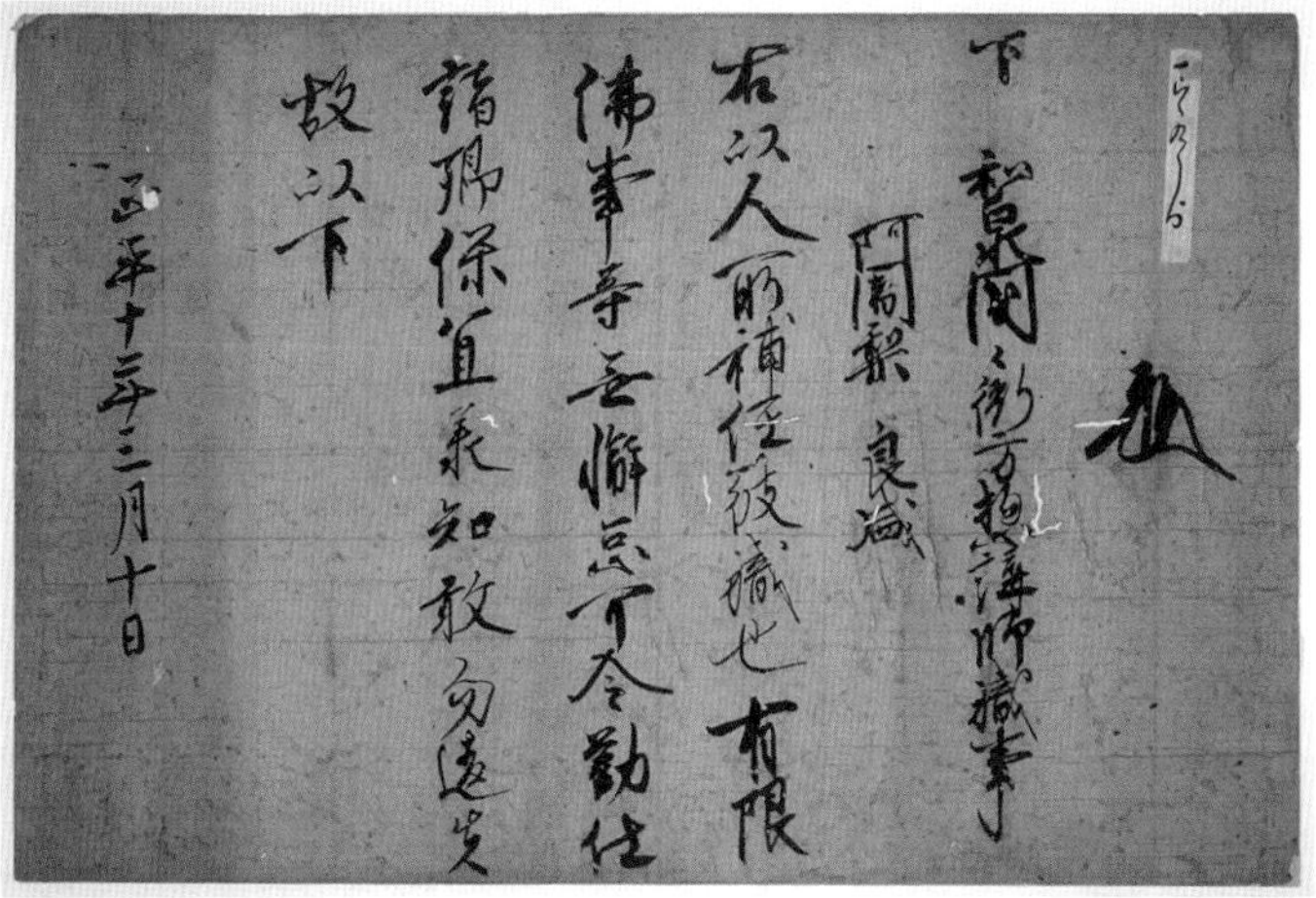

写真10　某袖判下文　正平10（1355）年。筑波大学附属図書館所蔵資料・写真提供。

南朝と楠木氏のもとで河内・和泉両国の在地領主は、「軍勢」「一揆《いっき》」とよばれる軍事的な集団をつくって行動した。国府周辺に散在する今泉庄は、南朝が吉野の吉水院《よしみずいん》僧に与えていたが、南朝方の「軍勢」が違乱を起こしており、南朝はその制止に努めている（吉水神社文書）。こうした「軍勢」に和泉国の在庁や寄人・神人、そして反体制的な悪党もある程度加わっていたであろうことは想像に難くない。

楠木氏と国衙の関わりとして特徴的なものに和泉国惣講師職という僧職の任命問題がある。これは和泉国二宮である穴師神社の神宮寺薬師寺と、松尾寺とがその権限を争った相論である。南朝と楠木氏は薬師寺に国惣講師職を認める方針をとった（薬師寺文書）。和田和泉守の下で留守所が和泉国衙方惣講師職を補任した阿闍梨《あじゃり》僧良盛《りょうせい》も、その補任状が穴師神社関係者に伝来しているから、薬師寺の僧であろう（堤家文書）。また国内の有力

人物	年代
国守　和田和泉守	延元４（1339）年
国主　楠木正儀	正平８（1353）年～永和３（1377）年 ＊正平23（1368）年～弘和２（1382）年　幕府方
目代　左兵衛尉（正幸）	正平８（1353）年
国守　和田和泉守	正平10（1355）年
国務権者　橋本正督	正平24（1369）年～応安７（1374）年 ＊応安７年ごろ、幕府方
国務権者　楠木正顕	文中元（1372）年～永和４（1378）年 ＊永和４年ごろ、幕府方
国務権者　楠木正村	応安７（1374）年　幕府方

表５　楠木氏の和泉国主・目代　元号は出典史料による。

寺院に対する聴取も行われ、どの寺院も松尾寺には惣講師職の由緒がないと証言した（第3章参照）。寺院への聴取は南朝と楠木氏の下で在庁が行ったに違いない。

幕府との和平推進派であった楠木正儀は応安二・正平二四（一三六九）年に幕府に帰服し、楠木氏は南北両軍に分裂した。和泉守である和田正武《わだまさたけ》は南朝方に残ったが、和泉国の楠木一族である橋本正督《はしもとまさたか》・楠木正顕《まさあき》・楠木正村《まさむら》は幕府に帰属した。正村は国惣講師職を薬師寺に認めているため国府も正村の支配下に入ったとみられ（薬師寺文書）、和泉国では幕府方の楠木氏が優勢となった。正儀・正督は後に再び南朝に帰参するが、この分裂により楠木氏は弱体化し、在地領主も楠木氏の編成から離脱していった。

「府中」の在庁と社会構造の変化

南北朝時代の後半には朝廷・幕府・国衙・守護の体制が動揺し、幕府と守護を軸にした新たな体制が形成されていく。先にみた楠木正儀は南朝方ではあったが、中世後期の守護分国支配（地域公権）のさきがけであった。南朝と正儀が編成した「軍勢」「一揆」も中世後期の在地領主の国人連合を生み出す前提となった。

内乱と楠木氏の支配は南北両朝廷の国主・国司を有名無実なものとした。ただし在庁は楠木氏のもとでも存続し、その統治に一定の役割を果たした。文和三・正平九（一三五四）年、南朝は「和泉国五社ならびに惣社領」の所管を、代だいの「勅裁《ちょくさい》」（天皇の裁定）どおりに府中神主に対して認める綸旨を発した（写真11）。「惣社」あるいは「五社宮」を管轄する府中神主も在庁の一員であった。
　またこの綸旨は和泉国において「府中」という語の初見である。府中とは国府を含む一定の領域を意味する。とはいえ「府中」の語が現れる南北朝時代は、国府・府中の発展期ではなかった。むしろ堺が港湾都市および政治都市として国府・府中を凌駕した時代である。堺は南北朝時代後期には東大寺修理料所として浦泊目銭《うらどまりめせん》を負担するほどの都市となっていた（福智院家文書、大山崎離宮八幡宮文書、東大寺文書）。南北朝時代末期の守護山名氏の時代には、堺には守護所が置かれて「泉府《せんぷ》」と呼ばれ、和泉国の「府」つまり政治の中心地と意識されるようになる（『明徳記』）。国府・府中の地位は低下し国の政治の中心でなくなった。

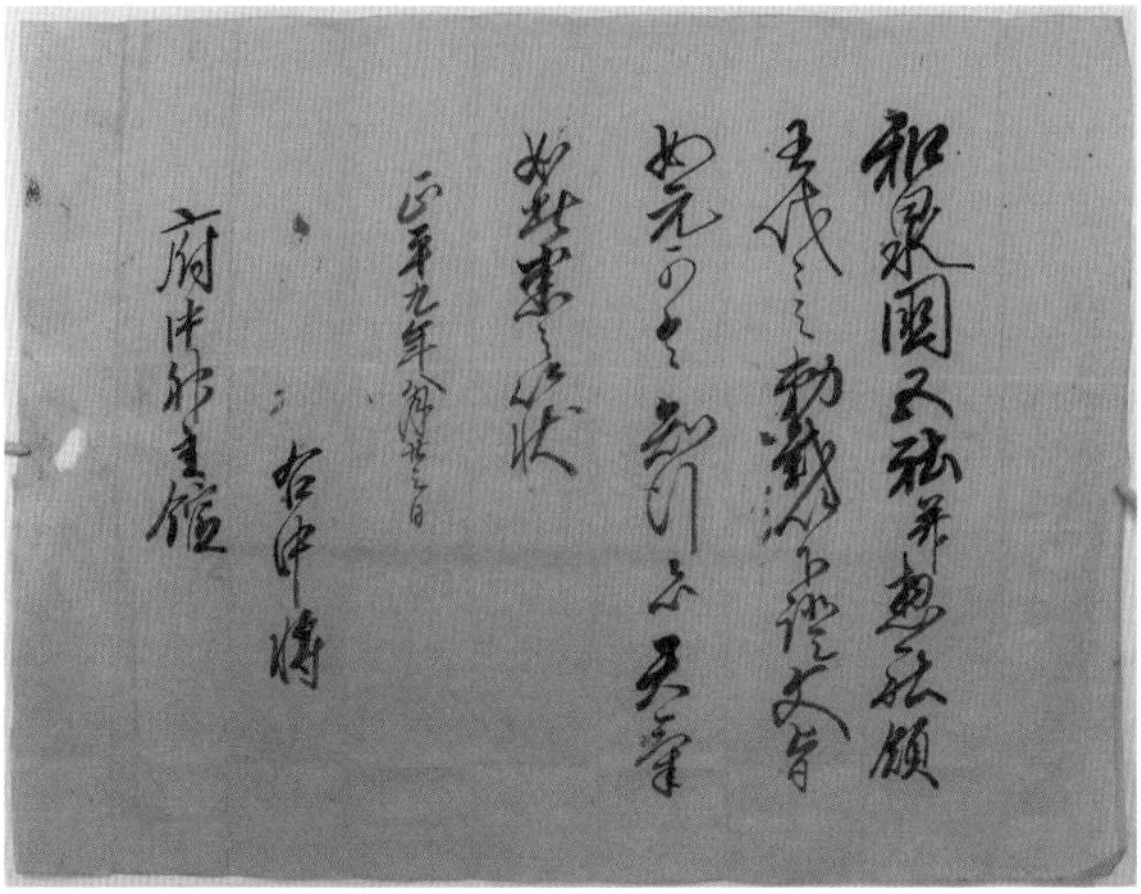

写真11　後村上天皇綸旨写（泉井上神社文書）　正平9（1354）年。

　南北朝時代には社会構造の変化も進行した。国府をはじめ国内に展開していた官司・権門・寺社の寄人は次第に姿を消し衰退していった。この背景には官司や権門の力が衰退したことが大きい。また寄人の基盤であった散在免田がなくなっていくことも要因である。なお散在型荘園でも、長泉庄や今泉庄は中世後期に続かなかった。悪党の蜂起も南北朝時代の中盤以後は見られなくなる。悪党勢力が楠木氏支配下の「軍勢」に組織されたことや、悪党の一翼を担った寄人の衰退がその要因であろう。このような社会変動のなかでも国府・府中の在庁は生き残り、新たな段階を迎えることになる。

6　中世前期の寺社と信仰

中世府中は一国政治の中心施設である国衙の所在地であり、また熊野街道など主要な陸路が集まる交通の要衝であった。こうした歴史的環境は多様な人びとを府中に結びつけたが、それは寺社や信仰についても同様であった。本節では中世前期における府中一帯の寺社とそれをめぐる信仰の状況をみてみたい。

泉井上神社と惣社

府中の中心部には現在も泉井上神社と五社惣社が大きな存在感をもって建っている。その場所は少なくとも中世からは変わっていないとみてよいだろう。泉井上神社の記録上の初見は一〇世紀初頭の『延喜式』「神名帳《じんみょうちょう》」で、そこには「泉井《ヰノ》上《ヘノ》神社」と名を載せられている。いわゆる延喜式内社である。現在、祭神は神功皇后《じんぐうこうごう》・仲哀天皇《ちゅうあいてんのう》・応神天皇《おうじんてんのう》およびその従者四五柱とされている。

元禄一三（一七〇〇）年序の『泉州志《せんしゅうし》』に収められた「国府清水幷八幡社《こふしみずならびにはちまんしゃ》」の「縁起」によれば、神功皇后が新羅《しらぎ》を攻めた年、当地に清水が一夜にして湧き出たことから当地が和泉郡と名づけられ、皇后が新羅から戻り紀伊国に至る際に船から下りてこの清水を賞したという。その清水の近くには八幡社（応神天皇を主祭神とする）があり、泉井上神社はそれにあたるとされる。

この清水が国府清水《こふしみず》とも呼ばれ（大阪府指定史跡の和泉清水）、当社の名称および「和泉」の地名の起源といわれている。また当地が微高地にあって条里に先行して開発され、かつ国府河頭井《こうこうずい》が近くで開削されたことや、近接地に国衙があったことが想定される点から、当社は国衙がもつ勧農機能を水に対する信仰の側面から支えていたものと考えられる。

五社惣社は現在、泉井上神社の境内にある。惣社とは、平安時代後期に、国司が国内統治のため巡拝する国内の神社を国府近くにまとめて勧請した神社のことを指す。永万元（一一六五）年には、和泉国から朝廷の神祇官へ年貢を納める神社として、和泉国一宮の大鳥神社《おおとりじんじゃ》（大鳥郡、堺市）、二宮の穴師神社《あなしじんじゃ》（和泉郡、泉大津市）、三宮の聖神社《ひじりじんじゃ》（和泉郡、和泉市）、四宮の積川神社《つがわじんじゃ》（南郡、岸和田市）、五宮の日根神社《ひねじんじゃ》（日根郡、泉佐野市）が挙げられている（神祇官諸社年貢注文《じんぎかんしょしゃねんぐちゅうもん》）。府中における惣社の成立もこれとそう違わない時期のことだったとみられる。和泉国において「五社」とは、これら一宮から五宮までの神社を指す。南北朝時代から戦国時代の古文書や古記録には「惣社」や「五社宮」と記述されるが（前述）、江戸時代には「五社惣社」の名称が定着していた（泉井上神社文書）。

惣社は国衙による一国支配を支える祭祀が行われた場所であった。実際に執り行われた祭祀に放生会《ほうじょうえ》がある。この放生会は養老四（七二〇）年の異国襲来時に宇佐八幡宮の神託を受け、敵の平定と死者の追悼を目的として諸国で行われるようになり、江戸時代の和泉国では、八月一五日に五社から神輿が国府に集まり、清水に数万の魚が放たれたとされていた（『泉州志』）。その集結場所は往古より五社の御旅所だった府中の「御館《みたち》」だったという（寛政二年「和泉国泉郡府中村明細帳」）。

惣社による放生会の確かな記録としては南北朝時代の正平一〇（一三五五）年が古い。この時、兵火により荒廃した日根神社（大井関社）がこの放生会の参加に向け修復への助力を広く募っており、重要な祭礼と認識・継続されていたことがわかる（『東草集』）。放生会は八幡信仰と結びついた祭祀であったが、為政者が自身の仁徳を示す行為としての側面も有していた。それゆえ「御館」が神輿の集結場所となったのであろう。

泉井上神社と惣社の管理は、国衙の在庁だった田所《たどころ》氏《し》を中心に担われた。国衙における政治行為と神社による祭祀行為は不可分の関係にあったのである。

国衙と寺院

府中では寺院の動向も注目される。「和泉州《いずみのくに》大鳥《おおとり》五社大明神《ごしゃだいみょうじん》幷《ならびに》府中《ふちゅう》惣社八幡宮縁起帳《そうじゃはちまんぐうえんぎちょう》」（内閣文庫蔵）によれば、府中では「惣社大明神幷《そうじゃだいみょうじんならびに》和泉寺観音《いずみでらかんのん》・東泉寺奥院《とうせんじおくのいん》・阿弥陀《あみだ》・薬師堂《やくしどう》・西泉寺《さいせんじ》・小寺等草創神社仏閣《しょうじとうそうそうじんじゃぶっかく》」が建ち並んでいたという。このうち和泉寺観音は府中南方に所在した行基創建といわれた和泉寺（泉寺）の可能性がある。江戸時代の記録によると、同寺は天正のころ、根来寺の騒動により衰退したとされる（寛政二年「和泉国泉郡府中村明細帳」）。

ここで注目したいのは東泉寺奥院、薬師堂（泉福寺）、西泉寺という「泉」字を寺号にもつ寺院である。いずれも開創年代・事情は明らかでないが、泉井上神社・五社惣社と密接な関係にあったと推測される。東泉寺は、五社惣社の奥院だったとされる（泉州泉郡・南郡御領分寺社改帳）。一八世紀の「府中村絵図」（辻村家蔵）によれば、村の北縁部に境内を構えていた。同寺はもともと摂津四天王寺にあり、府中村へ移転したともいわれている（釣鐘ニ付東泉寺柏堂御房中立一件）。

薬師堂（泉福寺）は一八世紀初頭の絵図（『考古・古代・中世編』三三三頁図1）によると、泉井上神社と五社惣社の南側に隣接する区画のなかに位置していた。文禄三（一五九四）年の検地で除地扱いだったといい、それ以前からの存在を主張する。

西泉寺も薬師堂（泉福寺）と同じ区画に位置した。ここは本尊が聖徳太子二歳像であったことから太子堂と呼ばれた（元禄一一年「泉州泉郡・南郡御領分寺社改帳」）。文明五（一四七三）年には、和泉国人一揆がこの西泉寺で兵粮米を集めており、国人たちの結集の場となっていた。また天正一三（一五八五）年のことであるが、西泉寺は羽柴秀吉より「茶水」の献上を命ぜられた（宝暦三年「（府中）明細帳」）。この「茶水」とは茶会用の和泉清水の水であったようで、西泉寺が和泉清水の管理に関わっていたことを示唆する。こうした役割と所在地をあわせて考えると、西泉寺は泉井上神社の神宮寺的存在（社僧）だった可能性が高い。また薬師堂（泉福寺）についても西泉寺同様、社僧の立場にあったと推測される。以上の三か寺は泉井上神社と五社惣社と一体的に存在し、国衙の祈願寺としての役割を担ったのではなかろうか。

これら以外にも大泉寺と南泉寺が存在した。大泉寺については慶長二（一五九七）年再建と伝えられており、中世開創の可能性が高い。現在、同寺には平安時代末期以降、中世造立の仏像を含む多くの仏教彫刻が所蔵されている。南泉寺は一八世紀中ごろの府中村絵図（辻村家蔵）によれば府中村の南部（南村という）、熊野街道から東へ少し入ったところにある白鳥神社の境内に位置した。同社の神宮寺だったようである。なお近世の伝承によれば、白鳥神社の境内は古来、泉井上神社・五社惣社の境内に含まれ、除地扱いだったとされる（泉州泉郡・南郡御領分寺社改帳）。

このように中世での活動が裏づけられる寺院は必ずしも多くないが、泉井上神社・五社惣社との関連性を伝える寺院がほとんどである。この二社が国衙と関わりが深かったことを考えると、これら寺院についても中世前期にさかのぼって二社と一体的に活動した可能性は十分ありえるだろう。

黒鳥村安明寺の信仰

黒鳥村では鎌倉時代、村の寺院であった安明寺が人びとの結集核となっていた。安明寺本尊の薬師如来像はかつて長楽寺（黒鳥町）に伝来した木造薬師如来坐像（写真12）と推測されている。

写真12　木造薬師如来坐像　平安時代後期。
黒鳥第一町会所蔵。

安明寺に保管されたであろう「黒鳥村文書」を紐解くと、人びとの安明寺に対する信仰の実態が伝わってくる。たとえば安明寺は建保七（一二一九）年、聖朝安穏・泰平の祈祷、親の往生極楽・頓証菩提のため法華八講《ほっけはっこう》（法華経八巻を講読する法会）の費用をまかなう田地の寄進を受けることがあった（立石家文書）。こうした祖先崇拝にかかる素朴な願いはその後も続き、康永二（一三四三）年、建徳元（一三七〇）年にも、親や衆生の往生極楽のため田地の寄進を受けた（河野家文書）。また正平二四（一三六九）年、村の共有財産である惣物・飯（麹）荷役の配分を五座の代表者が「当村天満天神・薬師仏」に誓っている（河野家文書）。この「薬師仏」とは安明寺の本尊を指す。薬師如来像を本尊とし、法華八講を執り行う安明寺は天台系の寺院だったとみられる。

なお、安明寺は一国を対象とした仏事を執行する国分寺で催される法会、すなわち正月の大般若経転読《だいはんにゃきょうてんどく》や涅槃会《ねはんえ》時に造花などの費用を負担していた（河野家文書）。この頃諸国の国分寺は西大寺末真言律宗に組み込まれる動きがあり、こうした奉仕に参加することで安明寺もその影響を受けた可能性がある。

このように安明寺は黒鳥村の個人の信仰を受け止めるだけでなく、共同体の共有財産を守護し、その存続を図るため宗教行為を執り行う主体として機能していたのである。

『和泉国神名帳』にみえる国衙周辺の神社

正応二（一二八九）年に書写された『和泉国神名帳《いずみのくにじんみょうちょう》』には五三四社の神社が書き上げられているが、そのなかには府中付近の神社の名もみられる。小社、泉社《いずみしゃ》、酒人社《さかひとしゃ》、市辺社《いちのべしゃ》がそうである。このうち小社については詳しい手がかりはないものの、現在の西町会（小社《うぐす》之《の》町《ちょう》）につながる府中内の小字として天正七（一五七九）年に「小社村」が確認できることから（寛政二年「和泉国泉郡府中村明細帳」）、府中の南寄りで、熊野街道沿いに立地した可能性がある。酒人社にかかわっては、一一世紀以降の活動が知られる在庁官人の酒人氏がいる。その居住地は明確でないが、府中付近とみてまちがいないだろう。市辺社は熊野街道沿いで小字「市」「市辺」が伝わる場所に想定される市庭（市場）の神である（近世以降は天神社）。府中の神社はこのように国衙にかかわる人物や都市的機能に関連して存立したところに大きな特徴があったといえよう。

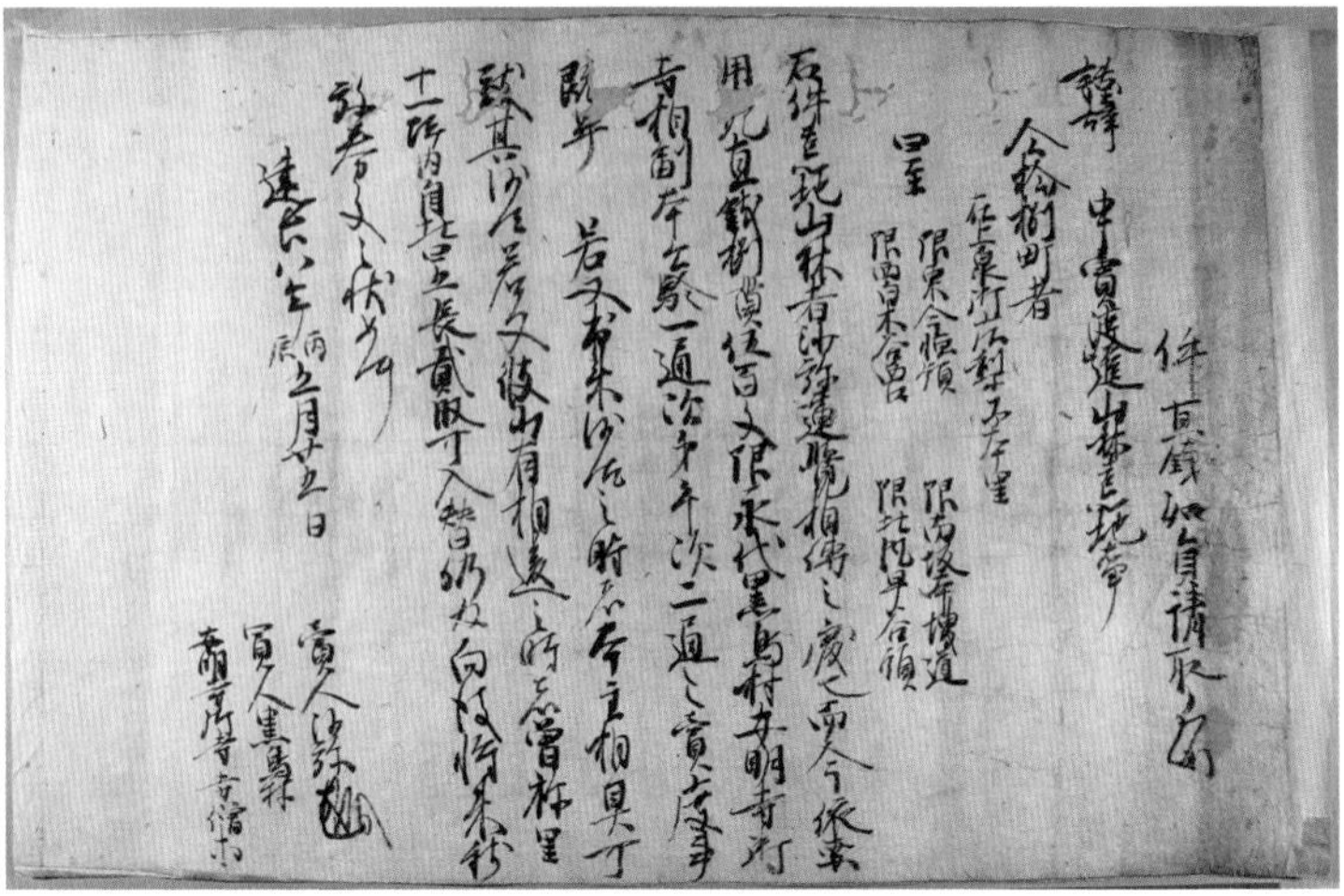

写真13　沙弥蓮覚山林荒地売券（河野家文書）　建長8（1256）年。大阪府指定文化財「黒鳥村文書」。

第2章　府中地域の中世村落と民衆生活

1　府中地域の中世村落

中世村落の出現

鎌倉時代の建長八（一二五六）年沙弥蓮覚《しゃみれんかく》は、銭八貫五〇〇文を以て、山林荒地一八町を「黒鳥村《くろとりむら》」の「安明寺《あんみょうじ》御寺寺僧等」へ売却した。これは、この時作成された売券の内容である（写真13）。

それから四年後の正元二（一二六〇）年には、「坂本郷桑原村仏性寺《さかもとごうくわばらむらぶっしょうじ》」において、大般若経の校合《きょうごう》（記された文字の確認）が行われた（三重県伊賀市常楽寺所蔵大般若経）。ついで、弘安六（一二八三）年には、観音寺《かんのんじ》兵衛入道蓮性《ひょうえにゅうどうれんせい》によって、「和泉国寺門村《てらかどむら》大般若経」の修補が行われた（和歌山県橋本市観音寺所蔵大般若経）。ともに経典奥書の内容である。

これら一三世紀の史料に記録される村名は、江戸時代の黒鳥村・桑原村・寺門村を経て、現在の黒鳥町・桑原町・寺門町の町名へつながる。松尾谷の「唐国村《からくにむら》」で、刀禰と百姓が置文《おきぶみ》（掟）を定めたのも、同じ一三世紀、建長四（一二五二）年の出来事である（『松尾編』第1部第2章参照）。

中世考古学の分野では、畿内とその周辺で、一一世紀後半の前後に、それまで散在していた屋敷地が特定の区画に集中する集村化が起こったことが指摘されている。和泉市域の一三世紀における村名の出現も、このような中世村落の変化を受けたものと言える。

泉州地域の平野部では、灰色土《はいしょくど》と呼ばれる中世の耕土が顕著に見られることから、中世に広い範囲で大規模な耕地整理が行われたと推測される。軽部池《かるべいけ》遺跡（小田町）では中世の灰色土から、一四世紀前半（南宋から元の時代）に制作された龍泉窯《りゅうせんよう》系青磁碗の破片が出土した。

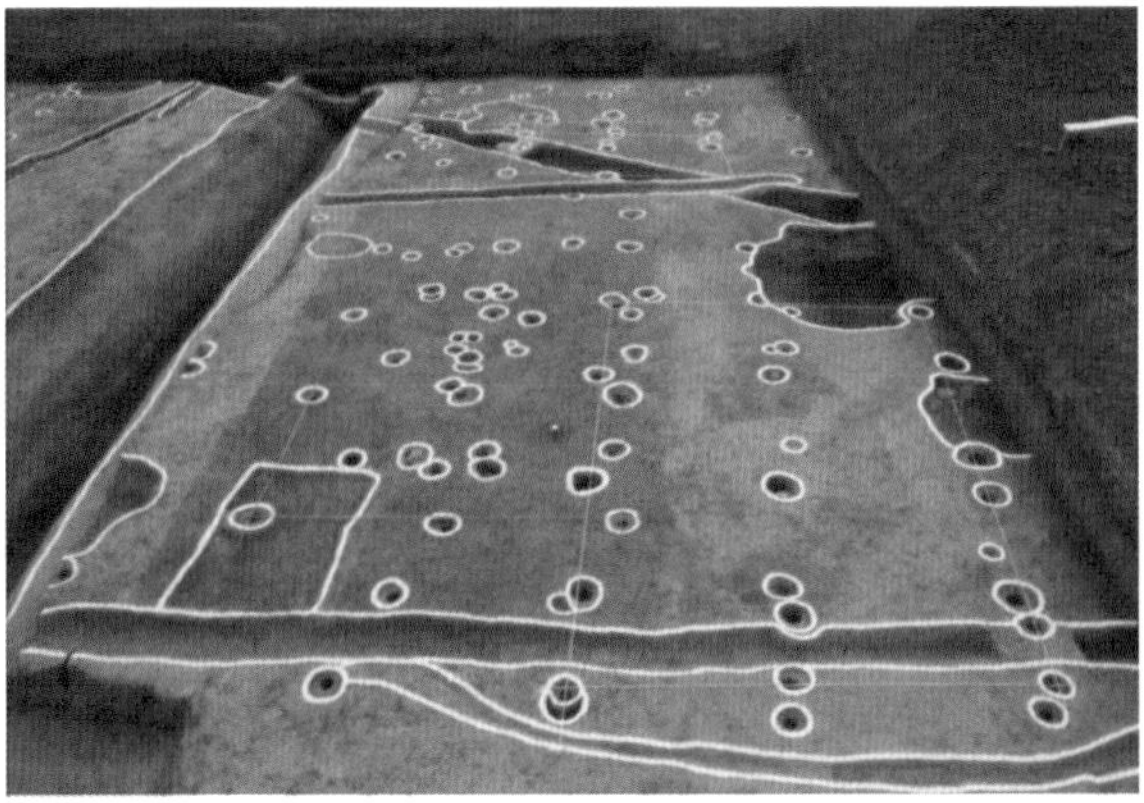
写真14　和気遺跡

在地領主の居館跡

一二世紀後半から一三世紀前半の畿内では、在地領主の居館が出現する。こうした居館では、濠や塀などの防御施設に囲まれた一町程度（およそ一〇〇メートル四方）の空間に、規模と構造に格差のある多数の建物が立ち並んでおり、それらは内郭と外郭とに厳然と区画されていた。

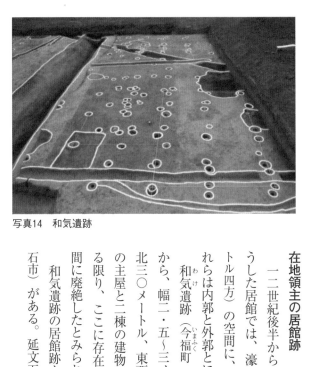

和気《わけ》遺跡（今福《いまふく》町・寺門町・和気町）では、現在の和気小学校に隣接する区画から、幅二・五〜三メートル、深さ一・五〜一・六メートルの濠に囲まれた、南北三〇メートル、東西三六メートルの内郭に、六間×五間（一三二平方メートル）の主屋と二棟の建物が付属する、大規模な居館跡が発掘された。出土遺物による限り、ここに存在した居館は、一三世紀後半からわずか一〇〇年に満たない間に廃絶したとみられる（『考古・古代・中世編』第3部コラムⅢ参照）。

和気遺跡の居館跡より小規模ながら、空間構成のよく似た遺跡に、綾井城跡《あやいじょうあと》（高石市）がある。延文五（一三六〇）年の軍忠状に、北朝方の武士田代顕綱《たしろあきつな》の警固

写真15　専称寺（高石市）

した城としてみえる「綾井城」は、これに該当するものであろう（田代文書）。綾井城の城主は、この地を本拠とする綾井氏とみられ、一六世紀後半には沼《ぬ》間《ま》氏に交代したことが、近世の地誌『泉邦四縣石高寺社旧跡幷地侍伝《せんぽうしけんこくだかじしゃきゅうせきならびにじざむらいでん》』（以下、『旧跡幷地侍伝』とする）に伝えられる。文禄二（一五九三）年には綾井城跡に専称寺《せんしょうじ》が建立され、現在に至る（『高石市史 第一巻』）。

しかし和気遺跡は、泉州において突出した規模を持つ、在地領主の居館跡でありながら、ここにどのような領主がいたのかを示す文献史料は残されていない。他方、前章でも紹介された取石《とろす》・高石《たかいし》・宇多《うだ》・高志《たかし》・信太《しのだ》・箕形《みがた》などの鎌倉幕府の御家人は、正嘉二（一二五八）年御家人着到状や文永九（一二七二）年大番役支配状（和田家文書）などの文献史料によってその存在が知られるものの、彼らが本拠とした居館の跡はみつかっていない。

槙尾川水系の開発

府中地域の生活史を規定したのは、槙尾川から引水する用水の秩序である。しかし、古代・中世にその前史をさかのぼることは、文献史料が残っておらず、極めて困難である。

わずかに、泉井上神社に残された江戸時代の文書目録には、文明一七（一四八五）年坂本太田井雑掌尚重《おおたいざっしょうなおしげ》による「言上書《ごんじょうしょ》」という文書の存在が記録される（写真16）。この「言上書」は、現在残されていないが、槙尾川より引水する用水の一つである太田井《おおたい》をめぐる紛争と尚重の主張を示す史料であったと推測される。

槙尾川に用水を供給する梨本池《なしもといけ》は、承元年間（一二〇七～一一）に築造された（松尾寺文書）。これに隣接

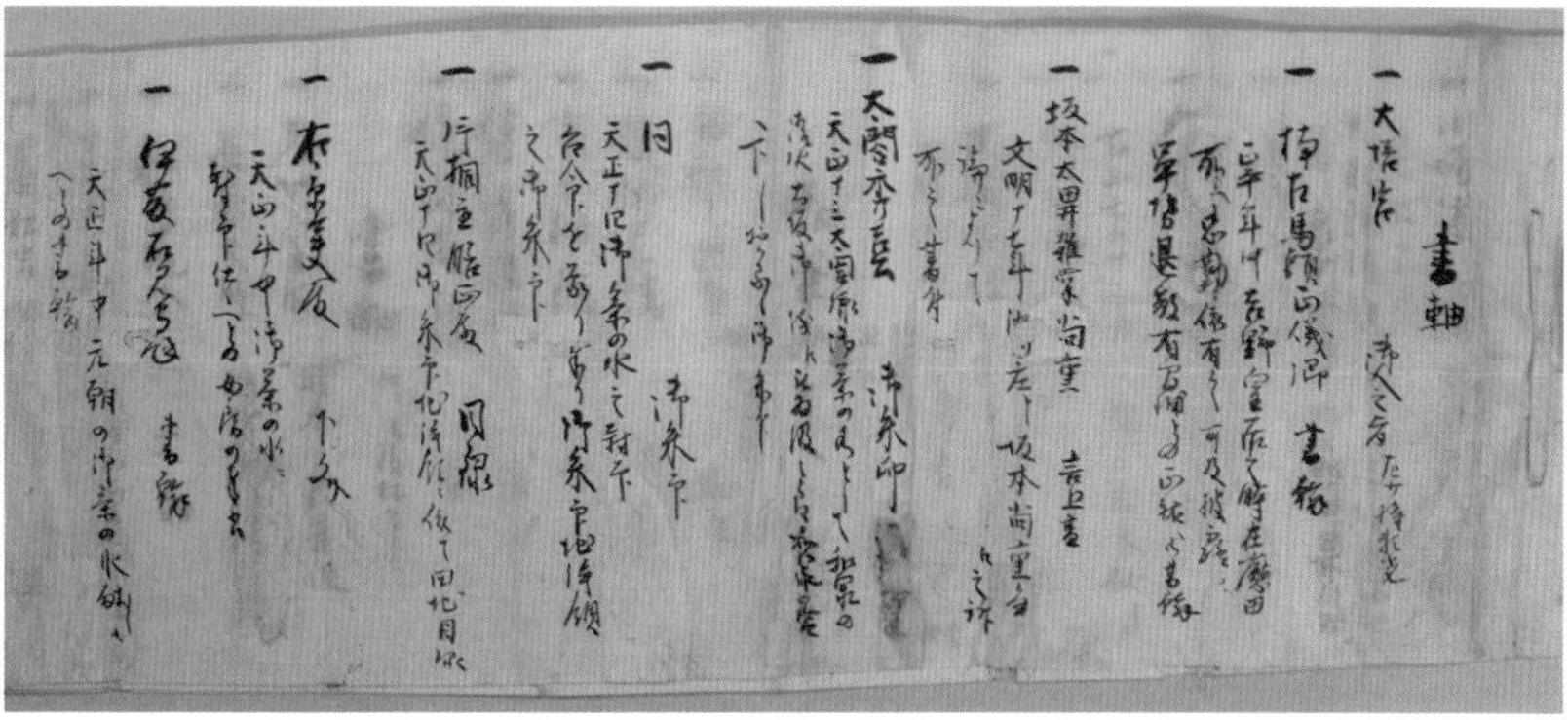

写真16　文書目録（泉井上神社文書）　江戸時代。

する谷山池の築造が古代にさかのぼる場合、用水をめぐる村落間の紛争が、中世にも頻繁に生じていたとしても不思議ではない。

2　「黒鳥村文書」が語る地域社会の展開

黒鳥村と「黒鳥村文書」

府中町の東に位置する黒鳥町一丁目から二丁目の集落は、江戸時代の黒鳥村三ケ村（辻村・坊村・上村）の集落域に相当する。このうち、上村の庄屋立石家《たていしけ》に伝来した中世文書八通と、辻村の庄屋浅井家《あさいけ》を経て、内田町の河野家《かわのけ》へ伝来したとされる中世文書三六通は、ともに中世黒鳥村の安明寺《あんみょうじ》に集積されたとみられることから、今日では四四通を一括して「黒鳥村文書」と称される。黒鳥町は、信太山丘陵の西麓にあって、府中を含む平野部との境目に位置し、和泉国の政治的中心地たる国府や人びとが交流した熊野街道と至近の距離にある。「黒鳥村文書」は、このような環境に置かれた中世村落の様相を今に伝える。

本章の冒頭に紹介した建長八（一二五六）年沙弥蓮覚の売券によると、蓮覚は山林荒地の売却に際して、土地の所有権を示す文書も黒鳥村安明寺に渡した。前章で紹介された、宗岡光成や酒人盛信が国衙へ提出した平安時代の文書は、これに含まれていたのかも知れない。現存する「黒鳥村文書」において、沙弥蓮覚の売券以後に作成された文書に宗岡氏や酒人氏の活動は記録されず、代わって安明寺

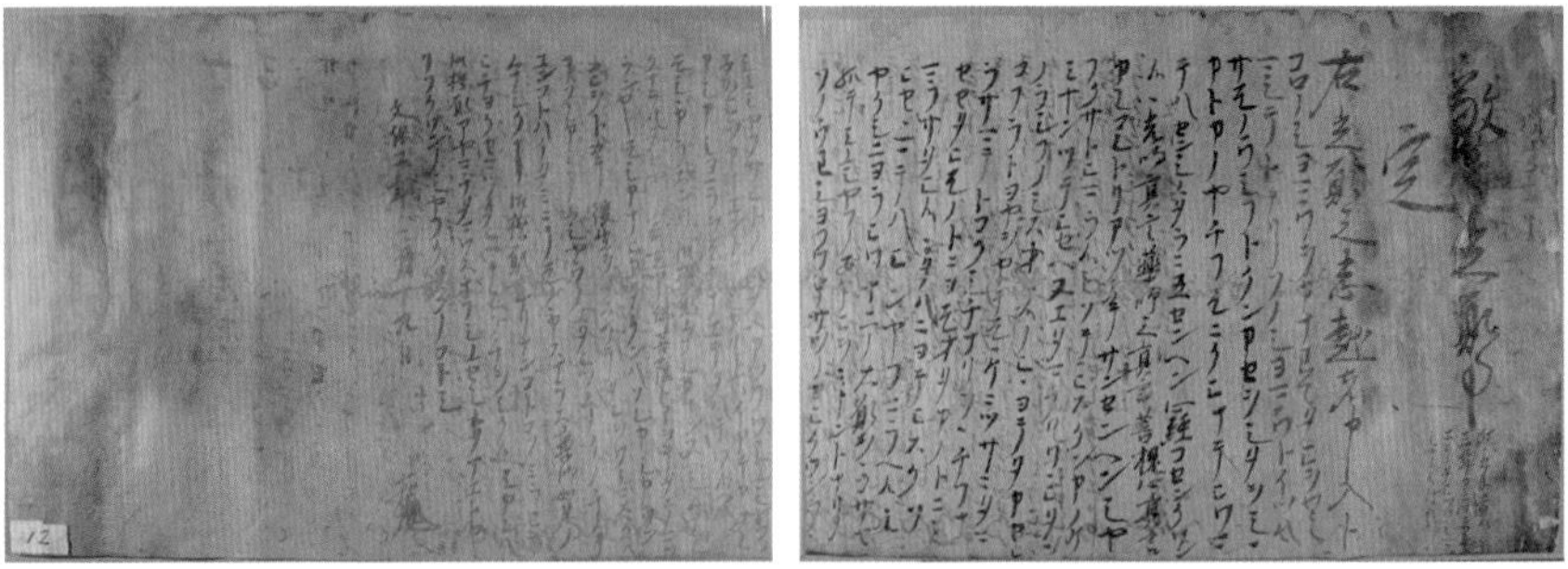

写真17　某立願文（河野家文書）　文保2（1318）年。大阪府指定文化財「黒鳥村文書」。

敬白立願事
近ハ今年遠ハ
三年カ内ニカナ
エテタヒヲワシマ
シテ候はハ
定
右立願之志越者申入ト
コロノシヨマウヲカナエてタヒヲワシ
マシテトナリソノシヨマウトイツハ
サモノウシフトクンアセヲシタヲシヽ
カトカノヤチフモニクヒナテヒワマ
テハセンシユタラニ五センヘン心経コセンクワン
候ヽ光明真言薬師之真言菩提心真言
カレコレトリアツメテサンセンヘンシャ
フクサトヒマラ候シソテヽヒスクンカノケ
シ十ンツテヒセヘ又エタマラルワヽヒタヽ
ノラシフノシスオニ候ノヒヽヨテタカセヒ
コフラトヨヤヲヤテモヽケニツサニタマ
ラサマテトコクシチナリウヽチフナ
セセタヒモノトニヨモオタカノトニシ
マラサタヒ候ヽタハニヨテヒスクソ
ヒセヽマテハヒンヤフマラヘ候レ
ヤクシニヨラヒワ十二ノ大願ヲヽコサセ
給テシユシヤフノ子カヒヲ□ケントナリ
ソノウエシヨフツ☒サツノセヒクワンワ
シユシヤフサヒトノ御タメカツフワシユシヤフノ
子カヒヲカナエントナリシカル上ハイカテカソレ
カシカシヨマフヲモカナエテタハテワ候ヘキ
モシヽカラスンワ御誓願ムナシクナンヌヘシムナシ
クナラハタシヤノ衆生カ仏菩薩トアヲキタテマツ
ランヤモシカナヒカタクンハソレカシカウン
メヒヲトトメテ後生ヲタスケテタヒヲワシマス
ヤソレカシカムシヤウノユタヒツユノイノチノキ
ユンコトハイタミニテモノカスナラス薬師如来ノ
ムナシクナリ御誓願□ナリナンコトコソミラヒサ
ヒチヨクセマツタヒマテモクチヲシク候ヘシカレハ
御誓願アヤマチタマワスナフシユセシメタマエトカ
リフクワンノシヤフク□ンノコトシ
文保二年二月十九日　某（花押）

暗号（黄色）の読み順は矢印（←）

図3　某立願文の釈文

の存在が顕著となる。

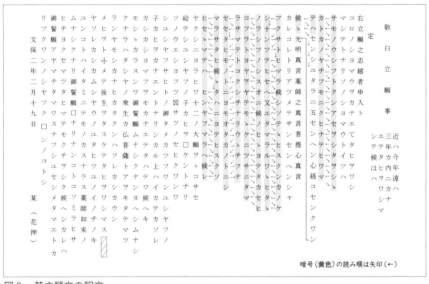

安明寺の信仰と某立願文

安明寺は、建長八（一二五六）年沙弥蓮覚の売券に先立つ建保七（一二一九）年の文書において、村国《むらくに》貞守《さだもり》が坂本郷《さかもとごう》飛鳥部里《あすかべり》の土地を寄進する寺院として出現する。安明寺では、法華経を講説する法華八講《ほっけはっこう》という仏事が営まれ、国家の安泰が祈願された。同時に、両親の菩提を弔うなどの、個人的な願意を受け入れる寺院としても信仰を集めた。

一五世紀までに相次いだ田畠や麹《こうじ》荷《に》（後述）の寄進状、それに売券や置文《おきぶみ》（掟）によると、安明寺の本尊は薬師如来であり、鎮守の祭神は天満天神（菅原道真）であった。法華経を根本経典とする天台宗の総本山、比叡山延暦寺（滋賀県大津市）の根本中堂もまた薬師如来を本尊とすることに鑑みれば、安明寺も天台宗の流れをくむ寺院であったと推察される。しかし、安明寺に寄せられた寄進状には、時宗系の阿弥《あみ》号をもつ人物も散見し、勧進聖《かんじんひじり》の出入りもあった（後述）。黒鳥村安明寺には、実に多様な信仰をもつ人びとの姿があったのである。

安明寺の信仰を物語る文書において際立った特徴をもつのが、前章でも紹介された文保二（一三一八）年の立願文《りつがんもん》である（写真17）。立願文の筆者は祈願にあたり、千手陀羅尼《せんじゅだらに》五千遍・般若心経《はんにゃしんぎょう》五千巻、光明真言《こうみょうしんごん》・薬師如来真言・菩提心《ぼだいしん》真言を三千遍唱えると宣言し、祈願通りに甲斐の武田義泰《たけだよしやす》を新たな地頭に交代してもらえたならば、大般若経も読誦すると述べる。これは、祈願の対象である本尊薬師如来との取り引きともとれる。

興味深いことに、この祈願が実現されなければ、薬師如来が衆生を救済するために立てた「十二の大願」（誓願）は果たされず、誰も薬師如来を信仰しなくなると、脅迫めいた文言が記される。立願文の末尾には「露の命の消えんことは痛みにて物の数ならず、薬師如来の空しく御誓願□為りなん事こそ、未来際濁世末代迄《みらいさいじょくせまつだいまで》も口惜《くちお》しく候《そうら》へ」（露のような私のはかない命が消えることは、問題になりません。薬師如来の誓願が空しくなることこそ未来末代に至るまで残念なことです）と記される。この一文は、生命を尊重する理念が人びとに共有されていればこそ記述できるのであり、中世民衆のもつ思想の一端が表れているのかもしれない。

梨子本《なしもと》里と黒鳥村

再び建長八（一二五六）年沙弥蓮覚の売券をみると、売却地の山林荒地一八町は「上泉御庄梨子本里《かみいずみのおんしょうなしもと》」に所在すると記される。上泉庄《かみいずみのしょう》とは、承久の乱後に擁立された後高倉院による院政時代（一二二一～一二三）に、

図４　白木谷の池　1946（昭和21）年米軍撮影航空写真（国土地理院公開）に加筆した。

十楽院門跡《じゅうらくいんもんぜき》（のち青蓮院《しょうれんいん》門跡）の祈祷料をまかなうために設立された荘園である（『門葉記』）。それでは、梨子本里とはどのような領域なのであろうか。

正中二（一三二五）年、梨子本里地頭の藤原資員《ふじわらのすけかず》は、上泉御庄梨子本里内の山野一八町と白木谷池六底を、ともに黒鳥村安明寺の支配地であると認めた。元徳二（一三三〇）年、青蓮院門跡の関係者とみられる給主（荘官）は、山野一八町とその内にある白木谷池六底はともに黒鳥村安明寺の支配地である来歴を認めながらも、池六底は梨子本里内の用水であることを理由に公方《くぼう》（上級権力）の介入を排除し、山野一八町は安明寺の支配地であると認めた。

ここにみる山野一八町は、建長八年に沙弥蓮覚が売却した土地に対応し、白木谷の池は、平安時代に宗岡光成や酒人盛信が開発を試みた池に対応するものであろう。これら地頭や荘官が下した文書からは、梨子本里と黒鳥村が別の領域単位として区別されていたことがうかがえる。

正和四（一三一五）年には、地頭藤原が仏阿と名乗る勧進聖の申請を受けて、「里内百姓」に下文《くだしぶみ》を発給した。仏阿は、梨子本里白木谷池を修理したいと「里内百姓」に願い出たところ、「里内百姓」は、尊重すべき「番水」以外の「私取水《わたくしのしゅすい》」を禁止することを仏阿への協力条件とした。地頭藤原は、「里内百姓」の主張を容れて「私取水」を禁じ、「里内百姓」には仏阿への協力を命じた。梨子本里は「里地頭」と「里内百姓」の存在する領域であったといえる。

　勧進聖とは、造営、造仏、写経、道路修繕、土地開発などの作善《さぜん》を人びとに勧め、彼らを仏道へと導く僧侶である。この時代、叡尊《えいそん》（一二〇一〜九〇）とその弟子忍性《にんしょう》（一二一七〜一三〇三）らの教団は、西大寺（奈良県奈良市）を中心として、戒律の復興を唱え、貧窮者への救済を進めていた。梨子本里に現れた仏阿もまた、叡尊らの理念に共鳴した僧侶の一人であったのかもしれない。世俗の関係を超越した聖《ひじり》であったからこそ、仏阿はよく「里内百姓」の間に立って、地頭への申請を行い得たのであろう。

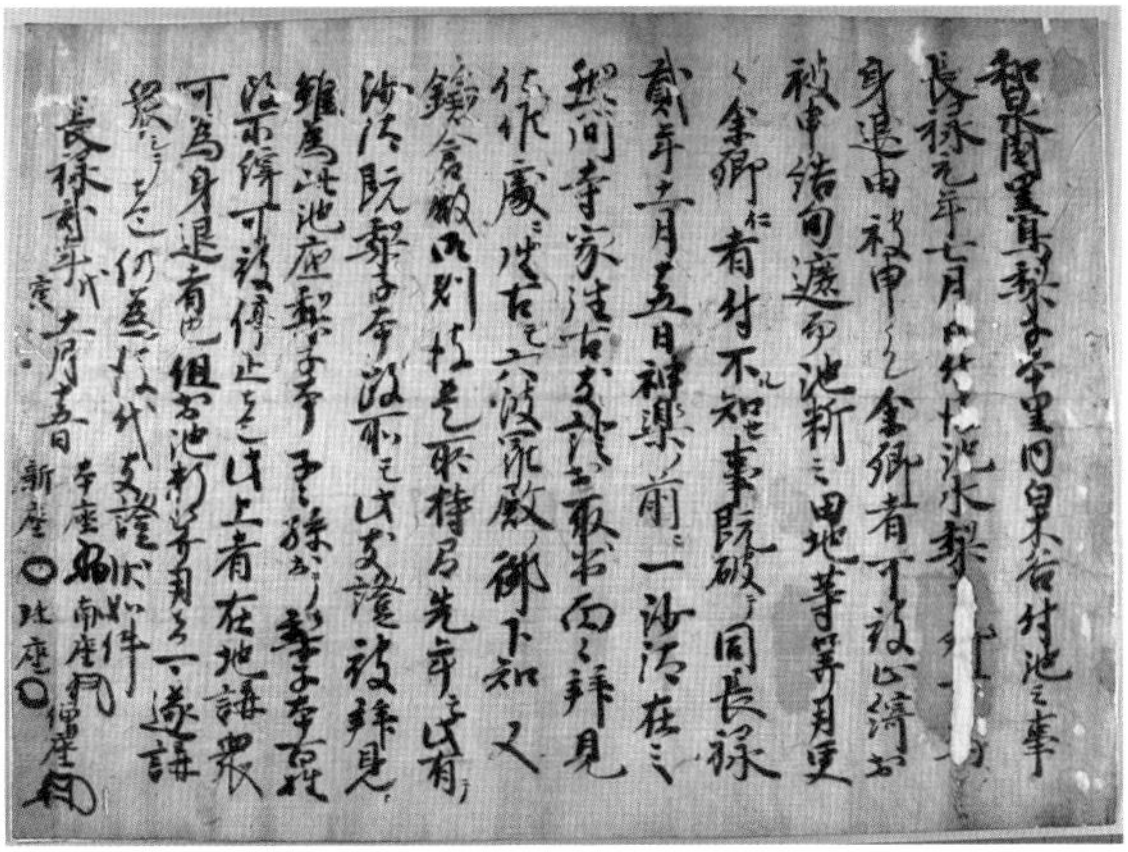

写真18　安明寺五座置文（河野家文書）　長禄2（1458）年。大阪府指定文化財「黒鳥村文書」。

　番水とは、ため池から取水する秩序のことであるが、梨子本里が、白木谷に築造されたため池の灌漑域であり、黒鳥村などの数ヶ村を含む領域であるならば、「私取水」とは、村落ごとの用水秩序に違反する取水とも解釈できる。元弘三（一三三三）年の護良親王令旨《もりよししんのうりょうじ》（脇文書）に見る「和泉国上泉郷梨本《（マヽ）》里内黒鳥村」の記述は、梨子本里の領域の内に黒鳥村が含まれる関係を示しているのかもしれない。

　白木谷の池をめぐる紛争は、室町時代の長禄元（一四五七）年にも勃発した。黒鳥村安明寺は、神楽に参集した人びとに証拠文書を示してみずからの立場を主張し、池料（用水の対価）は「在地講衆《ざいちこうしゅう》」が計算することに決着した。この事件を記録した文書の末尾には、本座《ほんざ》・南座《みなみざ》・新座《しんざ》・弥座《いやざ》・僧《そう》

年号	西暦	月	日	分類	内容	文書群
正平24	1369	6	17	置文	飯荷役は五座において配分し、黒鳥村「惣物」の管理について隠し事をしてはならないと定める。	河野家文書
応永２	1395	2	10	置文	法華八講の財源である田地と麹荷について、配分率や用途を定める。	河野家文書
応永５	1398	12	25	置文	公方（上級権力）から麹荷へ天役を賦課された場合は、寄り合いにより協議することを定める。	河野家文書
応永16	1409	12	2	宛行状	大鳥里今井・伊勢神野村での麹荷売場を右近三郎に与える。	立石家文書
応永23	1416	3	25	置文	熊野先達は寺僧以外のものを任命してはならないことを定める。	河野家文書
長禄２	1458	11	15	置文	前年からの白木谷池をめぐる紛争について、その経緯を記し、「在地講衆」が池料の計算を遂げることを定める。	河野家文書
文明11	1479	10	13	宛行状	日根野中嶋十一荷のうち一荷の麹荷売場を左近太郎に与える。	中家文書
文明16	1484	7	11	宛行状	日根野中嶋十一荷のうち一荷の麹荷売場を日根野宮石丸に与える。	中家文書

表６　五座発給文書一覧

座《ざ》の代表者が、花押や略押を据えている（写真18）。この五つの座を五座《ござ》と称して、次項でその活動を概観する。

なお「黒鳥村文書」に登場する白木谷は、江戸時代には、黒鳥上村を潤す平池・小津池（高津池とも）・中津池として村絵図に描きこまれ、現在は、大阪市立信太山青少年野外活動センターの敷地となり、中津池が現存する。ちなみによく似た地名であるが、「黒鳥村文書」にみる「梨子本里」と、槇尾川左岸の丘陵上に位置する梨本池との関係は明らかでない。

五座による黒鳥村安明寺の運営

黒鳥村の安明寺では、暦応二（一三三九）年に、①正月八日御仏供餅、②白木池段別米ならびに二段の灯油田、③諸方地子米、④国分寺《こくぶんじ》涅槃会造花《ねはんえぞうか》、⑤年預《ねんよ》方過失時の対応について、置文《おきぶみ》が定められた。①～④は「寺物」と称される安明寺の共有財産に関する規定であり、⑤はその年の会計担当者である年預に関する規定である。この置文の末尾には、六人衆・東座六人衆・末座五人と来年・再来年の年預は、毎年七月一六日の結解《けちげ》（決算）に出席しなければならないと追記される。これら「衆」との関係は不明ながら、正平二四（一三六九）年の置文からは「五座」が登場しており、五座は置文を制定して安明寺を運営したとみられる（表6）。

五座はまた、味噌や酒の製造に必要な麹を特定の売場で販売する権利を麹商人に与え、麹商人からは「麹《こうじ》室料《むろりょう》」と呼ばれる対価を徴収し、これを安明寺で営まれる法華八講《ほっけはっこう》の財源にあてた。「麹室料」とは、麹を製造する施設（温室）の維持費用とも解釈される。麹荷（麹の販売単位か）を販売する権利は一四世紀には物権化し、土地と同様に、売買、譲渡、寄進の対象となった。

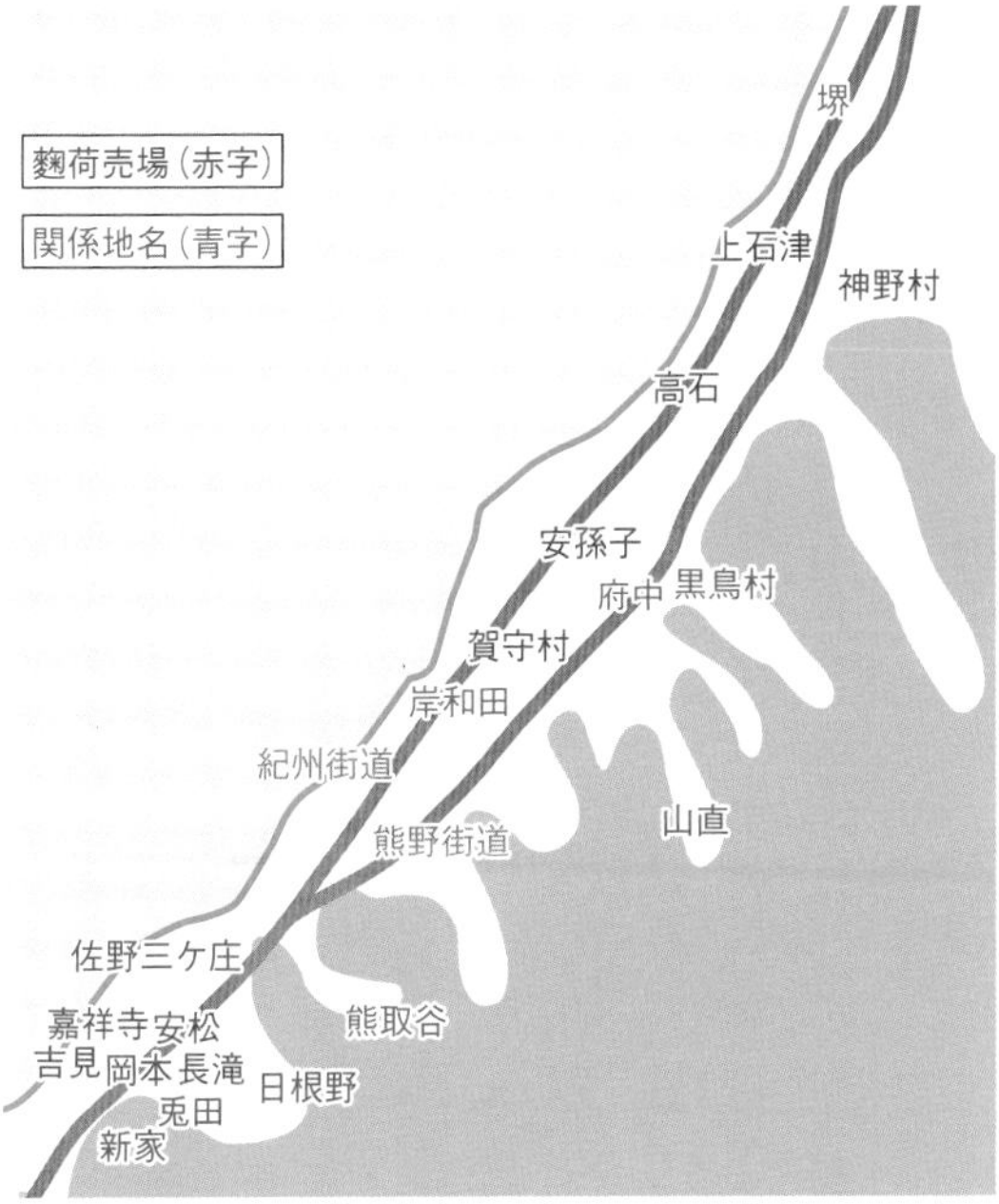

図5　「黒鳥村文書」「中家文書」にみる麹荷売場の分布

「黒鳥村文書」には、上石津《かみいしづ》（堺市浜寺石津町）、神野村《こうのむら》（堺市神野町）、高石（高石市域）、安孫子《あびこ》（泉大津市我孫子）、賀守村《かもりむら》（岸和田市加守町）、山直《やまだい》（岸和田市山直地区）が、麹荷の売場として記される。熊取谷《くまとりだに》（泉南郡熊取町）で戦国時代から江戸時代に土豪として発展した中家《なかけ》の文書（中家文書）には、文明一一（一四七九）年と文明一六年に、五座が「日根野中嶋《ひねのなかじま》」（泉佐野市日根野）の売場を商人に与えた文書が残される。これらの麹荷売場は、熊野街道と紀州街道の付近に分布する（図5）。

五座が発給した麹荷売場の宛行状《あてがいじょう》（与えることを示す文書）は「中家文書」に含まれる文明一六年の文書を最後とし、代わって和泉守護代松浦守《まつらまもる》が発給した文書が残される。「中家文書」には、松浦守が、享禄二（一五二九）年に佐野三ケ庄を、享禄三年に長滝《ながたき》・安松《やすまつ》・岡本《おかもと》・吉見《よしみ》・嘉祥寺《かしょうじ》・新家《しんげ》・兎田《うさいだ》（泉佐野市長滝・安松・岡本、泉南郡田尻町吉見・嘉祥寺、泉南市新家・兎田）の売場を与えた文書が残される。このころ、松浦守は、八木《やぎ》・加守《かもり》両郷と田治米村《たじめむら》（岸和田市多治米町）との間で起こった用水相論にも判決を下しており、地域に対する関与を強めていた（岸和田市立郷土資料館所蔵文書）。麹荷売場の宛行主体が、黒鳥村安明寺の五座から和泉守護代の松浦守へと交代したことは、安明寺で営まれる法華八講の財源である麹荷のもつ宗教的意義が失われ、商人集団の自律的なテリトリーである売場を保証する権限が、世俗の権力によって接収されたことを意味する。

「黒鳥村文書」四四通は、文明一四（一四八二）年の文書を最後とし、その後、黒鳥村安明寺と五座がどのような歴史をたどったのかは明らかでない。ただ、北野天満宮（京都府京都市）に残された室町時代の記録には、長享二（一四八八）年一一月二三日に、玄蕃頭細川元治《げんばのかみほそかわもとはる》の被官である北村と野田新左衛門尉が「黒鳥備光寺」に乱入し、黒鳥村の東に接する坂本郷庄の請負代官である吉井氏がこれを撃退したと記録される（『北野社家引付』）。次節では、この坂本郷庄をはじめとする府中地域の荘園に視線を転じる。

3　荘園の支配と現地の社会

北野宮寺松梅院領坂本郷庄

現在の黒鳥町の東から南の方角には、阪本《さかもと》町・一条院《いちじょういん》町・芦部《あしべ》町・桑原《くわばら》町があり、槙尾川の対岸には観音寺町・寺門町・今福町がある。これら七つの町は、江戸時代には個別の村として存在し、一八八九（明治二二）年の市制・町村制の施行から一九三三（昭和八）年の和泉町発足までは、郷荘村《ごうしょうむら》というひとつの村に含まれた。

この「郷荘」地名の由来は、中世に北野宮寺《きたののぐうじ》（北野天満宮）の有力社家松梅院《しょうばいいん》が支配した荘園、坂本郷庄《さかもとごうしょう》

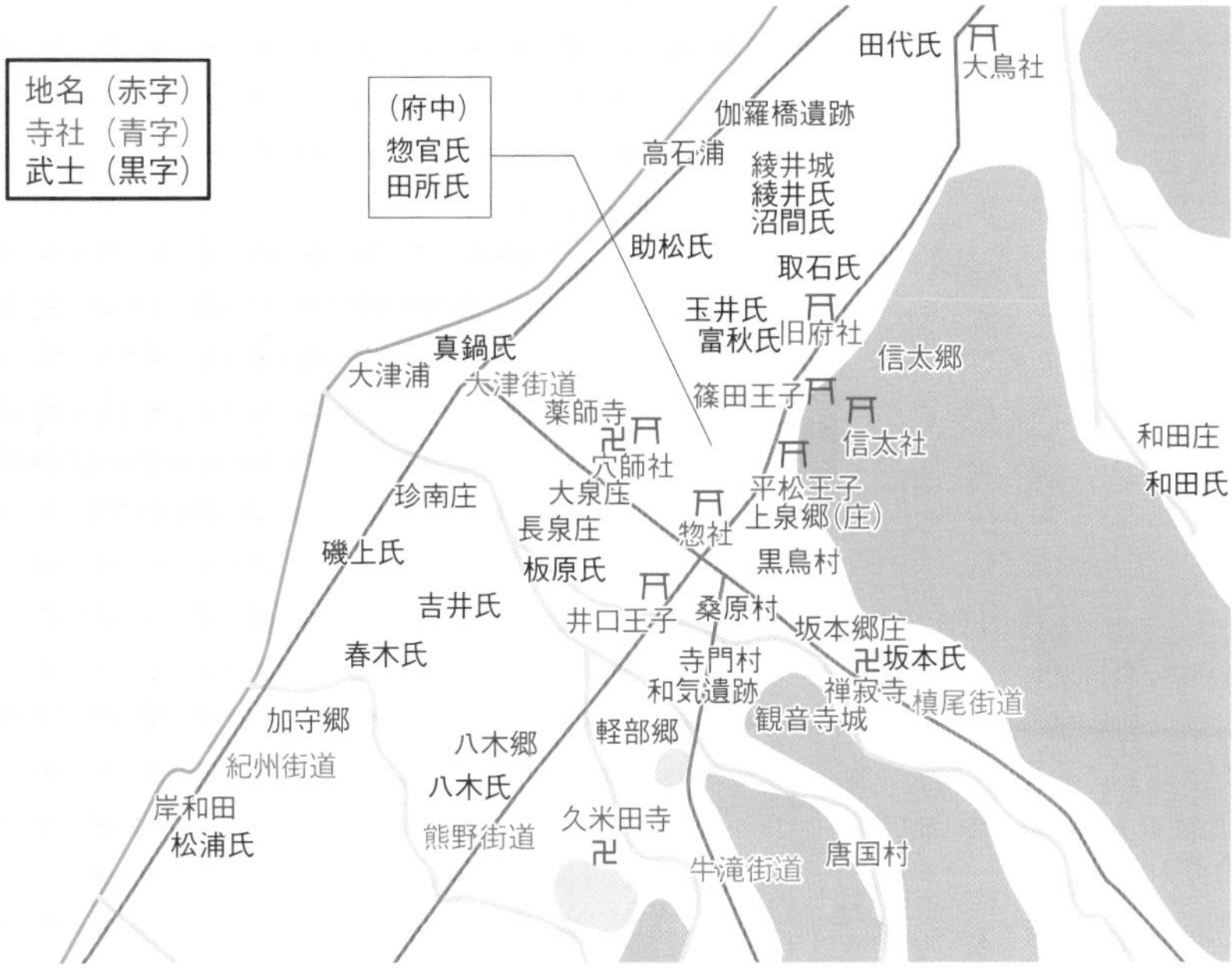

図6　中世後期　府中周辺地図

に求めることができる。応永六（一三九九）年、室町幕府の三代将軍足利義満は、若狭国阿賀庄《あがのしょう》に代わる荘園として、和泉国坂本郷を松梅院に寄進した（北野天満宮文書）。康正二（一四五六）年には、内裏の造営に際して全国一律に段銭《たんせん》と呼ばれる税金が賦課され、坂本郷庄からは銭三〇貫九三五文が拠出された。これは和泉上守護細川常有の拠出額銭三〇貫文を上回る、和泉国では最大の金額であった。

長享二（一四八八）年には、松梅院主の禅椿《ぜんちん》が将軍足利義尚の怒りに触れて北野宮寺を追放される事件が起きた。同年四月には、泉州の国人《こくじん》（本拠地を独力で支配し、鎌倉時代から地頭などの身分をもつ武士）である吉井氏が禅椿の勧誘を受けて坂本郷庄に侵入したとの一報があり、室町幕府は坂本郷庄の住民に対して、現在の松梅院主禅預《ぜんよ》の代官に従うよう命じた。また和泉守護には、禅預の代官による支配が実現されるよう命じた（『北野社家引付』）。

しかし北野宮寺は、その年の一一月一五日に、吉井源三《よしいげんざぶ》郎《ろう》なる者を坂本郷庄の代官に任命して、年貢の徴収を請け負わせている。吉井氏は同月二六日に、玄蕃頭細川元治の被官による「黒鳥備光寺」への侵入を撃退しており（前述）、

写真19　北野天満宮（京都市）

請負代官の職責を存分に果たしている。北野宮寺は、禅椿に結びつこうとする吉井氏を懐柔して、請負代官に任命したのであろうか。

その後、明応三（一四九四）年に至る六年間は、吉井氏の活動が継続的に記録される（『北野社家引付』）。吉井氏は、毎年一月一一日に、正月の佳例として天野酒の樽一荷・鯛一懸・昆布を北野宮寺に上納し、八月一日には、八朔の祝儀として天野酒の樽一荷・干蛸《ほしだこ》や干鯛《ほしだい》などの肴・昆布を上納した。北野宮寺は例年これに数本の扇を与えて返礼とした。

吉井氏は、こうした季節の礼物以外にも、天野酒や海産物を恒常的に上納した。天野酒は、天野山金剛寺（河内長野市）で製造された僧房酒であり、京都においても大いに珍重された。北野宮寺は入手した天野酒を、幕府有力者への贈答品として活用した。海産物は「美物《びぶつ》」（美味なるものの意味）とも記録され、干蛸や干鯛のほかに、鮲《こち》・鱧《はも》・鰹《かつお》・蛤《はまぐり》の上納が記録される。坂本郷庄は内陸にあるものの、各地との取り引きを前提として支配されたのである。

他方、神用（年貢）に関する記録は少なく、その納入額も一定していなかったようである。一例として、延徳二（一四九〇）年一〇月には、「坂本郷庄神用」として、緞子《どんす》一端の代銭五貫文、繻子《しゅす》一端の代銭三貫文、それまで上納された銭七九貫文、合わせて銭八七貫文の上納が確認できる。この時、緞子や繻子などの繊維製品は、現物に代わる代銭で納入されているが、吉井氏が北絹《ほっけん》二端や木綿《もめん》二端などの現物を上納したことも確認される。

明応元（一四九二）年一二月には、銭一五貫文分の割符《さいふ》が「泉州」から北野宮寺へ到来した。割符は重量のある銭に代わって、遠隔地との取引に用いられた送金手段である。東寺（京都府京都市）の荘園である新見庄《にいみのしょう》（岡山県新見市）の年貢送金には、堺（堺市）の市場を介在する割符が用いられており（東寺百合文書）、坂本郷庄からの送金にも、堺の市場が関与したのかもしれない。

なお、北野宮寺が和泉国に領有した荘園のうち、大鳥下条《おおとりしもじょう》（堺市）は、長享元（一四八七）年に波多野通直《はたのみちなお》による侵略を受けており、延徳二（一四九〇）年には支配の実態を失っていた。ほか八田庄《はったのしょう》については記録が少ないため、その内実はよくわからない。

坂本郷庄における吉井氏の活動は、明応九（一五〇〇）年正月の上納に関する記録を最後とし、永正五（一五〇八）年には、室町幕府奉行人飯尾貞運の代官就任が記録される。吉井氏の本拠地は、現在の岸和田市吉井町とみられる。吉井氏は、長享三（一四八九）年二月に北野宮寺に唐紙を送って「当社御名号」（祭神の神号）の揮毫を依頼し、北野宮寺がこれに応えたことがあった。後述する法隆寺領珍南庄に関する史料からは、「吉井天神」の存在がうかがい知れる。これに関係するのであろうか、一九〇九（明治四二）年に現在の夜疑神社《やぎじんじゃ》（岸和田市中井町）に合祀されるまで、吉井村には菅原神社が存在したという（『岸和田市史 第四巻』）。

青蓮院門跡領包近名

坂本郷庄が複数の村落（集落・耕地・山野）を包摂する領域型荘園であったのに対し、上泉郷の包近名《かねちかみょう》は、年貢《ねんぐ》・公事《くじ》の徴収を割り当てられた耕地が散在する散在型荘園であったとみられる。ここでいう上泉郷の包近名とは、山直郷の包近名（岸和田市包近町）とは別の所領である。

包近名に関係する文書は、比叡山千日回峰行の拠点寺院である葛川明王院《かつらがわみょうおういん》（滋賀県大津市）に残された。これは、包近名の荘園領主である青蓮院門跡に連なる院家である無量寿院《むりょうじゅいん》がその荘園経営に関与し、また葛

補任年		代官の名前	本拠地（推定）	典拠
文明3	1471	富秋盛忠	和泉市富秋町	広島大学所蔵猪熊文書
文明5	1473	助松貞勝	泉大津市助松町	葛川明王院所蔵文書
文明16	1484	馬場伊光	堺市西区草部	国立国会図書館所蔵文書
延徳4	1492	増田盛徳		京都大学所蔵明王院文書
明応2	1493	千原伊重	泉大津市千原町	広島大学所蔵猪熊文書

表7　上泉郷包近名の代官一覧

川明王院の別当を務めたことに起因する。

包近名の代官は、その就任にあたって、職務を滞りなく務めることを誓う請文《うけぶみ》を無量寿院に提出した（写真20）。残された請文の年号と代官の名前は、表7のとおりである。

請文は第一に、年貢額を銭三〇貫文と規定し、毎年一〇月に京都で納入することを定める。文明一六（一四八四）年からは、収穫量の変動に関わらず、定額の年貢を納入する請切《うけきり》とし、干損や水損など荘園現地の窮状について、代官は荘園領主へ訴え出てはならないと明記された。

第二に、「公用銭《くようせん》」を二〇貫文と規定する。延徳四（一四九二）年と明応二（一四九三）年の請文では、毎年一二月初めに京都で納入することを定める。「公用銭」とは、荘園制において年貢と対をなす公事《くじ》にあたる負担であろうか。関連する文書によると、青蓮院門跡に連なる僧侶へ配分されたとみられる。

第三に、「国役」として兵粮米・段銭・人夫などの諸役を賦課されても、荘園領主への納入分から立て替えてはならないことを定める。「国役」を賦課する主体は、「国守護」や「国一揆」とみられる。

このほか、「奉行得分《ぶぎょうとくぶん》」（無量寿院の得分か）として、毎年銭三～五貫文を年貢と同時に京都で納入すること、「御借物」（荘園領主からの借り入れ分か）の利子は四～五文子（四～五パーセント）として納入することなどを定める。

包近名に関する文明五（一四七三）年一〇月三日付の文書は、来る九日までに五〇石の兵粮米を府中西泉《さいせん》寺《じ》において納入すべきことを「上泉之内兼近（包）名百姓中」に命じたものである。この文書を発給した人物の名前は記録されていないが、在地領主たちが自治的に地域を統治する国一揆による命令であったことが推定されている。

法隆寺領珍南庄

法隆寺（奈良県生駒郡斑鳩町）の荘園である珍南庄《ちぬみなみのしょう》は、青蓮院門跡の荘園である包近名と同様の散在型荘園とみられる。法隆寺は、現地の有力者を請負代官に任命することはせず、預所《あずかりどころ》を派遣して珍南庄を直接経営した。珍南庄は北方・南方で構成され、北方は下条郷《げじょうごう》・坂本郷《さかもとごう》・磯上里《いそのかみり》、南方は寺里《じり》・八木里《やぎり》の領域に及んだ。

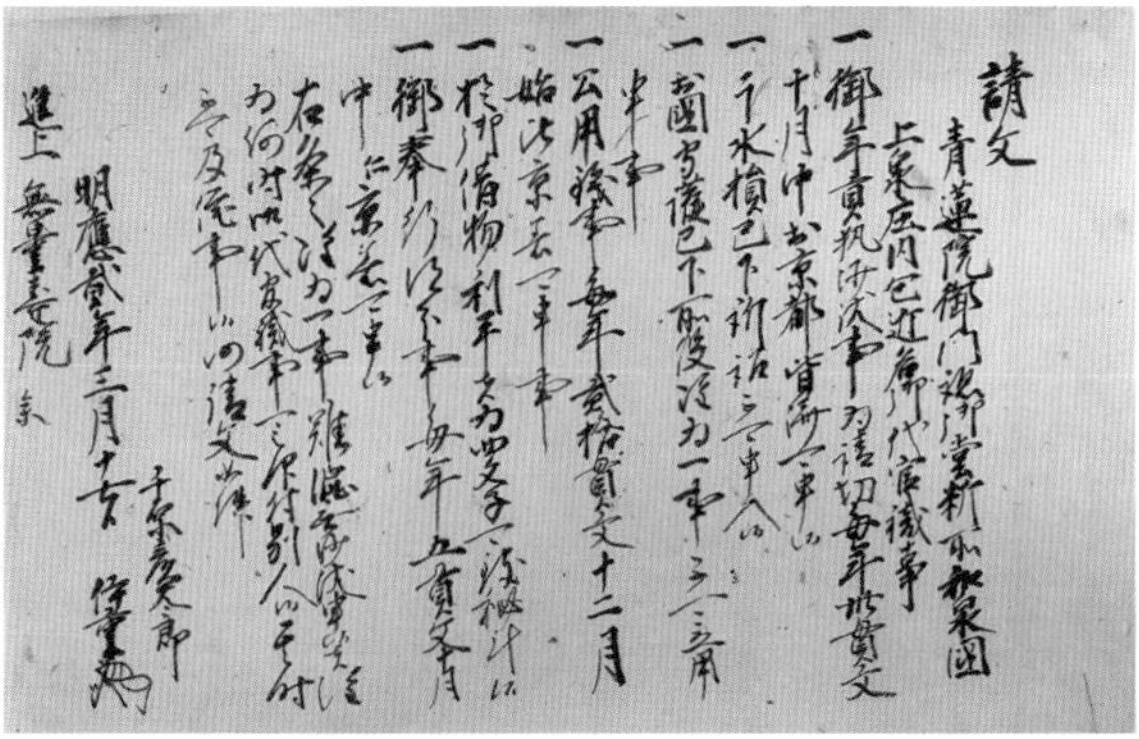

写真20　千原伊重請文（猪熊文書）明応2（1493）年。広島大学文学研究科所蔵。

法隆寺には、珍南庄の経営を目的に作成された一五〜一六世紀の帳簿が残されている（『泉大津市史 第一巻上』）。現在確認される珍南庄の帳簿には、条里の坪別に田地一筆ごとの面積・名請人（納税負担者）・免税の有無を列挙した内検帳と、田数・徴収額・控除額・支出額の項目別に収支を記録した収納支配算用状がある。それらの一部には、法隆寺から派遣される預所の名前が記入されており、法隆寺の学僧が一年交代で寺務の運営を担う年会五師《ねんえごし》へ提出されたことがわかる。

収納支配算用状には、筆師《ふでし》・中間《ちゅうげん》・下司《げし》・専当《せんとう》といった荘園現地のスタッフへ支給する米の量、「読み合せ」「目録固め《もくろくがため》」「収納」（祝い）といった年貢徴収の過程に要した諸行事の経費、法隆寺から珍南庄への下向に要した関賃、豆腐・大根・白酒などの食費、堺の宿での瓶子《へいし》（酒）代金などが記される。寺里と八木里では、田地一段当たり七〇〜八〇文の銭を、久米田池の池料として支出したことが記される。支出の内訳には、「吉井ノ大殿へ礼物」や「吉井宮ノ灯油」「吉井天

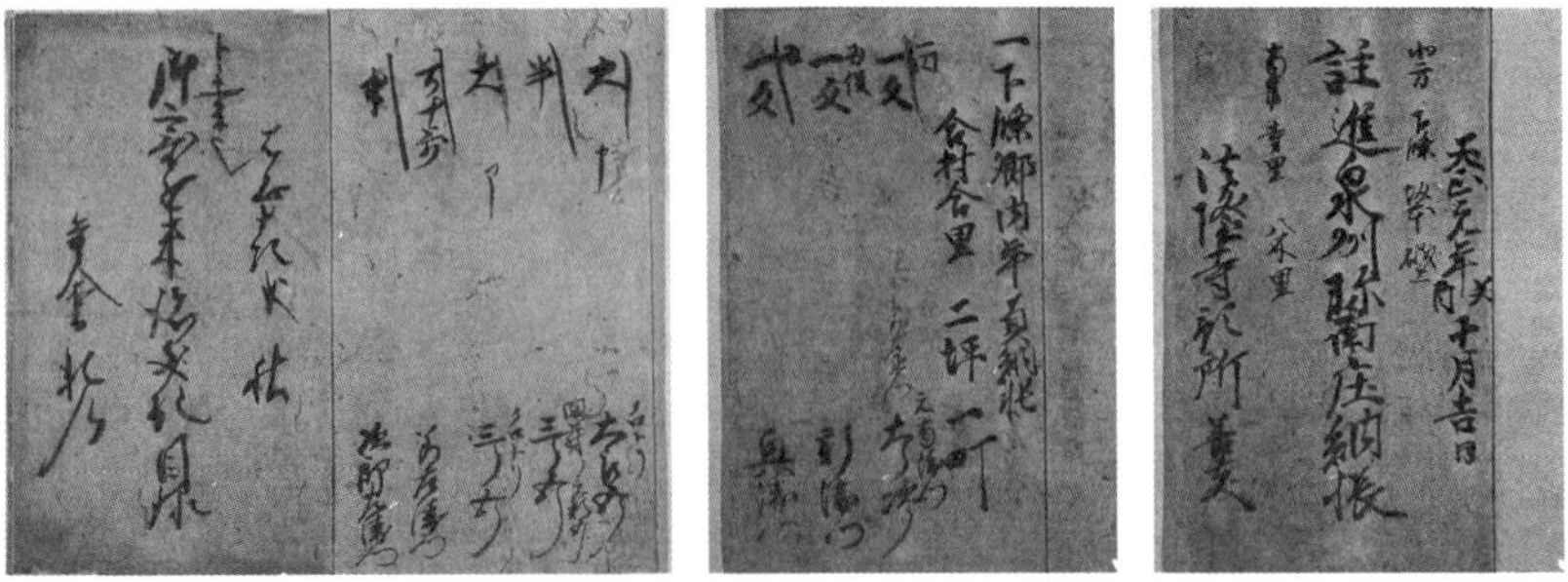

（巻尾）　（巻首）　（表紙）
写真21　和泉国珍南庄納帳（法隆寺文書）　天正元（1573）年。

神灯明」も見える。これは、坂本郷庄の代官を務めた吉井氏とその鎮守社への献納を意味する。

大永五（一五二五）年の収納支配算用状によると、久米田池の池料をめぐる紛争の解決において、寺里や八木里の代官を含む一二名の「談合衆《だんごうしゅう》」が活躍した。「談合衆」の中には「吉井」と注記される神主《かんぬし》・治部《じぶ》・若衛門《わかえもん》の三人がある。同年には、南方寺里三〇〇歩の土地が外部勢力に侵略され、吉井太郎丸の「色々口入《くにゅう》」によって解決が図られた。現地に勢力をもつ吉井氏との関係は、珍南庄の経営に不可欠であった。

天正元（一五七三）年の「納帳」では、名請人の注記として、下条郷では大津《おおつ》・安孫《あび》子《こ》・蟲《むし》・長井《ながい》・池尻《いけじり》・千世、坂本郷では黒鳥、国府の地名が記される（『大日本史料第十編二十冊』）。すなわち、現在の泉大津市我孫子・虫取《むしとり》町、岸和田市池尻町、和泉市黒鳥町・府中町に及ぶ地域の住民が、珍南庄の田地を耕作し、年貢を負担したのである。現在の岸和田市磯上町の周囲には、珍南庄北方磯上里の田地が散在したことであろう。

弘治年間（一五五五〜五八）から永禄四（一五六一）年ころには、三好長慶《みよしながよし》の弟である十河一存《そごうかずまさ》が、珍南庄を侵略した。法隆寺は、十河一存の本拠地である岸和田城に使者を派遣したところ、銭一〇貫文という多額の「礼銭」の支出を迫られた。永禄一一（一五六八）年には、織田信長が畿内の都市や有力寺院に矢銭《やせん》（軍用金）を賦課した。そのために法隆寺は、堺において米を売却し一六貫もの銀子を工面しなければならなかった（法隆寺文書）。

十河一存により侵略された珍南庄が法隆寺領として回復された後、永禄年間（一五五五八～七〇）にも珍南庄の現地における支配体制は維持され、池料や灯明料などの地域社会に対する支出は続けられた。元亀二（一五七一）年には、毎年納入する年貢額がそれまでの半額である銭一〇貫文となった。

天正二（一五七四）年、年会五師は法隆寺子院の泉学坊《せんがくぼう》と阿弥陀院《あみだいん》に珍南庄の支配を預け置き、「勾当給《こうとうきゅう》」「伏公事《ふせくじ》」などの得分は、両子院が指示するものとした。おそらくこの時期のことであろう、珍南庄北方現地の「庄屋」は法隆寺へ文書を送り、下司の得分をまかなう田地を泉学坊の口入《くにゅう》（仲介）により根来寺（和歌山県岩出市）へ売却するとの話題について、その事実を問い合わせている。「庄屋」の道秀なる人物は法隆寺に対して、法隆寺から現地への「談合」（相談）がないことに「不審」を表明している（法隆寺文書）。法隆寺による珍南庄の支配が終焉するころには、法隆寺と現地の交流も停滞していたのではないだろうか。

写真22　郷荘神社本殿（阪本町）　大永2（1522）年ころ。市指定文化財。

4　近世への展開

郷荘神社の棟札にみる地侍

郷荘神社（阪本町）は、一九〇八（明治四一）年に、当時の郷荘村にあった七つの大字（江戸時代の村、現代の町）それぞれで祀られていた神社を、かつての坂本村牛頭天王社《ごずてんのうしゃ》に合祀したものである。この神社の本殿は、柱や虹梁《こうりょう》などに中世の部材をよく残し、彫刻にも同時代の類例が認められることから、二〇一三（平成二五）年に市指定文化財に指定された（写真22）。そ

（全体）　（部分拡大）

写真23　天正７（1579）年上葺棟札　郷荘神社所蔵。

の附《つけたり》として指定された天正七（一五七九）年の棟札は、かつて坂本郷庄として支配された現地に残る唯一の中世史料である（写真23）。

　この棟札によると、天正七年の当時は、禅寂寺《ぜんじゃくじ》の鎮守社《ちんじゅしゃ》にして、十《じゅう》九所大明神《きゅうしょだいみょうじん》と称された。坂本氏人《さかもとうじびと》である槙尾山の僧侶南室坊快恵《かいけい》は、西宮《にしのみや》（兵庫県西宮市）から渡航したところ、悪風によって船が漂泊し、同船する多くの人びとが亡くなった。ところが快恵は、幸いにして堺浦に漂着した。快恵はこれを「明神之加護」と感じてであろうか、積《つ》川《がわ》弁財天（岸和田市積川町に鎮座か）で神木を伐採し、十九所大明神の社殿を建立した。時の禅寂寺住職は良俊《りょうしゅん》、大旦那《おおだんな》は「大殿《おおとの》」坂本近江守入道順喜《さかもとおうみのかみにゅうどうじゅんき》、「中殿《なかどの》」岩見守貞助《いわみのかみさだすけ》（ママ）、「若殿《わかどの》」八郎助《はちろうのすけ》、「大工」は天王寺藤原《てんのうじふじわら》宗広《むねひろ》であった。

　ここからは、この本殿の造替にあたり、当地の地侍である坂本氏が中心となったことがうかがえる。「大殿」は坂本氏の当主であり、「中殿」「若殿」はその後継者と目された子孫であろう。藤原宗広は天王寺を拠点とする檜皮《ひわだ》大工であり、白岩丹《しろいわに》生神社《うじんじゃ》本殿（和歌山県有田郡有田川町）の永禄三（一五六〇）年棟札、泉穴《いずみあな》師神社《しじんじゃ》摂社春日神社本殿（泉大津市）の永禄一二年棟札、広八幡神社《ひろはちまんじんじゃ》本殿（和歌山県有田郡広川町）の永禄一二年棟札に、その名前が見える。

　それでは、この坂本氏の一族は、その後どのような歴史をたどったのであろうか。

地侍坂本氏の行方

　本章冒頭に紹介した近世の地誌『旧跡并地侍伝』には、和泉国の主要な地侍三六人が紹介される（第3章

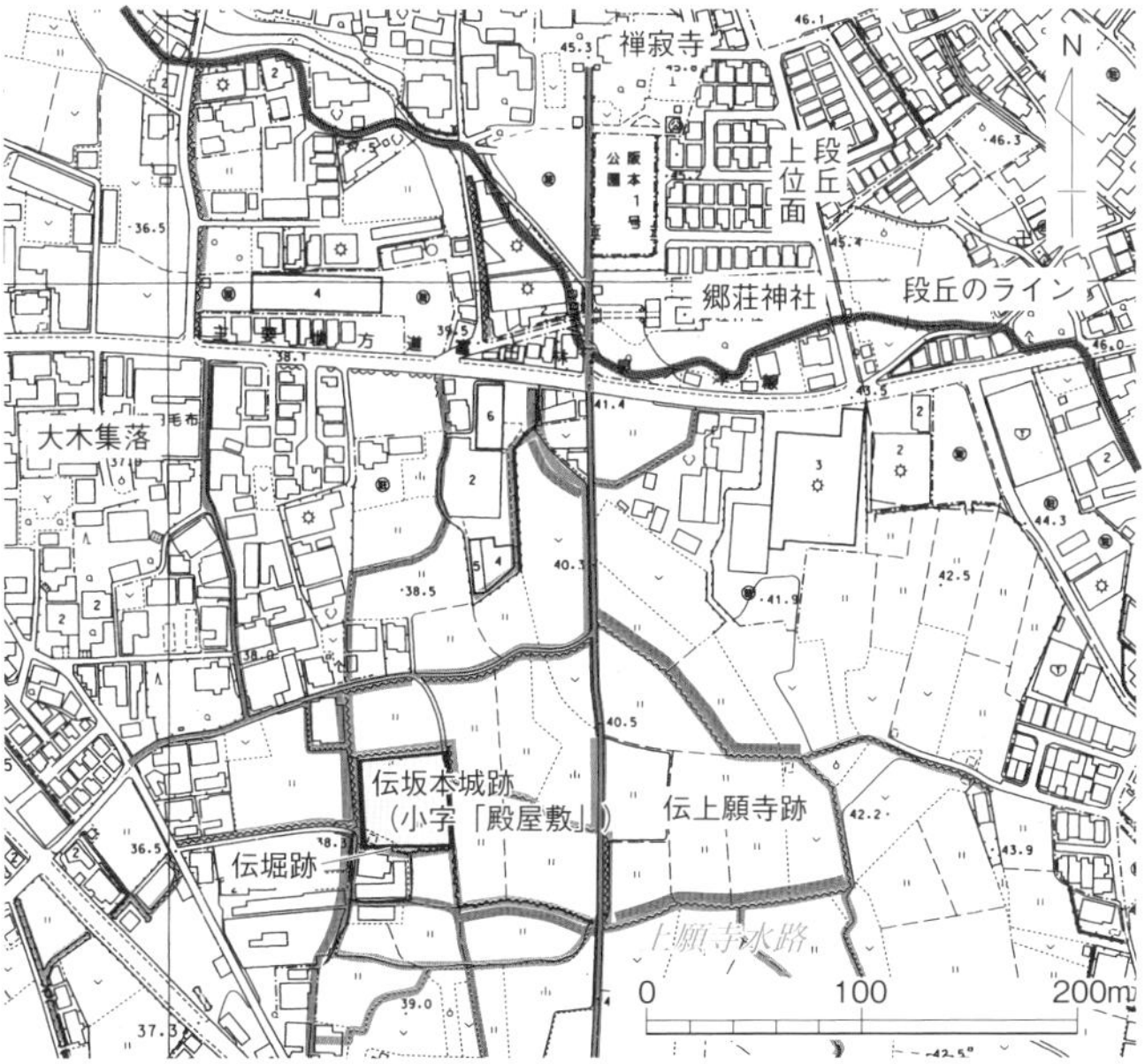

図7　伝坂本城跡周辺図

参照）。それによると、坂本近江守は「本知」坂本村に居城し、「池田・郷庄・陶器《すえ》・信太・大鳥」を知行する「泉州《せんしゅう》半国《はんごく》之《の》触頭《ふれがしら》」であり、その子石見守は「大坂川口」で討死にし、その庶子の子孫は以後各地の大名に仕官したと記述される。しかし、坂本氏が支配した土地の範囲や「泉州半国之触頭」であったことを裏付ける史料は確認されていない。

この地誌において、本章の冒頭にも見た綾井城は、織田信長と大坂本願寺の対立した時期に、「和泉半国之触頭」たる沼間《ぬま》任世《ただよ》が居城したと記述される。また、任世の子孫は信長の没後、岸和田城主の中村一氏《なかむらかずうじ》に仕え、その後は、徳川家康に仕官したとされる。綾井城跡には文禄二（一五九三）年に専称寺が建立されており（前述）、少なくともこれ以前に、沼間氏は在地を転出したとみられる。

坂本氏についても、戦国時代末期の経過を示す史料は確認されない。しかし現在の阪本町には「殿屋敷《とのやしき》」と呼ばれる、水路に囲まれた五〇メートル四方の土地があり、かつてここに坂本氏の居館があったと推測されている（『考古・古代・中世編』第3部第7章参照）。坂本氏もまた在地を転出したことは確かなようである。これは和泉国における兵農分離の過程を示唆する一つの傍証である。

第3章　中世後期の府中と地域社会

1　和泉両守護と在地武士

南北朝合一と和泉国

室町幕府三代将軍足利義満は、自らの官職を昇進させたり、奉公衆と呼ばれる直属武士の集団を強化したりして、幕府・将軍の権威と権力を高めることをめざした。その一方で有力な守護大名を討伐する政策を進めた。畿内に分国を持つ守護で、最初に討伐の対象となったのが山名《やまな》氏であった。

山名氏は、和泉国をはじめ一一ヶ国の守護職《しゅごしき》をもつ有力守護であった。しかし、一族内部で対立が生じ、そこに義満は介入した。明徳二・元中八（一三九一）年、義満に反発した山名方は京都へ攻めかかったが敗北し、和泉守護山名氏清《うじきよ》らが討たれた（明徳の乱）。その結果、和泉国の守護職は、大内義弘《おおうちよしひろ》に替わった。

その後義満は、南北朝を合一し、内乱の終結をめざす。明徳の乱の翌年である明徳三・元中九（一三九二）年、南朝の後亀山天皇が吉野から京都へ上り、合一は実現した。合一は和泉守護大内義弘が主導したものであるが、義弘が勢力を増してくると、義満は大内氏に圧力をかけた。応永六（一三九九）年、幕府軍は堺に籠もった大内方を大軍で攻め、義弘らを討ち取った（応永の乱）。

こうした巧妙な政策によって義満の専制権力は強化され、応永一〇（一四〇三）年には、和泉国を事実上の将軍「料国」とし、寵童の一人である奥御賀丸《おくおんがまる》を守護とした。しかし応永一五（一四〇八）年、義満が急逝すると奥御賀丸の守護職は解任された。その後、幕府は将軍と有力守護の合議によって運営されるように変化していく。

和泉両守護と府中

奥御賀丸の解任後、和泉国では、ほかの多くの国と異なり、上守護と下守護が置かれた。二人の守護は地域や権限を分割して支配するのではなく、それぞれが支配機構を整備し、家臣団を形成して国を統治した。

室町幕府が両守護体制を構えたのは、南北朝時代に南朝方が有力であった和泉国を制圧するため、守護方の複数の軍団を配置する必要があったためである。また山名氏や大内氏など幕府に反攻する勢力が堺（堺市）など和泉国内の拠点を足がかりとしたことから、一人の守護に権力が集中することを防ぐ必要があったためと考えられている。

応永二二（一四一五）年、和泉上守護の細川持有《ほそかわもちあり》は、幕府から「和泉国々衙職半分《いずみのくにこくがしきはんぶん》」を与えられた（細川家文書）。残りの「半分」は下守護に与えられたのであろう。和泉国「国衙職」とは、「国衙」に付属する様ざまな権益の集合体で、その中心は国衙領であっただろう。どこまで実態があったかはわからないが、中世後期に一国の支配に関わる権限を「国衙職」と呼ぶことは他の諸国ではほとんど例がなく、和泉国の特徴であった。

室町時代の一国支配の中心地は守護所《しゅごしょ》と呼ばれる。多くの守護所は、前代の府中の位置や機能を踏襲することで一国支配の正統性を引き継ごうとした。越前国（福井県）、駿河国（静岡県）、出雲国（島根県）、安芸国（広島県）などが知られている。しかし和泉国において、室町時代に、府中に守護所が置かれたかどうかははっきりしない。和泉国の守護所として明確に位置づけられたのは堺である（『明徳記』）。ただし、府中とその周辺に守護方の勢力が及ばなかったわけではない。

応永三四（一四二七）年、義満の側室北野殿《きたのどの》らの一行は、熊野詣にあたり、「和泉の守護代官」（上守護代宇高氏・下守護代斎藤氏）が「国府」で用意した禅宗寺院に宿泊している（法印大僧都実意『熊野詣日記』）。これは守護が府中に一定の支配権限をもっていたことを示している。

宝徳二（一四五〇）年、上守護の細川常有《つねあり》は、信太郷内の善法寺《ぜんぽうじ》を祈願寺とした。この時、建仁寺永源庵《けんにんじえいげんあん》（京都府京都市）に領地を施入し、善法寺をその拠点として位置づけた。同じ一五世紀後半には、信太郷内の中尾寺（中央寺）の住持職《じゅうじしき》を永源庵主に寄進した。永源庵は和泉上守護家の菩提寺であり、その寺領・末寺は、和泉国、讃岐国（香川県）、阿波国（徳島県）などの、細川氏が支配する分国に立地した。堺を本拠にする守護細川氏は、府中に近い信太の寺院を援助するなど、信仰面で府中との関係を強化することで、和泉国支配の維持をめざしたのであろう。

在地武士の活動

南北朝内乱期には、和泉国の在地武士たちの多くが南朝方として活動した。そのため、室町時代になっても、彼らが守護の支配を簡単に受け入れたわけではなかった。

諸国の守護は、当該分国の有力武士を守護代や被官として編成し、家臣団を形成した。国内の武士は、守護の軍事力を構成したり、守護の命令をうけて国内の治安維持にあたったりする。ところが細川氏は、和泉国内の有力武士ではなく、讃岐国や伊予国（愛媛県）など別の国に出自をもつ武士を主要な家臣として、和泉国を支配した。その背景には、府中に結集する和泉国内の有力武士と守護との間の距離感が作用していたのだろう。

室町時代、和泉国の在地武士たちは、守護である細川氏の支配体制に完全には入らない代わりに、相互に連帯して力を発揮しようとすることが多かった。

応永二（一三九五）年、国内の武士が連合して幕府に訴えることがあった。成田《なりた》氏（信太氏）は信太郷地《じ》頭職《とうしき》を有していたが、このころ、幕府によって屋敷や周辺農地に年貢を賦課されることがあり、成田氏は従来どおりの免除を求めた。この時、和泉国内の武士は一味して成田氏を支援したのである（田代文書）。

応永三（一三九六）年、淡輪庄《たんのわのしょう》（泉南郡岬町）の在地領主である淡輪長重《たんのわながしげ》が下司《げし》職《しき》（荘園を現地で支配することにともなう権益）に関わる文書を紛失した際に、「国地頭御家人」一一人は、紛失した文書の内容に偽りがないことを保障した。その一人の中には、府中を本拠として在庁の系譜をひく田所修理亮基家《たどころしゅりのすけもといえ》、惣官次郎左《そうかんじろうざ》衛門尉景俊《えもんのじょうかげとし》が含まれていた（写真24）。

また応永一〇（一四〇三）年には、淡輪長方《ながかた》が淡輪庄の下司・公文職《くもんしき》を当知行《とうちぎょう》（現実に支配）しているかどうか、幕府から「惣官《そうかん》・田所中《たどころちゅう》」へ調査の命令がくだった（淡輪文書）。こうした事例の背景として、国衙の惣官氏と田所氏が前代と同様に、文書を保管して、国内領主層の知行関係に精通していたことが想定されている（『泉大津市史 第一巻上』）。

田所氏・惣官氏は、武士たちのなかで特に大きな勢力であったわけではない。ただ、府中や国衙が武士たちの結集拠点であり、そこを直接に拠点とした両氏が中心的な役割を果たしたことは間違いない。

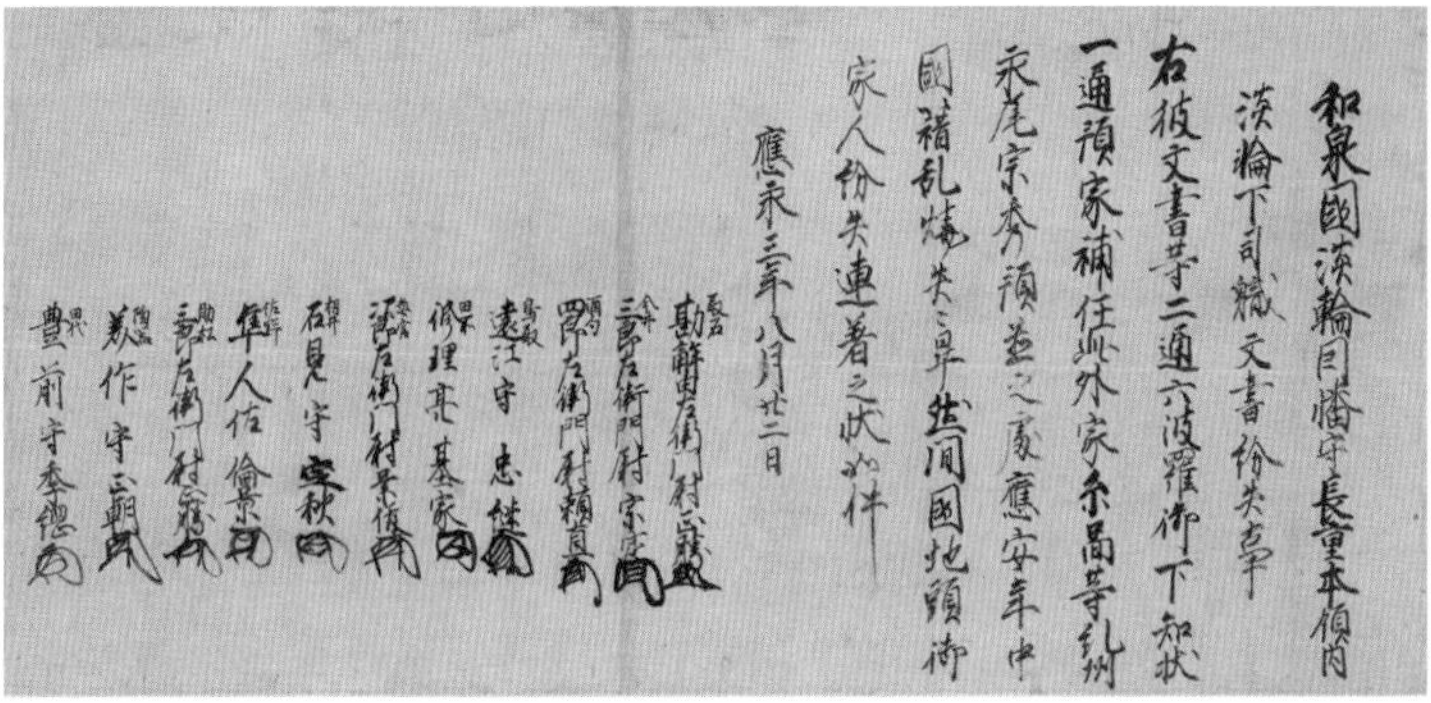

写真24　淡輪長助下司職文書紛失状（淡輪文書）　応永3（1396）年。京都大学総合博物館所蔵。

2　在庁衆と国一揆

和泉国の在庁武士の多くは、南北朝時代まで国衙と密接な関わりを持っていた（第1章参照）。室町時代には、和泉国に守護の影響が及ぶようになるが、守護細川氏と在庁武士はどのような関係を結んでいたのであろうか。すでに『松尾編』でも詳述されているが、ここで惣講師職をめぐる相論（紛争）の事例をみてみよう。

惣講師職《そうこうししき》相論と在庁

惣講師職とは、古代の国講師（朝廷から各国に派遣されて、国内の僧を指導し、国分寺を経営する僧）に由来し、国内の仏事・供養を統括する権利であったと考えられている。

応永三三（一四二六）年、和泉国惣講師職をめぐり、松尾谷の松尾寺と泉穴師神社の神宮寺である穴師堂《あなしどう》（薬師寺とも）との間で相論が発生した。守護方は相論を裁くため、在庁の武士たちと、近隣の有力寺院であった槙尾寺（施福寺）や高蔵寺《たかくらじ》（堺市）などに事実を確かめようとした（薬師寺文書）。

同年三月二三日、在庁田所公景《たどころきみかげ》と在庁惣官秀景《そうかんひでかげ》は、守護方の御奉行所に連署起請文を提出して、「往古事《おうこのこと》」は知らないが、近来は穴師堂が惣講師職を知行していると主張した。三月晦日、在庁中原貞住《なかはらさだすみ》は御奉行所に起請文を提出して、穴師堂が惣講師職を当知行していることは間違いなく、松尾寺が勤仕《ごんし》しているとは承知していないと主張した。さらに「山門末寺神於寺三綱等《さんもんまつじこうのじさんごうら》」の一人とみられる澄意《ちょうい》も「惣官殿・田所殿御両所」に注進状《ちゅうしんじょう》を提出して、松尾寺が惣講師職を勤仕している事実は承知しないと主張した。

これらの証言をうけて、守護方は穴師堂勝訴の判決を下した。四月九日の「守護目代」遊佐基祐《ゆざもとすけ》の遵行《じゅんぎょう》状《じょう》（守護の命令を受けてそれを現地の役人に伝える文書）によると、「当国四ヶ寺并在庁等《とうごくよんかじならびにざいちょうら》」に事情聴取したことがわかる。四月一〇日の守護代「沙弥常照《しゃみじょうしょう》」（下守護細川阿波守基之《もとゆき》の奉行斎藤周防守《すおうのかみ》）の遵行状によると、「四ヶ寺」は注進状を提出し、在庁は「神載《しんさい》」（起請文）を提出したとある。「四ヶ寺」とは、槙尾寺・神於寺（岸和田市）・高蔵寺・「大鳥郡五師真海《ごししんかい》」の寺院（寺名は不明）である。

ここで神於寺の注進状が在庁に提出されたことから推測すると、事情を注進（報告）するようにという四ヶ寺への指示は、守護方が下したものではなく、在庁が依頼したものであろう。また、四ヶ寺からの注進を受けた在庁から守護方への事情説明が注進状ではなく、起請文の形式をとったのは、守護方と在庁との関係が行政機構の上下関係であったからだとも推測される。

このように一五世紀前半には、和泉国府中の「在庁」組織は機能しており、守護による国内統治において独自の役割を果たしていたのである。府中は、室町時代においても、旧来の国衙在庁や惣社に連なる勢力の拠点でありつづけた。またより広範な在地勢力の結集核となった。

国一揆《くにいっき》と「惣国《そうごく》」

一五世紀中ごろになると、京都や畿内近国の政情が再び混乱し始める。嘉吉元（一四四一）年には将軍足利義教が暗殺され、首謀者である播磨国（兵庫県）赤松氏を幕府軍が攻めた。幕府軍のなかには和泉両守護の軍勢も含まれていた。隣国の河内国では、守護畠山家の相続争いが発生し、長く抗争を続けることになる。

畠山家内部の対立はやがて将軍の後継をめぐる対立となり、守護の多くが二派に分かれて争った。文正二（応仁元、一四六七）年、京都で両派の大規模な戦闘が始まった（応仁・文明の乱）。和泉両守護は、細川方の東軍として上洛し、和泉国の武士では淡輪氏や日根野《ひねの》氏などが従軍した。和泉国でも戦乱が激しくなり、特に堺をめぐる攻防がくり広げられた。やがて後南朝勢力が復興し、西軍と連携して和泉国内へ侵入した。和泉守護だけでは撃退できず、援軍の助けを借りる事態になり、守護の権力低下は明らかであった。

文明五（一四七三）年、和泉国内の在地勢力が国一揆に結集した。「国一揆」とは、国内の多くの在地領主が連帯し、一国レベルの問題・危機に対処し、政治力・軍事力によって地域の統制をはかる組織である。時には、守護に代わって一揆がその国の統治者・代表者になることもある。江戸時代の百姓一揆《ひゃくしょういっき》とはまったく異なるものである。和泉国の国一揆は、応仁・文明の乱によって守護細川氏が弱体化し、紀伊や河内など他国の勢力が国内に侵攻するに及んで、在地勢力が自らの権益を守るために結成したものであった。

国一揆は、国内の荘園に兵粮米《ひょうろうまい》を賦課し、府中の西泉寺《さいせんじ》に納めるように指示している（葛川明王院文書）。この事実から、この一揆の中枢に国衙・府中周辺の勢力がいたことが推定される。後述するように、近世の府中村絵図では、西泉寺のすぐ北側に「会所《かいしょ》」と「郷蔵《ごうぐら》」が描かれており、この一画が府中のなかでも公的な中心地であったことが知られる。

文明九年（一四七七）、応仁・文明の乱は事実上決着したが、和泉国では、再度、国一揆が結成され、国一揆は荘園・国衙領へ兵粮米を賦課した。兵粮米の賦課は本来、守護の権限である。国一揆に結集した国内の武士たちは、守護不在のなかで国レベルの秩序維持を目指し、兵粮米を確保しようとしたのだろう。ここに和泉国の在地武士（国人《こくじん》）が結集した「惣国」が成立した。国一揆は、可能な限り独自に国の運営をはかり、軍事・警察や裁判、財政運営などを掌握し、文明一六年ころまでは自立した体制として存立した。

先に見たように、和泉国では、守護細川氏の現地代官である守護代などに国内の武士が登用されることが少なく、在地武士たちと守護・守護所とのつながりは深くなかった。守護所の堺とは別に府中が一国の拠点として維持され、多くの在地武士たちが府中と関わり続けたことも、国一揆が結成される条件となった。

文明一三（一四八一）年、国方《くにがた》（守護方）は「国衙」に「兵粮料」を賦課した。これに対して「百姓等《ひゃくしょうら》」は支払いを拒否している。ここでいう「国衙」とは「国衙領」のことであろう。「百姓等」の行動の背後に国一揆側の意思があった可能性は高い。禁裏御料《きんりごりょう》（朝廷が支配する土地）となった国衙領は府中の近郊に多く分布していた（「和泉国衙分目録」、『親元日記別録』）。そうした所領の現地支配は、在庁をはじめとする在地・地域レベルの諸勢力が請け負っていたのであろう。

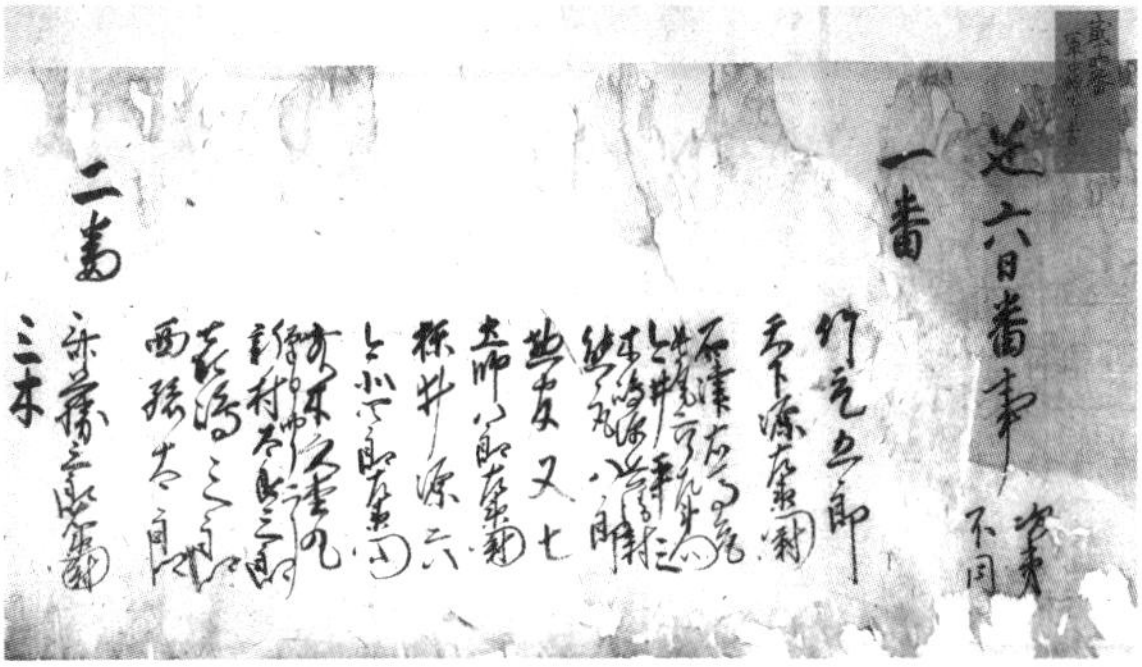
写真25　六日番交名（板原家文書）　冒頭の部分。

文明一六年（一四八四）、守護方の介入が強化され、翌年には、一揆の有力構成員であった春木氏などが守護方に討たれて国一揆は崩壊した。

他国勢力の侵入と「六日番交名《むいかばんきょうみょう》」

文明一八（一四八六）年、紀伊国根来寺の軍勢が和泉国に侵攻した。根来寺は両守護方を破り、和泉国南部を支配下におさめていく。細川家当主の政元《まさもと》は、明応の政変を経て幕府の実権を掌握したが、やがて細川氏権力は分裂し、細川京兆家《けいちょうけ》（本家、幕府管領をつとめる家）では澄元《すみもと》と高国《たかくに》が後継者争いをするようになった。和泉下守護の細川弥九郎《やくろう》は高国派、上守護細川元常《もとつね》は澄元派に属した。

この時期にも、和泉下守護は「五社」（府中の惣社を指すか）への代官参詣として多《た》賀《が》氏を派遣した。細川氏の奉行人である庄《しょう》氏が、泉大津で多賀蔵人《くろうど》に代参を指示したことを示す史料がある（板原家文書）。一方、上守護元常は、在地支配を守護代松浦《まつら》守《まもる》に任せていた。田代・綾井・取石・玉井の諸氏が地元の被官衆であった。

和泉両守護は、一国の支配を再建するため、在地武士たちとのつながりを強める

写真26　現在の熊野街道と泉井上神社鳥居

方策をとる。そうした方策のひとつが「六日番交名」である（板原家文書）。これは、下守護細川基経《もとつね》（一五〇〇年に守護就任）被官の勤番名簿とみられ、合計八二人の武士の名前が見える。このうち府中周辺では、惣官・信太・成田・草部《くさべ》・綾井・曽根《そね》・長井《ながい》・富秋・磯上・寺田・吉井の諸氏の名前がある。普段は京都近辺で活動していた両守護であるが、国衙・府中に結集している在地勢力・国人を味方につなぎとめておくために、様ざまな工夫をしていたのである。

3　地域社会のなかの府中

府中村絵図にみえる街道・水路・寺社

府中の様子を描いた中世の絵図は存在しない。そこで、一八世紀中ごろの府中村絵図（辻村家蔵、第４部第３章掲載）の内容を確認し、中世にさかのぼりうる景観を探りたい。

絵図では四隅に方位が記されており、絵図の左上が「北」となる。府中の中央を北東から南西に貫通する街道は小栗街道《おぐりかいどう》である。中世では熊野街道と呼ばれていた。その西側では大津街道と、東側では槇尾街道と直交する。それぞれ、府中の北西にある大津と、南東にある槇尾寺を結ぶ重要な街道である。槇尾街道から分岐して南へ向かう牛滝街道《うしたきかいどう》は、牛滝山大威徳寺《だいいとくじ》（岸和田市）への道である。

次に水路であるが、もっとも重要なのは、府中集落の北西にある「井上《いのうえ》」である。大津街道の南にある

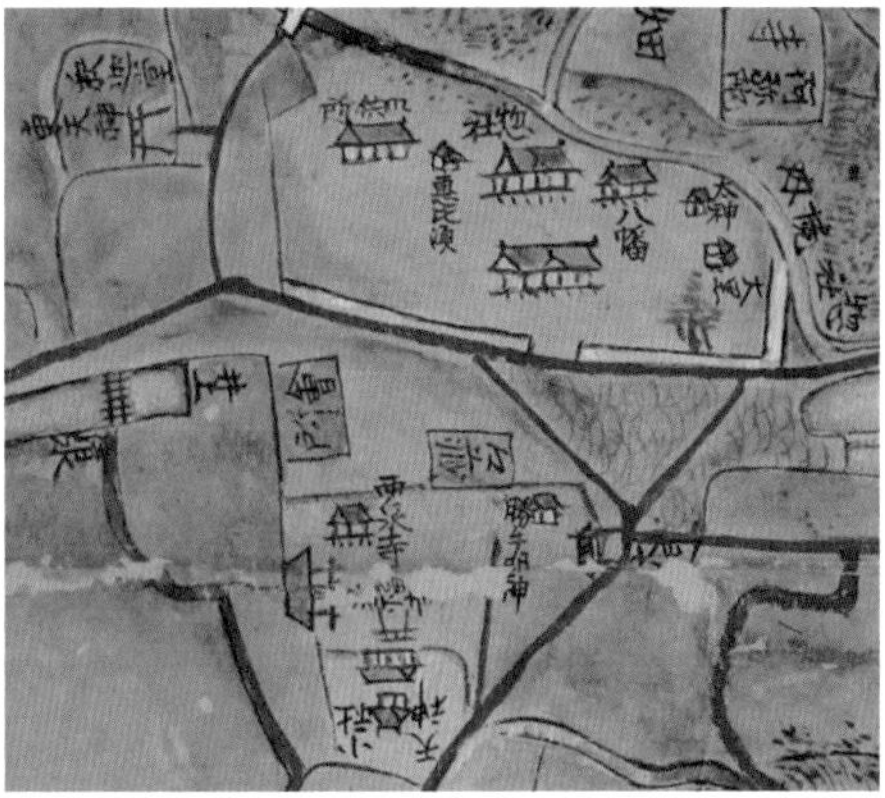

写真27　**物社境内の周辺**　府中村絵図（辻村家蔵）の部分拡大。

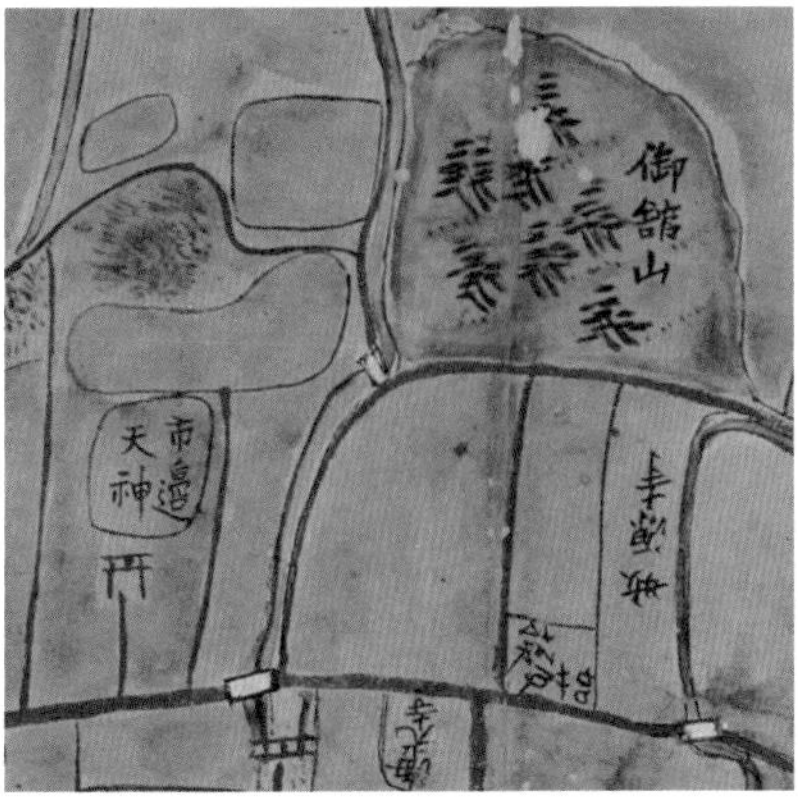

写真28　**市辺天神と御館山**　府中村絵図（辻村家蔵）の部分拡大。

この「井上」は、和泉国という国名の由来と伝承される湧水点であり、「清水」という表記もそばにある。ここからひと際大きな水路が、大津街道の南側に沿って流れ出る放生川《ほうじょうがわ》である。牛滝街道に沿って北上して、「妙源寺《みょうげんじ》」から府中村の中心部に至る用水は、槙尾川から引水する桑畑井《くわばたい》である。

府中の東の一条院村方面から槙尾街道に沿って府中に流れ込むのが、国府《こう》河頭井《こうずい》である。小栗街道と交差し、惣社の手前で右折する。この用水路が、府中集落の真中を貫通していることからその重要性がうかがわれる。なお、上流で国府河頭井より分岐した別の用水が、槙尾街道より府中に入り、小栗街道と交差して、府中の北へ流れる。

次に寺社であるが、まず惣社は大津街道の北東側に位置する。街道に沿って白い土塀が描かれる。境内には「惣社」とそれに付属するとみられる「御供所」と拝殿のほかに、「八幡」「太神」「大黒」「恵比須」の社殿がある。国府河頭井を挟んで東側の「林芝藪」も「惣社境内」と記される。

惣社から大津街道を挟んで西側には「小社天神《うぐすてんじん》」がある。隣接して「泉福寺《せんぷくじ》」「西泉寺」「勝手明神」などが建ち並ぶ。これらの信仰の空間とは別に、北側には、「会所」と「郷蔵」が建っており、府中の中心的な公共空間であったことがわかる。

「惣社」から大津街道を進んだ南側に「熊野権現」の社殿がある。熊野参詣に関わるものであろう。ここまでが府中の中心部に位置する神社であるが、いまひとつ中心部近くには、「市辺天神《いちのべてんじん》」が、小栗街道と槙尾街道の交差点の東側に位置する。参道は小栗街道につながっていた。このあたりには、「市」「市辺」といった小字が残されており、おそらく府中で開かれた市（市庭）の神であったのだろう。延応二（一二四〇）年、人身売買禁止の制札（第1章）が立てられたのはここであったかもしれない。

「惣社」の北西にある「東天神」は「釈迦堂」をともなう。府中の集落全体から見ると北西方向にあたる。集落の北東方向で小栗街道の西側にも「天神」があり、ここは「宇多堂」をともなう。南方に位置する「白鳥明神」は「南泉寺《なんせんじ》」と併存する。これらの神社は、府中の四至《しいし》（四方の境界）を守るかのように配置されている。「惣社」の北には「東泉寺《とうせんじ》」がある。「惣社」の東には「阿弥陀寺《あみだじ》」があり、その東には「宝国寺《ほうこくじ》」が立地する。「熊野権現」の東で、小栗街道に面して建つのが「海光寺《かいこうじ》」である。同寺からさらに小栗街道を進むと東側に「妙源寺」がある。集落の南西端に近いあたりには「大泉寺《だいせんじ》」がある。絵図の南端あたりには「泉《いずみ》寺《でら》」（和泉寺）があり、山か塚の上にその堂舎が描かれている。

府中集落の東南の隅にある「御館山《みたちやま》」は、槙尾街道と国府河頭井の南東側に位置し、かなりの面積で表現されており、木がうっそうと生い茂っているようである。現在の御館山公園からその南側の住宅地のあたりであろう。同公園のあたりは小栗街道より標高が高くなっており、府中集落のなかで一番高い場所となる。この「御館山」が国衙、あるいは後述する「府中城」の候補地の一つとなる。

府中村絵図の表記と中世府中の景観

この絵図は、もちろん江戸時代の府中村を描いたものではあるが、そこに中世の景観がどの程度残っているのか、推測してみたい。府中は、一六世紀末以降、城下町などのように、政治権力の重要拠点となることはなかったため、集落（都市）全体の大規模な改造は基本的に受けていないと思われる。

まず惣社とその境内については、建物の数や配置に異同はあろうが、立地する位置などに変動はなかったであろう。泉井上神社の社殿は、近世初期に豊臣秀頼によって現在地に移されたという伝承もあるが、「清水」の位置はそれほど移動するわけもないだろう。境内北側に位置した「会所」「郷蔵」などは、近世には府中村の中心であったようだが、この場のそうした性格は中世までさかのぼると考えてよい。

小栗街道は中世の熊野街道であり、大津街道と槙尾街道は、泉大津と槙尾山・河内国方面を結ぶ主要道であるから、多少道筋は変化したとしても、おそらく大きくは付け替えられていないと思われる。

寺院のうち、泉寺（和泉寺）、東泉寺、泉福寺、西泉寺、阿弥陀寺、大泉寺、海光寺の創建は中世にまでさかのぼるとも推測されるが（第3部第1章6・第3章5）、所在地の変動は不明である。妙源寺については、享禄二（一五二九）年ころの創建と想定されている。

以上のように、不確定な要素は多いが、本図に描かれた府中の景観のかなりの部分は中世の状況を反映している。また、本図に描かれた道筋や水路（一部は暗渠化）の多くは現在も、現地で確認できることから、府中の集落は中世の景観をある程度伝えていると評価できるだろう。

府中城と府中周辺の城郭

中世の府中には「府中城」（国府城）という「城郭」があったと推定されている。前章でも紹介した近世の地誌『旧跡《きゅうせき》幷《ならびに》地《じ》侍伝《ざむらいでん》』には「昔は和泉の侍は銘々屋敷を構え、乱世の時妻子入れ置く。府中惣構《そうがま》え堀《ほり》・土《ど》居《い》・角《すみ》矢《や》倉《ぐら》あり」との記述がある。すなわち、和泉国内の多くの武士が府中惣構《そうがまえ》の内部に屋敷を構え、緊急時には妻子を入れ置いたことになるが、これは近世城下町のイメージを中世にさかのぼらせたものであろう。他国の守護所や戦国時代城下町の事例を勘案すると事実とは考えにくい。

また惣構は堀と土居（土塁）からなり、惣構の角には矢倉があったという。「府中に曲輪堀《くるわぼり》あり。南掻《か》き上げ矢倉《やぐら》あり　兵具を帯す」との記述もある。先の記述ともあわせ考えれば、府中全域の周囲を囲うような惣構があったようにも読める。しかし、惣構の存在は、絵図・地図類で確認できず、文献史料もこれだけである。地形的には、高台である北東側からの攻撃を防ぐ「構」は築かれていたかもしれないが、府中全域を囲うような巨大な土塁・堀は想定しにくい。

「府中城」の推定地として、ＪＲ和泉府中駅の南東に位置する、大泉寺の北の住宅地が想定されてきた。真北をコーナーとして、一辺七五～一二五メートルに及ぶ方形の地割で、条里の地割とも、和泉寺の地割とも異なる方位性を示している。府中村絵図では、惣社の南、大泉寺の北の長方形の区画にあたる。

もうひとつの推定地は、先述した「御館山」である。付近では、一四～一五世紀の堀跡が発掘されている。堀幅は二メートル以上あり、底は台形に整形された空堀《からぼり》であった。「角矢倉《すみやぐら》」という小字名も確認される。府中のなかに複数の方形館《ほうけいやかた》があることは不思議ではない。そのうちの一つの痕跡が江戸時代にも残り、『旧跡幷地侍伝』に記録されたのかもしれない。

ところで、府中の近辺には、信太城と阿伽太城《あかだじょう》があった。阿伽太城は、現在の観音寺町集落の南西の山の上にあったと考えられている。浄土宗寺院観音寺（観音寺町）の山号「赤田山」は「阿伽太」に通じる。また小字地名として「城山」もある。信太城と阿伽太城は、ともに府中を守るための城郭であった。永正元（一五〇四）年、和泉両守護が河内国畠山氏と根来寺衆の来襲にそなえて、国中から人夫などを徴発して構築したものである（『政基公旅引付』）。しかし、根来衆の勢いは強く、この時の合戦では落城し、大津（泉大津市）の守護所も焼き討ちにあった。なお、いずれの城においても、遺構は確認されていない。

4　戦国時代の府中と在地武士

和泉両守護と堺・根来寺の動向

一五世紀末ごろ、上守護細川元有《もとあり》は、和泉国への「牢人」乱入の噂を受け、大鳥郷（堺市）の地頭田代氏に起請文の提出を求めた（田代文書）。敵方に味方せず、和泉守護方として忠節を遂げることを命じたのである。永正元（一五〇四）年には、根来寺の軍勢が大津にあった守護所を焼き討ちにした（先述）。

このころになると、摂津・和泉国境に位置する堺は、国際貿易都市として発展を遂げ、周辺地域への影響力を強めた。大永五（一五二五）年、池田庄《いけだのしょう》では「堺升」が徴税の基準升となっていた（板原家文書）。堺升は、近辺の和田庄《みきたのしょう》（堺市）や珍南庄《ちぬみなみのしょう》でも使用されており、泉北地域一帯の標準升となっていた。

都市民の自治的姿勢が強まったため、両守護方は堺には十分に進出できず、大津・府中地域も相変わらず重要な基盤であったらしい。文亀元（一五〇一）年、府中「五社宮祭礼」において「見物衆」の喧嘩が発生し、「守護衆・警固之群勢」も「狼藉」に加わったため、多数の男女が死亡する事件が起こった（『政基公旅引付』）。守護方の武士が「五社」の祭礼の治安維持にあたっていたことがわかる。先述のとおり、和泉守護は、「五社」への代官参詣として多賀氏を派遣した。

松浦氏の台頭と地域の武士たち

享禄四（一五三一）年、細川高国が澄元派と戦って敗死すると、細川晴元《はるもと》（澄元の子）が細川家の当主となった。和泉国では下守護家が没落し、細川元常が単独で守護をつとめた。守護代は松浦守《まつらまもる》であった。

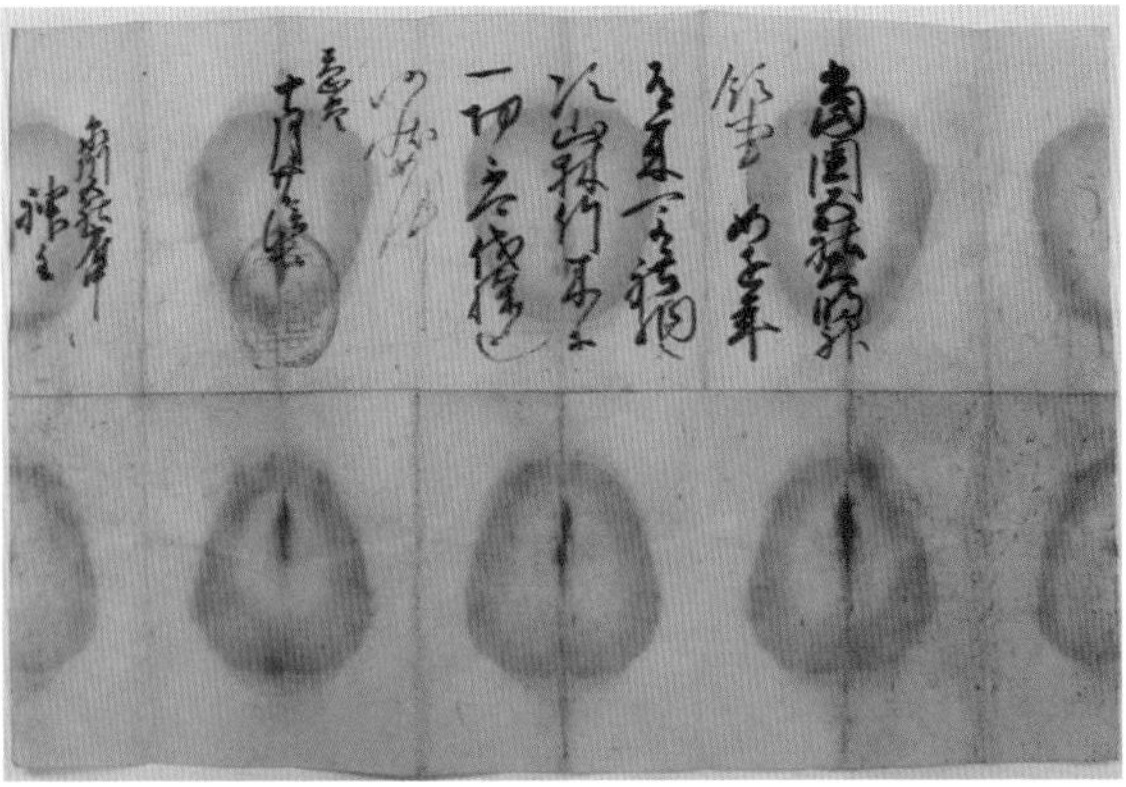

写真29　織田信長朱印状（泉井上神社文書）　天正3（1575）年。

天文一一（一五四二）年、玉井氏ら和泉国の武士が、細川高国の後継者である細川氏綱《うじつな》と結んで挙兵した。玉井氏は、河内守護畠山稙長《たねなが》と連携し、横山や槙尾山（施福寺）を拠点としたが、やがて敗退した。天文一八（一五四九）年、氏綱を擁した三好長慶《みよしながよし》が晴元を畿内から追放すると、三好氏が畿内の大半を支配する時代を迎える。和泉国では、三好氏一族の十河一存《そごうかずまさ》が堺と岸和田を支配し、安宅冬康《あたぎふゆやす》が大阪湾岸地域を支配した。これに呼応して、国内最大勢力となったのが岸和田城を本拠とする松浦氏であった。

松浦氏は三好氏に従属したが、在京することはなかった。松浦氏は三好氏の支援を受けつつも、独自に文書を発給しており、自立した支配権を行使していた。松浦氏は守護に代わって、府中に政治的な支配を伸ばしてきた。一五六〇年前後、惣社の放生会《ほうじょうえ》での田楽中《でんがくちゅう》への「禄物」給与について、「国衙給人衆《こくがきゅうにんしゅう》」と「在庁《ざいちょう》衆《しゅう》」が争った際には、松浦氏がこれを裁き、在庁衆勝訴の判決を与えている（伊藤磯十郎氏所蔵文書）。

三好長慶の死後、三好氏の勢威も衰えた。永禄一一（一五六八）年には、織田信長が上洛した。河内・和泉方面では、三好氏の勢力が一定度維持されたが、元亀四（一五七三）年、将軍足利義昭《よしあき》が信長によって追放されると室町幕府が滅び、三好方も一掃された。この間、松浦氏は従う大名を変えつつ和泉国を支配した。

天正三（一五七五）年、織田信長が五社大明神領を安堵し、年貢などを徴収することを「五社府中神主」に保障した（写真29）。この文書の副状として、堺の豪商である今井宗久《いまいそうきゅう》から「府中在庁田所」への書状が発給されており、引き続き在庁田所氏が「五社」の管理を行っていたことがわかる（泉井上神社文書）。

ただし、戦国時代も末期に近づくにつれ、在庁も含め、在地武士たちの動向は史料からたどれなくなっていく。守護細川氏から根来寺、あるいは三好氏へと支配権力が変動するなかで滅亡するものもあっただろう。一方で、松浦氏に従属したものの、一定の自立性をもって活動し、信長の配下となった武士もいる。

『旧跡幷地侍伝』には、「三拾六人侍筋《さんじゅうろくにんさむらいすじ》」と呼ばれる在地の武士集団とその活動の一端が記される。「三十六」という人数をあげて、中世後期に地域で活躍する武士がいた、とするのはある種の通例であり、実際に、室町・戦国時代に三六人（家）の武士が和泉国に存在していたわけではないだろう。しかし、真実を反映した部分もありそうである。たとえば、沼越後守《ぬまえちごのかみ》、真鍋主馬《まなべしゅめ》、沼伊賀守《ぬまいがのかみ》、菱木五助《ひしきごすけ》、坂本近江守《さかもとおうみのかみ》は、天正四（一五七六）年の第一次木津川口合戦に織田方として参加して敗戦し、多くが戦死したと記述される。織田信長の一代記である『信長公記《しんちょうこうき》』には、この合戦に出陣して戦死した人物として「まなべ七五三兵衛」「沼野伊賀」らを記録するが、これは『旧跡幷地侍伝』の記述と一致するといえよう。

『旧跡幷地侍伝』には、和泉国の多くの在地武士が、一六世紀末期においても大名に仕えるなどして活動したことが記される。そのなかには、吾孫子《あびこ》村（泉大津市我孫子）の惣官美濃守《そうかんみののかみ》と府中の田所大和守《たどころやまとのかみ》が挙げられており、二人とも神職と武職を兼ねるとされている。引き続き惣社の神主を務めたのであろう。

和泉国において、国衙に在庁などとして仕え、中世後期には守護細川氏に従ったり、国一揆を結んだりした在地武士たちの多くは生き残り、江戸時代になってその一部は大名家に仕官した。武士となる道を選択せず、在地に戻った者たちも多かったようである。

中世府中と地域社会の展開

府中は、熊野街道（小栗街道）と、大津・槙尾を結ぶ街道の交点に位置し、古代の国衙を起源とする中世都市であった。国衙に勤めていた有力者の一部は、中世には在地武士となり、引き続き府中に結集した。府中の内外に居住する「在庁」だけでなく、和泉国内の広範な武士たちにとって、府中は拠点であった。

南北朝内乱に際し、彼らの多くは南朝方として活動したが、内乱終結後には守護勢力が和泉国に介入してくる。しかし、守護細川氏は最初から二人体制であったため権力を伸長できず、また守護所を堺に置いたため府中に直接関わることは少なかった。その後、三好氏、松浦氏などが支配を及ぼしたが、府中のあり方や、府中と在地武士との関係を大きく変化させることはなかった。

府中には、一国祭祀の中心である惣社が置かれ、また多くの寺院があって信仰の面でも和泉国の中心の地位を維持した。室町・戦国時代になっても、府中は「在庁」が支配し、国中の在地武士の一定の結集もみられた。こうした府中のあり方は、他国の拠点のあり方とは大きく異なり、特徴的なものであった。しかし、織豊政権の統治がはじまると中世府中のあり方は変化していく。国衙としての一国政治の中心地としての性格は失われ、また「在庁」という有力者の政治的な影響力も減退していったものと思われる。

5　中世後期の寺社と信仰

守護の信仰と在地寺院

守護は一般に京都と任国に菩提寺や祈願寺を置いた。和泉守護にとって、国の中で重要な機能をもつ府中は掌握すべき地であったことから、これらの寺院は府中に近接する場所に設置された。

宝徳二（一四五〇）年に信太郷内の善法寺を祈願寺とした細川常有から二代後の上守護細川元有《もとあり》は、明応九（一五〇〇）年、畠山氏と根来寺に敗れて神於寺で没した。元有の法名は「善法寺殿刑部雪渓源猷公大禅定門」であり、その遺骨は永源庵と善法寺に分骨された（『永源師檀紀年録《えいげんしだんきねんろく》』）。文明年間には和泉国で国一揆が成立し、守護権力の後退がみられた。国一揆の崩壊後、上守護と下守護は権力の再建をめざした。上守護家が善法寺に菩提寺の機能を分有させた背景には、こうした劣勢を挽回する意図もあったのであろう。

一方、府中の北側にある信太郷の中尾寺（中央寺）の住持職も、先述の通り、一五世紀後半には永源庵へ寄進された。宝徳二（一四五〇）年には、上守護細川常有の守護代信太忠俊によって同寺の裏側にあった聖神社の社領の山が一代切りで永源庵に寄進された。中尾寺を現地の拠点としながら、永源庵の経済基盤の強化が進められたのである。

善法寺や中尾寺の所在地は、府中に隣接するが府中の内ではない。守護にとって、国衙の所在地である府中を掌握することは重要な政治課題であったが、それは容易に実現できることではなく、菩提寺や祈願寺の設置によって府中への影響を強めようとしたのであった。

写真30　細川元有供養塔　肥子町善法寺。

東寺修理への奉加《ほうが》

文安元（一四四四）年、和泉国内の諸寺に、東寺（京都府京都市）を修理するための奉加（寄進）が求められた（東寺百合文書）。和泉郡からは黒鳥村安明寺を含む八ヶ寺が応じた。奉加の額は一人当たり一〇〇文で、安明寺では四人で四〇〇文であった。応じた寺院には「西大寺」や「律僧」と注記される、真言律宗とみられる寺院もあった。その他もおおむね真言宗の寺院とみられるが、当時の寺院は、複数の宗旨にまたがる場合も少なくなかった。そうした背景があるため、この奉加には末寺を編成しようとする東寺の意図もあったとみられる。

なお安明寺は古くは天台寺院だったと考えられるが（第2章参照）、この奉加へ参加したことから真言宗の要素を持っていたことがわかる。安明寺は国分寺の法会に関わっていたが、他国では真言律宗の西大寺が国分寺に影響を及ぼしていたので、安明寺も国分寺を介して真言宗寺院の性格を強めた可能性があろう。安明寺は、一六世紀にいったん廃絶したが、近世には真言宗の寺院として再興されている（元禄九年「泉州泉郡黒鳥村明細帳」）。この時は東寺ではなく、高野山正覚院の末寺となっている。

信仰と村・都市の結合

建治年間（一二七五～七八）に万町西の阿弥陀原《あみだがはら》に大念仏本尊《だいねんぶつほんぞん》（阿弥陀如来画像）が降臨した。この本尊は池田下村の池田寺（現在の明王院）が所持することとなったが、至徳三（一三八六）年から周辺の四六ヶ村を廻るようになった。これは廻仏と呼ばれる、祖先供養や虫払いを願う村落の招きに応じた一種の出開帳である。四六ヶ村の多くは用水や山の用益で利害を一にする、荘園や郷の規模でグループを作り、廻仏を受け入れる費用を共同で負担した。廻仏はこれらのグループを超えて実施された（『考古・古代・中世編』参照）。

一方、四六ヶ村のなかには他村とグループを作らず、単独の村や寺院で廻仏を受け入れたところもあり、そのひとつに府中村の地蔵堂海光寺があった。この海光寺は廻仏が初めて行われた時に、二人いた発起人の一人（海光寺了然《りょうねん》）であり、もう一人は池田寺上人快尊《かいそん》の生家である仏並村池辺家であった。廻仏が実施された四六ヶ村は和泉郡全体と大鳥郡・南郡の一部という広域に及んだ。これだけの範囲で村落が結合するのは、日常生活レベルの利害関係ではなく、信仰によるものと思われるが、その広がりに海光寺が関与していたことは、府中の影響力を考えるうえで興味深い。

廻仏を受け入れるためには、かなりの費用が必要であった。府中は農村部と比べて、多くの参拝者とそれに伴う経済収入を期待できたと考えられる。海光寺は府中という都市的な場に立地するからこそ、経済基盤を確立でき、単独での廻仏受け入れも可能であったといえよう。

なお江戸時代の文献には、府中の薬師堂（泉福寺）でも廻仏を受け入れたとする伝承が記録されている（元禄一一年「泉州泉郡・南郡御領分寺社改帳」）。その詳細は不明ながら、府中にある複数の寺院が開帳を行ったとすれば、廻仏を求める多くの人びとが存在したと推測できるだろう。

信仰に関する文化では共同墓地（惣墓《そうばか》）の存在も注目される。府中近辺では、九ヶ村の墓郷《はかごう》による下条大《げじょうおお》津村《つむら》の墓所（泉大津市上品寺墓地）があり、和泉市域からは肥子《ひこ》村・伯太《はかた》村・池上村《いけがみむら》が加わっていた（泉州泉郡・南郡御領分寺社改帳）。この墓郷は一六世紀には存在したと考えられる。その一方で、府中村と黒鳥村は、単独で墓所を持っていたようであり、信仰面で自立性の強い村であったことがわかる（寛政二年「和泉国泉郡府中村明細帳、泉州泉郡黒鳥村明細帳」）。このように信仰による結合は多様なあり方をみせたのであった。

仏教諸宗派の動向

天台宗と真言宗は古代以来の南都六宗を後追いする形で「公認」されたが、中世では主流派を占めた。このうち天台宗からは浄土宗、浄土真宗、法華宗（日蓮宗）が誕生し、これらは一六世紀に爆発的な拡大をみせた。府中とその周辺でその動きが顕著だったのは浄土宗と法華宗である。

府中の浄土宗寺院としては一七世紀末に南泉寺、薬師堂泉福寺、太子堂西泉寺、大泉寺、宝国寺、阿弥陀寺、海光寺があった（泉州泉郡・南郡御領分寺社改帳）。府中全体の寺院数は九ヶ寺だったため、浄土宗寺院が多数を占めたことになる。ただしこれは近世の状況であり、中世後期から近世にかけて宗旨が確定した

写真31　燈誉良然像　岸和田市春木本町西福寺所蔵。

り、変わったりする事例も少なくないので、中世での浄土宗の寺院数は違っていた可能性が高い。

一六世紀の和泉国における浄土宗の動向で無視できないのは僧燈誉《とうよ》（一四七二〜一五五九）の存在である。燈誉の活動は現在の岸和田市・泉佐野市域に顕著であり、寺院の開創や中興に功績があった。ただし府中近辺で、その足跡は確認されていない。そのため府中周辺での浄土宗寺院の増加は中世末以降であるかもしれないが、その場合でも燈誉の活動がこれを準備したものと考えられる。

法華宗寺院については、皆法華《かいほっけ》の村として知られた和気に妙泉寺《みょうせんじ》、井ノ口に妙福寺《みょうふくじ》が存在した。また一七世紀初めころには府中に妙源寺《みょうげんじ》が存在した。妙泉寺は「文明旧記」という記録に「和泉法華堂」と記されていたとされ（『和泉志』）、享禄二（一五二九）年銘の多宝塔が現存する。妙福寺には長享元（一四八七）年の石塔が残る。妙源寺には天文五（一五三六）年銘の三十番神台座《さんじゅうばんじんだいざ》と、一五・一六世紀の遺品が確認されている（コラムⅢ）。ただし法華宗の遺品としては、暦応三（一三四〇）年銘をもつ日像《にちぞう》下付の曼荼羅本尊《まんだらほんぞん》（和気座六人衆蔵）が和泉国全体としても早い時期のものとして注目される。

浄土真宗では、本願寺教団が教線を伸ばした。伯太の西光寺《さいこうじ》に一六世紀の方便法身尊像《ほうべんほっしんそんぞう》（阿弥陀如来絵像）と室町時代の六字名号《ろくじみょうごう》（南無阿弥陀仏）が所蔵され、称念寺《しょうねんじ》には本願寺第一一代顕如《けんにょ》の絵像が存在する。

法華宗と本願寺教団は、全国的にみても都市的な場や交通の要衝に進出する傾向があった。商人や交通に関わる人たちへ積極的に布教が行われたのである。その点で府中とその周辺は条件が整っていたが、和泉国では法華宗が先んじていたようである。また浄土宗も人びとの葬送に積極的に取り組み、教線を伸ばしていた。このように各教団は競合しつつ教線を広げていったのであった。

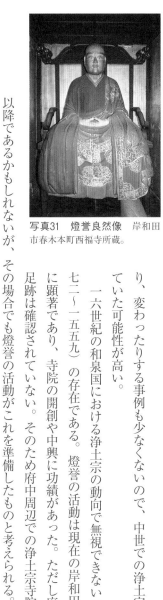

コラムⅢ　小栗街道沿いの仏像

府中地域には、飛鳥時代から寺院が存在し、中世には新仏教の進出も盛んであった。一般的に泉州では山側に旧仏教系、海側に新仏教系の寺院が多いとされるが、府中はその中間的な位置に所在することも関係してか、新旧両仏教系の寺院が混在している。

このコラムでは、府中地域でもとりわけ新旧の仏教寺院が混在する小栗街道（熊野街道）の近辺に着目し、真言宗系の寺院として小田町善福寺大日堂《ぜんぷくじだいにちどう》、浄土宗系寺院として府中町大泉寺《だいせんじ》、同町阿弥陀寺《あみだじ》、日蓮宗系の寺院として和気町妙泉寺《みょうせんじ》、府中町妙源寺《みょうげんじ》、井ノ口町妙福寺《みょうふくじ》の仏像を紹介する。

1　真言宗系寺院

小田町善福寺大日堂　地域で守られており、堂内には新旧の仏像が横長の壇上《だんじょう》に整然と安置されている。

本尊の智拳印《ちけんいん》を結ぶ金剛界大日如来坐像《こんごうかいだいにちにょらいざぞう》（像高九四・五センチメートル）は玉眼嵌入《ぎょくがんかんにゅう》像で、肉身の金泥《きんでい》と衣部の金箔が新しいことから一見江戸時代の作に見える。しかし、面部の目鼻は彫り直しがあるものの大作りで、体幹部の像底は相当な古材であり、しかも一木で重い。平安時代の一〇世紀ころの作を江戸時代に大きく改変したものと思われる。

阿弥陀如来立像《あみだにょらいりゅうぞう》（像高一一五・一センチメートル）は彫眼《ちょうがん》で、一木造《いちぼくづく》りの構造や厚みのある肩、深い体奥、左袖の渦文《うずもん》などから平安時代前期の作風を感じさせるが、大振りの衣文《えもん》は浅く、下半身のいわゆるY字状の衣文は形式的であるところから、制作は一〇世紀後半と推定される。両手先は後補《こうほ》なので、本来の尊名は不詳であるが、阿弥陀立像はこの時期にはない。全面的に後世の手が加わっている。

写真32　十一面観音立像
小田町善福寺大日堂。

十一面観音《じゅういちめんかんのん》立像（像高一〇九・七センチメートル・写真32）は、頭上面が後補で、当初は十一面観音ではなかった可能性がある。一木造りで像底に丸枘穴《ほぞあな》を設けて台座からの丸枘で立てる構造、細身の体躯《たいく》、少しつり上がり気味の若い表情、やや短《たん》躯《く》の姿などから、制作は一一世紀後半ごろと考えられる。このような表現の像は、天台宗櫟野寺《らくやじ》（滋賀県甲賀市）に多く作品があり、その近辺の天台寺院にも存在する。したがってこの十一面観音立像も天台系の仏像であり、もし、この像が善福寺本来の像であれば、現在真言宗である善福寺も本来は天台宗寺院であったと考えられる。台座内の墨書によると、享保一四（一七二九）年に善福寺住職海遍《かいへん》により十一面観音の開眼供養が行われており、施主は観音講であった。

地蔵菩薩《じぞうぼさつ》立像（像高六二・二センチメートル）は、大振りの作りで、割矧《わりは》ぎ造りの構造や大らかな表現は平安時代後期の作風を思わせるが、深く鋭い直線的な衣文などから、制作は鎌倉時代と推定される。これも表面に手を加えている可能性がある。

室町時代から江戸時代の作品と思われるのは、薬師如来《やくしにょらい》坐像（像高四九・四センチメートル）である。箱型の体形と狭い襟《えり》は、室町時代の作風であるが、細い眼はその後の時代の作風を感じさせる。いずれかの寺の本尊であったのかもしれない。台座・光背も保存状態が良い。

弘法大師《こうぼうだいし》坐像（像高五五・一センチメートル）は、法衣の上から袈裟《けさ》を掛けて右手に五鈷杵《ごこしょ》、左手に数珠《じゅず》を執《と》り、畳座に坐す通形《つうぎょう》像であるが、その畳座上には弘法大師《こうぼうだいし》九百年遠忌《おんき》に際して享保一八（一七三三）年に制作した旨の墨書がある。ヒノキ材、寄木造り、玉眼嵌入の彩色仕上げ。基準作となる貴重な作品であるが、近年新しく彩色されている。

それにしても、平安時代の一〇～一一世紀の作品が三躯も確認できたのは、調査の大きな成果であった。善福寺は大日堂の本尊大日如来像の大きさからすると、ある程度大きな寺であったと思われる。後世、縮小して大日如来像を安置する大日堂になったが、地元の人たちは善福寺の法灯を守り伝えた。

善福寺に関する記録は、元禄四（一六九一）年六月の「泉州泉・南郡之内松平伊賀守領分寺社改帳」（以下、「寺社改帳」とする）が初見である。この時、善福寺は真言宗久米田寺多聞院（岸和田市）の触下《ふれした》で、大日堂のみを有する天神社の神宮寺であった。その後、明治時代の寺院台帳には、善福寺の名はみえない。善福寺の鎮守社である菅原神社は明治四一（一九〇八）年に南松尾村の春日神社に合併・移転されている。現在ある善福寺大日堂は戦後に復興したともみられるが、確証は得られない。

2　浄土宗系寺院

府中町大泉寺　江戸時代には知恩院（京都府京都市）の直末寺院であり、触頭《ふれがしら》であった。行基開創を伝えるところから、由緒ある寺院を引き継いだ可能性がある。本堂には、明治初年の廃寺や神仏判然令にともない、府中村の末寺から移された仏像が安置されている。

薬師如来立像（像高九二・六センチメートル、いわゆる三尺像）は衲衣《のうえ》をまとい、右背面から肩、右胸にかけて覆肩衣《ふくけんえ》を着するが、これは古代の像としては数少ない着衣法である。左手に薬壺《やっこ》を持つが、両手とも後補なので当初の尊名は不明である。頭頂から足元まで両袖口を含めて、ヒノキかと思われる縦一材から彫出しているが、肉髻《にっけい》頂上近くから眼の辺りまでは別材三材ほど（後補か）を矧ぎ寄せている。像底に丸穴を穿《うが》ち、台座からの丸枘で立てる手法は古式である。足先、肉身の漆箔《しっぱく》も後補。やや寸詰まりの体躯にどんぐり頭の頭部を載せて一木造り特有の重厚さを感じさせる。衣文は彫りが深くまた簡潔であるが、洗練度に欠けるようで、この地での制作を思わせる。右袖《みぎそで》・足裾《あしすそ》などには当初の深い彫も見られるが、両大腿部《だいたいぶ》の衣文は弛緩《しかん》しており、制作は一〇世紀後半であろう。かつては、五社惣社（泉井上神社境内）の正面にあった泉福寺（薬師堂）の本尊であった。江戸時代の作である日光菩薩《にっこうぼさつ》像・月光菩薩《がっこうぼさつ》像と十二神将《じゅうにしんしょう》像とともに、明治初年の神仏判然令により、泉福寺から大泉寺へ移された。

写真33　聖徳太子立像
府中町大泉寺。

聖徳太子立像（像高七〇・〇センチメートル・写真33）は、上半身裸形像で、裾《すそ》の長い緋袴《ひばかま》を着けて合掌する童子の姿である。南無仏太子《なむぶつたいし》像ともいい、太子が二歳の時、西に向かって「南無仏」と唱えたという伝承（『聖徳太子伝暦』）に基づいて造立された。保存状態が良好で、そのため構造の詳細は不明だが、寄木造り、玉眼嵌入、錆漆《さびうるし》下地に彩色仕上げとしている。裾の一部は損傷している。童身のバランスも良く、肉付けも親しみやすく、左膝《ひだりひざ》を軽くゆるめた姿勢、利発なやや早熟な顔つきに優れた写実表現が見られる。写実に徹している点は、耳穴が内刳り部に達していることでも証される。この種の太子像は、記録では一三世紀初めには制作されていたようだが、遺例は一三世紀末以降のものである。本像は奈良市元興寺極楽坊像に近く、作行《さくゆき》も優れており、一四世紀前半頃の作品で、府内最古で最優作の可能性がある。かつては五社惣社の正面にあった西泉寺（太子堂）の本尊であった。西泉寺は明治初年に廃寺となり、この像は大泉寺へ移された。

阿弥陀如来立像（像高九五・九センチメートル）は、衲衣、覆肩衣、裙《くん》を着し、いわゆる来迎印《らいごういん》を結んで舟形《ふながた》光背を負って蓮台《れんだい》上に立つ。ヒノキ材の一木造り、彫眼、漆箔仕上げ。頭体幹部から足枘を含んで縦一材から彫出してこれに両体側材、両手・両足先を寄せる。一木造りの構造、豊かな頬、少し見開いた眼、大腿部の深めの衣文は古様であるが、きわめて薄い体側は制作期の下降を感じさせ、一二世紀の制作と推定される。かつては南泉寺の本尊であった。南泉寺は明治初年に廃寺となり、この像は大泉寺へ移された。

地蔵菩薩立像は二躯ある。両方とも彩色を新しくしたのでわかりにくいが、像高六一・二センチメートルの大きい方が古い。寄木造りかと思われる。玉眼嵌入。角張った頭部と体部、大ぶりの目鼻の穏やかな表情などから、制作は室町時代と推定される。かつては海光寺（地蔵堂）の本尊であった。海光寺は明治初年に廃寺となり、この像は大泉寺へ移された。

大泉寺の本尊である阿弥陀如来立像（像高九八・八センチメートル）は、着衣法や印相《いんぞう》、穏やかな顔立ち、優美な立ち姿が南泉寺像と似ているが、より洗練された印象である。平安時代末期の作と推定される。後補の金泥、漆箔などで構造は不明だが、耳後ろを通る線での割矧ぎ造りと思われる。像底を刳り上げる。この像には、脇侍として、江戸時代の作である観音菩薩立像・勢至菩薩立像がともなう。

善導大師《ぜんどうだいし》坐像・法然上人《ほうねんしょうにん》坐像は、近年彩色を新しくされているが、法然像の台座天板裏に「堺大仏師　与惣兵衛　細工　宝永七庚寅年二月廿五日」の墨書があることから、宝永七（一七一〇）年に堺仏師与惣兵衛によって制作されたことがわかる。浄土宗開祖法然は建暦二（一二一二）年に亡くなっており、したがってこれらの造立《ぞうりゅう》は法然の五百回忌に合わせてのものと解される。

府中町阿弥陀寺　知恩院派の浄土宗寺院である。

本堂に安置される阿弥陀如来立像（像高九六・五センチメートル、三尺）は、螺髪刻出粒状《らほつこくしゅつ》、肉髻珠《にっけいしゅ》、白毫相《びゃくごうそう》、耳朶環状貫通《じだかんじょうかんつう》。三道相《さんどうそう》を表す。衲衣は偏袒右肩《へんだんうけん》に着け、覆肩衣は腹前で衲衣にたくし込んだのち右前膊《うで》に掛かって垂下する。裙衣は左方で打ち合わせる。右手は屈臂《くっぴ》、左手は垂下する（両手先は後補）。蓮華座上に直立する。表面は現状古色《こしょく》に覆われ構造の詳細は明らかではないが、頭体幹部は左右二材を矧ぎ三道下で割首《わりくび》するとみられる。胸の奥行きが少なく、浅く整えられた衣文、やや高い肉髻などから、平安時代後期にあたる一一世紀ごろの制作と考えられる。後補の光背背面に刻された銘文によれば、本像はかつて大津の海中で見出され同所の上品寺《じょうぼんじ》（泉大津市）に安置され、慶長一一（一六〇六）年に当寺（阿弥陀寺）の檀那辻村喜右衛門により移座された。寛永一九（一六四二）年には辻村弥右衛門令が光背台座を寄進し、正徳四（一七一四）年に修理が行われた。この時戒名が台座中に納められたという。本像には江戸時代の制作になる観音菩薩像・勢至《せいし》菩薩像が随侍《ずいじ》する。本堂内陣脇壇に安置される善導大師像と法然上人像は、台座底面墨書により貞享元（一六八四）年に制作されたことが知られる。

写真34　夫婦像　左：男性像　右：女性像
府中町阿弥陀寺。

本堂内陣脇壇の厨子《ずし》内には一対の夫婦坐像が安置される（写真34）。厨子左側面に刻された貞享元（一六八四）年四月一五日付の銘文には、「光照院殿感譽朋清大姉」「圓光院殿浄譽友清居士」の木造二軀が彫刻され、阿弥陀寺に安置された経緯が「嗣子辻村三右衛門正友」により記されている。扉内面には両者の戒名と銘文の前年に当たる天和三（一六八三）年の年紀が墨書されることから、両親の一周忌に当たって嗣子辻村正友が願主となり、追善像として制作されたものであろう。

夫婦像はいずれも寄木造、彩色仕上げ、玉眼を嵌入する。男性像（像高二五・五センチメートル）は、剃《てい》髪《はつ》姿で二重の内衣・長着・羽織を着けて胡坐《こざ》し、膝上で扇と数珠を執る。女性像（像高二四・五センチメートル）は、頭巾《ずきん》を被り、二重の内衣・長着・打掛《うちかけ》を着けて正坐し、腹前で数珠を執る姿に表され、それぞれ法体の姿である。衣の色について、畳座大板裏面に「おとこ、はたき白、中アサキ、上茶色」「女、はた白、中もゝ色、上アサキ、うちかけうこん」との墨書がみられ、両親の生前の姿を正確にとどめようとする制作時の様子が想像される。桃山時代や江戸時代前期には大名をはじめとする武将の夫婦像が多く制作され、江戸時代後期には豪商や豪農、文化人などの夫婦像が追善のため、あるいは寿像として制作されるようになり、大阪府内では享保年間（一七一六～三六）の箕面市法泉寺像、文化年間（一八〇四～一八）の豊中市西福寺像が知られる。阿弥陀寺像はそうした時流に位置づけられるが、画像ではなく彫像の夫婦像という点は注目すべきである。

3　日蓮宗系寺院

和気町妙泉寺　大覚妙実《だいかくみょうじつ》（一二九七～一三六四）によって暦応二（一三三九）年に創建された。大覚妙実は京都における日蓮宗教団の基盤を築いた日像《にちぞう》の次世代を担い、備前国・備中国（岡山県）・備後国（広島県）のほか小栗街道沿いも布教範囲とした。

写真35　日像上人坐像　和気町妙泉寺。

日像上人《にちぞうしょうにん》坐像（像高六〇・〇センチメートル・写真35）は、僧綱襟《そうごうえり》の法衣のうえに吊袈裟を着け、横被《おうひ》を前面に垂らし、左手に経巻と数珠、右手に払子《ほっす》を執って坐す姿に表される。ヒノキ材による寄木造で、彩色仕上げ、玉眼を嵌入する。頭部前後二材、体幹部は前後二材を寄せ、体側に各前後二材・脚部横一材を矧ぎ内刳《うちぐり》する。体幹部の左右下端を束状に彫残して緊結し、また像心束《ぞうしんつか》を彫残すが、この手法は鎌倉時代から室町時代の院派仏師を中心にしばしば認められる。日蓮宗系の事例としても南北朝時代の院興《いんこう》作・京都市妙覚寺日蓮坐像（重要文化財）などが挙げられ、本像を制作した仏師の系統を示唆する。頭部が大きく、胸・腹に厚みがあるやや四角張った体形は南北朝時代ないし室町時代の特徴に通じるが、体躯のブロック的な把握が進み衣文も省略的であることから、室町時代末期（一六世紀）の制作とみるべきかと思われる。

同寺には元禄年間（一六八八～一七〇四）に造像された作例が多数伝わる。元禄八（一六九五）年に仏涅《ぶつね》槃図《はんず》、同一一（一六九八）年に鬼子母神《きしもじん》坐像が造られ、元禄一四（一七〇一）年には大坂本町五丁目御堂筋半丁東入の仏師井石宇兵衛隆山により、木造釈迦《しゃか》・多宝如来《たほうにょらい》坐像、木造四菩薩立像、木造普賢菩薩《ふげんぼさつ》坐像、木造文殊菩薩《もんじゅぼさつ》坐像、木造不動明王《ふどうみょうおう》坐像、木造愛染明王《あいぜんみょうおう》坐像、木造四天王立像が再興造立されたことが台座墨書銘より知られる。また元禄四（一六九一）年「寺社改帳」には妙泉寺内に十羅刹堂《じゅうらせつどう》及び三十番神社《さんじゅうばんじんしゃ》の存在が記され、現存する十羅刹女《じゅうらせつにょ》・三十番神が同堂安置像にあたる可能性がある。うち釈迦・多宝像は、頭躰幹部は前後に割矧ぎ三道下で割首する構造で、像心束を彫残し、体幹部材の左右下端を束状に彫り残して緊結する点が、前述の日像坐像と共通する。大覚妙実により創建された、小栗街道沿いの妙光寺（泉佐野市）においても、近世に制作された釈迦多宝像が同様の構造を示しており、ともに再興に当たり原像の構造までも模した可能性が推測される。

府中町妙源寺　二〇〇〇（平成一二）年に本堂が再建された際に調査が行われた。元禄一一（一六九八）年の「寺社改帳」によると、開基日護《にちご》（京都妙覚寺一五世）自筆の曼荼羅本尊があり、「享禄二年和泉国府村妙源寺」と記されていたという。本寺は日護により享禄二（一五二九）年ごろに開創されたものと思われる。当時はこの曼荼羅が本尊であった。同「寺社改帳」には三十番神社と三光社のあったことが記されている。

三十番神《さんじゅうばんじん》は日本国中にまつられる三〇の神がみで、一ヶ月三〇日のあいだ、毎日、順番に国家と人びとを守るとされる。三十番神信仰は天台宗に起こり、法華経守護の神と仰がれたが、これを日蓮宗に取り入れ

写真36　三十番神坐像のうち２躯　府中町妙源寺。

たのは日像（一二六九～一三四二）である。三十番神像の制作は、絵像では南北朝時代から、彫像では一六世紀からとされている。

妙源寺の三十番神坐像（像高一三・四～一七・一センチメートル・写真36）はヒノキ材、彫眼、胡粉《ごふん》下地の彩色像である。笏《しゃく》を持つ衣冠束帯像、合掌の僧形《そうぎょう》像と両手を衣中にした女神像からなり、一様に畳座に坐している。背面腰以下には後彩の上に、「五日気比」のように日にちと神名が墨書されている。頭部は一材製でこれを体幹部に差し込んでいるように見える。体幹部は一材製で、膝前部と両袖部を寄せる。これらは髪際高《はっさいこう》（額の髪の生え際から足までの高さ）がほぼ同じであるが、作風が異なることから、制作期の異なる像が混在していると思われる。比較的小柄で丸みのある造形の像は当初の作と思われる。大きくてやや固い印象の像は後世の作ではないだろうか。四躯の台座裏面に「天文五年丙申十二月吉日」の墨書があり、当初の作は天文五（一五三六）年の制作である。

もと三光社《さんこうしゃ》にまつられていて、正徳五（一七一五）年に河合次左衛門の妻により新彩色が施された三光天子像《さんこうてんしぞう》もこのころの作かもしれない。三光天子は『法華経』に説かれる日天子《にってんし》（太陽）、月天子《がってんし》（月）、明星天子《みょうじょうてんし》（星）の三天子で、釈迦が暁に明星（金星）を見て、悟りをひらいたところから、この星は悟りを象徴し、日天子、月天子はそれぞれ昼と夜を表している。三天子とも官吏服・帽子の出立《いでた》ちで、合掌が明星天子、他が日天子・月天子である。これらの像も天文五年ころの制作であろう。

厨子に納まる鬼子母神《きしぼじん》坐像（像高三一・〇センチメートル）は、三扇の背障《はいしょう》を後ろにして、牀《しょう》から左足を踏み下げる。法衣に鰭袖衣《ひれそでころも》を着し、右手に石榴《ざくろ》（亡失）を執り、左手で腹前に赤子を抱く。その前には四人の童子が小鼓や羯鼓《かっこ》を打ち、軍配などを持って踊る。ヒノキ材の割矧ぎ造りで、内刳り時に像心束を彫り残し、体幹部の前材と後ろ材から左右各二材の枘を出して緊結する、院派に伝統的な技法が見られる。やや角張った面部と体部、繊細な細部の造形は室町時代の制作と推定される。三十番神坐像と同じころの作であろう。

本堂内の彫刻による立体曼荼羅を構成する諸像は、それまでの掛幅《かけふく》の曼荼羅本尊に代わって、天和二（一六八二）年の本堂再建に合わせて造立されたものであろう。

これらとは別に妙見《みょうけん》菩薩坐像がある。甲冑姿で左掌を前にして拳印《けんいん》を結び、右手の刀は刃を上にして兜の前にし、岩座《いわざ》上に坐す。寄木造り、玉眼嵌入の像で、像底と首枘底面の墨書から、江戸時代後期の日蓮宗専属と推定される京仏師、林如水《りんじょすい》（継職）の作とわかる。

写真37　日蓮上人坐像　井ノ口町妙福寺。

井ノ口町妙福寺　本堂には唐破風屋根の立派な厨子がある。両扉裏には金地《きんじ》に獅子・狛犬と持蓮華の飛天《ひてん》、本体の両側面には花・葉で溢れる蓮池が描かれている。中央に僧綱衣の上から袈裟を懸け、さらに右肩から正面に横被を懸け垂らし、右手に笏、左手に法華経経巻を執って日蓮上人《にちれんしょうにん》坐像（像高四一・八センチメートル・写真37）が安置される。ヒノキ材の寄木造り、玉眼嵌入、漆下地に彩色を施した像である。頭部は両耳を通る線で前後に矧いで、体部に挿しこむ。体幹部は両肩を通る線で前後に割り矧ぎ、内刳り時に前材に像心束を彫り残し、体幹部の前材と後材から各二の束を残して内刳りし、これらを緊結する、院派の技法が見られる。頭部を挿し首にするところは異なるものの、体幹部の技法は継承されている。院派仏師の技法が連綿と受け継がれているのは日蓮宗彫刻の一大特色というべきであろう。四角張った体部は室町時代の要素であるが、量感がある。生気を感じさせる表情、横被の弾力のある盛り上げ唐草文から桃山時代の作と推定される。厨子扉絵の獅子・狛犬と飛天はやや細身で、繊細な感じが出てきており、寛永時代（一六二四〜四四）の作風があるところから、日蓮像より少し遅れて描かれたのではないだろうか。

三十番神坐像（像高五・八〜八・〇センチメートル）は衣冠束帯像・僧形像・女神像から構成され、いずれも体部が極端に小さく、小さな畳座一杯に坐る。像と畳座は共木で、彩色仕上げ。眼は墨描。背面に神名を墨書する。地付部に「山崎や／宗室／敬白」の施主名が記されるが、この人物については不詳。頭部の欠損のある像により不揃いに見えるが、髪際高は四・九〜五・八センチでほぼ等しい。色調、木肌の黒化などから、いずれも同時期の制作であろう。冠の低めで幅がある巾子の形やちんまりとかわいい姿、角のない丸味のある造形などから、制作は室町時代末ころと推定される。

三十番神坐像の厨子内には、小型の僧形坐像が二躯納められている。一躯（像高八・六センチメートル）は内衣・法衣、大和坐りで両袖を垂らす合掌像、もう一躯（像高八・〇センチメートル）は僧綱衣を着し、持物も日蓮と同じ日蓮宗僧の像である。いずれも丸彫りに近く、はみ出た小材を寄せる。内刳りはない。この日蓮宗僧の像を、文明五（一四七三）年銘のある広島県三次市十林寺日蓮像（像高一三・五センチメートル）と比べると、方座一杯に坐る形や横被の外側が折れる表現はよく似ており、箱形の体躯から妙福寺の三十番神坐像のように丸味を帯びた体躯への変化には、制作期の下降が認められる。これら二躯の僧形坐像は三十番神坐像と同じころ、すなわち室町時代末の制作と推定される。おそらく、妙福寺は室町時代末ごろの創建で、そのころは曼荼羅本尊の掛け軸とこの二躯（一躯は日蓮像、もう一躯は創建者か）があり、三十番神堂は「寺社改帳」に記載される「三十番神　小社」に該当するのであろう。

いわゆる鎌倉新仏教のどの宗派の末寺も、草創期には簡素な形態の本尊であった。日蓮宗は掛け軸の曼荼羅本尊、浄土真宗も「南無阿弥陀仏」の名号《みょうごう》本尊そして方便法身尊像《ほうべんほっしんそんぞう》の画像（四十八光芒《しじゅうはちこうぼう》の正面向き阿弥陀立像）であった。これらに比べて浄土宗は阿弥陀如来の坐像を本尊としていたようであるが、大像は多くないようである。江戸時代になり安定した世になると、各宗末寺は大きな本堂を構えるようになる。日蓮宗は彫刻の曼荼羅本尊、浄土真宗は阿弥陀如来立像を宮殿《くうでん》に安置する。浄土宗は本堂の大きさに合わせて大型の像を制作し、観音、勢至の両脇侍を添え、さらに善導、法然の両祖像をまつる。妙福寺の彫刻の変化は末寺の変化を表す典型的な例であろう。

ところで、和気町妙泉寺、井ノ口町妙福寺はいずれも江戸時代には、京都妙覚寺の末寺であった。妙覚寺は日奥《にちおう》（一五六五～一六三〇）の不受不施派《ふじゅふせは》であった。不受不施とは、僧は法華信徒でない者から布施を受けず（不受）、信徒も法華僧以外には施さない（不施）という日蓮宗の信仰規範である。豊臣秀吉と徳川家康により弾圧され、キリスト教と並んで禁教となった。妙覚寺は寛永七（一六三〇）年に「受不施」になり、末寺である妙泉寺、妙福寺もこれに倣った。府中町妙源寺は安房国（千葉県）誕生寺の末寺で、ここも不受不施派であった。しかし、元禄四（一六九一）年には誕生寺が「受不施」となっており、末寺である妙源寺も存続することになったのである。

府中地域には、和泉国の国府所在地にふさわしい量と質の仏像が古代から近世にわたって存在していた。府中町大泉寺、小田町善福寺大日堂などには平安時代の仏像が複数体残存していることから、一〇世紀ごろには、ある程度の規模の寺院が小栗街道沿いに建立されていた可能性が高い。天台宗寺院も存在していた可能性がある。国府は小栗街道が主要道であるが、ここを起点にする街道も複数存在しており、どの街道にも寺院が分布しているようである。街道ごとの寺院と仏像については、今後の研究課題である。

第4部

「府中」地域の村・用水・座

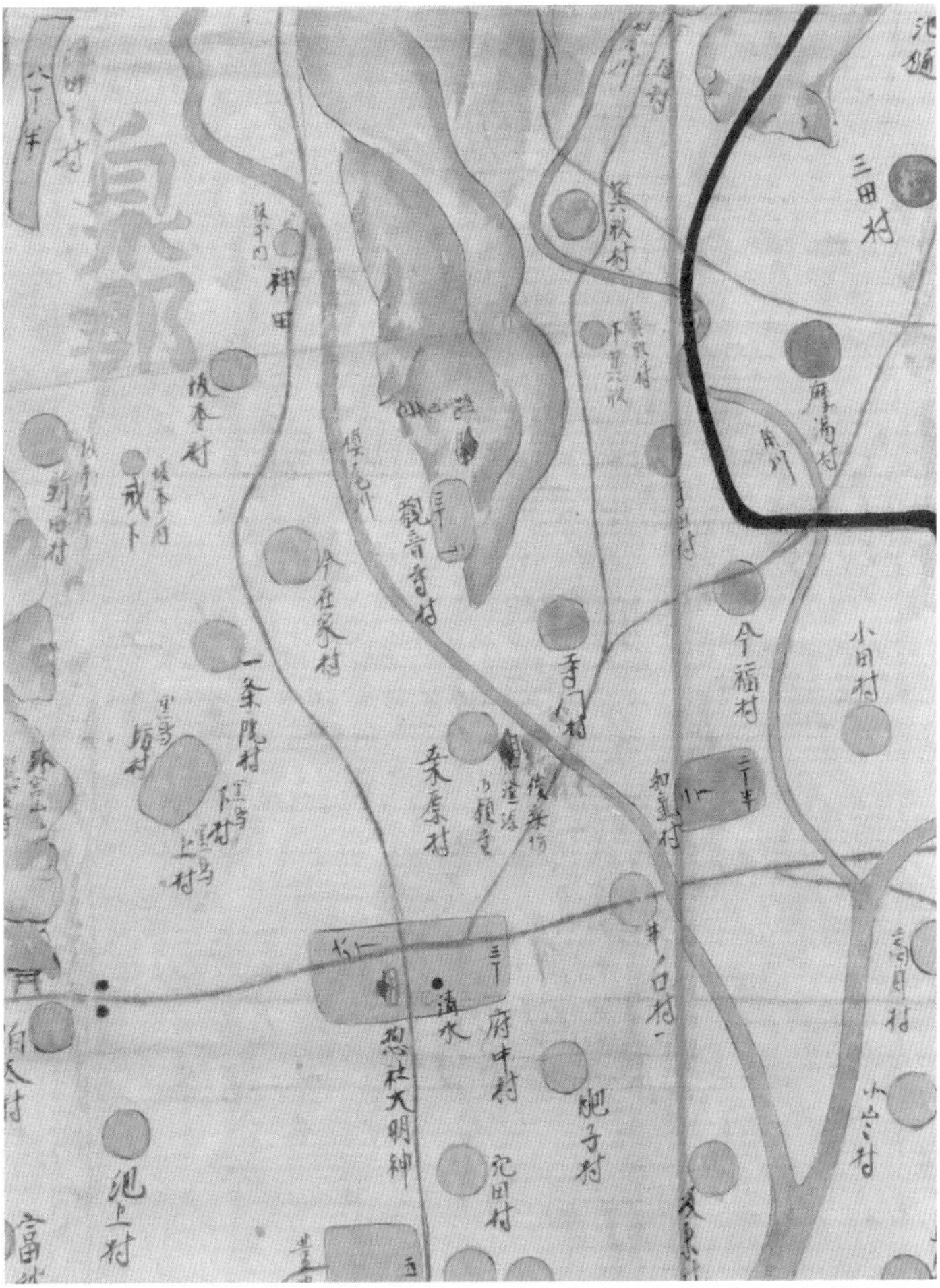

「和泉国分間絵図」（堺市美木多上・和田家文書）のうち、「府中」地域の村むら　黒鳥村の上村と坊村の位置に誤りがある。左下が北。

中世末（一六世紀後半）までには、近世の村むらにつながっていく集落はすでに形成されていた。それを前提として、この地域の近世的な村（生活レベルの村共同体と領主支配の枠組みたる村請制の結合）の形を決定したのが、条里制の郷単位で実施された太閤検地であった。ここで形成された村が、近代行政村の中の大字、そして現在の町会（新開発地域を除く）につながっていく。第1章では、こうした村の形成過程と存在形態を概観する。

「府中」地域の村むらは、府中村などの一〇ヶ村が谷山池の池水を利用する槙尾川六用水の組合を形成し、それ以外の村も余水を利用していた（小田村を除く）。それぞれの村は地理条件に差異があり、信太山丘陵や和泉中央丘陵の山裾の傾斜地（上代）と平野部（下代）の境界部に位置する村や、全くの平野部に位置する村があったが、谷山池の用水利用秩序は、この地域の村落間秩序を形成するうえで大きな要素であった。第2章では、享保年間の大規模な争論を経て大枠が形成された用水秩序の展開を見る。

第3部までに見てきたように、「府中」地域は国府（国衙）が置かれた和泉国の中心地であったが、近世にはそうした位置を占める都市は存在しなかった。とはいえ、府中村は戸数・人口ともほかの村とは格段に大きく、内部には五町が形成され、また古代の泉井上神社の系譜をもつ五社惣社が存在した。近世初頭の庄屋も、中世以来の地侍の系譜をひくと思われる三家が務めるなど、他村には見られない複合的な構造と性格を持っていた。第3章では、この府中村について具体的に見ていく。

第4章では、この地域の府中村以外の村むらのうち、黒鳥・池上・観音寺・和気・小田各村を紹介する。「府中」地域は、谷山池用水組合とほぼ重なるが、それらの村むらのあり方はそれぞれ固有性をもっていた。先の五ヶ村を対象に、水利と生産条件や領主支配のあり方（とくに相給）、座と村落結合など特徴的な側面を浮かび上がらせる。

第1章　江戸時代の「府中」地域

1　「府中」地域と村むら

「府中」地域の特性と生産・生活条件

まず江戸時代の「府中」地域の特徴と、村むらの様子を見ていこう。

図1は一八八〇年代の様子である。大坂・堺方面から紀州熊野に向かう小栗《おぐり》街道は、海岸沿いを通る紀州街道と並び、江戸時代の泉州における主要街道だった。将軍代替《だいが》わりの際に派遣される幕府巡見使や、堺奉行の巡見使も通行した。小栗街道は、府中村で海岸部の大津に向かう大津道《おおつみち》、さらに横山や槙尾山施福寺《せふくじ》に向かう槙尾道《まきおみち》と交差している。槙尾道は、信太山丘陵と和泉中央丘陵に挟まれた谷筋（池田谷・横山谷）を南下していく。さらに府中村は、牛滝山大威徳寺《だいいとくじ》に向かう牛滝《うしたき》街道の起点でもあった。古代・中世に引き続き、江戸時代にも府中村は地域における交通の中心地であった。一七世紀後期以降、泉郡の村むらの領主となった松平家や一橋家が、領主役所を府中村に置いたのはこうした特性によると考えられる。

さて、この地域に展開した村むらは、地理的にはおおまかに三つに分けられる。一つは槙尾川右岸にあたり、北東側が信太山丘陵の裾野となる地域である。槙尾川上流から順に、坂本《さかもと》村・今在家《いまざいけ》村・一条院《いちじょういん》村・桑原《くわばら》村・黒鳥《くろとり》村・井口《いのくち》村・府中村・肥子《ひこ》村・伯太《はかた》村・池上《いけがみ》村が位置する。二つめは、槙尾川左岸（松尾川右岸でもある）で、南東に和泉中央丘陵が広がる地域である。上流から順に、観音寺《かんのんじ》村・寺門《てらかど》村・今福《いまふく》村・和《わ》気《け》村となる。三つめは、松尾川左岸（牛滝川右岸）であり、小田《おだ》村がこれにあたる。また、黒鳥村や桑原村以西は平野部に近い地域として分類することもできる。これらの村むらの生業の中心は農業であり、耕地は圧倒的に田が多かった。田地では、江戸時代後期にはほぼ二毛作（春から秋に稲または綿、秋から春に麦または菜種を作付けする）が行われており、おおむね生産力の高い地域である。しかし、雨量は少なく、水利をめぐる争いは江戸時代を通じて断続的にみられた（第2章参照）。

「府中」地域の村むらは、主として二つの水源の組み合わせで灌漑された。一つは、丘陵内の谷筋に堤を築いて貯水する谷水、もう一つは、槙尾川（一部に松尾川・牛滝川）に堰を設けて水の流れを調整し、井路に導き入れる川水である。

槙尾川には、上流から順に一之井（池田下村）・太田井（坂本村・今在家村）・こうこうず井（黒鳥村・府中村）・久保津戸《くぼつと》井（観音寺村・今福村・寺門村・和気村）・東風川《こちがわ》井（桑原村）・桑畑井（府中村）と、六つの井堰が設けられ、それぞれに水利組織があった。この六用水は、川水が不足する場合に備え、和泉中央丘陵の南奥に築かれた谷山池（上・中・下）と上林池を共同で管理していた。渇水時には、谷山池の水を槙尾川に下ろして利用したのである。「府中」地域で六用水（谷山池郷）に所属していない井口村・肥子村・伯太村・池上村なども、六用水や谷山池郷の余水を利用していた。谷山池の底地《そこち》は府中村が管理しており、谷山池郷における府中村の比重は大きいものがあった。なお、「府中」地域で唯一松尾川左岸に位置する小田村は、松尾川と牛滝川からの用水と軽部池に依拠していた。

このような地形的な特徴をもつ「府中」地域に展開した、各村の様子を次にみていこう。

一九世紀の村むらの様子

村むらの基本情報をみる前に、あらかじめ出作《しゅっさく》村について簡単に説明しておく。和泉国の平野部では、文

図1　「府中」地域周辺図　地図資料編纂会編『明治前期関西地誌図修成』柏書房（1989）所収の図を加工した。

禄三（一五九四）年に実施された太閤検地は、条里制地割の「里《り》」を基本区画とする「郷」を単位に行われた。ただし、検地の段階では「郷」域を越えてすでに村が展開していることもあった。たとえば、府中村は検地の実施範囲である「上条郷」の上に集落とほとんどの耕地が展開していた。しかし「上泉郷」と「軽部郷」にも一部の耕地があったため、太閤検地では、それぞれ「上泉郷出作府中村」「軽部郷出作府中村」として把握され、無人の「出作」村となった。無人の出作村は、平野部地域では多く創出され、行政上の一村（村請制村《むらうけせいそん》）として扱われた。ただし時代が下るにつれ、領主交代などを契機として集落のある村に統合されていく傾向にあった。「府中」地域ではほかに、肥子村（出作村・肥子出作）・和気村（出作村・和気郷庄）と、黒鳥村・池上村がこのような複雑な成り立ちをしている。黒鳥村と池上村は表1では一村となっているが、内部には出作村などを含んでおり、一九世紀前期の「天保郷帳」では統合して記載されている。

「府中」地域には、さまざまな規模の村が展開していた（表1）。目をひくのはやはり府中村の大きさである。村高は合計一四七四石余もあり、人口も一〇〇〇人を超えている。村内の寺社の数ももっとも多い。一時期領主役所もおかれ、近世を通じて都市的な要素を多く含む場として発展した。

村高で府中村に次ぐのは、黒鳥村・小田村・池上村である。村高は八〇〇～六〇〇石程度であるが、内部に三つの村を含む黒鳥村は人口が多い。さらに、村高六〇〇～五〇〇石程度の和気村・伯太村・坂本村が続く。伯太村では、享保一三（一七二八）年に譜代大名渡辺家が陣屋の建設を開始し、のちに家臣団も移り住んだ。陣屋の門前に郷宿《ごうやど》ができるなど、小栗街道沿いは町場化を遂げた（『信太編』）。なお、一八七六（明治九）年の人口一一六三人には旧伯太藩士とその家族も含まれている。村高が五〇〇～三〇〇石程度の村として観音寺村・今在家村があり、村高二〇〇石～八〇石程度で人口も一〇〇人前後の小規模な村として、今福村・寺門村・桑原村・肥子村・井口村・一条院村があった。

「府中」地域の村むらは、天保期には御三卿《ごさんきょう》一橋家領知が半数を占める。このほかに、渡辺家（伯太藩）、片桐家（小泉藩）、稲葉家（淀藩）を領主とする村が二～三村ずつあり、ごく一部に旗本稲垣氏知行所や御三卿清水家領知も存在した。それぞれの領知は空間的に連続する部分もあるが、一つの村に複数の領主が存在する場合（観音寺村）や、本郷と出作村で領主が異なる場合（池上村や肥子村）もある。このように、「府中」地域全体としては、一橋家領知が過半を占めつつも、領主支配は入り組んでいた。なお一橋家は、和泉国大鳥郡と泉郡の領知五四ヶ村を五つの組（大鳥組・信太組・下条《げじょう》組・府中組・山方《やまかた》組）に分けて支配していた。

	天保期の村高（石）	天保期の領主(藩)	1876年（明治９）の人口	寺社
伯太村	563.2774	渡辺家(伯太藩)	[*2] 1163	正念寺(浄真・堺源光寺末)、西光寺(浄真・貝塚尊光寺末)、常光寺(浄真・貝塚尊光寺末)、天神社・地蔵堂、天神社・観音堂、熊野大権現社(社僧龍雲寺／黄・堺大安寺触下薬師堂)
池上村[*1]	653.7830	片桐家(小泉藩) 渡辺家(伯太藩)	286	養福寺(浄・春木村西福寺末)、道場(浄真・京都西本願寺末)、天満大自在天神社(社僧金蓮寺／黄・河州今井法雲寺末)、天満天神社(社僧薬師寺／浄・養福寺触下)
黒鳥村(上)(坊)(辻)	786.3970	片桐家(小泉藩) 渡辺家(伯太藩) 一橋家	685	長楽寺(真・高野山正覚院末)、西光寺(真・池田下村明王院末)、長命寺(真律・河州野中寺末)、妙福寺(真・高野山福智院末)、天神社薬師堂(宮寺安明寺／真・高野山正覚院末)、若宮八幡宮社(社僧観音寺／真・長命寺末)、八王子社
府中村	1327.0586	一橋家	1006	大泉寺(浄・京都知恩院末)、西泉寺(浄・大泉寺末)、泉福寺(浄・大泉寺末)、南泉寺(浄・大泉寺末)、阿弥陀寺(浄・大泉寺末)、海光寺(浄・大泉寺末)、宝国寺(浄・京都知恩院末)、東泉寺(黄・摂州舎利寺末)、妙源寺(日・安房国誕生寺末)、五社惣社大明神社、八幡大菩薩社・天照太神宮社・蛭児社・大黒天社(五社総社境内末社)、白鳥大明神社、天神社(社僧円福寺／浄・宝国寺末)、天神社(社僧宇多堂／浄・阿弥陀寺末)、天神社(社僧釈迦堂)、勝手明神社
府中上泉	52.5670	一橋家		
軽部出作	94.8118	一橋家		
井口村	71.8231	稲葉家(淀藩)	104	妙福寺(日・京都妙覚寺末)、王子神社
肥子村	72.7220	片桐家(小泉藩)	146	善法寺(浄・春木村西福寺末)、天満大自在天神
肥子出作	59.5732	清水家		
和気村	348.6796	稲葉家(淀藩)	327	妙泉寺(日・京都妙覚寺末)、八幡宮大菩薩社、聖母神社
和気郷庄	244.5000	稲葉家(淀藩)		
小田村	715.1420	一橋家	414	地福寺(浄・京都黒谷光明寺末)、善福寺(真・久米田寺多聞院末)、天神社、牛頭天王社・稲荷大明神社・地蔵堂、天神社（社僧大日堂）
坂本村	494.4125	一橋家	335	禅寂寺(真・高野山観音院末)、牛頭天王社
今在家村	314.9283	一橋家	239	成福寺(真・高野山福知院末)、若宮八幡宮
一条院村	231.0780	清水家	63	大日寺(真・池田下村明王院末)、春日大明神社
桑原村	136.2260	一橋家	169	西福寺(真・高野山威徳院末)、鎮守天神
観音寺村	438.0380	稲垣家(旗本) 一橋家	443	観音寺(浄・岸和田本町光明寺末)、天神社
寺門村	111.9700	一橋家	150	道場(浄真・京都性応寺末)、迎接寺(浄・京都知恩院末)、天神社
今福村	129.6420	一橋家	66	天神社

表１　「府中」地域の村むらの一九世紀の概要

黄：臨済宗黄檗派、浄：浄土宗、浄真：浄土真宗、真：真言宗、真律：真言律宗、日：日蓮宗。神社の社僧（神宮寺や別当寺）と考えられるものは、神社のうしろに（　）で記入した。
＊１「古は池上村・池上出作弐ヶ村」と肩書きあり。
＊２伯太村の人口には、「伯太在住」（旧伯太藩家臣とその家族）を含む。
　村高は『天保郷帳』、寺社は延享３年「泉州泉郡大鳥郡寺社帳」、人口は、『大阪府全志』五巻によった。

「府中」地域の村は、府中組（府中・小田・黒鳥・観音寺）と山方組（寺門・今福・坂本・今在家・桑原）に所属しており、一組を構成してはいなかった。

次に各村に所在した寺についてもみておこう。寺の宗旨では、槙尾川右岸の丘陵に近い村に真言宗寺院が集中している。いずれも高野山の子院か池田下村明王院（仁和寺末）を本寺とする。南郡と接する小田村では、天神社社僧の善福寺が久米田寺《くめだでら》多聞院の触下であることも注目される。これに対して、小栗街道に近い平野部には日蓮宗、浄土宗や浄土真宗の寺が展開する。ただし本寺は京都に所在する場合と、近隣の堺・岸和田や貝塚、春木（岸和田市）などに所在する場合がある。特筆されるのは、日蓮宗寺院が府中村周辺に三寺が集中していることである（府中村の妙源寺、井口村の妙福寺、和気村の妙泉寺）。妙源寺は享禄《きょうろく》二（一五二九）年創建、妙泉寺は暦応《りゃくおう》年中（一三四〇年ころ）開基と伝わっている。妙泉寺は大坂や堺の豪商や役者などの信仰を集めていたことが、過去帳や境内の石造物などから読み取ることができる。

村むらのつながり

江戸時代の「府中」地域の村むらは、これまでの地域叙述編で取りあげてきた地域に比べると、地理的・歴史的な関係性はあまり強固ではなかったようである。たとえば信太山地域では、信太明神社《しのだみょうじんしゃ》（聖《ひじり》神社）を氏神とする信太郷七ヶ村と舞《まい》村・南王子村の地域的まとまりがあった。明神社の神事をともに支え、境内山（信太山）を立会山として利用し、境内山内に築いた溜池水利の枠組みなども重なっていた。さらに墓地も信太郷七ヶ村は共同で維持していた。また池田谷では中央部の七ヶ村は三林《みばやし》村の春日神社、松尾谷では春木《はるき》村の春日神社、横山谷では仏並《ぶつなみ》村と下宮《しものみや》村の牛頭天王社《ごずてんのう》を氏神とし、神社運営や山林を共同で用益するなど、生活に根ざした地域的まとまりがあった。こうしたあり方に対して「府中」地域の村むらは、むしろ生活レベルではそれぞれが完結し、独立性を保っている局面が多い。この点について、神社のあり方（氏子圏）・墓郷・立会山の局面から考えていこう。

まず神社のあり方（氏子圏）についてみていこう。規模が大きい府中村は、内部に五つの町（東之町《ひがしのちょう》・市《いち》之町《のちょう》・馬場町《ばばのちょう》・小社町《うぐすのちょう》・南之町《みなみのちょう》）を含んでいた。神社は、村全体の氏神として五社惣社《ごしゃそうじゃ》があり、町ごとにも神社があるという、重層的なあり方をしていた（第3章）。黒鳥村の神社を考える場合には、中世にまでさかのぼる必要がある。中世末期の黒鳥村は、坊《ぼう》村・上《かみ》村・辻《つじ》村という三つの集落で構成されていた。郷境をまたいで展開していたため、太閤検地後に、三集落とはややずれる形で、黒鳥坊村・黒鳥上村・郷庄黒鳥村という三つの村請制村になった。村役人も別におかれたが、かつての黒鳥村としてのあり方は神社祭礼の局面に残された。近世にも黒鳥三ヶ村の氏神として天満天神社が所在し、一八世紀半ばまで各村単位で祭礼に練物を出していた（『信太編』）。坂本村では内部に三集落（神田《こうだ》・大木《おおき》・戒下《かいげ》）があり、村全体の氏神として牛頭天王社があった。これら府中村や黒鳥村・坂本村は、中世末の段階ですでに複数の集落の集合体として「村」を形成しており、そのあり方は近世にも引き継がれたと考えられる。一定の自律性と単位性をもつ複数の生活共同体（集落）を基礎に、村全体が村の氏神のもとに統合されていた。

伯太村や池上村には村内に二つの神社があり、村内の各戸はどちらかの氏子で、二社においてそれぞれ座が行われていた。ほかの多くの村も、村で祀る神社があり、そこで村の座が営まれ、村を越えて氏子圏が広がることはなかった。こうした「府中」地域の神社のあり方（氏子圏）は、中世からの村の展開を踏まえて多様なあり方をしていると考えられ、総体としては村としての完結性が高いという特徴が見いだされる。

「府中」地域では、墓地も村ごとに維持している事例が半数を占める（表2）。「府中」地域内での墓郷としては、槙尾川右岸の今在家村・一条院村・桑原村・坂本村・坂本新田（・黒鳥坊村の一部）が唯一のもので、

各村ごと	観音寺村・今福村・寺門村・小田村・府中村・黒鳥村・和気村
今在家村墓地	今在家村・一条院村・桑原村・坂本村・坂本新田
下条大津村墓地	肥子村・伯太村・池上村 （虫取村・我孫子村・板原村・曽根村・二田村・大津村）
不明	井口村

表2　「府中」地域の村むらの墓所

今在家村墓地を共同で維持している。これらの村むらは、寺はいずれも真言宗であること、また坂本郷であることが共通する。墓郷を形成することと関連があるのかもしれない。平野部の肥子村・伯太村・池上村は、「府中」地域外のさらに海岸に近い六村（現泉大津市域）とともに、下条大津村の墓地を共同で利用していた。なお、府中村の場合、東之町・市之町はこうこうず墓地、馬場町・小社町・南之町は桑畑墓地の二ヶ所があった。黒鳥村は、三ヶ村で一つの墓地をもっていた。

「府中」地域では、複数村が共同で利用する山（立会山）も存在しない。これは地理的に平野部に近いという理由が大きいと考えられる。山が村内に所在する場合、村内で管理・運営がなされていたようである。

ここまでみてきたように、「府中」地域の場合、個々の村むらが結びつく場面はそれほど多くなかった。市内の他地域に比べて、各村が独立性を保ちつつ、個性的に展開する理由はここにあるように思われる。

2　村むらが成立する経過

太閤検地と近世村の成立

ここでは時期をさかのぼり、「府中」地域において近世の村むらが成立する経過を追っていこう。

泉州の平野部地域では条里制地割の区画である「里」（六五四メートル四方）を単位とする「郷」ごとに文禄三（一五九四）年に太閤検地が実施された。この方法は、集落のない無人の出作村を多く創出した。出作村は村請制村としては一村と数えられ、年貢免定《ねんぐめんじょう》（年貢高《ねんぐだか》通知書）が交付される単位として扱われるという特徴的な扱いを受けた。この出作村は次第に集落のある村と一体化する場合もあるが、近世を通じて残る場合もあった（『信太編』）。「府中」地域でも、とくに平野部の村むらはこの影響を大きく受けている。以下、具体的にみていこう。

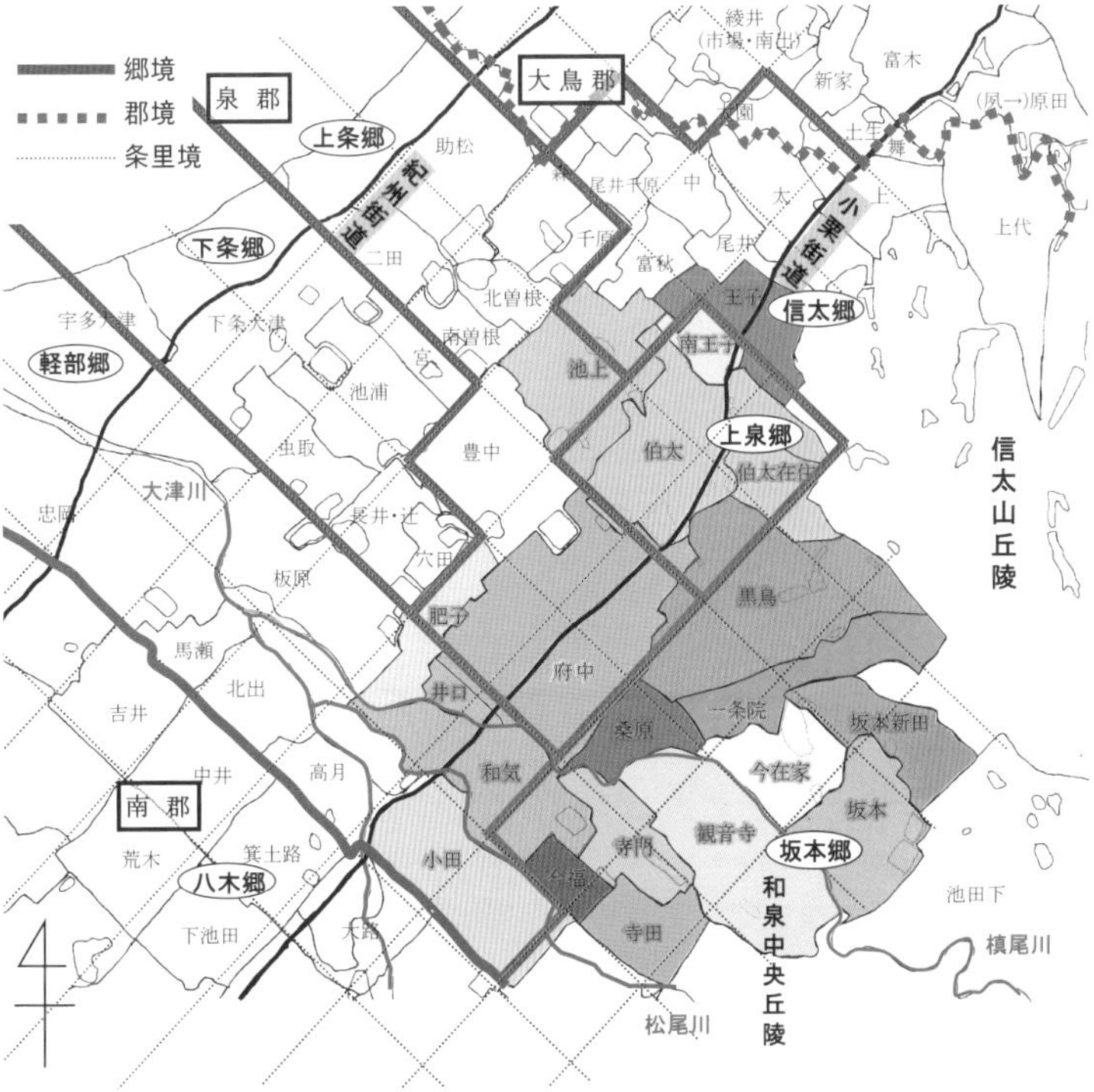

図２　「郷」と村の関係　南郡の村むらは、実際は条里と一致するが、仮製地図をベースとしているためずれている。

「府中」地域とその周辺には、上条郷・軽部郷・坂本郷・上泉郷・信太郷・下条郷などがあった（図2）。この郷は、古代律令制下の郷に淵源をもちつつも、条里制地割にもとづき、ある程度水利を同じくする領域として一四世紀ごろまでに成立していた枠組みである。しかし中世末には、すでに村の領域が「郷」を越えて形成されていた。このような形で郷と村領が展開する地域に、太閤検地は「郷」ごとに検地奉行を派遣して行われた。そのため、たとえば上条郷に集落がある府中村の村領で上泉郷に展開している部分は、「上泉郷出作府中村」として把握された。条里制地割を基礎にした「郷」単位に検地を実施したため、無人の出作村として扱わざるを得なかったのである。こうして創出された出作村は、郷帳《ごうちょう》（国ごとに作成され、豊臣秀吉に

太閤検地時の郷		上条郷				信太郷
正保郷帳	村名	府中村	池上村	肥子村	黒鳥村	池上出作
	支配	代官：中坊	片桐石見守	片桐石見守	片桐石見守	代官：中坊
	村高	1185.440	324.900	72.720	115.410	184.900
和泉一国高附名所誌	村名	府中村	池上村	肥子村	黒鳥村	— 池上村へ
	村高	1341.302	629.670	140.881	721.079	
	内訳	本郷　1185.440 伯太村の内出作高 56.395 井口村の内出作 99.467	本郷　330.300 伯太村高の内出作高 114.470 王子村高の内出作 184.900	（本郷）　72.720 井口村高内の肥子より 出作　68.161	上泉分　241.233 郷ノ庄分　364.410 郷庄（ママ）115.416	
延宝検地	古検高	1185.440	330.352	78.322	115.415	184.961
	新検高	1321.4916	—	—	—	208.4610

太閤検地時の郷		上泉郷					軽部郷				
正保郷帳	村名	伯太村	出作池上村	出作府中村	出作王子村	上泉黒鳥村	小田村	井口村	和気村	軽部出作	肥子村出作
	支配	代官：山田	代官：山田	代官：山田	代官：山田	代官：山田	代官：中坊	代官：中坊	代官：中坊	代官：中坊	代官：中坊
	村高	503.111	114.470	56.395	146.280	241.233	621.946	83.029	249.360	99.467	68.161
和泉一国高附名所誌	村名	伯太村	— 池上村へ	— 府中村へ	皮田村 146.280 伯太村高の内より	— 黒鳥村へ	小田村	井口村	和気村	— 府中村へ	— 肥子村へ
	村高	503.111					621.946	83.029	497.280		
延宝検地	古検高	503.111	114.470	56.395	146.280	249.220	621.120	83.029	249.360	99.467	68.161
	新検高	—	—	52.5620	142.4070	306.1500	706.5969	70.4368	328.7300	94.8110	59.1330

太閤検地時の郷		坂本郷									
正保郷帳	村名	和気村	一条院村	（一条院村）新田	郷庄黒鳥村	今福村	寺門村	観音寺村	桑原村	今在家村	坂本村
	支配	代官：松村	代官：松村	代官：松村	代官：山田	代官：松村	代官：松村	代官：松村	代官：彦坂	代官：彦坂	代官：彦坂
	村高	247.920	198.905	4.097	364.430	121.025	117.686	445.317	114.054	308.405	462.816
和泉一国高附名所誌	村名	— 和気村へ	一条院村		— 黒鳥村へ	今福村	寺門村	観音寺村	桑原村	今在家村	坂本村
	村高		198.905			121.025	117.686	445.317	114.054	308.405	462.816
延宝検地	古検高	247.920	212.893		364.430	126.205	117.686	448.269	114.502	308.405	462.876
	新検高	240.5000	217.5060		-	129.6420	111.0030	437.3520	—	—	—

表3　「府中」地域における太閤検地の郷と村名・村高の整理

正保郷帳の情報は、幕府に提出された正本ではなく、正保2（1645）年頃に堺奉行が国内を支配する幕領代官・私領主から基本情報を提出させ、整理している時点のものと考えられる。延宝検地に関する情報の古検高は元禄10年ごろまで使用され、延宝検地で算出された新検高は元禄10年以降に使用された。新検高の欄に「—」となっている村は、延宝期には私領であったため、延宝検地を受けていない。

「正保郷帳」は森杉夫編『岸和田市史史料第三輯　和泉国正保村高帳』（1986年）、「和泉一国高附名所誌」は森杉夫「和泉一国高附名所誌」（『大阪経大論集』192、1989年）、延宝検地に関する情報は「泉邦四縣石高寺社旧跡幷地侍伝」に基づいた。前後を確認すると明らかな誤りもあるが、史料通りの記載とした。ただし延宝検地の新検高のうち、軽部出作については「和泉国大鳥郡泉郡村々様子大概書」（一橋徳川家文書）から数値を入力した（「泉邦四縣石高寺社旧跡幷地侍伝」では軽部出作の新検高は記載されていないが、延宝検地を受けているため）。

提出される）にも書き上げられ、村請制村として位置づけられた。郷帳はのちに幕府が幕領の代官支配地を決める際や、私領主に村を知行としてあてがう際にも基本台帳として利用された。そのため、一七世紀中ごろまでは、検地実施範囲の「郷」が同じ村は、代官や領主支配も同じ場合が多い。

　一七世紀中ごろに作成された「正保郷帳」には、太閤検地時の把握のされ方が反映されている（表3）。

「府中」地域では、上泉郷に三つの出作村（池上・府中・王子）、信太郷に池上出作、軽部郷に軽部出作と肥子村出作が確認できる。また、「出作」とは書かれていないが、二つの和気村のうち坂本郷の幕領代官松村吉左衛門支配分が出作村である。黒鳥村も「黒鳥村」（片桐石見守支配）・「上泉黒鳥村」・「郷庄黒鳥村」（ともに幕領代官山田五郎兵衛支配）の三筆に分けて書かれている。これらは、いずれも太閤検地時の「郷」が異なるため、それぞれ別に把握されたものである。このように「府中」地域の平野部においても、多くの出作村が太閤検地時に創出されたのである。

＊信太郷ではほかに七つの出作村が創出された（『信太編』）。また黒鳥三ヶ村は、出作村としては例外的扱いを受けている（後述）。なお、太閤検地が実施された「郷」の範囲は直線で囲われ、明確である（図2）。そのため「出作村」が多く創出された。しかし「郷」内で実施する検地の方法には、検地奉行によって差異があった。信太郷や坂本郷では、郷内にあるA村の百姓の所持地をA村検地帳に記載する方式をとった。そのため、複数の村の百姓が入り組んで田畑を所持する場所では、村領が入り組むことになった（この入り組みの一部は、現在も町域・市域の入り組みとして黒鳥町や観音寺町周辺、泉大津市綾井周辺の市域錯綜などとして残っている）。これに対し、上条郷や下条郷では郷内であらかじめ村の範囲を決め、村の検地帳に村の土地を記載する方式をとった。この方式では、村領の入り組みは発生しないが、村内に他村百姓の所持地が含まれることが多い。

郷ごとの年貢収納と正保期の出作村の切り分け

さて信太郷や上泉郷の事例からは、この無人の出作村について、一七世紀中ごろまで特異な年貢収納の方法がとられていたことが判明している。B郷に集落がある村がA郷でも出作b村として把握されている場合、年貢免定はA郷に集落があるa村に交付され、年貢の割付や収納業務はa村の庄屋に任されていた。たとえば信太郷では、北側に位置する大鳥郡夙《しゅく》村の出作地が信太郷出作夙村として把握され、年貢免定は信太郷上代村《うえだい》の庄屋に交付されていた。免定を受け取った上代村の庄屋は、出作夙村の田畑所持者に年貢を割り付け、所持者から年貢を受け取り、代官に納めていたのである。正保二（一六四五）年までは、すべての出作村においてこうした形がとられていた。信太郷の出作池上村の免定は王子村の庄屋に、上泉郷の出作池上村の免定は伯太村の庄屋に交付されていたと考えられる。

しかしこの年、幕府に提出する郷帳（正保郷帳《しょうほうごうちょう》）作成の下作業が堺奉行の下で行われるなかで、複数の出作村が存在し、実際に所持者が多い村に年貢免定が交付されていない実態が明らかになった。これを受けて、堺奉行は「出作村の年貢免定交付先は、出作村の所持者が多い村とする」という指示を下した。信太郷出作夙村の場合、このころまでに夙村の所持人が激減していたようで、年貢免定の交付先は切り替えられなかった。これに対し、上泉郷では伯太村庄屋に毎年交付されていた出作池上村・出作王子村・出作府中村の年貢免定は、それぞれ池上村・王子村内かわた・府中村の庄屋に交付されるようになった。免定交付先の変更は、当然ながら村領支配業務全般の担い手（すなわち村役人）の変更でもある。そのため、年貢収納業務に必要な検地帳類なども新たに免定交付先となった村の村役人に引き渡された。村むらにとっては、村領の枠組みが大きく変更されることになったのである。これを「出作」の切り分けと表現する史料もある。

免定交付先切り替え後の状況を示すと思われるのが、表3の「和泉一国高附名所誌《いっこくだかつけたりめいしょし》」の欄である。この史料は、元禄元（一六八八）年ごろに民間で作成された地誌である。「正保郷帳」の欄と大きく異なる点は、府中村や池上村・黒鳥村・肥子村が一筆で記載され、その内訳に出作村の高が含まれることである。これは、それぞれ免定の交付先が切り替えられたことを示している。信太郷では、免定交付先が切り替えられなかった場合もある。これに対し、「府中」地域ではすべての出作村が免定交付先を切り替えられている。「府中」地域では、文禄三（一五九四）年の太閤検地によって、自村の庄屋に年貢を納めることができない出作村として扱われても、多くの百姓は土地を手放さなかったためと考えられる。ここから、文禄三年の太閤検地時の「府中」地域では、信太地域よりも村領の範囲がはっきりとしていたと考えられる。

「和泉一国高附名所誌」が作成される少し前の延宝七（一六七九）年には、畿内周辺八ヶ国の幕領で検地が行われた。これによって、当時幕領であった村むらは村高が更新された*（表3）。出作村の切り分け後であるが、幕府がもつ正保郷帳では出作村は以前と同じく一村として書き上げられていたため、出作村もその単位のまま延宝検地を受けている。

しかし一七世紀後半以降、「府中」地域の村むらの領主は変遷していく。そのなかで、領主が無人の出作村を集落がある村に統合して把握するなどの対応が個別にとられることもあった。これが幕府の郷帳に反映され、いくつかの出作村は表面上は見えなくなっていった。

*和泉市域の村むらは、山間部を中心に慶長一六（一六一一）年に片桐且元による検地を受けている。なお延宝検地以前に通用していた村高を古検高《こけん》と呼ぶのに対して、延宝検地によって打ち出された村高は新検高《しんけん》と呼ばれる。一般的に太閤検地では一反を三〇〇歩として検地が実施された。しかし和泉国の太閤検地では一反を二五〇歩として実施された村も多く、その場合、慶長一六年の検地でもこれが踏襲された。延宝七（一六七九）年の幕領検地は、すべて一反三〇〇歩で実施されたが、延宝検地を受けなかった私領の村は一反を二五〇歩とする村高が幕末まで使用された（池上村本郷など）。そもそも一反あたりの石高も村によって、また検地によって異なる。一口に村高と言っても、差違があることに留意する必要がある。

近世村の成立①府中村の場合

あらためて、府中村と黒鳥村に即して太閤検地前後の経緯を整理しておこう。

太閤検地時の府中村は、集落も含めほぼ上条郷上に村領が展開するものの、北西側の上泉郷や南東側の

	郷名	村名	集落	古検高	新検高	年貢免定の交付先	支配	17世紀以降の呼称
Ⅰ	上条郷	府中村	○	1185石余	1321石余	府中村	幕領	本郷
Ⅱ	上泉郷	出作府中村	×	56石余	52石余	伯太村	幕領	府中上泉
Ⅲ	軽部郷	出作府中村	×	99石余	94石余	井口村	幕領	軽部出作

表4　正保期以前の府中村の枠組みと変化

軽部郷にも村領があった。このため太閤検地後には、三つの枠組み（村）として把握された。正保期の出作村の切り分け前の段階では、表4のような状況であったと考えられる。

Ⅰは上条郷で、集落部分を全て含み、全村領の九割近くにあたる。免定は府中村に交付された。これに対し、上泉郷上の村領がⅡ、軽部郷上の村領がⅢで、免定はそれぞれ上泉郷の伯太村、軽部郷の井口村に交付された。府中村の百姓にとっては、自村の庄屋に年貢を納めることができず、伯太村や井口村の庄屋は、「同じ郷である」という理由で他村の年貢収納業務をも負担していたことになる。いずれも豊臣家蔵入地から幕府直轄領となるが、正保二（一六四五）年には、Ⅰ・Ⅲの代官は中坊長兵衛、Ⅱの代官は山田五郎兵衛であった。一七世紀中ごろ以降の文書では、集落のあるⅠは本郷、Ⅱは府中上泉、Ⅲは軽部出作と呼ばれた。

その後、正保期の出作村の切り分けによって、Ⅱ・Ⅲとも府中村に免定が交付されるようになった。これは、太閤検地から五〇年を経ても、Ⅱ・Ⅲの土地を府中村の百姓が中心的に所持していたためと考えられる。こののち、府中村（Ⅰ〜Ⅲ）の領主は貞享三（一六八六）年から松平忠周（武蔵国岩槻藩）、元禄一〇（一六九七）年から小笠原長重（武蔵国岩槻藩）となる。さらに、宝永七（一七一〇）年に幕領に戻ったのち、延享四（一七四七）年から一橋家領知となり、幕末にいたる。この間、いずれの領主も府中村の三つの枠組みを変更することはなかった。*

*信太郷上にある出作夙村の免定を一七世紀中期以降も交付され続けた上代村は、一七世紀後期に柳沢吉保領となった。柳沢家は上代村に出していた二通の免定（上代村分と原田村分）を一通（上代村分）に統合して出す、という改変を行っている（実質的に支配する村数の一村減となる。なお夙村は一七世紀後期に原田村と改名したため、免定での村名表記も変更されている。『信太編』）。こうした対応は領主によって異なった。

三つの村という枠組みが残されたことは、村役人の置き方にも影響した。すなわち、Ⅰ〜Ⅲそれぞれに担当する村役人を置くことが求められたのである。Ⅰの村役人は、村領や村人に関わる事柄全般を扱うが、Ⅱ・Ⅲを担当する村役人には村人に関わる業務は当然なく、村が村領（土地）のみというあり方に即した業務に限定されたと考えられる。

なおⅠについては、比較的早い段階から本郷と呼び慣わしていたようである。池上村でも集落のあるⅠにあたる部分を本郷、出作村には郷名を付して呼んでいたことが確認できる。出作村の切り分けを受けた村において、領主が出作村と本郷を統合しない場合、このように区別し続けることが一般的であったようである。またⅠ〜Ⅲはいずれも延宝検地を受け、一反を三〇〇歩として打ち出された村高が以後使用されている。次にみる黒鳥村と比べると、この点も府中村を考えるうえでは意識しておく必要があろう。

近世村の成立②黒鳥三ヶ村の場合

黒鳥三ヶ村は、市域のなかでは近世につながる集落の形成がいち早く確認できる村である。遅くとも一四世紀には、安明寺《あんみょうじ》を中心として五つの座が構成されていた。その後の展開ははっきりしないが、一六世紀末には三つの集落（上村・坊村・辻村）からなる黒鳥村を構成していた。この三集落はそれぞれが独立した共同体で、氏神である天満天神社の祭礼にもそれぞれ神拝する単位であったと考えられる。

この三つの集落は郷をまたいで広がっていた（図3）。つまり上村の南東側と辻村は坂本郷（郷庄）、上村の北西側は上泉郷、坊村は上条郷に集落があった。集落があるため、太閤検地の際に出作村として扱われることはなかったが、郷ごとに三つの村請制村として把握された（表5）。これにより、辻村と上村はそれまでの村とは異なる形で把握をされたが、生活共同体（集落）としての根本的なあり方の変容には直結しなかっ

<table>
<tr><th>中世</th><th>郷名</th><th>村請制名</th><th>集落</th><th colspan="2">村高</th><th>呼称</th><th>領主</th><th>共同体</th></tr>
<tr><td>坊村</td><td>上泉郷</td><td>黒鳥坊村</td><td>○</td><td colspan="2">古検115石余</td><td>坊村</td><td>小泉藩</td><td>坊</td></tr>
<tr><td rowspan="2">上村</td><td>上条郷</td><td>黒鳥上村</td><td rowspan="2">○</td><td colspan="2">古検249石余
新検306石余</td><td>上村</td><td>幕領→岩槻藩→幕領→一橋家領知</td><td>上</td></tr>
<tr><td rowspan="2">坂本郷</td><td rowspan="2">郷庄黒鳥村
（黒鳥下村）</td><td rowspan="2">古検
364石余</td><td>古検
107石余</td><td rowspan="2">下村</td><td rowspan="2">幕領→伯太藩</td><td>郷庄</td></tr>
<tr><td>辻村</td><td>○</td><td>古検
256石余</td><td>辻</td></tr>
</table>

表5　黒鳥三ヶ村と四ヶ村

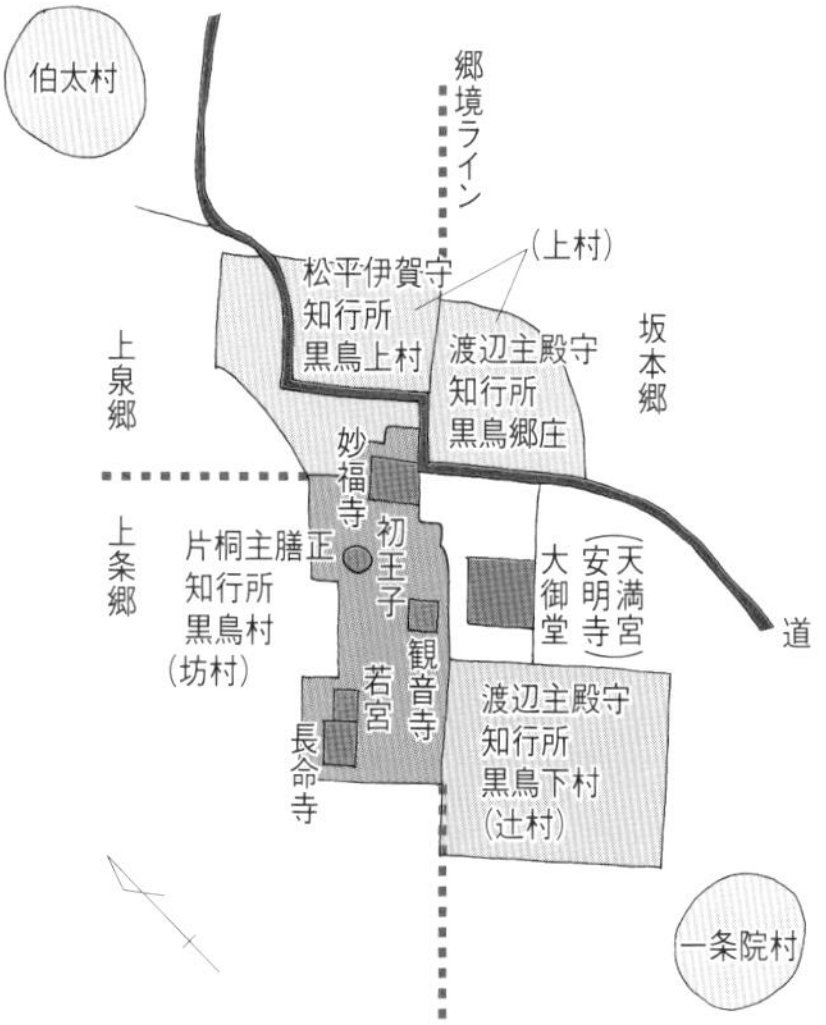

図3　黒鳥村の各集落（17世紀後半）遠藤家文書の絵図をもとに着色・加工。

た。すなわち、幕府や領主は郷庄黒鳥村を三六四石余の村として扱うものの、郷庄黒鳥村内部では辻村分（二五六石余）と上村分（一〇七石余）に分け、村役人も別におき、年貢収納もそれぞれの村役人が担当する体制をとったのである。府中村でⅡやⅢとされた出作村が府中村に切り分けられた（府中村百姓が土地の所持を継続した結果）ように、太閤検地以前に展開していた村のあり方は、簡単に変化するものではなかった。

しかし太閤検地での把握のされ方は、長期的には三村のあり方を変容させていった。この状況が長く続くなかで、郷庄黒鳥村に含まれる上村は、一八世紀後期には「郷庄」として天満天神社への四つ目の神拝単位となった。以下では混乱をさけるため、村請制村である郷庄黒鳥村を黒鳥下村と表記し、そのうち上村分を郷庄、辻村分を黒鳥辻村と表記する。

黒鳥三ヶ村は、領主支配の面でも府中村とは異なる展開を遂げた。三つの村請制村は別の領主による支配を受けたのである。黒鳥坊村は天正一四（一五八六）年には豊臣秀吉の重臣である片桐貞隆領となり、廃藩置県まで小泉藩領として続いた。これに対し、黒鳥上村と黒鳥下村は豊臣家蔵入地から幕領となった。このうち黒鳥下村は寛文元（一六六一）年に渡辺家領となった。この渡辺家はのちに伯太村に陣屋を構え、伯太藩と呼ばれた。黒鳥上村は、貞享三（一六八六）年から松平忠周領（武蔵国岩槻藩）、元禄一〇（一六九七）年から小笠原長重領（武蔵国岩槻藩）となり、宝永七（一七一〇）年に幕領に戻ったのち、延享四（一七四七）年から一橋家領知となっている。これは府中村の領主の変遷と同じである。この間に延宝検地を受けたのは、その当時幕領であった黒鳥上村だけで、黒鳥坊村・黒鳥下村の村高は江戸時代を通して古検高のままであった。

このように、隣接する府中村と黒鳥三ヶ村は、条里制地割の郷ごとに実施された太閤検地によって、近世的な村の枠組みを与えられた。しかしその後、年貢収納方法や高の切り分け、領主変遷など、異なる経緯をたどった。江戸時代の両村のあり方は、中世末までに築いた村のあり様を土台としつつも、幕府や領主による把握・支配のあり方に影響を受け、変容していったのである。

3　領主支配の変遷

次に、「府中」地域の領主の変遷を、和泉国をとりまく状況を視野に入れながら、順に整理しておこう（表6）。

一七世紀半ばまで

豊臣政権期である一六世紀末には、和泉国は南郡・日根郡を中心とする岸和田藩（当初四〇〇〇石、以後順次加増され、一六一三年に五万石となる）をのぞき、ほぼ豊臣家の蔵入地《くらいり》（直轄地）であった。豊臣家蔵入

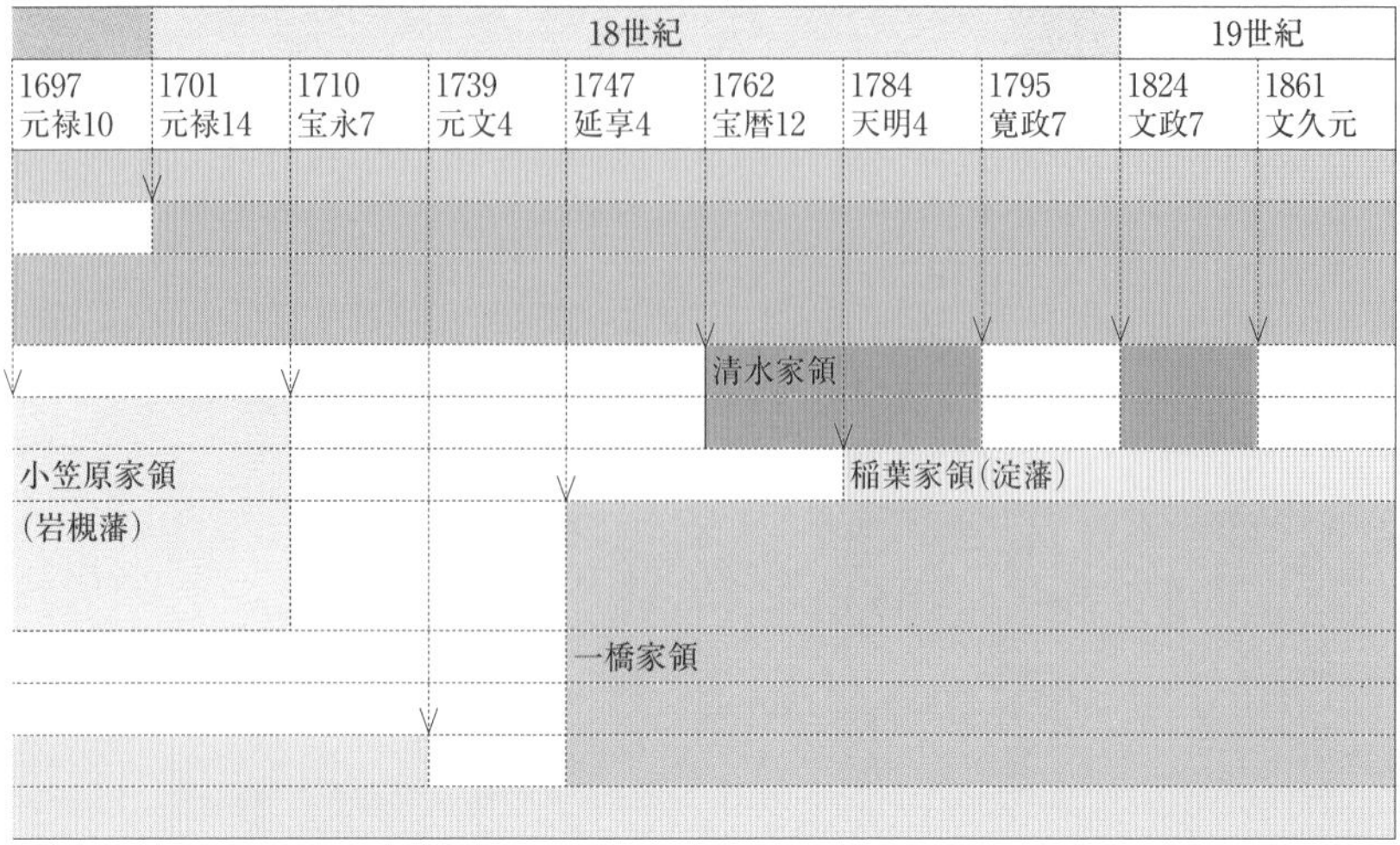

地は、豊臣家の家臣のなかでも吏僚的性格の強い人物が代官として支配していた。そうしたなか、天正一四（一五八六）年に片桐貞隆に上条郷の一〇七〇石が知行として与えられた。＊この上条郷一〇七〇石は、府中村に隣接する肥子村・池上村・黒鳥坊村と、豊中村（泉大津市）であると考えられる。貞隆はこの頃「泉州蔵入六郷《くらいりろくごう》一万九百廿石」の代官、すなわち和泉国内にある豊臣家蔵入地一万石余の年貢収納を任されており、この職務に対する知行宛行《あてがい》であったと考えられる。また「六郷」という表現から、文禄三年の太閤検地以前から検地の実施範囲となる「郷」が地域を把握する枠組みとして存在していたことも判明する。

＊和泉市史では『和泉市史第二巻』（一九六八年）以来、天正一四年に豊臣秀吉から上条郷一〇七〇石の知行を与えられたのは片桐且元であるとしてきたが、正しくは片桐貞隆である。

江戸幕府が成立した直後の慶長一〇年代には、幕府は畿内を中心とする一一ヶ国に国奉行《くにぶぎょう》を設置し、一国全体の農政などを監察させた。和泉国の国奉行となったのは片桐貞隆の兄・片桐且元であり、且元は国絵図作成（慶長一〇年ころ）なども担当した。貞隆に与えられた上条郷の一〇七〇石は、幕末まで小泉藩領として続いた。

なお幕府直轄地となってからの和泉国の代官は、堺や摂津平野郷の豪商や豪農に出自を持つ畿内型代官や、元は北条氏や今川氏の家臣で、関東

世紀	17世紀								
西暦 元号	1586 天正14	1615 元和元	1661 寛文元	1662 寛文2	1678 延宝6	1681 天和元	1684 貞享元	1686 貞享3	1694 元禄7
肥子・黒鳥坊・池上	片桐家領(小泉藩)								
池上出作(信太)									
池上出作(上泉)・伯太・黒鳥辻			渡辺家領(伯太藩)						
肥子出作									
一条院									
和気・和気郷庄・井口		幕領						松平家領	
府中・府中上泉・軽部出作・黒鳥上・小田								(岩槻藩)	
寺門・今福									
坂本・今在家・桑原				青山家領	太田家領		土屋家領(土浦藩)		
観音寺						旗本稲垣氏知行所			

表6　「府中」地域の領主変遷表　空白は幕領。

から派遣された関東代官など、さまざまであった。ただし共通するのは、豊臣政権期や江戸時代初頭から長く和泉国を担当した点である。同じ家から四代にわたって代官を務めた事例もある。これによって、幕府は上方の旧豊臣氏蔵入地を安定的に支配することが可能になったのである。しかし次にみる幕領から私領への転換、幕領代官の交代などにより、一七世紀後期以降急速に状況は変化した。

寛文期（一六六〇年代）の変化

一七世紀後期の寛文期には、和泉国・摂津国・河内国の幕領が、西日本の大名を統制する大坂城代《じょうだい》や、大坂城の守衛にあたる大坂定番《じょうばん》に就任する大名や旗本に、役知《やくち》として与えられていった。「府中」地域での最も早い事例は、のちに伯太藩領となる伯太村・池上出作（上泉）・黒鳥下村で、寛文元（一六六一）年に渡辺吉綱に与えられた。渡辺家は知行三五〇〇石の旗本であったが、大坂定番に就任するにあたり、河内・和泉において一万石を加増され、譜代大名となったのである。これらの村むらは定番を退いた後も渡辺家領のまま維持された。渡辺家はその後二度目の大坂定番を退いたのち、享保一三（一七二八）年に伯太村に陣屋を移した。元禄一四（一七〇一）年には、領知交換にともない池上出作（信太）も伯太藩領となっている。

寛文二（一六六二）年には、坂本村・今在家村・桑原村が譜代大名青山宗俊領となった。青山氏は大坂城代への就任にあたり、二万石の加増地を与えられたのである。ただし渡辺家領とは異なり、青山氏への加増分は、城代役知として後任の太田資次、さらに土屋政直に引き継がれていった。また、天和元（一六八一）年には、堺奉行に就任した稲垣重氏に役知として観音寺村と寺田村の合計五〇〇石が与えられた。

貞享期（一六八四年〜）から一八世紀初頭にかけて

貞享期に入ると、さらに和泉国の幕領は私領化が進んだ。この時期、五代将軍徳川綱吉が登用した側用人や老中など、幕政の要人に与えられていったのである。「府中」地域では、貞享三（一六八六）年に幕領として残っていた黒鳥上村・小田村・府中村・府中上泉・軽部出作・一条院村・和気村・和気郷庄・井口村が側用人の松平忠周領（武蔵国岩槻藩）となった。忠周は四年で側用人を退いたが、元禄一〇（一六九七）年に但馬国出石に転封となるまで、和泉国の領地を支配するための役所を府中村に置いていた。これらの村むらは、忠周のあと岩槻に入った老中小笠原長重領となった。また大坂城代の役知として坂本村などをあてがわれた土屋政直（駿河国田中藩）は、その後京都所司代となり、貞享四（一六八七）年に老中に就任した際に、旧領の常陸国土浦に転封となった。しかし泉州の領知を引き続きあてがわれ、さらに元禄七（一六九四）年には和泉国で一万石を加増され、今福村・寺門村なども領知に組み込まれた。

市域ではこの時期に、側用人牧野成貞領や、側用人柳沢吉保領となった村むらもある。ただし、小笠原長重の子・長煕が宝永八（一七一一）年（正徳元年）に岩槻から遠江国掛川に転封になると、和泉国の一万石は幕領に戻される。柳沢家領などもこのころまでには幕領に戻っており、一八世紀に入ると側用人の領知は限定的になる。寛文期の動向も合わせて考えると、大坂に近く生産力も高い和泉国は、幕府支配を強化するために必要な人物に領知として与え、その任が終われば幕領に戻すという措置がとられたようである。南郡と日根郡には岸和田藩が存在するため、この傾向は大鳥郡と泉郡において顕著であった。

一八世紀半ば以降

一八世紀中期には、大きな画期があった。御三卿の田安家・一橋家の成立にともない、大鳥郡・泉郡のうち、一八世紀初頭に老中や側用人の領知であった村むらの多くが、延享四（一七四七）年に田安家領知・一橋家領知となったのである。「府中」地域では、幕領に戻っていた黒鳥上村・小田村・府中村・府中上泉・軽部出作・観音寺村（一部）と、土屋家（土浦藩）領であった寺門村・今福村・坂本村・今在家村・桑原村が、一橋家領知となった。また一条院村と肥子出作もやや遅れて成立した御三卿の清水家領知となっている（ただし清水家は家としては安定せず、当主不在となる時期もあった。その間は幕領に戻す措置がとられた）。また天明四（一七八四）年には、幕領に戻っていた和気村・和気郷庄・井口村が稲葉家（山城国淀藩）領となっている。こののち、領主支配の大きな変化はなく、幕末に至った。

4　村むらの水利環境

1でみたように、「府中」地域の村むらは、市内の他地域と比べて、山林の利用、氏子圏、墓郷、あるいは領主支配の枠組みなどにおいて、村をこえた結びつきはあまり見られない。そのなかにあって、村むらの結びつきの基盤となったのは、用水であった。「府中」地域では、主として河川と溜池を組み合わせた灌漑が行われた。ただし、その内部では、水利環境が少しずつ異なっており、個別の水利関係が築かれた。同時に、槙尾川に設けられた六つの井堰を用いる井郷は、谷山池の水利用を目的とした共同関係（谷山池郷）を築き、広域な地域秩序を形作った。次にこの点について、少し詳細にみておこう（第1部コラムⅡ参照）。

槙尾川右岸上流

槙尾川右岸は、信太山丘陵と槙尾川に挟まれた河岸段丘と沖積平野からなる。田地は、丘陵の小谷に築いた溜池と、槙尾川からの取水によって灌漑された。以下、上流から順に地域の水利環境をみていこう。

坂本村から今在家村にかけて連続する段丘面を灌漑する用水が、太田井である。谷山池郷の六井堰のうち、上流から数えて二番目にあたる。槙尾川の標高四五メートル付近に堰を設け、坂本断層の西側を沿うように水路が設けられた。なお、坂本村と池田下村との村境にある鳥池《とりいけ》・青池《あおいけ》は、一之井の余水を蓄え坂本村へ引き入れるため、槙尾川用水の一部として位置づけられる。

坂本断層よりも高位の田地は、信太山丘陵内部や裾野に築いた溜池で灌漑した。延宝三（一六七五）年に上位段丘を開発して坂本新田が作られるが、ここにはすでに坂本村の集落周辺や今在家村を灌漑する溜池があった。また、禅寂寺《ぜんじゃくじ》の東側谷筋には、坂本村と今在家村の耕地を灌漑する菰池《こもいけ》・浦池《うらいけ》が築かれた。このように、今在家村と坂本村は、水利の点で強い結びつきを持っていた。

黒鳥三ヶ村の集落西側の平野部は、府中村との立会水利であるこうこうず井が灌漑した。槙尾川の標高二九メートルほどの地点に設けた堰で取水し、黒鳥三ヶ村（および桑原村と一条院村の一部を含む）の低位段丘面と、府中村域の北東側（大津―槙尾道以北。府中上泉を含む）の田地を灌漑した。ほかの用水よりも比較的水量に恵まれていたようで、余水は、黒鳥三ヶ村の北隣にある伯太村今池や藤心池《ふじこころいけ》に蓄えられ、伯太村の平野部から池上村以北へ供給された。集落よりも高位の土地の灌漑は、丘陵内の溜池群が用いられた（第4

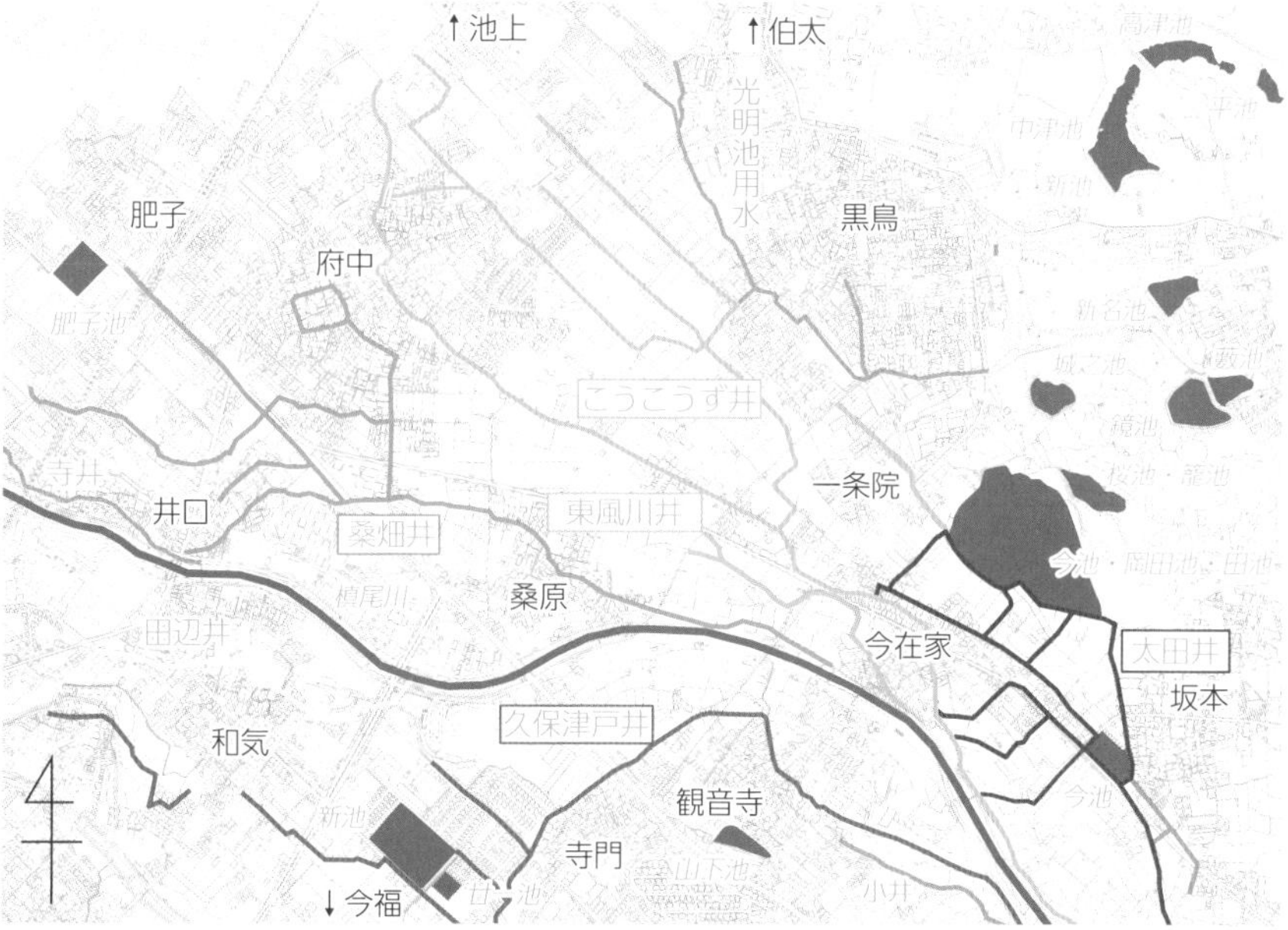

図4　槙尾川用水と丘陵の溜池群　四角で囲んだ井は、谷山池郷の水路。谷山池郷は、さらに上流に一之井がある。

章1）。黒鳥村領内の谷筋にある溜池は黒鳥三ヶ村が利用するもので、もっぱら集落近辺の高位段丘を灌漑する。この溜池群は、中世に開発・整備された白木谷に相当すると推定される（第3部第2章）。これとは別に、一条院村領の山内に黒鳥三ヶ村と一条院村立会の池が多くあった。そのため水利用の点において、黒鳥三ヶ村の平野部は府中村と、丘陵縁辺部は一条院村と強い関係をもっていた。

槙尾川右岸下流

槙尾川右岸地域でやや下流に位置する府中村・桑原村・井口村・肥子村は、村領内に溜池が築けるような小高い山を持たないため、もっぱら槙尾川用水によって灌漑された。

府中村の南半分（大津―槙尾道以南。軽部出作を含む）は桑畑井が灌漑した。桑畑井はこうこうず井より下流で取水し、余水は井口村や肥子村・肥子出作に供給された。谷山池郷六用水のなかでは最下流に位置するため、谷山池の樋抜《ひぬ》きの日程を池郷と相談したうえで決定し、廻状《かいじょう》を出す権限を有した。灌漑域の地質は、「水軽《みずかる》き土地」で、旱損しやすく、井戸を掘って水を汲み上げて用水を補うものの、冷たい地下水では農作物が生育しづらかったらしい（府中・佐野家文書）。これは、府中周辺が歴史的に槇尾川の氾濫域として形成された沖積平野であることに起因する（第1部）。そのため、槇尾川に隣接する地域は田地として利用できず、ほぼ畑地であった。

こうこうず井と桑畑井に挟まれた狭い田地を東風川井《こちかわい》が灌漑した。東風川井は谷山池郷の五番目の用水である。「谷山池は俊乗坊重源が築造」し、「重源の生誕地は桑原村である」という伝承に基づき、東風川井（桑原村）は谷山池に関する普請役を免除された。桑原村の集落周辺は槇尾川に近く、全体として水持ちが悪かったため、畑地が多く展開した。

井口村は、軽部出作と槇尾川に挟まれた地域に位置する。肥子村（・肥子出作）は府中村の北西側にある。いずれも独自の水源がなく、桑畑井から余水を供給される立場にあった。肥子村では、村内の肥子池に桑畑井の余水を蓄え、村域の田地を灌漑した。平野部にあって独自の水源を持たない村むらは、水量が比較的潤沢な隣村から水を分けてもらい、田地を灌漑した。

槇尾川左岸（松尾川右岸）

槇尾川左岸地域は和泉中央丘陵の北端に位置する。もっぱら丘陵内に築いた溜池と槇尾川からの用水によって灌漑された。西に流れる松尾川と挟まれた地域であるため、一部に松尾川の用水も利用した。

久保津戸井《くぼつといい》は槇尾川の標高三二一メートル付近に堰を設ける、四ヶ村（観音寺・寺門・今福・和気）立会の用水である。和泉中央丘陵の裾野に水路を廻し、寺門村付近から和気村に向けて条里制地割に沿って複数の水路が引かれた。同じ槇尾川の水を用いる小井は、久保津戸井と集落のある段丘面の間の細長い土地区画を灌漑する、観音寺村単独の用水である。久保津戸井より少し上流の標高三五メートルほどの所に堰が設けられた。

観音寺村のうち標高三〇〜四五メートル前後の中位段丘は、和泉中央丘陵の谷筋に築いた溜池群（現小山池用水）によって灌漑された。段丘の付け根部分には伏流水が湧き出る渕（清水）があり、中位段丘面の灌漑を支えた。中央丘陵最北端の裾野に築かれた門池は、北側の裾野から平野部にかけて広がる寺門村・今福村・和気村を灌漑する立会池である。もっぱら丘陵の小谷の水を蓄えたが、松尾川の水が供給されることもあった。箕形《みがた》村領内の松尾川に堰を設ける寺田井は、寺田村（一橋家領・稲垣家領）・今福村・観音寺村・寺門村、摩湯《まゆ》村（岸和田市）を灌漑した（コラムⅡ）。しかし、門池にも水を引き入れたために、下流で松尾川を利用する尾井用水（小田村）が影響をうけ、寛政七（一七九五）年に対立が生じた。和談の結果、冬春の用水を必要としない時期に、小田村に差支えない範囲で門池へ引水することが認められた（小田・辻野家文書）。

久保津戸井の流末にある和気村は、文政七（一八二四）年に領主淀藩に願い出て、新池（現和気小学校敷地）を築いた（和気・田所家文書）。すぐ南側にある宇右衛門池（廿一池）の四倍近い面積である。集落以北は、和気村の単独用水である田辺井（井田井）によって灌漑された。田辺井は槇尾川に堰を設けるが、谷山池郷には属していない。さらに北の小栗街道を越えた一帯には畑地が広がっており、井戸や渕の水を利用した。

松尾川左岸（牛滝川右岸）

小田村は、「府中」地域のなかでもっとも西にあり、松尾川と牛滝川に挟まれた地に位置する。そのため、他とは異なる独自の水利体系にあった。

村域の南端にある、古代に築かれた軽部池は長くこの地域の農業生産を支えた。軽部池の池床は条里五

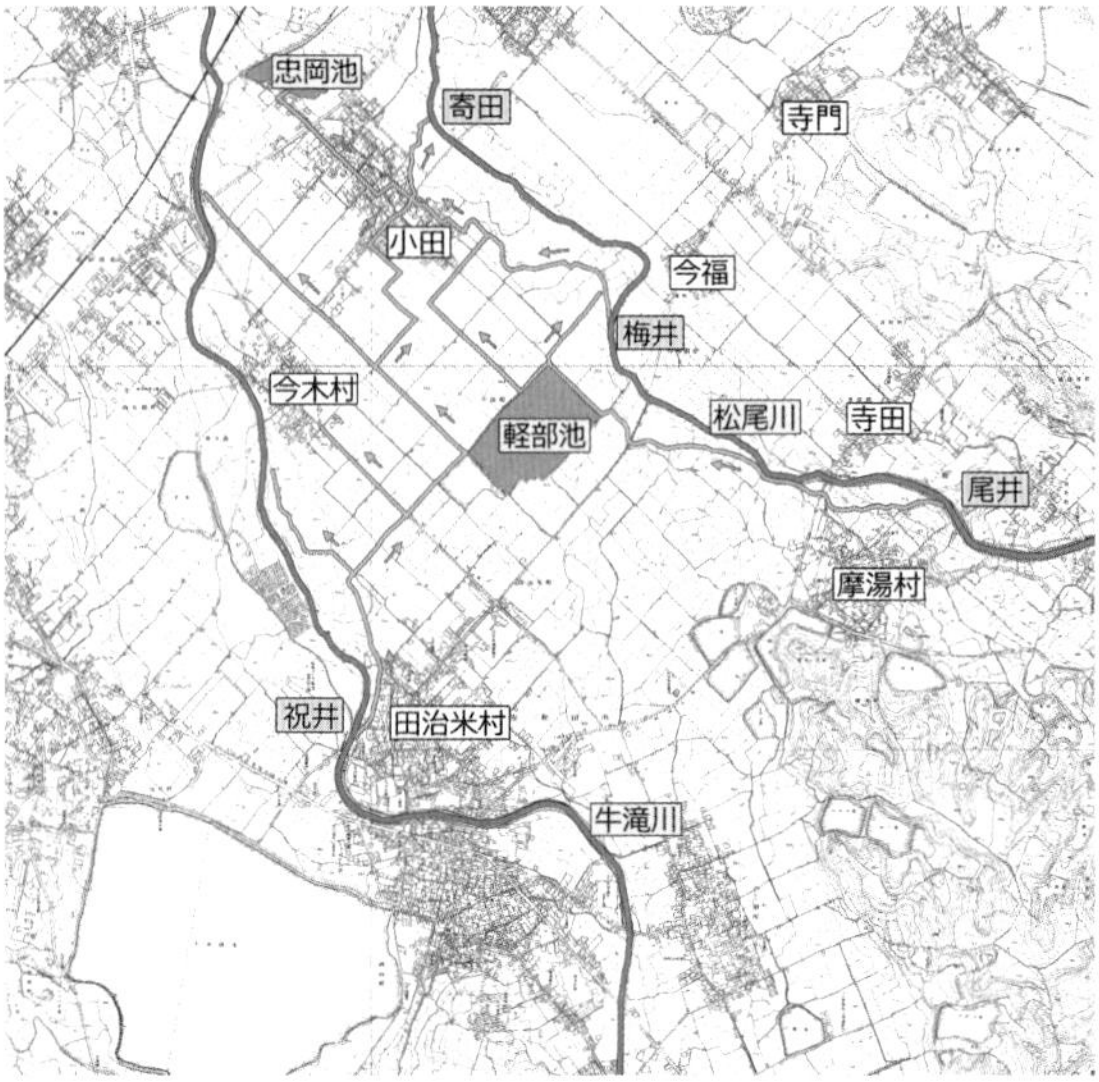

図５　小田村周辺の水利

坪分あり、耕地四八町歩（天保二（一八三一）年「様子大概書」）を灌漑する巨大な皿池であった。これに加え、松尾川の水を引く尾井・梅井・寄田井、牛滝川の水を引く祝井があり、軽部池と組み合わせて利用した。尾井は、松尾川左岸に堰を設け、軽部池の脇を通る。余水は軽部池や梅井に合流させた。梅井は小田村単独の水利で、その水路は集落内部を通るため、飲料水や風呂水などの生活用水としても利用したらしい。松尾川のもっとも下流に堰を設けるのが寄田井で、川の右岸側に取水口を設けて灌漑した。牛滝川から取水する祝井は、右岸に井路を設け、小田村・今木村・東大路村の田地へ引水する。

　このように小田村は単独の水利が多い一方で、牛滝川を利用する村むら（岸和田市）との共同関係を結んでいたことが注目される。

「府中」地域を覆う槙尾川—谷山池用水

　ここまでみてきたように、「府中」地域では、水の利用をめぐって、井堰や溜池を共同で維持・管理する組合をつくり、村むらの生産・生活を支えた。そのなかでも、とくに谷山池と槙尾川用水は、本巻で対象とする「府中」地域の農業生産を支える重要な水源であった。そのため谷山池と槙尾川用水を中心とする用水秩序については、章をあらためてみることにしよう。

コラムⅣ　和泉国慶長国絵図に描かれる「府中」地域

江戸幕府は、全国支配のための基礎作業として、一国ごとに郷帳《ごうちょう》（郡ごとに村名と村高を書き上げる）と国《くに》絵図《えず》を提出させた。これは、江戸時代を通じて全国一斉に四度行われている（慶長・正保・元禄・天保）。慶長の国絵図と郷帳は、慶長一〇（一六〇五）年ごろに各国から幕府に提出された。和泉国は当時の和泉国奉行であった片桐且元がその役目を担った。ただし、幕府が受け取った慶長の国絵図・郷帳は江戸城の火災などで失われ、正本は現存しない。現存する和泉国の慶長国絵図は二点あり、いずれも紀州徳川家に伝わった写しである（南葵文庫《なんきぶんこ》・東京大学付属図書館所蔵）。紀州徳川家は、和泉の隣国を支配する立場から、幕府が管理していた正本をもとに、写しを作成したと考えられている。このような事情からか、紀伊国に続く街道は丁寧に描かれるが、摂津国や河内国に続く街道はその行き先の記載がない、村名の写し間違いや村高の誤記などが多いことが指摘されている。とはいえ、一七世紀初頭にどのように村むらが把握されていたのかを示す貴重な絵図資料である。ここでは、現存する和泉国の慶長国絵図に描かれる「府中」地域の様子をみておこう。

慶長国絵図において、「府中」地域は図6のように記載されている。

道は赤く（図では桃色に着色）表記される。村はほぼ正円で表現され、郡ごとに色分けされている（薄橙色が泉郡、黄緑色が大鳥郡、橙色が南郡）。府中村は小栗街道上に描かれ、また槙尾道・牛滝街道の起点であることも示されている。ただし、大津道は記されていない。他の村に注目すると、描かれる位置が明らかにおかしいものや（寺門村）、村名の誤記と思われるものもある（「井江」は井口村と考えられる）。また一条院村の南東側にある村名記載のない村は、位置から考えると今在家村であろう。また今福村の村高

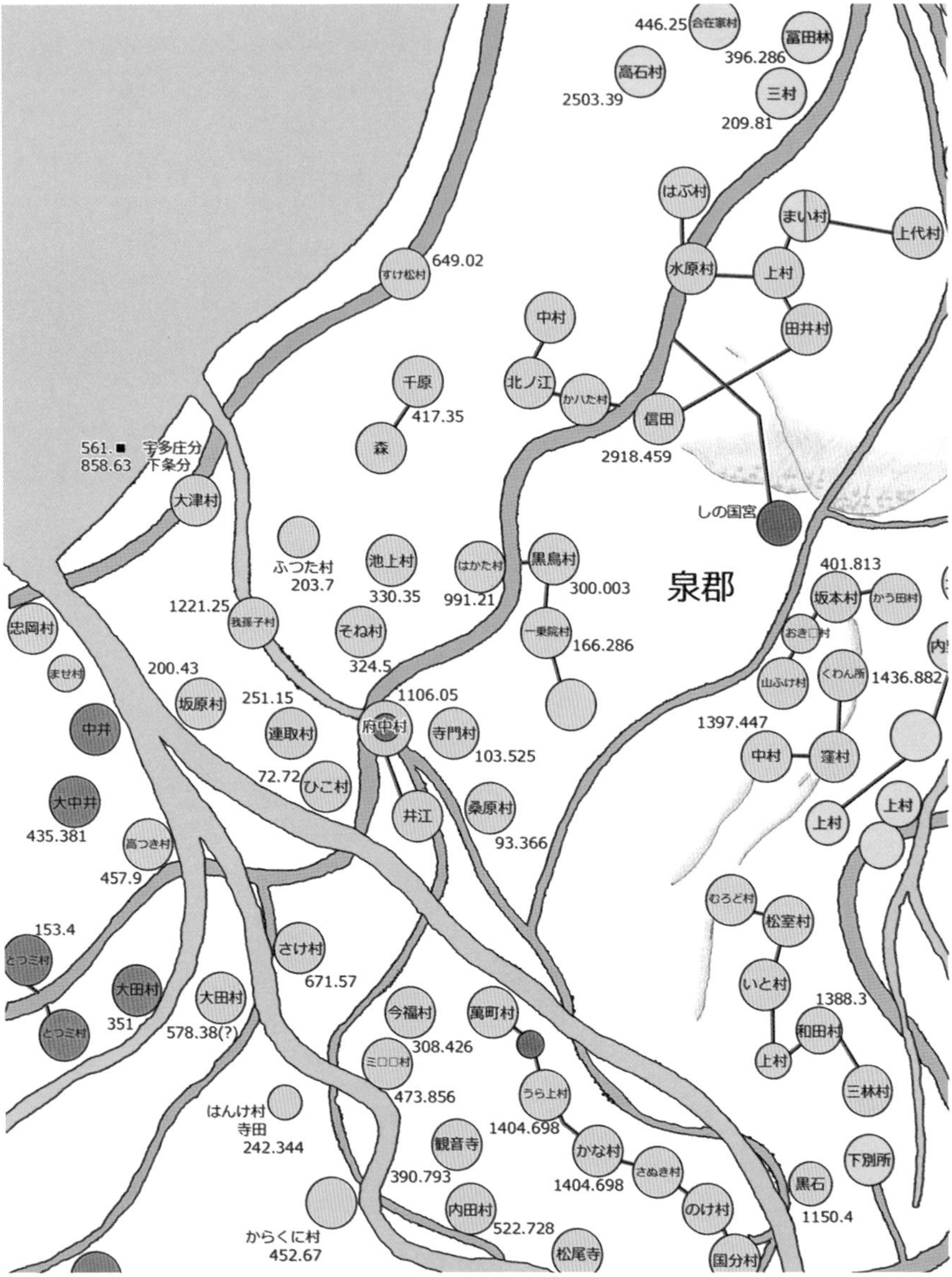

図６　和泉国慶長国絵図に描かれる「府中」地域とその周辺

三〇八・四二六石は明らかに多く、今在家村の村高ではないかと考えられる。

　このように、慶長国絵図の内容には不審な点が多い。しかし一見不可解な村高の記載は、太閤検地での郷ごとの把握を前提におくと理解できる。たとえば、府中村の村高一一〇六・〇五石は、府中村本郷（上条郷）の高に比較的近い数字である。肥子村の七二・七二石は「正保郷帳」と一致し、池上村の三三〇・三五石も同村に残る史料では古検高として確認できる。また、伯太村の九九一・二一石は、伯太村高に、当時伯太村庄屋が年貢収納業務を担っていた上泉郷の三つの出作村（出作府中村・出作池上村・出作王子村）の高を加えた数字に比較的近い。黒鳥村は三三〇・〇〇三石とあるが、これは郷庄黒鳥村（黒鳥下村）を指すと考えられる。

　また以後の国絵図と比較すると、出作村が一切記載されていないという大きな特徴も指摘できる。たとえば元禄国絵図では、村はすべて楕円形で描かれ、その中には「府中上泉」や「軽部出作」「肥子出作」などもある。つまり、慶長国絵図に記載される村高には出作村の高も含まれていることを想定する必要がある（あるいは出作村が村高も含め反映されていない可能性もある）。一般的に慶長国絵図は近世初頭の村の形成を示すものとして注目されるが、和泉国の平野部地域については、むしろ検地による郷ごとの把握の一端が示されたものとして評価すべきである。

　最後に、府中村周辺にもう一度注目しておきたい。よく見ると府中村の内側には赤い円が描かれている。赤い円は神社を指すようなので（信太明神社は、赤い円で示され「しの国宮」と脇に書かれている）、これは五社惣社を表現していると考えられる。また、府中村から大阪湾に向けて描かれる細い川筋は、府中清水から流れ出る川である可能性が高い（あるいは正本では大津道と川が並行して描かれていたのかもしれない）。正保国絵図以降では、五社惣社は鳥居や社殿が描かれている。慶長国絵図でも、一見しただけではわからないが、五社惣社や府中清水を表現しようとする意志を読みとることができる。

第2章　谷山池用水をめぐる地域秩序

「府中」地域の生産と生活に関わる地域秩序を成り立たせる大きな柱が槇尾川用水（谷山池用水）組合だったことは先に触れたが、本章では、村落間で繰り返し起こった用水争論を手掛かりとして、そうした地域秩序の形成と展開をたどっていきたい。

第1章で触れたように、近世には、府中村ほか一〇ヶ村が、一ノ井《いちのい》・太田井・こうこうず井・久保津戸《くぼつと》井・東風川《こちがわ》井・桑畑《くわばた》井の六つの用水を利用して槇尾川から水を引き、渇水時には谷山池（上池・中池・下池）から水を抜き下して、田畑を耕作していた。一〇ヶ村は、一ノ井による池田下村、太田井による坂本村・今在家村、こうこうず井による府中村と黒鳥村、久保津戸井による和気村・観音寺村・寺門村・今福村、東風川井による桑原村、桑畑井による府中村である（図4）。もっとも一ノ井の水は一部、室堂村の耕地にも引かれたが、谷山池を利用する村むらの関係では、一ノ井は池田下村が代表していた。また、こうこうず井の余水は水下の池上村・伯太村などが利用していたが、こうこうず井の水掛りとしては、府中村・黒鳥村（辻村・坊村）の二ヶ村であった。なお、槇尾川から取水して観音寺村の耕地の一部を灌漑する小井《こい》があったが、これは谷山池の池水を利用できず、先の六用水とは別の位置づけであった。

一七世紀には、このような六用水の組合村むらや各用水の水掛り役田数《やくでんすう》一〇八町（一ノ井一八町、太田井一〇町、こうこうず井四〇町、久保津戸井一六町、東風川井六町、桑畑井一八町）（表7）はすでに定まっていた。しかし、それがどのように運用されるべきかについては、村それぞれの利害が絡まり合い、その解釈が対立して何度も争論が起こった。そうしたなかで、享保期に関係村むら全体で大規模な用水争論が起こり、大坂町奉行所の裁許によって谷山池用水をめぐる地域秩序の大枠が確定する。

その意味で享保の用水争論は地域秩序の形成にとって大きな画期であった。本章では、1で享保争論以前の争論、2で享保争論、3でそれ以後の争論の順に見ていく。1で取り上げる二つの争論は、享保争論において相互に前例として参照されており、いわば享保争論へ向けた前提を成していた。享保争論は、こうこうず井二ヶ村と他用水八ヶ村の争論、こうこうず井と久保津戸井の争論の二つが複合して展開し、ここで基本的な秩序が確定された。3で取り上げたそれ以後の争論は享保裁許の枠内でお互いに主張を展開し合うもので、利害調整の意味を持っていた。

享保争論におけるこうこうず井二ヶ村とほかの八ヶ村の争点は、谷山池水についての役田数が費用負担の基準だけなのか、それとも利用の基準でもあるのかという点にあった。普通は利用と負担は表裏の関係にあるが、ここでは負担の基準だけであるという形で結着する。しかし、その際、田数の変更が行われるなどの調整が行われた。

こうこうず井と久保津戸井との争点は、どちらが上流で取水するかという上下論であった。久保津戸井を除く五用水は、槙尾川右岸の田地を養うものであり、その上下の順序は明白であった。ところが、左岸にある久保津戸井は、取水する井口から井路をさかのぼらせ、それが右岸で隣接するこうこうず井との対立を繰り返させる要因と

	宝永7(1710)年	享保12(1727)年以後
一ノ井	18町	左に同じ
池田下	16町2反	
（室堂）	1町8反	
太田井	10町	左に同じ
坂　本	3町3反	
今在家	6町7反	
こうこうず井	40町	30町
黒　鳥	10町	7町5反
府　中	30町	22町5反
桑畑井	18町	左に同じ
府　中	15町7反	
（軽部出作）	2町3反	
東風川井	6町	左に同じ
桑　原	6町	
久保津戸井	16町	26町
観音寺	8町（観音寺・寺門・今福）	4町3反3畝10歩
寺　門		4町3反3畝10歩
今　福		4町3反3畝10歩
和　気	8町	13町
池郷全体	108町	左に同じ

表7　谷山池郷の役田数　数値は以下の史料のままとする。宝永7年「池数斗木樋之御改帳」（黒鳥・浅井タケ氏所蔵史料）、天保2年「泉州泉郡村々様子大概書」（一橋徳川家文書）。

事項
久保津戸井とこうこうず井が井堰の上下をめぐって対立し、こうこうず井が訴え出る。
貞享元年の裁許にたいし、久保津戸井が訴え出る。
貞享２年の裁許にたいし、こうこうず井が再度訴え出る。
久保津戸井内の四ヶ村が、番水の方式をめぐって争う。
谷山池普請計画をめぐってこうこうず井２ヶ村とその他の８ヶ村とが対立し、８ヶ村が京都町奉行所へ訴え出る。
争論の管轄が大坂町奉行所へ移る。
井堰の上下争論について、大坂町奉行所はこうこうず井の主張を認めてこうこうず井が川上の井堰であるとの裁許を下す。
谷山池の普請が行われる。
大坂町奉行所が、享保３年以来の複合水論について、二つの裁許を下す。これによって槙尾川と谷山池の用水秩序の大枠が定められる。
こうこうず井の蛇籠の設置について、久保津戸井が訴え出る。
小井（観音寺村）の取水について、こうこうず井が大坂町奉行所へ訴え出る。
久保津戸井が川水取水のためこうこうず井の蛇籠を破壊したことについて、こうこうず井が訴え出る。
こうこうず井が大規模な蛇籠を設置したことについて、久保津戸井が訴え出る。

本章で取り上げた争論と関係事項のみを年表にした。近世に生じた争論はこれがすべてではない。

なった。観音寺村の耕地の一部を灌漑する小井も、その先で久保津戸井に水を落としているのではないかというこうこうず井側の疑念を生み、それが争論を引き起こしたのである。

争論においては、双方ともに以前の争論の裁許を前例・根拠として激しく主張し合うが、究極のところでは、裁許であれ、近隣からの仲裁であれ、相互の利害の調整が図られた。これは、地域が全体として存立するために調整機能が働くことを示していよう。

また、以下ではいくつもの争論を取り上げるが、対立の構図は同じであっても、どちらが出訴したかが、その争論の性格を表現しているように思われる。

以上のような諸点を念頭におきながら、一つひとつの争論を見ていくことにする。なお、『和泉市の歴史』編さんの取り組みの中で、関連するさまざまな村・家の史料を収集・検討したことで、総合的な把握が可能になったことを記しておきたい。

1　享保期争論へ向けた前提

貞享元年の争論（こうこうず井対久保津戸井）

貞享元（一六八四）年六月一四日に久保津戸井の用水を利用する

年月	西暦
貞享元年　6月	1684
貞享2年	1685
貞享3年	1686
元禄16～宝永元年	1703～4
享保3年　4月	1718
享保8年　4月	1723
享保10年　7月	1725
享保11年	1726
享保12年　8月	1727
享保14年　5月	1729
寛政9年　7月	1797
弘化2年　6月	1845
安政4年　閏5月	1857

表8　谷山池用水をめぐる争論

村むら（和気村・寺門村・今福村・観音寺村）の者たちがこうこうず井の井口（取水口）の辺りを瀬掘り（川底を掘って水流を導くこと）し、井堰の蛇籠《じゃかご》の石を取り除き、穴をあけるという事件が起きた。こうこうず井で水を引く府中村から和気村庄屋に掛け合うが、らちが明かず、府中村と和気村を管轄する代官小野半之助のもとに訴え、その後京都町奉行所へ訴えるに至った。その経過は、次の表9のとおりである。

七月一二日にこうこうず井の村むらから京都町奉行所へ提出した訴状には、この紛争の経過や双方の主張などが詳細にまとめられている。訴え出たこうこうず井側、とくに府中村から見た主張ということに注意がいるが、この争論の全体像がうかがえる。まず、その内容を見ていこう。

七月一二日、府中村（小野半之助代官所）・黒鳥坊村（小泉藩領）・黒鳥下村（伯太藩領）の庄屋・年寄らが、和気村（小野半之助代官所）・和気村出作〔郷庄〕（豊嶋権之丞代官所）・寺門村（同代官所）・今福村（同代官所）・観音寺村（稲垣淡路守知行所）の四ヶ村を相手取って、京都町奉行所へ訴え出た。この時期、京都町奉行所は、和泉国を含む五畿内・近江・丹波・播磨の八ヶ国の領主の異なる村落間の地方《じかた》（田畑や山川など土地に関わる問題）をめぐる紛争の裁判権を有していた。そのため、こうこうず井掛り村むらは京都町奉行所へ訴えたのである。

この訴状は、①こうこうず井の概要、②小野半之助代官所への出訴までの経緯、③小野半之助代官所での吟味と現状、④今回の出願の願意、の四つの部分から構成されている。

6月14日～	久保津戸井村むらが瀬掘りなどを行う（19日に谷山池の樋抜き）
6月22日	府中村から小野代官所へ出訴
6月25日	代官所が検使を派遣（立会絵図作成を命じられる）
7月1日	府中村から再出願
7月5日	小野代官所で対決
7月12日	こうこうず井から京都町奉行所へ出訴（詳細で府中村側の主張の全体が見通せる）
7月21・23・27日	京都町奉行所で吟味
7月27日	小野代官所へ報告（8月12日和気村庄屋出牢、14日一札で結着）

表9　貞享元（1684）年争論の経過

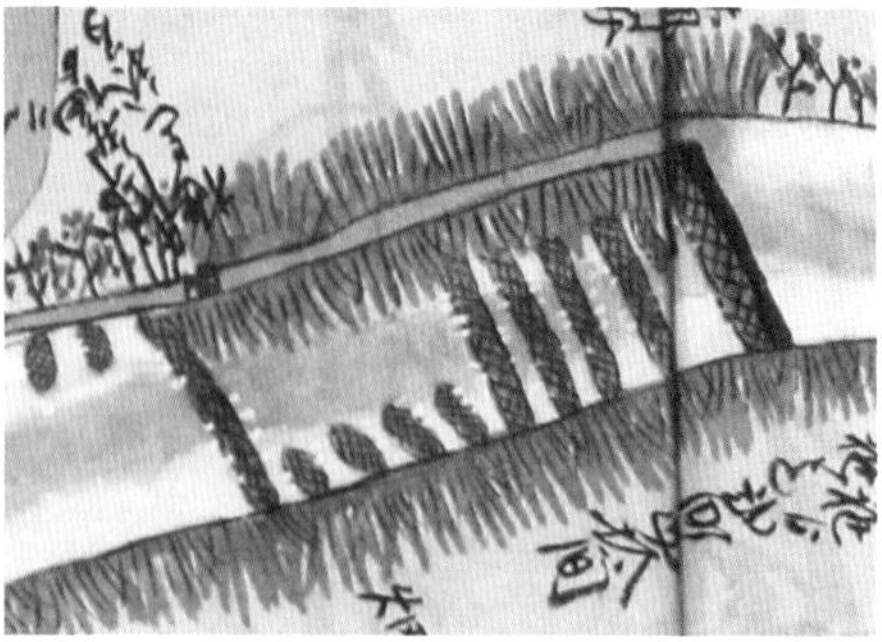

写真1　描かれた蛇籠　竹材などで編んだ籠の中に石を詰めて作る。水の流れを制御するために設置する。観音寺・井阪武範氏所蔵の絵図の一部。

まず、①こうこうず井の概要について以下のように述べる。こうこうず井は、府中村・黒鳥坊村・黒鳥下村〔辻村〕の田地四〇町歩へ水を引く用水であり、府中村から二〇町（約二一六〇メートル）川上の坂本村に井口をつけて槇尾川の水を堰き込み、今在家村領内に用水を通して、田地を育てている。毎春、代官所から井筋・井堰の見分を受け、石籠・杭木柵の下付を受け、普請を行っている、という。この①で注目しておきたいのは、四〇町歩が水掛りの田地であるとしている点、代官所から資材を下付される御普請所であると強調している点である。

続いて、②近江国大津に所在する小野半之助代官所へ出訴するまでの経緯が詳細に述べられている。そこには次のようなことが記されている。こうこうず井堰から一五〇間（約二七〇メートル）あまり川下に、久保津戸井の井口がある。久保津戸井は和気村・寺門村・今福村・観音寺村の四ヶ村の一六町歩の田地が水掛りである。この川下（久保津戸井）の村の者たちが、川上（こうこうず井）の井堰を「理不尽に」切り破り、新規に瀬掘りをして、こうこうず井へ「一滴も」水を下さないようにしている。これを目の当たりにしたこうこうず井は、公儀御普請所の井堰であるからさわらないよう和気村へ申し遣わしたが了承しない。そこで、六月一八日にこうこうず井側から瀬掘りを埋めて元のように普請して、井口番を置いた。これに対して、久保津戸井側の大勢の者が川岸から「礫《つぶて》を打懸ケ」（石を投げつけ）たので、こちらは逃げ出し、持ち物を奪い取られた。彼らは再度、瀬掘りを行い、井堰を切り破り、こうこうず井に水が下らないようにした。

こちらが対抗すれば死人・けが人が出ることになるので、公儀から命じられている「喧嘩」停止（禁止）の旨を踏まえて、両井の井番頭である府中村と和気村がともに属する小野半之助代官所へ願い出たという。相手の暴力性と自分たちの公儀を信頼する態度とを対比しつつ、出訴の理由を述べている。同時にこうこうず井が公儀から普請を認められた井堰であると強調することも、公儀への信頼を示す意味を持っている。*

*こうこうず井は自分たちの井口が川上だと主張しているが、久保津戸井も自分たちが川上だという主張を持っており、両者は真っ向う対立している。しかし両者とも川上と川下の秩序を共通の前提としている点にも注意しておきたい。

こうこうず井と久保津戸井の間でこのような争論が起きた要因として、槙尾川が両井の井口の辺りでゆるく蛇行しており、川水の流れが右岸に寄りやすい点があったのかもしれない。そのため左岸の方に水が流れるように瀬掘りを行い、より上流で水を引き込もうという考えが久保津戸井に働くのであろう。

なお、この訴状には記されていないが、別の史料から、代官への出願は六月二三日のことであり、二三日には見分のため代官から手代二人が派遣されたこと、二五日に府中に到着したこと、二人から府中村と和気村の立会絵図の作成が命じられたことがわかる。

③小野半之助代官所の吟味と現状について述べた箇所では、この立会絵図が二八日に小野半之助のもとに提出されたとされている。その後七月五日に、和気村と府中村の者が大津へ呼び出され、立会絵図をもとに吟味が行われ、裁許が出された。和気村の者が「新規（の）乱妨」に及んだとして、大津の代官所に留め置き、「御郡代様」（京都町奉行のこと）の了解を得たうえで処罰する、と仰せ渡された。さらに水論の結着には時間がかかり、このままではこうこうず井掛り四〇町の田地が渇水に及んでしまうので、まずこうこう

ず井へ水を渡すように、また今後和気村からの妨害を禁じる、と命じられた。これについて、小野代官所領の和気村は了承したが、豊嶋権之丞代官所領と稲垣淡路守知行所領の他村は納得せず、現在も井堰を切り、用水を少しも下さない状況が続いている。こうした現状に加えて、こうこうず井の役田数は四〇町だが、府中村より下流の浜辺までの御料（幕領）・私領の数ヶ所の村むらも溜池に余水を受け、耕作してきたのであり、このままではこれらの村むらまで渇水に及び、迷惑であると述べている。

　こうした現状を述べたうえで、④では、公儀から資材を下された井堰である点、川下から川上にある井堰を切り破ることは理不尽である点、このままではこうこうず井の田地が日損してしまうという点を理由にあげて、久保津戸井側の妨害を止めるよう命じてほしいと京都町奉行所に訴えている。

　この訴状では、府中村（こうこうず井側）の立場から経緯がまとめられており、和気村（久保津戸井側）の主張は表れていない。久保津戸井側の理屈は、自分たちが兄井《あにい》（井口が川上にある）であって、渇水の時は瀬掘りを行い、川中に障害物があれば切り破り、こうこうず井の井口を堰き止めることは先規よりの作法である、自分たちが兄井である証拠は、谷山池の樋抜きを知らせる廻状の順番に示されている、というものであった（渇水だったこの年は六月一九日に谷山池の樋抜きが行われていた）。久保津戸井側は川水と池水を一体のものと捉えていると言えよう。これに対して、こうこうず井側は、一貫して今回の問題は槇尾川の川水の引き方に関するものであり、池水と川水は方式が別であるという立場である。

　この後、七月二一日・二三日・二七日に京都西町奉行所での吟味が行われた。立ち会った東西の両町奉行は、終始一貫して、小野半之助代官所での取調べと判断を踏まえるという姿勢であった。二三日の吟味の場で、現地を見分した代官所手代石本次右衛門は、「こうこうず井から一五〇間下に久保津戸井がある。川下の久保津戸井からこうこうず井の井口を堰き、井路柵を切り破り、（川中の）湧き水迄もすべて川下へ流し込んでいるため、こうこうず井掛りの田地はすべて旱損している。こうこうず井から上の井堰（太田井）まではこうこうず井の支配であり、久保津戸井からこうこうず井までは久保津戸井の支配である。これが「井関の作法」である」という見解を示している。自己の井堰から一つ上の井堰までは、その用水組合が管理する権限を持つが、それを越えて井堰を切り破ったり、瀬掘りをするなど許されないということである。

京都町奉行所での吟味は、これを踏襲する形で、こうこうず井が兄井であると認定し、久保津戸井側の妨害を禁止し、こうこうず井に用水を下すように命じて結着した。この経過の中で、槙尾川の川水を引く時と、谷山池の樋を抜いて池水を利用する時とは、方式が別であるということも確認されることとなった。これはある意味では、槙尾川の川水を引くときの秩序はこうこうず井に優先順位があることは確認されたが、池水の利用の際は久保津戸井が優先される余地を残したものと言えよう。また、こうこうず井掛り四〇町歩の田地が旱損に及んでいるのに加え、その余水を受ける下流の村むらが困難に陥っている状況を放置できなかったことも、こうした判断が下された背景にあったのではなかろうか。

なお、京都町奉行所で以上のような判断が出されたにもかかわらず、貞享二（一六八五）年、同三（一六八六）年にもこうこうず井と久保津戸井の争論が起こっている。この時の詳細は、次節で述べる享保期の争論の際に府中村と黒鳥村が作成した「井《い》堰《せき》論《ろん》存《ぞん》念《ねん》物語《ものがたり》覚《おぼえ》」（享保一二（一七二七）年三月作成）の中に簡潔に記されている。それによると、経緯は次のとおりである。

四四年前（貞享元年）、京都町奉行所で久保津戸井側の申し分は認められず、「川上次第、水ハ順々ニ取り候様」（川上から順に水を引くよう）に命じられた。それにも関わらず、相手の久保津戸井四ヶ村は「我意ニ募り」（わがまま勝手に）あれこれ申し立てて再度出訴に及んだ。貞享二年に、川水が渇水の時は、双方の田地の多少、土地の高下を勘案して、双方の代官の手代が立ち会い水を配分すること、手代の立ち会いでらちが明かないときには代官本人の立ち会いで分水するように、との申渡しがあった。それに対して、府中村・黒鳥村は、古来から分水することはなかった、と強く申し立てた。これが認められ、貞享三年の裁許で、前まえの通り水を取るように命じられ、それ以後、「川上次第ニ上ニて横せきニ仕り、水取り来たり候」（川上から順に横堰を設けて、水を取ってきた）とのことである。

要するに貞享二年には渇水の時には双方の実情に応じ、分水するようにとの申渡しがあったが、貞享三年に再度「川上次第」に水を引くようにとの裁許が出されたのである。経緯は以上のとおりであるが、おそらく貞享三年には渇水状況が緩和した結果、分水を求めるまでに至らなかったのではなかろうか。それが裁許という形で残ったものと思われる。ともあれ、この争論の裁許は、その後の争論において前例として参照されることになるのである。

宝永元年の争論（久保津戸井内の番水争論）

元禄一六（一七〇三）年から翌年の宝永元（一七〇四）年にかけて、久保津戸井から水を引く四ヶ村（和気村・観音寺村・寺門村・今福村）の番水のあり方をめぐって争論が起こった。詳しい経緯はわからないが、和気村からの出訴を受けた京都町奉行所は、現地に代官の手代を検使として派遣して取り調べ、宝永元年七月二七日に裁許を申し渡した。検使は、代官長谷川六兵衛の手代川嶋九助と、代官西与一右衛門の手代鈴木清蔵の二人であった。この時期、四ヶ村はいずれも幕領ではなかったので、近隣の幕領を支配する代官二人のそれぞれの手代が派遣されたのであろう。

この裁許書には、各村の主張も引用されている。それによると、和気村は次のように訴えた。

四ヶ村立ち会いの久保津戸井は、槙尾川の川水が少なくなった時は、谷山池の水を抜き落とし、川水と池水を一緒に井堰に受け、六番に分けて、一〜三番が和気村、四番が今福村、五番が寺門村、六番が観音寺村という形で水を引いてきた。谷山池や久保津戸井の井堰に関わる費用は六つに割って、和気村が三つ分、他三ヶ村で三つ分を出してきたので、半分を和気村が取るのは当然のことである。しかし、去年の六月に谷山池の水を抜き下した際に、井路の上方にある観音寺村が番水の決まりを破って用水を独占し、新開畑を田にして、和気村に水を下さなかった。

和気村の主張は、川水が不足し、池水の樋が抜かれる際に久保津戸井では番水が行われ、和気村にその半分の権利があるというものである。それを、水上にある観音寺村が独占したというのである。これに対して、観音寺村は次のように返答した。

谷山池は一〇ヶ村立会いの池である。川下の府中村の田地に用水が不足した時にこの池水を抜き落とす。池の樋を閉じた後、いよいよ渇水の時に久保津戸井は六番半の番水に割って、一〜三番を和気村、四番を今福村、五番を寺門村、六番半を観音寺村に配分するのであって、谷山池に水があるうちは番水にはしない。

この観音寺村の主張は、番水が六番半に配分されるという点も和気村の主張と異なるが、番水は谷山池の樋が閉じられた後に行うのであり、池水が引かれている間は、久保津戸井の上方から水を引くのだという点に核心がある。池水を上方にある観音寺村が必要なだけとるのは正当だという主張である。

寺門村と今福村は、観音寺村が自村の田畑にわがままに水を引いたことを問題としながらも、番水は谷山池の樋を閉じてから行うものだと証言した。

これを受けて京都町奉行所は、それぞれの主張の根拠に採否の判断を示しつつ、番水は池の樋を閉じた後に行われ、それは六番半に配分されたものとの判断を下した。そのうえで、近年谷山池も土砂が埋まって用水不足なので、今後は池水も番水とすべきである、として谷山池の樋抜きの期間である四日四夜、すなわち四八時《とき》を次のように配分するように、と命じた。

六時：観音寺村　六時：寺門村　六時：今福村　二一時：和気村・同郷庄
三時：観音寺村　三時：寺門村　三時：今福村

京都町奉行所の、それぞれの主張に対する判断は、一見すると和気村の主張を否定しているようである。しかし裁許の結果を見ると、谷山池の池水についても番水を適用することになり、和気村の主張に沿った形になっている。また、配分率では、和気村が七に対して、ほかの三ヶ村がそれぞれ三の割合であり、和気村の全体の半分という主張から若干減らすとともに、観音寺村と寺門村・今福村を同じ割合にしたことで、寺門村・今福村に配慮したものとなっている。四ヶ村のこれまでの方式に関する主張に判断を示しつつ、相互の利害調整を図った裁許になっていると言えよう。

なお、観音寺村が水を引いた田地について、ほかの三ヶ村は新開だと主張したが、裁許では延宝検地を受けた土地であり新規とは言えないという判断が下された*。ただし、この土地は以前まで公役を課されていなかったようであるが、今後は村並みに負担するよう、観音寺村は命じられた。

*延宝検地については第1章2を参照。

この番水をめぐる争論は、前年六月から始まっていたようで、京都町奉行所は、前年六月四日に谷山池の樋抜きが行われた際に、和気村は番水のことを申し出ず、同月一九日に二度目の樋抜きの際に水論に及んだが、それは池水の際番水を行うという和気村の主張に疑問を抱かせるものだと判断している。二度の樋抜きが行われていることから、前年は水不足の状況だったことがうかがえる*。そこに、観音寺村が公役を課されていなかった田地に水を引いたことが発端となり争論に及んだものと考えられる。

＊この後もう一度樋抜きが行われ、この年元禄一六（一七〇三）年は合計三度の樋抜きが行われた。

この事例からわかるように、久保津戸井は、こうこうず井に対しては、久保津戸井四ヶ村としてまとまった立場をとる一方で、久保津戸井内部では番水のあり方などをめぐって利害の対立が生じかねなかったのである。また、和気村が主張する、負担と受益の割合は一致するべきであるという論理が容易に否定できない説得力を持つことも注意しておきたい。

この番水争論に関して、もう一つ注目しておきたいのは、番水が谷山池の池水の利用と関連して争われた点である。この争論について現地の様子を見るため派遣される予定の代官手代二人は、宝永元（一七〇四）年三月九日に京都から飛脚で、池田下村庄屋に谷山池の樋抜きの方法と前年の樋抜きの回数について尋ねている。その後、四月二六日に池田下村と室堂村の庄屋・年寄から現地に来ている検使に対して、一ノ井の役田数は一八町、水掛りは四一町歩余りであることや、井口の形、谷山池の樋抜きの方式と井堰の鍬の柄《え》一長分（柄一本分の長さ）の切り開け、谷山池の底水を人の背丈分取ることなど、一ノ井に即した実情を上申した。これは、久保津戸井の番水争論に関連して検使が谷山池の池水の利用の実態を調べた際に、一ノ井の底水取得などの個別利害の主張を盛り込んだものと言えよう。なお、一ノ井は池田下村に代表されているが、実際には一部に室堂村の田地も水を引いているため、ここでは両村からの上申となっている。

今回の一件で争われたのは、久保津戸井四ヶ村の番水争論であったが、その経緯の中で、谷山池の池水の利用方式が問題となり、それが調べられたことで、その後の争論の際に前例として引かれることとなった。特に、池水を取り入れる際には、各井堰を鍬の柄一長分を切り開ける形で、下方に水を流す方式だという池田下村の説明は、その後の経過の中で大きな意味を持つことになるのである。

2　槇尾川・谷山池用水村むらの秩序形成―享保期の複合争論

享保三年　争論の発端

享保二（一七一七）年、久保津戸井四ヶ村が槇尾川の左岸寄りに新堤を築き、こうこうず井と対立が再発していたらしいが、詳しいことはわからない。この時期、水不足の兆候が見られたのであろうか。そしてその翌享保三年、谷山池の普請問題を発端として、谷山池用水一〇ヶ村全体を巻き込む大規模な争論が起こった。これにはこうこうず井と久保津戸井の年来の紛争が絡み合って、複合争論の様相を呈した。

享保三年四月七日、一ノ井・太田井・久保津戸井・東風川井の水掛り八ヶ村は、京都町奉行所へこうこうず井の水掛り府中村・黒鳥村を訴え出た。その訴状は三ヶ条から成っている。

一条目では現状の説明として、以前は谷山池の池水は一年に五〇日余りも抜き下してきたが、年ねん土砂が埋まり、*現在では四～五日しか用水を取ることができず、困っているので、谷山下池の一〇〇間あまりの堤に六間の腹付け（堤幅の拡張）、二間の嵩《かさ》置き（堤高を増す）をしたいと池郷村むらで相談したところ、府中村・黒鳥村が同意せず、普請ができないと述べている。なお、府中村・黒鳥村が同意しないのは、今池という大きな池があり、水が豊富なためだと推測している。

*享保期になると、谷山中池は埋まり、上池と下池だけになっていた。

もっとも、宝永元（一七〇四）年の久保津戸井の番水争論の際みたように、前年の池水の抜下しは三回・一二日であった。以前は五〇日あまりだったというのは、かなり過大な数字だと言えよう。

二条目では、谷山池水の抜き下し、六ヶ所の井路へ水を取る「古法」について説明している。それによ

図７　享保期谷山池普請の概念図

ると、池郷の相談のうえで最下流の桑畑井が廻状を回し、四日四夜を一単位（「一廻り」）として谷山池の樋を抜き、最後は一番上流の一ノ井が樋を閉じる。池水を下す際は、一ノ井、太田井、久保津戸井、こうこうず井、東風川井の順に各井堰を鍬の柄一本分だけ開けて、川水を手敲《てたた》き水（川水だけで流れるか、流れないかの状態）となるようにして池水を抜き加え、最後の桑畑井は堰を開けることなく水を取る。また、谷山下池の底水を人の背丈分だけ残し、これは一ノ井へ取る。谷山池の普請人足の配分は以前からの規定があるが、桑原村は谷山池を構築した俊乗坊重源の誕生地なので*人足役は勤めないとしている。なお、明記していないが、ここで普請人足の配分割合として念頭におかれているのは、各井路の「水掛り役田数」のことである。

*重源が桑原村の出身であり、谷山池を築いたというのは、あくまで伝承であるが、当時、この地域で一定の定着を見ていたことがわかる。

三条目では、久保津戸井からの訴えとして、こうこうず井掛りの者たちが新たに蛇籠を設置し、杭を打ち、久保津戸井への「常水」（川水）の取得を妨げているのでやめさせてほしいとしている。最後に、二ヶ村が同意しないなら、自分たち八ヶ村で池普請を行うので、谷山池を八ヶ村の用水池にしてほしいと願っている。

この出願を受けて、翌五月一二日の公事日《くじび》への出頭を求める差紙《さしがみ》（呼び出し状）が京都町奉行所から出された。そこに向けて府中村・黒鳥村から奉行所に宛てた返答書が提出された。それによると両村の主張は次のとおりである。

第一には、谷山池の普請について長さ一〇〇間余の堤防に六間の腹付けと二間の嵩置きをするような大規模な工事を行うよりも、近年百姓たちは困窮しているので、差し当たって樋の前の堤の崩れた箇所を修復し、水を溜めるようにすべきだ。

第二に水の取り方については、各井堰で鍬の柄一本分を切り開けるというのは偽りで、六つの井路の水掛りに応じて取るのが「俊乗坊取立て以来」の定法だとしている。それに関わって、一ノ井が底水を取るという点や、久保津戸井がこうこうず井より川上であるとしている点は全くの偽りであるとしている。そして普請人足の割り方は「水掛り役田数」によるとしながら、水の取り方はそれと無関係の方式というのはわがままであり、「定法の通り、水掛り田割に応じ分水木を入れ、井末まで滞りなく順々に水下り候様」にすべきであると主張している。なお、前提として、谷山池・上林池は府中村の検地帳に記されており、諸事にわたって府中村の支配である。

第三に久保津戸井の行為について、そもそもこうこうず井の蛇籠・杭木は代官所から下付されたもので、久保津戸井の行為こそ迷惑であり、やめさせてほしいとしている。

最後に府中村・黒鳥村は、自分たちの村こそが干損場であり、相手方の村むらには溜池・山池が多くあり、樋前の崩れた箇所の修復に緊急性を感じていないのだとするとともに、古来の水の取り方を守るように命じてほしいと願っている。

これが享保一二（一七二七）年まで続く谷山池用水をめぐる複合争論の始まりである。この争論が、なぜ池田下村など八ヶ村と府中村・黒鳥村二ヶ村が対立する構図となるのであろうか。これについては、本章冒頭に記した「水掛り役田数」一〇八町について、八ヶ村は普請人足の割り方の基準であって、水の取り方とは関係ないとするのに対し、二ヶ村は負担の基準であるとともに、用水配分の基準であると主張している点が重要である。府中村と黒鳥村両村で全体の半分以上（一〇八町のうち五八町、すなわち五四パーセントほど）の普請費用を負担しており、黒鳥村分（一〇町）を除いても、府中村は四五パーセントほどを負担することになる。府中村としては、用水利用の割合（受益）と負担の割合がセットであればまだしも、大規模な工事で負担だけが掛かってくるのは納得がいかないということではなかろうか。

八ヶ村の内には、底水についての一ノ井（池田下村）の利害やこうこうず井と久保津戸井の上下論などそれぞれ個別の利害があるが、先の「水掛り役田数」の利害に大きくくくられて、対立の構図が成立しているのである。また、府中村・黒鳥村の主張では、貞享元年のこうこうず井と久保津戸井の争論の裁許が古くからの定法の根拠とされている。一方、八ヶ村の訴状には、宝永元年の久保津戸井の番水争論を踏まえた記述がある。両者がそれぞれ過去の異なる争論の経緯や裁許などを根拠として自らの主張を展開している点にも注意しておきたい。

京都町奉行所での吟味

話を争論の経過に戻そう。享保三（一七一八）年四月以来京都町奉行所で吟味が行われたが、容易に結着しなかった。享保七年一〇月に、それまで京都町奉行所が地方（土地）に関わる公事訴訟を担当していた畿内近国八ヶ国のうち摂河泉播の四ヶ国を大坂町奉行所へ移管する「国分け」が行われた。以後、本件は大坂町奉行所で取り扱われることになる。まず、そこまでの経緯を簡単に紹介しよう（表10）。

享保三年四月には、こうこうず井の府中村・黒鳥村が、小井の溝筋から新溝を掘って水車を設置した観音寺村を訴えたが、これは久保津戸井との対立と連動している。また府中村・黒鳥村から、人の背丈分の底水を一ノ井が取るというのは偽りだという批判があったのにたいして、それだけに絞って、五月二二日に一ノ井を代表する池田下村が反論の口上書を提出している。これらの吟味を経て、七月に代官内山七郎兵衛手代の河野儀右衛門と代官角倉《すみのくら》与市の手代森杢左衛門が検使として現地に派遣され、取調べが行われた。

一二月には、京都町奉行所での取調べが行われたが、この段階では、八ヶ村側は検使の下で作成された

享保3年4月　谷山池普請をめぐって、8ヶ村がこうこうず井2ヶ村を
　　　　　　京都町奉行所へ出訴、こうこうず井より返答
　　　　　　（両者の基本的立場）
　　　（4月　小井に関する訴え）
　　　（5月22日　池田下から底水に関する口上書の提出）
　　　　7月　検使の取調べ
　　　　12月　8ヶ村立会絵図に押印せず
享保4年3月　8ヶ村が詮議の促進を出願（3～4月に村側の動き）
享保5年6～8月　こうこうず井が久保津戸井の行為を出訴
　　　　　　　（こうこうず井水下の村も同調、その後の経緯は不明）
享保5年11月　8ヶ村が普請問題の促進とそのための検使派遣を出願
享保6年3月　8ヶ村より検使役人へ改めて口上書を提出
　　　　5月　検使役人が現地に到着
（享保7年4月まで検使宛の一ノ井への水落しについて口上書あり）
（この段階まで膠着した状況が続いている）

表10　享保3～7（1718～22）年複合争論の経過

立会絵図の内容に同意せず、押印しなかった。そのため、争論の結着まで、双方ともに論所《ろんじょ》（係争の場所）の現状を変更しないように命じられている。

享保四年三月になって、八ヶ村より、京都町奉行所へ谷山池普請問題の詮議の促進を願う口上書を出している。それによれば、検使に命じられた絵図や一一品の証拠・証文を提出しているが、詮議は進んでいない様子がうかがわれる。だからこそ用水が必要となる時期を前に詮議の促進を求める動きが出てくるのである。

享保五年六月には、こうこうず井（府中村・黒鳥村）から、久保津戸井（和気村・寺門村・観音寺村・今福村）が川中に新井路を掘り登り、こうこうず井堰を破壊して、それを止めようとする我われに高岸から石を投げつけるなど暴力に及んでいる、と京都町奉行所へ訴え、差止めを願っている。ここには、享保三年以来、こうした行為は繰り返されているとある。吟味が進まないなか、現状変更の禁止が命じられても、効果がない様子がうかがえる。こうこうず井二ヶ村は、久保津戸井四ヶ村の行為を八ヶ村全体の池普請問題と切り分けて出願しており、これにはこうこうず井の水下で余水を利用する村むらも同調する動きを見せている。

同年一一月にも再度八ヶ村より池普請問題の詮議の促進とそのための検使の再派遣を願い出ている。その後享保六（一七二一）年三月になって検使が派遣されることが決まったようで、八ヶ村から京都で検使に任じられた役人に宛てて、再度まとまった訴状を提出している。五月には検使が現地に到着し、六月にかけて、検使役人宛の提出文書がいくつか残されている。また、享保七年四月にも検使役人宛の書付が見られる。この間、吟味は継続して

いたものの、大きな進展を見せないまま、大坂町奉行所の管轄となる「国分け」が行われたのである。

大坂町奉行所での吟味

京都町奉行所での取調べが進行していたが、「国分け」によって大坂町奉行所による再度の調べ直しが行われた。以下、大坂での動きを見ていこう（表11）。

享保八年四月二日に八ヶ村が大坂町奉行所へ出願したのを受けて、五月二日に八ヶ村とこうこうず井二ヶ村が出頭を命じられ、取調べが実施された。この時八ヶ村から提出された書付は、経緯を含めて主張を詳細に説明し、谷山池普請が実施できるように願っている。その説明には、享保六年六月に検使によって、実際の水の取り方の見分が行われたが、それを踏まえた裁許を待っていたところだとある。

それでもすぐに事態は動かなかったようで、八ヶ村は翌享保九年閏四月に、大坂町奉行所へ、用水の必要な時期になるので、池普請を命じてほしいと願い出ている。さらに八ヶ村は、翌享保一〇年三月一一日に再度詳細な経緯を説明するとともに池普請を願っている。用水が必要になる前の時期に取調べの進展を求める動きが見られるのであるが、反面でそれは事態が膠着《こうちゃく》していることを物語っている。しかし、これによって大坂両（東・西）町奉行所から検使が派遣されることになった。*

*検使の派遣に合わせて、四月一四日にこうこうず井水下村むらが久保津戸井の行為を告発する口上書を検使へ提出したり、池田下村が一ノ井の水掛り田数と役田数を検使役人へ提出するなどの動きが見られた。

この後、七月晦日に大坂町奉行所によるこうこうず井と久保津戸井の争論に絞った裁許が出された。まずこうこうず井と久保津戸井の争論が結着しないと、谷山池用水全体の問題は結着できないと判断されたのであろう。取調べの過程で二つの問題を分離し、前者を優先することになったものと思われる。

享保８年４月	８ヶ村より大坂町奉行所へ出願
５月２日	大坂町奉行所で双方取調べ
	８ヶ村より書付提出・・・詳細な説明
享保９年閏４月	８ヶ村から大坂町奉行所へ普請願
享保10年３月11日	８ヶ村より大坂町奉行所へ普請願、再説明
４月	こうこうず井水下村むらが久保津戸井を訴え
同月	池田下村が一ノ井掛りの役田数を検使へ報告
７月晦日	こうこうず井対久保津戸井争論に大坂町奉行所が裁許 ・・・こうこうず井に全面的に有利な裁許
享保11年正月～８月	谷山池普請関係の史料
８月12日	10ヶ村から見分役人に願　普請を29日までに完了させるので、工事はすべて完成したと報告してほしい旨
享保12年閏正月	８ヶ村から久下藤十郎へ役田について口上書 (吟味の動きが出てきたか) (閏正月　一ノ井の負担をめぐる池田下村と室堂村の争論が派生　４月内済)
２月	池田下村が代官久下へ一ノ井の独自利害を上申
３月	「井堰存念物語覚」作成（こうこうず井による久保津戸井批判）
８月12日	「谷山池水御裁許絵図裏書写」(全体の秩序) 「(こうこうず井対久保津戸井）裁許絵図裏書写」
８月13日	８ヶ村より焼失文書の写しの下付願

表11　享保８～12（1723～27）年複合争論の経過

ここでの裁許は、こうこうず井の主張がほぼ認められたものであった。この裁許では、久保津戸井側とこうこうず井側の主張を逐一吟味したうえで、宝永元（一七〇四）年の争論は、谷山池水を引いた時の久保津戸井の番水に関わるものであり、貞享元（一六八四）年の争論は、久保津戸井側は池水と川水を紛らわしく扱って参照しているが、実は川水について「川上次第順々」に水を取るように命じたものであると指摘し、こうこうず井が兄井で、久保津戸井が弟井であると判断を下した。言い換えれば、こうこうず井と久保津戸井の争論は槙尾川の川水について、両者の兄井・弟井を争点とするものとして整理されたのである。

ただしこの時に、久保津戸井は川水面より地面が高く、旱損場と見えるので、両井の取水の方式を次のとおりに変更するとしている。こうこうず井は、樋口より川上五五間から六二一、三間までの間の勝手の良い場所で横堰を設け、その間の川端に小堤を築き、取水する。一方久保津戸井は、こうこうず井の樋より一〇間下から自身の樋までの間の勝手の良い場所に横堰を設け、そこから樋までは既存の小堤を用いて取水することとされ、あわせて、こうこうず井樋から一〇間下より上に築かれている小堤は撤去することを命じられている。これによれば、久保津戸井の井堰の設置場所がこうこうず井樋の一〇間下のところまでは認められたのであり、一方、こうこうず井も樋より五〇間以上川上に取水口を設けることが認められたことになる。両者ともに取水口を川上に設置することが認められたが、久保津戸井がより長い小堤を築くことになる。その点が旱損場であることを考慮された中味であろう。

この享保一〇（一七二五）年七月の裁許は、あくまでもこうこうず井と久保津戸井の川水に関する上下論（兄井・弟井論）であることに注意しておきたい。その点では、こうこうず井側の主張が全面的に認められたのである。なお、この裁許では、久保津戸井側が提出した樋抜きに関する桑畑井廻状・水車仲間の詫び状、こうこうず井側が提出した貞享元年の和気村庄屋出牢の際の証文・同時の京都町奉行所作成の控え絵図の四点は証拠として採用できないとしている点にも注意しておきたい。

この裁許によって、谷山池普請と池水の取り方に関わる対立も動き始めた。享保一一年に入ると、谷山池の樋・堤の腹付け（拡幅）と嵩置き（高くすること）が石原清左衛門代官所から認められた。しかし、谷山下池の樋前の崩れたところの土が固まらず、腹付けも不十分な状況であった。八月一二日には、見分に来た代官所役人（手代か）に対して、同月二九日には仕上げるので、代官には工事はすべて完成したと報告してほしい、と依頼している。その後の様子は確認できないが、谷山上池・下池の普請は享保一一年に実施されたのである。

享保一二年には、閏正月に八ヶ村から代官久下《くげ》藤十郎に対して、水掛り「役義田割」一〇八町について説明する口上書を提出したり、二月には池田下村が一ノ井に関する独自の利害について口上書を提出している。ここから谷山池の取水についての吟味が動き出している様子がうかがえる。三月には府中村・黒鳥村が「井堰論存念物語覚《いせきろんぞんねんものがたりおぼえ》」と題する、久保津戸井とこうこうず井の争論についての経緯と論点を詳細に記した覚書を作成している。この作成は、享保一〇年に一度出された裁許が再吟味されていることが背景にあるものと思われる。

そして同年八月一二日に約一〇年にわたった争論について、最終的な裁許が出されたのである。

大坂町奉行所による裁許

最終的な裁許は、こうこうず井対八ヶ村の争論とこうこうず井対久保津戸井の争論という二つの争論を分離して、それぞれについて出されたものである。前者の発端となった谷山池の普請は前年すでに実施されており、谷山池の大規模普請か、緊急修復かというようなことは問題にならず、谷山池郷における用水利用の全体秩序を規定するものであった。後者は、その大枠の中で、こうこうず井と久保津戸井の関係を規定しなおすものであり、享保一〇年の裁許を修正することとなった。二つの裁許は、裁許絵図とその裏書という形で示された。以下、絵図を参照しながら、裁許の内容を見ていこう。

谷山池水争論

まず、谷山池郷一〇ヶ村のうち、池田下村など八ヶ村とこうこうず井二ヶ村（府中村・黒鳥村）の間での谷山池水の用水秩序をめぐる裁許について見ていく。この裁許書では、争論について、八ヶ村と二ヶ村の間での「槙尾川筋六ヶ所井堰池水井落ならびに底水論の事」（槙尾川筋の六ヶ所の井堰について池水の取り方、ならびに池の底水についての争論）であると表現している。そこには、谷山池水に問題が集約されていることが端的に示されている。大坂町奉行所は双方の主張をまとめたうえで、判断を下している。

まず、八ヶ村の言い分を（大坂町奉行所の整理として）以下の四点にまとめている。

①槙尾川筋の井堰は、一番一ノ井（池田下村）、二番太田井（坂本村・今在家村）、三番久保津戸井（観音寺村・寺門村・今福村・和気村）、四番こうこうず井（府中村・黒鳥村）、五番東風川井（桑原村）、六番桑畑井（府中村）で川水を取り、渇水した時は、府中村検地帳に載せられた一〇ヶ村立会の谷山池の水を槙尾川に流して、田地を養ってきた。

②池水の井落し（井への取水）については、桑畑井の判断で廻状を回し、四日四夜を一単位として、一ノ井から東風川井まで五ヶ所の井堰で鍬の柄一長分を切り開け、川水を「手敲《てたたき》水」（川水だけだと流れるか流れないかの状態）にして池の樋を抜いて池水を川に流し、上流から順に水を取る。井末の桑畑井は堰を切り開けずに水を取る。最後は一ノ井が池の樋を閉じる。

③池普請入用は、一〇八町（一ノ井一八町、太田井一〇町、久保津戸井一六町、こうこうず井四〇町、東風川井六町、桑畑井一八町）が負担基準であるが、「桑原村は俊乗坊生誕地」なので無役としている。

④谷山池の底水を「樋表」（樋の設置個所）で人の背丈分を残し置いて、一ノ井の池田下村が必要な時に取水するのが古法である。

これに対して、町奉行所は二ヶ村の反論を次のようにまとめている。

①谷山池水の井落しは、水掛り一〇八町を取水基準とする。具体的には一〇八町を鍬の柄一本分を一長として一〇長八分とし、一ノ井で（一八町にあたる）鍬の柄一長八分を取水し、堰を鍬の柄九長だけ切り開ける。次の太田井は、落ちてきた鍬の柄九長分のうち（一〇町にあたる）一長分を取り、八長分を切り開ける、三番のこうこうず井は、落ちてきた八長分のうち（四〇町にあたる）四長分を取り、四長分を切り開ける。以下同様に順に取水する（切り開ける前の川水を手敲き水とすることは同じ）。

……ここには一〇八町は負担基準だけとする八ヶ村の主張に対し、取水の権利でもあるという主張、こうこうず井が三番、久保津戸井が四番という主張が込められている。

②底水を人の背丈分残して一ノ井が取る古法などない。翌年の水抜きのための樋洗い水と称して、底水を少しだけ一ノ井へ遣わしてきただけである。

大坂町奉行所は、双方の主張を受けて検使として代官久下藤十郎を派遣し、取り調べたうえで、次のように判断し、裁許を下した。

①宝永元（一七〇四）年の争論の書付には、一〇八町とは別に水掛りの面積が記されており、一〇八町は水掛りの町数とは見なし難い。一〇八町は負担基準（「池普請役割町数」）と確認する。ただし、今後、池普請が滞らないようにするため、こうこうず井を三〇町、久保津戸井を二六町に負担基準を変更する。

②実際に双方の主張する取水方式を試したところ、こうこうず井の方式では、池水を加えても一ノ井の水はかえって減少し、「池水加え候利益これ無」く（池水を加えるメリットがなく）、採用できない。以後は、一ノ井から東風川井までの五堰は鍬の柄一長分切り開け、手敲き水として井落しし、桑畑井では全て堰き止め、取水すること。また、桑畑井の判断で樋抜きを行い、一ノ井が樋を閉じるように。

③底水について、一ノ井が人の背丈分の水を取るという根拠はない。樋洗い水と記した証文はあるが、その分量は不明である。とはいえ、一ノ井は池水取得に不利なので、今後は谷山下池の樋のところで高さ三尺の底水を残し一ノ井が取るように。底水取水を始めるまでに雨が降り、三尺より増水すれば、一〇ヶ村が取水する。底水取水後に雨が降り、増水すればそれも一ノ井が取ること。さらに、今後、池浚えを実施し、池水が多く溜まるようになれば、一〇ヶ村で分量を再相談すること。

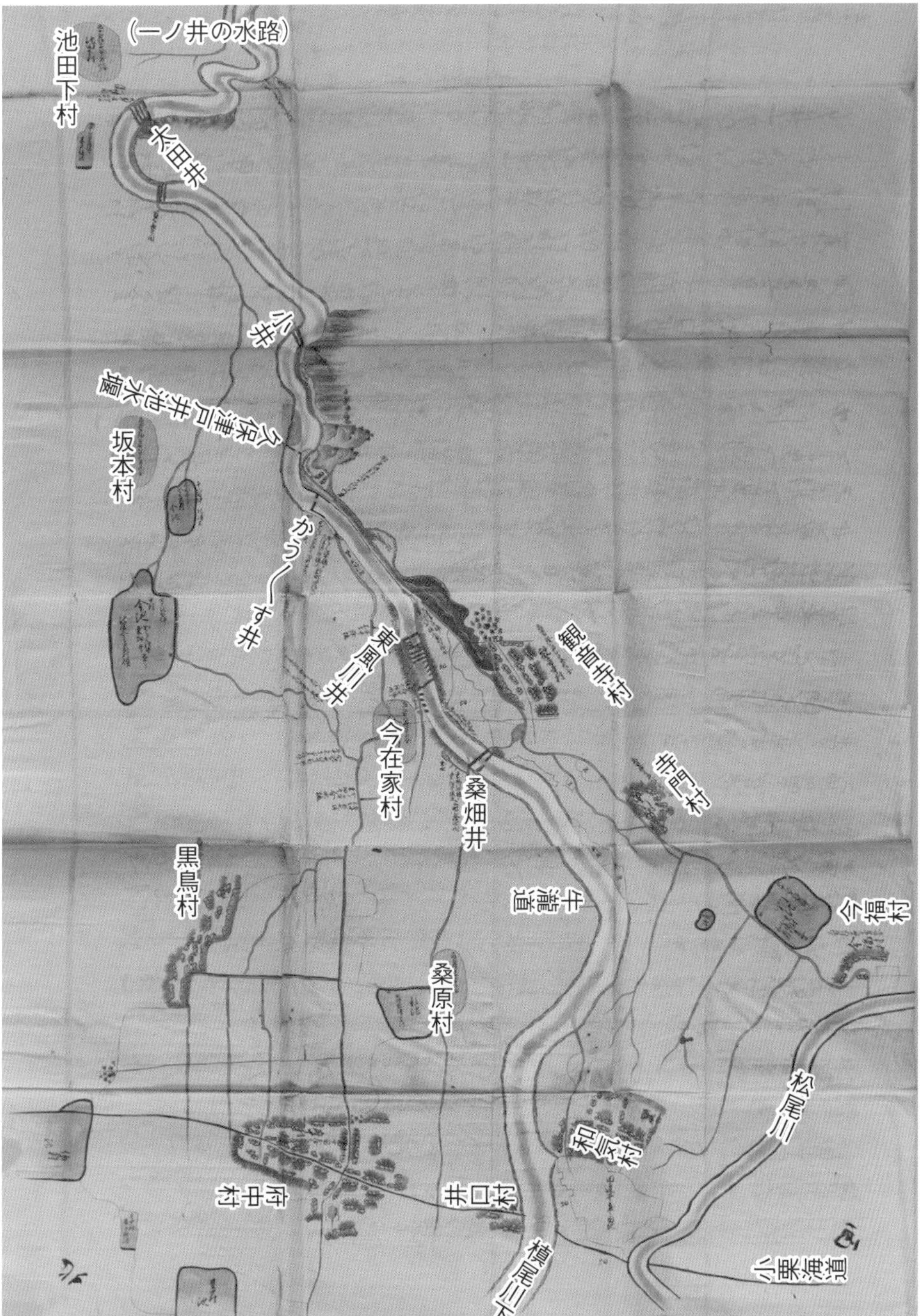

写真２　享保12（1727）年槙尾川井堰池水争論裁許絵図　355.7×132.5cm。部分。観音寺・井阪武範氏所蔵史料箱A-４。本図は池水争論の絵図であるため、久保津戸井の川水堰は描かれない。

以上が、大坂町奉行所による裁許である。一見すると、先例を糾明し、八ヶ村の主張が認められたように思われるかもしれない。一〇八町の性格は、取決め時には利用と負担の両方を反映していたのが、時を経て、水掛りが拡大したため一〇八町と実際の利用とは乖離をきたしたのではないか。そのため、一〇八町は負担基準としてだけ認定されたのであろう。しかし、こうこうず井を四〇町から三〇町に減らし、久保津戸井を一六町から二六町に増やしているところに、相互の利害調整が図られていることがうかがえるのである。

こうこうず井の主張が説得力を持たなかった一因は、一〇八町を取水基準として実際にどのように取水するかの方式を示せなかったことである。そのため、桑畑井を除く五堰で、鍬の柄一長分を切り開けるという方式に結着したのである。この方式で水を引く田地に水が行きわたるのであれば各村とも異存はなかったであろう。

こうして谷山池水の用益について、双方が主張する先例を糾明しているようでありながら、相互の利害調整が図られて、大枠が規定されたのである。底水についても同様のことが言えよう。しかし、久保津戸井とこうこうず井の順番については、双方の主張の中に言及されているだけで、判断は示されていない。これについては、別途に独自の裁許が必要なのであった。

こうこうず井・久保津戸井の井堰上下論

谷山池水の取水をめぐる池郷一〇ヶ村の秩序について、前述のような裁許が出されたのと同日に、こうこうず井と久保津戸井の間の争論についても大坂町奉行所による裁許が出された。この時の裁許絵図（写真3）を見ると、前述の谷山池水争論の裁許絵図と比べて、久保津戸井の川水堰が書き込まれている点に違いがある。そこにこの裁許の根幹があると思われる。つまり、これは池水と川水両方に関わる内容だったのである。この点を念頭において裁許の内容を見ていこう。

裁許書には、まず両者の主張がまとめられている。

①久保津戸井四ヶ村（観音寺村・寺門村・今福村・和気村）の主張。古来、久保津戸井が兄井であり、樋より一七〇間川上へ井路堤を築き、蔦ヶ淵《つたがふち》の下手で堰を築いている。宝永元（一七〇四）年の久保津戸井内の争論の裁許絵図に、ほかの井堰もあわせて書かれている。

②こうこうず井二ヶ村（府中村・黒鳥村）の主張。こうこうず井は水掛りも多く、三番の井堰であり、久保津戸井の井堰より一七〇間川上に樋がある。貞享元年に久保津戸井掛りの和気村が川上のこうこうず井堰を切り破った際の絵図や証文が証拠である。

これに対して、大坂町奉行所は、検使の代官久下藤十郎の取調べを踏まえて、こうこうず井側が証拠とする絵図・証文は無印のため、証拠に採用できず（これは享保一〇（一七二五）年裁許でも同様）、その時の京都町奉行所の裁許の留書に「川上次第順々」とあるが、どちらが川上とは書かれていないとして、こうこうず井側の論拠を否定した。もっとも後者は、貞享元（一六八四）年の争論の結果に照らせばこうこうず井が川上という含意は明らかだと思われるが、享保一〇年の裁許を白紙に戻すための強引な判断だと思われる。一方、久保津戸井側があげる宝永元（一七〇四）年の絵図に久保津戸井が兄井として描かれている点、そのほか、承応元（一六五二）年に桑原村が谷山池割合について久保津戸井四ヶ村を相手取った訴状の控えに「三の井久保津戸井、四の井かふ〳〵す《（こうこうず）》井」とある点を根拠として、大坂町奉行所は次のように判断した。

池水については、以前から三番が久保津戸井であることは間違いない。川水については不分明だが、こうこうず井が三番と書いたものもあるので、今回、「田地高低乾熱《（熱カ）》等」（用水の条件）を考慮して、池水・川水の堰について、新たに次の通りに決定する。

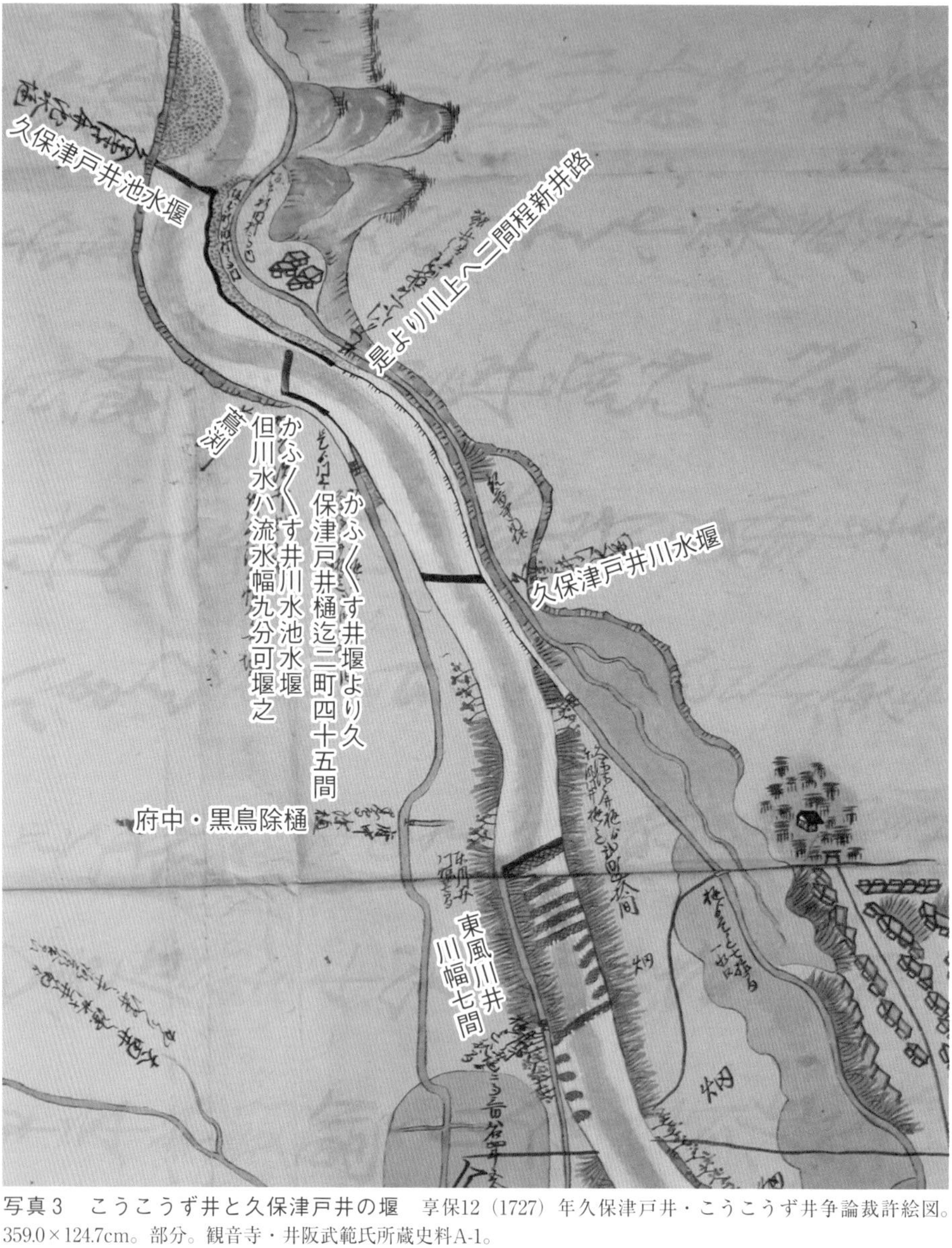

写真3　こうこうず井と久保津戸井の堰　享保12（1727）年久保津戸井・こうこうず井争論裁許絵図。359.0×124.7cm。部分。観音寺・井阪武範氏所蔵史料A-1。

①こうこうず井の川水堰について。こうこうず井の樋から五〇間川上で、水幅九分の堰で川水を取り、一分は川下へ落とす。川下へ落とす一分の川床の高さは、こうこうず井へ「水請け」（流入する）の川床と同じにする。

②久保津戸井の川水堰について。久保津戸井の樋から五〇間川上で堰切って取る。

③久保津戸井の池水堰について。久保津戸井の樋から五町（三〇〇間）川上で堰を設け、ここから南の川端で川床の荒地に新たに二町（一二〇間）余りの井路を掘り、在来の井路（一七〇間とあったもの）へ接続。この堰で、鍬の柄一長分を手敲き水で井落しする形で、池水を取る。池水の抜き落としが終われば、井口を塞ぎ、堰の水筋を取り払う。（池水を取っているうちは川水の堰の水筋を取り払い、井口を塞ぐ。）

④こうこうず井の池水堰について。川水堰を用いる（鍬の柄一長分を手敲き水で落とす）。

これによって、こうこうず井は、川水・池水ともに、水を入れる樋の川上五〇間のところに堰を設けることを規定された。樋から堰まで五〇間の水路が右岸（北岸）沿いに築かれることになる。池水・川水で堰は共用されるのであるが、両者を書き分けて規定している点が重要である。なお、こうこうず井の川水について、一分（一割）を川下に落とすというのは、久保津戸井への配慮を示すものであり、利害調整という点で注目される。また、池水の際に、堰を鍬の柄一長分だけ切り開けるとしているのは、先の池郷全体の裁許を踏まえたものであることは言うまでもない。

久保津戸井の方は、川水堰と池水堰を別に規定されている。池水については、久保津戸井が三番であるという判断が下されていたが、これが池水堰を樋より五町川上に設けるという点に反映している（こうこうず井の堰より上流になる）。それも一二〇間余りの井路を川中に新設して、既存の井路一七〇間に接続するというのであるから、新たな堰の設置を認めたことになる。これを鍬の柄一長分だけ井落しするというのは、池郷全体の裁許を踏まえたものであることは、こうこうず井と同様である。

久保津戸井の川水堰は、これとは別に、樋から五〇間川上に設置するように規定されている。これは、こうこうず井と違い、川幅全体を堰き切ることが認められている。* 池郷全体の裁許絵図では、この川水堰は記されていなかったが、この裁許絵図にはこうこうず井の樋と久保津戸井の樋の間に井堰が書き込まれており、この裁許の眼目の一つであることがうかがわれる。なお、この川水堰が久保津戸井の樋より五〇間しか川上でないことは、享保一〇（一七二五）年の裁許でこうこうず井の樋の一〇間下から久保津戸井の樋までのどこに設置しても良いとされていたことと比べると、実質的には久保津戸井にとって不利な条件を与えられたことになろう。

*川幅全体を堰き切るというのは、こうこうず井堰のように一分を開けるようなことはしないということである。ただし水が堰を越えて川下に流れるのは当然のことである。

また、谷山池の樋が閉じられたら、池水堰の水筋を取り払い、井口を塞ぐとあり、逆に池水を取っている時は、川水堰の堰水筋を取り払い、井口を塞ぐとある。池水と川水ではっきりと区別することが規定されており、両者を区別することで、これまで繰り返されてきたこうこうず井と久保津戸井の争論に結着がつけられることとなったのである。

この裁許は、池水については久保津戸井を三番と認定して、こうこうず井より二町（一二〇間）余り上流に井堰を設置することを認めた一方、川水については、久保津戸井の井堰をこうこうず井の樋より一二〇間余り川下に設置するという不利な条件を与えられた。ただし、こうこうず井の井堰は一分（一割）を開けて、水を流すという配慮が久保津戸井に加えられたのである。まさに、田地の高低などの灌漑条件を考慮して、取り決めるとしていたように、両者のバランスを取り、利害調整を図った裁許だと言えるであろう。

以上の同日に出された二つの裁許によって、槙尾川と谷山池の用水秩序の大枠が確定したものと言えよう。水をめぐる問題は、百姓の死活に関わる問題であり、時には暴力的な行動も見られたのであった。また、池郷全体の秩序の内部で、一ノ井の底水や観音寺村の小井の問題など個別の利害が対立することもあった。さらに、こうこうず井の水下村むらなど、池郷外との関係や、久保津戸井内四ヶ村の番水問題など池郷を越えた利害も存在する。しかし、ここで池郷全体の用水秩序が確定され、最大の対立が見られたこうこうず井と久保津戸井の関係が確定されたことで、今後はこの大枠の中で、その解釈をめぐってお互いに自己主張していくことになるのである。

この間の争論を見てきて、槙尾川の右岸と左岸の地形の条件やその年の気象条件に左右される側面が大きかったことがうかがえた。また、お互いに、相手は水が潤沢で、自分たちは旱損場であり、このままでは自村の農作が壊滅するという出願の論理が見て取れる。それは、その地域を支配する領主にとっても年貢が取れなくなることを意味し、考慮せざるを得なかったのである。この点は、農業生産を基礎に置く近世の地域社会を理解するうえで、普遍的な意味を持つであろう。

3　近世中後期の用水争論

享保一二（一七二七）年八月の複合的な用水争論の裁許によって、谷山池郷一〇ヶ村の用水秩序の大枠が確定したが、それによって各用水間、各村間の利害の対立がなくなるわけではない。一〇ヶ村は、ここで確定された用水秩序の枠組みを前提としつつ、お互いに利害の実現を図ろうとするようになる。以下では、そうした争論の展開を見ていくことにしたい。なお先にも触れたが、どちらが出願しているか、それが争論の性格を考えるうえで重要と思われるので、その点にも留意していきたい。

享保一四年　蛇籠勾配をめぐる争論（久保津戸井対こうこうず井）

先の裁許の翌年、享保一三年春にこうこうず井は井堰の下手に蛇籠四つを設置したが、秋・冬の洪水で蛇籠が壊れたため、その補強を図るべくさらに砂留の蛇籠二つを追加・設置した。これに対して、久保津戸井は、先の裁許で認められたこうこうず井の「一分の水下げ」（堰の一割を切り開け、水を川下へ流すこと）が妨げられるとして、享保一四年五月に大坂町奉行所へ出訴した。

五月一九日に東西の両町奉行立会いのもと、西町奉行所において久保津戸井とこうこうず井の双方の主張が聴取された。西町奉行松平日向守は、堰より下に蛇籠を設置することは問題ないと思うが、先の争論の際に現地を見分している代官久下藤十郎の判断を仰ぐように、と命じた。そこで、二〇日に久下藤十郎の下で取調べが行われ、その内容が二一日に町奉行所にも報告された。そして二三日、久下藤十郎の指示により、双方が示談の内容を記した一札《いっさつ》を提出した。それに久下による奥書が加えられ、改めて双方に下付された。事実上の裁許書である。

それによると、こうこうず井本堰の一分の水口の一五間下に最初の砂留蛇籠を設置し、その高さは一分の水口の底から五寸下げとする、こうこうず井の樋から上流の井路の勾配も一五間に五寸下げにする、というものであった。

享保一二（一七二七）年の裁許では、川水について、こうこうず井堰の一分を切り開けて水を川下へ流すこと、切り開けた堰の一分の水底とこうこうず井への取水口の高さを同じにするように、と規定されていた。

その際、こうこうず井堰の下に砂留蛇籠を設置することについては言及されていなかった。それにもかかわらず、こうこうず井側が蛇籠を設置したため久保津戸井側は反発したのであった。今回の争論では、こうこうず井の取水口の井路の勾配と、一分切り開いた堰の水底から次の蛇籠までの勾配を同じにする条件を付加して、「一分の水下げ」を守ることで結着がつけられたのである。こうこうず井が砂留の蛇籠を設置すること自体は新たに認められたのであるが、あくまで先の裁許の枠組みの中で調整が図られたのである。

寛政九年　小井をめぐる争論（こうこうず井対小井［観音寺村］）

一八世紀末になって、観音寺村の一部の耕地に水を引く小井をめぐって争論が起こった。小井の取水口は槙尾川の太田井とこうこうず井の間の左岸にある。先の享保一二年の裁許絵図にも小井の取水口付近に堰が描かれているので、それ以前から堰は設置されていたと考えられる。ただし小井の水掛り田地はわずかであり、かつ谷山池の水を引くことは認められていなかった。つまり小井は谷山池水掛りの六つの用水には含まれていなかったのである。だが、こうこうず井側は小井から久保津戸井へ水が落とされるのではないかと恐れていた。両井は同じ左岸にあり、小井の水下に久保津戸井があったからである。

寛政九（一七九七）年七月二九日に府中村から一橋家川口役所へ、観音寺村が小井へ水を堰きとってしまい、こうこうず井へ水が下らず、困難に陥っている、と訴え出た。そこでは、現状を次のように述べている。

小井の井堰は、こうこうず井堰より二六五間川上にあり、以前は（水が洩れ流れる）簡易な松葉を用いた堰であった。しかし、近年観音寺村は領主一橋家に願って蛇籠の堰にし、さらに今年春（三月二七日）には（水がほとんど流れない）木堰（管堰）に変える目論見書《もくろみしょ》（仕様書）を一橋家から認められるに至った。また、谷山池水が抜き下される際は、小井は井口を塗り塞ぎ、池水だけでなく川水も流れ込まないようにする決まりであった。しかし、昨年谷山池の水を抜き下した際は、井口の前の溝筋に莚《むしろ》を敷き、粘土で塗り込んで（これを「塗承溜《ぬりうけだめ》」と呼ぶ）、池水も川水も引き込むという行為に出た。そのため観音寺村の村役人に掛け合ったところ、川水だけが流れ込むようにする、と言ったので、そのまま訴えずにおいた。今年も盆後に渇水状況となったところで観音寺村は七四～五間の塗承溜を普請していた。七月二七日から谷山池水を抜き下すことになったので観音寺村に掛け合ったところ、池水に差し障らないように塗承溜を取り払うが、川水のみ流れている間はそのままにする、との返答であった。これでは、こうこうず井掛り五〇町歩余りの田地が「白地」

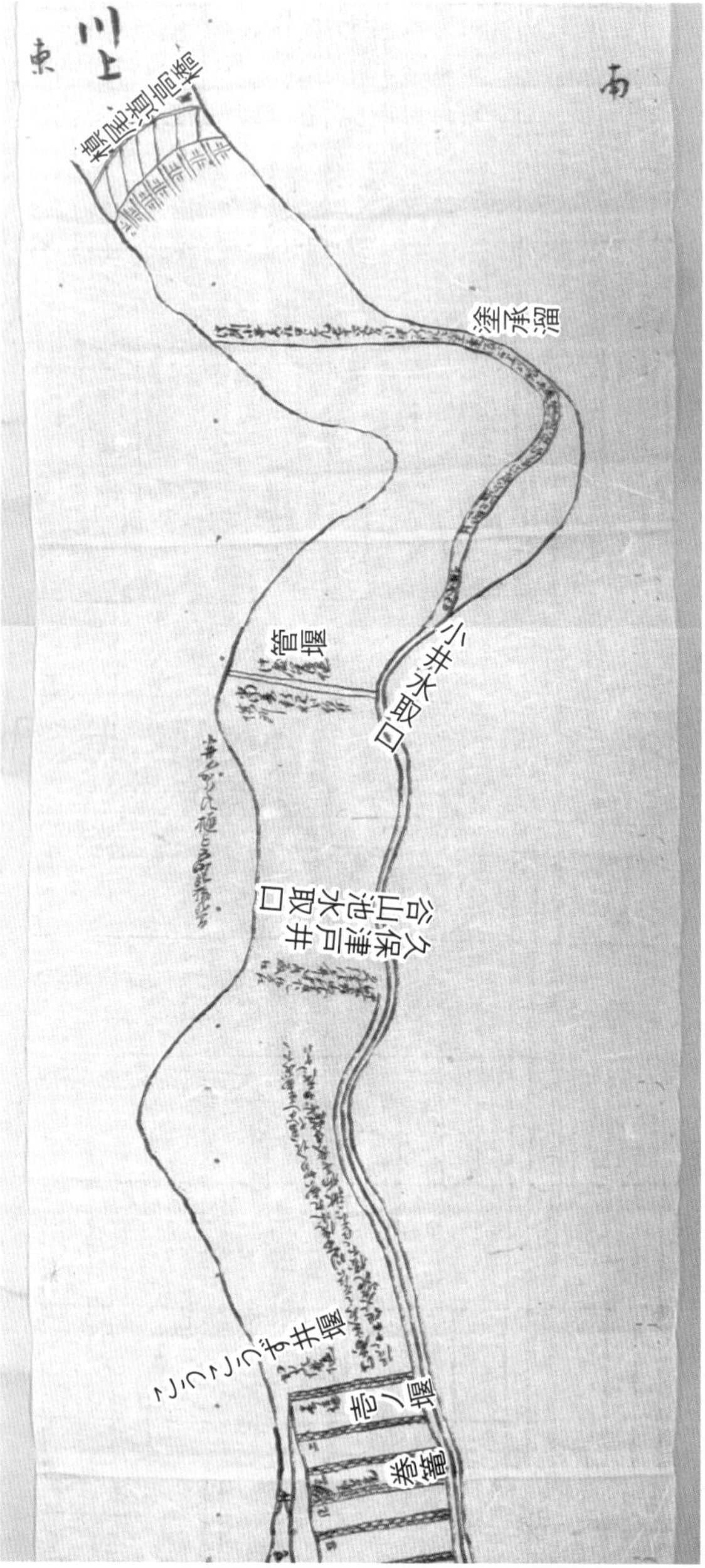

写真4　寛政9（1797）年小井争論絵図　部分。黒鳥・浅井タケ氏所蔵史料。

（水不足で土地が乾いた状態）となってしまう。そのため、観音寺村に塗承溜を取り払い川水が滞りなく流れるように、また木堰を蛇籠堰に戻すよう命じてほしい、と願ったものである。

ここでは、小井溝筋の七四〜五間の「塗承溜」の問題と木堰（管堰）の問題が絡《から》み合う形で対立が起こっている。写真4は、小井の取水口周辺が拡大して描かれているが、先の享保一二（一七二七）年の裁許絵図（写真2）と合わせてみれば、小井の取水口の脇に描かれていた堰のところに木堰が位置するのであろう。そして、小井の取水口から蛇行した左岸沿いに川上へ向かって延び、さらに槙尾川を斜めに横切る形で対岸まで延びている溝筋が、七四〜五間の「塗承溜」である。後に述べる内済の交渉の過程で取水口から三〇間の掘り割りが問題になるが、それはこの「塗承溜」として描かれた溝筋の四割程度にあたる、左岸沿いの一部分に相当しよう。さらに後に川幅半分の砂堰について言及しているが、それはこの「塗承溜」が川を跨いでいるところに築かれるものと思われる。

訴えを起こしたこうこうず井側は、観音寺村の一町二反ほどの田地に引く水としては過分であり、実は久保津戸井の井路へ水を落とすためではないかと疑っている。その前例として、享保三年に観音寺村が小井溝筋に水車を設置して、水を堰き込もうとしたときに、久保津戸井へ水を落とすことが問題になり、京都町奉行所がそれを差し止めたことをあげている。しかし、この点はその後は前面に出されなくなる。

観音寺村は一橋家と旗本稲垣家の相給村であった（第4章3）が、一橋家から経費を受けた「御普請」として木堰を設置している。それを考慮してか、同じ一橋家領知の府中村から一橋家川口役所へ訴え出ており、以後も川口役所の下での吟味が行われていく。その経過を表12にまとめた。

出訴を受けて、すぐに一橋家の家臣荏原《えはら》与藤治・阿部彦五郎が見分役人として現地に派遣された。両人は今在家村（現芦部町）の庄屋甚五兵衛家に滞在し、双方の主張が聴取された。一方で、宿を提供した甚五

3月27日	一橋家が小井堰に②木堰（管堰）設置を許可
	盆後　観音寺村が小井溝筋に74〜5間の①「塗承溜」を普請
7月27日〜	谷山池水抜き下し　　…こうこうず井が①「塗承溜」の撤去を求める
7月29日	府中村役人から一橋家川口役所へ出訴（詳細な願書）
	川口役所から見分役人が派遣　今在家村滞在（〜閏7月8日まで）
閏7月2日	府中・黒鳥から見分役人へ池水抜き下しの事情説明
閏7月3〜4日	取扱人宮村庄屋義平・今在家村庄屋甚五兵衛より内済案ⓐを提示
	①「塗承溜」30間に縮小　②「木堰」そのまま、次は籠堰に
閏7月6日	府中村・黒鳥村から取扱人へ返答
	①「塗承溜」は不可、30間の瀬掘り認可、樋口より上に2間の土乗せ莚を敷き、川幅半分を砂堰にして引水、残り半分はこうこうず井へ流す　②「木堰」については内済案ⓐと同じ
閏7月7日	府中村・黒鳥村が取扱人の内済案ⓑ〔史料なし〕を受けて返答
	①30間の掘割と「鉦拠口」(但し半分の砂堰)、「塗承溜」は不可、30間に剥ぎ芝で洩れ留め、瀬掘りは太田井の下まで承認
	…双方に利益ある故　池水抜下しの時も少量配分
	②「木堰」現状はそのまま、次は蛇籠堰に
閏7月9日	内済不調で、見分役人が帰坂　(以降、川口役所へ)
閏7月18日	府中村から川口役所へ内済案・交渉経緯の詳細な見解を提出
	閏7月14日の内済案ⓒを引用、それへの見解（却って後退との指摘）
閏7月19日	府中村が川口役所に対し町奉行所への出訴をちらつかせる
閏7月26日	内済の一札を取り替わす

表12　寛政9（1797）年小井争論の経過

兵衛と宮村（現泉大津市）庄屋義平を取扱人（仲介役）として内済交渉が始まった。今在家村・宮村は府中村・観音寺村と同じく一橋家領知の村であった。甚五兵衛と義平は、隣村あるいは一橋家領知の組合村どうしでもあるので、「気の毒ニ存じ、取曖《とりあつかい》いたしたく候」ということで取扱人となったのである。

内済に向けて、基本的に①「塗承溜」と②「木堰」の取扱いをめぐって双方が主張し合い、取扱人による交渉が積み重ねられていく。このうち、②木堰（管堰）については、一橋家による許可を得たものであるので現状を追認し、今後これが朽損し、新たに普請する際には蛇籠堰に戻す、という方向で折合いがつけられた。こうこうず井側が、領主一橋家の許可という事情を踏まえて譲歩したということであろう。

一方の①塗承溜については、対立が大きかった。当初、取扱人は、塗承溜を三〇間に縮めることを提案した（表12閏七月三〜四日内済案ⓐ）が、こうこうず井側は「塗承溜」は決して認められないと反発した。その代わりに三〇間の瀬掘りは認める、樋口より上に二間だけ土と莚で洩れ留めをして、川幅半分まで砂堰を設けて、引水することを認める、と返答している（表12閏七月六日）。この後、塗承溜ではなく三〇間を「剥《は》ぎ芝《しば》」で水洩れを防ぐことや、瀬掘りは太田井の下まで認める（川幅半分の砂堰であれば、瀬掘りはこうこうず井にも益があるため）など、取扱人とこうこうず井側のやり取りで内済の条件が動いていく（閏七月七日）。当初取扱人が提案した内済案ⓐから、よりこうこうず井側の主張に近づいて行く様子がうかがえる。

もう一つ注目したいのは、当初こうこうず井側は、小井に引かれた水が久保津戸井に落とされるかもしれないという恐れを示していたが、内済交渉の過程では、その点は全く表面に出てこない。小井側は、観音寺村の耕地にも水が必要だという点を交渉の拠り所にしており、これ自体は、こうこうず井側も否定することはできなかったからであろう。内済交渉は難航したが、閏七月一九日に府中村が一橋家川口役所に対して、このまま調整が進まなければ、大坂町奉行所へ出訴するほかない、とほのめかし、より強い圧力をかけてくれるように願っている。

この後ようやく閏七月二六日に内済に至った。同日付の内済の条件を記した「取替わせ一札《いっさつ》の事」は四通作成され、一橋家川口役所に一通、取扱両人に一通、観音寺村に一通、府中村に一通を保管することとされ、こうこうず井掛りの黒鳥村で必要な時は、府中村が保管する一札を受け渡すこととされた。

その内済の条件を確認しておこう。

(1)槙尾川の水流が細くなり、管堰（木堰）に土砂が溜まらず小井取水口へ水が上がらないときは小井路底の勾配に応じて、登り堰（砂堰）を設置して水を引くこと。双方の田地に必要な水を引くのは当然だが、互いに慎むこと。

(2)川水が渇水で、「瀬絶え」（水流が無くなること）となった時は、小井の取水口から三〇間を掘り割り、「鉦拗口」（先を広くした取り入れ口）を設けて水を引くこと。取水口から「鉦拗口」までの三〇間のうち、後ろ一五間は「剥ぎ芝」を敷き、前一五間は「どみ土」や土砂を入れて、水の洩れ留めをする。

なお、谷山池水を抜き下すときは、前日に下流の用水方が立ち会って川水の流入量を見定め、それに相当する水を小井に引くこと。

(3)木堰については、一橋家から経費を受けて設置したものなので(「御普請」)、現状のままとする。ただし、さらに嵩置き(堰機能の増強)はしないこと。今後木堰が朽損、もしくは流失した際、木堰の下地に入っている籠堰だけで維持できず木堰を復旧したいときは、取扱人が判断し、川口役所の見分も受ける。

(1)・(2)は①「塗承溜」に関わる項目であり、(3)は②木堰(管堰)に関わる項目である。②木堰については、現状追認という点は交渉の途中と変わらないが、それが亡失した際にもう一度木堰を復旧する余地を残した点で、観音寺村の主張が幾分か反映されたものと言えよう。①「塗承溜」については、決して認めないというこうこうず井の意向が基本的に踏まえられているが、取水口より三〇間の掘り割りと洩れ留めの設置と「鉦拗口」など、小井への引水が考慮されている。谷山池水を下している期間は小井の取水口を閉じるのが原則であったが、その期間も川水相当分は水を引くことを認めている。これもこうこうず井側からすれば、譲歩である。

こうこうず井水掛りの府中村・黒鳥村は、観音寺村が小井の木堰と塗承溜を設置したことについて、享保一二(一七二七)年以来の谷山池郷の秩序を妨げるものとして、争論に及んだのであった。その背景には久保津戸井に水が落とされるのではないかという疑念が存在していた。しかし、内済交渉の過程ではそれは表面に現れることはなく、小井にも水が必要という点は否定できなかった。小井は谷山池郷に含まれないという享保一二年裁許の大枠は動かないものの、相互の調整が図られた結果と言えよう。

なお、寛政六(一七九四)年は大旱損であり、この争論があった寛政九年は盆後に渇水となっていた。そうした気象条件による各用水間、各村間の利害対立の拡大が争論に関わっているだろうことにも注意しておきたい。

弘化二年　蛇籠切り破り争論（こうこうず井対久保津戸井）

弘化二（一八四五）年六月に久保津戸井四ヶ村の者たちが、こうこうず井堰の水口を切り広げ、砂留の蛇籠を切り破る一件が起こった。これに対して、こうこうず井側から大坂町奉行所へ出訴して、吟味が行われた。ここでは、残された関連史料からうかがえる点を整理しておこう。

久保津戸井による水口の切り広げやこうこうず井堰内の掘り浚《さら》えは、弘化期頃になると常態化していたようである。この年は六月の土用前（現在の暦で七月下旬）から日照りが続き渇水となった。こうこうず井の訴状によると、六月二二日に久保津戸井四ヶ村の者たちが多人数でこうこうず井堰の分水口を切り広げて、川水を五分ほども引き取ろうとし、井堰の土砂留のための蛇籠を切り破り、杭木などまでも抜き取り、堰内を掘り割ったという。この訴状ではこうこうず井堰が「御入用御普請所」であることを理由に、久保津戸井の行為を問題にしている。また、久保津戸井が、川水を五分ほど引き取ろうとした、と表現しているが、これは、久保津戸井に認められた「一分の水下げ」を大きく超えるものだという意味が込められている。

これに対する久保津戸井四ヶ村の返答書では、享保一二（一七二七）年の裁許でこうこうず井堰の一分を切り開けて水を流すこと、享保一四年にはそれを前提に、こうこうず井の樋までの水路の勾配と一分の開け口から次の蛇籠までの水筋の勾配を同じにすること（「一分の水下げ」の実質化）を命じられたことをまず確認している。その上で、近年、こうこうず井側が大きな砂留蛇籠を設置し、「一分の水下げ」が妨げられたため、これまで同様に一分の水が下るよう、水口の底に溜まった砂を掘り浚えたのである、と説明している。そして、一分の水が流れる川底も、久保津戸井の支配である、と主張した。久保津戸井四ヶ村は、近年の水口の切り広げや堰内の掘り浚えを正当化するために「一分の水」が流れる川底も自分たちの支配であるという独自の論理を作り出していたことがうかがえる。

久保津戸井四ヶ村は、こうしたこうこうず井堰内の一分の水底支配の論理を根拠づけるために、別案の返答書を用意していた*。そこでは、享保一二年の裁許において、池水を抜き下している日限中は、（こうこうず井堰の）川水の九分の一の分水場の一分の水口を塞ぎ、水筋を取り払うよう自分たちに命じられているので、分水一分の水筋はこうこうず井堰内でも久保津戸井の支配である、と述べている。しかし、享保一二年裁許の両堰に関する規定の三ヶ条目では、池水を取るのが終わったら池水の井口を塞ぎ、堰の水筋を取り払う、また池水を取っているうちは川水堰の水筋を取り払い、井口を塞ぐ、とされている。この条目の後半で言及される川水堰とは久保津戸井の川水堰であることは明白で、久保津戸井四ヶ村のような解釈（こうこうず井堰の一分の水口を自分たちが塞ぐというもの）の余地はない。むしろ、池水を取っている期間は、こうこうず井堰の鍬の柄一長分を切り開けて下に水を流す責任がこうこうず井側にあるのである。

*この当時、池田下村の庄屋高橋重大夫が府中村の兼帯庄屋を務めていた。しかし、彼は府中村の主張に同調せず、「双方申口ニなじまず、相続方に准じ、私ニ自問自答訴返左の通り」として、こうこうず井側の訴状と久保津戸井側の返答書を書き記している。これが別案の返答書である。その意味では、以下の久保津戸井四ヶ村の主張は高橋重大夫のものと言うべきかもしれない。

ところで、寛政九（一七九七）年の小井をめぐる争論のなかで、小井の水口から川上の太田井堰までの間の瀬掘りは認められていた。それからすれば、久保津戸井の川水堰からこうこうず井堰までの間の水筋を瀬掘りすることは容認されうるものであったと思われる。それゆえ、現実的には久保津戸井側は、この点を拡大解釈して、さらに一分の分水口の支配まで主張するようになった側面があったであろう。

今回の弘化二（一八四五）年の争論では、享保一二年の裁許を大枠としながら、それぞれが利害を主張するための独自の論理を築こうとしている様子がうかがえる。一方で結局はその大枠を前提とし、享保一四年の裁許を踏まえて利害の調整が図られた。具体的には、こうこうず井側にはこれまでの規定に沿った蛇籠の規模（大きさと高さ）を守らせること、久保津戸井側には蛇籠の切り破りや分水口を広げる実力行使を止めさせることで、結着したのである。

安政四年　蛇籠勾配問題（こうこうず井対久保津戸井）

弘化二年の争論では、享保一二（一七二七）年の裁許と同一四年の取決めが再確認された。しかしそれから一〇年余りたった安政四（一八五七）年に至って、再びこうこうず井側が大規模な蛇籠を設置し、久保津戸井への「一分の水下げ」が妨げられる状況が生まれた。久保津戸井側は六月二七日に堺奉行所へその状況を届け出たところ、大坂町奉行所へ出願するように言われ、堺奉行所の添え状を付けて、二九日に大坂町奉行所へ出訴した。その願書によって、当時の状況を確認しておこう（表13）。

久保津戸井村むらは享保一二・一四年の経緯を振り返ったうえで、次のように述べている。

(1)近年、川水が減少しているうえ、こうこうず井堰が以前より高くなって、一分の水下げが妨げられている。これから用水が必要な時節になるが、一滴の流水もない。こうこうず井側が新規に設置した高堰蛇籠を取り払うよう数度掛け合ったが、全く取り合わない。

(2)享保の裁許の頃には、谷山池水の抜き下しの日数は四～五〇日だったが、現在はその二～三割になっている。それ故《ゆえ》用水は川水に依存しているが、こうこうず井側は川水を独占し、余水を隣村に販売している。

右のように状況を説明し、こうこうず井側を召し出し、「御裁許」を守り、新規の高堰を急いで取り払うように命じてほしいと願っている。

6月27日	久保津戸井方から堺奉行所へ出訴 堺奉行所から大坂町奉行所への添翰が出される
6月29日	久保津戸井方から大坂町奉行所へ出訴 「新規高堰蛇籠」取払い願い ･･･一分の水下げの実質化を主張
7月3日	こうこうず井方、大坂町奉行所へ出頭
7月5日	双方から大坂町奉行所へ口上提出 （こうこうず井方に立って内済指示） 20日までの日延べ願い
8月2日	久保津戸井方より大坂町奉行所へ口上提出　内済不調
8月5日	双方から大坂町奉行所へ口上提出 勾配調査のため18日まで日延べ願い
8月6日	双方から大坂町奉行所へ口上提出 内済条件調う、普請のため17日まで日延べ願い
8月20日	双方から大坂町奉行所へ口上提出 9月4日まで日延べ願い（普請終らず）
9月5日	双方から大坂町奉行所へ口上提出 9月10日まで日延べ願い（勾配調査中）
9月25日	こうこうず井方から大坂町奉行所へ 用達への勾配調査の指示
9月28日	用聞から大坂町奉行所へ「水盛覚」提出 （井筋と井堰〔一分水下げ〕の勾配の一致）
11月28日	双方から大坂町奉行所へ願書の取り下げ （8月6日の内容とほぼ同じ）

表13　安政4（1857）年蛇籠勾配問題の経過

今回は、久保津戸井側が自力でこうこうず井の堰を取り払うことはせず、堺奉行所に届け出たうえで、大坂町奉行所へ出訴した。これは弘化二年の経緯が踏まえられてのことであろう。

その後、大坂町奉行所での吟味と内済交渉が積み重ねられる。七月五日に内済に向けて日延べを願ってからほぼ一ヶ月余り、調整は進まなかったようだが、八月五日に本堰より十五間下までの勾配を調べるため、八月一八日までの日延べを願っている。しかし翌日までに急転して内済条件が調ったようで、六日には、三ヶ条の内済条件を書き上げるとともに、砂留籠堰の普請のためとして、改めて一七日までの日延べを願い出ている。こうこうず井側が規定以上の蛇籠を設置していたことを認め、それを修正する形で内済条件が調ったのであろう。その後、普請が予定までに終了せず、またその終了後は、勾配調査中とのことで、日延べが繰り返された。九月二五日には大坂町奉行所から用達（用聞）に勾配調査の指示が出された。用達（用聞）は郷宿とも呼ばれ、町奉行所などの役所へ出願する者の待合所（宿泊する場合は宿）を提供し、書類作成などの世話を行い、時には内済を仲介する存在であった。当事者以外の者に勾配調査を行わせることにしたのであろう。その用達からの調査報告が九月二八日に提出されたが、結局八月六日段階とほぼ同じ条件で内済が成立し、一一月二八日双方から願書の取り下げを届け出た。最終的な内済条件を確認しておこう。次の三ヶ条である。

⑴槙尾川筋こうこうず井「本堰」は、享保一二（一七二七）年の裁許絵図の通り、堰の一分を切り開け、「両口」九分・一分の分水を守り、久保津戸井へ「一分の水下し」を滞りなく行う（原則の確認）。

⑵砂留籠堰は、享保一四年の取決めの通り、こうこうず井路の川底と川表の勾配が同じようになるように本堰から一五間下に最初の砂留籠を入れ、本堰から一五間に付き五寸下りで、六段の砂留籠を設置してきた（原則の確認）。

しかし近年、こうこうず井の堰が高くなってきたと久保津戸井から訴えがあったので、高低がないように堰を下げる。今後また高堰になり、久保津戸井から申し入れがあれば、こうこうず井はすぐに改める。久保津戸井は「理不尽に」改変するようなことをしない。

⑶池水堰に関しては、享保の裁許絵図の裏書の通り、勝手に口を開けない（堰中一分の久保津戸井の支配は否定）。

⑴は、享保一二年の裁許にあった〈川水についてはこうこうず井堰の一分を切り開け、川下に流す〉という規定の再確認である。⑵は、享保一四年の〈こうこうず井の樋前の井路筋の勾配と堰から蛇籠までの勾配を一致させる〉という規定の再確認と、規定を侵した場合の対処についての条項である。つまり、こうこうず井堰に規定以上の高い蛇籠が設置された場合、久保津戸井から指摘されれば、こうこうず井はすぐに対処する。これに対して、久保津戸井は自身の行動で堰中の改変は行わない。このようにお互いに約束しているのである。享保一四年規定をより厳格に順守する内容である。これによって久保津戸井は弘化二（一八四五）年以前に自身の行動を正当化するために築いた論理、つまり一分の水筋は自分たちの支配だという論理を放棄したことになる。なお⑶はこの論理を完全に否定する意味があったと思われる。

これまで見てきた安政四（一八五七）年の争論も、享保一二年の裁許（および同一四年の取決め）に立ち返る形で、双方の利害の調整が図られたのである。こうこうず井側は設置する蛇籠の大きさを規定通りに戻すことに応じた一方、久保津戸井側は実力行使を止めることを約束している。また、弘化二年の争論の経験も参照しつつ、それぞれの主張が形づくられていることもうかがえた。開発の進展や耕作環境の変動に応じて利害の対立が生じ、それに対して、蓄積されてきた経験もふまえながら、お互いに利害を主張して争ったのである。しかし、それぞれに農業用水が必要なことは否定できず、相互の調整が図られたのである。

おわりに

ここまで、近世における槙尾川中流域の谷山池郷の用水をめぐる争論を検討しながら、谷山池郷の用水秩序の形成と展開を見てきた。その大枠を規定したのが、享保一二（一七二七）年の大坂町奉行所での裁許であり、それは近世を通じて変わらなかった。そして、こうした秩序は近代になっても基本的に維持されたのである。一九三二（昭和七）年にこうこうず井と久保津戸井の「水利交渉事件」が起きた際、「裁定書」（調停者は大阪府農務課長・府会議員・大津警察署長・伯太村長・国府村長・郷荘村長・大津町長）が作成された。そこには次のような条件が記されている。

(1)水利に関することは、「享保年間ノ御裁許ニ従フ」

(2)今後の紛争を避けるために、水準標識を設置し、享保年間の裁許の川面勾配を測定するための基準にする。標識は、関係村長が立会いのもとで、府農務課が明示（設置）する。費用は、（こうこうず井と久保津戸井の）折半である。

(3)九分一堰と第一砂止堰の間の勾配は、享保年間の裁許に準じることが困難な状態にあるので、本年六月二二日以前の現状に準じることとする。

(4)第一砂止堰以下の井堰工事に際しては、水準標識を基準とする。

(5)今後、久保津戸井側に対して、こうこうず井の管理する井堰の形を変えるような行動を禁止する。ただし、止むを得ない事情で水量の増加を要求する場合は、こうこうず井側は、自己の水利に差支えない限り、好意を持ってこれに応じなければならない。

(1)〜(4)は、これまで見てきた享保一二（一七二七）年の裁許と同一四年の取決めを踏まえたものであることは言うまでもない。注意すべきは(5)である。これは、安政四（一八五七）年の内済条件(2)の後半部分とほぼ同じ内容である。久保津戸井側が自力でこうこうず井堰を改変することを禁じた安政四年の内済以後、二〇世紀になっても、久保津戸井側の改変行為が根強く続いていたことがうかがえる。そのためこうした裁定が作成されたのである。そして同時に、耕作に必要な水の確保は互いに尊重されるべきものであることも示されているのである。

第3章　府中村の近世

「府中」地域の村むらのうち、府中村は家数・人口ともに最多の村であり、石高も最も大きな村であった。谷山池の地籍は府中村にあり、谷山池用水組合の中でも中心的な位置にあった。また、五社惣社が所在し、内部に五町を含む複雑な村落構造を持っていた。本章では、この府中村の実態をみていこう。

1　府中村の空間構成

「府中村絵図」を読む

次頁に掲載した「府中村絵図」（写真5）は、集落部分を中心に府中村の一八世紀中ごろの様子を描いたものである。そこには、集落周辺の情報が豊かである一方で、周辺に広がる耕地はかなり省略され、村境も描かれていない。こうした点に留意しながら、本節では、この絵図を手がかりに村の様子を概観しておこう。

縦横に書き込まれた朱線は道である。府中村は、小栗《おぐり》街道（絵図では北東から南西へ）、大津―槙尾街道（絵図では北西から南西へ）、および牛滝《うしたき》街道が集まる地点であった。交通・運輸に関わる営業はそれほど多くなかったようで、馬士《うまかた》が駄賃稼をしていたが、馬は二頭（宝暦三（一七五三）年「村明細」）程度にとどまっている。とはいえ、文久《ぶんきゅう》二（一八六二）年の「府中聞合書《ききあいがき》」（池田下・高橋家文書）によれば、煮売屋《にうりや》、小酒売《こさけうり》屋《や》、旅商人宿《たびしょうにんやど》、風呂屋、餅屋などがあり、振売《ふりうり》やその日稼ぎの者たちもいた。街道沿いの府中村は、周辺地域とは異なる都市的様相を呈していた。

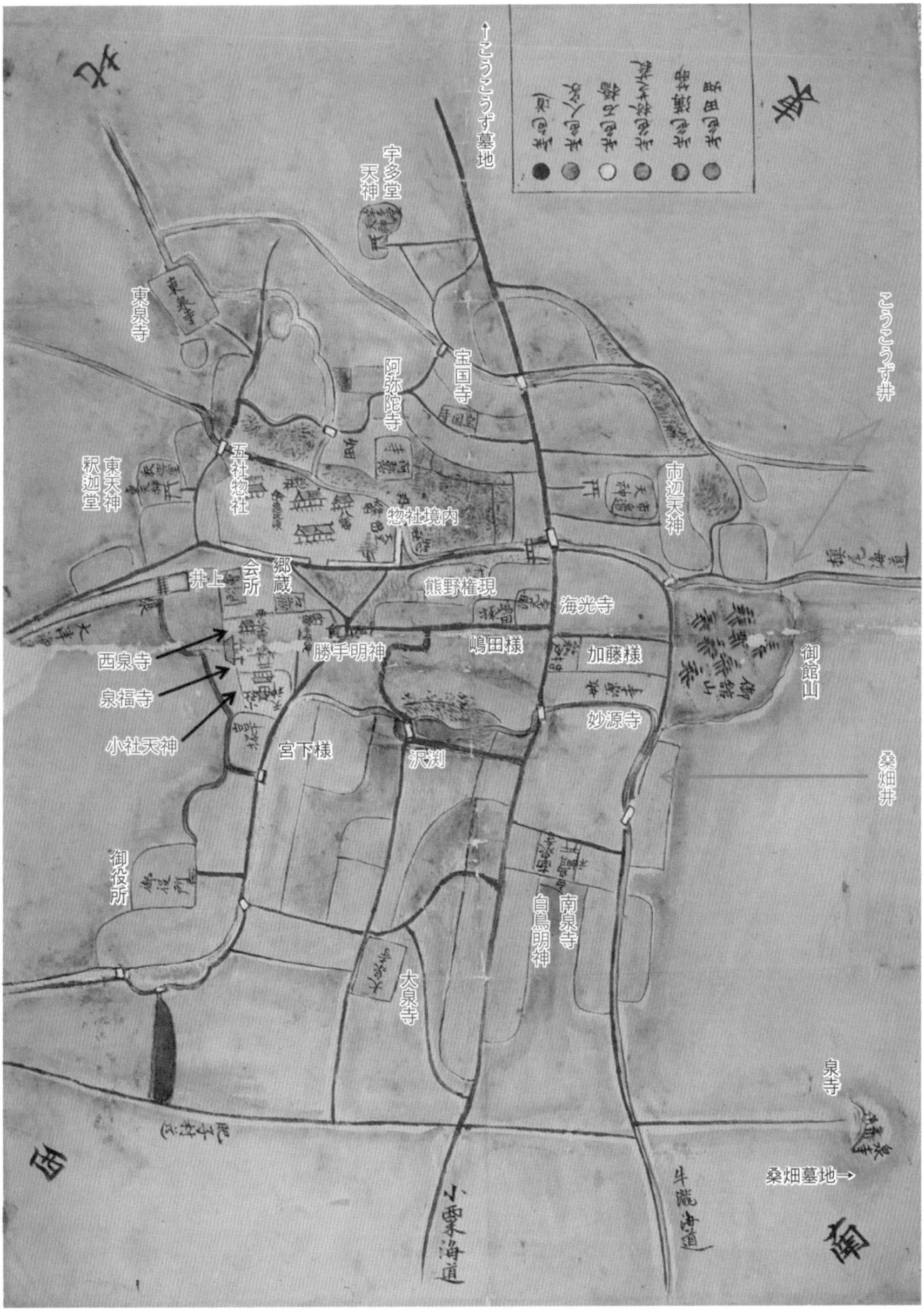

写真5 「府中村絵図」 府中・辻村家文書。18世紀中ごろの府中村。

五社惣社と五つの町

大津—槙尾街道に面し、小栗街道に鳥居を構えて建つのが、府中村の氏神、五社惣社《ごしゃそうじゃ》である。「府中村絵図」では、五社惣社・八幡社や蛭子社《えびす》・大黒社《だいこく》などが並ぶ中心空間と、北東に広がる境内山林が大きく描かれる。惣社として和泉五社（大鳥・穴師《あなし》・信太《しのだ》・積川《つがわ》・日根《ひね》）を併せ祀るが、江戸時代を通じて府中村の神社であった。五社惣社の祭祀を掌《つかさど》るのは二人の神主田所氏と馬場氏で、府中村としてこれを支えた（第3章4）。

なお、古代の「延喜式《えんぎしき》」にみえる泉井上神社は（第2部参照）、近世では、五社惣社の末社八幡社として現れる。五社惣社本殿が慶長一〇（一六〇五）年に片桐且元《かたぎりかつもと》によって「再建」された際に、八幡社も造営されたとみられる。五社惣社に南接する熊野権現社、槙尾街道を南東に下った位置にある御館山《みたちやま》（見立明神社）、白鳥《しらとり》明神や東泉寺《とうせんじ》（惣社奥院）なども、五社惣社の境内と位置づけられており、村内の多くの寺社が五社惣社と関係を有するものとして意識された。

黄色く着色されたのは「人家」をあらわしている。府中村の家数・人数の多さは、周辺村のなかでは突出していた。寛政《かんせい》二（一七九〇）年「明細帳」（泉井上神社蔵）によれば、家数二一七軒・人口九三三人（男四七一、女四六二）であった。天保《てんぽう》二（一八三一）年「様子大概書」（一橋徳川家文書）では二七二軒・一〇六一人を数え、大幅に増加する。さらに天保一五（一八四四）年では、家数二五三軒、人数九三二人（男四三七、女四七三）となり、一三年間で一九軒減、一二九人減となる（池田下・高橋家文書）。

二百数十軒前後の集落は、五つの地縁的な「町《ちょう》」（東之町《ひがしのちょう》・市之町《いちのちょう》・馬場町《ばばのちょう》・小社町《うぐすのちょう》・南之町《みなみのちょう》）を形成していた。各町の位置は、おおむね東天神《ひがしてんじん》周辺が東、小栗街道沿いのうち槙尾街道以北が市、五社惣社正面の大津—槙尾街道周辺が馬場、五社惣社以西から「御役所」周辺が小社、南泉寺《なんせんじ》周辺が南である。町ごとの家数・人口を記した文書はないが、一八世紀以降の小社町の家数は五〇軒前後で、一九世紀ごろには、家持一八軒前後、借屋三〇軒前後で推移する（第3章2）。府中村は、こうした五つの「町」からなる、一つの村であった。五社惣社の祭祀や運営も、町ごとに組織された明神講によって担われた（第3章2）。

なお、明治初年の地籍図（図8）をみると、総じて、小栗街道の両側に短冊状の小規模な宅地が並び、街道からやや離れた場所、とくに小栗街道より北西部に大きな宅地が集まっている。延宝検地によって打ち出された屋敷は一八四筆、面積五町二反一畝二七歩（総面積九〇町六反五畝一三歩）、石高七三石〇六六四（総石高一三三二石四九一六）に及ぶ。このうち、四壁《しへき》をもつ屋敷が四二筆あり、なかには、「小笹藪」「小から竹藪」「土井《どい》」を周囲に備える屋敷群があった。神主田所氏や庄屋らの屋敷は巨大で、敷地面積一反を超える（第3章2）。その一方で、屋敷面積二畝未満が七八筆、四畝未満が六七筆もあった。

「府中村絵図」のうち、人家の南西端にみえる「御役所」は、領主一橋家が府中村においた代官役所である。人家のなかに点在する「加藤様」「嶋田様」「宮下様」は府中役所詰の役人であり、そこは彼らが滞在した屋敷とみられる。府中村の領主支配は、中世末は豊臣家直轄領、近世初頭は幕府直轄領、一七世紀後半の貞享《じょうきょう》三（一六八六）年からは側用人《そばようにん》松平忠周《ただちか》領（岩槻《いわつき》藩）、元禄一〇（一六九七）年に老中《ろうじゅう》小笠原長重《ながしげ》領（岩槻藩）となり、宝永七（一七一〇）年に再び幕府領に復する。その後、延享《えんきょう》四（一七四七）年から近隣五三ヶ村とともに御三卿の一橋家領となって幕末を迎える。その一橋家の上方《かみがた》領知の支配拠点として、天明《てんめい》五（一七八五）年まで府中に役所がおかれた。役所の機能を支える郷宿《ごうやど》や下掛屋《したかけや》なども展開し、一八世紀中ごろの府中村は、代官の陣屋元村という性格を帯びるようになった（第3章3）。

五町の氏神

「府中村絵図」には、五社惣社以外にも人家と入り混じるようにして、いくつもの寺社が描かれている。

図8　近代初頭の府中村の土地利用　旧和泉町役場公文書「〔各字図面〕」より作成。

	古検	新検	天保郷帳
府中村（本郷）	1185.4400	1321.4916	1327.0586
府中上泉	56.3950	52.5620	52.5670
軽部出作	99.4670	94.8118	94.8118

表14　府中村の石高推移　単位：石。

ここに描かれていないものも含めて、第1章表2に一覧で示している。

まず五町の間に描かれた神社を見よう。絵図の右上、小栗街道からやや東へ入ったところに、市之町百姓の氏神、市辺天神《いちのべてんじん》がある。神主は氏子が順番に務めており（元禄四（一六九一）年「寺社改帳」）、座組織があったとみられる。同町内の小栗街道の反対側のさらに北側に宇多天神《うだてんじん》（とその境内に宇多堂）がある。これも市之町百姓の氏神であった。市之町百姓は二つの神社を氏神として祀っていた。

五社惣社の北側に東天神とその境内に釈迦堂が描かれている。これは東之町百姓の氏神と氏寺といえる。東天神の神主は東之町の座の一老《いちろう》が務め、神拝《しんぱい》の際には、氏子らが釈迦堂に寄り合った（元禄四年「寺社改帳」）。東之町にも年齢階梯《かいてい》的な座の組織があったことが知れる。なお、この釈迦堂は元禄四年から阿弥陀寺の触下《ふれした》に組み込まれている。

五社惣社の大津―槙尾街道を挟んだ対面側に小社天神《うぐすてんじん》が描かれている。小社天神は、小社町・南之町・馬場町の「三町氏神」（府中・竹田家文書）であるとともに、薬師堂泉福寺《せんぷくじ》の「鎮守天神社」で、神主は氏子による廻り神主であった（元禄四年「寺社改帳」）。同じ境内に勝手明神《かってみょうじん》も描かれる。これも小社天神と同じく三町で祀ったとみられ、天保一五（一八四四）年の小社天神・勝手明神の修復願書では馬場町の庄右衛門が廻り神主として署名している。三ヶ町による座のような組織があったと推察される。

このように、大津―槙尾街道以北の市之町と東之町はそれぞれが氏神を持ち、以南の小社町・南之町・馬場町は三町で氏神を共有していた。なお、絵図の南、小栗街道を下った右側、南之町に相当するところに白鳥明神が描かれているが、これは五社惣社の末社であり、南之町の氏神ではなかった。

町名	旦那寺		氏神
	日蓮宗	浄土宗	
市之町	妙源寺	宝国寺	宇多天神（宇多堂）
			市辺天神（円福寺）
東之町		阿弥陀寺	東天神（釈迦堂）
馬場町		大泉寺	小社天神・勝手明神
小社町		大泉寺	
南之町		南泉寺	

表15　五町の旦那寺と氏神

寺院

「府中村絵図」には多くの寺院も描かれている。そこには、府中村百姓たちの旦那寺だけでなく、特定の家と結びついた寺などもあった。

府中村百姓の宗派は、天保一五年段階で、家数二五三軒・人口九三一人のうち、浄土宗が一七三軒六四五人ともっとも多く、次いで日蓮宗六三軒・二二四人であり、以上の二宗で九割を超えた。ほかに一向宗九軒三一人、真言宗六軒二三人、禅宗二軒九人いたが、これらは村外の寺院の檀家であったと考えられる。

浄土宗の旦那寺は宝国寺《ほうこくじ》、大泉寺《だいせんじ》、阿弥陀寺、南泉寺があり、日蓮宗では妙源寺《みょうげんじ》があった。京都知恩院を本寺とする宝国寺は市之町にあり、同町の浄土宗百姓らを檀家とした。なお、市辺天神の境内に観音堂円福寺《えんぷくじ》があった。元は堺大安寺（臨済宗東福寺派）を本寺としていたが、享保一〇（一七二五）年に宝国寺の末寺となった。これは、市之町の百姓の多くが同寺の檀家だったことによるのであろう。また、宇多《うだ》天神の境内にあった宇多堂も宝国寺の末寺であった。

大泉寺（浄土宗知恩院直末）は集落域の南端にあった。府中村の浄土宗寺院を末寺（阿弥陀寺・南泉寺・海光寺）や触下（西泉寺・泉福寺）とする、いわゆる中本寺《ちゅうほんじ》である。近世の檀家の範囲を記す文書はないが、小社町・馬場町の浄土宗百姓を檀家としたとみられる。大泉寺末の阿弥陀寺は五社惣社境内山の裏にあり、東之町の浄土宗の百姓たちを檀家としていた。東之町に居屋敷を持つ庄屋辻村家が仏像や鐘などを寄付する、有力檀家であった（コラムⅢ）。また、東天神の境内にある釈迦堂はこの阿弥陀寺の触下に組み込まれていた。同じく大泉寺の末寺であった南泉寺は、小栗街道を南に下って右側に白鳥《しらとり》神社と並んで見える。同寺はこの周辺の南之町の百姓らを檀家としていた。

このように、府中村の浄土宗の家は、およそ市之町が宝国寺、小社町・馬場町が大泉寺、東之町が阿弥陀寺、南之町が南泉寺を旦那寺とした。それに対して、日蓮宗の妙源寺の檀家は様相を異にする。

妙源寺は、小栗街道と牛滝街道に挟まれた要所に位置した。安房《あわ》国誕生寺《たんじょうじ》を本寺とする日蓮宗不受不施《ふじゅふせ》派（悲田《ひでん》派）の寺院であった妙源寺は、幕府の統制を受け、本寺とともに受不施派に転ずる。村内の檀家は複数の町にまたがって展開する。一八世紀初頭の小社町の妙源寺檀家は、「公事家《くじや》（＝家持）日蓮宗」一五軒で、これに隠居や借屋も含めると、二〇軒前後はいたと見られる（第3章2）。一九世紀中ごろの府中村全体の日蓮宗檀家が六三軒であるから、小社町以外に約四〇軒が展開したことになる。檀家を含む信徒は村外にも広がっていた。北は菱木村（堺市）、板原村（泉大津市）、大津村（泉大津市）、南は坂本村・今在家村（現芦部町）・池田下村山深《やまぶけ》や南郡大路《おおじ》村・三田村（岸和田市）など、和泉平野を中心に広く存在した。なお、一八世紀中ごろ以降には、伯太《はかた》村に陣屋を置く譜代大名渡辺家の家臣（長坂・小林・竹内・向山家など）や、一橋家府中役所代官山下安太夫、川口役所役人増田氏も妙源寺の「過去帳」にあらわれるようになる。

以上は、檀家を持つ寺院であるが、有力な家と結びついた寺や檀家を持たない寺などもあった。

「府中村絵図」の北端に東泉寺《とうせんじ》（五社惣社「奥院」）がみえる。鐘楼堂と釣鐘は小社町の河合長清居士（三郎右衛門）の寄付によるもので、特定の施主の寄付・喜捨によって営まれた。元は堺大安寺（臨済宗）を触《ふれ》頭《がしら》としたが、一八世紀には黄檗《おうばく》派の影響下に入ったようで、触頭を摂州舎利寺《しゃりじ》（臨済宗黄檗派・現大阪市生野区）へ変更した（池田下・高橋家文書）。五社惣社の南に描かれる西泉寺《さいせんじ》（太子堂）は大泉寺の触下で檀家を持たなかったが、庄屋河合五郎右衛門家の屋敷が隣接し、西泉寺とも名乗ることから、同家に支えられた寺院とみられる。その南側に境内を同じくする、大泉寺触下の泉福寺《せんぷくじ》（薬師堂）が見える。泉福寺は檀家のない寺であったが、泉州二十四道場を廻る泉州大念仏法会が府中村で行われる際に会場となった。なお、並んで位置する小社天神は、泉福寺の「鎮守」でもあった。小栗街道に面して描かれる海光寺《かいこうじ》（地蔵堂）は、大泉寺を本寺とする浄土宗寺院である。泉州大念仏二十四道場の「本尊本《ほんぞんもと》」とされる。これら檀家を持たない寺院は、明治初期に合寺され、姿を消す。

なお、絵図の南隅にみえる「泉寺」は、古代寺院和泉寺の跡地で、近世段階では寺院はなかったが、宝《ほう》永《えい》二（一七〇五）年に松林を畑に切り開いたのち、百姓らが「小社」（祠）を建てたとされる（「様子大概書」）。

二つの用水――こうこうず井と桑畑井

府中村の地形は、信太山丘陵に近い東側が高く、槙尾川に向かってなだらかに西へと傾斜する。この耕地を灌漑するための水路として、「府中村絵図」には南東から流れる二筋の「溝筋」（水路）が描かれている。この「溝筋」は、槙尾川の上流部（今在家村南部）に堰を設けて取水し、黒鳥村・府中村を灌漑する用水で、こうこうず（国府河頭）井と呼ばれた。南側の「溝筋」は、こうこうず井の水路が槙尾街道と交差する地点で枝分かれし、街道に沿って北流する水路である。御館山と五社惣社の東側を抜け、東泉寺方面へ流れていく。一方、北側の「溝筋」は、槙尾街道で枝分かれした水路が、さらに黒島付近で枝分かれし、府中集落の北端を北上する。二つの井路を流れるこうこうず井はもっぱら大津―槙尾街道よりも北東の耕地を灌漑した。

「府中村絵図」には、これとは別に、もう一本の「溝筋」がみえる。牛滝街道沿いを北上し、妙源寺で左折して小社天神に至り、「御役所」方向へ流れる。これは、こうこうず井よりも下流で堰上げ、桑原村内を抜ける用水路で、桑畑井《くわばたい》と呼ばれた（第1・2章参照）。もっぱら槙尾―大津街道よりも南西の耕地を灌漑し、余り水は、肥子池に蓄えられるなどして肥子村以西の村むらへ下っていく。

このほか、「絵図」には、「井上」「清水」「沢渕」がみえ、東泉寺近くや熊野権現の周囲も水を湛《たた》える様子が描かれている。府中村周辺は、信太山丘陵の雨水や槇尾川の伏流水などが地表にあらわれる地域で、和泉の語源とされる府中清水も、数多くある湧水の一つである。なお、「延宝検地帳」末尾には、水掻《みずかき》池が四九ヶ所も（各池の面積四歩〜二畝歩）列挙されている。ごく小規模の貯水・水汲み場が設けられ、それも田畑を潤すために用いられた。

耕地と農業

以上のような水利の条件にある府中村の耕地は、田地が圧倒的に多かった。「府中村（本郷）」では八割（九〇町六反余のうち七二町六反余）、「府中上泉《かみいずみ》」では七割五分が田地、「軽部出作《かるべしゅっさく》」は畑九歩を除くすべてが田地だった。畑地は、集落近辺の条里地割が乱れた地域に点在するほか、村域の南側、槇尾川の氾濫域に集中している。宝暦《ほうれき》三（一七五三）年の「明細帳」によれば、田は砂交じりで水持ちが悪く、畑の床は石地で、地味が砂で乾きやすい、と記されている。とりわけ槇尾川近くは水持ちが悪い土壌で田地に向かなかった。田では、両毛作が可能であった（天保二年「様子大概書」）。春〜秋には水稲か木綿、秋〜春には麦か菜種を植えた。一方、畑では、大豆、蕎麦、菜大根などが作られた。なお、『日本輿地通志』（享保二一〈一七三六〉年）には特産品として、「府中村出」の芹菜《せりな》、「桑原村出」の「初冬花開」の水仙花が挙げられている。

平野部にある府中村には、広大な耕地が広がっていたが、その一方で肥料や燃料、建築や普請に用いるための資材を採取する山林を欠いていた。「府中村絵図」でわずかに描かれる「芝藪」が、竹木や下草を採取しうる場所で、五社惣社境内や槇尾川沿岸に確認できる。また、「府中村絵図」では彩色がわかりづらいが、家並みの後背に「芝藪」が描かれている。「延宝検地帳」によれば周囲に「小から竹藪」「小笹藪」「土手小笹藪」をともなう「屋敷」があるが、これにあたるとみられる。寛政二（一七九〇）年「明細帳」では「村中四壁木」として「小竹藪・松・杉・榎《えのき》・楠・楡《にれ》・椿・柳」を挙げている。とはいえ、これだけでは、二〇〇軒を超える府中村の人家を支えるためには不十分である。立木・下草などは、横山谷、槙尾山など他所から買い入れていた。

墓所

なお、「府中村絵図」には描かれないが、「延宝検地帳」には、除地の「墓所三昧《さんまい》」八畝一六歩（二〇間×一二間五尺）一ヶ所と、「聖《ひじり》　源右衛門」屋敷（高五斗八升八合）一筆が確認できる。この墓所は、和泉寺跡の南に現存するやや小高くなった場所で、古くは桑畑墓地と呼ばれ、馬場町・小社町・南之町につながる中央町会・西町会・南町会の共同墓地として利用されている。一方「府中上泉」検地帳には、「三まい（三昧）」という小字があり、こちらは、黒鳥小学校のやや東手にある「国府河上須墓地」に相当する。こちらも、市之町・東之町につながる北町会・東町会の共同墓地として利用されている。この共同墓地の枠組みと名称は、槙尾川水系を用いた水利組織と重なっている。

2　村のしくみ

府中村は、太閤検地によって、集落のある上条郷の「府中村」（一三二一石余）と、集落のない「府中上泉」（五二一石余）、「軽部出作」（九四石余）の三つの「村」として把握された（第1章参照）。集落は、内部に五つの町（東之町・市之町・馬場町・小社町・南之町）があった。さらに、水利組織や墓郷の局面では、こうこうず方と桑畑方という二つの枠組みに分かれていた。とはいえ、村としては一つであった。

本節では、こうした府中村のしくみとその変遷をみていくことにする。まずは、村運営の担い手と運営体制の変化を見ていくことにしよう。

村役人（庄屋・年寄）の変遷

府中村の庄屋は、近世に入ってから長らく三人体制が採られた（表16）。また、基本的に特定の家が世襲するもので、一八世紀中ごろまでは、河合（西泉寺）五郎右衛門家、辻村喜右衛門家、河合源左衛門家が世襲した。庄屋家が途絶えた場合は休役とし、残った庄屋がその役割を預かる形が採られた。一八世紀中ごろから河合三郎右衛門家、一九世紀から西川久右衛門家が新たに庄屋を世襲するようになるが、三人体制は変わらなかった。しかし、文政《ぶんせい》一一（一八二八）年からは二人体制に移行し、西泉寺家と西川家が世襲する。天保一三（一八四二）年に兼帯庄屋を迎える時期もあるが、後継者はこの二家から出された。

それに対し年寄の人数は変動する。一七世紀前半に作成された多くの文書では一度に二、三人前後しかあらわれないが、年によって別の人物が登場する。この時期は、一〇人前後の年寄衆がおり、そのなかの数人が村の年寄役として名を連ねていたとみられる。その後、一八世紀中ごろ以降になると基本的に二～三人で推移する。庄屋と違って世襲を前提としておらず、そのときどきの適任者が年寄に就任したとみられる。

地侍の系譜

一七～一八世紀にかけて庄屋を世襲した三家は、ほかの多くの百姓とは異なる系譜を持つと見られる。河合（西泉寺）五郎右衛門家は、寛延《かんえん》二（一七四九）年に苗字御免となった際には西泉寺姓を名乗った。

名は五郎右衛門のほか、惣右衛門や倉之丞を用いた。居屋敷は太閤検地の対象から外された高外地《たかがいち》で、五社惣社、府中清水、西泉寺、郷蔵、村の会所などに隣接する地にあった。村の中心にあり、村内でも一際大き

年	河合（西泉寺）	辻村（東泉寺）	河合 源左衛門	河合 三郎右衛門	西川 久右衛門
明暦年中	五郎右衛門	六郎兵衛	治左衛門		
延宝7（1679）	↓	↓	源左衛門		
天和元（1681）	↓	喜右衛門	↓		
元禄11（1698）	↓	↓	金右衛門		
正徳4（1714）	↓	↓	↓		
享保5（1720）	五郎右衛門（小右衛門）	↓			
10（1725）	五郎右衛門				
13（1728）	↓	六十郎	子之助		
14（1729）	↓		代源兵衛		
延享3（1746）	↓	六十郎	↓		
4（1747）			源左衛門		
5（1748）	惣右衛門	六十郎	↓		
寛延2（1749）	西泉寺惣右衛門	六十郎	×		
宝暦12（1762）	↓	喜右衛門			
13（1763）	西泉寺惣右衛門→綱太郎				
明和元（1764）	綱太郎	喜右衛門			
3（1766）		喜右衛門		（預り）瓘蔵	
安永4（1775）		喜右衛門／翁助		（預り）冠三	
6（1777）				（預り）冠三→信蔵	
9（1780）	西泉寺惣右衛門	翁助		信蔵	
天明元（1781）	↓	↓		↓	
7（1787）	西泉寺倉之丞	↓			
8（1788）	↓	翁助→喜右衛門			
寛政元（1789）	↓	喜右衛門			
享和2（1802）	国蔵予定			未定	求右衛門
文化7（1810）	国蔵			×	
13（1816）	五郎右衛門				久右衛門
文政5（1822）	喜代松				
天保10（1839）	×				↓
13（1842）	×				↓
	兼帯庄屋　池田下村庄屋高橋重太夫				
嘉永2（1849）	喜代松倅安太郎				久右衛門倅市郎
3（1850）					求右衛門
5（1852）	安太郎				↓
7（1854）	五郎右衛門				↓
文久元（1861）	倉之丞				×
3（1863）	↓				久右衛門
元治元（1864）					求右衛門
明治2（1869）	河合倉之丞				↓
6（1873）					戸長西川信橘

表16　府中村の庄屋家　いずれかの庄屋が変更した時のみ表に示した。泉井上神社、田所秀一氏、竹田博司（有毅）氏、佐野逸郎氏（以上府中）、田所貞俊氏（和気）、高橋昭雄氏（池田下）、各所蔵史料より作成。

	庄屋	年寄
寛永年中 (17世紀前半)	3人	五郎右衛門組8人
明暦年中 (17世紀中ごろ)	3人	五郎右衛門組6人 治左衛門組4人 六郎兵衛組2人
延宝年中 (18世紀後半)	3人	9人
正徳～元文 (17世紀前半)	3人	7人
宝暦 (18世紀中ごろ)	2人	4人

表17　村明細帳に記された村役人体制　寛政2年「村明細帳」（泉井上神社文書）より作成。

な屋敷であった。

西泉寺家には、この地域を基盤とする地侍《じざむらい》だったことを示す古文書が大切に保管された。天正《てんしょう》一三（一五八五）年には秀吉から、府中清水の「茶水」馳走が命じられ、翌一四年には、秀吉と片桐主膳正《しゅぜんのかみ》（久盛）によって、所持高二〇石余が安堵《あんど》された（宝暦三（一七五三）年「明細帳」ほか）。大坂冬の陣の際には、徳川方から「国府　惣右衛門」に対して「其地」の警固を命じられた。寛永三（一六二六）年ごろまでは、河合惣右衛門が「村役（庄屋役）」を担うとともに、幕府領代官の「預り下代所《げだいどころ》」を務め、諸役や屋敷地の年貢が免除されていた。

辻村喜右衛門家も西泉寺家に類する存在とみられる。面積一反余歩を数える居屋敷地は、西泉寺家と同じくもともと高外地であった。五社惣社の奥院東泉寺の北側に位置していたことから、東泉寺姓を用いることもあった。「地侍伝」（元禄九〔一六九六〕年「泉邦四県・寺社旧跡幷地伝」）にみえる「辻村壱岐守」の流れを引く家として意識され、同じ系譜の子孫として堺奉行所与力辻村六左衛門がいた。

一七世紀後半の社会構成

庄屋を世襲する三家は村内有数の大高持ちでもあった。「延宝検地帳」（軽部出作を除く）にみえる府中村の土地所持者は、一五二軒（他村百姓、複数名請、講を除く）を数える。* 高持のうち、一〇石を超える家は三二軒で、彼らの所持高を合計すると一〇二一石（全高の約四分の三）に達する。一方、一〇石以下が一二〇軒（高持の約八割）、さらに五石以下に限定すると九〇軒（約六割）である。これとは別に土地を持たない無高百姓がいた**。圧倒的に一〇石以下の小前・無高百姓が多く、と同時に少なくない家数の大高持ちがいた。

*軽部出作の検地帳が現存しないため、以下に示す所持高は、府中村・府中上泉部分のものである。

**寛政二（一七九〇）年の家数二一七軒を想定すると、六〇軒近くの無高がいたことになる。なお、他村からの出作は少なく、三ヶ村八軒（王子二、黒鳥二、肥子四）で一一石程度である。

最大の大高持ちは河合三郎右衛門（二二六石余）である。奥院東泉寺の釣鐘の施主で、一八世紀初頭の当主織部《おりべ》は、伏屋新田《ふせやしんでん》の売買にも関わる（『池田編』）。地主経営だけでなく酒造業を営んでいた可能性もある（第3章3）。一八世紀中後期に庄屋役に就く河合瓘蔵《かんぞう》（冠三）・信蔵親子は、この家の系譜をひく。信蔵を最後に断絶する。

第二～四位は、庄屋三家である。辻村家の場合、当主六郎兵衛と後継の喜右衛門の高を加えると、一一六石を超える。第五位の惣兵衛（六五石余）の名は、一八世紀後半に西泉寺家を支える分家として確認でき、これを加えると西泉寺家は一五〇石を超えることになる。

第六位の平右衛門五四石余は、この時期の府中上泉の庄屋で、宝永七（一七一〇）年には府中村の年寄を務めている。以下、一七世紀後半～一八世紀初頭の年寄を延宝検地時の土地所持者（名請人《なうけにん》）のなかから探すと、貞享元（一六八四）年の年寄勘兵衛三六石余、久兵衛一三石余、元禄一五（一七〇二）年の年寄九右衛門三四石余、彦左衛門一二石余、久左衛門一〇石弱、が見いだせる。やや時期が遅いが、宝永七（一七一〇）年の年寄八人のうちに、右でみた平右衛門、久兵衛、彦左衛門のほか、小右衛門五四石余もみえる。年寄は、庄屋家には劣るものの、それに準ずる一〇～五〇石の高持ちが就いていた。

このように、この時期の村の運営を担う庄屋・年寄らは、府中村の土地を多く持つ大高持ちであり、な

高	軒	備考
高126石	1	三郎右衛門
高90～100	1	（庄屋河合）五郎右衛門
高80～90	1	（庄屋辻村）六郎兵衛
高70～80	1	（庄屋河合）源左衛門
高60～70	1	
高50～60	2	（上泉庄屋）平右衛門
高40～50	1	
高30～40	2	〈貞享１年寄〉勘兵衛
高20～30	5	（辻村）喜右衛門
高10～20	17	〈貞享１年寄〉久兵衛
高５～10	30	
高５石未満	90	
	152	

表18　延宝検地階層構成　府中（本郷）、府中上泉のみで集計。出作人、連名、講田、村惣作などを除く、個人請のみに限定。

	面積		高（石）	名請人	四壁
	古検	新検			
1	0.1.4.00	0.1.6.17	2.3193	神主	あり
2	（高外地）	0.1.5.17	2.1793	五郎右衛門（庄屋）	あり
3	0.0.2.18	0.1.1.08	1.5773	十左衛門	
4	（高外地）	0.1.0.03	1.4140	六郎兵衛（庄屋）	あり
5	0.0.6.18	0.0.8.26	1.2413	五郎右衛門（庄屋）	あり
6	0.0.1.09	0.0.7.28	1.1107	佐左衛門	あり
7	0.0.7.04	0.0.7.21	1.0780	彦左衛門	あり
8	0.0.8.02	0.0.7.12	1.0360	九右衛門	
9	0.0.6.00	0.0.7.11	1.0313	源左衛門（庄屋）	
10	0.0.3.07	0.0.7.11	1.0313	長右衛門	
11	0.0.1.06	0.0.6.29	0.9753	七郎右衛門	
12	0.0.6.20	0.0.6.29	0.9753	三郎右衛門	
13	0.0.2.07	0.0.6.27	0.9660	平右衛門（上泉庄屋）	あり
14	0.0.4.21	0.0.6.21	0.9380	次郎左衛門	あり
15	0.0.6.17	0.0.6.17	0.9193	平右衛門（上泉庄屋）	あり

表19　延宝検地帳にみる面積上位15屋敷　単位は古検面積・新検面積ともに町.反.畝.歩。

かでも庄屋を務める三家は、飛びぬけて多くの高を持っていた。

村運営―捌き高体制

庄屋三家は、一三〇〇余の石高を持つ府中村の年貢納入を三つに分けて分担した。それぞれが担当する石高は、捌《さば》き高と呼ばれた。土地ごとにどの庄屋が捌くかが決まっており、売買・譲渡によって土地所持者が変わっても、捌く庄屋は変更されなかった。庄屋の捌き高は、基本的に固定していたが、庄屋が休役となったり断絶した際には、別の庄屋が臨時的に預かる場合もあった。とくに一八世紀後半はそれが常態化し、担い手の変更とともに幾度か変更が加えられた。以下では、時期を追って捌き高体制の推移をみていくことにしよう。

一七世紀～一八世紀中ごろの捌き高

後年の整理によれば、もともとは「惣右衛門捌（西泉寺捌）」（六〇〇石）、「喜右衛門捌（辻村捌）」（二〇〇石）、「源左衛門捌」（四〇〇石）だった。これは、一八世紀中ごろに西泉寺家の庄屋に就任する惣次郎が、過去の捌き高について説明した一文に出てくる（和気・田所家文書）。合計すれば一三〇〇石に満たないことからわかるように、この捌き高はあくまでも概数である。一九世紀初頭には、西泉寺捌六六三

	河合（西泉寺）	辻村（東泉寺）	河合
「往古」	五郎右衛門	六郎兵衛	源左衛門
捌高	600石	200石	400石
	200石		200石
18世紀中頃	惣右衛門	喜右衛門	断絶
捌高	600石 + 200石預	200石 + 200石預り	—
明和 3（1766）	瓘蔵・喜右衛門	喜右衛門	
捌き高	600石 + 200石預	200石 +200石預り	—
			200石
安永 6（1777）	惣次郎	翁助	信蔵
捌き高	600	400	200
享和 2（1802）	倉之丞	喜右衛門	信蔵
捌高	663.3085	437.5645	226.019
備考	国蔵相続。文政 5、五郎右衛門（国蔵）倅喜代松へ世襲。	断絶。年寄（西川）求右衛門へ。	名跡人なし。会所捌き

	南北組分け	
文政11 （1828）	南組（桑畑方） 西泉寺 喜代松方	北組（こうこうず方） 西川 久右衛門方
捌高	639.5697	687.4889

表20　庄屋体制の変化と捌き高の移り変わり　矢印は、源左衛門分捌き高の移動を示した。

石余、辻村捌四三七石余、源左衛門捌二二六石前後となる（表20）。

さらに惣次郎の説明によれば、その後、庄屋源左衛門家が衰退したため、源左衛門家が代だい捌いてきた四〇〇石を半分に分け、西泉寺家と辻村家が二〇〇石ずつ預かるようになったとみられる。三つの捌き高体制そのものを残し、将来的に庄屋三人体制に戻す余地を残した処置がとられた。しかし、こののち源左衛門家が庄屋に復帰することはなかった。

明和三年の臨時体制

一八世紀後半に差し掛かったころ、西泉寺家の相続問題にからみ、捌き高体制に変更が加えられた。明和《めいわ》三（一七六六）年一一月、西泉寺家当主が幼少だったため、西泉寺捌（六〇〇+二〇〇石）を、もう一人の庄屋辻村と、河合瓘蔵（三郎右衛門家）が一時的に預かることになった。

ことの発端は、宝暦《ほうれき》一三（一七六三）年年末に庄屋西泉寺惣右衛門が死去し、同家の当主が綱太郎（五歳）

になったことをうけ、その後見をめぐって親族や村方百姓らが対立したことにある。その綱太郎も明和三年六月に他界したため、外祖父のもとで養育されていた弟惣次郎（三歳）を呼び戻すことにし、成長するまで、臨時的体制を採ることにした（和気・田所家文書）。

家の名跡の安定を願う親族（親戚・外戚）の中心には、先代惣右衛門の兄弟で綱太郎の叔父にあたる和気村庄屋田所太郎右衛門や、幼少の綱太郎を支え、家の世話に勤しむ分家惣兵衛がいた。綱太郎の外戚井上真作らも西泉寺家の相続を第一に考えて行動をともにする。とはいえ、真作は府中村の百姓であり、和気村の庄屋を兼ねる太郎右衛門と意見が対立することもあった。

とくに太郎右衛門が養子入りした和気村が、長らくこうこうず井と対立関係にある久保津戸井掛りの村であるという点は、村方の警戒感を強めた。こうした村方の中心にいたのは瓘蔵と竹田尚水《しょうすい》（市之町）である。瓘蔵と竹田尚水は両名とも村役人ではないが、会所や庄屋宅で設けられた寄合に参加し、村政のために意見を出すなど、村政に強い影響力を持っていた。幼年の庄屋を補うため、尚水・瓘蔵が主導して下年寄を設置することもあった。

なお、この時期の府中村の高所持状況について、田所太郎右衛門は「日記」（和気・田所家文書）に次のように記す。すなわち、持ち高約二〇〇石の百姓に井上真作、小野五郎兵衛、竹田玄節（尚水の親）、それに続く家に庄屋西泉寺家九〇石（うち軽部出作に二〇石）と河合瓘蔵（三郎右衛門家）四六石がおり、これ以外は、みな「小高」百姓で、五石〜二〇石内外のものが少数いる程度だ、という。この時期になると、庄屋三家がかつて有していた村内の経済的優位性は低下していた。三郎右衛門家も所持高を八〇石近くも減らしているが、それでもまだ西泉寺家に次ぐ高を所持し、村運営に影響力を保持していた。対照的に急激に高を増やしたのが井上・小野・竹田家で、すでに彼らは、この時期の村運営に欠かせない存在となっていた。

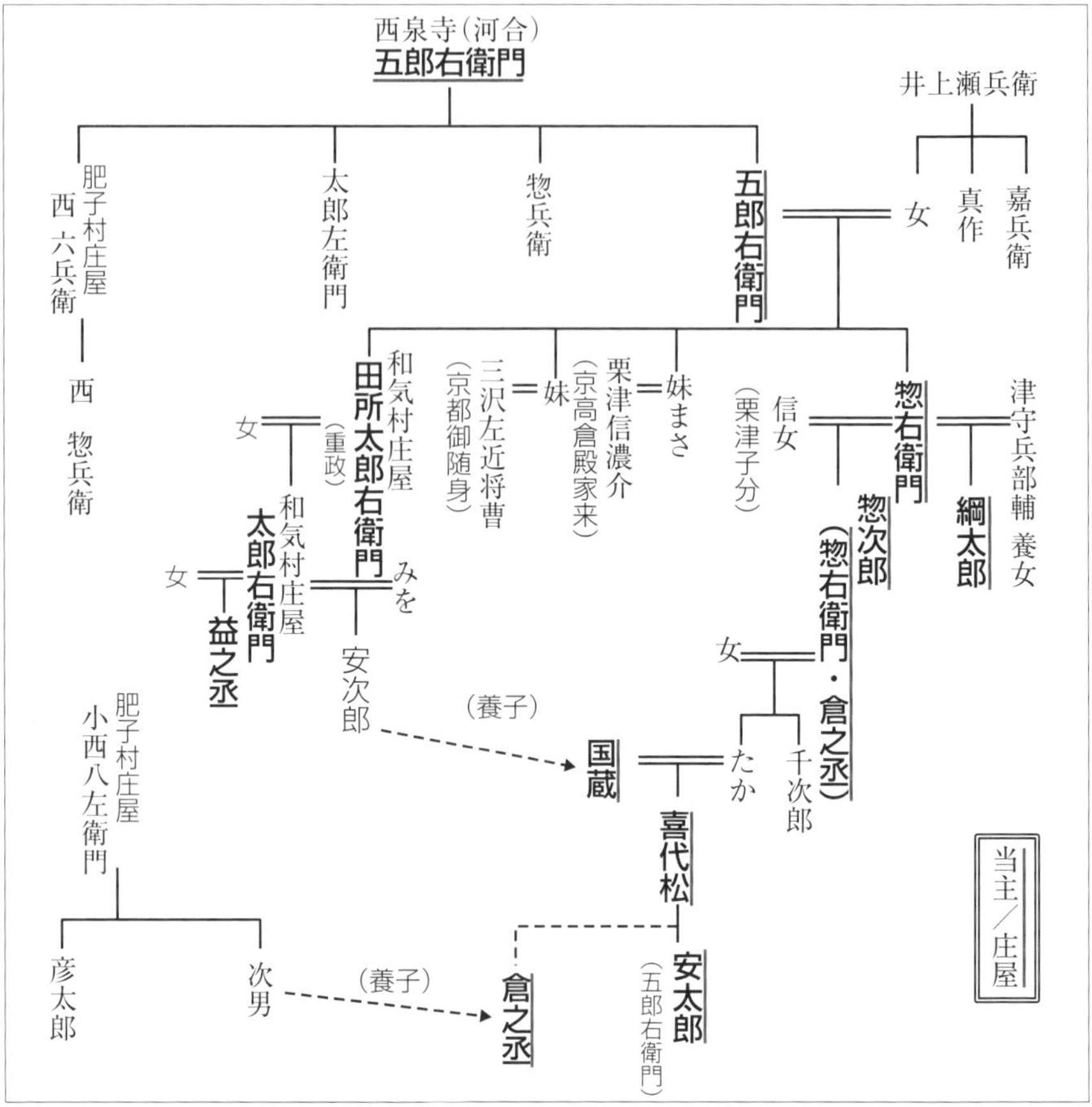

図9　一八世紀西泉寺家系図

安永六年の変更

西泉寺家を相続した惣次郎が成長し、一五歳を迎える前年の安永《あんえい》六（一七七七）年、今後の捌き高をどうするかが庄屋の間で話し合われた。惣次郎は、過去の捌き高の変遷を踏まえ、一七世紀段階の捌き体制に復するよう意見した。これでは捌き高が減ることになる辻村翁助が反対し、河合信蔵（瓘蔵跡）も、捌き高を三等分する（四〇〇石ずつ捌く）という別の案を出した。

最終的に、辻村捌きは現状維持のままの四〇〇石とし、西泉寺捌きに預けられていた元源左衛門捌き二〇〇石を信蔵の捌き高に、西泉寺捌きは元捌き高六〇〇石に戻すことで結着した（和気・田所家文書）。

こうして、三家以外の家が初めて庄屋役を担うことになった。すでに信蔵の父瓘蔵は西泉寺家の捌き高を預かり、実質的な庄屋役の仕事を務めてはいたが、名実ともに庄屋に就いたのはこのときである。この体制は、一八世紀末まで維持された。

享和二年の村運営体制見直し

一九世紀に入ってすぐに、捌き高の担い手について重大な転機が訪れた。庄屋家が相次いで相続に行き詰まり、府中村は村運営が円滑に行えなくなった。享和《きょうわ》二（一八〇二）年、府中村は新しい村運営案を作成し、領主役所へ提出する。課題は庄屋役不在という点にあるが、それとともに、年寄や大高持ちを含めた村運営体制の見直しが行われた。

西泉寺家（惣次郎／倉之丞・捌き高六六三石余）の跡は、すでに国蔵《くにぞう》に決まっていた。実父は親戚筋にあたる和気村庄屋田所太郎右衛門で、相続を前提に養子入りしていた。しかし幼年であったため、庄屋は休役中であった。そこで、国蔵が成長するまでの五ヶ年間、親類の井上真作・西川求右衛門（久右衛門）・河合三右衛門が一年交代で御用・村用務めを補助することにした。それと同時に、村外からの影響を避けるため、実父太郎右衛門を御用・村用向きから遠ざけることにした。

辻村家（捌き高四三七石余）の跡役は、年寄の西川求右衛門を就けることにした。求右衛門家は、二〇年前まで府中上泉五〇石余を捌いていたらしく、これも求右衛門捌きとして復活させた。ただし、辻村家の名跡相続が叶った場合は、同家の元捌き高二〇〇石余分を復帰させることも確認された。こうして、近世初頭以来、長らく庄屋役を世襲してきた辻村家は、一九世紀に入って庄屋役から退くことになった。代わって新たに庄屋に就任する家が誕生した。

三人目の庄屋河合信蔵（捌き高二二六石余）も、天明《てんめい》六（一七八六）年に二五歳で没したのち、名跡相続が滞っていた。その間、「会所立会の衆中（村役人ら）」が捌く臨時体制が採られていた。今後は、ひとまずこれを継続し、将来に後任の庄屋役を立てることが確認された。なお、一七世紀後期には村内一位の所持高であった信蔵（三郎右衛門家）の系統もこのあと完全に絶え、名跡は竹田家が差配するようになる。

このとき村の年寄は、求右衛門と三右衛門の二人が務めていたが、求右衛門が庄屋となることにともない、補充する必要が生じた。そこで二人を増員するか、町ごとに一人ずつ年寄を出すかの二案が出された。その後の実態を踏まえると、二人の増員が採用されたとみられる。

以上の村役人体制の変更に加え、大高百姓の竹田家・井上家の位置づけについて確認がなされた。このころの村運営は村役人らに加え、竹田・井上両人に相談しながら進められていた。この村運営案の作成にも大高百姓という肩書きで連名に加わっている。会所での寄合に出席する際には、惣代百姓中よりも上席に位置づけられた。こうした両人の特別な位置を今後も踏襲することが確認された。庄屋の相続が不安定となるなか、三家による捌き高体制を保持しつつ、大高持ち（竹田・井上両家）を含めた村方（会所立会の衆中）による村運営の立て直しが図られた。

北組と南組へ――庄屋二人捌き体制

これまで、まがりなりにも三人体制で捌いてきた府中村ではあった。しかし、信蔵（三郎右衛門家）の名跡が断絶したこともあり、捌き高体制を大きく見直すことにした。文政一一（一八二八）年六月、村の土地とその所持者をすべて調べ、南北二つに区分し、北組（こうこうず方）を西川久右衛門が捌き、南組（桑畑方）を西泉寺喜代松が捌くことにした（府中・竹田家文書）。名称からわかるとおり水利郷・墓郷の枠組みと重なる組分けであり、生活に根ざした捌き高体制が採られることになった。これと連動して、北にある府中上泉

		本郷1327.0586石			軽部出作	上泉
		全体	西泉寺方（南・桑畑）	西川方（北・こうこうず）		
本高	免割高（石高）	1327.0586	639.5697	687.4889	94.8118	52.5670
	郷蔵敷引	0.2100	0.1050	0.1050	—	—
	阿弥陀寺畑引	0.8633	—	0.8633	—	—
	残	1325.9853	639.4647	686.5206	94.8118	52.5670
	内　田	1070.7905	462.5758	608.2147	93.4878	39.6230
	畑	222.2700	146.4118	74.9949	0.0300	12.9440
起返・新開高		33.7881	30.4771	3.3110	1.2940	—
冥加	酒造清兵衛	—	26.4匁	—	—	—
	酒造十左衛門	—	—	19.8匁	—	—
	水車	—	銀15.45匁＋金１両	—	—	—
庄屋（兼帯）		（高橋）重太夫				
年寄		次右衛門・勘兵衛			勘兵衛	次右衛門

表21　北組南組体制のもとでの年貢収納　単位：石。弘化4（1847）年「午御年貢免割三蔵勘定御用掛共割賦帳」（池田下・高橋昭雄氏所蔵史料）をもとに作成。府中村（本郷）の高は、北組687石余、南組639石余に分けられた。村の郷蔵敷も均等に分けられた。なお、このとき兼帯庄屋の時期であるため、年寄が捌きを代行した。

居町	南組	北組		他村	合計
	三町	市之町	東之町		
田	95.8542	378.6575	86.9871	50.0656	611.5644
畑	6.8573	47.4007	19.4330	2.1593	75.8503
合計	102.7115	426.0582	106.4201	52.2249	687.4147

表22　こうこうず方土地の土地所持者（地域別）　単位：石。弘化5（1848）年「こうこうず方名寄帳」（府中・佐野逸郎氏所蔵史料）より作成。

は北組、南にある軽部出作は南組と併せて捌かれるようになった（表21）。

弘化《こうか》五（嘉永元・一八四八）年「こうこうず方（北組）」の土地の名寄《なよせ》帳（府中・佐野家文書）の末尾には、居町別の集計がなされている（表22）。集落の北側に位置する市之町・東之町百姓が「こうこうず方（北組）」に多くの土地を所持する傾向がみえる（北組高の約七七パーセント）。一方で、集落の南側にある「三町（馬場町・小社町・南之町）」百姓分が「こうこうず方」に一〇二石余（田九六石弱、畑七石弱）を所持していた。これら南組（桑畑方）百姓の所持地であっても、「こうこうず方」（北組）の土地として西川久右衛門の捌きを請けた。なお、他村からの入り作が五二石にも及ぶ。このころになると府中村の土地の一部が村外の地主らの手にわたるようになっていた。

五つの町と村

ここまでみてきたように、面積の広い府中村は、村の土地を複数の庄屋で分担して捌く体制が採られていた。捌き高は何度か再編されたのち、最終的に、北組（こうこうず方）と南組（桑畑方）体制に移行した。この両組の別称は、水利郷・墓郷の名称でもあるように、府中村の人びとの生活に根差した地域単位でもあった。一方で、これと同時に、府中村百姓らの生活の基盤には五つの町《ちょう》があった。こうした、町、組、村は、どのような関係にあっただろうか。

五つの町と公事家

町は年貢請負の単位になることはなかった。しかし、町ごとに惣代百姓《そうだいびゃくしょう》が出されたり、年寄を置く案が提示されたりしたように、府中村運営の基盤には町があった。町は単なる地名ではなく、百姓らの共同組織であった。五つの町は、一七世紀後半には確実に存在し、運営の中核には「公事家中《くじやちゅう》」という集団がいた。

文政《ぶんせい》九（一八二六）年七月に、困窮して居所を失った忠右衛門（馬場町）が「町内」の公事家株から外されそうになった。そのため、以前から忠右衛門と関係のあった竹田少進《しょうしん》（市之町）が、所持する屋敷を与え、公事家として維持できるよう手配した（府中・竹田家文書）。忠右衛門は、公事家を相続できることは、先祖や子孫に対して「本懐《ほんかい》の至り」であり、それを可能にした竹田家に対して「なるべく忠節を尽くし、御高恩《ごこうおん》のほどを忘れおかず、随分大切に」する、と述べ、「何事によらず随身《ずいしん》御用向」を可能な限り務める、と誓約した（府中・竹田家文書）。忠右衛門ら府中村の百姓にとって、町の公事家身分を維持することが、「家」の存続のために重要であった。公事家は、その町内に家屋敷を所持して居住することを条件とし、公事家仲間に構成員として認められることが必要であった。

公事家は、その家の当主だけでなく、家族にも関わることであった。天明《てんめい》九（一七八九）年正月、南之町の公事家分若者と借家分若者の対立が起こった。そこで、井上真作ら南之町公事家中の代表者らは、公事家分の若者たちに対して、町内明神講《みょうじんこう》の世話など、若者が関わることはすべて公事家分若者が執《と》り行い、借屋分若者に関わらせないよう申し含めている。たとえば、町内の婚礼に際して石礫打《いしつぶてうち》など（ほかの若者が）理不尽なことを申しかける場合は、公事家分若者一同が評議のうえ取り計らうこと、公事分若者への加入を希望するものがいれば、評議したうえで、一札を取り交わして加入させることなどを言い聞かせている（旧和泉市史筆写史料）。公事家とそれ以外の別は、若者仲間のなかにも設けられていた。

小社町の公事家中

二〇一八（平成三〇）年に府中町で実施した合同調査は、近世から連続する五つの町会を対象とした。このとき、西町会（＝小社町）の旧家から、木箱に入った「小社町公事家中」文書が発見された（田所秀一氏所蔵史料）。木箱には、元禄一五（一七〇二）年～昭和戦前期にかけての分厚い帳面綴りが納められており、約二五〇年間にわたる公事家中の実態に迫ることができる貴重なものであった。ここでは、小社町を事例に、府中村の公事家仲間についてみることにしよう。

一八世紀初頭の小社町の公事家中は、三五軒前後の家持が属した。基本的に家の当主（男性）が正規の構成員で、費用を分担する際に「隠居」も軒数に加わる場合もあった（表23）。ところが、一九世紀中ごろになると、構成員は一八軒前後まで減少する。そのため、多額の費用が必要になった際には、公事家ではない借屋らを「尻公事《しりくじ》」として組み入れる場合もあった（表24）。

公事家中の基本的な収入は、公事家の祝事の際に、その当主が仲間に納める祝儀（「初生養料《うぶやしないりょう》（小児誕生祝）」「礫代《つぶてだい》（石祝《いしいわい》、婿礫《むこつぶて》とも）」「水祝《みずいわい》（新郎祝）」「祝言《しゅうげん》代」「蚊帳祝《かやいわい》（嫁入り祝）」など）である。祝儀額は公事家中で申し合わせたとみられ、一律であった。支出は、味噌・酒・醤油など会食費、筆・紙・墨などの雑費、

宗派	名前	勘定
法華宗15軒	勘兵衛	
	作太夫	
	新右衛門	
	新兵衛	
	重左衛門	3
	清左衛門	
	瀬太夫	
	惣右衛門	2
	惣右衛門隠居	
	七郎右衛門	8
	小右衛門隠居	
	小右衛門	1
	宇兵衛	4
	角左衛門	
	太右衛門	
浄土宗20軒	六左衛門	
	太郎右衛門	
	四郎兵衛	6
	四郎兵衛隠居	
	忠左衛門	
	勘右衛門	5
	佐左衛門	
	甚右衛門	
	弥左衛門	
	九左衛門	
	九左衛門隠居	
	甚兵衛	
	了信	
	甚左衛門	
	善右衛門	7
	善兵衛	
	九郎左衛門	
	善左衛門	
	善左衛門隠居	
	又右衛門	

表23　宝永3（1706）年小社町公事家中　勘定欄の数字は年末勘定の署名順位。

	銀（匁）	名前
公事家	80	善右衛門
	80	六左衛門
	80	丈右衛門
	80	六右衛門
	80	甚兵衛
	80	権四郎
	80	与三左衛門
	70	勘右衛門
	70	六兵衛
	70	儀兵衛
	70	重兵衛
	70	弥左衛門
	70	左助
	70	伊右衛門
	70	与兵衛
	60	新兵衛
	40	善左衛門
	40	伊兵衛

〆1260　18軒合計　A

	銀（匁）	名前	備考
尻公事	40	七兵衛	※
	40	重蔵	
	40	利兵衛	※
	30	弥吉	
	30	庄吉	
	35	文吉	※
	40	与八	
	40	重作	
	30	藤蔵	※
	30	土　三蔵	※
	28	おみち	
	28	庄助	
	28	友治	
	28	源治	
	30	国蔵	
	20	利七	
	20	おつき	
	20	わけ善	
	20	おいく	
	20	未吉	
	28	浅七	
	20	弥助	
	20	おちく	
	35	長右衛門	
	20	おひて	
	20	九右衛門	
	20	門安	
	20	多八	

〆780　28軒合計　B

集計（匁）	
2208	（必要経費）
2040	A＋B
168	不足

表24　嘉永元（1848）年小社町の地車経費負担　備考欄の※はこの年に借家婚礼祝儀を払った家。

町番・夜番に関する支出、髪結《かみゆい》への合力《ごうりき》、寄り合いの場である大泉寺《だいせんじ》への茶代などに充てられた。過不足は、公事家中で配分・分担し、あるいは構成員へ貸借・融通し、徴収した。

一年間の収支勘定は、毎年末に行われた。勘定場所は、当初は大泉寺、天明五（一七八五）年からは公事家が順番で務める宿《やど》に変わる。勘定に立ち会う人数は時期によって変わり、一八世紀前半ごろは、公事家三五人前後のうち六～九人が立ち会っている。このころは、代表による勘定が行われたとみられる。ところが寛延二（一七四九）年以降になると一五～一八人、明和三（一七六六）年ごろから二一～二三人に増加する。この時期は、全公事家が参加する形に変わったとみられる。安永末（一七八〇）年より再び六人前後に戻る

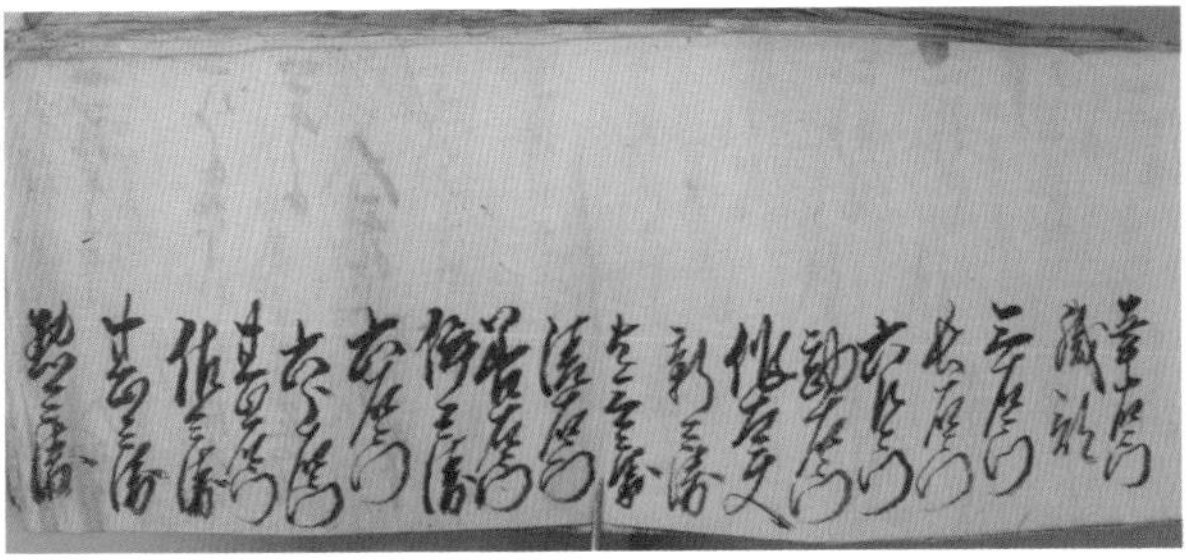

写真6　宝暦12（1762）年の立会勘定　府中・田所秀一氏所蔵史料。冒頭に村の年寄幸右衛門、直後に河合織部が署名する。

時期もあるが、天明期以降は年行司《ねんぎょうじ》二人を中心に、「百姓立会（一八人前後）」勘定が行われるようになる。

勘定立会の署名順には一定の秩序があったとみられるが、必ずしも明確ではない。その一方で、筆頭者は固定される傾向にある。たとえば河合織部（三郎右衛門家）は元文元（一七三六）〜宝暦九（一七五九）年にかけて筆頭に名を記しており、公事家中のなかで特別な扱いを受けていた。その後、宝暦一一（一七六一）〜明和八（一七七一）年は村の年寄に就く幸右衛門に譲り、二番目に署名する（明和六年から瓘蔵）。村の年寄は、公事家中の秩序と少し異なる存在として位置づけられたようで、時期によって異なるが、冒頭か末尾に署名した。その一方、現役の庄屋が公事家中の立会勘定に現れることはない。庄屋に就任した者は公事家から外れたとみられる。

公事家中と五社惣社

小社町の公事家中は、五社惣社との関係で二つの講を持っていた。一つは明神講《みょうじんこう》（祓《はらい》講《こう》）である。明神講は、五社惣社を支える組織で、府中の五つの町（東之町・市之町・馬場町・小社町・南之町）ごとに存在し、修改築を担うなど神社の運営を支えた。いまひとつは、獅子《しし》講である。旧暦八月十五日祭礼（新暦九月二九日ごろ）に関わる組織で、この日、御神体を載せた神輿が五社惣社から御館山まで行列する。神輿は市之町・東之町が担っていたとみられ、小社町は大太鼓・小太鼓や鼻高《はなたか》、獅子舞を出した。これに要する酒や味噌、豆腐、白米などの経費勘定を八月一六日前後に行った。

八月祭礼では、遅くとも一八世紀後半には五つの町ごとに檀尻（地車）を出していた。小社町は、公事家中を中心に町を挙げて地車を用意した。公事家中文書から、文政四（一八二一）年と嘉永元（一八四八）年に地車を新調したことが確認できる。必要経費は古い地車の売却代金、明神講・若衆中《わかしゅちゅう》からの出銀、公事家・「尻公事家」に割り付けた棟打銀《むねうち》などで賄い、町全体の協力を得ながら費用を捻出し、地車運営にあたった。

地車と祭礼

五社惣社の祭礼は、そうした五つの町が競って参加する場だった。

安永《あんえい》三（一七七四）年、五ヶ町は、地車の宮入《みやいり》順番に関する申し合わせを行った。発端は、馬場町が自身の町の「段尻」（地車）の鴨居《かもい》や幟に「壱番」とあることを理由に、宮入を最初に行うと主張したことにある。ほかの四ヶ町は、「壱番」という文字を地車から外させることを条件に、馬場町の主張を承諾する。ただし、馬場町の準備が遅れた場合は、支度が調った町から順番に宮入をすることにした。あわせて、「段尻」の曳《ひき》手《て》が足りない場合は、五町が相互に助け合うことも申し合わせた（府中・佐野家文書）。町を基盤にしながらも、五つの町が協力して五社惣社祭礼に臨んでいた。

ところが、天明五（一七八五）年、今度は神輿御渡について対立が生じた。これは、市之町・東之町＝こうこうず方と、馬場町・小社町・南之町＝桑畑方という、村を二分する生活関係が背景にあった。これまで神輿担《かつ》ぎはこうこうず方が担っていたらしく、桑畑方がこれへの参加を求めたのである。

市之町の主張によれば、（神輿御渡も含む）鳥居前から社まで捧げる灯明などは、こうこうず井の水争いの際に、村の心願が成就したことをきっかけに始めた。しかし、神輿に供奉《ぐぶ》する役目の神主馬場八尾次が村方と揉めたため、ここ二、三年は神輿御渡を中断していた。これを見かねた一橋家領府中役所の代官が、庄屋（辻村）翁助に対して解決を指示、翁助が市之町の若者たちを説得して、天明四（一七八四）年に神輿御渡が復活する。ところが、翌天明五年の祭礼に際し、桑畑方（南之町・馬場町・小社町）の若中が、神輿担ぎの参加を求め、こうこうず方のみで行う神輿御渡を中止するよう神主に強く迫った、というのである。

桑畑方としては、五社惣社は「村方一体の氏神」であるから神輿も一体で担うべき、という考えであった。一方の市之町は、大念仏法会《だいねんぶつほうえ》が桑畑方だけで行われていることを引き合いに出し、神輿御渡を村全体で行うのであれば、法会も村全体でやるべきだと反論した。

このように、祭礼や法会の際にも、こうこうず方（東之町・市之町）と桑畑方（小社町・南之町・馬場町）という水利に根差した二つの地域区分が重要な意味をもっていた。そのため、双方の主張は、村運営全体のあり様とも関わって争点化され、村の土地が桑畑方とこうこうず方で分かれているかも論点になった。桑畑方は地所が分かれていることを主張するが、市之町は「府中村」として「帳面一畳」であるとして、それを否定する。その根拠として、新池（字東風川／桑畑方）の池床年貢に関する費用や、村の会所入用などは、村方一統で負担している、と反論する。水利を含めた村運営体制全体のあり様、すなわち府中村のしくみをどうするかが、祭礼をめぐる対立のなかで表面化したのである。

「地域」と村運営

このように、一七世紀から一九世紀の初頭まで、府中村は村高を三つに分け、三人の庄屋で捌く体制が取られた。しかし、これとは別に、府中村の内部には、町という公事家中を中核とする地縁団体が存在した。また、水利や墓郷関係に基づく二つの地域的組織が存在した。これらの関係を前提とした村運営をどのように行うのか。村運営体制の見直しを図るなかで、一九世紀になって、生活に根ざした地域区分と捌き高体制を連動させる、南北二組体制が用いられるようになった。

こうした村運営の体制が変化していく背景には、一八世紀以降の村内構造の変化があったとみられる。地侍の系譜を引き、大高持ちとして庄屋を世襲した家が、一八世紀中ごろから一九世紀にかけて次つぎに断絶、もしくは世襲困難な状態に陥っていった。家持を主体とする公事家中も一八世紀中ごろから家数を半数に減らし、一九世紀には、借屋の協力を前提とした運営が行われるようになった。その一方で、庄屋家の所持高を超えて成長する家が現れた。一八世紀後半以降の村運営は、こうした大高持ちに支えられながら行われていた。彼らの経済力の源が何であるか未詳であるが、その片鱗は、次節でみることにしよう。

3　百姓らの諸営業

府中村の最大の産業は農業である。そのなかで、もっとも主要な商品は米穀・綿・菜種であった。これらの産物は、それだけで「商品」として売買されたが、加工することで、新たな価値を生み出すことができた。本節では、こうした加工業に関わる酒造業・絞油業を取り上げる。

また、府中村には、延享四（一七四七）年から天明五（一七八五）年までの約三八年間、一橋家領の支配拠点として府中役所がおかれた。この間、役所機能を維持するために、さまざまな営業が成長し、また新たに生み出されていった。府中役所には少数の役人しかおらず、地域社会の有力者の力を利用しながら、支配に臨んでおり、府中村の庄屋や大高持ちらも、府中役所と密接な関係を築いていった。そこで、政治的な拠点が存在することによって生み出された諸営業として、下掛屋《したかけや》と郷宿《ごうやど》を取り上げることにする。

年（西暦）	株数	営業	持主（酒造石高）	酒造冥加金
寛政２（1790）	５株	１株	河合三郎右衛門（700石）、井上真作（300石）、十右衛門（120石）、河合文之丞（100石）、伴治（70石）	
天保２（1831）	５株	２株	営業（160石、120石）、 休株（60石、40石、10石、７石）	46匁
天保14（1843）	２株	？	清兵衛（160石）、十左衛門（120石）	清兵衛（26.4匁） 十左衛門（19.8匁）
弘化３（1846）	？	？	清兵衛（160石）、（十左衛門）	
弘化４（1847）	２株	？	清兵衛・十左衛門	清兵衛（26.4匁） 十左衛門（19.8匁）

表25　府中村の酒造業　寛政２年「村明細帳」（泉井上神社蔵）、天保２年「一橋領様子大概書」（一橋徳川家文書）、天保14年、弘化３年「諸事附込覚帳」（池田下・高橋昭雄氏所蔵史料）より作成。

酒造業

村の高にかかる年貢を納めるためには銀が必要だった。幕府領時代には、本年《ほんねん》貢《ぐ》七五四石余や御伝馬宿入用《おてんましゅくにゅうよう》は米で納めたが、夫米《ぶまい》・御口米《おくちまい》・御蔵前入用《おくらまえにゅうよう》は銀で納めた。一橋家領知時代は、一時期を除いてすべて銀で納めていたため、百姓らは農作物を銀に変えなければならなかった。

田地で収穫した米をより高く売るためには、米を大量に流通・消費する都市・市場が必要となる。そのため府中村の百姓らは、生産した米穀を堺や大津（泉大津市）へ送り出して売っていた。また、府中村の米穀商人らに売る場合もあった。この米穀商人らも、大津や岸和田・貝塚などの都市部へ運び、売り払った（寛政二「村明細帳」）。このように、府中村は米穀の消費地というよりも、生産地であり、都市部へ供給・中継する場だった。

府中村内でもっとも米の換銀化《かんぎんか》を支えたのは、酒造業である。幕府は、米価調整のため、酒造業者が年間に消費できる酒造米の上限を設定し、株を交付して冥加金を上納させた。寛政二（一七九〇）年の府中村には、五軒の酒造株所持者がいた（表25）。このうち、酒造米高七〇〇石の河合三郎右衛門家は、府中村の大地主でもある。しかし庄屋役を務めた信蔵が天明六（一七八六）年に没したのちに断絶しており、この時期には酒造株ともども竹田家が管理していたとみられる。一〇〇石株の河合文之丞は竹田家当主円璡定訓の弟である（コラムⅤ）。竹田家は、真作株（三〇〇石）の井上家とともに大高持ちで、この時期の村運営を担った（第3

章2)。しかし、いずれも休業中であり、酒造業の実態はなかったとみられる。営業しているのは十右衛門株一軒のみであった。天明八(一七八八)年に池田下村庄屋高橋家から譲り受け、営業を始めたばかりとみられ、以後、一九世紀中ごろまで酒造株を持ち続ける。十右衛門は、北組(市之町・東之町)に所属し、文政~天保期に村の年寄を務めていた。このように、府中村の酒造株主・営業者の多くは、大高持ちや村運営の担い手と重なる。

弘化三(一八四六)年に酒造を営んだ清兵衛は、三分の二の酒造制限令のもと一〇六石余の酒造高を生産する。それにあたり酒造働《はたら》き人《にん》ら(日雇《ひやとい》三人)の食料を含め、一二〇石七斗の米を購入している。このうち九六石の白米を用い、清酒八七石五五二を造った。府中村の酒造の最盛期(酒造米高合計一一七〇石)に当てはめると、一三二〇石以上の米が消費され、九五七石余の清酒が生産されたことになる。なお、清兵衛は、醸造した清酒のうち一七石二斗は駄売《だうり》、一三石八斗余は小売に宛てている。酒造業は、米仲買、酒造働き人、酒仲買や小売など関連する営みを府中村にもたらしたとみられる。

しかし、多くが休業していたように、一九世紀の酒造業は最盛期からみれば斜陽化の時期にあった。天保期まで継続して酒造を営んだ二人のうち、十左(右)衛門は、冥加金上納は行っているものの営業の実態はなかったとみられる。もう一人の清兵衛も、天保一五(一八四四)年一一月に、浅井市右衛門(黒鳥辻村)へ居宅・蔵とともに、酒造蔵(四間×七間)を質入している。弘化四(一八四七)年には借財の返済を求めて訴えられたため、酒造米を買い入れることができず、休業を願い出た。

絞油業

菜種や綿の種を原料とする絞油業が府中村でも営まれた。絞った油は、大坂や堺へ出荷が求められたが、府中村など近辺への小売も許されていた。残った種粕《たねかす》は肥料として百姓らへ売られた。絞油屋は、府中村百姓らの生活を支える産業でもあった（『池田編』『近世編』）。

絞油業は、種を砕く際に用いる動力の違いによって、人力《じんりき》と水車に区分された。府中村の人力絞油屋は、一九世紀初頭に泉州絞油屋仲間の年行事《ねんぎょうじ》を務めた河合平兵衛がいる（表26）。彼は享和二（一八〇二）年に南之町の百姓惣代、文化～天保期に村の年寄を務めている。

絞油業	水車	人力	買子
宝暦13（1763）	１輌		
明和５（1768）	真作、伝治、五郎兵衛		
明和７（1770）	２輌		
寛政９（1797）	伝治郎、五郎兵衛、平兵衛		
文政10（1827）		河合平兵衛	
天保５（1834）	伝治郎、五郎兵衛		権四郎（綿実）
天保６（1835）	伝治郎、五郎兵衛		
天保13（1842）	伝治郎、増次		
天保14（1843）	油屋伝次郎		
嘉永６（1853）			七兵衛（綿実）
嘉永７（1854）	清兵衛、増次		
安政７（1860）	清兵衛		

表26　府中村の絞油業　寛政２年「村明細帳」、『池田編』、池田下・門林啓三氏所蔵史料より作成。

水車絞油屋は、府中村では、宝暦一三（一七六三）年が最初とみられる。その後、明和五（一七六八）年に三人の水車絞油屋が確認できる。このうち、井上真作は明和七年に幕府（大坂町奉行所）が油の流通統制を図った際に撤退したとみられ、以後は水車二輌となる。なお、井上真作と小野五郎兵衛は、いずれも南之町の人物で、一八世紀中ごろの所持高が二〇〇石を超えるとされた大高持ちである（第3章2）。また、五郎兵衛は、宝暦九（一七五九）年に惣社の鳥居前に石灯篭を建立し、明和二（一七六五）年にその灯篭に火を燈すための灯明田《とうみょうでん》を寄進している。

絞油を行うためには、原料である菜種・綿実が大量に必要となる。そのため絞油屋は、百姓の家をまわって種を買い集める買子《かいこ》を雇った。天保五（一八三四）年の記録によれば、水車絞油屋伝治郎の綿実買子は、府中村権四郎のほか、黒鳥・桑原・助松・池上・高石辻村の百姓、水車絞油屋五郎兵衛の綿実買子は、千原・曽根・辻・和気・南出・尾生の百姓で、かなり広範囲の村むらから原料を集荷していた。その一方で、絞油屋との雇

下掛屋	村数	組	担当村
井上真作（府中村）	17ヶ村	下条組	池浦・宮・虫取・長井・辻・穴田・二田
		府中組	小田・黒鳥・忠岡・上馬瀬・下馬瀬
		山方組	寺門・今福・寺田・箕形（・池田下）
辻村翁助（府中村）	17ヶ村	下条組	両森・北曽根・南曽根・宮
		府中組	観音寺・府中・府中上泉・軽部出作
		山方組	万町・坂本・今在家・桑原・内畑・浦田・伏屋新田・坂本新田
川上佐助（千原村）	20ヶ村	大鳥組	菱木・長承寺・原田・草部・大園・南出・新家・土生・富木
		信太組	上・上代・中・尾井・太・王子・富秋・千原・綾井・舞・宮

表27　一橋家領下掛屋と担当村　『泉大津市史』第3巻321頁より作成。

用関係に入らずに種の売買に関わるものもいた。嘉永元（一八四八）年には、府中村源兵衛が不正に菜種を売買したため、泉郡油屋中に詫状を出している（池田下・門林家文書）。絞油屋は、府中村や周辺地域の百姓らに種物の売却先を提供し、と同時に、種物売買に携わる人びととの活動を促すことになった。

下掛屋

一橋家が府中に役所を置いていた時期、庄屋の辻村家と大高持ちの井上真作は、千原村の川上佐助とともに、下掛屋を務めた。下掛屋は、村が納めた年貢の銀納分について、銀目を掛け改め（秤量・検査）、大坂の蔵元へ納めることを業態とする。年貢銀は当初は大坂の蔵元へ直接納められていたが、江戸の一橋家の主導のもと、宝暦七（一七五七）年に下掛屋が設置された。銀一貫目あたり*銀三匁の掛賃《かけちん》が村から支払われており、安永九（一七八〇）年の年貢銀八二〇貫目で想定すれば、下掛屋三人で二貫四六〇匁がかかったとみられる。三人は、泉州一橋家領五四ヶ村を三つに分けて担当した（表27）。

*天明元年の大坂直懸《じきかけ》訴願運動の際に、府中役所が試算を命じた際の銀高（池田下・高橋家文書）。

領主主導で設けられた下掛屋は、設置直後から繰り返し反対を受けた。天明元（一七八一）年八月上旬には全五四ヶ村を挙げて、大坂蔵元への直懸《じきかけ》に戻すよう求めた訴願運動が行われる。五四ヶ村の全庄屋が役所へ押し掛けたため府中役所の怒りを買って断念するが、その際には、「来年はいか様の義、御過怠請候《おけたいうけそうろう》ても願《ねがい》ぬき候様《そうろうよう》」との決意をしている。

千原《ちはら》騒動が起きたのは、翌天明二年のことである。御館山に群集した人びとによって、下掛屋の川上家は打ち毀されてしまう。騒動の後、川上佐助は退役を願い出たため、彼が担当する大鳥組・信太組は大坂直懸を願い出た。つづいて辻村翁助も休役を願い出、井上真作が担当した村むらも大坂直懸を希望したため、在方での下掛屋は廃止された。こうして、宝暦七〜天明二年までの二五年間、府中にあった下掛屋は姿を消すことになった。

なお、一橋家が承認した大坂直懸案は、蔵元の津田休兵衛に断られてしまう。そこで村むらは堺の網屋又右衛門と大和屋理兵衛に変更するよう府中役所へ願い出る。堺は村むらにとって、年貢米の換銀場所でもあったから都合がよく、堺の下掛屋を通じて大坂の蔵元へ上納する体制となった。

郷宿

府中役所があることによって、府中村に必要となった営業に郷宿がある。郷宿は、領内の百姓らが役所に出頭する際、一時的に滞在する場所として利用された。しかし、単なる宿ではなく、村の立場にたって役所に働きかけ、村むらの揉め事の仲介者となることもあった。宝暦二（一七五二）年七月には、吟味中宿預《ぎんみちゅうやど》け処分となった池田下村百姓の手錠赦免《てじょうしゃめん》願いを、村の意向をうけて郷宿新左衛門と次郎兵衛が提出している。宝暦一〇年には池田下村庄屋が訴え出た小作年貢滞《とどこお》り訴訟に、郷宿次郎兵衛・左助が「扱人《あつかいにん》」として内済に加わっている（池田下・高橋家文書）。

郷宿は泉州一橋家領知の組ごとに置かれたため、府中村には五軒の郷宿があった（表28*）。府中役所時代の郷宿は、村から願書や届出を府中役所へ出す場合、郷宿を介すことなく、代官所手代へ提出していた。また、代官所からの指示・命令は、郷宿ではなく、定式惣代《じょうしきそうだい》を介して、村むらへ伝えられた。千原騒動の翌天

大鳥組	藤二郎
信太組	茂右衛門
下条組	甚兵衛
府中組	佐助
山方組	次郎兵衛 →明和8.8新右衛門 →安永6.7新蔵

表28　府中役所時代の郷宿
宝暦２（1752）年に新左衛門、天明４（1748）年に幾左衛門が郷宿を務めている。池田下・高橋昭雄氏所蔵史料より作成。

明三（一七八三）年、代官所はこれまでの支配方法を改め、村役人が役所へ訴願する際に、郷宿を必ず同伴するよう義務付け、郷宿の役割強化を目指した。

すなわち役所へ願書を提出する場合、必ず役所の御用日の朝五つ時（午前八時）に郷宿へ行き、郷宿から役所へ書付を提出する手続きを求めた。緊急の場合は例外的に対応するものの、その場合であっても必ず郷宿と一緒の出頭を求めた。たとえ「陣屋元」の府中村であっても郷宿からの書付がなければ今後は取り上げないことにした。さらに、府中役所の役人が領知へ出かける際にも、村役人だけでなく、郷宿も同行させるように命じている。

＊泉州一橋家領知五四ヶ村は五つの地域的な組に分けて支配され、組ごとに二人ずつの惣代庄屋が置かれた。さらに府中に役所が置かれていた時期には、府中村に定式惣代が二人置かれた。これにより、府中村の庄屋三家は、いずれもが惣代庄屋を兼ねていた。

天明五（一七八五）年に府中役所が川口役所に移転すると、郷宿の機能は大坂の町人が務めるようになる。これまで郷宿を務めていた五軒は、営業転換を強いられることになった。なお、いまだ府中に役所がある時期のことであるが、天明四（一七八四）年に、泉州三郡（大鳥郡・泉郡・南郡）の絞油屋らが府中村新右衛門宅で集会を開いた。そこへ三郡働き人らが賃下げの撤廃を求めて押しかける一件が起きている。新右衛門は、府中役所の郷宿であり、絞油屋ではない。集会の場を提供する宿として利用されたとみられる。

大高持ちと村役人と府中役所

一八世紀後半ごろから村運営を担うようになる庄屋や大高持らは酒造業・絞油業を営んでいた。地主でもあり、原料の入手が比較的容易だったことが有利に働いたとみられる。領主一橋家は、こうした庄屋や大高持ちを下掛屋とし、年貢収納業務に従事させた。一九世紀に井上家は、竹田家とともに、郡中取締役に任命され、一橋家への多額の上納金を期待されたように、領主支配を下支えする存在として重要視されるようになってゆく。しかし、彼らの諸営業も決して順調ではなかった。一九世紀以降の村の様子については、5でみることにしよう。

4　五社惣社と村

五社惣社神社は、村のほぼ中央にあった。正面には、村の会所・郷蔵と庄屋西泉寺家の屋敷があるなど、まさに、村の中心に位置した。五つの町には、町ごとに明神講があり、祭礼に際しては、地車や獅子舞などを奉納し、村全体で神社を支えていた。本節では、こうした五社惣社と府中村との関係について詳しくみていくことにしよう。

五社惣社神社の境内

宝永七（一七一〇）年に作成された「府中村清水論絵図」（泉井上神社文書）に、五社惣社が彩色豊かに描かれている（写真7）。五社惣社の境内は、本殿や末社が並び、拝殿と土塀で囲まれる空間と、その後背に広がる山林からなる。ほかに、御館山《みたちやま》（見立大明神社松林）、白鳥明神境内、奥院東泉寺の裏手の竹林も「惣社明神境内」と書き込まれている。

絵図にみえる惣社明神の本殿は、五間社（三間×六間一尺）柿葺《こけらぶき》で、軒唐破風《のきからはふ》と千鳥《ちどり》破風を備えている。隣の八幡社は三間社（二間三尺×三間二尺）の柿葺であった。社殿の大きさからわかるように、江戸時代を

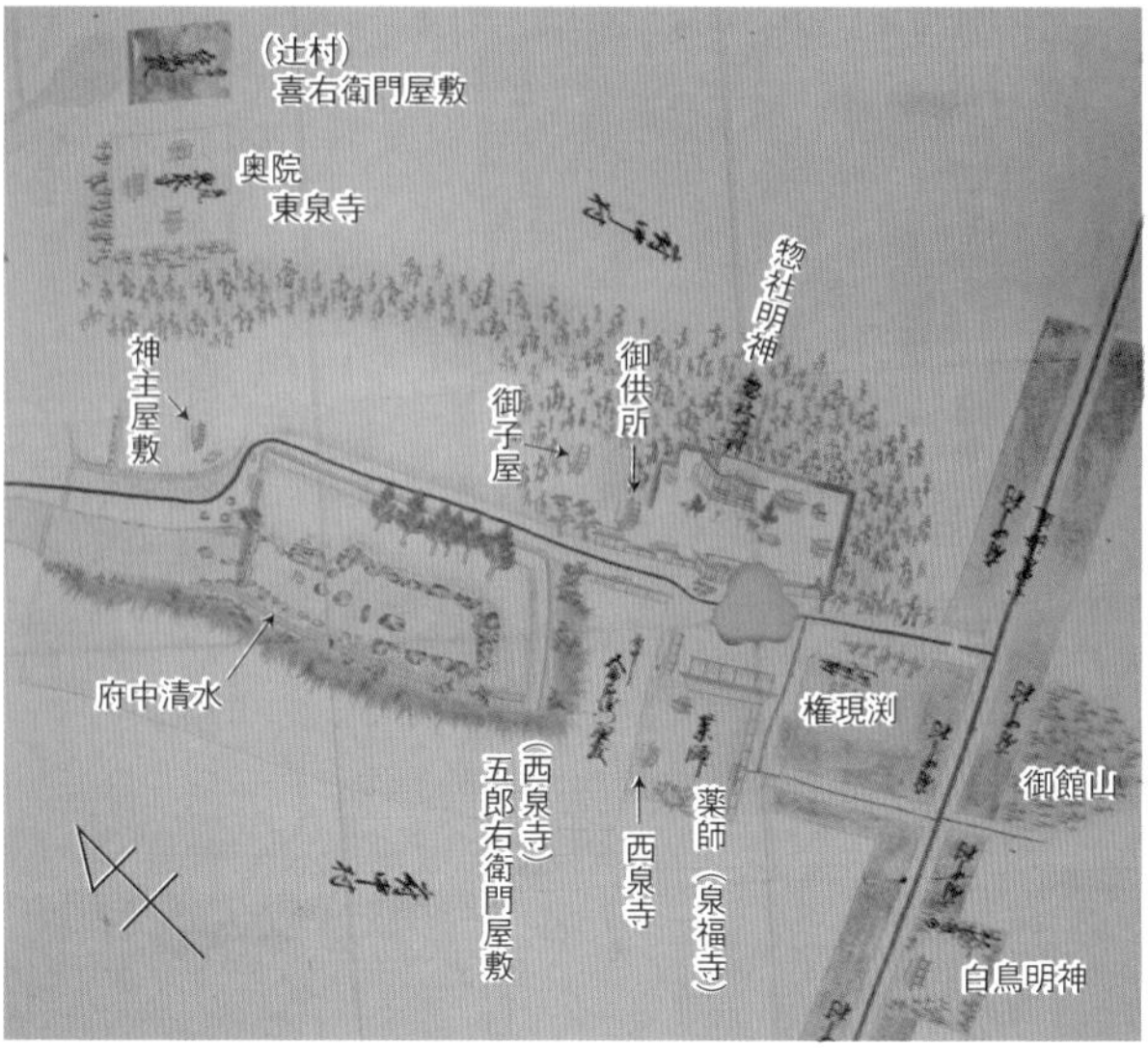

写真7「府中村清水論絵図」（部分）　泉井上神社蔵。

通じて五社惣社が本社で、八幡社は末社として位置づけられた。中心境内やや北側に、瓦葺きの御供所と御子屋（神子屋）がみえる。そのさらに北側、道を越えた先に、瓦葺きの神主屋敷が描かれている。

神主田所家の相続

五社惣社の神主は、田所家と馬場家が務めた。* 各町の神社は座の構成員が順番に務める廻り神主だったが、五社惣社の神主は両家が世襲した（表29）。

*ほかに社人・宮守・御供所守がいた時期もあるが、実態は不明である。

神主田所家は、神主という家職と居屋敷を、大切な家の古文書とともに家督として相続し続けた。寛文一二（一六七二）年、自身の健康に不安を覚えた田所左門（勝貞）は、産まれたばかりの甥虎五郎を養子にして、居屋敷と家に伝わる文書を譲ることにした。そこで、八月三日に、（西泉寺）五郎右衛門・（辻村）六郎兵衛・（河合）源左衛門に手紙を出し、甥を自分同様に神主として引き立ててもらうよう依頼した（泉井上神社文書）。宛名に肩書きはないが、この三人は、村の庄屋家の当主である（第3章2）。幼い養子を後継者にせざるをえない緊急事態のなか、村の有力者に相続支援を頼ったのである。

神主田所家が相続した居屋敷は境内の外にあった。面積一反六畝一七歩（約五〇〇坪）もあり、村内の屋敷のなかでももっとも大きい（表19）。屋敷の三方は小笹数をともなう土手で囲まれており、その様子は「府中村清水論絵図」（写真7）にも描かれる。神主名義の土地はこれのみで、ほかに屋敷や田畑は持っていない。

惣神主と下神主

田所氏と馬場氏は、惣神主と下神主という関係にあった。田所家は、惣神主として祭祀を掌り、馬場家は、下神主としてそれを補佐し、おもに山林や御供田《ごくでん》などを管理し、経済面を担ったとみられる。

	肩書	田所家	肩書	馬場家
寛文12（1672）.8.3	—	左門（勝貞）		
貞享元（1684）.8.2	惣神主	主水	下司神主	七兵衛
元禄4（1691）	惣神主	主計	下神主	七兵衛
延享3（1746）	神主	〃	下神主	兵部
宝暦14（1764）.4.29		左京		
明和2（1765）.12.—				主膳
明和3 .6.6	神主	主計（橘貞俊）		
天明2（1782）.3.1			下神主	主水（藤原義重）
天明3 .11.—			（神主）	八尾治、親栄助
寛政2（1790）	（未相続）	左京倅勝五郎		八尾治
文化8（1811）.11.20			下神主	主水（藤原義実）
文化13 .9.—	惣神主	内膳	神主	主水
天保2（1831）.8.13	神主	主殿（橘貞起）		
安政3（1856）.9.14	惣神主	主殿（伊織）（橘貞道）		
安政4 .8.23			下神主	数馬
元治元（1864）.12.5			下神主	主膳（藤原義言）
明治3（1870）.7.—	神主	政雄	神主	一清

表29　五社惣社神社両神主相続年表　泉井上神社、田所秀一氏所蔵史料、小野昭雄氏所蔵史料、佐野逸郎氏所蔵史料、麻野一男氏所蔵史料、若狭野浅野家文書、高橋昭雄氏所蔵史料、大坂歴史博物館大阪歴史コレクション、一橋徳川家文書、『白川家門人帳』より作成。

　貞享元（一六八四）年八月二日、馬場氏は、馬場が「下つかさ（司）」神主、田所が「五社惣社惣神主」であり、田所家の指示に従う「筋目」であることを誓約した（泉井上神社文書）。きっかけは、境内山林の支配権をめぐる問題にあった。このとき、境内山林が馬場氏の「しはいふん（支配分）」として田所氏から認められることになった。ただし、二つの条件が付けられた。ひとつは、草木の採取は風で折れた枝や下草《したくさ》のみに限定された。もうひとつは、竹木《ちくぼく》を売ることができるのは明神社が破損した際だけで、その場合でも事前に田所氏に断ることが求められた。

両者の間で確認された上下関係は、堺奉行所《さかいぶぎょうしょ》の命令で村が作成した「寺社改帳《じしゃあらためちょう》」にも惣神主田所、下神主馬場として明記された。また、一八世紀に入ってから、神祇伯家《じんぎはくけ》・白川家の門人帳にも登録された。すなわち、明和三（一七六六）年六月六日、田所主計が「五社惣社（惣）神主」として、馬場家も天明二（一七八二）年に主水が「下神主」という肩書で門人に加入している（『白川家門人帳』）（表29）。

村の外部からの支援

五社惣社の所持する土地は、近世を通じて除地の境内のみだった。神社の運営費は、この境内山林から得られる立ち木・下草のほか、御供田・灯明田、賽銭や奉納物によって賄われた。これらを支えたのは府中村であり、幕府や領主、あるいは村を越えた地域からの支援は、限定的でしかなかった。

片桐且元によって再建された五社惣社の本殿と八幡社を維持・修復するため、神主田所氏は、一七世紀から一八世紀初頭にかけて、幕府の支援を求めて訴え続けた。しかし、援助を引き出すことはできなかった（泉井上神社文書）。一方で、祈祷札を配り、その対価として初穂《はつほ》料を受け取ることが認められたこともあった。村を越えて寄付を募る場合、幕府や領主の許可を得る必要があった。

神主田所内膳のころ（一八世紀後半～一九世紀初頭）、泉郡から大鳥郡にかけて広がる、一橋家領・田安家領・清水家領・関宿《せきやど》藩久世《くぜ》家領の村むらへ五穀成就の祈願札を配り、初穂を受け取っていた。次の主膳の代には、より広域からの寄進を求めている。天保九（一八三八）年には、六年前に葺き替え・修復工事をした社殿の彩色《さいしき》費用に窮し、天下泰平・御宝祚円長《おほうそえんちょう》・五穀豊饒《ごこくほうじょう》・家内安全・商売繁栄の祈念と引き換えに、「各々方の御寄附」「他力済々《たりきせいせい》の御寄進」を募った。その対象は、「元来氏子産宮《うぶすなみや》」、すなわち和泉一国の人びとである（泉井上神社文書）。さらに、天保一五（一八四四）年（弘化元年）には、領主一橋家役所に対して配札《くばりふだ》の許可を求め、願書を提出し、領内からの寄進を集めようとした（池田下・高橋家文書）。

　このように、神社祭祀や建物を維持していくため、村の外部からの寄進に神社運営の活路を見出そうとすることもあった。しかし、これらは恒常的・安定的な収入とはいえなかった。

境内山林と御供田・灯明田

　五社惣社の運営費を、もっとも安定的に支えたのは、境内山林と御供田だった。中心境内東側に植わる竹木は、必要に応じて売却し、神社の維持費に充てた。また、飛び地境内である御館山の松林も、五社惣社の維持に充てられた。これら境内山林は、神社運営のための貴重な財源であったから、支配と管理をめぐる軋轢がたびたび生じた。前述した両神主の関係を決定づける貞享元（一六八四）年の誓約書は、境内山林の支配権をめぐって取り交わされたものであった。しかし、村方は、境内山林や御館山の松林は村が支配するものであり、府中村の庄屋・年寄が立会い支配をし、売り払い代銀は惣社の神用に用いるべきものと考えていた（寛政二「村明細帳」）。境内の樹木を神社の建物や祭祀に用いる場合であっても、神主らだけで自由にすることを村は認めなかった。

　御供田は、村や百姓から五社惣社に寄進された土地で、そこから入る小作料分が、神社の祭祀に充てられた。五社惣社側で御供田の管理にあたったのは、神主馬場家であった。

　一七世紀後半の「延宝検地帳」には、字「いつミ寺」（和泉寺跡）に宮太夫《みやだゆう》が名請けする御供田と灯明田があった。領主への年貢は、宮太夫が負担し、余剰分を惣社の祭祀や灯明に充てたとみられる。元禄四（一六九一）年には、府中村の辻村友清（庄屋喜右衛門家）が字《あざ》深見の田地を御供田として寄進する。辻村は、寄進した田地から得られる作徳をもって毎月一日・一五日・二八日と「五節供」に「御飯」を供えるよう神主（馬場）七兵衛と禰宜《ねぎ》三人（忠右衛門・太兵衛・八郎兵衛）に求めている（泉井上神社文書）。明和二（一七六五）年一二月には、絞油業を営む小野五郎兵衛が、字高戸《あざたかと》の田地を灯明田として寄進した。馬場主膳はこの田地を支配し、作徳をもって鳥居前の二つの灯篭を日夜灯すことを誓約した（府中・小野家文書）。

御供田支配の行き詰まり

ところが、馬場氏による御供田経営は、一八世紀後半に問題を抱えてしまう。

天明三（一七八三）年一一月、五社惣社下神主（馬場）八尾次親子は、御供田の「支配」を（佐野）文作に依頼する。御供田の耕作と年貢納入を一括委託し、作徳銀を馬場家が受け取る契約であった（府中・佐野家文書）。神主馬場家は、この年の年貢を皆済《かいさい》できる見通しが立っていなかったとみられる。

三ヶ月後の翌天明四年二月、馬場親子は年貢上納に宛てるため、小作契約を結んだばかりの御供田を質に入れ、文作から銀四七五匁を借用する。五ヶ年間で返済し、その間の作徳は文作が預っておき、返済完了した際に馬場家が受け取る。返済できなければ文作のものにするという契約だった（府中・佐野家文書）。天明六年には利銀を併せて銀一貫目にも及んだため、契約を改めて見直し、御供田の作徳米を年三石五斗の定額にし、それを元銀返済に充てるという条件に変更した。実は、借銀はこれだけではなく、村方に断らずに御館山の樹木などを担保にして、文作から借りた分もあった。

ここに至って、ついに村方が貸借関係を問題にする。村と文作、馬場家との間で「為取替一札之事《とりかわせいっさつのこと》」を作成し、貸借関係の見直しが行われた。まず、このままでは返済の見込みがない馬場家に対し「神用《しんよう》」という名目で新たに銀一八〇匁を追加で貸し与え、返済期限も六年間の猶予を与えた。しかしその間の新規貸借を禁止された。作徳米は毎年末に一石ずつ惣社へ納め、余った分は文作からの借銀の返済に充てることにした。こうして、期間限定ではあるが馬場家を御供田の支配から一歩退かせると同時に、御供米を確保して祭祀を執り行わせることにした。また、村方との合意なく取り交わした御館山の契約を反古《ほご》にし、借用証文を惣社へ奉納させた。

本来、御供田・灯明田などの神田畑《しんでんぱた》は、馬場家が差配し、その収入を神社運営に充てるものであった。府中村方は、問題が生じなければこれに関与しなかった。その一方、御館山は、境内山林とともに村方が関与すべきもので、神主が勝手に差配できるものではなかった。貸主の文作も貸借関係の反古を受け入れ、神社に対する寄進へと振り替えることで、解決が図られた。

字	地位	面積	高
和泉寺	下田	0.0.6.22	0.8753
川原	下々田	0.0.2.03	0.1680
宮後	中畑	0.0.0.26	0.1040
深見	中田	0.0.8.04	1.1793
こし前	上田	0.0.3.28	0.6097
和泉寺新開	—	0.2.5.02	2.2560
合計		0.4.6.25	5.1923

表30　五社惣社の御供田（天明3〔1783〕年）　府中・佐野逸郎氏所蔵史料より作成。単位　面積：町.反.畝.歩、高：石。

神主争論と村

文化一三（一八一六）年、五社惣社の支配をめぐり、神主間での争論が持ち上がった。問題が祭祀に関わることであれば村方は対立に介入しなかった。しかし、事が明神境内・御館山の竹木・下草の利用に及んだため、村方も対立に巻き込まれていった（以下、文化期の争論は全て泉井上神社文書）。この時期、府中村は、五社惣社本殿と八幡社の屋根の葺き替えを実施している（府中・佐野家文書）。

田所内膳は、自家に伝わる古書を持ち出しながら、明神境内・御館山・和泉寺神畑・諸末社式礼は田所家が支配すべきと訴えた。馬場家側は、田所家の主張を全面的に否定し、田所家は全く関わっていないと主張した。

領主川口役所の役人らの命をうけ、仲裁には新左衛門・与三右衛門が入った。九月

	文化13年11月「為取替一札之事」
御膳神献	両家（田所・馬場）で相談し、柔和に取り計らい、我侭な勤め方をしない。
諸神事・祭式	これまで通り。
8月15日祭礼神輿渡	馬場家が御供し、田所家は社内で祭式を行う。
和泉寺畑地	古畑・新開とも、等分に割り、両家が支配する。年貢も等分に受納する。
諸末社	これまでの仕来り通り。
御館山・明神境内	これまでの仕来り通り。

	文化14年8月「惣社明神取締規定書」
惣社明神取締	田所家と馬場家が支配する。
明神の鍵	田所家と馬場家が月番で管理する。
三が日	正月元旦～四日朝の御膳まで、神供を御供所で、田所家・馬場家が出仕して取り計らう。
戎祭（10日戎）	当日早朝から町々から御供所へ寄せさせ、御神事・御祓いを執行する。勘定し、余った場合は、両家で配分する。
年中式日	御膳を献上するとき、深見田地の作徳米を御供所へ持ち出して供える。勘定のうえ、余った場合は、両家で配当する。
6月・11月御神事	村方神納物を御供所へ差し出し、神献物を用意するため、両家ともに出仕し、取り計らう。勘定については、前条と同じ。
8月御神事	村方からの奉納物・神納物などで御神事を滞りなく執行する。御神事に関する勘定は、御供所で行い、余った場合は（両家で）配当する。
神輿遷宮	田所家が支配する。
（御幸）	田所家が社内を守護し、馬場家は、神輿に供奉する。
村方休日	御膳料は、御供所へ差し出し、神献する。勘定のうえ余った場合は配当する。
明神境内・御館山	地面を貸す場合は、両家で相談したうえで、村方へ申し出たうえで貸すことができる。

表31・32　文化期の五社惣社をめぐる規定書　泉井上神社所蔵史料より作成。

に取り交わされた内済証文には、「大高《おおたか》」竹田円俊（少進）・井上真作、村の年寄三名、惣代百姓六人、庄屋西泉寺五郎右衛門・西川久右衛門も連印している。大高持ちも加わる村運営体制のもとでの内済が進められた。

その後、一一月に「為取替一札之事」を両神主が取り交わし、翌文化一四（一八一七）年八月には、「惣社明神取締規定之事」によって、細部にわたる規定を明文化した（表31・32）。ともに、両神主が「惣社御神前」へ宛てて誓約し、村役人が奥印してそれを確認する、という形式の文書が作成された。

取り交わされた内容は、全体として、両神主が対等の立場となるような規定になっている。たとえば、式日《じつ》の御膳・神酒の献上と賽銭の分配は、両神主で行い、式日以外は、月番（当番）で交代することにした。御供田については、字深見の田地がこれまで通り馬場家の差配が認められた一方で、字和泉寺神畑は、田所家も半分差配することが認められた。勘定は両者が立ち会って行い、余剰が出れば両家に配分するように、対等な関係で分け合うことになった。一七世紀後期には、「惣神主」田所家と「下神主」馬場家という「筋目」が確認されたことと比べると、非常に大きな変化といえよう。

また、この規定からは、五社惣社の経営が、府中村（村方・町）からの奉納物・神納物、御供田、境内山林から得られる収入を重要な財源としていたことが浮かび上がってくる。領知・土地を持たない近世の五社惣社は、府中村（五ヶ町）に支えられており、それゆえに村の意向に強く拘束された。神社境内山林の利用も、たとえ神用であっても、村方の同意なくして神主が自由に利用することはできなかった。

5　幕末の府中

村を挙げた五社惣社葺き替え

文政一一（一八二八）年、村を南北二組に分け、北を西川久右衛門、南組を西泉寺喜代松が捌く体制となった。その四年後に行われた五社惣社の葺き替え工事は、この村運営体制のもとで行われた。

五社惣社の葺き替え工事は、片桐且元が再建して以降、八回目にあたる。天保二（一八三一）年七月二八日に、本社の千鳥破風が落ちるなどの損害が出たため、翌年二月一六日に祓講（＝明神講）の世話人らが肝煎《きも いり》となり、村方に葺き替えを提案した。これを了承した村方は、普請に関する申し合わせを作成し、取りか

	南組			北組		その他
庄屋	西泉寺喜代松			西川久右衛門		
年寄	三右衛門・九左衛門・平兵衛			惣兵衛・十左衛門		
町名	馬場	小社	南	東	市	―
惣代（百姓代）	庄右衛門	与三左衛門 権四郎	五郎兵衛 勘兵衛	伊左衛門 庄兵衛	又兵衛 六郎兵衛	
肝煎	庄右衛門 太介	甚兵衛 六左衛門	治兵衛 善次郎	伊左衛門 庄兵衛	六郎兵衛 惣兵衛	角屋治右衛門 北ノ清兵衛 喜之治
大工			喜兵衛		小左衛門	

表33　天保３（1832）年五社惣社葺き替え役割表

かった（泉井上神社文書）。

普請は単なる葺き替えではなく、柿葺から萱葺《かや》への変更と朽ちた柱の交換も予定した。また、五社惣社だけでなく、八幡社や天照太神宮などすべての末社、付属施設にも及ぶものであった。五月一七日に釿初め《ちょうな》、九月二三日に正遷宮に至る、約四ヶ月の工程だった。大工は、府中村市之町の小左衛門、同南之町の喜兵衛が、屋根は、紀州から来た屋根屋栄蔵（下職八、九人）が請け負った。

普請のための申し合わせ

府中村は工事に先立ち、全八ヶ条の申し合わせ（「規定一札之事」泉井上神社文書）を結んだ。規定には南北両組の庄屋・年寄・百姓代、肝煎と二人の神主が連署した（表33）。惣代と肝煎は五つの町ごとに出された。南北両組が協力し合い、村が一体となって普請にあたることに意識が注がれていた。

費用分担は、南北両組という捌き高体制に依拠して行われた。氏子から徴収するにあたって、南北両組の村役人が「南北村役人捌人別《さばきにんべつ》」に応じて割り付けて集め、肝煎へ渡した（第六条）。また、不足銀は「（南北）二組石掛割《こくがかりわり》」（村入用の石高割ヵ）に組み入れることにした（第八条）。

規定では、経費負担の問題に特に注意が払われている。まず、大工選定を入札にすることによって、工数・作料を抑え込もうとした（第4条）。材木類や屋根葺きに要する材料費を大工と一括して契約するのではなく、その必要に応じて、肝煎が村役人と相談して準備し、大工らに渡すことにした（第3条）。また、予定以上に経費がかさむ場合に備え、御館山の立ち木を間引《まび》き刈《が》りにして売却し、当座の融通を図ることも想定されていた（第7条）。実際に、普請内容を途中で変更したこと（瓦棟《かわらむね》から箱棟《はこむね》へ）も一因となって出費が増えたため、村役人・肝煎・氏子中・神主らが相談し、松林の立木を売り、約銀二〇〇〇目を補填している。

　ともすれば経費や普請方法をめぐって対立を生じかねないため、普請運営の中心を担う肝煎に対しては、神主や氏子だけでなく、村役人らと相談を重ねながら進めることが求められた。その際、とくに、南北両組双方の対立が生じないように明文化された。

　こうして、南北両組という村運営体制のもとで、天保三（一八三二）年の葺き替え工事が実行されていった。

庄屋家の困窮と兼帯庄屋

　五社惣社の葺き替え普請から六年後の天保九年、彩色を施す費用に失したため、神主田所主殿は、村の外に広く寄進を募った（第3章4）。府中村には、彩色費用を用意する余裕がなかった。

　このころ、北組を捌く庄屋西泉寺家は借財問題を抱えていた。西泉寺喜代松は、（小野）五郎兵衛（南之町百姓代）、甚兵衛（小社町肝煎）とともに、天保八年五月に紀州名目銀《きしゅうみょうもくぎん》（紀州藩による貸付）一五貫目を借用する。早くも翌天保九年の年賦返済に滞り、三人は紀州藩「堺出張所御貸付役所」から堺奉行所へ訴えられる。このとき喜代松は行方知れずで、府中村役人らが代わって返済の道筋をつけるとともに、天保九年閏四月一五日に庄屋喜代松を家出人として届け出た（池田下・高橋家文書）。翌天保一〇年一二月に、西泉寺家は当主不在のなか、名跡人《みょうせきにん》たかが、府中や周辺の村の百姓や大坂町人らと連名で、改めて紀州名目銀を借用する（総額七貫九二〇匁借用。子～未まで八ヶ年間）。このとき、西泉寺家は先祖伝来の居屋敷を建物とともに担保に入れるほど困窮に至っていた（黒鳥・浅井家文書）。

喜代松が家出し、庄屋が不在となったため、南組の捌きは、北組の庄屋久右衛門が代行する。しかし、その久右衛門も、天保一三（一八四二）年一一月一〇日に死去し、跡継ぎが若年で相続できない状態に陥る。ついに庄屋不在となったため、領主一橋家は、池田下村の庄屋高橋重太夫に兼帯庄屋を命じた。

兼帯庄屋の就任にあたり、重太夫は、検地帳をはじめとする村方文書をすべて年寄中の管理に預け、宗旨出入（証文）や質物（証文）の奥印についても年寄中へ任せることにした（池田下・高橋家文書）。こうして、兼帯庄屋重太夫のもと、南北両組の年寄が実質的な捌きを受け持つ、臨時的な村運営が行われた。この体制は、嘉永二（一八四九）年一一月六日に、後任の庄屋役に西泉寺家・西川家の後裔《こうえい》を就けるまでの七ヶ年続いた（池田下・高橋家文書）。なお、重太夫は、兼帯庄屋を退いた後、乞われて、府中村庄屋の後見役《こうけんやく》として村運営を支えていく。

村と百姓らが抱える借財

借財は西泉寺家だけの問題ではなかった。一八世紀に大高持ちとなった竹田家・小野家も、一九世紀に入った頃から資金繰りが怪しくなり、村内外の人物に土地を売却する。

水車絞油屋を営んだ小野五郎兵衛は、天保期は苦しい時期を迎えている。喜代松とともに紀州名目銀を借用した天保八（一八三七）年には、伯太村伊左衛門に田地三筆を質入れして銀三〇〇目を借用した。結局これを返済できず、弘化四（一八四七）年に質地を銀六〇〇目で売却するにいたる（池田下・高橋家文書）。絞油屋の活動も天保一三（一八四二）年には確認できなくなる。

「一家興廃」の危機に至った竹田家は、嘉永五（一八五二）年に「家事改革」を高橋重太夫へ依頼した。重太夫は、田地・屋敷地・借屋・諸道具などを処分し、金二四両・銀一六貫二九七匁を捻出した（池田下・門林家文書）。さらに安政二（一八五五）年には、肥子《ひこ》村庄屋小西八左衛門家へ一三株一八石余の田地を五ヶ年季、銀三貫八〇〇匁で年季売りした（府中・竹田家文書）。八左衛門家は、肥子村の領主小泉藩の藩札《はんさつ》を発行する富家であり、竹田家だけでなく、ほかの府中村百姓らに対しても多くの貸付けをしていた。安政三（一八五六）年には、次男を西泉寺家に養子入りさせて府中村の庄屋を継がせるが、その際に、竹田家から得た土地をすべて分与している。

　このように、長く庄屋を世襲した西泉寺家や大高持ちの竹田家や小野家も、他村の銀主に頼らなければ、家の存続すら困難な状態に至っていた。この時期の府中村には銀を融通しうる存在がおらず、年貢納入などで銀が必要になった際、外部からの借財に頼るほかなかった。

「桑畑《くわばた》方物高掛り入用銀」に差し支えた桑畑方（南組）は、天保一三（一八四二）年三月に、大坂の天満屋安兵衛を仲介にし、摂津国町《つのくにちょう》野間屋清兵衛から銀一〇貫目（月八朱利）を借用した（府中・中西家文書）。その年の暮、年貢銀上納に行き詰まった府中村は、（一橋家領）郷銀融通《ごうぎんゆうずう》御懸《おかか》りから銀六貫目を借用した（池田下・高橋家文書）。村は、さらに天保一五年に、一橋家の「摂州御領知御仕法銀《ごしほうぎん》（非常御備銀《おそなえぎん》）」から銀一〇貫目を年一割の利息付きで借用した。翌々年までに半分強を返済し、弘化三年にはさらに銀二〇〇目を返済したものの、嘉永元年段階でも元銀四貫五〇〇目が残った（同）。このように、大坂町人や領主役所からの借財を積み重ねながらの村運営が行われていた。

　後任の庄屋が定まった後も、状況は改善されなかった。年不明であるが、府中村の年貢が滞ったため、後見役の重太夫が庄屋役二人の不念《ぶねん》と自身の心添えの不十分さを一橋家川口役所に詫びている。嘉永六（一八五三）年には、村役人が口入れとなり、紀州名目銀として一三人が銀二〇貫目借用した（池田下・高橋家文書）。

百姓も、村外からの借銀を抱えていった。府中村のうち北組「両町」（東之町・市之町）百姓ら二一人は、長年にわたって黒鳥村浅井家からの借財を重ね、嘉永七（一八五四）年一二月の返済分は、元利合わせて銀四〇貫目弱にも及んだ。そこで、後見役重太夫と南組百姓らの力添えを得て、借銀は三四貫目に減額となった。そのうえ、無利息・一〇年の分割で返済するという条件を、浅井家に受けいれさせた。（府中・佐野家文書）。

若者・博奕・無宿者と諸商い

府中村の人びとが借財を抱えたこの時期、村は村運営を妨げるような問題を抱えていた。

一つ目は若者の統制である。天保一四（一八四三）年八月、府中村は若者のなかから取締役を任命し、若者らの統制を図ろうとした。市之町は四人、他町は二人ずつの合計一二人が選ばれた。もともと若者中の統制は、各町の公事家中が行っていたが（第3章2）、村としてこの問題に対処しようとしたのである。

南之町の若者取締役となった駒蔵（二二歳）は、この年の五月に府中村で行われた大念仏法会の際に、他村から訪れていた男女と口論になった。堺奉行所は府中村に対して、若者らに心得違いをさせないように命じている。嘉永二（一八四九）年に二八歳になった駒蔵は博奕《ばくち》に加わり、堺奉行所に捕らわれている。とかく村をかく乱しかねない若者をいかに統制するかが府中村の課題となっていた。

二つ目は博奕問題である。この時期、博奕は多くの地域で問題化しており、府中村でもその対処に追われた。嘉永二年正月一七日、一九人が博奕の嫌疑を受け、領主役所から手鎖・村預《むらあず》けが言い渡された。ところが、このうち数人が手鎖を外して博奕を繰り返していたことが発覚する。領主役所の処分をないがしろにし、親や村役人による制御も聞かない彼らを放置しては、村運営に差し支えると考えた村役人らは、領主役所に厳罰を求めた。その後、手鎖となった一九人のうち四人は、他領の者との博奕にも加わっていたため、堺奉行所から出役した役人によって捕縛された。

三つ目の問題は、他国者の流入によってもたらされる風儀の悪化である。弘化三（一八四六）年、酒造働き人として雇われていた他国出身の者が、酒米を盗み売りする事件が起きた。しかし、発覚し取り調べが始まったときにはすでに逃亡していた。嘉永七（一八五四）年には、五社惣社奥院東泉寺の釣鐘が、村に断りなく売却される事件も起きた。売却を計画したのは、傾きつつある竹田家に入り込み、（河合）三郎右衛門の名跡を継いだ紀州出身者である。村の指摘を受けて売却は断念するが、その倅が親にも断らず勝手に高石《たかいし》の商人に鐘を売却してしまい、その商人はさらに伯太藩屋敷の古金御買い上げに転売してしまった。鐘を勝手に売却した倅は、府中村に人別を置かない「無宿者《むしゅくもの》」であった。

＊　＊　＊

府中村は、一八世紀まで三人の庄屋が分担して捌く体制をとった。庄屋家の相続が困難になるにともない、一九世紀に入ってから、北方と南方に二分して捌きを担当する体制へ移行する。この体制は、村内にある五つの「町」や農業生産と水利関係に基づく生活共同関係と絡まりあったものであった。そのため村を二分する対立を引き起こし兼ねない要因ともなっていた。庄屋家の不安定性や大高持ちの困窮化、無宿人の流入問題とあいまって、幕末の村運営は安定しなかった。

コラムV　府中村の医家竹田家

第3章でも紹介したように、府中村の竹田家は村内有数の高持であり、村政にも深く関与していた。一方で、系譜上では一四世紀室町時代の医者竹田昌慶《しょうけい》を祖とする医家であり、また、和歌などを通じて村内外に文化的影響を及ぼした存在である。このコラムでは、そうした竹田家の多面的な活動を見ていこう。

竹田家の系譜

「竹門長元系譜《ちくもんちょうげんけいふ》」（以下「系譜」）は一七世紀初頭の医者竹田定信によって作成された家系図である。「系譜」の中で最初に医者として登場する昌慶は、応安二（一三六九）年、中国明《みん》にわたって医学を学んだのち、永和四（一三七八）年に中国の医学書「医法集成《いほうしゅうせい》」と銅人形（漢方医学で重要視される経絡《けいらく》が示された人体模型）を携えて帰国したという。昌慶は京都の朝廷で医師として重用され、法印《ほういん》（学者や僧に与えられる最高の位階）に叙された。それ以後、代だいの当主も法印か法眼《ほうげん》の位を与えられ、公家社会で活躍した。

昌慶から数えて四代後の高定は、出家して律宗の僧侶となった。しかし京都の兵乱で寺を失ったため堺に隠居し、円俊《えんしゅん》と改名して医者となった。このころ竹田家は本家といくつかの分家に分かれたようである。高定を祖とする分家はその後も堺で医業を続けた。

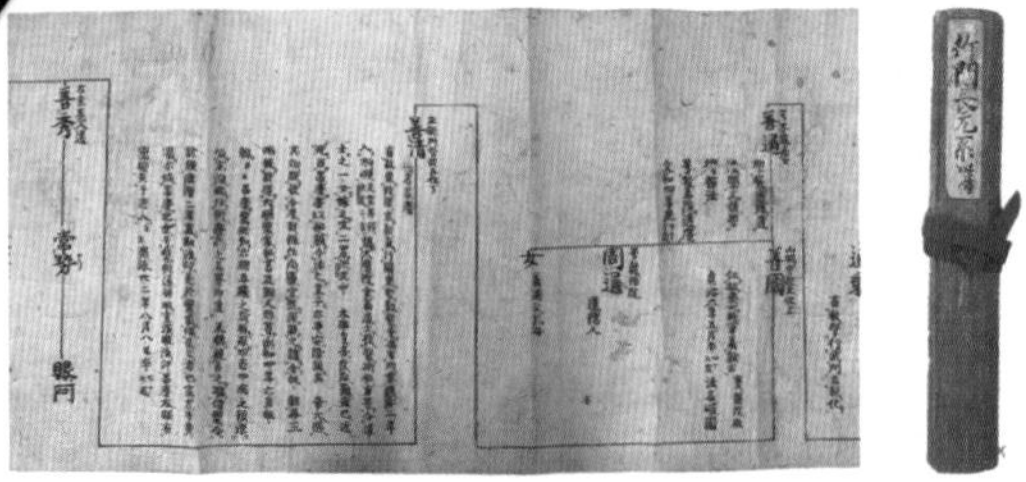

写真8　「竹門長元系譜」　府中・竹田博司（有毅）氏所蔵史料。

写真 9　竹田玄節（1697～1778） 府中・竹田博司（有毅）氏所蔵史料。

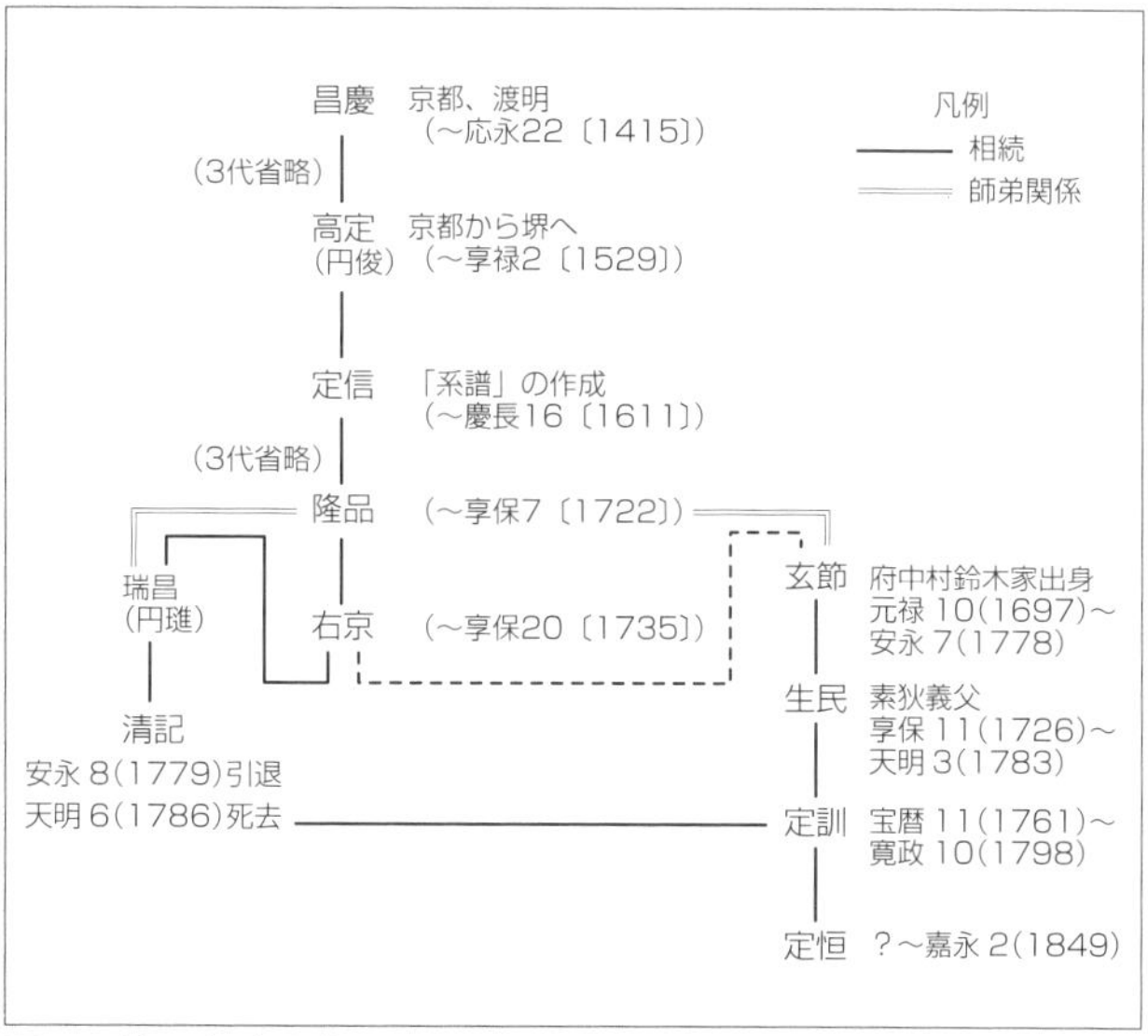

図10　竹田家略系譜

府中村竹田家

江戸時代の中ごろ、竹田家は堺から府中村へ本拠を移した。「系譜」では高定から七代後の玄節《げんせつ》の代にあたる。「系譜」では府中村移転の理由を、享保一六（一七三一）年、伯太藩渡辺家の招きにより侍医を勤め、その便宜のため府中村へ移転した、としている。しかし実際はそれとは異なる経緯があった。

もともと玄節は府中村の鈴木家の出身であった。鈴木家は肥前国島原藩松平家の家臣であり、玄節の父の代で府中村に来て医業を始めたという。玄節は成長して府中村を離れ、堺の竹田隆品のもとで医業を学んだ。そして師の隆品から竹田姓を許された後、府中村に帰って実家の医業を継いだらしい。

一方堺では、玄節の師隆品が死去した後、隆品の子である右京がその跡を継いだが、生来病弱で早世してしまった。右京に継嗣が無かったため、隆品の遺言により弟子の千種瑞昌が竹田円璉と改名して跡を継ぐことになった。円璉の跡を孫の清記が継ぐが、彼は安永八（一七七九）年に何らかの理由で医業を引退し、その七年後に死去した。

この間、府中村では玄節の跡を子の生民、生民の跡を子の定訓が継いでいた。

取替《とりか》わせ一札の事
一、北絹屋町《きたきぬやちょう》家屋敷　別紙絵面の通り壱ヶ所
一、家伝一枝紅梅五番方　壱書
一、桧扇《ひおうぎ》
一、参内杖《さんだいつえ》
一、長柄傘《ながえがさ》
一、薬師院釜《やくしいんかま》
一、宗祖自画賛三面大黒天神《しゅうそじがさんさんめんだいこくてんじん》、同厨子《どうずし》
右は竹田清記所持の処、当八月病死致し名跡人これ無く候に付き、親類相談の上、其元《そこもと》御儀本《ほん》宗家《そうけ》の由緒を以て今般右の品取納められ候、然る上は自今《じこん》已後《いご》竹田家歴世の神主遺漏《いろう》無く、祭祀等退転無く護持致され候儀は勿論《もちろん》候らえども、其余の儀は其元随意《ずいい》の差配たるべく候、後《ご》証《しょう》のため取替わせ一札、件の如し
天明六年丙午《ひのえうま》年十一月
証人　飾屋　藤次郎㊞
幸養子　中川　宗順㊞
清記実弟　田辺屋次兵衛㊞
清記実母　中川　幸㊞
竹田円璡殿

清記死去ののち、清記の遺族は「取替《とりか》わせ一札《いっさつ》の事」を作成し、府中村の竹田家へ遣わした。そこでは、堺の竹田家当主清記が亡くなったが名跡人が無いので、府中村の竹田円璡へ、堺北絹屋町の町屋敷と、ほか由緒の品じなを譲り渡す、ということが約束されている。竹田円璡とは玄節の孫定訓のことである。

清記の遺族たちの肩書から、堺竹田家の事情がくみ取れる。清記実母である幸は中川姓を名乗っており、宗順という養子もいるので竹田家とは縁が切れている。また、清記には次兵衛という弟がいたが、田辺屋という屋号を名乗っているから医業を継ぐ者ではないのだろう。つまり、清記亡き後、堺で竹田家の屋敷や由緒の品じなを相続する者がおらず、遺族たちは身内での相続をあきらめて府中村の竹田家に財産を譲ることにしたのである。

「系譜」にはこうした事情は詳しく書かれていない。隆品の子右京が死去した跡を玄節が継ぎ、大名渡辺家の侍医として堺から府中村に移った、と記されるだけである。しかし事実はそうではなく、堺で相続が困難になり、やむを得ず府中村の竹田家が名跡を継いだという経緯があったのである。ただし、清記は生前に医業を引退しており、その時点で府中村の竹田家（当時の当主は生民）が、事実上の後継者となっていたと思われる。この「一札」は、清記の遺族から事実上の後継者である府中村の竹田定訓に、堺の町屋敷や由緒の品じなを譲り渡すことで、名実ともに

本家を移す意味合いがあったのではないか。

府中村の「大高持ち」

府中村の竹田家は、延享〜天明期（一八世紀後半）にかけて急速に成長した。玄節と生民父子は年貢の納入が滞った百姓が所持する村内の田畑と屋敷地を質請けするなどして所有地を増やしていった。また天明期以降は所有地を小作や貸地・貸家に出して貸し料を得た。その結果、一九世紀に入った頃には、竹田家は「府中村の大高持ち」と呼ばれるまでになっていた。当時の土地所有の状況をみよう。*

文政一〇（一八二七）年、府中村の持高改めが行われ、同一一年六月には村内を南組と北組の二組に分けて把握するようになった（第3章2）。これにともない、竹田家でも所有する土地を南北に分けて整理した台帳を作成している。この台帳の内容を整理したのが表34である。台帳は前から順に「北組屋敷」、「市ノ町分持屋敷」、「東ノ町持屋敷」、「畑ノ分（畑屋敷）」、「田地並名寄」、「北組縫之丞持」、「上泉（郷）」、「南組」、「南組預」、「南組新池床宛米作徳之覚」の一〇の項目ごとに所有地が書き上げられている。これらすべてを合わせると一七八筆、一一町一反七畝二一歩、一六八石程である。

項目	筆数				面積		高(石)
	屋敷	畑	田	合計	畝	歩	
北組屋敷	6	2	0	8	14	16	2.035
市ノ町分持屋敷	11	2	0	13	34	28	4.894
東ノ町持屋敷	2	0	0	2	2	6	0.308
畑ノ分	4	11	0	15	44	14	5.991
田地並名寄	0	0	103	103	816	6	124.399
北組縫之丞持	0	0	5	5	42	27	6.657
上泉	0	0	4	4	40	11	6.055
南組	8	5	4	17	58	23	8.490
南組預	6	0	0	6	12	12	1.738
府中村南組新池床宛米作徳之覚	0	0	5	5	50	28	7.782
合計	37	20	121	178	1117	21	168.348

表34　文政12年竹田家所有地　竹田博司（有毅）氏所蔵史料より作成。数値は史料のままとした。高は小数点第四位以下四捨五入。

*先述したように堺竹田家から受け継いだ絹屋町の町屋敷や、宇

多大津村にも貸家を所有していたこともわかっているので、表34が竹田家の所有地の全てではないことに注意が必要である。なお、北組縫之丞持とは当時の当主定恒の子、彦四郎の所持地である。

「北組屋敷」に所持する八筆の土地が竹田家の居屋敷で、小栗街道と槙尾街道が交わる地点に存在した。南組・南組預・新池床以外の項目の土地は全て北組で、全所有地の八割五分にあたる一五〇筆が北組にあったことがわかる。地目でみると田地が一二一筆で最も多く、屋敷地は三七筆、畑が二〇筆である。竹田家の手作地や居屋敷を除いた土地は小作や貸家に出されたと考えられ、小作料や貸料が相当分あったと思われる。

領主・大名家などとの関わり

次に領主や大名家との関わりについてみてみよう。

玄節が伯太藩渡辺家の侍医であったことは先にも述べたが、その子生民（尚水）も同家の侍医となった。安永期（一七七二～八一）ころには伯太藩の蔵元《くらもと》も勤めた。幕末期の伯太藩の分限帳《ぶげんちょう》に竹田家が二五人扶持を与えられている記載がみられるので、近世末まで渡辺家との関わりは継続したと考えられる。

また、生民は岸和田藩岡部家からも禄を与えられていた。生民の子定訓は岡部家の茶会に客として招かれており、茶の湯を通じた交際があったようである。

府中村の領主であった一橋家は竹田家の財力を見込んで多額の御用金納入を命じ、その見返りとして苗字・帯刀を許可した（後述）。文久二（一八六二）年正月、一橋慶喜が上京した際は、彦四郎（定恒の子）が「入唐伝来秘法」の「安中散」という頭痛薬を献上している。紀伊徳川家にも秘伝の薬「牛黄円」を献上して御目見を許されたというエピソードもある。

寛政九（一七九七）年、定恒が豊後国日出藩大坂蔵屋敷の蔵元に就任し、享和三（一八〇三）年に多額の永上納銀や貸銀を日出藩に対して行った史料がある。

以上についての詳細は分からないが、竹田家は、医療の面だけでなく、大名・諸家の財政にも関与していたものと思われる。

地域の文化的けん引者

玄節は堺で医術を学ぶと同時に、和歌や茶の湯などの文化的教養を身に付けた。それは大名・諸家との交際に活かされただけでなく、地域にも大きな影響を与えた。

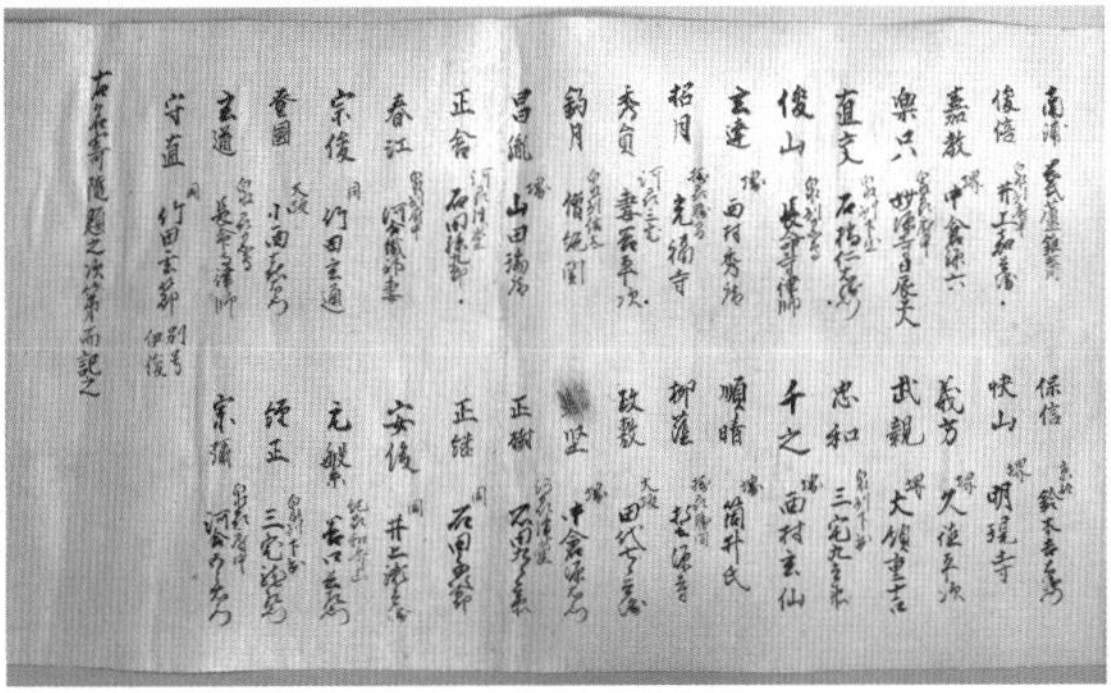

写真10　五社惣社に和歌を奉納した人びと　「泉州惣社奉納五十首和歌」より。府中・竹田博司（有毅）氏所蔵史料。

玄節は、堺における古今伝授《こきんでんじゅ》（古今和歌集の解釈の秘説）の継承者である蘆錐斎南甫《ろすいさいなんほ》（岡高倫とも、慶安二～享保一五［一六四九～一七三〇］年）の門人の一人であった。享保一〇年、竹田保俊という名で南甫から「百人一首秘《ひ》訣《けつ》」の伝授を受けている。翌享保一一年には府中村の五社惣社に和歌を奉納することを思い立った。玄節は師の南甫に監修を依頼し、南甫の門人らが詠んだ和歌を編んで「泉州惣社奉納五十首和歌」（以下「奉納和歌」）が完成した。この巻末には、和歌を寄せた南甫の門人三三人の名が書き上げられている（写真10）。この名寄せの筆頭は南甫であり、末尾は発起人の玄節である。玄節のほか、府中村の者は、一族と思われる竹田玄通や、河合五郎右衛門、河合（西泉寺）織部妻、井上嘉兵衛、井上瀬兵衛など庄屋あるいは村内有力者たち、妙源寺の僧日辰らがいた。近隣の村では黒鳥村の長命寺玄道と俊山、信太の僧絶関がみえる。長命寺玄道は、真言律宗の学僧で河内国野中寺《やちゅうじ》の住職を勤めたのち、元禄期に黒鳥村に来て長命寺を再興した人物である。地誌「芝山文集」などの著作があり、「奉納和歌」の序文も彼が執筆している。

名寄せの中に日根郡下出村（現阪南市）の三名がみえる。このうち石橋仁右衛門は、地誌「泉州志」を編さんした石橋新右衛門の父で、蟻通《ありとおし》神社（泉佐野市）へ和歌百首を奉納したことでも知られる人物である。このほか、堺・大坂・京都の人びとや摂津国、紀伊国など、遠方の者が名を連ねる。

以上のように、「奉納和歌」を寄せた人びとの中には府中村の庄屋家・有力者や、玄道、石橋仁右衛門のような近隣の文人がいた。彼らがみな南甫の門下に連なっていたということも興味深いが、ここでは「奉納和歌」の意義に注目したい。まず近世の村社会を考える前提として、庄屋や有力者たちに和歌や連歌の教養が重要視されていたということを念頭におかなければならない。有力者層が競って和歌を詠み、集う地方歌壇が各地にあった。そしてここ府中村においてもそうした歌壇が形成され、その中核に玄節がいたのである。玄節が発起し、堺の一流歌人の南甫が「奉納和歌」を編むとなれば、地元、近隣に限らず遠方から参加する者があらわれ、府中村の歌壇は活性化したであろう。このように考えれば、玄節が「奉納和歌」を発起した意義を理解できるだろう。

玄節は府中村周辺の文化的けん引者の一人であり、「奉納和歌」のような文化的活動を通して地域社会に求心力と影響力を浸透させていったのではないだろうか。

蘭学を取り入れる

玄節の子生民のもとで万町村の人が医学を学んでいた。後の蘭医学者伏屋素狄《ふせやそてき》（延享四〜文化八［一七四七〜一八一一］年）である。彼は生民の娘きせと結婚し、後に大坂に出て蘭医学を学び、腎臓の働きを明らかにした医学書「和蘭医話《わらんいわ》」を著した。竹田家の史料の中に人体解剖図「平次郎臓図《へいじろうぞうず》」（写真11）と「玉砕臓図《ぎょくさいぞうず》」が残されているが、これらも素狄を通じて入手した可能性がある。

大坂の蘭学者らとの交流は他にも見られる。豊後国日出藩の大坂蔵屋敷と竹田家が金融関係にあったことは先に述べたが、当時の日出藩大坂詰家老は帆足兵部といい、その子帆足万里（一七七八〜一八五二）は蘭医学者であった。金融と文化的交流の両面で日出藩との関係が形成されたと思われる。また、竹田生民あるいは定訓は、大坂の文化サロンともいえる木村兼葭堂《けんかどう》に出入りしていたようである。文人・学者たちが集い、交流してお互いの知識を交換する場であった。こうした交流やそこで培った人脈を通して、竹田家は新しい知見を得ようとしたのではないだろうか。

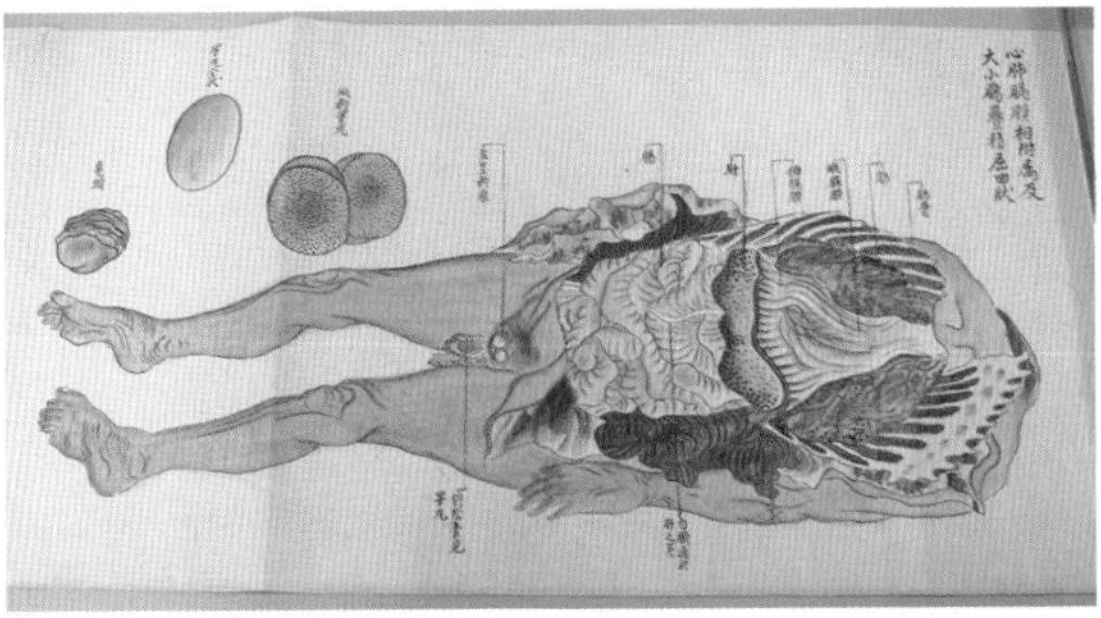
写真11　「平次郎臓図」　府中・竹田博司（有毅）氏所蔵史料。部分。

なお、蘭医学者素狄が出た伏屋家は、国学者契沖《けいちゅう》が一時滞在したことでも有名な万町村の庄屋家であった（『池田編』コラムⅢ）。伏屋家と竹田家とは、素狄を通した関係以外にも、ある局面でつながりを持っていた。両家が任命された一橋家の取締役については次で詳しく述べよう。

苗字・帯刀と引き換えに

安永三（一七七四）年、府中村とその周辺地域を領知とする一橋家は、玄節に御用金の納入を命じた。同時に万町村庄屋伏屋長左衛門と上代村庄屋赤井惣治にも御用金納入を迫った。玄節らの経済力を見込んで、ひっ迫する一橋家の財政を立て直そうとしたのである。安永三年一二月、玄節ら三人は御用金納入の功績によって苗字・帯刀を許された（『信太編』コラムⅦ）。

文政五（一八二二）年には、領知村むらが負担する郡中入用を減らすため、一橋家川口役所は新たに郡中取締役を設置した。これに定恒をはじめ、府中村有力百姓の真作、万町村伏屋長左衛門、池田下村年寄弥右衛門、尾井村年寄弥右衛門など七名が任命された。彼らはいずれも多額の御用金納入者であった。

幕末の竹田家

取締役に命じられた文政五(一八二二)年、定恒は再び御用金の納入を命じられた。しかし文化期(一八〇四〜)以来の困窮を理由に納入を辞退した。玄節以来成長を続けてきた竹田家も、一九世紀初めころの定訓の代には一転して金策に走るようになり、その力に陰りが見え始めていた。竹田家の経済力に支えられていた府中村も困難な状況に陥った。それに追い打ちをかけたのが二度の凶作である。文政九（一八二六）年の凶作、さらに嘉永元（一八四八）年八月にも大風で稲と木綿両作に被害があった。府中村の百姓らはいっそう困窮し、彼らが支払うべき小作料や貸家貸地料も滞るようになった。竹田家にとっては貸地・貸家経営の破綻を意味する。一九世紀の府中村と竹田家は非常に厳しい経済状況にあったといえる。

苦境に陥った竹田家は土地を手放していく。まず嘉永四年には一七株の田地一町一反九畝九歩を一貫五七〇匁で村内の佐吉という人物へ譲り渡した。さらに安政二（一八五五）年には字「あふと」と「しけり」の田地一町一反七畝一六歩を肥子村の小西彦太郎へ三貫八〇〇匁で譲り渡した。

困窮を深めるなか、安政六年、当主彦四郎は豊後国日出藩に歎願書を差し出した。これによると、彦四郎が幼少のとき父定恒は死亡、父の死後借財が増え、その補填に田畑、諸建物、家財などを売払い、松尾寺村の知人の元へ一家で身を寄せたという。このような有様なので、かつて蔵元を勤めていた日出藩の大坂蔵屋敷にたいし、滞っている現米支給を願う、という内容であった。田地の売払いについては先に見た通りであるが、安政三年には刀や書物、茶道具などを質に入れたり、また、刀と脇差を質物に肥子村小西八左衛門から六〇〇目を借用するなどした。現米を要求するための願書であることを考慮に入れる必要があるが、ここで語られている窮乏ぶりはある程度事実を反映したものであろう。

結局この願いは聞き届けられなかったが、明治期には府中村に戻り、円平（彦四郎の改名）が村会議員に当選、また衛生委員も歴任しており、ある程度家勢を盛り返したようである。

おわりに

竹田家は医者としての家業を続けつつ、府中村を基盤とした土地経営、金融、政治、文化など多岐にわたる活動を行った。玄節・生民親子による土地集積に始まり、安永期以降（一七七二〜）は大名の蔵元に就任、天明期（一七八一〜八九）以降は貸家・貸地経営によって、経済力を伸ばし続けた。その結果、一九世紀には府中村村政にも大きな発言力を持つようになっていた。一橋家は竹田家のような有力者の経済力を頼みに御用金の納入を命じ、その見返りとして苗字・帯刀を許可した。さらに郡中取締役という新たな役職に任命することで、領知支配に地域の有力者を組み込もうとしたのである。

近世中期に外部から府中村にやって来た一医家が、なぜこれだけ成長し得たのか。それは、竹田という医者の名を得たことに、一つの起点があると考える。それによって得た名望・信用が府中村に定着すること、またその後の成長を可能にした。玄節が身に付けた文化的教養も、大名諸家や地域の有力者層との交際に遺憾なく発揮され、また地域社会での地位を押し上げるのに助けとなっただろう。一橋家の領知支配において重要な郡中取締役に任命されたのも、経済力だけが頼りとされたのではなく、名望・信用や文化人としての求心力・人脈が評価されたことも理由にあったのではないだろうか。

第4章　村むらの生活世界

本章では、前章で見た府中村以外の村むらを取り上げて、その多様なあり方を紹介する。まず、信太山《しのだやま》丘陵の山裾《やますそ》（上代《うえだい》）と平野部（下代《しただい》）の境界に位置する黒鳥村について、村全体の水利のあり方を整理し、さらにこうこうず井の運用に光を当てる。続いて、こうこうず井の余水《よすい》を受ける池上村の水利の全体像と生産条件を紹介する。これらは、谷山池用水組合の村ごとの実態を示すことになる。さらにこの地域では珍しい旗本《はたもと》知行《ちぎょう》が見られた観音寺村を取り上げ、相給《あいきゅう》のあり方に注目しつつ、村落構造をうかがう。また、和気村と小田村については、座を軸に村落運営をみていく。一方の和気村は村内の階層構成や村内の状況の変化がわかるので、それと座を結合してみていく。もう一方の小田村は座儀《ざぎ》の詳細がわかり、明治以降への展望も見据えることができる。以上のように各村の多様性・固有性を見ることによって、個性的な村むらが構成する「府中」地域の近世史像がより豊かになるだろう。

1　黒鳥辻村の水利

（1）黒鳥辻村の水利環境

黒鳥村のなかの黒鳥辻村

府中村の東側平地に連続し、信太山丘陵の南西端に位置する黒鳥村の歴史像については、すでに『信太編』第2部第3章や、『近世編』第4部第1章で詳しく述べている。以下では、谷山池水利のこうこうず井を利用していた黒鳥辻村の水利に絞って、その生産条件を示し、用水内部の秩序の一端を見ていきたい。

まず、その前提として、黒鳥村の中での黒鳥辻村の位置づけを必要な限りで確認しておく（第1章参照）。中世末の段階までに、黒鳥村では、安明寺《あんみょうじ》・天神社の運営や黒鳥山や墓所の利用を一村として共同で行っていた。一方で遅くとも中世末までには、村の内部には辻《つじ》・上《かみ》・坊《ぼう》という三つの集落が存在し、それぞれの集落は、坂本郷・上泉郷《かみいずみ》・上条郷《じょうじょう》の境界線上に、ある程度のまとまりを持ちながら互いに接して存在していた。つまり、黒鳥村としての一体性を持つと同時に、三つの生活共同体がそれぞれ展開していた。

ところが、文禄三（一五九四）年の太閤検地では、平野部については条里制をもとにした「郷」を単位に丈量されたため（郷切り）、黒鳥村では、集落の枠組みとはずれを生じながら、三つの村請制村として把握されることになった。黒鳥村のうち、坂本郷に位置した辻村と上村の東半分（のちの郷庄《ごうしょう》）が「郷庄黒鳥村」（黒鳥辻村）となり、上泉郷に位置する上村の西半分は黒鳥上村（上泉《かみいずみ》）に、そして上条郷が黒鳥坊村となった。つまり、郷切りを原則とする太閤検地以降、領主が異なる三つの村請制村が支配の枠組みとなり、四つの生活共同体（辻・郷庄・上・坊）が存在するという二重構成の中で、村の人びとは生きていた。以下、本節では便宜上、辻村と郷庄の両方を含む「郷庄黒鳥村」を黒鳥辻村（村高三六四石、幕領のち渡辺家伯太藩領）とし、黒鳥辻村のうち辻村（坂本郷・村高二五六石余り）を指す場合には単に、辻村と区別する。

上代と下代

黒鳥辻村の耕地は、上代と下代の二つにわかれていた。黒鳥辻村には、明治二（一八六九）年四月「御領《ごりょう》分黒鳥村《ぶんくろとりむら》碁盤絵図《ごばんえず》」（写、黒鳥・浅井タケ氏所蔵史料）が残されている（図11）。辻村と郷庄の村役人が、伯太藩民政《みんせい》役所に提出した絵図で、耕地・屋敷地の小字・地目《ちもく》・面積・石高や、道・池・用水路などが細部にわたり描かれている。図の西側では、郷切り検地によって、坊村・上泉との境目が一直線に示されているよう

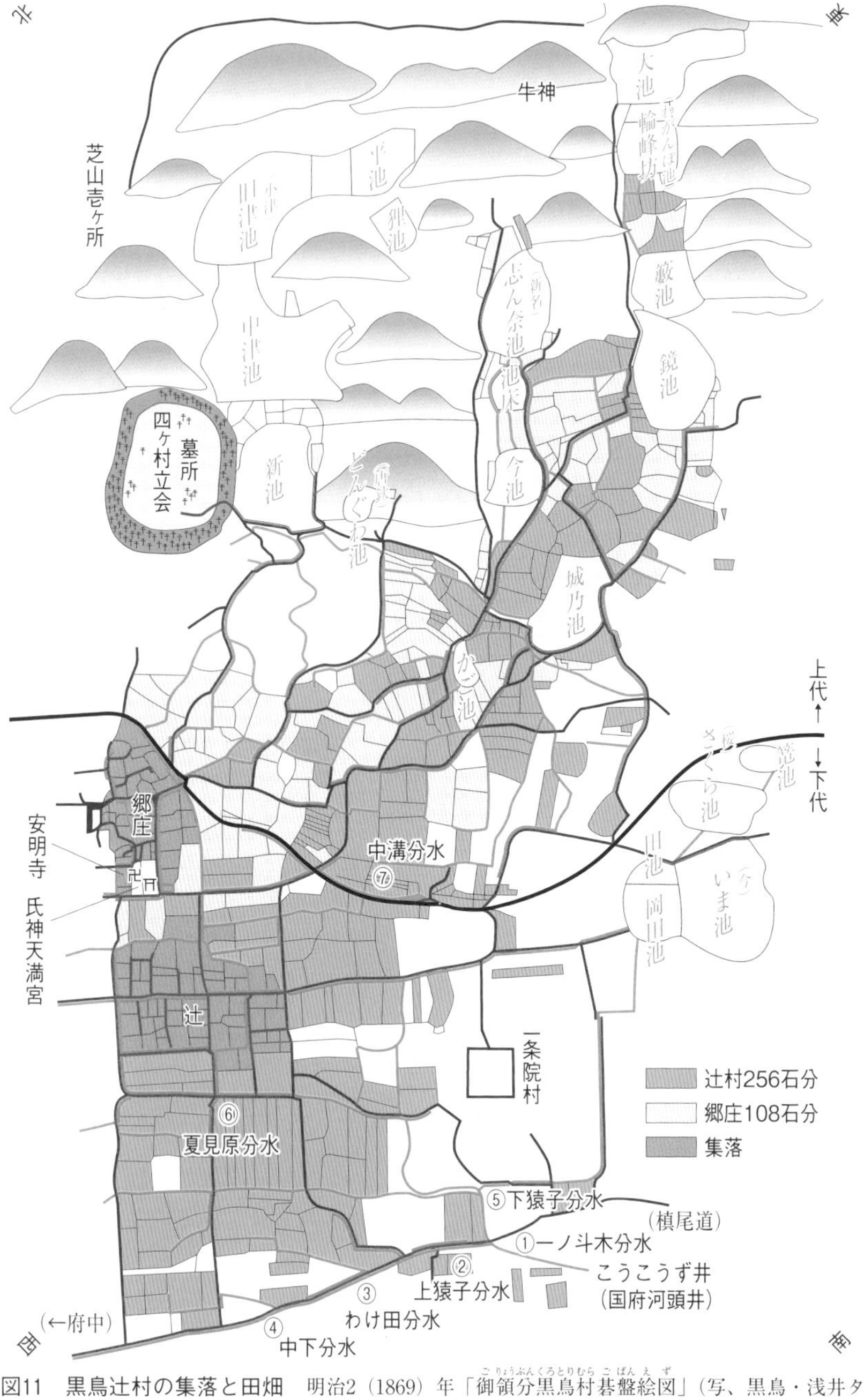

図11　黒鳥辻村の集落と田畑　明治2（1869）年「御領分黒鳥村《ごりょうぶんくろとりむら》碁盤絵図《ごばんえず》」（写、黒鳥・浅井タケ氏所蔵史料）を加工。

区域	池名	水掛村	水掛（面積）
上代	第1水系 大池・わかんぼ池・藪池・鏡池・新難（新名）池・しゃう慈池・今池・たれみ池・城の池	渡辺備中守知行所 黒鳥村＜辻・郷庄＞	11町3反6畝
		小笠原山城守知行所 一条院村	2町3反4畝
	第2水系 新池・中津池・小津池・平池・たのき（狸）池・どんぐわ（唐鍬）池	小笠原山城守知行所 黒鳥上泉＜上＞	13町1反1畝
		渡辺備中守知行所 黒鳥上村＜郷庄＞	2町4反9畝
		片桐主膳正知行所 黒鳥坊村＜坊＞	1反
下代	第3水系 籠池	片桐主膳正知行所 黒鳥坊村＜坊＞	2町3反9畝
		渡辺備中守知行所 黒鳥上下村＜辻・郷庄＞	1町1反1畝
	第4水系 岡田池・田池・桜池・上桜池（小宮掛り）	小笠原山城守知行所 一条院村	6町2反
		渡辺備中守知行所 黒鳥村＜辻・郷庄＞	2町
	第5水系 谷山池・谷山中池・谷山上之池・上林池・今池 （槙尾川—こうこうず井）	片桐主膳正知行所 黒鳥坊村＜坊＞	5町5反
		渡辺備中守知行所 黒鳥下村＜辻＞	6町3反
		内一条院村出作	内1町3反7畝
		桑原村出作	8反7畝

表35　黒鳥村の用水体系　宝永7（1710）年「池数斗木樋之御改帳」黒鳥・浅井タケ氏所蔵史料より作成。

に、辻と郷庄の屋敷地（集落）は明確に区別されていた。

上代は図の北東側、信太丘陵から南にむかって集落に下る緩やかな傾斜地に位置し、一つひとつの耕地区画が小さく、いびつで、畑が多い。一方、図の南西側に位置する下代は、平地で、ひとつの区画が比較的大きく、条里に沿った短冊形の耕地で、地目の大半が上田であった。生産条件は下代の方が比較的恵まれていた。

その水利条件を、宝永七（一七一〇）年「池《いけ》数《かず》斗《と》木《ぎ》樋《ひ》之《の》御《お》改《あらため》帳《ちょう》」をもとに示した（表35）。黒鳥村には五つの用水系があった。信太山丘陵南西の谷をせき止めた溜池をもとにする第一水系（大池・わがんぼ［輪峰坊］池など）と第二水系（新池・中津池など）である。このうち第二水系は、平安期以来の系譜をもつものの、大半が黒鳥上泉（一三町余り）の地を潤す。これに対し、黒鳥辻村の上代を灌漑するのは、まわりを一条院村草刈場に囲まれた第一水系が中心で、一条院村と黒鳥村のうち郷庄と辻村の立会であった。

一方、下代を灌漑していたのは、第三水系の籠池《かご》（坊村、辻村・郷庄立会）と、坂本村・一条院村領にあった岡田池・桜池から灌漑する第四水系（一条院村と辻村・郷庄）、そして第五水系（坊村と辻村など）の、槙尾川から取水したこうこうず井であった。

（2）一七世紀末の辻村における用水秩序

黒鳥村と一条院村

では、こうした複数の用水系の中で、黒鳥辻村ではどのように土地や用水を利用していたのだろうか。一七世紀末の用水秩序についてみていこう。

黒鳥辻村と一条院村の田畑は、図11にみえるように、互いの村領内に飛地のように田畑が散在し、村境が入り組んでいた。これは文禄検地段階において、両村の土地を属人的《ぞくじんてき》に把握した結果と考えられる。相互に入り組んだ村境をもつ事例のひとつとして、黒鳥辻村と一条院村との間での生産条件を探りたい。

延宝検地実施中の延宝五（一六七七）年一二月に、黒鳥村庄屋庄左衛門（郷庄）と庄屋太郎右衛門（辻村）及び百姓中は、一条院村の行いを検地奉行に訴えた。両村の田地は「方《ほう》ぼう へ飛入《とびい》り」となっていて、「古来より境目ござ無き所」であったにもかかわらず、一条院村側が、幕領全体で行われた延宝検地を契機に、黒鳥辻村の田地に「領境」を示す「傍所《ぼうしょ》」（目印）を新たに付けようとした、というのである。黒鳥辻村側は、

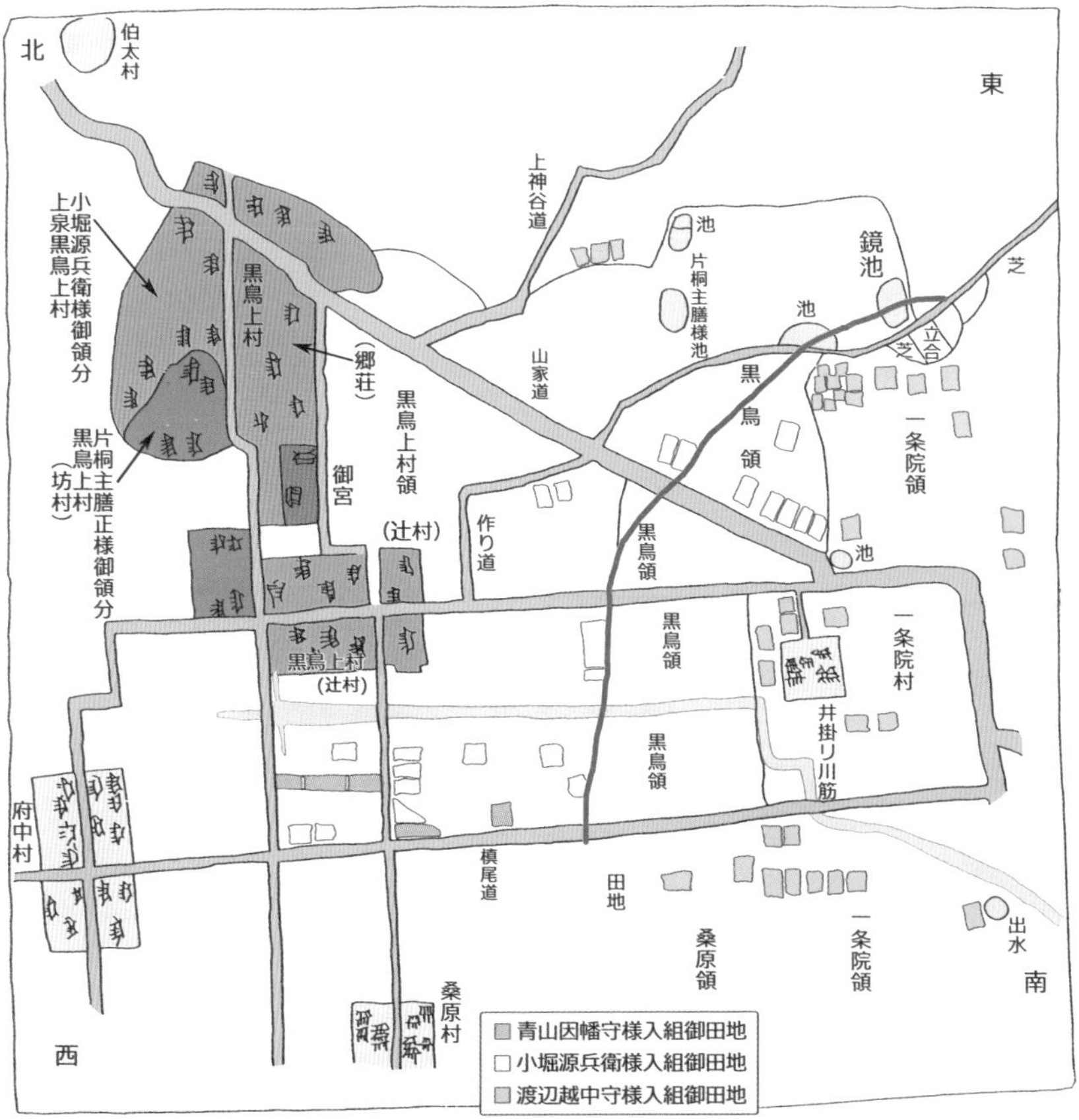

図12　黒鳥村・一条院村出入絵図　黒鳥・浅井タケ氏所蔵史料。延宝4（1676）年。原図に彩色や文字を補った。

幕領側（一条院村）で検地がなされても、村領は、従来どおりの入り組んだ状態のままとすることを求めた。その結果を現す文書は残っていないが、図11にみえるように、両村の境目は従来どおり入り組んだ状態が維持されていることから、黒鳥辻村の訴えが通ったと考えられる。

この争論は前年には始まっていたようで、同四年八月作成の、両村の田畑の展開状況を示した絵図の写が残っている（図12）。黄色が一条院村領、一条院村の集落近くに点在する緑色が黒鳥辻村領である。絵図のうち鏡池から南西に引かれている線（赤線）が、この時に一条院村側が主張した村境であろう。一条院村としては、この境界線をもとに、入り組んだ状態を解消しようとしたが、境界線より南東側を含め黒鳥辻村領が点在しており、黒鳥辻村としては到底納得できない内容だった。

こうした入り組んだ村領では、年貢徴収も複雑だった。貞享四（一六八七）年の史料によれば、村高二〇三石余りの一条院村内に、高四七石余りの「黒鳥村高」があった。「黒鳥村高」には庄屋給が支給される「下庄屋《したじょうや》」四郎兵衛（黒鳥村の人）が置かれており、彼が毎年の一条院村の免定《めんじょう》内容にしたがって、「黒鳥村高」の年貢割賦（個人に負担分を割り付けること）と徴収を行っていた。このように、下代のうち黒鳥辻村と一条院村との間は、村領が入り組んでいると同時に、土地所持権も錯綜《さくそう》していた。

一方で、入り組んだ土地だからこそ、用水は両村立会で運用されていた。下代では、とくに第四水系を共同で利用していた。例えば、天和二（一六八二）年六月、黒鳥辻村の庄屋太郎右衛門と年寄らは、当時幕領だった一条院村の三右衛門が、「たかぜ（高瀬）畑」に、岡田池の用水を勝手に横領し、古樋で水を引き、作付けをしたことについて、幕領代官に対して訴えた。字「たかぜ畑」は、一条院村の集落から南西側に位置し、一条院村領の中に黒鳥辻村領が点在する場所である。こうこうず井に接するが、そこから取水はできず、第四水系の池水を利用する田地であろう。すでに黒鳥辻村側から一条院村の庄屋伝右衛門・年寄長右衛門に申し入れて、三右衛門が設置した古樋を撤去していたが、池水秩序を逸脱した三右衛門の行為に対し、以後彼の高瀬畑利用を禁止することを黒鳥辻村側は訴えた。このなかで、黒鳥辻村側は当地のことを、「一条院村・黒鳥（辻）村は、少しの日照りでも水不足（「日損場」）となるため、池水を一滴も粗末にすることはできない場所である」と表現している。池水がいかに大切だったのかがうかがえる。

新田開発への反発

そうした大切な池水であったため、貞享五（一六八八）年四月、村外から桜池を埋めて新田開発しようとする動きに対しては、両村はそろって反対した。同じく第四水系の桜池は、土屋家領今在家村・坂本村の村領内の山の谷に位置しており、一条院・黒鳥辻両村の田地面積一〇町余り（実面積）に用水を供給していた。ところがこれを池浦村（現泉大津市）宗円・喜左衛門親子が新開し「山をくずし」て桜池を埋め立て始めたため、両村は驚き、急ぎ（池内の）土を取り除くように申し入れたが、宗円らは聞き入れず、むしろ多くの人足を現地に派遣して、山を崩し続けたという。喜左衛門は、池浦村の庄屋であると同時に、延宝三（一六七五）年以降、坂本村領内を坂本新田として開発していた請負人の一人である（『池田編』参照）。桜池が潰されることは、一条院・黒鳥辻両村にとって死活問題であった。両村は、利害が共通する課題に対しては、一体となって反対したのだった。こうして桜池は残され、現在も水をたたえている。

新開とそれに対する反発は、一八世紀に入っても続いた。享保七（一七二二）年、大坂鈴木町の町人が、信太領と一条院村領にまたがる上野原《うえのはら》の芝山を開発しようと江戸に出願した。信太丘陵南西側の「一条院村野山」（牛神・狐塚より南東の大池・わがんぼ池周辺。現在の山荘町《さんそうちょう》付近）が開発対象となったため、黒鳥辻村は、開発対象から除外するよう、検使としてやってきた代官千種清右衛門・井沢弥惣兵衛に訴え出た。黒鳥村の山は開発対象ではなかったが、開発予定地には一条院村田地五町余りと黒鳥辻村田地一三町余り（実面積）を潤す用水溜池（第一水系）があり、開発されてしまえば、多くの田地が「日損」となることを根拠にして反対した。周囲の一条院村野山に降り注いだ雨水を溜めるこれらの池では、山を畑に切りひらくと、小雨では雨が畑にしみこんで池に水が溜まらず、大雨であれば流れる土砂によって池が埋もれてしまう。だからこそ従来どおり草山・芝場の維持を求めたのであった。

たとえ開発予定地が村領ではなくとも、池とその周囲の山の維持は、用水を確保するうえで不可欠だった。だからこそ、村の外から次つぎと信太山丘陵に対して触手をのばし、新田開発を狙おうとする動向に対し、黒鳥辻村をはじめとする地元の村むらは、用水体系の維持を求めて真っ向から反対したのだった。

元禄の村方騒動にみる水利

一方、黒鳥辻村の内部でも、一七世紀末に水利の秩序を揺るがす事件が起きた。元禄九（一六九六）～一〇（一六九七）年の辻村での村方騒動である。元禄九年、百姓らの訴えで庄屋太郎右衛門が罷免された。その後、年寄衆一〇人と惣百姓四七人が領主渡辺家に提出した願書控では、旧庄屋太郎右衛門の過去の恣意的で不公平な行いを列挙し、太郎右衛門家を再び庄屋に任命しないように願った。この村方騒動によって、以後、辻村では村役人に公平性が求められ、そのための文書管理や郷蔵《こうぐら》建設など、村内運営方法の整備が進んでいくことになった（『信太編』第2部第3章、『近世編』第4部第1章）。

この願書には、辻村の水利秩序を逸脱する庄屋太郎右衛門の行為も列挙されている。その内容からは、当時の水利秩序の一端がうかがえる。

・六条目「かうのみや（小ノ宮）」田地の用水溝について。旧庄屋太郎右衛門は、他領の庄屋と申し合わせて、溝を付け替えたため、他の田地が水不足となり、大いに困った。

小ノ宮は、「小宮掛《このみやがかり》」とも称し、岡田池・田池・桜池・上桜池からの用水を利用する第四水系の一部である（表1）。他領の庄屋とは、一条院村庄屋であろう。太郎右衛門は、一条院村庄屋と一緒になって、辻村構成員による利用秩序を逸脱し、私的利害を追求したのである。

・九条目「しやうふ池」への貯水について。太郎右衛門が、毎年正月・二月にならないと池に水を溜めなかったため、年によっては水が利用できない場合があった。彼がそうした理由は、池の西側に太郎右衛門の田地が二反ほどあり、冬場にその田地で麦を生産するため、という勝手な理由であった。

そこで今年は、辻村の年寄衆が差配し、水を溜めることができた。

「しゃうふ池」の場所は不明であるが、おそらく上代のいずれかの池の別称であろう。太郎右衛門にはこの池の水を溜める裁量権が認められていることから、池を築造した由緒を持っていた可能性がある。しかし、池に全く貯水しないのは、この池水を利用している村構成員にとっては、行き過ぎた行為だったのである。

以上の二ヶ条からは、小領主《しょうりょうしゅ》の系譜を引き、近世初頭以来辻村の庄屋であり続けた太郎右衛門家の水利への裁量権と、一方でこれに対抗する年寄衆と惣百姓の共同性との間にせめぎあいが生まれていたことが読み取れる。とくに「しゃうふ池」については、太郎右衛門庄屋罷免後は年寄が管理するようになり、村としての管理へと移行しつつあった。たとえ庄屋であっても、水利の共同性を逸脱した行為は、もはや許されなくなっていた。

ところで、辻村の下代には、六つの斗木《とぎ》（①一ノ斗木・②上猿子斗木・③わけ田斗木・④中下斗木・⑤下猿子斗木・⑥夏見原斗木）があり、それぞれの地点で分水木《ぶんすいぼく》（斗木・戸木とも）と呼ばれる用水道具を使って、水を分水していた。この分水木をめぐっても、次のような記述がある。

・七条目　猿子溝・夏見原溝に対して、一〇年ほど前に溝の分水木を領主から村に与えられたが、太郎右衛門は今年まで一度もそれを使用しなかった。今年の夏からはようやく分水木を使って用水を分水することができるようになった。

ここで問題になっている分水木は、猿子溝（②上猿子か⑤下猿子）と夏見原（⑥）に位置し、それぞれこうこうず井（第五水系）を下代で分水する際の重要な地点にあった。特筆されるのは、番水用の分水木が領主渡辺家から辻村に下付されていた点である。渡辺家領黒鳥辻村（辻・郷庄）が作成し、各用水系の池と水掛面積と、池の設備や用水設備を書き上げ、渡辺家の役人森新右衛門・高見八郎左衛門に提出した宝永七（一

分水木	※	長	幅	厚	材
一ノ斗木分水	①	3間2尺（606cm）	1尺5寸（45cm）	6寸（18cm）	栂
上猿子分水木	②	1間半（273cm）	5寸（15cm）	4寸（12cm）	檜
わけ田分水斗木	③	1間（182cm）	5寸（15cm）	3寸（9cm）	檜
中下分水斗木	④	1間（182cm）	5寸（15cm）	3寸（9cm）	檜
下猿子分水斗木	⑤	2間（364cm）	5寸（15cm）	3寸（9cm）	檜
夏ミ原分水斗木	⑥	2間（364cm）	5寸（15cm）	3寸（9cm）	檜
中溝分水斗木	⑦	1間（182cm）	5寸（15cm）	3寸（9cm）	檜

表36　こうこうず井の分水斗木　黒鳥・浅井タケ氏所蔵史料　宝永7（1710）年「池数斗木樋之御改帳」より作成。※は図11明治2（1869）年4月「御領分黒鳥村碁盤絵図」での位置を示す。

七一〇）年八月「池数斗木樋之御改帳」がある。それによれば、上代の池（第一水系）の樋・道具は、当初、辻村領主渡辺家と一条院村の領主（当時は岩槻藩小笠原山城守）から下付されていたが、「中ごろ」より辻村領主渡辺家のみが下付し、一条院村側の領主からは小ノ宮側の分について下付されるようになっていた。さらに、籠池の樋道具は坊村領主の片桐家が下付していた。

分水木の大きさは、表36のように、小さいものでも長さ一間・幅五寸・厚さ三寸である。樋・分水木などの用水道具の下付は、領主の責任による勧農行為の一環だったと同時に、一七世紀以降の用水施設の整備と生産基盤の拡充にとって不可欠なものであった。それにもかかわらず、庄屋太郎右衛門が分水木を利用しなかったために、その非が問われたのであった。年寄・惣百姓側としては、領主より下付された分水木の未使用を問うという形で、小領主の系譜を引く太郎右衛門主導の水利秩序を打ち破ろうとしたのではなかったか。

用水への領主の関与は、用水道具の下付だけでなく、池の普請・修復にも及んでいた。

・一〇条目　上代の池を藩が「御普請」した際には、水掛田地の広さに応じて人足を出し、庄屋が監督し、終了後に御奉行による点検を藩に願えば一日で終わるのが通例であった。しかし、（太郎右衛門は）日数がかさむようにし、しかも奉行の「御めし《飯》代」を人びとから徴収したため、百姓らは大変困ることになった。（また、人足扶持代の配分も平等になされていなかったため）以後は、人足に対して扶持《ふち》を与えて下さる場合には、水掛面積に応じて配当するように命じてほしい。

「御普請」と称されているように、上代の池の普請・修復には藩から手当が与えられていた（後述）。藩からは「御奉行」が見分にやってきたが、実働するのは水掛田地を持つ小前百姓であり、普請全体を庄屋太郎右衛門が統率していた。しかし太郎右衛門が普請を長引かせ、さらに奉行の飯代など、必要以上の諸負担を村人に賦課したことが問題となったようである。

以上から、一七世紀末の黒鳥辻村では、上代では池の貯水をめぐるあり方が、下代では分水のあり方がそれぞれ争点となっていた。その中で、小領主の系譜を引く太郎右衛門が主導する水利秩序が、公平な運用を求める年寄・惣百姓にとって、障壁となっていた。彼らは、太郎右衛門によって領主の勧農措置が貫徹されない状況や、恣意的な水利運用を問題化することで、平等な水利秩序・村落秩序を求めたのである。この村方騒動がその後の共同体的な水利秩序の確立にとって、重要なきっかけとなったものと考えられる。

（3）こうこうず井と黒鳥村

こうこうず井の利用関係—府中村と黒鳥村—

ここからは、黒鳥辻村の下代を潤すこうこうず井にしぼって、一八世紀以降の利用関係をみたい。谷山池郷におけるこうこうず井の運用や、役田負担とその変更については第2章でみた。では、こうこうず井は、用水内部でどのように運営されていたのだろうか。一八世紀初頭、元禄一五（一七〇二）年七月に、上流の黒鳥辻村と下流の黒鳥坊村・府中村との間で、左に掲げた「覚」が作成され、双方が合意した。こうこうず井では、通常、谷山池の池水を引く場合に、番水としてきていた。しかし今回は、池水を使わなくてもすむように、互いによく相談したうえで、「川番」（川水だが番水）とする。ただし、これを以後の前例とはしない。今後、必要に応じて「川番」を導入する場合には、その都度よく相談することにする。以上のよ

覚

一、池水出シ候以後は番水に候えども、このたび池水始末の為と存じ、それにつき何れも相談の上、川番に致し候、自今以後例にも成るまじく候、とかく相談の上、向後とても右の通の川番相談仕るべく候、左様お心得下さるべく候、その為かくの如くにござ候、以上

元禄十五年

午七月二十六日　黒鳥坊村庄屋　与三右衛門

府中村　庄屋　喜右衛門（印）

上泉　庄屋　平　助（印）

府中　年寄　久左衛門（印）

同　九右衛門（印）

同　彦左衛門（印）

黒鳥下村庄屋　甚太夫殿

同村庄屋　安兵衛殿

うに取り決める、という内容である。

このように、こうこうず井では、水不足の時などに、池郷全体の秩序にのっとって谷山池の池水を引く際には「番水」で運用していた。ただし、この時は、節水のため、池水利用前の川水引水期間中でありながら、番水で運用するという臨時措置がとられることになった。

また、こうこうず井を利用し、その臨時措置を決めていた水掛の村とは、黒鳥下村と坊村、府中村・府中上泉によって構成されていた。井の上流と下流とでは利害が対立する場面もみられたが、その運営は基本的に用水水掛の村むら全体の協議によってなされていた。

こうこうず井の負担―大割三ヶ村―

そうした運営の一端は、費用負担のあり方からもうかがえる。例えば享和二（一八〇二）年一二月の場合、府中村（庄屋）求右衛門が黒鳥村庄屋・年寄中に宛てて、Aこうこうず井の井堰修復に必要となった用水用具とその代銀、そしてB谷山池に関する費用負担を書き上げ、その費用の分担を求めている（表37）。Aこうこうず井単独で掛った費用と、B谷山池郷で掛った費用のうちのこうこうず井掛負担分の二つが、区別して徴収されていた。

Aでは、竹で編んだ長い籠に石を積めた「蛇籠《じゃかご》」一四六間半や篝竹は、観音寺村・今在家村など近隣村

		銀（匁）	内容	支払先
A	1	161.15	字こうこうず井堰に用いた蛇籠、長さ延べ146間半、1間につき銀1匁1分	観音寺村喜平佐
	2	61.88	字こうこうず井堰篭裏に用いた篝竹165貫目代、ただし40貫目につき銀15匁	今在家村吉郎兵衛
	3	127.30	字こうこうず井堰大切れの場所に用いた杭木長5尺335本、ただし1本につき0.38匁	下宮村茂八
	4	49.29	字こうこうず井堰大切れの場所に用いた杭木長6尺93本、ただし1本につき0.53匁	下宮村茂八
	5	183.60	字こうこうず井堰上ヶと水刎場所に、用いた土俵1224俵代、ただし10俵につき1匁5分	村方小前百姓
	合	583.22	40町歩に割、10町につき145匁8分1厘ずつ	
B	合	36.12	字谷山池・上林池共池郷村々立会見分、池守諸入用、繕普請共、銀高471匁5分4厘6毛（反別102町に割り、10町につき46匁2分ずつ）。黒鳥村7町5反分	（府中村）
	付箋		割合銀、80.47匁渡辺様分、72匁4分1厘片桐様分	

表37　享和2（1802）年のこうこうず井の費用負担（黒鳥村分）　黒鳥・浅井タケ氏所蔵史料 享和2（1802）年12月「目録」より作成。

の者から購入し、杭木四四八本は横山谷の下宮村茂八より調達、そして一二二四俵もの土俵は府中村・黒鳥村の百姓が手当と引き換えに供出している。こうした用水道具の費用合計が銀五八三匁余りで、これを役田数に応じて、府中村が三、黒鳥村が一の割合で負担した（銀一四五匁八分一厘）。注目されるのは、こうこうず井の役田数を四〇町としていた点である。これは享保一二（一七二七）年八月大坂町奉行の裁許で決定されたこうこうず井三〇町ではなく、享保以前の役田数に応じて独自に費用負担を配分していたことを意味する。Aはあくまでこうこうず井単独の負担であるため、享保以前からの役田数が変更されることなく慣習的に踏襲されていたのである。

一方のBは、谷山池・上林池に関する池郷全体の立会見分費用・池守費用・修復普請費用であった。こちらは池郷の秩序と直接関係するため、役田数は享保期の裁許にもとづいてこうこうず井三〇町を基準とし、府中三、黒鳥一の割合に応じて、黒鳥村七町五反分が負担基準となっていた。最後に、A・Bの黒鳥村負担額を、黒鳥辻村・坊村で役田数に応じて負担した（B付箋部記載分）。

こうして、こうこうず井の費用負担は、府中村庄屋が取りまとめ、黒鳥辻・坊両村庄屋に宛てて負担分を「目録」に仕立てて請求していた*。これを別の史料では「大割三ヶ村」と呼んでいた。池役水掛に応じて負担するという点で府中村と黒鳥村との間に差はないが、常に府中村側が経費全体を取りまとめ、黒鳥村側に負担額を提示し、費用を回収していた点、そして池郷に対する窓口にもなっていた点で、こうこうず井全体の運営に関しては府中村側が中心的役割を果たしていたと考えられる。

＊こうした府中村から黒鳥村に対する普請入用の通知は、遅くとも一七世紀後半には確認できる。

「御普請所」こうこうず井

先にも述べたが、こうこうず井は、普請・修復時に領主から手当が与えられる「御普請所」でもあった。こうこうず井では、手当を得るために普請・修復に必要な蛇籠・杭などの用水用具や人足数を「下見積書」としてまとめ、これを一橋家川口役所に提出した。すると審査がなされ、川口役所から「右の通、御普請あい仕立《した》てるべきもの也《なり》」と府中村に認可が下された。その写が黒鳥村に残っている。前掲「目録」と同年の享和二年五月のケースを確認しよう（表38）。

こうこうず井へと水を導くための施設である井堰は、一ノ堰から六ノ堰の六ヶ所で構成されていた（第2章3）。一つの堰は、長さ一五間（約二七メートル）で、石を詰めた蛇籠（一つ当たり長さ五間［約九メートル］・幅一尺五寸［約四五センチメートル］）を三本重ね、さらに蛇籠二本で補強し、これを三つつなぎ、松杭木で固定したものであった。Bによると、この年、堰六ヶ所中四ヶ所が破損した。全壊した一ノ堰・三ノ堰・五ノ堰と一部損壊の四ノ堰には新しく蛇籠を設置し、水を堰に導く水路である「谷山井路堤《いじつつみ》」なども補修された。蛇籠計六八本・松杭木三四〇本、そして石取《いしとり》や杭打《くいうち》の作業を行う人足五三四人が必要だった。

しかし、これらの修復のすべてに対して領主側から手当が出されたわけではなかった。Cによれば、蛇籠代は手当（銀一三六匁）が出されたが、松杭木は村役、つまり村むらによる負担だった。人足も高一〇〇

A　水掛

水掛	面積(町.反)	高（石）	利用する村
全体	40.0	619.775	府中村・黒鳥村立会
内訳	30.0	454.348	御領知（一橋家領知府中村）
	5.6	97.590	渡辺大学頭領分（黒鳥辻村）
	4.4	67.837	片桐主膳正領分（黒鳥坊村）

B　御普請内容

蛇籠堰延長75間		6ヶ所	15間4ヶ所、10間1ヶ所、5間1ヶ所
蛇籠		68本	長5間×差渡1尺5寸
	内	15本	一ノ堰破損、長15間の所、敷3本・留り2本重3継分
		15本	三ノ堰破損、長15間の所、同上
		5本	四ノ堰樋前根囲篭、長10間のうち5間の所、敷3本・留り2本重
		15本	五ノ堰破損、長15間の所、敷3本・留り2本重3継分
		10本	谷山池井路堤、長30間のうち、破損10間の所、敷3本・留り2本2継分
		8本	一ノ堰より四ノ堰まで用水路堤根篭長25間のうち、破損15間のうち10間は敷2本・留り1本2継分、5間は2本並の分
石		16坪7合9勺	
松杭木		340本	長5尺×末口2寸（蛇籠延長340間留杭、1間に1本ずつ）村役
人足		534人	うち520人、石取10町・1坪31人、杭打1人25本

C　負担区分

内容	数		単価	代銀
蛇籠	延長340間×差渡1尺5寸		1間に銀4分ずつ	銀136匁
松杭木	340本（長5尺×末口2寸）			村役
人足	534人	310人村役 224人御扶持方人足	高100石50人 1人に米5合ずつ	村役

D　手当の配分

面積(町.反)	米（石）	銀（匁）	内容	村役
5.6	0.157	19.04	渡辺大学頭出米銀	松杭木48本・人足43人
4.4	0.123	14.96	片桐主膳正出米銀	松杭木37本・人足34人
30.0	0.840	102.00	一橋家領知分	松杭木255本・人足233人

表38　こうこうず井の「御普請」内容　黒鳥・浅井タケ氏所蔵史料　享和2年5月「戌春御普請御仕様帳写」より作成。

石に五〇人分、合計三一〇人分はまず村役とされ、残る二二四人分に対して一人米五合分の手当が与えられたにすぎなかった。こうこうず井側は、水論では自らの井堰が領主公認の「御普請所」であることを強調して、その主張を強化していたが、実際の「御普請所」としての手当はこの程度だったのである。

もうひとつ注目されるのは、手当米・手当銀を、水掛面積に応じて、各領主が負担していた点である（D）。各領主からどのように手当が配当されたのかは不明だが、一橋家領知という領主の枠組みを超えて、御普請所への手当が供出されていた。

洪水と費用負担

このように、こうこうず井堰に関する費用負担（大割三ヶ村）は通常、蛇籠・箒竹・杭木・土俵などにほぼ限定されていた。しかし、ひとたび洪水などで大規模な修復が必要になったり、争論が起きたりすると、その費用は一気に増大した。表39は、慶応元（一八六五）年一〇月に府中村から黒鳥村に宛てられた「目録」の内容である。前年の元治元（一八六四）年一一月一九日に槙尾川で大洪水が発生したため、こうこうず井堰がすべて流失してしまった。こうこうず井掛の府中村と黒鳥辻・坊両村の村役人らは、その旨を早速同月二一日に一橋家川口役所に届け出た。加えて、こうこうず井堰の「御普請所」のうち石斗木分水木一ヶ所が経年劣化もあって「朽腐《くちくさ》り」となっていたため、下目論見帳と麁絵図《そえず》を提出し、「御普請所」であるこうこうず井堰の修復について、一橋家領知からの一部補助を願い出た。しかし、御普請所としての補助は叶わなかったのか、一年間で銀九貫八三〇目（1～10の総計）もの費用がかさみ、うち黒鳥両村には銀二貫四五七匁五分の負担が割り当てられた。その内訳は、井堰を修復する土木人足「黒鍬《くろくわ》」を雇用するための斡旋業者と思われる大津村政吉への費用（1）、府中村で購入した伏樋・悪水水吐樋・杭木代（2）、石代銀（3）に加え、一橋家役所から役人の見分費用（4）や、手当申請に向けた参会費用（5）であった。そのほか、蛇籠・箒竹・縄俵も通常より多く必要であった。幕末期は物価高騰の時期で、それまでの時期と単純な比較はできないとはいえ相当な増額であり、その費用負担が人びとの肩に重くのしかかる場合もあったのである。

さらに慶応四（一八六八）年には、五月以降のたびたびの洪水により、井堰の六段堰形・伏樋・用水路囲籠や谷山堤が流失した。しかも坂本村・坂本新田の田畑が槙尾川に崩れ込み、流路が変わることで、本来川筋幅の九割あった井堰が、「川の半分」にしか満たない状況に陥った。しかし、以前の場所に井堰を再建しようとすれば、久保津戸井側から反発をうけるのは明白であり、しかも享保年間の裁許とも異なる状態を生むことになる。そこで府中村・黒鳥村（辻村・坊村）は一橋家領知の池田下役所に対し、どのように普請すればいいか、見分と指示を願った。洪水によってあまりに井堰の形状が変化してしまったため、一橋家役所の指示や御普請所手当に依拠せざるをえない状況が生まれていたのだった。

	銀（匁）	内容
1	3,500	字こうこうず井堰、去子11月19日大洪水にて皆流失したため、黒鍬宛付銀大津村政吉へ渡す
2	1,800	字こうこうず井堰、伏樋そのほか字大切悪水吐樋と、土居木4本杭代共、府中村六郎兵衛へ渡す
3	540	字こうこうず井堰、大切ならびに所々へ用いた石代銀、大津村石屋庄五郎へ渡す
4	590	一橋役所より御見分諸入用2度分
5	1,500	字こうこうず井堰、去子11月より出来栄えまでたびたび参会の節諸入用銀、縄俵竹釘代とも
小計	7,930	40町に割、10町につき銀1982匁5分ずつ
6	530	字こうこうず井堰6ヶ所、谷山堤へ用いた蛇籠代、府中村吉右衛門へ渡す
7	680	字こうこうず井堰へたびたび用いた篝竹、杭3本代、山深村（池田下村）介三郎へ渡す
8	150	字こうこうず井堰へたびたび用いた土居木2本代、府中村へ渡す
9	290	字こうこうず井堰へ用いた縄俵・葉付竹代、今在家村善六へ渡す
10	250	字こうこうず井堰流失後、築立たところ、当5月以来雨天続のため、所々欠地取繕賃、唐国村市兵衛へ渡す
小計	1,900	40町に割、10町につき銀475匁ずつ
	220	谷山池・上林池堤2ヶ所取繕普請、土居木・杭木代とも、唐国村市兵衛へ渡す、102町割、黒鳥村分

表39　慶応元（1865）年のこうこうず井の費用負担（黒鳥村分）　黒鳥・浅井タケ氏所蔵史料　慶応元（1865）年10月「目録」より作成。

黒鳥村内部での運営―辻村と坊村―

では黒鳥村の内部で、こうこうず井はどのように運営されていたのだろうか。

用水の番水差配や費用について、中心的な役割を果たしていたのは番頭《ばんとう》であった。番頭は「黒鳥村十町役」に一人だけ設定されており、実際には黒鳥辻村の特定の者が担っていた。

元治元（一八六四）年四月に、黒鳥辻村と同坊村の村役人との間で一札が交わされた。それは、「黒鳥村十町役」単位で、番頭が一人だけ設置されており、以前から黒鳥辻村が担ってきた。しかし近年、辻村と坊村との間で行き違いが生じたため、府中村役人が仲裁し、今年から試みとして、番頭を黒鳥辻村から二年、坊村から一年を出すように変更する、という内容である。従来、辻村に限定されていた番頭の担い手を、新たに坊村からも三年に一度出すことで、こうこうず井の運用に関する坊村側の発言権を強化することになった。それほどまでに、用水運用における番頭の役割は、大きいものがあった。ただし一方では、用水の「諸向取扱方」はこれまでどおり辻村がもっぱら行うこと、また毎年年末に「勘定詰め」（費用負担の取りまとめ）を行い、一二月二七日までに会計を済ませ、「目録」で府中村から提示された大割三ヶ村（こうこうず井全体の費用負担のうち黒鳥村分）は、辻村でひとまとめにして府中村に出銀することが改めて確認された。

こうこうず井の一年

最後に、こうこうず井に関わる支出と収入を書き上げた弘化四（一八四七）年一二月一九日作成の「下台田打帳」から、こうこうず井の運用実態を探ろう。用水の運用形態は文字化されることが少ないために不明な点が多いが、こうした会計帳簿は、用水運用のあり方を知る上で貴重な手がかりとなる。なお、表紙には「番頭平兵衛」の名が記されている。番頭がこの帳簿を作成し、用水会計の取りまとめを行っていた。

帳簿の記載は、支出と収入とに二分されている。まず、支出である（表40－1）。番頭平兵衛に対する固定給と考えられるのが、大桝・小桝（1・2）である。彼には、用水管理に欠かせない道具「上《じょ》れん（鋤簾）」も支給された（5）。護符である牛王宝印《ごおうほういん》（豊作祈願・農事の虫除けなどが目的か）を池郷の池守弥五郎が持参した際に供する酒（3）なども、経費をもとに番頭が準備した。

	支出内容	銀（匁）	支出先
1	大枡	6.00	番頭平兵衛
2	小枡１斗５升	4.80	（番頭）平兵衛
3	申正月池守弥五郎牛玉持参御酒料	1.00	（番頭）平兵衛
4	大割三ヶ村より当村（辻村）掛り銀	344.63	
5	上れん代	3.50	（番頭）平兵衛
6	弥五郎渡麦１斗５升代	10.20	（庄屋）浅井
7	去暮肴代	10.60	（庄屋）浅井
8	荒湯白米１斗２升５合代	12.50	（庄屋）浅井
9	元□潰人足３人割、扶持代	2.00	（庄屋）浅井
10	湯口堀上ヶ人足５人割扶持方３升	3.00	（庄屋）浅井
11	湯口堀上ヶ人足５人割	3.00	（庄屋）浅井
12	籠ふせ人割昼扶持人足白米１斗２升代	15.00	（庄屋）浅井
13	３月15日谷山行、出勤	2.00	（府中村）治左衛門
14	５月22日　〃	2.00	坊村
15	３月22日谷山、出勤	2.00	坊村
16	７月割、池守渡し	39.20	坊村
17	目録礼、認メ料	2.00	（庄屋）浅井
18	目録礼	2.00	（庄屋）浅井
19	かまぼこ１枚	2.00	（庄屋）浅井
20	素麺３箱代	1.50	（庄屋）浅井
21	中取損料	2.00	（庄屋）浅井
22	定例心付	4.00	（番頭）平兵衛
23	夏中、酒・白米色々	42.82	今善（今在家村善兵衛ヵ）
24	当夏中多用につき心付、不例	8.00	（番頭）平兵衛
25	割方の節、白米６升代	5.70	（庄屋）浅井
26	割方の節、さかな色々代	21.50	（庄屋）浅井
27	割方の節、酒代	3.80	（番頭）平兵衛
28	割方の節、牛房代	1.00	（番頭）平兵衛
29	割方の節、片炭代	1.00	（番頭）平兵衛
30	割方の節、みそ代	2.00	（番頭）平兵衛
31	割方の節、雑用	2.00	（番頭）平兵衛
32	下村歩、心付	2.00	伊助
33	坊村歩、心付	2.00	惣六
34	割方の節、紙代	0.55	今善（今在家村善兵衛ヵ）
	小計（支出）	563.10	計算値567.20匁

表40-１　下代の運営費（支出）　黒鳥・浅井タケ氏所蔵史料。弘化4（1847）年12月19日「未年下台田打帳」より作成。

毎年春の田植え前には、用水路に水を引く前の準備にあたる、「荒湯」（用水路の掃除か）（8）や「湯口堀上」（井堰の整備）など（9～12）を行い、作業への参加者や人足には手当が支給された。これらは辻村庄屋浅井市右衛門が預り金の中から支払っている。これとは別に、池郷全体に関わる費用負担も計上されている。谷

	収入内容	銀（匁）
①	（辻村庄屋）浅井預り銀	147.24
②	（坊村庄屋）遠藤預り銀	147.24
③	桑原株々人足賃	13.60
④	同村水出作掛８反８畝	32.21
⑤	一条院村水出作掛１町４反８畝９歩	54.51
⑥	片桐様より下さる	203.91
⑦	渡辺様より下さる	221.89
⑧	去午年今池床割合銀、府中村より請取	10.50
	小計（収入）	831.10
	差引残（収入－支出）　過銀	268.00
内	（坊村庄屋）遠藤預け	134.00
	（辻村庄屋）浅井預け	134.00

表40－２　下代の運営費（収入）　弘化4（1847）年12月19日「未年下台田打帳」より作成。

山池への出勤（13～15）や、「七月割」と称する池郷構成村としての負担分（池守に渡す）（16）がそれである。

田植えが済んだ夏には、番頭に対して、定例心付（22）や、水不足などの影響であろうか、番頭が忙しかった年には、追加の心付（24）が与えられた。こうこうず井全体の費用のうち黒鳥村負担分は、「目録」（大割三ヶ村）によって府中村庄屋から伝えられていたことは前に述べたが、それに対する礼を庄屋浅井家が立て替えて、府中村に供出していた（17・18）。そして、大割三ヶ村の黒鳥村分もこの会計から供出されていた（4）。

年末には「割方」と称する勘定詰め（費用負担の確認・帳簿整理・分担）が行われた。この時には関係者が集まり、酒・食事が振る舞われた（25～31）。一年全体の農業・水利運営を互いにねぎらう意味があったのかもしれない。

ついで収入（表40－2）をみると、第一に、辻村・坊村の各庄屋が前年からの繰り越し銀を預り、必要に応じて随時運用していたことが注目される（①②および差引銀）。近世の水利組織は番頭を中心に運用されていたが、単独で自立していたのではなく、庄屋が把握した中で活動が可能だったのであり、村落運営組織と分かち難く結びついた組織だったのである。そのことは、「川尻水掛反別帳」からも明らかとなる。同帳簿は享保一二（一七二七）年四月のものと、寛保三（一七四三）年二月のものの二冊が残されており、いずれもその時点で、こうこうず井水掛（辻村・坊村）の所持地（小字・面積記載あり）を所持者ごとに書き上げた名寄帳《なよせちょう》である。* 水掛面積の合計は、一四町一反五合（史料の数値）である。前者の末尾には、「右の通、庄屋・年寄立会、水掛り町数《ちょうすう》株々、前々御冊帳面を以《もっ》てあい改め候ところ、相違これ無く候、その為印形《ためいんぎょう》かくの如《ごと》くに候」と、辻村・坊村の庄屋・年寄が立ち会って作成しており、水利費用を水掛面積で割賦する際の基礎帳簿を、庄屋・年寄が作成・管理していた。こうした点からも、あくまで村役人組織の管理の下に水利組織が置かれていたことがうかがえる。一方で、水利組織の費用負担は、あくまで下代の土地所持者に限定されていた。つまり、各水利組織は村落構成員や耕作者の全てによって運営されていたのではなく、土地所持者によって担われており、多くの土地を持つ百姓の意向が、その運営に反映されやすかったものと考えられる。

*これ以前にも川尻水掛反別帳は、数冊存在した。これらから、一七世紀後半には、下代を運用する組織が存在したこと、土地所持権の移動によって一〇数年ごとに作成し直されてきたことがわかる。また、水利費用負担の基礎帳簿にあたる川尻水掛反別帳の多くを庄屋家が管理していた点が注目される。

収入に戻り、第二に注目されるのは、黒鳥辻村分の水掛六町三反のうち、一条院村と桑原村が、黒鳥村にその面積に応じて用水費用の一部を負担していたことである（③④⑤）。

そして第三は、辻村・坊村の各領主から用水費用が支給されていた点である（⑥⑦）。しかもその額は収入全体の半数に及ぶ。「御普請」とは別に、なぜこれだけの支給がなされたのかはわからないが、水利運用組織の財政に直接影響を及ぼすものだった。

以上のように、黒鳥辻村では、上代・下代のそれぞれの土地を潤す複数の用水体系が展開していた。とくに下代の多くを占めるこうこうず井の運用は、①谷山池水を利用する池郷の秩序、②府中村・黒鳥村によるこうこうず井独自の秩序、そして③黒鳥村内部の辻村・坊村との相互関係という三つのレベルで、重層的に展開していた。村レベルにまで降り立って水利の運用をみることで、第2章でみた用水争論・秩序の背後に、各用水系の内部でいかなる秩序が存在し運用されていたのかが見えてきた。また、②③のレベルにおいては、近現代の用水組合のように水利組織が機能的に自立しておらず、あくまで村役人組織の管理の下に置かれていた点も特筆されよう。

2　池上村における水利と農業

郷切りの相給村落

二〇〇六（平成十八）年に実施された大阪市立大学（現大阪公立大学）日本史研究室との合同調査において、池上村の悉皆《しっかい》的な調査が進められた。この調査では、近世の庄屋家や年寄家に残された古文書が確認された。それらの史料群には村の様子を詳細に知ることができる膨大な村方文書が含まれていた。また、聞き取り調査や現地確認を行い、それと並行して古文書に記されている村内の小字名を地図に落とすことで、近世の村のあり方を空間的に復元することができたのである（図13）。

本節では、合同調査の成果と槙尾川用水の展開を踏まえて、池上村における用水利用と村落秩序との関係についてみていこう。その前提として、まずは相給《あいきゅう》支配の枠組みをもう一度確認しておこう。

池上村の村域は平野部に位置し、村内に山や川はなく、耕地の大部分が田地で占められていた。中世から近世へ移行する時期において、池上村の村域は上条《じょうじょう》郷・信太《しのだ》郷・上泉《かみいずみ》郷の三つの郷にまたがり、集落は上条郷内にあった。郷単位で行われた文禄三（一五九四）年の太閤検地では、上条郷の土地にあった田畑と屋敷地が「上條郷池上村御検地帳」（南清彦氏所蔵史料）に把握され、信太郷と上泉郷の田畑は、信太郷や上泉郷の村むらの検地帳に登録され「出作《しゅっさく》」として扱われることになった（第1章）。信太郷内の「出作」は、延宝期（一六七三〜八一）に行われた幕領検地をうけ、それ以後の池上村全体の村高は六〇〇石余となった。このうち上条郷分の三三〇石余り（本郷）が大和国小泉藩片桐家領、集落のない信太郷・上泉郷の土地三二〇石余（出作）は、一七世紀後半に二度に分けて幕領から伯太藩渡辺家領となったため、近世を通じて相給支配を受けた。家数は近世中期の明和四（一七六七）年に六二軒、幕末の慶応期に五六軒であり、住民はすべて小泉藩の領民であった。

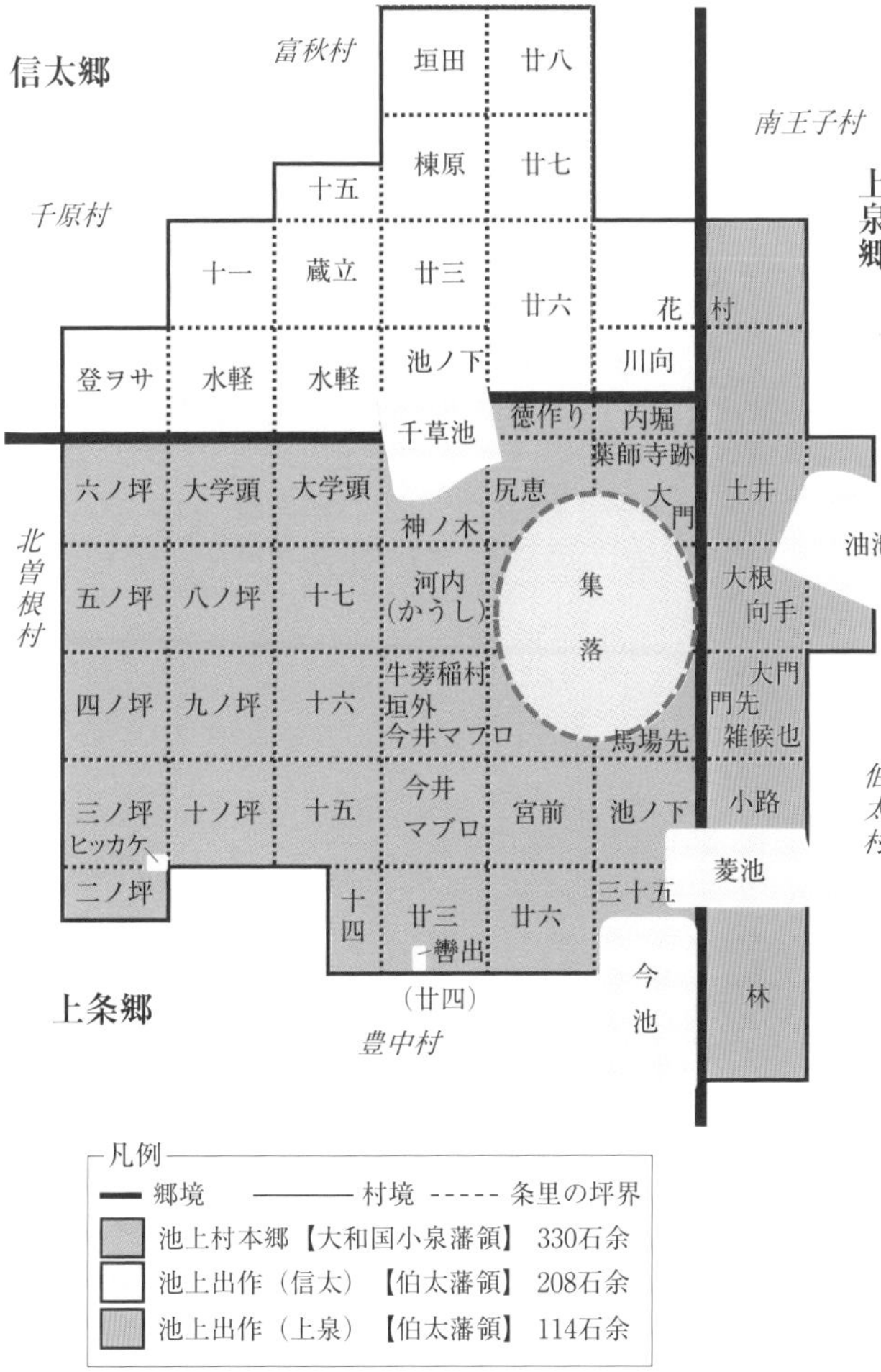

図13　池上村における相給の枠組　小字名は、法務局岸和田分所所蔵の土地台帳に基づいて作成した。

池上村には、小泉藩領（本郷）と伯太藩領（出作）それぞれに村役人が置かれていた。このうち、享保三（一七一八）年から本郷庄屋を務めた南甚左衛門家（南清彦家）と、一九世紀に出作年寄を務めた南甚右衛門家（南和男家）に、本郷・出作それぞれの村方文書が伝来している。

池上村の溜池灌漑

まず、村の水利の中心をなす溜池に注目しよう。現在では消滅したが、近世の池上村には菱池《ひしいけ》・今池・油池《あぶらいけ》・千草池《ちぐさいけ》という四つの溜池があった。これらの溜池は平地に築かれた皿《さら》池で、雨水・湧水以外の水を溜めるには、河川や別の用水路から水を引く必要があった。四つのうち菱池と今池は隣接し、一体の用水として利用された。

明和四（一七六七）年に本郷の領主小泉藩に提出された「明細帳」から、池の概要をつかんでおこう。菱池・今池については、池床《いけどこ》坪数と樋《ひ》・関板《せきいた》（土留め用材）の寸法が列挙されている。一方、油池は水除樋《みずよけひ》や伏樋《ふせひ》などに「御他領立合《たちあい》」との注記があり、水掛り田地七町二反の内、五町六反半は「池上出作田地水掛り、ただし渡辺越中守様（伯太藩）御知行所」、一町五反半は「御地頭（小泉藩）様御田地水掛り」との内訳が記されている。これらを比較すると、菱池・今池は小泉藩領（本郷）のみを灌漑する池だったため、「御普請」（領主が経費を負担して行う修復）の経費按分基準となる水掛り面積の記載が省略されたと考えられる。他方、油池は伯太藩との按分基準を明示する必要から、水掛り面積を記載したのであろう。なお、明細帳に記載がない千草池は、池床・水掛り田地とも小泉藩領外の溜池だったのである。

菱池・今池の灌漑範囲については、享保八（一七二三）年「今池・菱池水掛反役《みずかかりたんやく》帳」からわかる。帳面に記載された水掛り田地は二〇六筆、面積一九町七反九畝である。小字名を見ると、畑地の大学頭《おがくと》・ヒッカケや一部の田地（後述）を除いて、灌漑範囲は本郷のほぼ全体に及んでいる。

一方、油池・千草池の灌漑範囲は、宝永元（一七〇四）年に作成された「泉州泉郡池上出作新検地地並《じなみ》帳・油池千草池川筋樋寸法覚之帳」で把握できる。この史料の後半には信太郷側の出作二〇八石分に関わる油池・千草池の池床・川筋・樋の寸法が書かれている。それによると、油池は「（渡辺）備中様（伯太藩）御知行所」にあり、灌漑面積は、①「本郷へ入」分が一町三反半、*②「尾井（村）へ入」が二反半、③「出作へ入」が五町九反半と記されている。①と③の合計七町二反半は、先ほど確認した明細帳の油池水掛り反数七町二反とほぼ一致する。

千草池については「片桐主膳正様（小泉藩）知行所池上村境内に有り」と記され、灌漑面積の内訳は、①五町一反大が「池上出作」、②一町七反半が「留秋（＝富秋村）」、③一町三反半が「千原出作」に分かれる。つまり、千草池掛り①〜③の田地はいずれも信太郷の空間にあった。以上から油池・千草池は、信太郷のうち、大野池などの主要用水が行き届かない、北西端部分の田地を灌漑する溜池として築造されたと考えられ、菱池・今池は、上条郷池上村を中心とする条里《じょうり》耕地一里分の用水として整備された溜池と考えられよう。

*元禄六（一六九三）年に油池水掛り田地を書きあげた史料に小字名が記されており、水掛り地の総面積は一町五反大とある。この耕地はみな集落北側の油池と千草池の間にあり、信太郷・上条郷の境界線より北側の一部のみ油池の水が利用されていた。なお上泉郷側の一一四石分は、隣接する伯太村内の溜池を伯太村と共同利用していた（『信太編』第2部第2章3）。

このように池上村の水利は、①菱池・今池掛りの本郷（上条郷）、②伯太村の池を立会利用する上泉郷側の出作（一一四石分）、③油池・千草池掛りの信太郷側出作（二〇八石）に分かれていた。つまり、池上村が利用する溜池は上泉郷・信太郷・上条郷の各郷域に対応して築かれたと推定できよう。四つの溜池は、近世以前の段階で、各「郷」の生産基盤として整備・開発されたものだったのである。

こうこうず井筋「水下八ヶ村」として

それでは、これらの溜池ではどのように用水を確保していたのだろうか。次に周辺地域との関係についてみていきたい。泉郡の平野部に所在する多くの村むらは槇尾川から用水を取水していた（第2章）。池上村においても、槙尾川用水は重要な水源の一つであり、主にこうこうず井用水の余水が重要であった。そこで、こうこうず井との関係に絞ってその利用秩序をみておこう。

享保三（一七一八）年からのこうこうず井対久保津戸井争論のなかで、享保六年六月には、池上村ほか七ヶ村（助松《すけまつ》村・千原《ちはら》村・宮村・伯太村・池上出作二ヶ村・豊中《とよなか》村）が派遣されてきた検使役人に対して、久保津戸井側に槙尾川筋の「順々の作法」を守るように命じてほしいと出願を行った（第2章）。

願い出た八ヶ村は、こうこうず井より引水する水下《みずしも》村むらである。願書によると、これらの村むらは井筋から田地へ直接取水するのではなく、各村の溜池にこうこうず井の余水を引き貯水していた。池上村は本郷・出作とも願書を差し出した村に加わっており（出作を二ヶ村と数えているのは、信太郷・上泉郷のそれぞれを村として区別しているためである）、村全体がこうこうず井の余水を利用していた。水下八ヶ村は、あくまでも余水を分与される村むらであって、谷山池郷のメンバーではなかった。実際の井水利用においては、余水を供給するこうこうず井（府中・黒鳥の村役人や水利役人）に毎年礼銀を支払っていた。しかし、こうこうず井からの余水の引水が滞れば渇水に陥り、水下村むらの死活問題となる。享保期のこうこうず井対久保津戸井争論では、享保五（一七二〇）年八月・同一〇（一七二五）年四月にも水下八ヶ村として同様の願書を出しており、井水の重要性がうかがえる。

轡出渕をめぐる村内対立

こうこうず井との争論は、水下村むらの用水秩序にも少なからず影響を与えていた。享保三〜一〇年代にかけては、井郷争論と併行して、池上村内でも湧水をめぐる水論が断続的に起こっている。こうこうず井争論との関係に注意しつつ、享保五（一七二〇）年の争論について紹介しよう。

庄屋南甚左衛門は、同五年の日記「子之覚《ねのおぼえ》」に、本郷の南端に湧く「轡出渕《くつわでぶち》」をめぐる争論の経過を記録している。渕とは、地表近くに伏流水がある湿地であり、表面の土を掻《か》き除けば水が湧き出る場所であった。池上村にとって、この轡出渕は渇水時の補完的用水として重要であった。池上村の集落では、五人組を一〜数個ずつ組み合わせた地縁的な組が作られていた（上・東・西・小寺・かいとの五組。このうちかいと組は、一つの五人組から成る小規模なまとまりで、集落の南西端部に位置し、一七世紀には単独で小集落をなしていた）。轡出渕の利用時は、「二日二夜」ごとの交代制で水掻きが行われ、最初の二日二夜はかいと組、次の二日二夜はその他の組が「村中」として利用していた（「村中」の利用も組ごとに行われる）。しかし、かいと組と「村中」との間で、水掻きの秩序をめぐって対立が生じたのである。まず、七月二九日は、他の組（「村中」）に先立ち「かいと」組が渕を掻く番だったが、かいと組ではなく村外の者に水を掻かせた。翌日もかいと組は水掻きを行わず、八月一日に村中が掻く順番になり、一番目の組が渕水を利用した。続く二・三日はかいと組の番であったが、必要がなくなったのか途中で止めてしまう。そこで惣右衛門が村中を代表して取水を要望したところ、かいと組は水を渡さず、五日に「廿四《にじゅう》」という小字にある豊中村六左衛門田地へ水を下した。百姓らは他村の六左衛門へ水を渡したことに憤慨し、領主へ次のような訴状を提出した。

①今年は旱魃《かんばつ》に見舞われ、所どころ井戸を掘ったが水が湧かない。現在「井水」は争論中であり、水を下してもらうこともできない。

②轡出渕は、五郎左衛門・孫兵衛の先祖道泉《どうせん》という人物が所持していた田地に、村中より人足を出して掘った渕水である。村中で渕を掻き、水を利用したいと申し出たが、五郎左衛門らは掻かせなかった。

③寛永三（一六二六）年には、小泉藩主が渕床《ふちどこ》所持者である道泉に対して「初日二日二夜は道泉方が水を掻き、次の二日二夜は村中が水を掻くこととする」と定めた掟書《おきてがき》を渡しており、現在それを五郎左衛

門・孫兵衛が所持している。掟書が道泉に下付《かふ》されたのは、当時道泉が「かいと九七石分の庄屋」であり、渕とその周辺の字「廿三」の田地所持者だったからである。

④現在ではかいと組も含めて池上村は一村となり、田地についても村の支配となっている。渕床となった土地の年貢は村中で負担している。かいと分の者が所持する田地は少ないため、両人に対して水を引きたいと頼んだが、一水もくれない。そればかりか、同領とはいえ他村の豊中村六左衛門所持田地に水を分与するなど、自村を旱損に至らしめる行為である。両人を召し出し、掟書きを取り上げたうえで、村中一同で順番に水を掻くように命じてほしい。

①でいう「井水」はこうこうず井を指しており、争論中であったために余水の供給が滞り、池上村独自の水利である渕の重要性が高まったのである。そうしたなかで、池上村において村方百姓らの渕利用の桎梏《しっこく》となったのは、渕床の土地所持者の系譜をひく五郎左衛門・孫兵衛の存在であった。③によると、二人の先祖である道泉は、寛永期（一六二四～四四）には池上村のうち「かいと九七石分」の庄屋を務めていたという。一七世紀池上村本郷には、かいと村と長兵衛捌きの大村《おおむら》が存在したが、天和元（一六八一）年に合併し、輪番庄屋制をとることになった（『信太編』）。

このように、渕床を所持し、ほかの組よりも強い権利を持つかいと組の渕用益は近世初頭以来のものであった。願書では村中もその歴史的背景を認めつつ、かいと村が大村と一村になった現在は、渕は「村」の支配下にあると主張する。渕床分の年貢（畝減《せへ》り分）も村中で負担しているのに、かいと村が村中より他村の用益を優先させたことは認めがたいと述べ、寛永期の掟書の無効を求めたのである。

双方の言い分を聞いた代官は、ひとまず掟書の詮議がすむまでの間、五郎左衛門と孫兵衛が水を掻かないときは村の者へ水を遣わすよう命じた。

しかし争論は享保九（一七二四）年にも再燃する。今度は、五郎左衛門と孫兵衛が村方への不満を訴えた。享保九年の庄屋甚左衛門の日記「覚帳」によると、六月二一日に村の百姓が久左衛門の所持地「轡手ノ上、廿三ノ田地」に野井戸《のいど》を掘りかけたところ、五郎左衛門が轡出渕の水量が減ると小泉藩へ出訴した。藩の役人が井掘りは「勝手次第」という判断を下したため、百姓らは再び鍬を入れ新井戸を掘ったが、その数日後には、やはり孫兵衛が新井戸によって轡出の湧水が減ったと不満を述べた。そこで、庄屋甚左衛門はかいと組頭介左衛門に対して、井戸と渕の水量を確かめ、訴訟沙汰となれば組頭として証言するよう指示した。その後、七月に井戸の湧きが弱くなったので井戸掘りを始めたところ、五郎左衛門・孫兵衛らが「轡手の井に水多く出、渕水減る」と主張して再び小泉藩へ出訴した。

この対立の原因は井戸の新設による渕水の減少であった。「覚帳」には「六月廿《にじゅう》一日より廿二日、九ノ坪井戸掘りかける」や「七月三日、十坪《じゅうのつぼ》井戸掘り直し」のように、井戸の新設や浚渫《しゅんせつ》が相次いで記録されている。轡出渕の番水を行っても、かいと組が初日の権利を保持する限り、村方の渕水利用は不安定であり、別の水源が必要となる。そのために行われた野井戸の築造が、湧量の豊富な轡出周辺に及んだのであろう。

井戸仲間の成立

では、享保期に増加した井戸はどのように利用されたのだろうか。延享四（一七四七）年、村内三つの井戸仲間が仲間掟を再作成し、「馬賀井《うまかい》・十野坪井《じゅうのつぼい》・河内井《かわちい》三ヶ所連判帳」という帳簿に集成した。

この掟書によれば、馬賀井戸は享保九（一七二四）年築造であることがわかる。別の井戸仲間である十ノ坪井戸も享保八年の旱魃を受けて掘られたものである。享保八年は、こうこうず井対久保津戸井の争論が大坂町奉行所に移管された年でもある（第2章）。両井戸は、旱魃や井水争論のなかで必要となった自前の緊

池上村馬賀井戸中間掟覚

一、抑《そもそ》も此《こ》の馬賀井戸と申《もう》すは、享保九辰之年新たに掘り、田地かへ生《お》い来り申し候、其《そ》の節左ノ人数委細かための連判いたし置き候得共《そうらえども》、分（紛）失に付き、延享四卯年七月に此《か》くの如《ごと》く改めかへ、左の通り印形《いんぎょう》いたし置き申し候事

一、番手に水くみ候節《せつ》は、一日一夜反数《たんすう》四反宛《ずつ》、水くみ申すべき事

一、此の井戸附《つき》の田地売買致《いた》し候《そうら》はば、此の連判中間へ披露のため、酒弐升宛振舞い申すべく候、夫《そ》れとも田地売主此《こ》の井戸付けまじき由《よし》申し候わば、是非におよばず候事

一、此の井戸諸普請の節、中間の者出《いで》申さず候わば、いつとても其の通り、酒代として銀弐匁取るべく候、幷《なら》びに此の井戸に付、中間共寄会の節、不出《いでざる》のものこれ有らば、銀壱匁宛取るべく候事

一、此の井戸の儀、左の通人数拾六人の外、壱人も中間へ入れ申すまじく候事

井戸中間連判覚

一、壱反　　金蓮寺（印）

一、弐反半　　徳兵衛（印）

（一四筆省略）

反〆弐町六反　人数〆拾六人

急補完的な用水だったのである。

井戸仲間の規定の要点は、大枠において共通している。すなわち、①水は一日一夜、田地数反分ずつ「番手」で汲み、②利用権は井戸水を使う田地「井戸付田地《いどつきでんち》」の所持を前提とした。なお、田地が質入などで売買される場合、購入した者は井戸仲間への披露目料《ひろめ》を振舞わなくてはならない。③構成員の義務は井戸普請と寄り合いへの参加で、参加しない者には出銀を課す、という三点である。

井戸仲間の特徴は、利用者を限定し、井戸と灌漑田地をセットにすることによって利用権の範囲を明確にした点にある。前述の轡出渕の場合は、「かいと」と「村方」で日割りを決め、村方は「組」単位に村全体が用益した。轡出渕は、番手ごとに村全体に灌漑することができたが、井戸の場合は周辺二町半ほどの田地を灌漑する小規模かつ局所的な水源だったのである。

享保期以後、池上村ではこのような仲間井戸が次つぎと掘られる。明和八（一七七一）年には字八ノ坪・三十五・九ノ坪の三ヶ所に井戸ができた。また、明治五（一八七二）年八月に小泉県から堺県への移管にともなって提出された「御普請所書上帳」には、河内井戸三ヶ所・大学頭井戸・八ノ坪井戸・十ノ坪井戸（二ヶ所）・十四井戸・馬ヶ井戸（二ヶ所）・宮前井戸などが確認できる。井戸は近世を通じて旱

右の通り永々相違《そうい》これ無く候、此の井戸地年貢《ちねんぐ》として毎年ニ米弐升宛地主へ遣《つか》わすべく候、水吸《汲》候年は、中間と地主と相対《あいたい》にて致すべく候、仍《よっ》て中間連判一札件《くだん》の如《ごと》し

延享四卯年七月十一日　金蓮寺（印）

徳兵衛（印）

（以下一三名略）

以上

魃時の補完用水として機能し続けたのである。

享保期の池上村では、旱魃やこうこうず井水争論の長期化を背景として、井水の余水によらない用水確保が目指された。村の内部でも、既存の渕用益や新しく築造された井戸をめぐって水論が多発した。村内の水論は、主に村方と渕床の所持者であったかいと有力者の対立として展開した。こうこうず井や轡出渕争論が続く中で、村内では小規模で局地的な水利設備として複数の井戸が築造され、それぞれの利用者からなる井戸仲間が成立した。享保期以降の池上村の水利は、①こうこうず井余水を合わせた溜池用水を主軸とし、②渕床所持者と村方が交互に用益する轡出渕、③各仲間構成員のみが使用できる仲間井戸が①を補完するという重層的な用水利用が展開していた。

水利権の集積と運用

このような重層的な水利秩序のなかで、百姓はどのように水を利用していたのであろうか。庄屋南甚左衛門*（友右衛門）家には、旱魃の年にどのように用水を工面したのかを詳細に記した日記が三冊残っている。ここでは記載内容が豊富な文政九（一八二六）年「大日照旱損に付き水汲み諸留」（以下「水汲み諸留」と略）から、本郷庄屋家の手作り地における用水利用を紹介しよう。

*当該期の甚左衛門家は「友右衛門」を名乗った。文化四（一八〇七）年段階で三六石余を持ち、本郷では所持高第一位であった。また文化元年以降の小作宛米帳「歳々下作請取帳」によれば、小作地は屋敷一筆、田地七筆であり、所持地の過半が手作り地であったと考えられる。文化一〇（一八一三）年ごろには弟友三郎が一〇石弱の耕地を譲与されて分家し、文政一二年以降、友三郎家が

友右衛門の屋号を継承した。文政六年の甚左衛門家の所持高は一八石余である。

「水汲み諸留」には、六月二四日ごろからの水汲みの詳細が記される。ただし冒頭には、六月に村役人が制定した「轡手渕番割之事」、七月初めの部分には「十ノ坪井戸番割」が留められている。まず、文政九（一八二六）年の南家の渕・井戸利用の諸権利について、二つの番割を見ておこう。

轡出渕の番割（表41）によれば、「初日二日二夜」は南友右衛門だけが利用した。「次の二日二夜」は友右衛門家を除く村方分とし、全体を八組に分け、六〜七人ごとに計五三人が水掻きを行った。轡出の番割は、寛永三（一六二六）年以来「初日二日二夜」の権利は道泉とその子孫のものであったが、その後甚左衛門家に売却されていた。村役人が番割を定めることから、轡出渕は一九世紀にも村の水利として重要であった。

一方、十ノ坪井戸（表42）は、利用権所有者一一人で水掛り面積は友右衛門家の利用面積が判読できないものの、それを除くと一町五反である。番割の末尾には「右の通り、昼夜三反当て、昼弐反、夜（一反脱カ）順々水汲み申すべきもの也」と記されている。番手の筆頭は南友右衛門、二番手は出作庄屋で甚左衛門と縁戚関係にある南角右衛門が占め、十ノ坪井戸における南家一統の優位性が見て取れる。

次にこれらの諸水利をどのように手作り地へ振り向けたのか、「水汲み諸留」の記録を見ていこう（表43）。稲作は、字十六の二反で早稲、十五の一反で「万ぼう」という種の稲、十七の二反では糯《もち》米を栽培していた。一方綿作は、畑辺の二反、八ノ坪の一反、九ノ坪の一反半、林の一反で行われている。作付内容は不明だが、これ以外に河内で一反半、ごんぼで一反半などの手作り地があり、手作り地は合計一町五反程度であった。日記の期間を通じて耕作に携わるのは、甚左衛門（友右衛門の子）・弟安次郎・友右衛門下男万助・下女しへ・分家友三郎とその下人兵蔵・下女いわ、村内の庄右衛門・喜兵衛・茂右衛門・藤吉である。

この年は五月一日から快晴が続き、田植えを終えた時点で「池水過半《かはん》仕舞《しま》い、大いに案《あん》じ居《お》り候」との

初　二日二夜（1軒）	友右衛門（甚左衛門家）			
次　二日二夜（53軒）	1番組	2番組	3番組	4番組
	茂右衛門	角右衛門	彦左衛門	義右衛門
	弥吉	甚右衛門	久太郎	利兵衛
	吉右衛門	弥助	庄蔵	伊兵衛
	梅松	平吉	義兵衛	久左衛門
	与左衛門	佐兵衛	助三郎	庄左衛門
	治右衛門	安右衛門	粂松	弥左衛門
		弥七	とよ	
	5番組	6番組	7番組	8番組
	勝右衛門	宗左衛門	友三郎	元右衛門
	長三郎	新右衛門	久兵衛	甚七
	宗右衛門	九左衛門	政平	清兵衛
	源七	源右衛門	喜兵衛	官蔵
	勘治	太八	十次郎	源蔵
	助左衛門	安兵衛	吉兵衛	はつ
		平左衛門	宗兵衛	治郎吉

表41　轡出渕番割　池上・南清彦氏所蔵史料「大日照旱損ニ付水汲諸留」（文政9年）より作成。

	反数	名前
1	□反半	南友右衛門
2	1反半	角右衛門
3	半反	庄左衛門
4	2反	官蔵
5	1反	治郎吉
6	1反	清兵衛
7	2反	久兵衛
8	2反	小きん
9	3反	甚七
10	1反	茂右衛門
11	1反	儀右衛門

表42　十ノ坪井戸番割　池上・南清彦氏所蔵史料「大日照旱損ニ付水汲諸留」（文政9年）より作成。

状況であった。その後の雨で池水も八割方回復し「田綿」へ三度の「水入れ」を行ったが、六月二〇日より日照りとなり、池の余水分配や渕の水掻きが始められた。轡出渕の利用は、六月二四日の「池仕舞い申し候に付き、六月廿四日夜より廿六日迄二日三夜、渕出水尾《(大)》学頭畠へ水遣し申し候」という記載からはじまる。二六日には轡出渕の掻口普請が行われ、二七日に甚左衛門・茂右衛門の二人によって、村方の轡出渕の利用順を定める番割が実施された。普請に使用する土俵一二俵の半分は番水権の半分を握る甚左衛門家が負担した。必要経費は用益権に応じて割賦されたのである。この日には今池の余水（底水）も入札売却されている。

　二八日以降、轡出渕の利用が本格化する。その後番水が終わる八月八日まで、甚左衛門家と村方は、盆と藪入りを除いて厳密に二日単位で水を掻いている。甚左衛門家の場合、六月末以降の渕水の田地別供給回数は、稲作田地には字十七に七回、十六に四回、十五に四回など定期的な汲み入れが行われた。しかし、木綿作付け地の字八ノ坪・九ノ坪では二回にとどまり、掻水の多くは稲作に向けられた。また、甚左衛門の手作り地だけでなく、友三郎家の田地にも水が分与された。友三郎家は、規約上は村方七番手の組だが、甚左衛門家の分家であることによって、実際には「初

		用水	事柄	灌漑地・面積	人物
6月	24夜～26日	轡出	渕水汲み入れ	尾（大）学頭畑	
	26日	轡出掻口関普請	土俵6俵遣す（村方と折半）		
	27日	轡出	村方番割		甚左衛門・茂右衛門
		今池	余り水売却		
	28日	轡出	友右衛門番水	わせ十六2反・十七上畝町・畑辺1反（友三郎方）	甚（左）衛門・安次郎・下男万助・下女しへ・分家友三郎・下人兵蔵・下女いわ
7月	1日				
	2日	轡出	友右衛門番水	十五1反・三反田1反半	友三郎下人兵蔵・いわ・安治郎・万助・しへ・甚左衛門・庄右衛門
	3日	轡出	友右衛門番水	ごんぼ1反・十六2反・十七7畝	下人万助・下女しへ・友三郎下男兵蔵・甚左衛門・弟安治郎
	4日	轡出	村方番打		
	5日	轡出	村方番打		
	6日	轡出	友右衛門番水	八ノ坪（友三郎方）2反・八ノ坪1反・九坪1反□	
	7日	轡出	友右衛門番水	畑辺2反・十七2反	
	8日	轡出	【村方番水】		
	9日	轡出	【村方番水】		
	10日	轡出	友右衛門番水	甚左衛門方五坪1反・畑辺1反	庄右衛門より3、4人
		池	水入	林1反	
	11日	轡出	友右衛門番水	ごんぼ1反・十五1反	友右衛門より5人・甚左衛門・庄右衛門より2人
	12日	**《 192日　綿作の早芽取り（安治郎・万助）／草刈り（藤吉） 》**			
		轡出	村方番打		
		かうじ井戸	水汲み	かうし1反	喜兵衛・下人しへ
	13日	**《 家内綿芽がい取り（刈り取りヵ）／朝の間米つき（万助） 》**			
		轡出	村方番打		
	14・15日	盆休日（番水休）			
	16日	轡出	友右衛門番水	十五1反・十六2反・九ノ坪1反半・八ノ坪1反	
	17日	轡出	友右衛門番水		
	18日	轡出	【村方番水】		
	19日	轡出	【村方番水】		
	20日	轡出	友右衛門番水	十七1反　（「水行届兼」）	
	21日	轡出	友右衛門番水		
	22日	轡出	村方番水		
	23日	**《 藪入1日休み／ただし友右衛門は休みなし 》**			
		轡出	村方番水		
		彦市仲間井戸	水汲み（終日）	稲毛もち（十七下）	安治郎・喜兵衛・おしへ
	24日	轡出	友右衛門番水	十五1反稲毛	
	25日	轡出	友右衛門番水	十六1反［2］畝	
	26日	轡出	村方番水		
	27日	轡出	村方番水		
	28日	轡出	友右衛門番水		
	29日	轡出	友右衛門番水		
8月	1日	轡出	【村方番水】		
	2日	轡出	【村方番水】		
	3日	轡出	友右衛門番水	十七稲毛	
	4日	轡出	友右衛門番水	十七3畝	
	5日	轡出	【村方番水】		
	6日	轡出	【村方番水】		
		かうじ井戸	水掻き	かうじ丁田1反	安治郎・万助・喜兵衛
	7日	轡出	友右衛門番水	十五1反	喜兵衛・しへ・藤吉
		かうじ井戸	水掻き	十七	安治郎・万助
	8日	**《 朝の間、九ノ坪綿取り 》**			
		轡出	友右衛門番水	・・・水汲み止め	

表43　文政9年水汲諸留に見える渕・井戸の利用（南友右衛門家）　池上・南清彦氏所蔵史料「大日照旱損ニ付水汲諸留」（文政9年）により作成。【村方番水】は日記の前後から推測して表示した。暦や農作業の内容などは《**ゴシック体**》で示し、（　）内はその作業に当たった人物名を記した。灌漑田地欄で下線のある田地は、この年稲作を行っていることを示す。

日」の利用権の中で轡出渕を利用することができた。

甚左衛門家は十ノ坪井戸のほかに、河内井戸や「彦市仲間井戸」の利用権も所持し、轡出渕が村方番水の日にはそれらの井戸水を利用している。灌漑田地を限定しない渕水の権利と、各田地単位の井戸利用権を合理的に組み合わせて運用したのであろう。このように、有力百姓である甚左衛門家の場合は、水利権を集積することで、それらを必要に応じて運用し、他家よりも円滑に用水を確保することが可能であった。また、このような甚左衛門家の権利は分家にも及んだのである。

村における輪作の秩序と水利―稲作と綿作

以上のような水利秩序のもとで池上村の田地では稲作・綿作が行われていた。池上村を含む泉郡の平野部の田地では、春～秋の表作として稲作か綿作を行い、秋～冬の裏作として麦作か菜種作を行う両毛作が一般的であった。南甚左衛門家でも年間を通じた両毛作が行われ、表作では前項でみたように稲作・綿作の両作が基本であった。ただし、稲作・綿作では水汲みの時期や回数（水量）などに違いも見られた。稲と綿の作付け地の配分や引水はどのように決められていたのだろうか。

そうした実態をうかがううえで、凶作の年に収穫高を把握する目的で作成された検見帳は、村ごとの作付け状況を復元できる貴重な史料である。本郷庄屋の南甚左衛門家文書には、享保三（一七一八）年から明治二（一八六九）年まで四〇冊ほどの検見帳がある。検見帳の形式は、宝暦期以前・以後で異なり、前者では田地（早田・晩田）と畑綿の区分で検見が行われている。宝暦八（一七五八）年以後は、稲作と綿作の区分で帳面が作られるようになり、稲・綿を作付けた小字と各田地の石高、作柄、所持者が記され、綿以外の作物が植えられている場合には大豆・雑毛（蕎麦・茄子）などの生産物名が注記されている。

年号	西暦	月	稲高（石）		綿高（石）
			早田	晩田	
享保3	1718	10	76.561		
11	1726	10	144.853		
17	1732	10	146.617		15.533【株荒】
18	1733	10	6.399		
19	1734	10	9.413		
元文元	1736		173.634		
4	1739	10	8.815	151.375	
寛保3	1743	9			［13.053］【畑】
延享元	1744	10			12.515【畑】
2	1745	10			16.976【畑】
寛延3	1750	10		140.743	
4	1751	10		136.050	
宝暦2	1752	10		159.150	
3	1753	10		139.223	
6	1756	9	30.540		
7	1757	10		120.876	
8	1758	8			108.116
		10		123.620	
明和8	1771	10			119.741
天明2	1782	9			116.926
6	1786	10	180.259		130.027
寛政6	1794	10	180.361		
9	1797	9			123.525
11	1799	9			136.857
12	1800	9			136.311
享和元	1801	9			142.072
2	1802	9			117.723
文化3	1806	10	177.9□1		133.292
5	1808	9			142.794
6	1809	9			144.012
嘉永3	1850	9			153.609
安政2	1855	9	212.764		105.310
6	1859	10	224.544		
元治元	1864	9	231.794		
慶応4	1868	9	231.721		
明治2	1869	9	229.296		88.775

表44　池上村検見帳一覧　西暦偶数年を黄色に着色。

この時期の年貢は、毎年一定の年貢率で年貢を納めさせる「定免」制であったが、凶作の年には「破免」となり、検見の結果を考慮して年貢高が決定された。

まず検見帳を用いて池上村における綿作高を確認しておこう。表44によると綿作（田方）の推移は、宝暦～明和期に一〇〇石～一二〇石、その後寛政～享和初年まで漸増している。享和二（一八〇二）年に一度落ち込み、ふたたび文化期に増加する。天保期の検見帳は確認できないが、嘉永三（一八五〇）年の作付け高一五三石が全体の最高値となる。ところがこれ以降減少し、明治二（一八六九）年に一〇〇石以下となる。

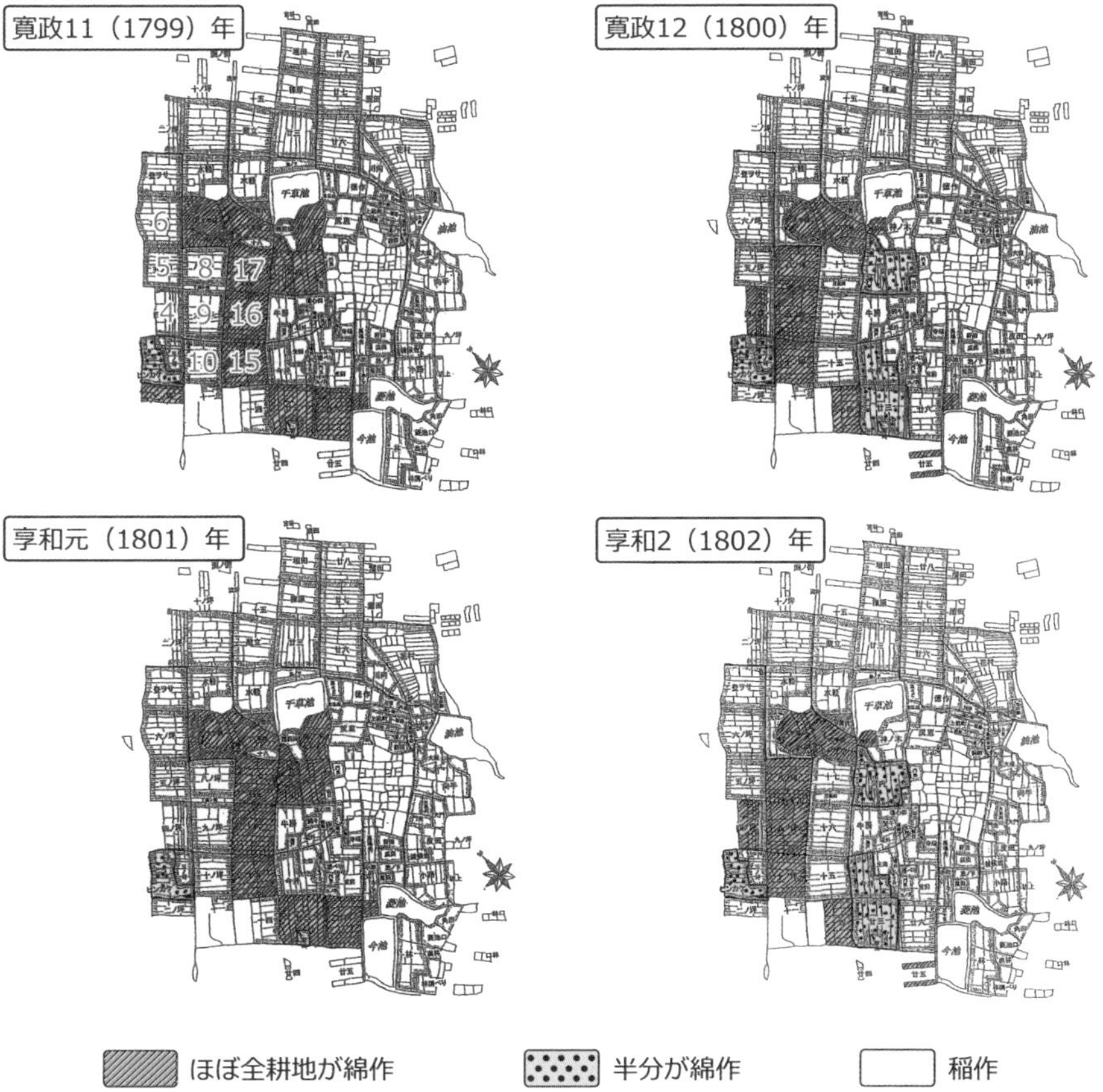

図14　綿作田地の変化（本郷の空間のみ）

それでは池上村の綿作・稲作はどのように行われたのだろうか。稲・綿両方の検見帳が残存する天明六（一七八六）年の作付け地の相互関係をみると、一筆の田で稲作・綿作両方を行う田地は数筆しか確認できない。さらに田地では小字ごとに稲と綿の作付け地が振り分けられている。たとえば、寛政一一（一七九九）年から享和二（一八〇二）年までの連続四年間の綿作地を確認すると、次のようなことがわかる（図14）。

第一に、稲と綿は条里耕地の「坪」単位で輪作《りんさく》されている。基本的には、ひとつの小字全体で年ごとに稲・綿を交互に輪作しているが、小字内の半分が綿作となる年と、全耕地が綿作を行う年に分かれる場所もある。大学頭などの畑では毎年木綿が植えら

十八日晴、土用に入り、綿田へ一番水入れ申し候、出作も同事に候（後略）
十九日晴、綿田一番十八日迄に大方入れ仕舞い、十九日より上口ノ田へ水入れ申し候
廿七日晴、（中略）昼前に孫兵衛より下男弥兵衛を以て申し越され候えば、出作には明日綿田へ弐番水入れさせ申し候間、本郷ニも水入れ候て然るべき由申され越候に付き、宇兵衛を村中関板候様触れさせ申し候
廿八日晴天、綿田へ早朝より弐番水入れ申し候、猶又麦つきス（後略）

れていた。

第二に、これらの綿作が行われる耕地とは対照的に、五ノ坪・六ノ坪の一帯では、毎年稲作のみを続ける場所がある。これらは水はけが悪く稲作のみを基本とする湿田《しつでん》（「フケタ」と呼ばれる）であろう。つまり、本郷（菱池・今池掛り）の内部において、すべての耕地に稲と綿の輪作が展開するのではなく、稲しか作れない耕地も存在したのである。この五ノ坪・六ノ坪には庄屋南甚左衛門家の所持耕地はなかった。

第三に、こうした輪作と水路の関係にも注意したい。字十七・十六・十五と八ノ坪・九ノ坪・十ノ坪の耕地は、水路を挟んで輪作を行う関係がある。また、稲作のみを行う五ノ坪・六ノ坪も同一の水路から取水する田地である。稲・綿の作付けに応じて水路を切り替え、小字ごとに水路に面した水口から取水する方法がとられていたのだろう。田植えなどの稲作用水だけでなく、「綿田」への用水供給も村として一斉に行われた。庄屋南甚左衛門の日記より寛保二（一七四二）年六月の記事を抜き出しておこう。

二七日には、信太郷側の出作村役人の孫兵衛が、本郷庄屋甚左衛門に「明日出作の綿田へ水入れを行う」と連絡し、本郷での水入れを促した。甚左衛門は歩き役《ある》の宇兵衛を介して本郷の百姓に触を廻し、翌日に綿田への「弐番水入れ」を行った。綿田の水入れが、本郷・出作の村役人の差配のもと一斉に行われたのである。つまり、稲作・綿作の輪作は、百姓が自由に選択できるのではなく、作付けや用水利用などが村レベルで管理されており、村（池上村の場合は本郷・出作の枠組み）としての溜池の利用秩序の制約のなかで行われ

ていた。

綿作は池上村にとって主要な商品作物であった。池上村の綿作も、安政期以降に急激な落ち込みを見せるまでは漸増傾向にあり、綿作の比重は増している。こうした動向の背景には、商品作物としての価値とともに、各村における用水不足への対応という側面もあっただろう。池上村の百姓たちはこのような村としての輪作を続けることで、さまざまな水利を効率的かつ最大限に利用しつつ農業を行っていたのである。

3　相給村としての観音寺村

観音寺町における大阪市立大学（現大阪公立大学）との合同調査は二〇一九（平成三一）年に実施された。町会や個人所蔵史料などの確認作業と共に、多様なテーマの聞き取りや水利・石造物などの調査の結果、変容しつつも、現在もなお町としてのまとまりが強固に引き継がれた地域であることが明らかにされた。ここでは、調査で確認された個人所蔵史料を中心に検討するが、町（村）という枠組みだけでは必ずしも見えてこない、近世観音寺村の相給《あいきゅう》村落としての実像を明らかにしていきたい。

村の空間構成及び概要

観音寺村は槇尾川の左岸にあり、和泉中央丘陵の北端に位置する村である。村の東部には槇尾川左岸の基幹水路である久保津戸井《くぼつとい》の取水口があり、下流の寺門《てらかど》村・今福《いまふく》村・和気《わけ》村と水利を共有している。元禄九（一六九六）年の明細帳によると、村高は、古検高では四四八石二斗六升九合、延宝検地では四三七石三斗五升二合と、中規模の村であった。また家数は五二軒で、このうち高持《たかもち》が四八軒、無高《むだか》が四軒、庄屋は平兵

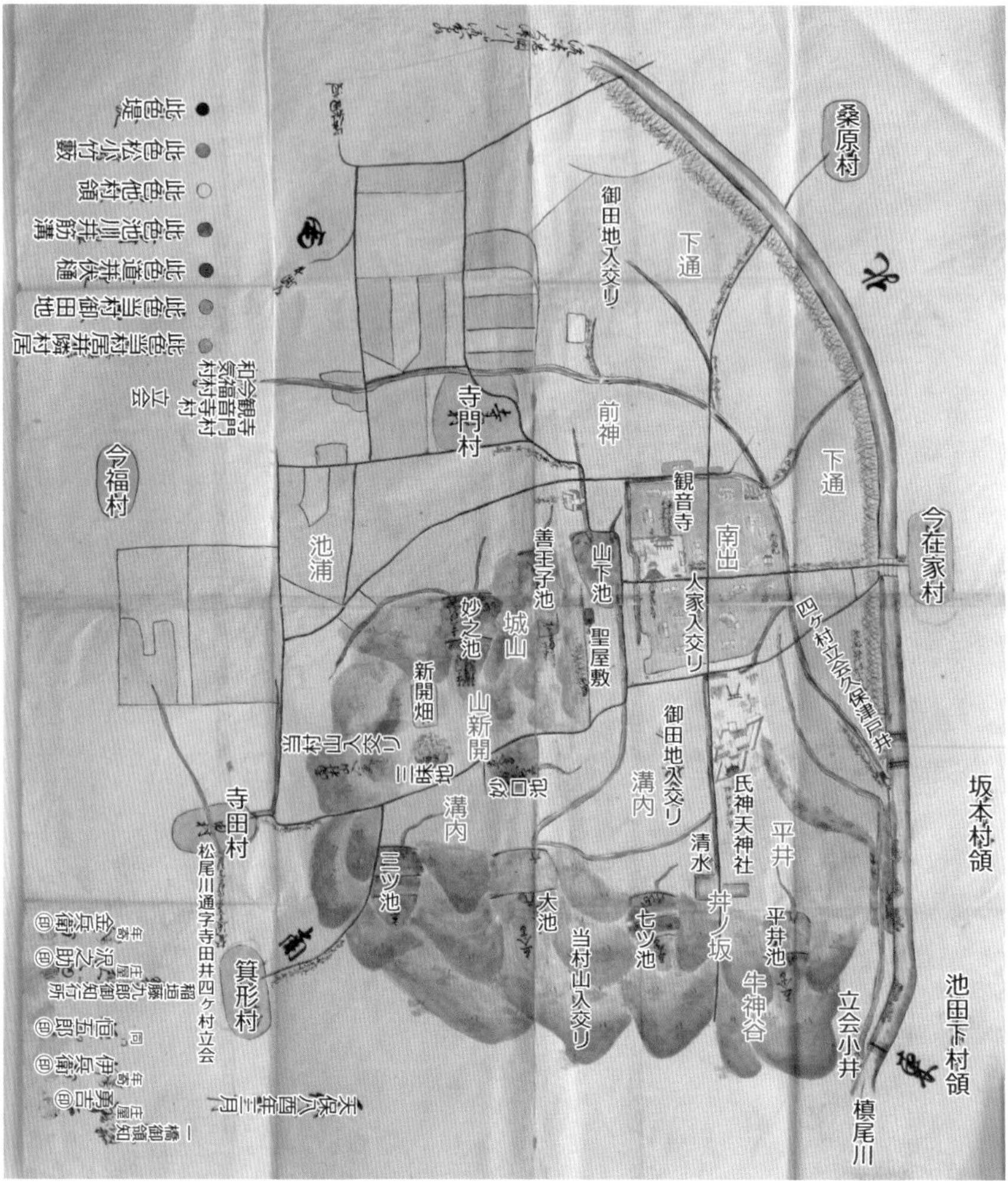

写真12　観音寺村絵図　観音寺・井阪武範氏所蔵史料。天保八（1837）年。赤字で示した小字名は旧町村役場公文書「泉北郡郷荘村大字観音寺地籍図」をもとにした。

衛と彦右衛門が務めていた。

地形的にみて村は大きく三つに分かれる（写真12）。まずは、中央にある和泉中央丘陵北辺の高位段丘面である。中心部の居屋敷と呼ばれた集落（現在は南出）周辺には、山中の溜池群の水で灌漑《かんがい》される比較的生産力の高い耕地が広がる。字としては、集落の東側に溝内・平井、西側には前神が確認される。また城山と呼ばれる丘陵地を回り込んだ南西側を池浦という。寺門村集落を包み込み、南の今福村・寺田村集落近くまで入り組みながら村域は延びている。*

*とくに観音寺村・寺門村および和気郷庄の耕地の入り組みは激しく、村の境界は複雑である。こうした状態は、検地段階で、それぞれの村に属した人の所持地がそれぞれの村領と認定されたためと考えられる。

二つ目は、村の北西側、槇尾川と高位段丘面との間に広がるところの、条里制の残る低位段丘面である。下通と呼ばれ、主に久保津戸井の水で灌漑される。久保津戸井は、高位段丘面に沿って西から南に流れを変え、その先で寺門・今福・和気村に流れ込む。井口付近は耕地が高く、井路からの取水は困難なことから、下通の東側は畑地、田地は西側に集中している。また下通に含まれる久保津戸井と段丘崖《だんきゅうがい》（平井の北端）に挟まれた区域は、久保津戸井の上流に設けられた小井《こい》からの用水（川水のみ）で養われている（第1章2）。その余水が下通に流れ込むこともあったことから、小井の下手に井口のあるこうこうず井との間で争論に及ぶこともあった（第2章）。

三つ目が村の東南部一帯を覆う山である。現在は宅地開発が進んでいるが、もともとは観音寺村が単独で所持する山で、一七町余りが年貢地として把握され山年貢一石三斗を負担した。元禄期、四〇人の名請人が確認されることから、高持ならおおむね所持していたとみなせる。明細帳には、「薪《たきぎ》・秣《まぐさ》取場」と記されている。

相給の成立

このように、地形や水利からみれば、観音寺村は、寺門村や今福村と近い関係にあり、耕地も入り組んでいた。その一方で、近世中期に和泉国内でも数少ない旗本《はたもと》知行所となり、それにより相給《あいきゅう》村落となった点で、特徴的であった。

相給村落とは、複数の領主によって支配される村をいう。大坂の陣後の和泉国大鳥郡・泉郡一帯は、片桐貞隆領などわずかな私領《しりょう》を除くと、広く幕府の直轄地であった。ところが一七世紀半ばの寛文期になると、大坂城を警護する定番《じょうばん》に任じられた渡辺家領や、大坂城代《じょうだい》の青山家領として、数ヶ村の小さなまとまりごとに切り取られた。天和元（一六八一）年には、観音寺村四三七石三斗五升二合も、南接する寺田村の一部（五一石余。残り二一〇石余は、幕領、常陸国土浦藩《つちうらはん》領を経て一橋家領）とともに、堺奉行稲垣重氏《しげうじ》の役知《やくち》領となる（五〇〇石の加増、稲垣家は二〇〇〇石の旗本になる）。重氏の堺奉行退任後も、稲垣家の知行所はそのままであったが、元文五（一七四〇）年、当時大坂町奉行を務めていた種信《たねのぶ》の小普請《こぶしん》降格、知行高一〇〇〇石の減石にともない、観音寺村のうち二四〇石五斗八升五勺は幕府に収公《しゅうこう》され（代官石原清左衛門支配）、延享四（一七四七）年以降は、寺門・今福村を含む周辺村むらとともに一橋家領知となった。稲垣家の元には、観音寺村一九七石余と寺田村高五二石余、合計二五〇石ほどが残されることになり、寺田村に加え、観音寺村もまた、稲垣家と幕府（のち一橋家）という二人の領主により支配される相給村落となったのである。ただ、稲垣家単独知行時代（天和元年〜元文四年）の史料はほとんどなく、堺奉行役知領としての詳細は明らかではない。

相給村落の具体像

では、近世中期に成立した相給村落観音寺村の具体像とは、どのようなものであったのだろうか。元文五（一七四〇）年、村を二つに分けた際に（分郷《わけごう》という）、幕領方（のち一橋家方）百姓から稲垣方百姓中に宛てた一札《いっさつ》を手掛かりに探ってみたい（観音寺・井阪武範氏所蔵史料）。

まず一札には、この分郷では、双方の所領を「田畑甲乙《こうおつ》これ無き様《よう》」に分け、その結果、稲垣方に幕領方百姓六人が持つ土地八石余が発生した、とある。つまりこの時点で、村の百姓はどちらの所領に属するかが決定しており、また出作高がわずか八石余であったということは、それぞれの人別の所持地はできるだけそれぞれの所領に属すようにし、どうしても収まりきらない高が、出作高として稲垣方に残ったものと理解される。

溜池名	水掛反別	内 一橋方反別	一橋方 割合
妙口池・三ツ池　3ケ所	3町5反6畝歩	1町8反4畝歩	52%
大池　2ケ所	4町4反　歩	2町2反7畝歩	52%
山下池	1町4反3畝歩	7反4畝歩	52%
善王寺池　2ケ所	8反9畝歩	4反6畝歩	52%
七ツ池　4ケ所	5反8畝歩	3反　歩	52%
平井池	3町2反5畝歩	1町6反8畝歩	52%

表45　観音寺村一橋家領知方池掛り反別　天保2年「和泉国大鳥郡泉郡村々様子大概書」（『和泉市史紀要第20集』）より作成。

またこの出作高には、家別に掛る人足諸役《にんそくしょやく》などは賦課しない（賦課し合わない）とも書かれている。しかしながら、今後両者間でのこの出作の売買は制限せず、それ以外の土地売買も規制しない。ただし後者については、人足諸役は賦課するという取り決めも行われている。

では、「甲乙これ無き様」に分けるとは、一体どのようなものなのだろうか。

表45は、観音寺村内の池掛りの耕地、すなわち下通以外の耕地面積と、そのうち一橋方分（元幕領）を書き上げたものである。一見して明らかなように、すべての池掛りにおいて、一橋方が五二パーセントに統一されている。観音寺村の所領高比率は、一橋方が五五パーセント、稲垣方が四五パーセントである。三パーセントのずれはあるものの、これは明らかに、「甲乙これ無き様」に分郷された結果と考えられ、また小井の灌漑域も同様に分けられている。さらに写真12の村絵図を見ると、集落部分に「人家入交《いりまじ》り」、溝内・下通辺りに「御田地入交り」、山林内に「当村《とうそん》山入交り」という記述がある。おそらく観音寺村では、所領比率に応じた均等分割が、土地のまとまりごとに全村で行われ、両所領の耕地が互いに均質に錯綜《さくそう》しあう村となったと判断される。

ところで、和泉国の相給村落といった場合、府中村や池上村・和気村のように、検地時に郷境で村切りされて生まれた「出作」を含むことで複数領主の支配を受けることになった例、あるいは黒鳥村のように、集落ごとに領主は異なるものの、集落周辺の耕地を緩やかに分けあったために、所領の錯綜が限定的な例が報告されている。いずれも、郷切りで検地が行われたことにより、近世初期に成立した相給村落の事例である（第1章4）。それに対し、全村にわたって耕地が錯綜する観音寺村のような例は、一七世紀末以降成立した相給村落―その場合、旗本知行所である場合が多い―に顕著に認められる形態であった。そもそも旗本知行所の少ない和泉国においては、その意味で数少ない相給形態ということになる。

二つの村の概況

では、二つの所領村の概況をみておこう。現在、稲垣方には、文化五（一八〇八）年作成の「新御検地名《な》寄《よせ》帳」（観音寺・大谷家文書）と題された史料が、一橋方には、天保三（一八三二）年の「和泉国泉郡観音寺村宗門《しゅうもん》御《お》改《あらため》帳」（『和泉市史』第二巻）と題された史料が残されている。前者には、稲垣方の全土地所持者が記載されるものの、無高については不明である。後者からは、一橋方の四三軒分の人別とそれぞれの所持高が明らかとなるが、出作状況は分からない。それぞれの史料の特性を踏まえて検討していこう。

まず、一九世紀の観音寺村の家数であるが、表46にあるように、文化五（一八〇八）年段階の稲垣方は、出作や講田《こうでん》所持者を除くと、三六軒の高所持者が確認される。一一石余を所持する久右衛門を筆頭に、一〇石前後層から一石未満層まで、ほぼ均等に分布しており、二〇石を超えるような突出した百姓は見当たらない。一方、一橋方には、表47に示したように、高持が三六軒、無高が七軒、計四三軒の百姓が居住している。こちらも一五石余の年寄茂左衛門を筆頭に、突出した百姓は不在である。稲垣方に比べ、三石以下の零細百姓の割合が高いようにみえるが、稲垣方の無高数が不明であるため、即断はできない。

高	軒数	内 出作	内 講田	稲垣方 百姓
10石以上	2			2
5石～10石未満	13	2（寺門1・一橋1）		11
3石～5石未満	13	6（寺門1・一橋5）		7
1石～3石未満	14	5（寺門1・一橋4）	2	7
1石未満	16	4　（一橋4）	3	9
計	58	17（寺門3・一橋14）	5	36

表46　文化5年観音寺村稲垣方階層構成表　「観音寺村新御検地名寄帳」観音寺・大谷久雄氏所蔵史料より作成。総高195.03864石、内出作高〆45.3158石・講田引請〆4.029石、村百姓所持高〆145.6916石。無高数は不明。

高	軒数
10石以上	4
5石～10石未満	6
3石～5石未満	5
1石～3石未満	10
1石未満	11
無高	7
計	43

表47　天保3年観音寺村一橋家領知方階層構成表　天保3年「和泉国泉郡観音寺村宗門御改帳」（『和泉市史』）より作成。庄屋・出作高は不明。

また一橋方の宗門改帳の書き込みによれば、五石以上層と五石以下層では、村における存在形態は大きく異なる。五石以上層の家では、ほぼすべての家で牛を所有し、複数名の奉公人を抱えている。それに対し、五石以下層は、牛を所有する家はごくわずかで、多くの家から奉公人を出している。奉公先は、三分の二までが村内一橋方の五石以上層の家で、他村に奉公に出る場合でも、ごく近隣の一橋家領知の村に限られていた。都市はおろか、稲垣方との間での奉公人のやりとりもまれであることから、一橋家領知内では、他領への奉公は大きく制限されていたようである。

このように、一九世紀前期の観音寺村には、元禄期の一・五倍の、七九戸の百姓が居住していた。稲垣方の無高を考慮するならば、その数はさらに増える。突出した高持が不在の村ではあったが、牛を所有する五石以上層の多くが、五石以下層から放出される奉公人を抱える形で、村の農業経営は維持されていた。

耕地の状況

また稲垣方の名寄帳からは、観音寺村の耕地の状況も明らかになる。

表48は、稲垣方の文化五年の名寄帳に記載された耕地を字ごとに集計したものである。村高の四五パーセント分のデータということになるが、分郷の際の均等分割を前提にすると、おおむね全体の傾向を示したものといえる。

		平井	溝内	前神	池浦	下通	居屋敷	その他	合計（石）	割合
地位	上々田		7.960		6.788	8.637			23.385	12%
	上田	7.865	16.680	1.010	2.803	15.360	2.985		46.703	24%
	中田	11.195	15.788	2.113	11.145	17.525	0.873	6.532	65.171	33%
	下田	5.646	6.576		11.513	5.682	0.377	0.013	29.807	15%
	下下田	0.756	1.985	0.133		2.357	0.411	0.290	5.932	3％
	上畑		0.585	6.573		1.487	1.091	0.260	9.995	5％
	中畑		0.135	0.236			0.652	0.288	1.311	1％
	下畑		0.050	0.170		2.933		0.214	3.367	2％
	下下畑	0.069				4.275	0.037	0.527	4.908	3％
	居屋敷						5.497		5.497	3％
	その他	0.104	0.025						0.129	0％
合計（石）		25.635	49.784	10.235	32.249	58.256	11.922	8.124	196.203	
割合		13%	25%	5％	16%	30%	6％	4％		
うち文化5年出作状況										
出作合計高（石）		5.758	2.674	1.401	17.741	17.555	0.179	0	45.308	23%
字内の出作比率		22%	5％	14%	55%	30%	1％	0％		
出作者内訳（名）		一橋方5	一橋方4	一橋方1	一橋方4 寺門村2	一橋方7 寺門村1	一橋方2			

表48　観音寺村稲垣方検地帳小字別耕地構成　小数点4位以下は四捨五入した。

まず、観音寺村の耕地の三分の一を占めるのが、久保津戸井掛りの下通である。上々田《じょうじょうでん》・上田といった生産力の高い田地を多く含むが、一部畑地も認められる。また同じ規模の上々田・上田は、全体の四分の一を占める溝内でも確認できる。大半が田地からなり、山中の溜池や渕と呼ばれる湧水で灌漑された。池掛りの耕地としては、ほかに平井（一三パーセント）・池浦（一六パーセント）があるが、これらもすべて田地である。まとまった畑地は、段丘北端の前神で唯一認められるが（五パーセント）、これは水利条件に規定されたものであろう。このように観音寺村は、七割が中田以上からなる、比較的生産力の高い村であった。注意しておきたいのは、久保津戸井の取水口は観音寺村にあったが、村で利用できたのは、下通の西側、全体の四分の一の田地であった点である。村の主な水源は、あくまで山中の溜池群であり、そこでは、久保津戸井の水利秩序とは別の、観音寺村独自の秩序が形成されていた。現在もなお小山池水利組合として、溜池群の用水管理を行っている。

文化五年の出作状況

以上のような耕地状況は、村内の出入作《でいりさく》にも影響を与えている。

先にも述べたように、元文五年の分郷段階で、稲垣方における出作高は、幕領方（のちの一橋方）の八石余、わずか四パーセントであった。ところが文化五年には、出作高は四五石余、全体の二三パーセントに増え、しかも字により大きなばらつきがあった。

表48下段の出作状況を見ると、最も出作率の高いのが池浦で、五五パーセントにのぼる。出作者の内訳は、出作高の四分の三が寺門村百姓三名分、残りが一橋方百姓四名分であった。また下通も三〇パーセントと高く、この場合は大半が一橋方百姓の所持地であった。表からはうかがえないが、池浦も下通も、一筆が広く、上々田・上田の過半が出作地となっている。平井の出作率も二二パーセントとやや高く、出作地に上々田・上田が多いという特徴も同じである。

他方、出作率が極端に低いのが、居屋敷（一パーセント）や溝内（五パーセント）であり、前神もまた一四パーセントにとどまる。これらは、いうまでもなく、高位段丘上の集落およびその周辺の耕地であり、観音寺村独自の水利秩序の下にある地域であった。

以上に明らかなように、稲垣方では、集落周辺の耕地の出作は意識的に避け、できるだけ手元におく傾向にあった。観音寺村独自の水利秩序の下にある耕地を持つことが、村住民にとって重要な意味を持っていたのかもしれない。また集落からやや離れた池浦や下通、平井においては、生産力の高い田地が出作地として好まれ、その場合、池浦は寺門村百姓、下通は村内の一橋方百姓とすみ分けが行われている。また出作者一七人のうち、寺門村百姓が三人、村内の一橋方百姓が一四人確認されるのに対し、それ以外の村の百姓は皆無である。土地の譲渡が、借入金が返済できなかった結果行われたものという理解に基づくならば、稲垣方百姓に融資ができる金主《きんしゅ》が、村内の一橋方や寺門村（いずれも一橋家領知）に広く形成されており、周辺の他の一橋家領知村むらや、水利を共有していても所領が異なる和気村にまで金主を求める必要がなかったということができる。土地の出入や金銭貸借を見る限り、所領の枠組みや村同士の限定された関係が浮かび上がってくるだろう。

井阪家の土地集積

では、観音寺村において実際にどのような土地移動が行われたのかをみておこう。幸い、稲垣方の人別に属していた井阪家には、延享三（一七四六）年から明治四（一八七一）年までの一二五年間に集積した四九通の土地証文が残されている。ここから、少し様子を探ってみたい。

井阪家の土地集積は、当然のことながら同じ所領である稲垣方中心に進められている。その場合、居屋敷をはじめ、村内のすべての字が広狭取り混ぜ網羅されており、高に結ばれていない建家や境界地の石垣や土塀まで取得している。小高・無高を含めた多様な階層に貸し付けが行われていたことをうかがわせるものである。

一方、一橋方の土地の流入も確認できる。件数は多くはないが、下通・池浦・平井といった出入作が多い字に集中し、しかも一筆の石高が一石前後の条件のよい耕地が多い。この事実は、一橋方から稲垣方に一方的に出作がなされていたわけではなく、出入作が双方向に展開していたことを示す点で重要である。現に、天保三年の一橋方「宗門改帳《しゅうもんあらためちょう》」に記載されている四三軒分の所持高の合計は一三五石余に過ぎず、対する一橋方の村高は二四〇石余である。人別帳に記載がない庄屋語之作《このさく》分を考慮しても、少なくとも村高の三分の一の所持者が不明ということになる。そのうち井阪家の所持高は、買得したものだけでも四、五石は下らない。ほかの不明高についても、稲垣方もしくは寺門村百姓の出作の可能性は高い。

また井阪家では、山の買得も同時に行われた。例えば、浅七が当主であった時期、山を四筆集積している。うち二筆は年寄元次郎からの（天明三〔一七八三〕年）、二筆は神山うたからの流入である（寛政元〔一七八九〕年）。神山家とは、後述するように、旗本稲垣家の在地代官《ざいちだいかん》神山隼太を輩出した家で、当時神山家当主は、隼太の妹うたであった。そのうたに対し、寛政二（一七九〇）年、返済銀不納をめぐる訴訟が起こされており、山の売却も、ちょうどそのころのことであった。その後しばらく動きはないが、文久元（一八六一）年から慶応元（一八六五）年にかけて、一橋方田畑二ヶ所、稲垣方の下通二ヶ所、居屋敷境地の土塀・石垣および平井一ヶ所の、合計一石九斗六升三合と土塀・石垣が、銀二八四三匁八厘および金一両で井阪家に売却されている。神山家では、まず山を売却し、その後出作地、さらに稲垣方の高に結ばれていないか、もしくは集落周辺部以外の土地を手放したことになる。同様の売却は、元庄屋平左衛門家との間でも確認できる。どうやら観音寺村では、出作の解消を積極的に図るというよりは、家にとっての資産価値を考えたところでの売却が優先されたようである。

名寄帳や売券によると、井阪家の経営規模は、一八世紀半ば段階では氏神天神社周辺の上々田・上田を持つおよそ五石程度と考えられ、当時は村役にも就いていない。しかし、手段は不明ながら近世中期までに資本を蓄積し、稲垣方の有力百姓および一橋方百姓への貸し付けを通じ、徐々に土地集積を進めている。その結果、寛政元（一七八九）年には神山氏に代わり、浅七・勝右衛門二代にわたって代官に任命され、幕末期には年寄役にも就く。ただし本格的な土地集積は幕末期のことであり、代官在任時点では、村落構造を大きく変化させるほどの存在ではなかった。ちなみに、文化五（一八〇八）年の初代代官神山家の所持高は、九石四斗九升一合で、一一石余の久右衛門、一〇石余の井阪家に次ぐ稲垣方三位の家であった。旗本稲垣家の在地代官は、村において突出した百姓というわけではなく、あくまで村の有力百姓と表現するにふさわしい家から輩出されていたといえる。

なお井阪家では、近隣他村の土地集積は、明治期に入るまで行われておらず（明治期以降の土地集積については『近現代編』第４部第４章を参照）、寺門村や同じ知行所で隣接する寺田村との間でも、全く確認されない。他村との出入作がないということは、井阪家＝稲垣方有力百姓の金融活動もまた、観音寺村内に止まっていたことになる。観音寺村では、やはり極めて限られた範囲内で融通が行われていたようである。

観音寺村の支配と村

次いで、観音寺村の支配や村政についてもみておこう。

実は観音寺村には、庄屋家に伝来するような文書や座に関するまとまった史料は少なく、支配や村政については、ほとんど明らかではない。わずかに、稲垣家領になる以前の一七世紀には庄屋が三人、稲垣家領以後は二人いたこと、相給となってからは、幕領方（一橋方）・稲垣方それぞれに庄屋・年寄がおかれていたこと、両庄屋が交替で、検地帳（おそらく延宝検地帳）および宝永元（一七〇四）年の久保津戸井内水論の裁許書・裁許絵図を預かっていたことが知られる程度である。

気になるのは、二つの所領村の関係である。例えば、元文五年の分郷時の一札では、幕領方（のち一橋方）を「本郷」としている。また両者間で争論が起きた際、稲垣方村役人が自らを「小領」と称するなど、所領としての格差を自覚していたことは確かである。

寛政九（一七九七）年には、観音寺村が小井の取水口に手を加え、槙尾川の川水を堰切ったとして、こうず井との間で争論が起きている（第2章3）。その際、観音寺村は一村として争論に臨むべきところ、一橋家から認められた堰をめぐる争論ということもあり、一橋方村役人の署名のみで、一橋家の川口役所による吟味を受けた（経緯については第2章参照）。話し合いは難航したが、勝手に普請箇所に手を加えた観音寺村の行動は咎められたものの、結局小井への一定の取水は認められて結着した。こうした結着に持ち込めた理由の一つに、観音寺村が「私領方」＝稲垣方との相給という事情があったと考えられる。この争論は、一橋家領知だけでなく、他領村を含むことから、本来なら、一橋方の川口役所ではなく大坂町奉行所に出訴すべき事案であった。しかしそうなれば、手間も費用もはるかにかさみ、村方に大きな負担になるのは必至である。そのため当事者たちは、半ば強引に川口役所による調停を求めたのである。結果的に、この争論における稲垣方の存在は、観音寺村に有利な形で内済に持ち込むための切り札としての意味を持つことになった。観音寺村一村としてみれば、相給であることを逆手にとった、巧妙でしたたかな戦略であったといえるかもしれない。

以上のように、内済の過程で「私領方」の存在を意識させたり、また観音寺村一村として管理すべき重要書類を両庄屋が隔番で預かっていたということは、「本郷」である一橋方が観音寺村の村政を一方的に主導していたわけではなく、稲垣方も当事者として、ともに観音寺村の一翼を担う存在であったことを示すものである。そこで、観音寺村を特質づける旗本稲垣家の支配について、最後にみておきたい。

稲垣家知行所と在地代官

旗本知行所は、わずか二五〇石の稲垣家知行所が二ヶ村にまたがって宛がわれたように、しばしば散在する数ヶ村からなっていた。また江戸から遠い畿内では、代官にかわって庄屋が年貢収納や村方支配にあたり、必要な場合のみ江戸から用人《ようにん》が派遣される例も少なくなかった。しかし近世中期以降、知行所運営の政治的・経済的行き詰まりや大坂町奉行所などへの対応の必要から、有力百姓を在地代官に登用し、その屋敷

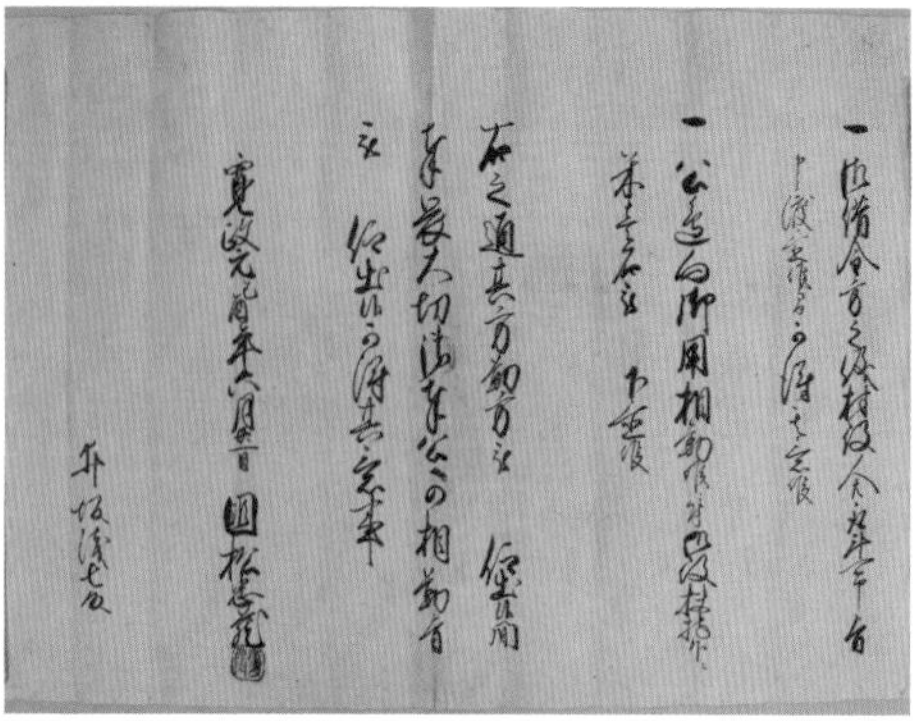

写真13　寛政元年稲垣家より申渡書（部分）　観音寺・井阪武範氏所蔵史料。

を陣屋とする支配のあり方が各所でみられるようになる。その場合、家族は村の人別のままで、代官本人のみ、その身一代限り武士となる。稲垣家知行所も例外ではなく、一八世紀後期には、神山隼太を代官に登用し、その屋敷内に陣屋が設けられ、寛政元（一七八九）年には、井阪浅七が登用されている。では、稲垣家の在地代官はどのような任務を負っていたのだろうか。

一般的に、畿内旗本知行所の在地代官の任務は大きく三つある。ひとつは、人別把握や訴願への対応といった「郷中政道《ごうちゅうせいどう》」（知行所支配のこと）、今ひとつが、年貢収納から払い米・江戸送金を含めた「収納方《しゅうのうかた》」、そして「公用勤向き《こうようつとめむ》」と呼ばれる大坂町奉行所や堺奉行所への対応である。表49には、江戸用人が代官井阪浅七と村むらに宛てた二通の申渡書から明らかになる代官井阪氏および村方の任務を、この三つの役割に沿った形で整理してみた。

この表で最も特徴的と思われるのが、井阪氏の任務が極めて限定的であった点である。通常在地代官は、三局面において知行所村むらを統括する立場で立ち現われてくる。しかし稲垣家の場合、「郷中政道」も「収納方」も実質的には村方の責任で行われ、浅七は村むらと江戸との取り次ぎや報告という役割しか果たしていない。唯一「公用勤向き」および寺院などへの付届けで主導的役割を果たすものの*、その入用さえ、村方の管理下にあった。畿内の在地代官としては極めて特殊なケースである。その理由の一つと考えられるのが、稲垣家知行所が比較的健全な財政状況にあったと推測できる点である。逼迫した財政状況にある旗本知行所の場合、領主財政立て直しのための改革がしばしば断行され、累積した領主借財は、おうおうにして在地代官家や村むらに転嫁される。しかし申渡書を見る限り、領主借財に関する具体的な記述はなく、知行所財政

任務内容	代官	村方
公用勤向き		
大坂・堺奉行所・江戸表よりの触書などの申渡	○	
村方より訴願・届の際の添状	○	
郷中政道		
村方へ掛る儀		○
宗旨帳・五人組帳提出		○
村役人より江戸へ御用状	（江戸へ送付）	○（代官井阪氏経由）
観音寺など吉凶時村役人出役	（江戸へ報告）	○
御収納方		
免定・皆済目録		○
年貢収納・払い米		○
御収納金銀の江戸送付		○（代官井阪氏へも報告）
御用銀・御用米の江戸送付	（勘定払帳仕立送付）	○
領主借用		○
その他		
京・大坂（町奉行所）、寺院などへ付届け	○	○（出納管理・草履取は村人足）
神山悟・井阪浅七へ給米渡し	（受領証の江戸送付）	○

表49　代官と村方の任務　観音寺・井阪武範氏所蔵史料より作成。

の悪化は読み取りにくい。在地代官に任命されたことによって、井阪家の経営がすぐさま大きく変化することはなかったと判断される。

＊「公用勤向き」に特化した代官を置いた理由の一つに、稲垣家が過去に堺奉行・大坂町奉行を務めたことが考えられる。

ただ、在地代官に登用され、武士身分を手に入れることは、別の側面でその「家」に有利に働くこともあった。

寛政二（一七九〇）年、神山家当主であったうたは、一橋方百姓森平からの借銀が返済できず、大坂町奉行所に訴訟を起こされている。当初うたは、百姓の立場で大坂町奉行所へ返答書を提出した。ところが、質地は代官家の土地であり、隼太が代官在任の時期は、当該地の年貢諸役に村役人も関与しなかった。そのため、本来ならまず稲垣家に報告すべきであったにもかかわらず、うたが「百姓並《ひゃくしょうなみ》」に訴状を受け取り、大坂町奉行所に返答書を出したことは誤りだったとして、大坂町奉行所に審議取りやめを願っている。詫状《わびじょう》を提出したのは、稲垣家の意を受けた代官井阪氏であった。代官家の場合、村役人の差配の下での年貢納入も、「百姓並」に町奉行所に返答書を出すことも行うべきではないと稲垣家側では判断したことになる。この訴訟のその後は不明であるが、在地代官家ともなれば、年貢納入も家が所持する田畑の扱いも、村としては慎重にならざるをえなくなったことは明らかであり、このことは、従来の村運営や村秩序に変更を迫るものであった。在地代官は、旗本知行所のような支配機関が脆弱な所領だからこそ生まれた存在である。彼らを必要としない藩領や幕領にはない変化を村に与えたことは間違いなく、村側も新たな対応を余儀なくされたと考えられよう。

通常、相給村では、出入作を規制するか、もしくはできるだけ解消しようとする動きがみられる。領主からの御用金の賦課や借入の要請、人足や奉公人動員をめぐり、出作者との間でしばしば争いになるからである。分郷時の一札に、出作分の諸掛りに関する取り決めがあるのも、おそらくそれが理由である。しかし、これまでみてきたように、観音寺村では、出入作解消に向けた動きは緩慢で、また領主借財や御用金、それをめぐる村内の争論史料も残されていない。

その一方で、金銭貸借や奉公人の雇用関係が、極めて限定された範囲内で行われた事実も明らかになった。府中村や和気村といった近隣他領の有力者に依存することもなく、村として経済的に一定度自立できていたことを示すものといえる。この出入作《でいりさく》への村住民の対応と村が経済的に自立できていたという二つの側面は、実は表裏の関係にあったのではないかと考えられる。出入作に対する村住民の鷹揚《おうよう》な対応も、また村の経済的な自立性も、領主財政の安定と高い生産力に裏打ちされた村の経済力を前提として、はじめて理解できるものである。この均衡が何らかの事情、例えば過重な御用金のような領主的事情などで崩れた時に初めて、村では積極的な対応策が講じられると考えられるからである。

4　和気村と座

和気村での合同調査

大阪市立大学（現大阪公立大学）との合同調査は、二〇一二（平成二四）年度には和気町を対象に行われた。例年と同様、町内に残る史料の調査や聞き取り、フィールドワークなどの多様な調査が行われた。その準備として、九月六日に行われた座の六人衆による「六日座」を見学できたのは幸いであった。

当時の座の聞き取りによると、座に加入している家は八二軒で、名簿記載順に一老から六人で六人衆を構成した。一老はかつては終身制であったが、昭和初期に任期が四年と決められ、その後、次第に短くなり、当時は一年となっていた。六人衆は、一月六日と九月六日に一老の家で法華経曼荼羅をかけ、法華経を読経した後、町内の二ヶ所の「のがみさん」に参る「六日座」を行うほか、月当番で毎日和気神社へ参り、お供えなどを担当した。昭和四十年ごろに新規の座入りを停止したため、名簿には（当時で）あと二〇人ほどとなっており、六人衆の存続が危惧されていた。

昭和三十年代まで、子どもが中心で行う牛神祭（甘酒座《あまざけざ》）があり、これを経て（一五歳前後で）座入りしたとのことであった（話者によって記憶の内容がやや異なった）。また、和気町には和気神社とともに聖母社《しょうもしゃ》があった。聖母社は現在も、近世に庄屋を世襲した田所家の庭に祀られている。

町内にある妙泉寺に関する聞き取りによると、檀家は町内で百数十軒、町外に二〇〇軒ほどあり、四人の檀家惣代がおかれていた。町内の人びとが檀家になったのは近代に入ってからで、近世においては府中村の妙源寺の檀家であった。檀家の組織がなかったため、三八年前（聞き取り当時）に住職と同世代の檀家が

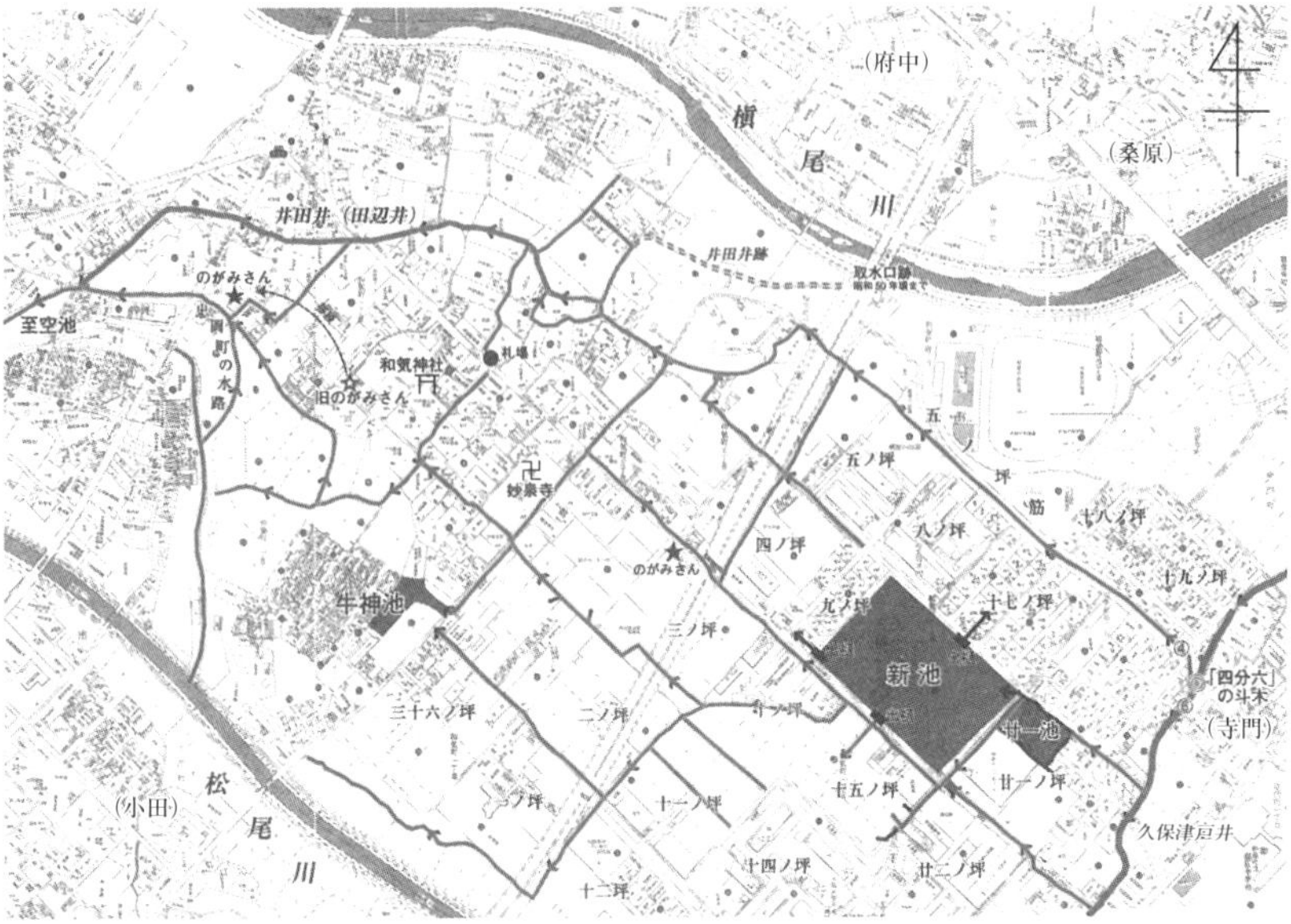

図15　和気町聞き取り調査関係図　久保津戸井掛り、田辺井掛り、溜池、寺社、「のがみさん」の位置を示す。『市大日本史』第16号掲載の図を加工。

中心となり、寺を助けるために妙和会が作られた。また妙泉寺婦人会も組織された。町内には、冠婚葬祭を助け合う同行《どうぎょう》という組織が六つあったが、これは妙泉寺とは関係がないとのことであった。

実行組合に関する聞き取りのなかで、久保津戸井の水利組合について聞くことができた。久保津戸井の管理は、観音寺・今福・寺門・和気の各町実行組合から出される一二人の役員（組合長・副組合長・会計を含む）と、各組合から選出される「水番頭」四人とで行われていた。このうち水利全般の実務を担うのが「水番頭」である。久保津戸井内での費用は和気町が五五パーセントを負担するという。こうした和気町の比重の高さは近世以来のものである（第2章1）。なお、実行組合の記録では、久保津戸井の水番を行う「久井《くい》番頭」（一人）と、一九七二（昭和四七）年まで存在していた新池（現和気小学校）の水番を行う「池番頭」（六人）が存在した。「池番頭」は、一九五三（昭和二八）年の総会決議に「番頭ハ今迄通リ座帳ノ順ニヨッテ六人トス」とあり、座との関係があったことがうかがえる。

和気町と近世の和気村

近世の和気村は、和気村と和気郷庄の二つの村請制の村に分けられていた（第1章）。水論の際などには、願書や返答書に両方の村役人が連名することもあった。しかし谷山池郷一〇ヶ村のなかでは、和気村として一体で立ち現れていた（第2章）。一方、和気村・同郷庄の村領内がすべて谷山池郷の久保津戸井の用水で耕されたわけではない。集落以北の土地は、別の田辺井の用水で耕作した（第1章4）。それゆえ、それぞれの用水の管理・運用は実際の利用者によって行われていたと思われるが、やはり争論時には和気村として立ち現れていた。

一七世紀末の寺社改帳には、寺院は日蓮宗の京都妙覚寺末の妙泉寺が、神社は八幡宮社（和気神社）と聖母社が書き上げられている。他村では、村内の百姓の旦那寺である、と記載されることが多いが、妙泉寺についてはそうした記載がなく、檀家を持たなかったことが確認できる。*八幡宮社は和気村百姓の代々の産宮だとあり、聖母社は庄屋の屋敷内に所在しているとある。注目されるのは、両者とも神主は「氏子一老持」、つまり座の一老が神主役を務めることである。元禄四（一六九一）年には神主は寿閑、元禄一一（一六九八）年には宗秀とある。寿閑と宗秀は、それぞれの時期の座の一老だったのである。なお、八幡宮社の境内には日蓮上人の御影を本尊とする講堂があり、毎月十三日の日蓮の命日に題目講《だいもくこう》を行ったことも記されている。

*一方で、近世における妙泉寺の信者は、過去帳によると都市大坂を中心に京都・堺・岸和田などに広がり、中には浄瑠璃大夫「豊竹筑前」、歌舞伎役者「嵐国市」の名もある。

和気村の座は宮座としての性格を持っていたが、同時に現在の六日座で曼荼羅をかけ、読経をしていることからわかるように、法華宗の影響を強く受けていた。市内には寺座としての性格を持つ座もあったが（たとえば、春木川村の地蔵寺に集う座）、和気村の場合は妙泉寺とは関わらない。妙泉寺が旦那寺ではなかったし、寺座でもないが、同村では法華宗信仰が重要な意味を持っていたのである。また、和気村は天保九（一八三八）年に幕府禁制の日蓮宗不受不施派《ふじゅふせ》の嫌疑をかけられ、弾圧を受けた。その信仰および弾圧の実態についてはよくわからないが、庄屋田所家には、不受不施派の法華経曼荼羅が伝来し、一八七六（明治九）年には不受不施派に再改宗したという。

村内の冠婚葬祭の互助組織としての同行も近世に存在したと思われるが、これも妙泉寺とは関係なく、座とも異なるものである。近世の水利組織も座と関連していた可能性があるが、実態はわからない。

近世の和気村は、政治（村政）的・社会的・生活的・宗教的に多様な側面が絡み合って存立していたことが、現在の和気町のあり方から想定できる。しかしその総体を明らかにするには史料が限られている。以下では、そうした多様な側面が絡み合っていたことを念頭に置きつつ、和気村の村政と座のあり方に絞って見ていくことにしよう。

「恒例之祭祀古例法式目録」

先述の合同調査において、座の六人衆の持ち回り史料を調査することができた。その中の「恒例之祭祀古例法式目録」（以下「法式目録」）は、一八世紀の座儀（座の行事）の規定やその変更の内容、また各時期の座構成員について知ることができる史料である（一九六六〔昭和四一〕年まで書き続けられている）。以下、これによって和気村の座のあり方を見ていこう。

座儀の内容

「法式目録」の中に、「年歴一百有余年の古帳」を書き写した部分がある。「古帳」は書写された天明六（一

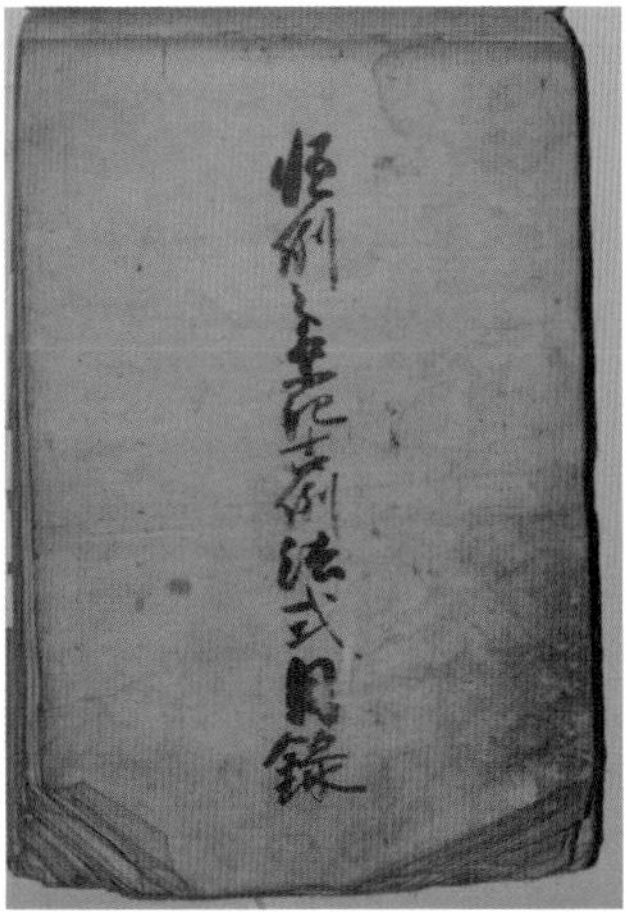
写真14　恒例之祭祀古例法式目録
和気・六人衆所蔵史料。

七八六）年時点から一〇〇年前にさかのぼるものとされるが、天明六年当時にもほぼ同様の座儀が行われていたものと判断される。これによって近世後期の座儀の構成をうかがっておこう。

「古帳」を書き写した一九ヶ条は、基本的には一年の間のさまざまな座儀（座の行事）について月日を追って記している。ここで記された座儀をあげると、正朔（正月元旦）の座、正月三日の座、同六日の古宮《こみや》祭・野祭《のまつり》、同八日の生魂、同一九日の神縄懸《かんじょう》の神事、三月一六日の俊乗坊《しゅんじょうぼう》弔い、卯月（四月）朔日の花篭、五月節句（牛神）、五月の虫供養、夏祭の座、八月の神事（夜宮の座）、九月六日の古宮祭・野祭、九月九日の節句、霜月（一一月）一一日の御火焼、一二月一三日の座頭への夕食饗応である。このほかに、正月の飾や供え物を記載した条目、桑原村へのお年玉についての条目、禄打《ろくう》ちと称する集め物に関する条目、年末の集め物に関する条目がある。これらは、先にあげた年中行事とは性格が異なるが、座にとって不可欠な内容である。もっとも禄打ちに際しては、座頭六人への朝夕の饗応が記されており、行事としての側面もある。

書写した際に五月の節句（牛神）に注記が加えられている。これによると、当時、七月の七夕にも酒（甘酒）を作り、牛神に献じており、これは昔から「座の家」の「小童」の取り賄いで行い、「座衆の家」に生まれた「童部《ワランヘ》」の祭る古例だと説明している。

合同調査当時、座の行事は正月六日と九月六日の六日座だけであり、聞き取りで出てきた牛神行事（＝注記の「牛神」祭）を加えてもわずかである。しかし、近世にはずっと幅広い座儀が行われていたことが史料から確認できる。村落生活における座の重要性がうかがえよう。

以下、注意すべき若干の点に触れておきたい。

正月の飾と八月神事の際に、ともに「神前之御供」と「講堂之御飯」

が用意される。先に触れたように、八幡宮社（和気神社）の境内には、日蓮宗の講堂があったのであり、正月の諸座儀や八月神事は八幡宮で行われるものであったと考えられる。一方、正月六日・九月六日の古宮祭・野祭は、聖母社と野神《のがみ》で行われるものであったと思われる。野祭は二ヶ所と記され、一ヶ所に板神二夫婦ずつを用意し、奉幣するとある。これは現在の六日座と一致する。また、寺社改帳に、聖母社では、古来より正月六日と九月六日の両度の神拝を勤めているとあり、それが古宮祭に相当しよう。

なお、現在の六日座では、まず一老の家で法華曼荼羅をかけて読経した後、野神二ヶ所に出かけて夫婦像を祀るが、「法式目録」では法華曼荼羅をかけた読経については記されていない。しかし、前述のように「寺社改帳」によれば、八幡宮社の境内にあった講堂の本尊は日蓮上人の絵像であり、日蓮の月命日に題目講を行っていたという。和気村の神社信仰と日蓮宗との間に関連が見られたことは注意しておいてよい。

写真15　座の六人衆による六日座ののがみ祀り
2012年当時。

座の役職

座儀の規定の中に出てくる座の役職について整理しておこう。まず、「座頭《ざがしら》六人」である。その最上位に一老が位置し、以下序列が決まっていた。八月神事を例に、その序列についてみよう。八月神事では、八幡宮の神前で舞を奉納するため他所から猿楽《さるがく》を招いた。彼らに対し座頭六人が夕飯と朝飯を振る舞った。それには順序があり、猿楽の太夫の夕飯は一老から、下人の夕飯は一老の次の座頭から、太夫の朝飯はその次の座頭から、下人の朝飯はさらにその下位の座頭から振る舞うというものであった。この神事に外部から猿楽を招くことも興味深いが、彼らを饗応(飯の振る舞い)するのが座頭だということが注目される。ただし、その費用は禄打ちから支出された。

一方で、座頭六人が饗応を受けるさまざまな座儀があった。正月六日・九月六日の古宮祭・野祭では、朝に「当家《とうや》」の仕出しで饗応、三月一六日の俊乗坊弔いの際は、朝夕に当家方で饗応、五月の虫供養でも、朝夕当家より饗応(朝は精進料理)、禄打ちの際も朝夕の饗応、一二月一三日も精進料理で饗応を受けた。禄打ちと一二月一三日の饗応もおそらく当家が行ったのであろう。ここには、座儀の中心に位置する座頭六人と、実務担当者の当家という関係が表現されている。座頭六人への饗応が行われる座儀は、座頭六人が中心だったのであろう。一方、座頭への饗応がないほかの行事、たとえば正月朔日の座、一九日の神縄懸の神事、夏祭りや八月神事などは座衆全体が関わる座儀だったのではなかろうか。

座頭六人の饗応を行う当家のほか、座儀の準備、費用徴収などの役割を担うものとして「当人《とうにん》」がみえる。当人は正月の供え物の準備と座衆から白米五合ずつの徴集、六日座や五月節句(牛神)での酒の給仕、正月八日の生魂での如意宝珠《にょいほうじゅ》の持出しや四月朔日の花篭の用意などを行った。当人に対して、当家は、基本的には饗応の場所(=家)の意味合いを含むように思われるが、両者は実質的には同じものと考えられよう。

座儀の費用負担

ここまで見てきた座儀(行事)の費用や集め物の多くは、基本的に座衆一人ひとりから集められる。ただし、三月の俊乗坊弔いと五月の虫供養の費用、および一二月に一老の家で集める谷山池守給については、特殊な規定となっている。

俊乗坊弔いについて見ると、田を作っている「家」から白米五升を集めることを原則とし、和気村内の小作、および他村の所持地での耕作の場合も負担するが、他村の者には負担を求めないというものである。表現は異なるが、五月虫供養や一二月の集め物も同様の徴収方法であろう。

これら三ヶ条でこうした徴集方法が採られるのは、その内容が農業に関わるからである。虫供養（虫送り）は、農作物の害虫を村外に送り出す行事であり、農業と密接に関わっている。俊乗坊は谷山池を造ったとされる重源《ちょうげん》のことであり、その弔いは、谷山池用水の確保を願ってのものであろう。このとき、徴集された米のうち六升が、重源の所縁があるとされる「桑原」に渡されるのも、その性格をよく表している。さらに、一二月の集め物についてては、まさに「谷山池守給」という名目で米一斗と粉麦一斗を渡すとされており、谷山池と用水に関わるものであることが明らかである。ここからは、和気村において座の組織と農業・水利が深く関わっていたことが理解できる。

以上のように費用負担の内容によって、座衆と農業従事者が区別されていたが、そこからは座衆に入っていない家（百姓）もいたことが想定される（後述）。また、用水（久保津戸井）の管理やその費用は水掛りの者（実際の利用者）によって担われるのが自然であろうが、ここに上げられている諸費用は、水掛りに関係なく、村内で農業に従事していることだけが基準になっている。言い換えれば村が枠組みになっているのである。これらの点は、座と村が不可分の関係にあることを示していよう。さらにもう一点、「法式目録」では見えてこないが、おそらく祭りや踊りなどの行事を主導する若衆《わかしゅう》などの階層が存在していたことにも注意しておきたい（後述）。

以上、「法式目録」の座儀の規定から、一八世紀の座の行事と組織、費用負担を見てきた。そこからは、和気村の村落生活において座が深く位置づいていたことがうかがえよう。

座衆の列座

「法式目録」には座衆の列座（座構成員の名前書）が記された。もっとも古いのは寛政二（一七九〇）年段階の座衆の名前書きで、その後座入りした者が、後ろに順に追記されていく。続いて、文政八（一八二五）年段階での座衆を改めて張り紙を付して列記し、その後座入りした者の名前が後ろに順に追記された。同様のことが、天保二（一八三一）年段階、嘉永四（一八五一）年段階でも行われている。

寛政二年の列座には、五九人の座衆の名前が記されている（表50）。最後の吉蔵の後には「五拾九人座衆」とある。五九人のうち、後に名前を変更したことが注記された者が六人いる。たとえば№50の太吉は喜右衛門と改名したが、№9にも喜右衛門が見える。これは、№9の喜右衛門から、№50の太吉が代替りで喜右衛門を襲名したものと考えられる。このように、同じ家に複数名の座衆がいたことが想定される。また名前の変更は注記されていないものの、№38の升之丞は№1の与次右衛門の倅《せがれ》である。この升之丞は後の文政八年の列座では与次右衛門という名前で記されている。その他、諸事情を検討した結果、寛政二年正月の段階には、座衆五九人でその家数は四九軒ほどと考えられる。

同様の整理で各年次の座衆の人数と座家の軒数を一覧にしたのが表51である。これによれば、座衆の人数は一八世紀末の六〇人弱から文政八年には四五人に激減し、一九世紀半ばには四〇人前後にまで減少している。これに対して座家の家数は五〇軒弱から文政八年までに三五軒に激減したが、その後は維持している。

座家・座衆とも大幅な減少が見られるが、座家は三五軒程度で維持されるのに、座衆の人数が減っていく。これは、同家内で複数座入りする例が一〇人程度から五人程度に減ったことによる。つまり、座入りする家が減り、座入りした家も複数人を座入りさせることをためらったことがうかがえよう。

いずれにしろ、この座家の軒数からすると、和気村のすべての家が座に所属していたわけではないこと

No.	名前	注記	文政八年改め
一老号ヲ称廉至			
1	与次右衛門	一老神主	
2	甚左衛門		
3	茂右衛門		
4	杢右衛門		
5	吉右衛門		
6	作左衛門		
右六人座頭			
次			
7	太郎右衛門		
8	利助		
9	喜右衛門		
10	源兵衛		
11	吉左衛門		
12	作右衛門		
13	藤右衛門		
14	与一郎		
15	利兵衛		
16	徳右衛門		
17	新左衛門		
18	四郎右衛門		
19	庄兵衛		
20	宇右衛門		
21	武助		
22	太左衛門		
23	善兵衛		
24	久右衛門		
25	権右衛門		
26	九兵衛		
27	孫兵衛		
28	治郎助		
29	定右衛門	再勤	

No.	名前	注記	文政八年改め
30	理作		
31	吉兵衛		
32	太右衛門		
33	茂作		
34	太兵衛		
35	嘉右衛門	再勤	嘉右衛門
36	杢次郎		
37	理左衛門		
38	升之丞	依御差図再勤	与次右衛門
39	平蔵		
40	惣助		
41	兵助		
42	源之助	孫兵衛	孫兵衛
43	三郎右衛門		
44	半蔵	久右衛門	久右衛門
45	忠兵衛		
46	磯治		
47	喜兵衛		
48	六左衛門		六左衛門
49	弥右衛門		
50	太吉	喜右衛門	喜右衛門
51	善六		
52	与三左衛門		与三左衛門
53	市太郎		
54	与市		
55	太助	太兵衛	太兵衛
56	源之介	十右衛門	
57	新助		
58	吉太郎		吉右衛門？
59	吉蔵	作左衛門	作左衛門
五拾九人座衆			

表50　寛政２（1790）年改めの座衆の列座　和気六人衆所蔵史料「恒例之祭祀古例法式目録」より作成。

は明らかである。座家の実態とその減少傾向の意味するところは、一九世紀の和気村の村政と村況を見たうえで、立ち帰ることにしよう。

一九世紀和気村の所持高構成と村役人

江戸時代の和気村の家数、人数、所持高の全容は不明である。しかし、残された史料から嘉永五（一八五二）年段階における村内全体の土地所持状況を復元することができる（表52）。それによると、和気本村と同郷庄の両方合わせて五石以上を所持する者（後述「相応の百姓」）が三〇人、二石五斗～五石の者（中間層）が一八人、二石五斗以下（小百姓）が三五人、合わせて八三人が見える。中間層の内に

年	人数	家数
寛政２（1790）	59	49
文政８（1825）	45	35
天保２（1831）	41	35
嘉永４（1851）	38	33

表51　座衆の人数と家数の変化
和気六人衆所蔵史料「恒例之祭祀古例法式目録」より作成。

<table>
<tr><th>所持高</th><th>人数</th><th colspan="2">百姓の階層</th></tr>
<tr><td>40石以上</td><td>2</td><td rowspan="4">17 有力百姓</td><td rowspan="5">30 相応の百姓</td></tr>
<tr><td>30〜40石</td><td>2</td></tr>
<tr><td>20〜30石</td><td>3</td></tr>
<tr><td>10〜20石</td><td>10</td></tr>
<tr><td>５〜10石</td><td>13</td><td></td></tr>
<tr><td>2.5〜５石</td><td>18</td><td colspan="2">中間層　18</td></tr>
<tr><td>１〜2.5石</td><td>17</td><td colspan="2" rowspan="2">小百姓　35</td></tr>
<tr><td>０〜１石</td><td>18</td></tr>
<tr><td>計</td><td>83</td><td colspan="2">83</td></tr>
</table>

表52　嘉永五年の和気村所持高構成
和気・河合計規氏所蔵史料「和気村同郷庄小前惣高帳」、和気・田所英次氏所蔵史料「当子年田方内見合附毛揃帳」から作成。

は妙泉寺（二石五斗余）が含まれる。これ以外に、歩き屋敷（七斗七升余）、妙講畑《みょうこう》（六斗六升余）、題目畑（四斗七升余）、灯明田《とうみょう》（一斗）が存在していた。

八三人の中には和気村内に土地を所持する他村の者が含まれている可能性がある。また村内の無高の者はここには現れてこない。これらの増減要因を考慮して、当時の和気村の家数は八四軒程度と想定しておきたい。五石以上の「相応の百姓」層のうち、一七軒は一〇石以上所持する有力百姓である。もっとも多い太郎左衛門は四〇石三斗九升弱、それに次ぐ四〇石五升を所持する太郎右衛門は庄屋家であった。嘉永五年前後に肝煎（ほかの村の年寄に相当）を務めた九郎左衛門は三四石七斗五升弱、三郎助は二一石二斗一升余、五郎兵衛は一五石二斗七升弱であり、有力百姓層から村役人が出ていることがうかがえる。この段階で突出した大高持はおらず、四〇石台の二人を中心に有力者層が形成されていた。ただし、庄屋太郎右衛門家は一九世紀初頭段階で八三石五斗を所持していた。それ以降、太郎右衛門の所持高は半減し、その減り高が他の百姓に分散することで、嘉永段階の状況になるのである。

次に村役人について見ておこう。和気村は、郷単位に行われた太閤検地によって、和気本村（集落を含む）と和気郷庄（耕地のみ）の二つの村請制村に分けられた。一七世紀の幕領期には、両村は別の代官の支配を受け、それぞれに村役人が置かれた。貞享三（一六八六）年に本村・郷庄がともに岩槻藩松平家領となって以降、元禄一〇（一六九七）年に岩槻藩小笠原家、宝永七（一七一〇）年に幕府代官（天明二〜四年は岸和田藩預り）、天明四（一七八四）年に淀藩稲葉家、と領主がたびたび変わったが、それぞれに村役人が置かれる体制は変わらなかった。その際、両村の年寄（肝煎）は同一人が兼ねることはあったが、庄屋は別の人物が就任し続けた。しかし、文政期後半になって和気村庄屋太郎右衛門が和気郷庄の庄屋を兼ねるようになり、両村が一人の庄屋の支配となったのである。＊

＊確認しうる限りのさまざまな史料から歴代の村役人を復元した。村役人一覧は『紀要第27集』（九八頁）を参照。なお、天明七年以降の淀藩稲葉家領の時代には年寄の役職名は肝煎に変更された。

和気本村の庄屋は、田所太郎右衛門家が世襲した。最も早くに名前が確認できる庄屋は太郎右衛門（延宝五年～元禄一一年）であり、その次に確認できるのは享保三（一七一八）年ごろの宇右衛門まで下る。延享元（一七四四）年にこの宇右衛門の倅《せがれ》太郎右衛門（三二歳）に代替りがあった。その後宝暦一〇（一七六〇）年から安永・天明期にかけて一度ないし二度代替りがあったと思われる。一八世紀末の庄屋太郎右衛門の倅が文化期の与次郎であり、与次郎は文政期には太郎右衛門と名乗るようになる。さらにその倅が、文政一三（天保元、一八三〇）年に庄屋となった国太郎である。その後、国太郎も太郎右衛門と改名し、幕末まで庄屋を務めた。なお、田所という名字の表記は明和元（一七六四）年から見られるようになる。天明七（一七八七）年には淀藩に名字帯刀の許可を願い、認められたと思われる。

村内矛盾の動向

庄屋を世襲した太郎右衛門家は村政上の特権的な立場にあり、それが村の動揺につながることにもなった。時代を追って村内の状況の変化をみよう。

享保期　享保一三（一七二八）年末から翌年正月に掛り銭と村入用（夫銭《ぶせん》）の徴収方法をめぐって、村内で対立が起こった。和気村・同郷庄は当時幕領で、年貢とともにさまざまな掛り銭が課されていたが、前領主の岩槻藩（小笠原家）領時代に課された夫米《ぶまい》もそのまま徴収され続けていた。これらの入用について、和気村・同郷庄では惣村高の一割を庄屋持高として除外し、残り九割の高に割り掛ける方式が取られていた。百姓中はこの方式の廃止を求めて代官所へ願い出たのである。当時の和気本村の庄屋は宇右衛門であり、同郷庄の庄屋は与一兵衛であった。

両村の庄屋は百姓中の要求に反発したため、（同じく岩槻藩領から幕府領石原代官支配下となっていた）府中村庄屋（西泉寺）五郎右衛門が間に入って、従来の方式を一部廃止する条件を提示し、内済となった。この一件から、和気村（郷庄分も含む）では庄屋が特権的な地位を認められており、それに百姓たちが不満を募らせていたことがわかる。結果として、一部で百姓の主張が認められたものの、庄屋の特権的な立場は維持されたのである。

もうひとつ注目されるのは、この一件の背後にある、地域内の村同士の関係である。当時は谷山池郷全体の水論の裁許が出された直後であり、こうこうず井が設置した蛇籠をめぐって久保津戸井と対立が生じつつあった時期である（第2章3）。久保津戸井を利用する和気村とこうこうず井を利用する府中村とは、用水をめぐって対立関係にあったはずである。しかしこの一件では、府中村の庄屋が和気村内の対立を調停している。問題の局面によって村むらの利害は多様であり、地域社会はそれに対応したことがうかがえる。

寛政〜享和期　当時の和気村の領主淀藩は、寛政二（一七九〇）年から年限付きで年貢の定免制《じょうめん》（一定期間、豊凶にかかわらず年貢率を固定すること）を実施した。しかし、寛政五（一七九三）年から六年続きで日照りによる不作となった。*村の状況は次第に厳しくなり、ついに寛政一一（一七九九）年に破免《はめん》（その年の作柄による年貢率とすること）を願い出て認められた。その翌年にはさらに三年間の破免が認められたのである。その年、寛政一二年一一月に庄屋太郎右衛門は、自家も困難な状況のなか、小前《こまえ》百姓の「介抱」（援助）などで借金が嵩み、また「御主法金《ごしゅほう》」（藩による強制貸付金）の返済も難しい状況なので、家名相続のため一五〇石の米を拝借したいと淀藩に願い出た。

＊この時期の厳しい水不足が寛政九年の小井をめぐる争論につながった（第2章）。

こうした状況の背後で、寛政一〇（一七九八）年には、夫銭の賦課をめぐって、庄屋と村方の対立が起こっていたようである。そのため、倅升之丞は太郎右衛門の代役を命じられている。享和三（一八〇三）年七月に、太郎右衛門が亡くなるが、升之丞は庄屋役を引き継ぐことを認められなかった。そして文化二（一八〇五）年、升之丞の倅与次郎が幼年で庄屋役に就任したのである。

その与次郎が文化四（一八〇七）年三月に淀藩に願書を提出した。それは、自分の家が困窮に陥り、「御拝借銀」の利息の上納ができないので、村方の「相応の百姓」三〇軒余に自家の所持地を小作させ、小作料の代わりに拝借銀の利息を分担してもらいたい、というものであった。

この願書に忠岡村の和田源兵衛が兼帯庄屋として奥印している。与次郎が幼年のためであろう。また、文化二年には幼年の与次郎に代わって肝煎が年貢徴収を行っていた。

寛政～享和期の和気村では、凶作が続くなかで、庄屋家が借財のため困窮に陥り、夫銭の徴収問題などで庄屋と村方との対立も生じていた。このような状況のため、庄屋太郎右衛門の倅升之丞はその跡役に就くことができず、孫の与次郎が幼年で庄屋になるということに帰結した。和気村全体で難渋人が増え、困窮状況が広がっている一方で、先の願書でみたように「相応の百姓」も存在しており、村内で両者が分化している様相が見て取れよう。こうした村内の状況が座家の減少につながったのではないだろうか。

天保期　文化・文政ごろの和気郷庄の庄屋は与八郎であったが、文政一二（一八二九）年には本村庄屋太郎右衛門（与次郎改め）が和気郷庄の庄屋も務めていたことが確認できる。これまで両村の村役人が別に置かれ続けたことからすると、村政上の大きな変化と言えよう。天保元（一八三〇）年に太郎右衛門が和気村の庄屋を辞め、まだ若い倅国太郎に交替するが、両村の庄屋を兼勤する体制は継続した。

この庄屋交替には諸勘定をめぐる庄屋と村方との対立があった。太郎右衛門が堺奉行所の拝借金を借りた経緯に疑惑が生じ、天保元年八月に肝煎喜右衛門・久右衛門は淀藩へ願書を出した。それは、村内の諸勘定について、村方の肝煎や百姓惣代と相談の上で取り計らうよう、庄屋太郎右衛門に命じてほしいというものであった。堺奉行所の拝借金借受けを引き金に、太郎右衛門の村運営に対する不満が表出したのであろう。天保元年一〇月、太郎右衛門は持病を理由に庄屋役の退任を願い出た。これに対し、肝煎久右衛門は、庄屋の跡役について村内で合意を得ることは困難であるので、太郎右衛門倅の国太郎を藩から跡役として命じてほしいと申し出ている。ここに村内対立の様相がうかがえる。これを受け、淀藩は国太郎へ庄屋役を命じる。その申渡しには、「諸事肝煎共に談《だん》じ合い、村治《おさま》り方主一《しゅいつ》にあい心得《う》べく候」（諸事について庄屋は肝煎と相談し、村中が平穏になることを第一とするように）と言われている。しかし、翌年には年貢収納方式などをめぐって対立が起こり、和気村分は庄屋宅で取り立てて上納し、郷庄分は肝煎たちが取り立てて上納することになったのである。

この時期、村内では庄屋太郎右衛門家が村政運営を独占することへの反発があったものと思われる。そのため、国太郎の就任以後は庄屋が肝煎と相談することが藩から命じられた。しかし、根底には村内には和気村・同郷庄の村政運営が庄屋のもとに一元化することへの反発があったのかもしれない。

安政~文久期　安政五（一八五八）年、肝煎三郎助や百姓惣代五郎兵衛・作左衛門・三蔵（肝煎伊兵衛弟）らは庄屋太郎右衛門（国太郎改め）の諸勘定の不正を主張し、年貢と主法銀を渡さないという行動に出た。これが淀藩の知るところとなり、吟味が行われた。翌年三月には今後、年貢・諸勘定の取り計らいを肝煎・

惣代の立ち会いで厳格に行うということで内済《ないさい》となった。領主からは庄屋太郎右衛門の村政運営に不正はないという判断が行われたが、村内では庄屋の独占的な村政運営に対する反発が続いていたのである。

文久元（一八六一）年にも太郎右衛門の勘定に疑いが掛けられたが、太郎右衛門に取込みはないと判断された。しかし村内が治まらないのは役儀の務め方が不十分なためであるとして太郎右衛門は庄屋役罷免、名字帯刀取上げ、「追込」（いわゆる押込め）を淀藩から命じられた。同時に、太郎右衛門に同調していた肝煎九郎右衛門も罷免となった。

これにより近世初頭から和気村庄屋を世襲してきた太郎右衛門家が、その立場を失うことになった。太郎右衛門家は一八世紀末ごろには村内一の大高持であったが、凶作が続くなかで困窮する小百姓への「介抱」などもあって、自身も借財が嵩み、持高を減らしていった。それでも村内の有力百姓であることは変わりなかったが、旧来からの独占的な村政運営に村方からの不満・疑念が繰り返し起こったのであろう。

村内状況と座

寛政二（一七九〇）年から天保期にかけて、座家・座衆の数が大幅に減少していることは先に見た。一方、寛政期に凶作が続き村内に困窮状況が広がっていた。これらを念頭に、天保期以降の村内状況と座についてみておこう。

天保八（一八三七）年三月、和気村では、米価高騰の折柄、「小前・極難渋《ごく》」人がこのままでは餓死してしまうとして、村内の「御大家様方《ごたいかさま》」へ助成を願い出た。天保四（一八三三）年以降の全国的な飢饉（天保飢饉）の一端が見て取れる。これに対して、村内の一五人が総計銭五三貫五〇〇文を提供し、極難渋人一七人が二〜四貫文の助成を受け取った。出銭した一五人のうち、一三人は嘉永四（一八五一）年の所持高の上

写真16　天保13年「村方一統取締書定」 和気・河合計規氏所蔵史料。

位一四番目までの者と重なる。出銭したうち残り二人の所持高は八～三石程度である。なお、庄屋国太郎は出銭していない。困窮状況のなかでも有力百姓が一定の安定を保つ一方、その対極に餓死しかねない難渋者がいること、そして村としての相互扶助の機能が存在していたことがわかる。

天保一三（一八四二）年正月に「村方一統取締書定」が作成されている（写真16）。その内容をみると、第一に男女の奉公人の雇い賃の水準と仕事の内容を規定している。第二は生活上の規定である。店屋での酒・菓子（柿・みかんなど）の販売禁止、男女とも寄《よ》り宿《やど》を設けたり、他家に集まることは禁止、さらには、衣類・履物の規定などが含まれる。女の髪結《かみゆい》は目立たないようにとの規定もある。第三に若者《わかもの》に対する規定である。若者が遊び宿を設け、寄り会うことを禁止し、算筆以外の稽古事は禁止している。第四に秩序維持に関する規定である。山林荒らしはもちろん、落葉掻きをも禁止し、違反すると見付け次第、過料銭《かりょうせん》（罰金）を科すとしている。そして最後に、日ごろから親に孝行、主人を大切にし、農業の働きや諸普請に出精する者がいれば、組頭から村役人に申し出、その者には褒美を遣わす、逆に村方取締りをわきまえず、身分不相応の風俗をし、親不孝、主人を大切にせず、農業の働きをおろそかにする者は組頭から村役人に申し出、村から「御地頭」（淀藩）へ訴え出るとしている。

一九世紀の市域の村むらでは領主からの倹約令を受けて、こうした村中取締り規定を作成することが広く見られた。そこでは、倹約や秩序維持に関する諸規定が見られるが、その中でも奉公人の問題や若者の問題が中心となっていた。この和気村での取締り規定もほかの村むらの規定と共通する内容である。最後にこの取締りを守らない者を藩に訴え出ると規定していることを考えると、淀藩からの倹約令を受けたものである可能性もあるのではなかろうか。

次に嘉永期の村内状況と座衆の構成をみておこう。先にみた「法式目録」で嘉永四（一八五一）年に座衆の列座が整理されている。そしてその翌年は和気村・同郷庄の領内の土地所持状況がわかる唯一の年である。これらにより当時の村内状況をうかがうことができる。

嘉永四年九月の列座は三八人である。そのうち一〇人（五組）は親子であり、座家の軒数は三三軒である。しかし、その直後に座入りしたと思われる五人が注目される。五人のうち、作左衛門と喜右衛門は同名の者が天保二（一八三一）年の列座に見える。おそらく当主が亡くなった後、座衆となる者がおらず、嘉永四年の列座記載の直後にその家から座入りの年齢に達した者が出た結果であろう。それゆえ、座家を三八軒として、以下考えていこう。

座衆の家の所持高を確認すると、「相応の百姓」層のうち一〇石以上の有力百姓一七軒はすべて座家として確認できる。一方、五〜一〇石の一三軒を見ると、五石一斗余を所持する平左衛門は池床《いけどこ》三石弱を含み、清右衛門は四石弱が池床となっており、実質的には小百姓と変わらない。残り一一軒のうち九軒が座家である。相応の百姓はその大半が座家であると言ってよかろう。中間層とした二石五斗〜五石の一八軒については、座家は半分以下の八軒である。さらに小百姓以下では、一軒だけである。嘉永五年に持高を確認できない三人は、座家の中の一人であるか、もしくは改名の可能性もあり、保留しておきたい。

以上のように、この時期の座家の実態を見ると、「相応の百姓」はほとんどが座家に加わり、小百姓が座家に加わることはほとんどない。中間層はまさにその中間である。こうした実態を考えると、寛政期から天保期にかけて座家が減少するのは、困窮状況のなかで中間層が座家から抜けたことの結果ではなかろうか。

このように、一九世紀半ばの和気村では、家数の半数ほどが座家であった。座家以外の小百姓もわずかではあるが土地を所持し、あるいは小作などで農業を行っていた以上、座儀規定にあった集め物を負担したことは言うまでもない。座外の家も座と無関係ではなかったのである。

安政五年の盆踊り一件と若者

先にふれた倹約や若者の問題は、座の問題とも深く関わっている。それをよく示しているのが、安政五（一八五八）年の盆踊り一件である。

同五（一八五八）年七月一〇日、村方会所で村役人・頭百姓《かしらびゃくしょう》の寄合が行われ、倹約についての話し合いがあった。座の年行司《ねんぎょうじ》重右衛門・世話人丈右衛門が、この年の盆踊りを行うか尋ねたのに対し、庄屋は取り止める方向であるとし、若中《わかなか》（若者組）が中止について不満があるようだが、もし異義を唱えれば若中を潰しても構わない、と応じた。村内で倹約を進めるうえで若者問題はどこの村でも大きな課題であったが、和気村では、倹約の一環として若中が主導する盆踊りを中止しようとしたのである。

重右衛門と丈右衛門はおそらく座の中核世代だと思われるが、一一日に両人が若中の取曖《とりあつか》い（取成し）に入った。二〇日に宮年寄（六人中）の一老孫兵衛と庄屋が相談した結果、一老が藤三郎（重右衛門・丈右衛門より年下で若中に近い世代）に若中の説得を依頼することになった。しかし若中は納得しなかった。二一日には六人衆が踊りの実施を願ったので、庄屋は肝煎たちと相談の上で、盆踊りの実施を認めたのである。

この年の暮から、庄屋太郎右衛門（とその支持者）と肝煎・百姓惣代らとの村方諸勘定をめぐる争論が起こったのであるが、倹約をめぐる緊張もその背景にあったかもしれない。

六人衆はさまざまな座儀の中心的な担い手であったが、盆踊りや祭礼などでは若中が中心的な担い手であった。座には宮年寄の六人衆や当家などの役職に加えて、若中が存在していたことがわかる。さらに、これらのイベントは座の若中が担い手であったが、そこに参加するのは座家・座衆以外の者を含めた、村中の者たちだったであろう。その際、男女の若者たちの日常的な交友関係が基盤になったことも想定される。村役人たちには、それが村落秩序や倹約の撹乱《かくらん》要因にも見えるのである。

＊　＊　＊

第2章で見たような池郷中の争論などでは、和気村として一体で立ち現れてくるが、村内に立ち入ってみると、さまざまな利害と相互扶助の関係が交錯していることが見えてくる。和気村と和気郷庄の村制機構、世襲した庄屋家の独占的な村政運営とそれに反発する村方、「相応の百姓」（有力者層を含む）、中間層、小百姓といった階層、座と村の関係、座家と座外、座家の中の六人衆・若中など、多様な座儀の構成、座と水利・農業などである。近代以降、そのあり方は大きな転換を遂げるが、村落生活のさまざまな局面で現在につながっていることは、本節冒頭で見たとおりである。

5　座からみた小田――一九世紀を中心に

座からみた村の生活世界

新しい和泉市史の編さんが始まろうとしていた一九九六（平成八）年、当時の町会役員の方からの依頼をうけ、同年一二月から小田町の古文書調査が開始された。地元の方の熱意によって、座《ざ》が管理してきた小田座所有文書、町会が管理してきた小田町共有文書、軽部《かるべ》池土地改良区所有文書、そして個人の家に残されてきた文書などが、つぎつぎと発見された。こうしたなかで一九九七年八月、市と大阪市立大学（当時）文学部日本史研究室との合同調査を開始することになり、その第一回の調査地として小田町が選ばれた。

合同調査の中で注目されたのは、小田町公民館のすぐそばにある善福寺大日堂（写真17）で行われていた座であった（写真18）。調査を実施した一九九七年段階にあって、座の主体は、村の長老二五人からなる「隠居《いんきょ》衆」であった。座の中心的な役割は、善福寺の仏像を守ることにあり、毎日交代で仏飯《ぶっぱん》を供えていた。また、「ハルゴト（春事）」「アキゴト（秋事）」と称する行事を毎年実施していた。座の構成員は、年齢順・入会順に一老、二老……という秩序があり、一老は二年交代であった。その交代時には「タイアキ（鯛焼）」と称する行事を、新たに隠居衆に入る人の家で行った。また、隠居衆の会計事務を行う「蔵《くら》」を一年交代で五老が担うほか、隠居衆に入った順で後ろから四人が「ボウジ（房事）」として、座の賄《まかな》いや下足番《げそくばん》を行っていた。このように一九九七年当時、「座」といえば、隠居衆が執り行う行事と認識されていた。しかし、古文書からみえる近世の座は、現代の座とは様相を異にしていた。

　小田には、村の庄屋役や年寄役といった村役人が作成し各家に残されてきた村方文書《むらかたもんじょ》は少なく、むしろ、座に関する小田座所有文書や、「組頭中」（後述）以来の系譜を引く町会文書などが大切に保存されてきた。このうち小田座所有文書は、座の最長老である歴代の一老が伝えてきた文書群と、「蔵」が引き継いできた文書群から成り立っている。こうした座や町会に伝来してきた文書群からは、村

写真17　小田町善福寺大日堂　2018年撮影。

写真18　大日堂の仏前に御飯を供える　1998年撮影。

方文書だけでは見えてこない、座を中心とする村の生活世界が見えてくる。そこで本節では、近世・近代をまたぐ一九世紀をとおして、小田村の座にどのような秩序があったのかを探ることで、座を中心とする小田村の生活世界や村の秩序を考えていきたい。

なお、小田村は、松尾川と牛滝川が合流する地点に位置する。天保二（一八三一）年の一橋家領知「和泉国大鳥郡・泉郡村々様子大概書」によると、村高七四五石一斗四升二合四勺で、田反別四三町五反一畝二〇歩（高六四三石七斗一升七勺）・畑反別六町三反七畝一三歩（高七一石四斗三升一合七勺）と、田が大半を占める平地の村だった。当時の家数は九六軒（人数四〇〇人・牛二〇疋）であった。

小田村の座の構成

小田には「座中三姓録《ざちゅうさんせいろく》」と題する幕末から近代にかけての帳簿が複数残されている。表紙に「小田三社廻《まわり》神主　一老」とあるように、小田の三社つまり菅原神社（天神社）・稲荷社・牛頭天王《ごずてんのう》社（八坂社）の神主役を座の一老が交代で務めていた。一老を含む隠居中（「隠居衆」「座老中」とも）は、近世には一六人で構成され、集団的に神事を執り行い、座の中心的存在として三社を守り世話をしていた。元禄四（一六九一）年の寺社改帳にも、小田村には天神社・牛頭天王社・稲荷大明神があり、いずれもその神主は「村中一老持」つまり座の一老が務めており、三つの社は座が管理していた、と記されている。* 少なくとも一七世紀末から一九世紀にかけての座儀は、現代のように善福寺が中心とは限らず、三社で行われていたのである。

*同じ寺社改帳によると、天神社には、当時から善福寺大日堂が宮寺として存在したが本寺を持たない「貧寺」であり、久米田寺多聞院の社僧が管理していた。一方、牛頭天王社境内には、浄土宗地福寺（本寺は京都黒谷光明寺）が独立してあり、一部の小田村百姓の檀那寺ともなっていた。

まず、一九世紀中ごろの小田における、座構成員の秩序を確認しよう。「座中三姓録」は、座の構成員の名前を一老から記した名簿である。記載順は座に登録された順番で、基本的には年齢順であった。座には、こうした年齢順でかつ座入《ざいり》順の秩序があった。しかも、「藤原」「南河」「大石」という三つの姓のいずれかを名乗っていた。この三姓は、座の場においてのみ使われたもので、各家ではその姓を受け継いでいた。嘉永六（一八五三）年正月の座構成員は七九人だが、その後の三〇年で人数は約二倍と、増加の一途をたどった（表53）。ただしこの数字はあくまで座の構成員の数であり、親子で座に入っている場合もあるため、座を構成する家数は合計欄の数字よりやや少ない。ただし、村の構成員のすべてが座に入っていたわけではなかった。

年代	三姓あり	姓なし	合計
嘉永6（1853）年	79	—	79
慶応4（1868）年	83	23	106
1879（明治12）年	99	32	131
1883（明治16）年	110	36	146

表53　小田の座構成員数

座を構成する家では、子どもが生まれると、「生子」として座に登録する必要があった。子どもが生まれた家の当主は、九月一三日（後掲「寄物座」の日）に生子を座に披露した。その際には、若衆《わかしゅう》頭《がしら》（八人衆とも・後掲）が間に入って取り持った。その子どもが成人すると、官途入《かんといり》という座入の儀式を経て、「座中三姓録」に登録されて、正式に座の構成員になることができた。

一八七七（明治一〇）年二月の「座儀入夕（席）書《ざぎにゅうせきしょ》」には、「半座・灰家」（実態不明）の六人が、座への入席を若衆頭に願い出て、座中全体から認可されたことを示す証文がある。そこでは座入を認められたことに感謝の意を示す一方で、今後どれほど大高持《おおたかもち》になったとしても、組頭役にはならないこと、官途入の後も、四老より上の席順にはならないことを誓約している。座には、本座の家と半座・灰屋の家との間で格差があり、後者は座入しても特定の臈次《ろうじ》（四老）以上にはなれないという制限があったことになろう。ちなみに、一八九五年段階で、半座・灰屋の座での負担金額は、本座（金一五銭）の半分であり、本座一〇〇人に対して半座の人数は七人だった。

「座儀入夕書」で注目されるのは、若衆頭（八人）が座の加入手続きに関与していた点である。もちろん座入には、隠居中をはじめとする座中全体の承認が必要であったが、とくに若衆頭は、生子披露や座入といった座の年齢階梯に関わる場面で重要な役割を果たしていた。小田の座では、年齢階梯的な構成員秩序をベースとしながらも、神事などは隠居中（一六人）が行い、座入や座儀の準備・運用は若衆頭（八人）が中心となって運営されていたのである。

座儀の内容―文化九（一八一二）年の場合を中心に―

小田の座の特徴は、年齢階梯的な秩序にとどまらず、むしろさまざまな「座儀」と称する儀礼・行事が一年を通して多様に展開し、それが村の生活に根付いていた点にあった。

小田には、一九世紀初頭から一〇〇年間にわたり、一〇点もの座儀規定書が残されている（表54）。座儀規定書とは、座によって実施される一年間の座の儀式について記したものである。物価高騰の折には出費抑制を図るため、行事の削減や振る舞いの献立の変更など、座儀がたびたび改定された。そうした変更のたびに作成されたのが座儀規定書である。必ずしも座儀の目的や謂《い》われなどは明らかにならないが、各座儀が誰によって担われ、その費用がどのような形で賄われたのか、そして座儀の変化を読み取ることができる。ここでは文化九（一八一二）年「座儀定書《ざぎさだめがき》帳」を基準に、その後の改定内容も加味しながら、一年間に行われた座儀を通覧しよう。なお、座儀規定書の作成者は「惣座中《そうざちゅう》」であるが、その中心は隠居中一六人と「座中惣代」の若衆頭二人であった。

七月七日牛神築立　七夕に集落の北側にある牛神《うしがみ》で行う行事である。前日六日の「山之神造酒之儀」と七日の「牛神築立《つきたて》」・「甘酒座」、そして八日の「御辷《おすべ》り」の三つが連動して行われた（七月座とも）。牛神築立

作成 年月日	表題	作成主体	備考
文化９（1812）年正月	座儀定書帳	惣座中	文政６（1823）年、文政11年の追記あり。
明治２（1869）年７月	官頭・座儀規定書	惣座中	
明治５（1872）年７月	座儀倹約規定書	惣座中	
明治７（1874）年５月	座儀規定書	惣座中	明治14（1881）年の追記あり。
明治９（1876）年正月４日	御改正ニ付諸事倹約規定書	座老隠居中	
明治11（1878）年５月	座儀規定書	惣座中	
明治18（1885）年11月	座儀規定書	座中	明治23（1890）年改正の記載あり。
明治27（1894）年10月５日	規定書	惣座中	
明治35（1902）年３月23日	隠居中年中定例扣	（隠居中）	明治42（1909）、44（1911）年の追記あり。
明治45（1912）年４月	座儀目録	大字小田座	

表54　座儀規定書一覧

は「子供衆」が主体で、当日は甘酒・清酒が振る舞われた。大人の「男衆」や「女衆」もこれを補佐し、清酒・甘酒、簡単な肴《さかな》（大豆味噌焼・白瓜）が振る舞われ、「甘酒座」とも称された。規定書では、酒の分量や肴について一定の制限をかけている。女性が参加できた唯一の座儀でもあり、明治二（一八六九）年には「女座」とも記されている。牛神築立の際には、座の構成員から一人あたり蚕豆《そらまめ》（空豆）五合と麦が集められ経費に充てられていた。麦は、牛を持つ家は五合、持たない家は二合と、各家の経営規模により異なった（明治二年）。一八九四（明治二七）年以後は、若衆頭が「牛神田」という講田を管理し、そこからの収益で牛神築立の費用を賄っていた。

振る舞いの甘酒は、前日六日の「**山之神造酒之儀**」で造られた。これは白米一斗一升と麹《こうじ》七升で大量の甘酒を造るもので、その主体は「山之神衆」（山之神当番とも）であった。宝暦九（一七五九）年に白米一斗一升が隠居中から若衆頭に支給された文書があることから、甘酒を製造する「山之神衆」を若衆頭が直接統轄し、その費用は座全体が取り持っていたと考えられる。

七月八日朝の「**御迮り**」は、隠居中の全員で供物を飲食する儀式である。のちに「逆師御迮り」とも称され、念仏講より白米二升が供出されていた。平《ひら》（揚豆腐・茄子・割昆布）、汁《しる》（すましに胡椒・茗荷・昆布・焼豆腐）・刺身（茄子・からし味噌）が供されていた。その費用は、一人当たり白米四合以内（一六人分）で賄われていた。明治二年や明治五年には物価高騰を理由に飯のみが出され、酒は一時的に停止された。

　このように、七月六日「造酒之儀」は山之神衆が、七日「牛神築立」は若衆頭の指導下で子どもたちが、「甘酒座」は子ども・女衆を含めた村構成員が、八日「御辷り」は隠居中が、それぞれ役割を担いつつ、一貫したひとつの座儀としてこれを執り行っていた。三日間を通して、隠居中から女性・子どもまでが広く関わる、村にとって重要な行事であった。

八月一一日祭座　「祭礼之義」とも称する行事で、座衆全体が参加し、御神酒《おみき》が振る舞われた。元文二（一七三七）年以降は、一一・一二両日に提灯《ちょうちん》講中により提灯一〇〇張が掲げられるなど、華やかな行事であった。座衆には御神酒二献と肴（茄子の冷やし）が供された（一八七四（明治七）年）。しかし、一八八五（明治一八）年に座衆全員の参加は廃止され、隠居中が宵宮座《よいみやざ》のみを実施する形に変わった。

九月一三日寄物座（録打）　（「十三夜」とも、新暦一〇月二七日）　座全体の運営費用を構成員から集める際の儀式である。文化九（一八一二）年「座儀定書帳」には記載がない。一八七八（明治一一）年に、現物を集める寄物は廃止され、銀三匁ずつ集めることになった。前述のように、生子を座に披露することも併せて行われていた。参加者には振る舞いがあり、煎付《いりつけ》（煮詰めた料理）・汁（魚・初しも）・香の物・のっぺい・御飯が供された。

九月一五日念仏講　念仏を唱え、自分の死後の冥福を生前に祈る「逆修《ぎゃくしゅ》」を勧める儀式である。文化九年「座儀定書帳」には記載がない。明治五年には餅・田芋・白豆腐・たたきゴボウの入った赤味噌汁が供された。本来一〇月一五日に実施されていたが、近世後期に九月一五日に実施されるようになったと考えられる。費用は念仏講田によって支弁されていた。

一〇月二八日物頭座　「行入《ぎょういり》」とも称した。善福寺の僧侶と、隠居中のうち一老～三老までの計四人による行事であるが、詳細は不明である。坪《つぼ》（ふたつき椀にいれた煮物）として大根・蒟蒻・田芋と鍋が供された。「招用《しょよう》」として関係者を招き入れる場合もあったが（明治二年）、明治五年には「親子兄弟たり共招請なし」とされ、振る舞い対象者が厳しく制限された。費用は若衆頭が管理する物頭田から供出されていた。

一一月二五日御連歌　隠居中が主体となって執り行った。慶応元（一八六五）年一一月二五日に実施した記録が残る。一八七四・一八七八年には村役人が取扱うようになったが、一八八五年には隠居中主体に戻っている。

一二月一五日口明振舞　新しい銚子に御神酒を入れて天神社に供える行事である。座中が一堂に会し、朝飯が供された。参加者には肴（くき・ゴボウ・むしり物）、焼物、大根・白米・たばこが、参加できない者にも送り膳と酒一合六勺が振る舞われた。当日振る舞われる餅は明治五年に廃止されたが、行事自体は継続した。同日には、別に蕪座《かぶらざ》と称する行事もあったが一八七四年に廃止された。

正月盛物　つづく、正月一日〜四日は氏神である天神に供える「盛物《もりもの》」に関する一連の座儀で、基本的に隠居中がその担い手であった。年始めの重要行事で、**正月一日盛物つき**で盛物の下準備を行い、**正月二日盛物もり**は隠居中全員が参加した。つづく**正月三日座**は座の全員が参加した。その際、新旧の当人二人（兄方・弟方）の交代と、回り持ち帳面を座衆全員の面前で、一老を介して引き継ぐ儀式が行われた。この時には、参加者各自が「散米《さんまい》」を持参した。明治五年には座の全員が集まることは廃止となり、隠居中のみに限定された。最後の**正月四日盛物くずし**は隠居中で行った。このように連日、異なる饗応がなされた。なお、正月一日・四日の行事は一八八五（明治一八）年に廃止となった。

正月一一日井ノ仕初　文化九（一八一二）年「座儀定書帳」には記載がない。明治二（一八六九）年以降に規定がある。文字通りに捉えれば、用水に関する仕事始めの意味だが、詳しいことは不明である。近代になると水利は町会が管轄したが、近世では、用水の開始時だけは座の一行事として行われたのかもしれない。朝と昼に八寸の鯥《むろあじ》や汁物が供された。明治五年には中飯を一椀に倹約すること、一八七四（明治七）年には夕飯が廃止となるなどの変化があった。

とんどふ　どんど・左義長《さぎちょう》、火祭のことである。文化九年「座儀定書帳」には記載がなく、明治五年に規定がある。藁（一軒につき一五把《わ》）・竹（一〇本）が集められ、氏神の前で燃やされた。一五歳までの子どもが主体の行事だが、藁を多く集めすぎないように若衆頭が監督した。

月々おふ講（御講）　毎月一五日に隠居中が主体となって行われ、白味噌の汁が供されていた。実際には一五日だけでなく、二五日に行う場合もあった。一年のうち、正月一五日だけは座全体で実施された。明治二七年からは九月二五日・一〇月二五日だけに縮小された。

座儀規定書からみえる座の特徴

以上のように座儀はそれぞれ主体や出費のあり方などが異なっていた。また、七月座（山之神酒造之儀・牛神築立・御込り）のように、異なる性格の小さな座儀の連鎖によってひとつのまとまった座儀が形成される場合もあった。こうした各座儀を運営する集団の複合体が、規定書を作成する「惣座中」であり、その中で隠居中・若衆頭は、それぞれ異なる側面で座儀を主導していた。

また、座儀に変化が生じても、その多くは倹約のための見直しが中心であり、本来的な姿を大きく変えるものではなかった。つまり、変更の多くはその座儀を存続させるために行われたものであった。小田では、座が村としてまとまる上での求心力を保持しており、村落秩序の骨組みの役割を担っていたのである。

一方で各座儀は、一九世紀末になると削減される傾向にあった。たとえば一八八五（明治一八）年に、八月一一日祭座の参加は座中全体から隠居中へと限定され、正月一一日座・九月一三日座・一五日座は廃止となった。一八九四（明治二七）年には月々御講が年二回のみの実施となり、一九〇二（明治三五）年三月には隠居中のなかに現在につながる「蔵番」と「俸持方《ぼうじかた》」が設定され、「鯛焼ぼうじ」の方法も規定された。減少した座儀の運営主体は、基本的に隠居中に集約されていったのである。さらに、一九〇九（明治四二）年には、初午《はつうま》・大将軍祭《だいしょうぐんさい》・御辷り・連歌などは廃止された。一九一二（明治四五）年の座儀改定では、八人衆（若衆頭）の組織は存続しているものの、隠居衆の当番の差配のもとにおかれ、八人衆独自の行動に制限がかけられるようになる。こうした変化の詳しい事情は不明だが、座の人数が増大したことや、寺社をとりまく環境の変化*が大きな影響を与えたと考えられる。

*たとえば、一九〇八（明治四一）年一〇月に大字小田の菅原神社・稲荷神社・八坂神社（牛頭天王社）は、同年南松尾村大字春木春日神社へと合祀された。

こうして、それまで三社で行われていた座儀は、善福寺を核に隠居中が中心的に担う現在の形へと変更されていったのではなかろうか。

座と村落秩序　若衆頭

では、こうした特徴を持つ座は、一九世紀における小田の村落秩序に、どのような影響を及ぼしたのだろうか。時代を今一度、一九世紀にさかのぼって確認しよう。

若衆頭には、村の若者を統轄する役割があった。提灯講中は、八月一一・一二日の氏神祭礼に、提灯一〇〇張を準備し火を灯す独自の小集団である。その担い手は「若衆」で、四人の提灯世話人が統轄していた。

祭礼以外にも、宝暦二（一七五二）年二月二五日の天神八五〇回忌には御神酒・盛物・灯明を準備し、提灯一〇〇張の点灯を三夜で実施した。また、安政七（一八六〇）年に大旱損《だいかんそん》となった際、氏神に二一日間の願掛けをして鬮配《くじくばり》すると、「提灯一〇〇灯を捧げるように」との神のお告げが出たため、村役人の指示をうけ、六月二四日に提灯を灯した。

ところが、安政七年の盆踊りの際に、提灯世話人の指示で髪結の成助が「取締」を行った（取り仕切った の意味か）ところ、それを快く思わなかった若衆（「下若衆」）が反発し、世話人と若衆との間で口論が発生した。提灯講中の内部では解決できなかったため、村役人が相談し、最終的には若衆頭が仲裁することになった。その結果、若衆頭が、新たに若衆の世話人を決定し、以後も若衆頭が世話人を指名することで解決した。若衆頭は座儀の実行主体であったが、同時に、若者を統轄しその秩序を安定させる役割も与えられていたのである。

一方で若衆頭は、村役人に近い性格をあわせ持っていた。寛政六（一七九四）年に若衆頭八人が「村中衆中」に宛てて誓約した史料によると、若衆頭は、百姓株が絶えることのないように、「諸普請人足」の差配を行ってきたこと、また歩《あるき》・非人番《ひにんばん》・「えた」の差配も行っていたことがわかる。ところが、一一年前から、村役人と若衆頭の役割分担が不明確になっており、それについて小前衆中から疑念が出されたという。これをうけて改めて若衆頭が歩銭の徴収と歩・非人番・「えた」の差配を行うことを確定させたのが今回の誓約書であった。このように若衆頭と村役人との分掌が不分明になるほど、その役割は近かった。

若衆頭は、座においては座構成員の把握や座儀の中心的な担い手であった。また、村政においても若者を統轄する役割や、村役人に近い機能を持っていた。座はそれ自体の運営にとどまらず、若者集団や村政とも深く関わる存在であり、その結節点に若衆頭が存在したのではないか。

座と村落秩序　組頭中

ところで、小田村には庄屋・年寄という村役人とは別に、「組頭中」と称する組織が存在した。村の年貢や村入用については村役人と立会で確認し、水利の運用にも関与するなど、村の年貢収納や生産において重要な役割を果たしていた。

寛政六（一七九四）年に「大旱魃」が起こった際、村では臨時の取水方法をとった。しかし翌年の七月には、前年の臨時の方法を定着させるのではなく、あくまで以前のとおりの取水方法とすることを確認し、約定書を作成した。この約定書に、「小田村百姓惣代」として組頭一八人が、村の庄屋二人・年寄二人と一緒に連署している。水利の運用に深く関わると同時に、村の「百姓惣代」として組頭中が位置づいていた。

また、組頭中に何らかのし損じがあり、小前たちから不満が出た場合は、組頭中が「互いに手をつなぎ」村役人に申し出ることを、組頭中一七人（うち二人が年行司）で約束している（文久二〔一八六二〕年）。

ここで想起されるのが、半座・灰家の人びとについての座の約定である。それは、たとえ大高持になったとしても、半座・灰家からは組頭中に入れないというものである。前半の組頭中には大高持が就任するのが通例という認識も興味深いが、それ以上に、組頭中への加入の是非について、座の秩序が関わっていた事実が特筆される。村役人や組頭中による狭い意味での村政（村方）は、座とは異なる様相を持ちつつも、広い意味での座の秩序に包みこまれていた。

＊　＊　＊

写真19　大日堂法要　1998年4月18日に、小田町会・隠居衆・老人クラブによって行われた際の様子。

写真20　鯛焼の行事　1998年4月28日撮影。

こうして一九世紀における小田の座の秩序は、明治維新という大きな政治的・社会的変動期においても、基本的にその大枠を変えることなく、近世・近代をまたぐ形で持続していた。これは、座が百姓の家を基礎におく共同組織であり、生活共同体の中心をなしていたことと関係するのだろう。もちろん座は、座儀規定書が何回も改編され、二〇世紀に入ると隠居中のみが執り行うかたちへと変容を遂げたのであって、非歴史的な組織ではない。それでも、一九世紀の小田において、座の秩序は、村政の側面をも包みこみながら、村の生活世界にとって重要な枠組みとして、存続・継承されてきたのである。

第5部

都市化の進展と伝統社会の変容

1965（昭和40）年の和泉府中駅前

「府中」地域の村むらは、一八八九（明治二二）年、国府村・伯太村・郷荘村の三つの行政村に編成され、一九三三（昭和八）年には、この三か村が合併し和泉町が誕生した。

第1章では、国府村・伯太村・郷荘村から和泉町、そして和泉市へと至る行政の展開を追うとともに、交通網の整備、光明池の築造などにより、和泉市内で、いち早く都市化や地域開発が進展した過程を明らかにしている。

第2章では、都市化の過程を、第一次大戦期以降、地域の主要産業に成長した織物業と和泉府中駅前の開発事業に注目して検討している。『和泉市の近現代』で明らかにしたように、本市の織物業は、小規模な工場が分厚く、かつ、しぶとく存在し続けたことが特徴であるが、和泉町には、森田綿業、森田紡績、市新晒工業など、松尾地域の久保惣にならぶ大工場が存在し、地域の発展を牽引した。一九六五（昭和四〇）年には、和泉府中駅前に市の「都心」にふさわしい商店街が形成され、賑わいをみせた。その後、スーパーの進出等により苦境に陥るが、一九八〇年代から和泉府中駅前再開発事業が着手され、二〇一四（平成二六）年に事業が完了した。

なお、第2章のあとには、和泉府中駅前にあった工場の来歴、商店街やショッピングセンターで働き暮らす商店主や店員、織物工場で働いた女性のライフヒストリーに焦点をあてた三本のコラムを配している。

以上のように、都市化が進んだ「府中」地域であるが、一方で、伝統社会の様相も根強く残っていた。その側面に注目したのが第3章である。大字府中の内部にある五つの町の一つである小社之町（府中西町会）を対象として、町運営の持続と変化の様相を検討している。日露戦争の前後、軍人援護や地方改良運動など国家の政策に対応するため、町運営の変容が迫られるが、実際には、政府の意図に反して、近世以来の町組織を根強く持続させ、財産的基盤を強化させている。こうした傾向は、形は微妙に異なるものの小社之町だけでなく周辺の観音寺や黒鳥、伯太、肥子などでも確認できる。

都市化の進展と伝統社会の変容と持続、この両面をみることで、近現代の歴史をより深く、より豊かに理解することができよう。

第1章　近代行政村の成立と展開

1　国府村・伯太村・郷荘村の誕生

行政区画の変遷

のちに和泉町となる「府中」地域の村むらは、近世には一橋家のほか伯太藩、小泉藩、淀藩などの領地であった（表1）。慶応四（一八六八）年六月には、政府直轄県として堺県が設置された。「泉州一円管轄」をめざす堺県は、明治三（一八七〇）年に一橋家領をその管轄下に置いた。明治四年七月の廃藩置県により、伯太県、小泉県、淀県が置かれたが、同年一一月、「府中」地域の村むらを含む泉州一帯が堺県に編入されたのである。

堺県は明治五（一八七二）年二月に区制を敷き、「府中」地域の村むらは一一区、一二区、一四区に編成された。一八七四（明治七）年には第二大区四小区、五小区、三小区に再編されている。このとき、太閤検地以来の枠組みであった出作（第4部第1章）が解消され、池上出作は池上村に、肥子出作は肥子村に、府中上泉と軽部出作は府中村に、和気郷庄は和気村に統合された。また、黒鳥の上・坊・下の各村も行政的な村としては一つの黒鳥村となった。

一八八一（明治一四）年二月に堺県は大阪府に編入され、一八八四年七月には戸長役場制度が設けられた。このとき「府中」地域の村むらは第三一、三三、三四の戸長役場に再編されている。なお、旧伯太藩陣屋と家中屋敷は「伯太在住」という形で独立していたが、一八八六（明治一九）年に伯太村に統合された。

明治3.1 1870	明治3.12 1870	明治4.7 1871		1872 明治5.2	1874 明治7.1	1874 明治7.4	1880 明治13.4		1884 明治17.7	1889 明治22.4
一橋家領が堺県へ	岸和田藩預り地が堺県へ	廃藩置県	明治四（一八七一）年一一月 堺県へ	戸籍区	大区小区制 第２大区	番組	連合	一八八一（明治一四）年二月 大阪府へ	戸長役場	町村制
		伯太県		第11区	４小区	４小区６番組	第５連合		第32	伯太村
		伯太県		第11区	４小区	４小区６番組	第５連合		第32	
		小泉県		第11区	４小区	４小区６番組	第５連合		第32	伯太村
		伯太県		第11区						
堺県				第14区	４小区	４小区６番組	第６連合		第32	伯太村
		小泉県								
		伯太県								
		小泉県		第12区	４小区	４小区６番組	第６連合		第31	国府村
	堺県			第12区						
堺県				第11区	４小区	４小区５番組	第６連合		第31	国府村
堺県				第11区						
堺県				第11区						
		淀県		第11区	４小区	４小区６番組	第６連合		第31	国府村
		淀県		第11区	５小区	５小区６番組	第６連合		第31	国府村
		淀県								
堺県				第11区	５小区	５小区４番組	第６連合		第31	国府村
堺県				第14区	５小区	５小区４番組	第６連合		第34	郷荘村
堺県				第14区	５小区	５小区４番組	第６連合		第34	郷荘村
堺県				第14区	５小区	５小区４番組	第６連合		第34	郷荘村
堺県										
堺県				第14区	４小区	４小区４番組	第６連合		第34	郷荘村
堺県				第14区	４小区	４小区４番組	第６連合		第34	郷荘村
	堺県			第14区	４小区	４小区４番組	第６連合		第34	郷荘村
堺県				第14区	３小区	３小区５番組	第６連合		第34	郷荘村

町村制の施行

以上のように、維新期〜明治一〇年代にかけて、行政の枠組みは二転三転したが、一八八九（明治二二）年四月に施行された町村制によって、ようやく安定的な制度の確立をみた。「府中」地域では、一八八四（明治一七）年の戸長役場の単位をもとに、伯太村（伯太、黒鳥、池上）、国府村（府中、井ノ口、肥子、和気、小田）、郷荘村（阪本、今在家、一条院、桑原、観音寺、寺門、今福）の三つの近代行政村が誕生したのである。一八九一（明治二四）年の人口・戸数は表2のとおりで、伯太村二一

村名	大字	1876（明治９）年	1891（明治24）年			
		男女	男	女	合計	戸数
伯太村	伯太	1163	460	476	936	190
	池上	286	183	176	359	61
	黒鳥	685	372	427	799	150
国府村	府中	1006	489	491	980	203
	井ノ口	104	44	52	96	22
	肥子	146	86	89	175	35
	和気	327	175	207	382	75
	小田	414	312	291	603	105
郷荘村	観音寺	443	227	236	463	82
	桑原	169	99	114	213	34
	一条院	63	22	22	44	6
	今在家	239	121	113	234	49
	阪本	335	219	211	430	67
	寺門	150	63	67	130	17
	今福	66	35	27	62	10

表２　「府中」地域の人口・戸数　明治24年分は「徴発物件一覧表」を参照。『角川地名大辞典』27大阪府　より作成。

三四人、国府村一九九七人、郷荘村一四六五人であった。

小学校の成立

堺県は、学制発布以前から小学校の整備に着手し、戸籍区を単位に学区とし、各学区に郷学校本校と出張所（分校）を設けた（『近現代編』）。第一一区の本校は旧伯太藩の藩校跡に置かれ、小田や井ノ口に分校が設けられた。肥子や池上を含む第一二区は薬師寺（現泉大津市）を本校とした。寺門、今福、黒鳥などの第一四区の本校は不明である。

	幕末	慶応4.1 1868	明治元.8 1868	明治元.11 1868
		一橋家領が岸和田藩預りに	一橋家領が復活	旗本知行所が堺県へ
伯太	伯太藩			
伯太在住	伯太陣屋			
池上	小泉藩			
池上出作	伯太藩			
黒鳥上	一橋	岸和田藩預	一橋	
黒鳥坊	小泉藩			
黒鳥下	伯太藩			
肥子	小泉藩			
肥子出作	岸和田藩預			
府中	一橋	岸和田藩預	一橋	
府中上泉	一橋	岸和田藩預	一橋	
軽部出作	一橋	岸和田藩預	一橋	
井ノ口	淀藩			
和気	淀藩			
和気郷荘	淀藩			
小田	一橋	岸和田藩預	一橋	
今福	一橋	岸和田藩預	一橋	
寺門	一橋	岸和田藩預	一橋	
観音寺（稲垣）	旗本稲垣			
観音寺（一橋）	一橋	岸和田藩預	一橋	
桑原	一橋	岸和田藩預	一橋	
今在家	一橋	岸和田藩預	一橋	
一条院	岸和田藩預			
阪本	一橋	岸和田藩預	一橋	

表１　行政区画の変遷

明治五（一八七二）年に学制が発布されると、堺県は六四校を新設する方針を示した。伯太村に第一七番小学が置かれ、伯太のほか池上、府中、黒鳥、桑原、井ノ口、今在家、観音寺が通学区とされた。そのほか、肥子は、池浦村（現泉大津市）に置かれた一八番小学に、寺門・今福は、田治米村（現岸和田市）に置かれた第四〇番小学、今在家、観音寺、阪本は、池田下の第四二番小学の通学区となった。

一八八一（明治一四）年、堺県は大阪府に編入されるが、同年大阪府は教育令に基づき学区を再編した。泉郡第五学区に、府中校（通学区域：府中、今在家、桑原、井ノ口、肥子）、黒鳥校（黒鳥、一条院）、寺門校（寺門、今福、和気、観音寺）、池田下校（池田下、阪本新田、室堂、伏屋新田、阪本）、第六学区には伯太校（伯太、伯太在住、池上）が置かれた。なお、小田は、南郡第一学区の高木校（現岸和田市）に編成された。一八八二

写真１　３つの小学校　国府小（左）、芦部小（中央）、伯太小（右）『和泉町現勢要覧』1953年より。

年の第五学区の就学率をみると、男は六〇～九〇パーセント、女は一〇～三十数パーセントと、男女差が大きかったことがわかる。

一八八四年にふたたび学区が再編されたが、ほぼ戸長役場の管轄区域に対応するものとなり、一八八九（明治二二）年に近代行政村が誕生すると、基本的に各村に一つの小学校が設置された。とはいえ、行政村の範囲と各学校の校区が一致するには、なおしばらくの時間が必要であった。

村の学校　各小学校の沿革

国府村には国府小学校が置かれたが、同校の沿革史によれば、一八七三（明治六）年一一月に第七七番小学校として誕生したという。妙源寺（府中）を校舎とし、府中、黒鳥、今在家、桑原、井ノ口、肥子の六村が校区であった。一八七七（明治一〇）年には府中小学校と改称し、一八八〇（明治一三）年一〇月からは、府中、井ノ口、和気、肥子の四村を校区とした。校舎は一八八一年に小栗街道沿いの市辺神社の跡地に置かれ、一八八六（明治一九）年には独立校舎が建設された。国府村が誕生した一八八九（明治二二）年に、先の四村に小田を加えた五大字が校区となり、一八九七（明治三〇）年には国府尋常小学校と改称。ここに名実ともに、村の学校となった。一九一一年には現在地に移転し、一九二〇（大正九）年には高等科が置かれた。

郷荘村には芦部小学校が置かれた。同校が誕生したのは、一八八五（明治一八）年のことである。その前身には、寺門小学、黒鳥小学があった。寺門小学は、妙泉寺（和気）に仮設された後、一八七六（明治九）年六月に校舎を新築した。黒鳥小学も、長命寺（黒鳥）に仮設されたのち、一八七六年に新築したものである。芦部小学校の校区は、郷荘村の各大字および伯太村の黒鳥であった。

また、一八八七年には高等科が置かれた。一九二〇（大正九）年に近隣の小学校に高等科が設置されるまで、高等科は、郷荘村だけでなく、唐国、内田、池田下、室堂、伏屋新田、阪本新田、伯太、黒鳥、池上、府中、和気、井ノ口、肥子、南王子の広範囲を校区とした。

伯太村に置かれた伯太小学校は、一八七三年の伯太藩校跡に置かれた一七番小学がはじまりである。一八七四年には称念寺に移転し、翌年に伯太小学校と改称した。一八八一年には西光寺、常光寺を校舎とし、一八八六年に独立校舎に移転した。校区は、伯太および池上の二村で、一八八九年に町村制による伯太村が誕生して以後も変動はなかった。伯太村のうち黒鳥は芦部小学校に通っていたが、一九〇三（明治三六）年七月より、黒鳥も伯太小学校に通学するようになった。一九一六年には、現在の伯太団地の地に移転し、一九二〇年には高等科が置かれた。なお、現在地に移転したのは一九四一（昭和一六）年のことで、校舎敷地は、黒鳥の丸三織布・丸元織布社長の寄付によるという。

神と仏の明治維新

明治維新にともなう激動は、神社・寺院にも押し寄せた。神道の国教化をめざす明治政府は、慶応四（一八六八）年三月、神仏分離令を発し、これまでの神仏習合を否定し、神道と仏教の分離をすすめた。そのなかで廃絶した寺院も少なくない。

表3は、一八七九（明治一二）年段階の寺院一覧表である。たとえば、府中村には、大泉寺、宝国寺、阿弥陀寺、妙源寺の四ヶ寺があった。いずれも檀家を持つ寺院である。江戸時代にはこのほか、西泉寺、南泉寺、東泉寺、泉福寺、海光寺などの寺があったが、檀家を持たなかったり、無住だったりしたため、廃寺となった。そのため、南泉寺の本尊阿弥陀如来像と十一面観音立像、西泉寺本尊の聖徳太子立像（市指定文化財）、

泉福寺本尊の薬師如来像と十二神像、聖観音立像、海光寺の本尊地蔵菩薩立像・文殊菩薩像は、本寺である大泉寺に移された。また、大泉寺の表門は、南泉寺から買い取り移築された。村内各町の氏神であった天神

	大字名	宗派	寺名	檀家	備考（廃寺など）
伯太村	伯太	浄土真宗	常光寺	95	観音堂、薬師堂、府中阿弥陀寺持庵
		浄土真宗	称念寺	109	
		浄土真宗	西光寺	260	
	黒鳥	真言宗	長楽寺	334	安明寺（宮寺）、三昧堂極楽寺
		真言宗	妙福寺	368	観音寺、西光寺
		真言宗	長命寺	82	真言律から真言宗へ
	池上	浄土宗	養福寺	170	薬師堂（社僧）
		黄檗宗	金蓮寺	0	
		浄土真宗	光楽寺	110	
国府村	府中	浄土宗	宝国寺	230	宇多堂、円福寺、西泉寺、南泉寺、東泉寺、泉福寺、海光寺、釈迦堂
		浄土宗	大泉寺	318	
		浄土宗	阿弥陀寺	132	
		日蓮宗	妙源寺	493	
	肥子	浄土宗	善法寺	95	
	和気	日蓮宗	妙泉寺	398	
	小田	浄土宗	地福寺	211	善福寺（社僧）、大日堂、地蔵堂
郷荘村	寺門	—	—		地蔵堂迎接寺、道場
	今福	—	—		
	阪本	真言宗	禅寂寺	337	
	今在家	真言宗	成福寺	228	
	桑原	真言宗	西福寺	162	
	一条院	真言宗	大日寺	56	
	観音寺	浄土宗	観音寺	440	

表3　「府中」地域における寺院一覧（1879年段階）　大阪府公文書館「泉北郡寺院明細帳」（明治12年）より作成。『近世編』133頁表11「寺院一覧」と対象し、確認できない寺院を備考欄に記した。

社（東天神・市辺天神・小社天神・宇多天神）や白鳥明神は、勝手明神を除いて、すべて五社惣社に移転し、その境内社となった。各天神社にあった仏堂もすべて廃寺・合併された。

五社惣社の境内社であった八幡社は、明治三（一八七〇）年に合祀して泉井上神社と改称した。その際、土台は八幡社、屋根は五社惣社のものを用いてひとつの社殿とした。その一方、和泉寺跡にあった祠が御館山に移転され、和泉神社が新設された。泉井上神社も和泉神社も、いずれも延喜式にみえる神社を復原することが意識されたとみられる。なお、泉井上神社は一八九五（明治二八）年に現在の場所へ新設して移転し、五社惣社を分祀して独立させた。

神社合祀

明治末年には、国家を支える基礎である近代

行政村の充実をはかるため、神社合祀が進められた。村むら（大字）の氏神であった神社（およびその財産）を、行政村ごとにひとつに統合する、いわゆる一村一社がめざされた（表4）。

まず郷荘村の場合をみてみよう。郷荘村内の神社の合祀先となったのは、阪本の八阪神社である。一九〇八（明治四一）年一〇月二八日、観音寺、今在家、桑原、寺門、今福、一条院の神社が八阪神社に合祀され、社名も郷荘神社と改称された。一村一社の体制が実現したのである。ただし、合併前の神社の財産については、引き続き各大字の財産として管理するものとされた。形の上では一村一社となったが、財産は行政村に統合されなかったという点では必ずしも政府の政策が貫徹されたわけではない。翌年には、北池田村阪本新田の厳島神社も郷荘神社に合祀されて

合祀先	大字名	神社と祭神	氏子	合祀・合併認可年月日
郷荘神社	阪本	八阪神社→郷荘神社に改名	80	
	今在家	八幡神社　境内神社　九頭神社	52	明治41.10.28
	桑原	菅原神社	34	明治41.10.28
		八幡神社	34	明治41.10.28
	寺門	菅原神社	18	
	今福	菅原神社	18	明治41.10.28
	一条院	水分神社　境内神社　春日神社	15	明治41.10.28
	観音寺	菅原神社	98	明治41.10.28
	坂本新田	厳島神社	37	明治42.5.11
泉井上神社	府中	泉井上神社　境内神社　（五社惣社、菅原・市辺神社、天照皇大神・白鳥神社、大国主神社・事代主神社・天照皇大神・春日神・熊野神社・和泉神社・勝手神社）	237	
		和泉神社	200	明治41.12.8
		勝手神社	180	明治41.12.8
	井口	王子神社	16	明治41.10.26
	和気	八幡神社　境内神社　皇大神社	48	昭和3.1.14
		大年神社	84	昭和3.1.14
	小田	菅原神社	107	昭和3.1.14
		稲荷神社	107	昭和3.1.14
		八阪神社	107	昭和3.1.14
	肥子	菅原神社（肥子神社）	35	明治41.10.28
	黒鳥	菅原神社	161	明治42.3.18
伯太神社	伯太	伯太神社	65	
		菅原神社	70	大正5.5.2
		丸笠神社	176	大正5.5.2
曽根神社	池上	上泉神社　境内神社　神明神社	32	明治42.5.20
		池上神社　境内神社　蛭子神社・神明神社・稲荷神社・愛宕神社	38	明治42.5.20

表4　「府中」地域における神社合祀　1879（明治12）年「神社明細帳」に基づき作成。五社惣社は明治3年8月に和泉井上神社と合祀、明治28年5月に分離復旧。和気・小田の各神社は、明治41年10月12日に春日神社（南松尾村春木）に合祀。その後泉井上神社に合祀。丸笠神社は伯太神社の飛地境内とされた。

いる。阪本新田は、阪本の一角を切り開いて開発された新田村であったことから、行政村の枠組みを越えて阪本の神社へ合祀されることになったのであろう。

次に国府村の場合をみてみよう。一九〇八年一〇月から一二月にかけて泉井上神社に、各大字の神社や五社惣社、和泉神社、勝手神社が合祀された。翌年には、黒鳥の菅原神社も合祀された。黒鳥は伯太村であったが、行政村の枠を越えて、国府村の泉井上神社に合祀されたのである。一方、和気・小田の各神社は、南松尾村の春日神社に合祀されている。その後、一九二八（昭和三）年になって、泉井上神社に合祀された。この間の詳しい経緯はわからないが、必ずしも行政村単位で合祀が行われたわけではないことがわかる。

最後に伯太村である。伯太村は伯太、黒鳥、池上の三つの大字からなるが、先述のように、黒鳥の神社は、国府村の泉井上神社に合祀された。池上の神社は、一九〇九年五月に上條村の曽根神社（泉大津市）に合祀されている。残る伯太の神社は一九一六（大正五）年に伯太神社に合祀されたが、丸笠神社は式内社とみなされ、飛び地境内として、現地に維持された。伯太村の場合は、三つの大字がそれぞれ個別の動きをみせ、行政村としてのまとまりが実現することはなかった。

写真２　和泉町合併記念写真　1933（昭和8）年。

2　和泉町の誕生と地域開発

和泉町の誕生

一九二九（昭和四）年以降、大阪府は、行政需要の増大と緊縮財政を背景に町村

年次	和泉町															
	合計				国府村				伯太村				郷荘村			
	戸数	人口	男	女	戸数	人口	男	女	戸数	人口	男	女	戸数	人口	男	女
1905(明治38)年	1,123	6,335	3,211	3,124	400	2,363	1,179	1,184	426	2,303	1,165	1,138	297	1,669	867	802
1915(大正４)年	1,199	7,255	3,738	3,517	500	2,719	1,376	1,343	423	2,773	1,433	1,340	276	1,763	929	834
1925(大正14)年	1,765	9,841	5,508	4,333	607	3,103	1,513	1,590	823	4,941	3,074	1,867	335	1,797	921	876
1935(昭和10)年	2,088	11,492	5,859	5,633												
1945(昭和20)年	3,565	15,656	7,360	8,296												

表５　和泉町域の人口推移（1905～1945年）『大阪府統計書』より作成。

合併を積極的に推進しており、泉北郡では一九三一（昭和六）年八月に大津町、上條村、穴師村の合併が実現した。このとき、伯太村・国府村・郷荘村においても合併協議が進展したようで、二月一五日の『大阪朝日新聞』では「伯太外２ヶ村の合併実現か」と報じられた。九月一日の合併をめざしているとのことであったが、その後の動きは不明である。

実際に三村の合併が実現したのは、それから二年後の一九三三（昭和八）年四月一日のことで、同年二月、「合併実現の暁には町制を敷き、名も昭和町とし役場は国府村の中央部に設置すること」に内定した。最終的に町名は、古代の和泉郡にちなんで「和泉町」と名付けられた。三月三一日には各村の神社で廃村報告会、四月一日には和泉町新設奉告祭が行われ、和泉町がスタートしたのである。

四月一五日には、国府小学校庭で盛大な祝賀会を挙行し、その後、引き続き国府・伯太・芦部の三つの小学校で祝賀村民大会を催したという。五月には町議会選挙が行われ二四人の新議員が誕生した。町議会では新町長選考委員を選出し、町長の選考にあった。三村の村長が新町長の候補となり協議は難航したが、結局、年齢順に三氏が一期ずつ町長を務めることに落ち着いた。こうして初代町長は片山乙馬（伯太村長）に決まり、助役には小川定吉（国府村長）と堀田徳治（郷荘村長）、収入役には郷荘村の横田礒治が就いた。

和泉町全図と郷土誌

合併に際して作成されたと思われる『和泉町全図』や国府小学校『郷土誌』により、当時の和泉町の様子をみよう。和泉町役場は、国府村役場が使われたが、図１にあるように、小栗

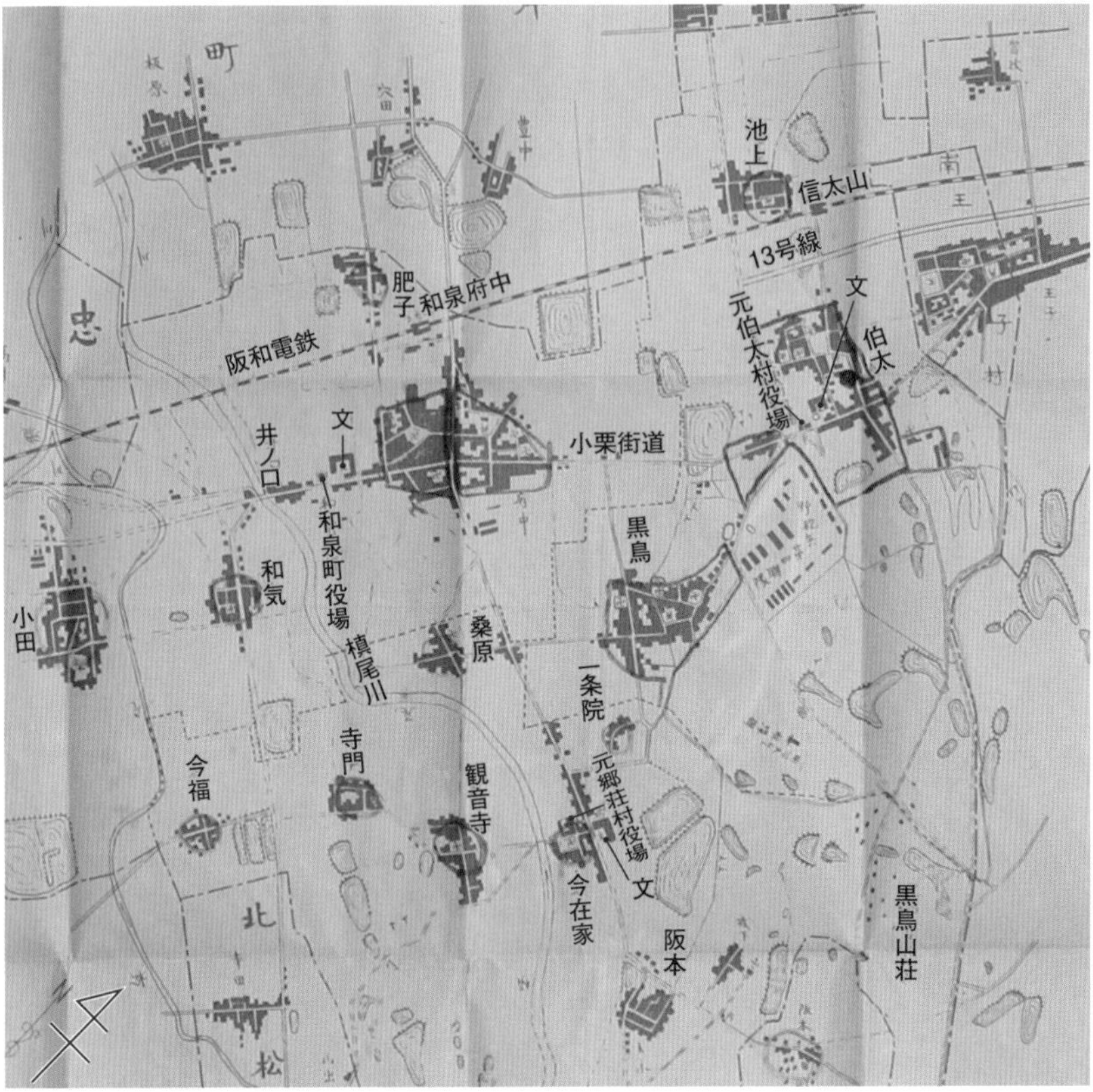

図1　『和泉町全図』（部分）　1933（昭和8）年ころ。

街道沿い、国府小学校の南西側に位置している。なお、和泉町役場は、一九三七（昭和一二）年に、府道鳳佐野線（通称一三号線）と大津—槙尾道が交差する地点に移転した。なお、和泉町全図では、一三号線は信太山の野砲兵第四連隊正門から池上方面に下った道と交差するところまでしか通じていない。

当時の人口は表6のとおり、一六八三戸八七六六人である。大字ごとにみると府中や伯太、黒鳥など一〇〇〇人を超える大字もあれば、井ノ口、一条院、今福など一〇〇人程度の大字もある。『郷土誌』によれば、町のもっともさかんな産業は、農業と工業で、農業の特産は、桑原の花卉栽培や牛乳、養鶏などで、大阪、堺、岸和田等へ出荷されているという。工業では、綿織物が主で森田工場（府中）、丸三（黒鳥）、横田（小田）、府中織物（府中）など三八の工場があり、職工数は男一二一人、女六六六人であった。このほか伯太や肥子では箪笥《たんす》製造がさかんであった。また、府中と伯太を中心に商業も発達し、小さな商店が軒をならべているという。

1933（昭和8）年					1953（昭和28）年				
大字	戸数	人口			大字	戸数	人口		
		男	女	計			男	女	計
府中	356	868	858	1,726	府中東	154	307	336	643
					府中西	491	937	1,003	1,940
					府中南	152	363	358	721
					府中北	277	650	2,200	2,850
					府中中央	247	557	774	1,331
					府中計	1,321	2,814	4,671	7,485
肥子	58	196	181	377	肥子	183	381	373	754
井ノ口	24	60	60	120	井ノ口	60	127	170	297
和気	125	282	308	590	和気	215	517	566	1,083
小田	146	390	388	778	小田	199	440	483	923
					繁和	82	190	179	369
					府営住宅	170	349	372	721
今福	17	59	48	107	今福	27	64	72	136
寺門	27	76	79	155	寺門	51	139	127	266
観音寺	91	249	244	493	観音寺	119	293	313	606
桑原	51	156	144	300	桑原	86	246	224	470
阪本	76	209	220	429	阪本	127	306	326	632
今在家	56	147	144	291	今在家	128	289	337	626
一条院	21	64	49	113	一条院	22	53	50	103
黒鳥	258	589	584	1,173	黒鳥	410	899	1,066	1,965
伯太	281	786	742	1,528	伯太	669	1,541	1,629	3,170
池上	96	307	279	586	池上	179	415	413	828
					山荘	93	214	177	391
計	1,683	4,438	4,328	8,766	計	4,141	9,277	11,548	20,825

表6　和泉町各大字の人口・戸数　国府尋常小学校『郷土誌』および『和泉町現勢要覧』1953年より作成。

和泉町全図をみても、綿織物などの工業や産業が発達していたとはいえ、いまだ都市近郊の農村地帯としての性格も色濃く残していたことがうかがえる。一三号線も阪和電鉄も沿線に人家はほとんどなく、田んぼの中を一直線に貫いている。また、信太山駅前や和泉府中駅の海側の溜池など、大小数多くの溜池が描かれている。泉州北部の水不足を解消するため光明池が築かれたのは、まさに和泉町合併の協議が進んだ時期のことであった。

光明池の築造

和泉町域の平野部は、基本的に槇尾川用水により灌漑されており、とくに谷山池郷を構成する六つの井堰《いせき》（水利組合）は、争論をくり返すものの、他地域と比べ水には恵まれていた（第4部第2章）。しかし、槙尾川から水を引くことのできない信太山丘陵裾の上代や鳳、信太などの泉州の平野部・海岸部では慢性的に水不足に悩まされていた。そこで和田・室堂の谷をせき止め、槙尾川から水を引き、溜池（光明池）をつくり、信太山丘陵内の大野池・惣ヶ池と結んで平野部に水を送り、灌漑状況を抜本的に改善しようとする計画が持ちあがったのである。一九二八（昭和三）年には、事業主体となる泉北耕地整理組合が結成された。設立申請書には国府、伯太、郷荘の各村長のほか、信太、高石、鳳らの一六の町村長が名を連ねている。

組合結成にあたって問題となったのは、槙尾川から取水する既存の井堰との関係や工事費および組合費の負担であった。組合側は、従来の慣行（旧慣）や水利権をすべて組合側に移譲させ、統一的に用水管理を行おうとした。それに対し、こうこうず井、太田井、一ノ井の各井堰は強く反発した。結局、水利権や旧慣を組合に移譲するという条文案が削除されることになった。また、組合費も低廉におさえることで合意した。光明池の築造にともない、旧来の水利秩序との調整が課題となり、組合側は統一的な管理をめざしたが、結局、各井堰の権利、慣行を尊重した運営とせざるを得なかったのである。

こうした調整を経て、一九三一（昭和六）年四月、築造工事が始まった。池の築造や主要水路は府営工事、その他の水路や不要溜池の開田（耕地化等）は組合が担当した。和泉町の誕生した一九三三（昭和八）年には、本堤防の工事もはじまっている。しかし、一九三三年に入ってふたたびこうこうず井や一ノ井は、組合費の負担をめぐって組合へ陳情を行った。その内容は、新たな水源を必要としていなかったにもかかわらず「工事費負担なし、竣工後の経常費は一反当たり四〇銭以上徴収しない」という条件で組合に加入したが、この約束に反して、組合費の負担を求められるのであれば、組合を脱退するというのである。組合費の負担をめぐって大津町、その他の町村からも不満が寄せられ、一九三五（昭和一〇）年には和泉町四八五人をはじめ八町村一五一三人が組合解散を陳情した。組合は混乱に陥り、一九三六（昭和一一）年に役員が総辞職する事態となった。事業は府の管理下におかれて再出発し（一九三九年に新役員選出）、一九三六年には本堤防、一九四〇年には集水路などの工事が竣工した。

光明池と地域開発

光明池築造により不要となる溜池は、田畑として開田されることになった。開田の主目的は耕地の拡大にあったが、先に見た組合費負担をめぐる議論のなかで、不要溜池を耕地としてだけでなく、宅地や工業地としても活用しようという意見が台頭したことが注目される。

一九三六（昭和一一）年一〇月、大阪府は組合費負担をめぐる「難問題解決をも兼ねて、土地繁栄の有利な諸条件――大阪市に近接、しかも南海阪和両電鉄、国道16号線、産業道路など完備した交通網――の威力を極度に発揮して泉北郡の土地の積極的利用策」として、大住宅、工場地帯の建設案を計画したという（『大阪朝日新聞』一九三六年一〇月一七日）。光明池の水を利用して上水道と工業用水をめぐらし、南海電鉄と阪和電鉄に平行する国道一六号線（旧国道二六号）や産業道路（一三号線）などを建設し、泉北郡大津町の南端大津川から浜寺町北端に至る一円の地で泉北工業住宅地と銘打って開発する計画であった。これにより、浜寺、高石両町は純然たる住宅地、大津町を中心に海岸地方一帯の地は重工業地、鳳町以南大津川に至る和泉町その他各町を含む山寄り一円の地を軽工業地に指定し、模範的な工業都を建設しようとするものであった。

泉北耕地整理組合も府の案をふまえ、区画整理を行って大工業ゾーンあるいは住宅を建設するという一〇年計画の更生事業案を作成し、組合費負担問題の解決による組合の再出発をはかろうとした（『大阪朝日新

写真3　信太山駅　1953（昭和28）年。

写真4　和泉府中駅　1953（昭和28）年。

聞』一九三七年四月一三日）。ただし、光明池用水の上水道および工業用水化を求める大津、浜寺、高石、鳳など海側の各町村と、それに反対する山間地域との意見対立がみられたとの報道もあり、組合内部での対立は完全には解消しなかったようである。

阪和電鉄と産業道路

実際に、和泉市域における「地域開発」が本格化するのは、戦後、一九七〇年代〜九〇年代の高度成長期からポスト高度成長期のことであるが、和泉町が成立し、光明池の築造が進みつつあったこの時期、「土地繁栄の有利な諸条件」＝工業化・宅地化の前提となる交通網の整備が進んだ。

和泉町全図（図1）には、阪和電鉄の和泉府中駅と信太山駅がみえる。阪和電鉄が開通したのは、一九二九（昭和四）年七月のことで、開通当初は、阪和天王寺駅から和泉府中駅までの区間であった。東和歌山駅（現JR和歌山駅）まで全線開通したのは翌一九三〇年六月である。開通当時、天王寺・府中間は三〇分で、運賃は三三銭であった。和泉府中駅では貨物も取り扱っており、「内田や黒鳥や府中の工場で使う綿糸をおろしたり、出来る荷物を積み込んだりするので大変貨車の出入」があるという（『郷土誌』）。また、黒鳥には住宅地として黒鳥山荘が開発され、信太山駅からバス（阪和乗合自動車）が運行された。このほか、和泉町内には、大津を出て府中、井ノ口、和気をへて南松尾村にいたる魁バスと助松駅から伯太を通り、府中、郷荘を抜け、横山村まで行く南海バスが運行されていた。

大阪府は、一九二六（昭和元）年に大阪都市計画事業として一〇大放射路線計画をたて、一九三一年から事業に着手した。一九二〇年代まで大阪と和歌山を結ぶメインの道路は、紀州街道と小栗街道であったが、紀州街道沿いに国道一六号線、小栗街道の海側に府道を建設しようとするものである。前者が旧国道二六号（現府道二〇四号）で、後者が府道三〇号（大阪和泉泉南線、いわゆる一三号線）である。当時、一三号線は、産業道路あるいは鳳佐野線と呼ばれており、堺市内は道幅一三間であったことから、十三間道路とも呼ばれた。和泉町内を全通したのがいつか明確ではないが、一九三三（昭和八）年には、信太山まで開通し、おそくとも一九三四年一二月までには府中を経て八木（岸和田市）まで開通した（鳳佐野間が全通したのは一九三七年）。一三号線は高度成長期に第二阪和国道（現国道二六号）が開通するまで、地域を支える主要道路として、大きな役割を果たした。

3　和泉市の成立と府中

和泉市の誕生

一九五四（昭和二九）年四月、大阪府町村合併促進審議会は町村合併計画案を答申した。それによれば、和泉町は、泉大津市や高石町、八坂町、信太村など平野部の市町村と合併する案であった。実際には、一九五六（昭和三一）年九月一日、南部六ヶ村（北池田・南池田・北松尾・南松尾・横山・南横山）と合併し、和泉市となったのである。南部六ヶ村は、松尾、池田、横山の谷に分かれており、合併するには地形的に難点があったが、池田と松尾の二つの谷の出口に位置する和泉町が加わることで、一つの自治体としてのまとまりを確保することができたのである。

和泉町現勢要覧と和泉町全図

和泉市合併三年前の一九五三（昭和二八）年に作成された「和泉町現勢要覧」によれば、人口は二万人を数え、旧国府村は府中を中心に、森田綿業、森田紡績、市新晒《いちしんさらし》などの大工場を有する商工業街、旧伯太村は野砲兵第四連隊などの旧軍関係の連隊、保安隊の軍隊街であり、旧郷荘村は大津織物の発展によって国府に次ぐ商工業のまちとなり、和泉町は商工業の町として発展を遂げつつあるという。とはいえ、職業別の戸数は、農業が最も多く一〇四四戸、五八八〇人である。稲作のほか桑原の花卉栽培（写真5）が特産であった。農業の次に多いのが、商業と製造業で、製造業は男性九八三人に対し、女性が四倍以上の四〇八一人もいた。その大半は繊維工業で、木材やガラス工業なども一定数存在している。一九五二（昭和二七）年の「和泉町全図」には森田紡績・森田織布（府中）、市新晒（和気）、丸三織布、好本織布（黒鳥）、昭和鉄鋼、日本工芸織物（肥子）、興綿紡織（芦部）、山中織布、横田織布（小田）などの工場が記されており、繊維に関する工場が多く展開していたことがわかる。和泉府中駅前にはブリヂストンの工場がある（コラムⅥ参照）。また、府中には、住友銀行、泉州銀行、農協の三つの金融機関があった。そのほか府中周辺には、郵便局、警察署、幼稚園などの公共施設が確認できる（写真5）。

合併申請書にみる和泉町

次に、一九五六（昭和三一）年の合併申請書から、和泉市のなかでの和泉町の位置を確認しておこう。一九五六年九月一日、大阪で二三番目の市として和泉市が誕生した。人口は五万八〇六人で、そのうち和泉町が二万一二〇〇人とおよそ四割を占めた。合併の協定書および覚書によれば、新市名は、新市域が和泉国の中心に位置していること、旧和泉町が和泉国にちなんで和泉町としたことから「和泉市」とした。仮庁舎は

和　泉　町　公　会　堂

和　泉　郵　便　局

国家警察和泉地区警察署

和　泉　町　消　防　署

和　気　妙　泉　寺

桑原花畑フレーム

和泉町府中駅前通り

和泉町府中中央通り

写真５　1953（昭和28）年当時の和泉町　『和泉町現勢要覧』1953（昭和28）年。

旧和泉町役場および公会堂におき、新庁舎を速やかに府中に建設すること、小学校の通学区域は当分現状通りとし、中学校については南部六ヶ村の中学校は廃止し、石尾山付近（万町）に統合するが、和泉中学校はそのまま存置することなどが確認された。合併申請書の調書では、槇尾川・牛滝川に沿って綿織布工業地帯があるという。資本金一〇〇〇千円以上の工場は、市内に一〇七あり、そのうち和泉町には四三工場が集中していた（表7）。

工場名	事業の種類	資本金（千円）	職員数
ゴールデンフリーズ株式会社	紡績	1,250	54
株式会社信太山製材所	製材	1,500	14
渡辺石綿工業株式会社	石綿	2,000	55
上田真珠工業株式会社	人造真珠	1,000	15
加藤毛糸紡績株式会社	混紡毛糸	10,000	53
松下桐材株式会社	製材	2,000	12
遠藤織布株式会社	織布	2,000	27
浅井織布株式会社	〃	1,200	5
丸井織布株式会社	〃	1,000	7
好本織布株式会社	〃	3,000	138
丸三織布株式会社	〃	4,000	142
好本産業株式会社	別珍コールテン	1,000	50
森田織布株式会社	織布	50,000	1,393
森田綿業株式会社	〃	40,000	396
奥村織布株式会社	〃	1,600	28
丸信メリヤス合資会社	〃	1,000	8
長尾毛織株式会社	〃	1,000	34
株式会社若松商店	人造真珠	5,000	6
阪和紡績株式会社	織布	24,000	38
府中綿業株式会社	糊付加工	1,500	7
山本農薬株式会社	農薬	9,950	62
矢野金属株式会社	電話手動交換装置	3,000	82
和泉衛生株式会社	澱粉	2,000	6
泉州毛布組合	毛布	13,500	37
株式会社山重製材所	製材	1,000	6
三弘繊維産業株式会社	染色	1,000	36
大丸澱粉工業株式会社	製粉	4,000	37
大阪ポプリン株式会社	織布	3,500	48
昭和製鋼株式会社	鋼索・鋼線	4,000	217
山中織布株式会社	織布	5,000	74
北中製粉株式会社	製粉	1,000	25
合資会社丸昌織布	織布	1,200	11
横田織布株式会社	〃	1,000	39
市新晒工業株式会社	晒加工	50,000	594
和泉府中製氷株式会社	製氷	1,000	5
興綿紡織株式会社	織布	5,000	116
阪本織布株式会社	スフ・毛布	1,500	9
横田毛布株式会社	毛布	2,000	81
芦部織布株式会社	織布	13,000	30
大谷毛糸紡績株式会社	紡績	2,000	16
和泉毛織株式会社	毛布	2,000	13
ブリジストンタイヤ大阪工場	織布	2,500,000	121
昭和製鋼株式会社	ワイヤーロープ製造	40,000	217
合計			4,364

表7　和泉町の工場一覧　資本金1,000千円以上。「合併に関する調書」1956年より。工場名等は史料のママとした。

写真６　和泉市役所仮庁舎（旧和泉町役場）1956（昭和31）年。

写真７　和泉市役所新庁舎　1958（昭和33）年。

新市発足直後の九月二三日には、市長選挙が行われ、和泉町長の横田礒治が当選し、初代市長に就任した。同時に市議会議員選挙も行われ、初代議長には和泉町の森田弥太郎が就いた。和泉市のなかで和泉町が中心的な位置にあったことがうかがえよう。

新庁舎の建設と公共施設の集中

和泉市では、市の誕生に際して記念行事は行わず、新庁舎の完成まで延期することとした。新庁舎の建設は、新市建設計画の中心事業の一つであり、合併後すみやかに府中地区に建設することが確認されていた。しかし、大事業であり簡単に着手できる事業ではない。しかも、和泉市は旧町村が抱えた四〇〇万円の赤字（一九五六年度上半期）を引き継いでいた。

一九五七（昭和三二）年三月に行われた第一回市議会定例会で、横田市長は、市の財政事情が好転しているとの見通しを示しつつも、あくまで健全財政を堅持するとの立場から、新市建設計画の全面的な実施ではなく、その重点的実施を表明した。重点とは、①産業の振興（繊維工業を中心とした中小企業対策）、②土木建設事業の推進（道路の舗装、修繕維持）、③市民生活の安定（市営住宅の建設）、④文教施設の整備と道義の昂揚（小学校増築など）の四点である。この段階では新庁舎の建設はまだ具体化されなかった。つづく七月の第二回定例会では、前年度の決算が一五〇〇万円余の黒字となる見通しとなったことを踏まえ、新庁舎の建設費を中心とする追加更生予算が組まれた。その後、急速に具体化が図られ、九月から一〇月にか

年	施設名
1958（昭和33）年	和泉市役所
1961（昭和36）年	和泉市民会館
1962（昭和37）年	和泉郵便局
1963（昭和38）年	公立和泉病院分院 和泉保健所新庁舎 府立和泉工業高校
1967（昭和42）年	市民野球場 市民中央プール
1970（昭和45）年	和泉警察署新庁舎
1973（昭和48）年	和泉市消防本部
1975（昭和50）年	和泉市勤労青少年ホーム・和泉商工会館
1976（昭和51）年	和泉市立市民体育館 休日急病診療所
1977（昭和52）年	和泉市立病院新館
1978（昭和53）年	府立伯太高校 府立和泉養護学校
1979（昭和54）年	和泉市立図書館
1981（昭和56）年	第2阪和国道開通
1985（昭和60）年	和泉市コミュニティセンター 和泉市保健センター
1987（昭和62）年	総合福祉会館

表8　府中周辺に設置された主な公共施設　和泉市合併から1980年代まで。

けて用地の買収・借用がすすめられた。翌年二月一二日には地鎮祭が行われた。

新庁舎の建設は順調に進み、一九五八（昭和三三）年一〇月二〇日に竣工した。鉄筋コンクリート造で、地下一階地上三階、建坪およそ一二六九坪を数える堂どうたる新庁舎が出現した。竣工時の写真をみると市役所の周囲は田畑がひろがっており、近代的な新庁舎の偉容が、周囲からもよく確認できたものと思われる。

一〇月二七日から新庁舎での業務がはじまり、一一月一日には、新庁舎の竣工と市制施行を記念して、自衛隊の市中行進と小中学生の旗行列、花火の打ち上げなど祝賀式典が行われた。また、一一月一日の前後には、時代行列や提灯行列、展覧会や演芸会、商工祭、写真コンクールなど市内一円で記念行事が行われた。

その後、一九六一（昭和三六）年の市民会館を皮切りに、府中とその周辺には、多くの公共施設が建設され、和泉市の中心として発展した（表8）。また、人口の増加にともなって、一九七〇（昭和四五）年に黒鳥小学校（伯太小から分離）、一九八〇年に池上小学校（伯太小から分離）、一九七三年には和気小学校（国府小から分離）および郷荘中学校（和泉中から分離独立）など、相次いで小中学校が新設された。

第2章　産業経済の発展と市街地再開発

1　「府中」地域の工業化

近代綿織物業の勃興

近代の和泉市域は綿織物業地帯として発展したが、「府中」地域もその例外ではない。この地域において、織物業近代化の中心となったのは、伯太村黒鳥であった。当時の黒鳥の状況について、『和泉伯太郷土史事典』は以下のように記している。

……明治二十年俗名「チョンコ機《ばた》」が始《（ママ）》めて黒鳥に入つた。数軒の織元が五、六台の機《はた》を用い、いわゆる出機《でばた》（機を貸して糸を与えて賃織さす）により子女の多い家庭に委嘱していた。当時、黒鳥に浅井条《（ママ）》吉、浅井安松、黒川久治郎、好本勝治郎等の諸氏が織元となり、主として小巾物《こはばもの》（九インチ）を織つていた。……つゞいて明治三十年頃、俗名「太鼓機」に改良せられた機の台数も急に増加し、出機もその範囲を広めて村内にとゞまらず遠く山の谷、伯太、池上、信太、にまでおよんだ。

機械機の出現。時代の進歩に伴い、織布の需要も増し必然的に量産の必要にせまられ、人力機では及ばなくなつて来る。この時、人力機に代つて現れたのが動力機で、いち早く明治三十八年、黒鳥の浅井条吉氏が動力機二十台を入れ操業した。次いで翌年、黒川久治郎氏、好本勝治郎氏も続いて動力機を入れた。

右の引用にある「チョンコ機」とは、明治初期に海外から導入された飛杼《とびひ》（シャトル）を用いた織機であり、一般にはバッタン機と呼ばれている。また「太鼓機」とは、一八九〇（明治二三）年前後の時期に泉南で考案され、泉州織物の品質向上に大きな役割を果たした織機であった。太鼓機は「チョンコ機」より複雑で価格も高かったため、出機制が急速に広まる要因となったとされる。

このような出機制の展開を前提として、日露戦争後に動力機が導入され、黒鳥の織元たちは工場主へと転化していった。『黒鳥郷土誌』は、「浅井氏がとくに先進的技術を導入した」理由について、「小作地もかなり多くを所有し、自己資金が豊かであったこともみのがすわけにはいかない」ものの、「浅井氏の夫人が内田の久保惣から来ていたので、いろいろと技術的指導力が大きかったといわれている」と述べている。黒鳥における綿織物業の近代化は、久保惣太郎（北松尾村）に牽引された市域綿織物業の近代化の一環であったと考えられる。

こうして登場した初期の綿織物工場の全体像は、各種の工場調査が掲載する工場のデータが必ずしも一致しないため容易につかみがたい。そこで各種の調査から、第一次世界大戦以前の設立工場を抽出・整理したのが表9である。各工場のデータには矛盾する記載もあるが、和泉町地域における初期の綿織物工場は、おおよそこの表のようであったと考えられる。

これらの工場の設立事情については、先に紹介した黒鳥に関する文献以外に手がかりがない。ただし国府村の大橋喜平次工場については、その設立経緯をうかがうことができる。日露戦争後の国府村で二ヶ所の綿織物工場を経営していた大橋は、堺市で肥料商（大橋商店）を営みつつ堺紡績株式会社の取締役をつとめる実業家であった。その大橋が当初国府村に設けていたのは、綿実油・菜種油および油粕を製造する製油工場（井ノ口、一九〇四年）であった。一九〇〇年代前半の国府村には、大橋以外にも井庭泰次郎の製油工場（府中、一八九一年開設）が存在していたが、『工場通覧（明治三七年）』が掲載する大阪府の製油工場は一一ヶ所

（大阪市二、東成郡三、泉北郡三、中河内郡二、南河内郡二）であった。これらの製油工場の所在地は、いずれも綿・菜種の栽培が盛んであった地域であり、国府村の二つの工場は、地域農業の特色を反映していたといえる。

所在地		工場主	(A)		(B)		(C)		(D)	
国府村	小田	露口吉三郎	M40.5	11	M40.4	37				
	井ノ口	大橋喜平次／西村安太郎	M41.2	21	M40.12	33				
	府中	大橋喜平次／西村安太郎	M42.8	20	M42.2	15	M41.2	61	M42	17
	府中	田所左太郎	M42.10	14	M40.3	45	M42.10	30	M43	24
	府中	森田菊三郎			M45.1	39	M45.1	24	T 1	31
	府中	前川清吉			M45.4	23	M45.7	11	T 1	13
	府中	田所政一			T3.3	39	M45.3	29	M45	27
	府中	藤原惣太郎							M45	21
	和気	奈良政之助					M45.3	30	M45	36
	小田	横田悦二					T2.8	21		
伯太村	黒鳥	浅井丈吉	M41.2	24	M40.11	18	M41.2	18	M41	24
	黒鳥	黒川幸平	M42.8	10						
	黒鳥	黒川久太郎			M42.9	16	M42.8	14	M42	16
	黒鳥	好本勝治郎	M42.1	21	M43.1	29	M42.12	22	M42	23
	黒鳥	浅井安松			M43.11	12	M43.9	10		
	黒鳥	好本宇三郎			M43.1	18	M42.11	15	M43	17
	黒鳥	奥村彌太郎			M44.2	18	M43.9	20	M44	21
	黒鳥	阪口重太郎			M45.6	21				
	黒鳥	好本治一郎			M45.5	28	M45.5	18	T 1	25
	伯太	山本与蔵			T2.8	49	M45.4	17	T 3	23
	池上	出原常治郎					T2.10	9	T 2	35
	黒鳥	阪口賢太郎					M45.3	14	M45	16
	黒鳥	堀内文五郎					M43.9	12	M43	13
郷荘村	観音寺	堀田祐太郎	M41.9	15						
	観音寺	堀井米蔵			M44.10	18	M44.9	20	M44	26
	阪本	横田栄次郎			M44.6	31	M44.7	21	M44	32
	阪本	由良信三			T1.8	26	T1.8	26		
	観音寺	堀川勝太郎							M43	27

表9　1915年までに設立された綿織物工場　（A）～（D）の左欄は設立年月、右欄は職工数。A)『工場通覧 明治44年』(1911年) 明治42年12月末日現在　5人以上、B)『工場通覧 大正7年』(1918年) 大正5年12月末現在　10人以上、C)『大阪府下組合会社市場実業団体一覧』(1918年) 不明、D)『大阪府下商工業者一覧』(1920年) 大正8年末　3人以上。

ところが泉北郡の綿栽培は一八九〇年代から、菜種栽培は一九〇〇年代から急速に衰退し、一九〇〇年代後半には見る影もなくなってしまう。こうした動向を背景として、国府村の二つの製油工場は一九〇〇年代後半には史料から姿を消し、かわって大橋の綿織物工場が登場する。明らかに大橋の綿織物工場は、地域農業の変容によって存在価値を喪失した製油工場の転用として設立されたものであった。大橋は一九〇八（明治四一）年二月、国府織布商会と称する綿布製造所を立ち上げ、翌年には府中に分工場を設立している。なお一九一〇年代半ば以降、工場主としての大橋の名は各種工場調査から消えるが、入れ替わりに登場する西村安太郎は、日露戦争当時に大橋製油工場の職工であったことが確認できる。また一九二二（大正一一）年までの大橋商店の広告は、国府村の二つの工場を「白木綿製造所」と記しており、それまでの西村安太郎工場は大橋商店の傘下にあったとみられる。このような大橋（西村）工場の歩みは、綿織物業の近代化を地域の産業構造の中で考察する必要をよく示している。

第一次世界大戦後の綿織物業

一九一四（大正三）年から一八（大正七）年まで続いた第一次世界大戦により、ヨーロッパ諸国の工業生産は軍需に集中し、広大な市場の空白が生まれた。このことは日本の輸出関連産業に未曽有の活況をもたらし、いわゆる大戦景気が訪れた。その典型が綿織物であり、その輸出額は一九一四年から一八年の間に八倍以上に激増した。こうして到来した綿織物ブームの中で、織物業者も急増した。

大阪府が一九一九（大正八）年末時点で府内商工業者（工場は常時使用従業員三人以上）を調査した『大阪府下商工業者一覧』（一九二〇年）によると、織物工場は五一（国府村二三、伯太村二〇、郷荘村九）である。そのうち三〇工場（国府村一四、伯太村一〇、郷荘村六）はブームが始まった一九一六（大正五）年以降の設立であり、とくに一九一六年設立のものが一八工場（国府村一〇、伯太村七、郷荘村一）ともっとも多い。和泉町地域における近代綿織物業は、第一次世界大戦期の綿織物ブームによって確立したといってよい。

所在地		設立	代表者・社名	工場名簿掲載							職工数				
				1922	1931	1932	1933	1934	1935	1936	1921	1925	1928	1933	1935
国府村	府中	1912	森田菊三郎／森田織布	○	○	○	○	○	○	○	35	67	53	75	560
	府中	1912	前川清吉・前川正一	○	○	○	○	○	○	○	11	18	18	6	
	府中	1916	田所重蔵／田所亀太郎	○	○	○	○	○	○	○	15	10		9	10
	府中	1916	田所徳太郎	○		○					5	7		8	
	府中	1916	中西貞輝	○	○	○	○	○	○	○	12	27	27	11	27
	府中	1922	藤井市松		○	○	○	○		○		18	13	18	13
	府中	1925	府中織物株式会社		○	○	○	○	○	○			180	155	102
	小田	1914	横田彌太郎／横田織布	○	○	○	○	○	○	○		65	48	76	76
	小田	1916	森本常次郎	○	○	○					15	8		6	
	小田	1917	藤原宗太郎	○	○	○	○	○	○	○	19	27	27	9	27
	小田	1919	森元幾太郎	○	○	○	○	○		○	13	12		15	
	小田	1921	森口治男	○	○	○					12				
	小田	1925	田中豊吉		○	○	○	○	○	○		6	12	7	12
	和気	1909	田中喜市郎	○				○	○	○				10	
	和気	1919	河合五郎吉	○		○	○	○		○	13	20	21	12	
	和気	1925	田中徳松		○	○	○	○	○	○		4		5	
	和気	1930	山本百太郎			○	○	○	○	○				14	
	井ノ口	1909	西村安太郎	○		○	○	○	○	○	33	22	11	24	
伯太村	黒鳥	1908	浅井丈吉	○	○	○	○	○	○	○	19	20	13	12	
	黒鳥	1910	好本宇三郎	○	○	○	○	○	○	○	11	9	11	9	
	黒鳥	1910	奥村彌太郎・奥村元次	○	○	○	○	○	○	○	18	15	15	11	
	黒鳥	1912	好本粂治／黒鳥織布株式会社		○	○	○	○	○	○	26	17	15	9	
	黒鳥	1918	山本歓一	○	○	○	○	○	○	○	15	11	15	7	15
	黒鳥	1919	澤村六郎	○	○	○	○	○	○	○	16	14	19	12	16
	黒鳥	1913	丸三織物第一工場		○	○	○	○	○		18	22	28	28	
	黒鳥	1916	丸三織物第二工場		○	○	○	○	○	○	14			6	
	黒鳥		丸三織物第三工場		○		○	○	○	○					
	黒鳥	1921	遠藤定治		○	○	○	○	○	○				5	
	黒鳥	1926	坂口吉次郎		○	○	○	○	○	○				5	
	黒鳥	1934	黒鳥織布株式会社												300
郷荘村	?	1928	藤野八丈		○	○	○	○	○	○					
	阪本	1919	横田信太郎	○	○	○	○	○	○		14	11	12	11	11
	阪本	1921	横田為太郎		○	○	○	○	○	○				11	
	阪本	1923	横田博		○	○	○	○	○	○		14	14	18	
	阪本	1912	中山定次郎		○	○						19	25	21	
	阪本	1930	着本定							○				8	
	観音寺	1916	森口栄治（次）郎	○	○	○					14	14			
	観音寺	1911	堀井増太郎	○	○	○	○	○	○	○	19	14	14	17	
	観音寺	1915	堀川巳之助		○	○	○	○	○	○					
	今在家	1919	杉本末	○	○	○	○	○	○	○	13	10			
	桑原	1920	好本治一郎／黒鳥織布株式会社		○	○	○	○		○				25	
	寺門	1919	西村巻太郎		○							11	11	12	

表10　1920～30年代の綿織物工場　工場名簿は『全国工場通覧』各年版による。職工数は、1921年＝『大阪府全管工業一覧』（1922年）、1925年＝『紡織要覧　大正16年』（1926年）、1928年＝『日本工業要鑑　昭和4年度』（1928年）、1933年＝『紡織要覧　昭和8年度用』（1933年）、1935年＝『紡織要覧　昭和11年度用』（1935年）による。

大戦景気は一九二〇年の戦後恐慌によって終焉し、ヨーロッパ諸国の産業復興もあって綿織物業は慢性不況の時代を迎えた。そうした時代にあっても、綿織物工場の多くは営業を続けた。表10は、一九二〇年代から三〇年代にかけて行われた各種調査（その多くは従業員五人以上）をもとに、一九一〇年代後半以降に存在が確認できる工場を中心にまとめたものである。この表にみられるように、職工数一〇人に満たない小規模な織物工場が大多数であったが、国府村の森田菊三郎と横田彌太郎のように、その経営規模を拡大させた工場も登場した。ただ一九二〇年代における両工場の拡大は、なお五〇〜六〇人規模にとどまるものであった。また、伯太村では一九二二（大正一一）年、黒鳥の山本与亮、坂口賢治郎、黒川幸一郎が各一万円を出資し、丸三織物合資会社を設立して、複数の工場経営を開始している。丸三織物合資会社は、「府中」地域で初めて登場した会社組織の綿織物業であったが、個々の工場の規模は比較的小規模であった。

第一次世界大戦後に生じた大きな変化は、府中織物株式会社の出現であった。一九二三（大正一二）年、国府村府中に設立された府中織物株式会社（資本金五〇万円）は、当初二〇〇人以上の職工を擁し、地域最大の工場となった。その設立者（取締役）となったのは原甚之丞（泉南郡南《みなみ》掃守《かもり》村）、原福松（同）、原藤右門（泉南郡北掃守村）、山本薫三（泉南郡山直下《やまだいしも》村）、正木薫太郎（泉北郡忠岡村）と、いずれも市域外の人びとであった。このうち代表取締役に就任した原甚之丞は、一九一二（大正元）年に創設した福田織物株式会社（南掃守村、資本金五万円）を、資本金一五〇万円の和泉織物株式会社（一九一九年改称）に発展させた実業家であり、府中織物には和泉織物の関係会社としての色彩があった。

一九三〇年代の綿織物業

一九二九（昭和四）年に始まった世界大恐慌は、金解禁と緊縮政策を推進していた日本経済に大打撃を与え、綿織物業界は深刻な不況に直面した。ところが、金輸出再禁止に連動して生じた円為替の低落を受けて綿織物輸出は急増するようになり、一九三三（昭和八）年には輸出量でイギリスを抜き世界一となった。そのため一九二〇年代の綿織物業は、第一次世界大戦期以来の発展期を迎えることになった。

このような綿織物ブームの中で、経営規模の拡大をめざした会社の設立が相次いだ。たとえば国府村では、横田彌太郎らがまず一九三〇（昭和五）年に資本金一万円の合資会社横田織布工場（小田）を設立したが、一九三三（昭和八）年一一月には同社を解散し、あらためて資本金五万円で横田織布合資会社を設立している。また森田菊三郎は、一九三三年一月に資本金五〇万円の森田織布株式会社（府中）を設立した。森田織布は、一九三五（昭和一〇）年には第三工場を新設して五〇〇人以上の職工を雇用するようになり、地域最大の綿織物業者へと飛躍した。

会社の設立は黒鳥でも行われ、一九三四（昭和九）年一二月には、黒鳥織布株式会社（資本金五〇万円）が設立された。同社の役員は、取締役が好本宇三郎（代表）、山本与三郎、好本粂治、監査役が好本治一郎と、いずれも黒鳥の機業家たちであった。黒鳥織布も新工場を建設し、その職工は当初一〇〇人（分工場を含めれば三〇〇人）ほどであった。『黒鳥郷土誌』は同工場の職工について、「主力は女子工員であって、紀州および美木多（堺市南区）方面から来た織姫たちは寄宿生活をしながら工場で仕事をした」と記している。さらに一九三五年一月には、先述の丸三織物合資会社に代わり、新たに丸三織布株式会社が設立された。取締役には引き続き山本与亮、黒川幸一郎、坂口賢治郎が就任し、資本金は五〇万円、職工は一〇〇人台であった。

しかし一九二〇年代に地域最大の企業であった府中織物株式会社の経営はむしろ縮小気味で推移し、一九三六（昭和一一）年四月には和泉織物株式会社に合併された。以後、府中織物の工場は、和泉織物の府中工場となった。

こうして株式会社の設立や再編が相次いだ結果、従業員が一〇〇人を超える工場群が出現した。これら

	工場名	所在地	従業者		
			男	女	合計
A	和泉織物（株）府中工場	和泉町府中	20	230	250
A	森田織布（株）第一工場	和泉町府中	8	52	60
A	森田織布（株）第二工場	和泉町府中	30	120	150
A	森田織布（株）第三工場	和泉町府中	20	150	170
A	丸三織布株式会社	和泉町黒鳥	20	110	130
A	黒鳥織布株式会社	和泉町黒鳥	12	100	112
B	和泉織物（株）府中工場	和泉町府中	32	169	201
B	森田織布株式会社	和泉町府中	115	586	701
B	丸三織布株式会社	和泉町黒鳥	39	171	210
B	黒鳥織布株式会社	和泉町黒鳥	51	255	306
B	大鳥光綿株式会社	和泉町今在家	32	95	127
A	久保惣織布（株）第一工場	北松尾村内田	27	146	173
A	久保惣織布（株）第二工場	北松尾村内田	47	163	210
A	春木織布株式会社	南松尾村春木	21	75	96
A	藤楠織布株式会社	南池田村三林	17	54	71
A	大泉織布株式会社	北池田村池田下	16	68	84
B	久保惣織布（株）第一工場	北松尾村内田	25	165	190
B	久保惣織布（株）第二工場	北松尾村内田	46	162	208
B	大泉織布（株）	北池田村池田下	25	140	165

表11　1937～1939年の大規模工場　Aは『全国工場鉱山名簿　昭和12年10月』（1937年）。Bは『常時使用労働者百人以上ヲ有スル工場鉱山等調（昭和14年12月末現在）』（1940年）。

の工場は一九三七（昭和一二）年に日中戦争が開始された後も拡大を続けて、一九三九（昭和一四）年末の時点では森田織布は七〇〇人、黒鳥織布は三〇〇人、丸三織布は二〇〇人規模の会社となっていたことが判明する（表11）。市域の中では遅れてスタートした「府中」地域の綿織物業は、一九三〇年代を通じて大きく発展していた。

戦時下の綿織物業

日中戦争初期までみられた綿織物業の活況は、一九四〇（昭和一五）年前後の時期に一変する。原料である綿花のほとんどをインドやアメリカからの輸入に頼っていた日本の綿紡織業は、日本がアジア・太平洋戦争へと向かう中で、存立の基盤が失われることとなった。一九四〇年に本格化した業界統制は、業者の統合からやがて紡機・織機の供出へと進み、戦争末期には綿紡織業そのものが事実上消滅するに至る。

このような時代の変化の中で、和泉町の綿織物業にも大きな変化がみられた。その一つは、一九三七（昭和一二）年、和泉町今在家に設立された大鳥光綿紡績株式会社（資本金五〇万円）である。同社は泉北郡鳳町に本拠を置く大鳥織布株式会社が、ステープルファイバー生産のために設立したスフ紡績会社であり、和泉町地域にとっては初の紡績工場であった。ステープルファイバーとは人造繊維（レーヨン）の一種であり、戦時下には不足する綿糸の代用として広く用いられた。一九三八（昭和一三）年三月に操業を開始した大鳥光綿工場は、一九三九（昭和一四）年末の時点で一二〇人強の従業員を擁していたが（表11）、政府が進める企業合同政策の中で、一九四一（昭和一六）年九月には近江絹糸紡績株式会社（現オーミケンシ株式会社）に吸収合併された。近江絹糸和泉工場は、一九四二（昭和一七）年末には二〇〇人近い従業員で操業していたことが確認できる（表12）。しかし翌一九四三（昭和一八）年には、同工場の設備を光学機械に転換する方針が報じられ（『紡織界』一九四三年四月）、一九四四（昭和一九）年には富士フィルムの子会社である富士写真光機株式会社の大阪工場となった。

和泉織物株式会社府中工場もまた、企業合同の波に巻き込まれた。一九三六（昭和一一）年に府中織物株式会社を合併した和泉織物株式会社は、一九四〇年後半から進められた紡績企業の第一次合同により、一九四一（昭和一六）年五月、東洋紡績株式会社と合併した。これにより和泉織物府中工場は、東洋紡績の府中工場となったのだが、紡織業のさらなる縮減が求められるなかで、東洋紡績は一九四二年八月、府中工場を売却する。しかし同工場を購入したのは、株式会社日本精密工具製作所（大阪市西成区）という、軍需工場向けに精密工具を製造する会社であった。府中織物以来の綿織物工場としての歴史は、ここで終焉を迎えた（コラムⅥ）。

ところで、戦時期の綿織物業統制において大きな問題となったのは、業界の大部分を構成する小規模生産者の存在であった。政府は一九四〇（昭和一五）年一二月、「織物製造業者の合同に関する要綱」を発して合同による生産の集中と合理化を求め、綿スフ業については織機三〇〇台以上を標準として提示した。こ

工場名	所在地	従業者		
		男	女	合計
森田織布株式会社	和泉町府中	56	208	264
近江絹糸株式会社	和泉町今在家	22	166	188
黒鳥織布株式会社	和泉町黒鳥	16	86	102
大泉織布株式会社	北池田村池田下	14	111	125
春木織物有限会社	南池田村三林	13	99	112
久保惣織布（株）第二工場	北松尾村内田	20	83	103

表12　1942年末時点の大規模工場　『常時使用労働者百人以上ヲ有スル工場鉱山等調 昭和17年12月末現在』（1943年）。

の指示を受けた和泉町地域では一九四一（昭和一六）年二月、阪南織布有限会社（資本金一八万円）、泉興織布有限会社（資本金一五万円）という会社が設立されている。阪南織布の役員は、河合五郎吉（代表取締役）、好本勇、山本百太郎、田所久松、西村管治郎、田辺庫之助、前田吉松、佐野浩、泉興織布の役員は、奥村元次（代表取締役）、中西貞輝、横田博ら、地域の機業家たちであった。このうち阪南織布は、工員八〇人で操業していた六工場（織機三五六台）のうち四工場を休止し、工員四〇人で二工場（織機一六八台）に生産集中するという方式をとっていた。こうした阪南織布の経営は、「収入利益の点に於ては大差はなく、かへつて職工賃金とか電力料金の支払が或る程度はぶけ帳尻に於ては相当の利益を出して居る」と注目され、戦時下経営の模範として紹介されている（『織布』一九四一年一〇月）。しかしこのような阪南織布も、一九四二（昭和一七）年になると工員二九人、一工場（織機一二〇台）となり（『織布』一九四二年九月）、一九四四（昭和一九）年二月には解散したことが確認できる（泉興織布も一九四四年末に解散）。こうして戦時下の機業家たちは、その多くが休業ないし廃業に追いこまれていった。

綿織物業の衰退は、小規模業者のみではなかった。黒鳥織布株式会社の場合、一九四二年末の時点でなお一〇〇人規模での操業を続けていたが（表12）、原材料の入手難のため次第に経営困難となり、一九四四年六月には早川電機工業株式会社（現シャープ株式会社）と合併した。大阪市を拠点とするラジオメーカーであった早川電機は、戦時期に航空機用無線機の生産を求められ、新たな生産施設を必要としていた。『黒鳥郷土誌』によれば、合併に際して「黒鳥織布は土地建物その他の施設を現物出資し、その代りに早川電機の株六〇〇〇株（額面）をもら」い、また黒鳥織布側から「山本与三郎氏と好本粂治氏が役員として入りこんだ」という。こうして誕生した早川電機和泉工場は、一九四八（昭和二三）年まで存続していた。

森田織布株式会社や丸三織布株式会社の場合、会社そのものが軍需企業となった。森田織布は一九四四年に森田航空工業株式会社と改称し、「航空機部品加工に転換」したとされるが（『日本繊維商社銘鑑　一九六九年版』）、それ以上の事情は不明である。他方、丸三織布株式会社については、『黒鳥郷土誌』が「鉄製織機の借出《（ママ）》を命ぜられた」後、「川西航空機の軍需工場として工場を貸すように命ぜられ、飛行機の部品（ジュラルミンの翼）を生産した」こと、当時の名称が飛鳥航空であったことを記している。また「飛鳥航空には、神戸、川西航空から寄宿で多数応援に来た」ことや、「数少ない電車に乗り、帝塚山女子学院の生徒による動員」、「信太地区の娘さんによる女子挺身隊」があったとの証言もある（『和泉市風土記2』）。このように戦争末期の丸三織布株式会社は、飛鳥航空という名の川西航空機（現在の新明和工業の前身）工場となっていた。なお、川西航空機は関西における軍用機生産の中心であり、また帝塚山学院の記録には女子挺身隊の出動先として「飛鳥航空工業株式会社」と「森田航空工業株式会社」が並記されているので（『帝塚山学院四十年史』）、森田航空の性格も飛鳥航空と同様であった可能性が高い。

綿織物業の復興

綿織物業の受難は、一九四五（昭和二〇）年の敗戦によっても終わらなかった。敗戦時に一九三七（昭和一二）年の一割以下にまで落ち込んだ綿糸生産は、一九四九（昭和二四）年になってもようやく戦前の四分の一程度にとどまっており、そのため業界は依然として国家の統制下に置かれ続けた。こうした状況が変化するのは、朝鮮戦争の勃発（一九五〇年六月）を契機になされたＧＨＱによる綿紡績施設制限の撤廃と、そ

工場名	所在地	代表者	工場規模			備考
			(A)	(B)	(C)	
森田織布（株）	府中	森田菊三郎	B	B	B	S31森田紡績（株）と改称
山中織布（株）	小田	寺田兵蔵	C	D	E	S 9 設立、泉州織物（有）
中西織布工場	府中	中西武雄	D	F	F	泉州織物（有）、S25（株）
西村サイジング工場	府中	西村二郎	D	D	F	泉州織物（有）、S25（株）
西村織布工場	井ノ口	西村二郎	D	F	F	
市新晒工業（株）	府中	中江新十郎		C	C	本社＝堺市、S14工場設置
本州工芸織物（株）→日本工芸綿織物（株）府中工場	府中	柔田保治		E	D	本社＝大阪市
和泉撚糸（株）	府中	雲林院広吉			D	旧日精産業（株）
森田鉄工業（株）	府中	森田一顕			D	S26森田綿業（株）に改称
井上商店府中繊維加工場	府中	中谷亮太郎			F	代表は泉大津市
（有）中野染工場	府中	中野良一			F	S22設立
今津紡毛（株）府中工場	府中	水野興三郎			F	本社＝堺市
河陽織布（株）	府中	吉田友治郎			F	S25解散
大阪ポプリン（株）	府中	清水二三人			F	S24設立
横田織布（株）	小田	横田哲弥			F	旧横田織布（資）、S23（株）
奥村織布工場	黒鳥	奥村元次	D	F	F	黒鳥織物組合、S25（株）
好本織布（株）	黒鳥	好本治一郎		E	E	M34創業、S24（株）
丸三織布（株）	黒鳥	黒川幸一郎		E	E	S10設立
浅井延秋織布工場	黒鳥	浅井延秋		F	F	黒鳥織物組合、S25（株）
山本綿布工場	黒鳥	山本豊		F	F	
藤野工場	伯太	藤野奥次		F	F	日泉毛布（有）
好本産業（株）	黒鳥	好本清勝			F	好本粂治が創業、S23（株）
黒鳥丸五織布（株）	黒鳥	奥村卯三郎			F	
横田工場	阪本	横田綽之	D	F	F	
横田為太郎	阪本	横田為太郎	D	F	F	日泉毛布（有）
横田博織物工場	阪本	横田博	D	F	F	T13創業、S25（株）
長尾製織（株）大津工場	池上	黒川一夫	D	F	E	本社＝大阪市東区
横田織布工場	阪本	横田貢		F	F	S16創業、日泉毛布（有）
横田織布工場	阪本	横田豊		F	F	
横田吉織布（株）	阪本	横田吉雄		F	F	S 9 毛布製造業、S23（株）
桜井織物工場	一条院	桜井栄一			F	S11創業、日泉毛布（有）
興綿紡績（株）	今在家	藤田六郎			F	S23富士写真工機工場を買収設立

表13　戦後復興期の綿スフ織物業　工場規模のうち（A）は『全国工場通覧』昭和24年版（データ＝1948年）、（B）は同25年版（同1949年）、（C）は同27年版（同1951年）。工場の規模は（A）B＝500~999、C＝100～499、D＝30～99、E＝5～30人、（B）（C）B＝500～999、C＝200～499、D＝100～199、E＝50～99、F＝5～49人。

の後に生じた特需景気によってである。

原料不足に加え、戦時中には多くの織機が供出させられていた。そのためか、一九四六（昭和二一）年五月段階で従業員三〇人以上の工場を調査した資料には、航空機工場から再転換した森田織布工場の名はなく、掲載されている丸三織布工場の製品は「米櫃、団扇、杓子」となっている（『全国工場、鉱山、事業場名簿　昭和二十二年』）。この資料にみえる大規模工場は、早川電機工業の和泉工場（五四六人）、市新晒《いちしんざらし》工業株式会社（一一五人）、和泉工業株式会社（九八人）、昭和製綱株式会社（八四人）などである。このうち市新晒工業は、堺市に本店を置く晒業者であり、一九三九（昭和一四）年に和泉町和気に工場を設けていた。また昭和製綱は一九二〇（大正九）年に大阪市で創業、一九三四年に株式会社となったワイヤーロープ製造工場で、やはり一九三九年に和泉町府中に新工場を建設、移転してきた企業である。なお和泉工業は一九四六（昭和二一）年一月設立の農機具・自転車製造会社であったが、代表者の横田悦二は横田織布合資会社の社員であり、織物業が困難な状況を切り抜けるために設立された会社であったと考えられる。

　織物業の復興は一九四八（昭和二三）年以降のことであり、一九五〇年までに表13のような工場が調査に現れている。これらの工場の中には、共同経営組織に属するものもあった。たとえば黒鳥織物組合は、黒鳥の織物業者たちが一九四六年、遠藤定治、浅井延秋、浅井繁秋、奥村元次を代表者として設立したもので、五ヶ所の工場を経営していた（『産業経済大観』）。また地域の毛布業者は、日泉毛布有限会社（本社府中）を組織していた。同社は一八の毛布工場が一九四四（昭和一九）年一二月に設立したもので、設備として織機・整経機・管巻機・巻返機を有していたことが確認できる（『繊維年鑑　昭和二八年版』）。戦争末期の業者整理の中で設立された会社が戦後も存続した事例であるが、「毛布は軍需に関係のあるために設備の供出はまぬがれ」た（『経済調査』一九五八年一月）とされ、一般の綿布製造とは事情が異なっていたようである。

　なお府中には泉州織物有限会社という特異な有限会社が存在していた。これは寺田兵蔵が社長をつとめる山中織布株式会社（一九三四年に小田の機業家たちが設立、一九三九年に寺田が社長に就任）を中心に、府中の中西武雄工場・西村二郎工場と忠岡町の軒野織布工場・前田織布工場が一九四三（昭和一八）年に設立した有限会社であった（『産業経済大観』）。岸和田市に本拠を置く寺田財閥の一員であった寺田兵蔵は、佐野紡績株式会社（府中）やその後身である帝国産業株式会社の取締役であり、府会議員も務めた有力者である。このような泉州織物有限会社は、戦時期の苦難の時代に生き残るため機業家たちが選択した一つの道筋を示すものであろう。

しかし右のような共同経営組織は、一九五〇年代になるといずれも姿を消し、かわって個々の工場の株式会社化が目立つようになる（表13）。和泉町における織物業の復興は、個別の中小経営を再建する方向で進められていった。

森田紡績・森田綿業・市新晒

和泉町は明治期以来、綿織物業を中心に発展してきたが、戦後になると有力紡績業者も出現した。戦時・戦後初期を通じて綿糸不足に苦しめられた織物業者の中には、紡績業への参入を図ったものがあり、戦前期に地域最大の綿織物企業となっていた森田織布もその一つであった。森田織布は一九五〇（昭和二五）年に綿紡績施設制限の撤廃が発表されると、いちはやく紡績業への進出を申請した。織機一五〇〇台に付設した約五〇〇〇錘の綿紡機から始まった森田織布の紡績業は、一九五〇年代半ばには三万錘規模を超えて同社の主力事業となり、一九五六年には社名も森田紡績株式会社に変更された。森田紡績の設備は、一九六〇年代半ばにはスフ紡機・化繊紡機をも加えて五万七〇〇〇錘規模へと拡大し、資本金は一億四〇〇〇万円に達した。従業員数も、一九五〇年代半ばには一七〇〇人を超え（図2）、市域最大の企業となった。

森田織布と同時に紡績業に参入した企業が森田鉄工業株式会社である。同社は森田菊三郎の実弟である森田一顗《かずあき》が一九四〇（昭和一五）年に設立した、有限会社和泉厚生鉄工廠をルーツとする。船舶関係部品製造を目的とした和泉厚生鉄工廠は、一九四四（昭和一九）年に森田鉄工業株式会社となり、戦後は紡織機械の生産を行っていた。鉄工会社が紡績業に参入するというのは異例であるが、同社は戦時下における森田織布の生き残り策とみてよく、綿業統制の撤廃を機に本業への復帰をはかったものであろう。森田鉄工業は紡績業への転換に際して森田綿業株式会社と改称し、新興の綿紡績専業会社としてスタートした。なお社長の森田一顗は、一九五二（昭和二七）年から新々紡（制限撤廃後に参入した企業の総称）を代表するかたちで日本紡績協会委員をながく務め、また大阪三品取引所理事、大阪工業協会理事、政府の各種審議会委員などを歴任した。

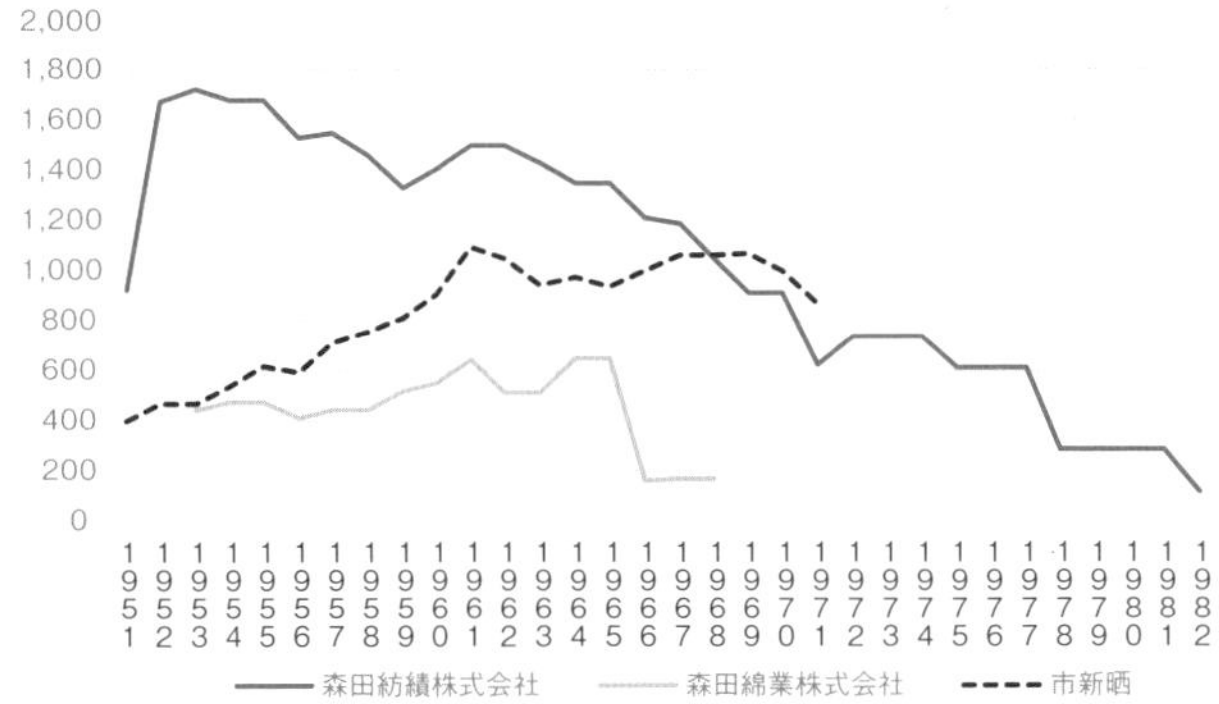

図2　森田紡績・森田綿業・市新の従業員数

森田紡績と森田綿業は、一九五〇年代における地域綿紡織業発展の中心となり、一九五〇年代末には和泉市の高額納税者上位一〇人のうち、八人までが両社の関係者で占められるほどであった。しかし早くも一九五〇年代後半には、新興国における綿工業の発展や、国内における重工業化の進展などから綿紡織業の発展は頭打ちとなり、この部門は構造不況業種、斜陽産業とみなされるようになる。このような状況の中で森田綿業は紡績業の将来に見切りをつけ、一九六六（昭和四一）年三月、森田電工株式会社（資本金一〇〇〇万円）を設立した。三洋電機株式会社との共同出資で設立された森田電工は、テレビ部品の製造を行う会社であり、後には家電製品の自社開発を行うようになった。森田綿業はその後も存続したが、従業員の大半は森田電工に移動となり、新々紡の雄として知られた森田綿業は姿を消した。

森田綿業が撤退した後も、森田紡績は紡績業に従事した。しかしその経営規模

写真８　左：市新晒工業、右：森田紡績　『泉州六市』 1960年より。

は縮小の一途をたどり、一九七〇年代末の従業員数は三〇〇人を割りこむまでになった（図２）。経営不振に陥った森田紡績株式会社は、一九八七年、ついに自己破産した。

綿紡織業が斜陽化した一九六〇年代においても、安定した経営を続けていたのが市新株式会社（一九六四年市新晒工業を改称）であった。市新は宝永元（一七〇四）年創業と伝える業界最古の企業であり、一九五〇年代には工場を拡張して本社を和泉町に移し、技術改良につとめた。各種織物の精錬・漂白・染色・加工と多方面にわたる同社の技術は高く評価され、そのため同社は加工額において全国の一割を占める業界最大の企業へと成長した。一九六〇年代の市新は、資本金一億円、従業員数一〇〇〇人前後となり、市域では森田紡績に次ぐ規模の企業となった（図２）。ところが繊維業界は一九七一（昭和四六）年に実施された繊維製品の対米輸出規制と、ドル・ショックによる円の切り上げにより大きな打撃を受け、受注が減少した市新は一九七二（昭和四七）年に工場閉鎖、従業員解雇に追いこまれた。その後の再建の試みも不調に終わり、市新株式会社は一九七七（昭和五二）年二月に倒産した。

２　和泉府中駅周辺エリアの商業と駅前再開発

和泉市成立当時の和泉府中駅前エリア

一九五六（昭和三一）年九月に和泉市が発足すると、国鉄（現ＪＲ）和泉府中駅は市の「玄関」として位置づけられるようになった。しかし当時の和泉府中駅前エリアは、市の玄関口としては貧弱であった。和泉府中駅の正面には開業以来工場が存在し、商業地区はその周縁に形成されていた。一九五〇年代の府中町には、二つの市場（和泉大衆市場、阪和マーケット）と大津街道沿いに形成されつつあった和泉中央商店街という計三つの商業地区が存在した。このうち和泉中央商店街については、「昭和25〜26年の朝鮮動乱の特需景気もあり、地元の大手紡績工場も従業員（女工さん）が増え、その消費力が、当商店街の発展の契機となった」とされ、「給料日には、街に女工さんがあふれ、商店の中にはメーカーから応援が来たところもあった」と伝えられている（『地域経済』一九九五年一二月）。また府中町では、やはり一九五〇年頃より、和泉劇場、セントラル劇場、昭栄劇場といった映画館も開設されるようになった。

だがこうした府中町の活況は局地的なものであり、市域の購買力の多くは市外に流出していた。たとえば一九六〇年代前半までの泉大津中央商店街は、「当時、和泉市に商店街の形態がなかったこともあり、泉大津市、和泉市の全域が商圏（当時の2市の人口約14万人）となり、山手から泉大津駅前行きの南海バスも利用客で満員の状態で商店街は活況を呈し」、映画館も賑わっていたという（『地域経済』一九九六年一月）。一九六〇年代前半における和泉「市民の消費生活における地元購買率は、せいぜい40％ぐらい」であったと推定されているが（『創立一〇周年記念　和泉府中駅前商店街』）、その主要な流出先は泉大津駅周辺だったと考えられる。

防災建築街区造成事業と地域商業の発展

このような和泉府中駅前エリアを大きく変化させたのが、一九六三（昭和三八）年から六五（昭和四〇）年にかけて行われた防災建築街区造成事業であった（コラムⅦ、『近現代編』コラムⅢ）。全国的にみても最大クラスの規模で行われた本事業により、鉄筋コンクリートのビル群からなる近代的な商業地区・業務地区が出現し、「泉州一の表玄関にふさわしい」(『広報いずみ』一九六五年八月)市街地が創出された。

防災建築街区造成事業の結果、府中町では事業区域内に新設された和泉府中駅前商店街(ロードインいずみ)および和泉ショッピングセンター、その北側に隣接する和泉中央商店街、東部に隣接する府中センター(旧和泉大衆市場)という、まとまった商業エリアが成立した。その効果は絶大であり、それまで和泉市を商圏としていた泉大津中央商店街では「山手の和泉市域からの人の流れが止まり」(『地域経済』一九九六年一月)、四割程度であった和泉市民の地元購買率は八割をこえた。さらに当時はまだ阪和線沿線に商店街がなかったことから、和泉府中駅前の商店街の商圏は「和歌山県境から富木付近(堺市の近く)、山手は横山地区、海側では泉大津市の一部までと広域」におよんだとされる(『地域経済』一九九五年一二月)。こうして和泉府中駅前の商業エリアは、「泉州内陸地域でもっとも繁栄した商店街」となった(『和泉市広域商業診断勧告書昭和54年2月』)。

スーパーの進出と商業環境の変化

一九七〇年代の和泉府中駅前商業エリアは、商業環境の大きな変化に直面する。その最大のものが、この時期に本格化したスーパーマーケットの進出であった。和泉市域におけるスーパーマーケットは、一九七〇(昭和四五)年六月、和泉中央商店街の中心部に開店したニチイ和泉府中店(一九八〇年時点の売場面積三六三二平方メートル)および同店に併設のトリオト府中店(同八六四平方メートル)が最初である。大規模商業施設であるニチイの出店は、当初商店街への打撃が懸念されたが、ニチイにより地域全体の集客力が増大したため、和泉中央商店街や和泉府中駅前商店街については好影響となった。

だがスーパーマーケットの進出は、これにとどまるものではなかった。一九七三(昭和四八)年七月には和泉府中駅の北西側にいづみや（現イズミヤ）和泉府中店（泉大津市豊中、八〇年時点の売場面積一〇六一九平方メートル）、七七（昭和五二）年には市域山手にダイエー光明池店（室堂町、同七七〇〇平方メートル）、七九（昭和五四）年には阪和線東岸和田駅近くにニチイ東岸和田店（八五年時点の店舗面積九二七九平方メートル）といった大型商業施設が出店し、また丸高ストア鶴山台店（鶴山台、八〇年時点の売場面積一二七〇平方メートル）、スーパーまつや寺田店（寺田町、同八〇〇平方メートル）、同三林店（和田町、同九九〇平方メートル）といった小規模のスーパーマーケットも現れた。こうしたスーパーマーケットの展開は、和泉府中駅前商業エリアの商圏縮小をもたらすこととなった。

一九七〇年代に生じたいま一つの変化は、モータリゼーションの進展である。一九六〇年代末になお二割未満であった和泉市における乗用車普及率（軽自動車を除く）は、七〇年代を通じて急速に上昇し、七〇年代末には五割を超えた（図3）。第二阪和国道沿いに立地したいづみや和泉府中店は、こうしたクルマ社会時代の買物行動を想定し、四〇〇台以上の駐車場を備えていた。しかし和泉府中駅前商業エリアはニチイ和泉府中店を含め、まとまった駐車場を有していなかったため、一九七六（昭和五一）年には和泉府中駅前商店街が協同組合として駐車場（平面六三台）を設置した。この取り組みは、商店街によるモータリゼーション対策の先駆的事例の一つであり、和泉府中駅前商店街は「自前の駐車場を保有することにより大きな成果をあげている商店街」として注目された（『産業能率』一九九三年八月）。

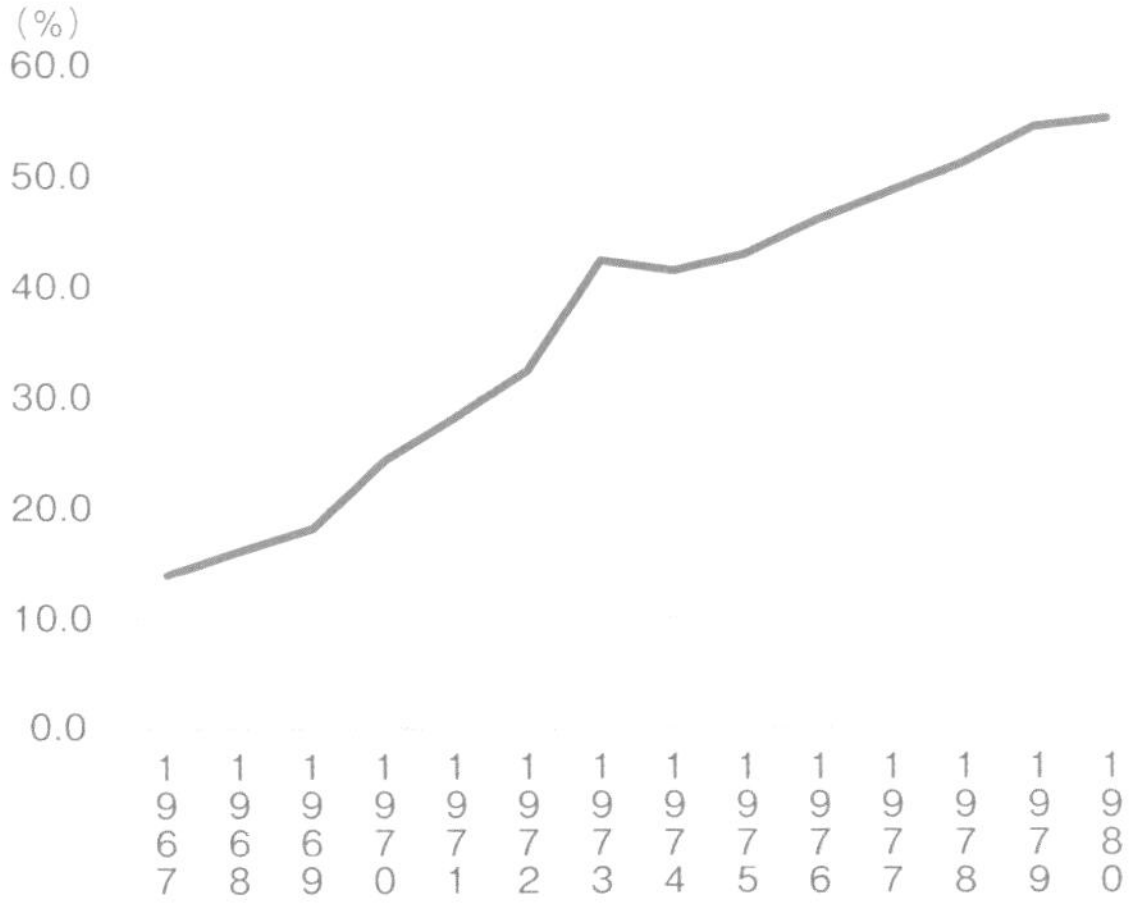

図3　和泉市における乗用車普及率

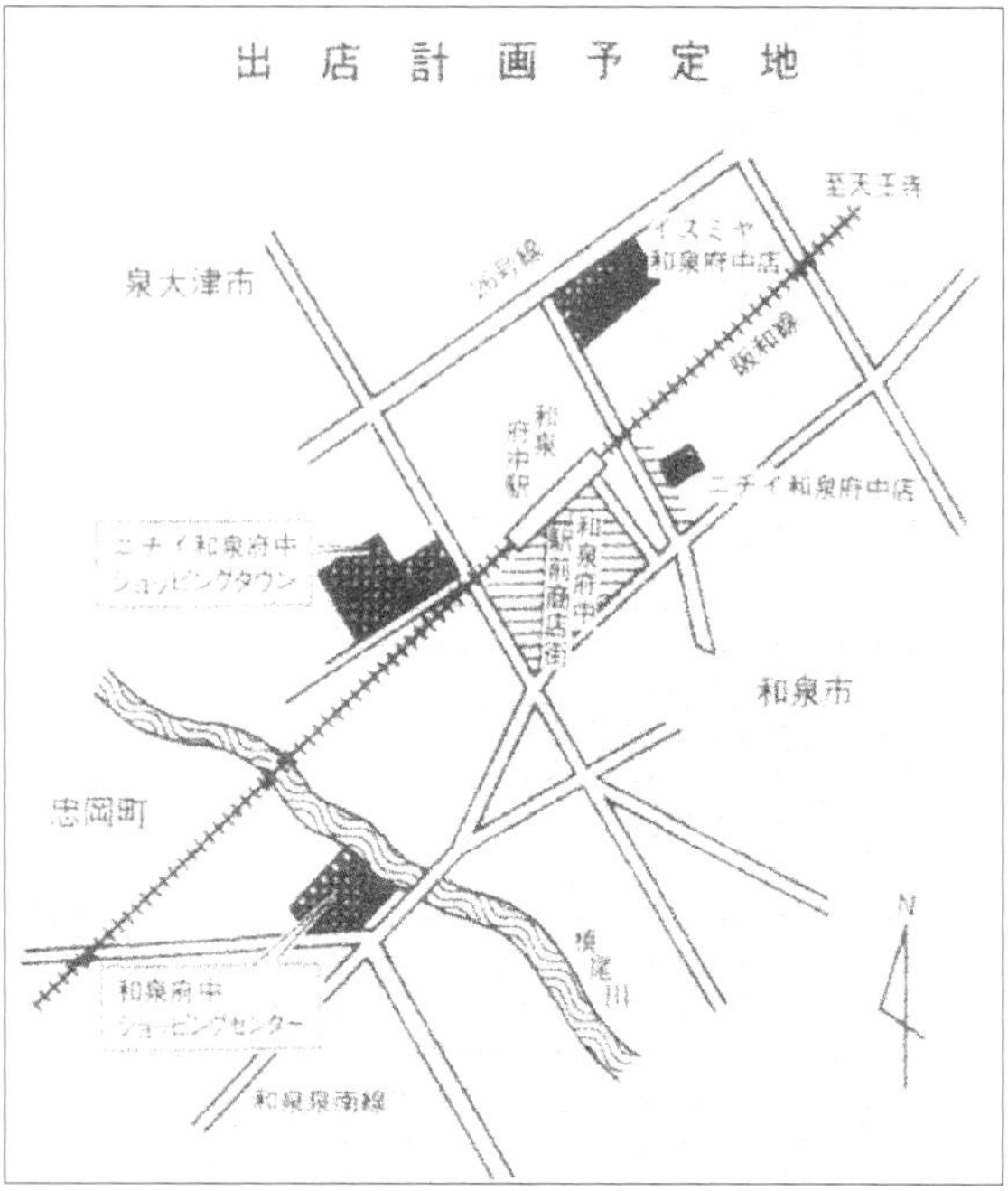

図4　ダイエー・ニチイ出店計画図　『地域経済』1988年8月より。

和泉府中サティの開業

一九八〇年代の泉州地域では、この時期に具体化した関西新空港計画を見据え、大型商業施設の進出が加速した。市域においては、まず一九八〇（昭和五五）年五月にダイエーが店舗面積二万一〇〇〇平方メートル、駐車場規模一五〇〇台（のちに七五〇台に修正）という巨大「ショッピングセンター」の建設を計画し、さらに同年九月にはこれに対抗する形でニチイがほぼ同規模の「ショッピングタウン」計画を明らかにした。ダイエーの計画は和気町の市新株式会社工場跡地、ニチイの計画は肥子町の日鉄ロープ工業和泉府中工場（旧昭和製綱株式会社工場）跡地を転用するものであり（図4。『地域経済』一九八八年八月）、地域産業の構造転換を象徴するものでもあった。

一九七〇年代に本格化した大型商業施設の地方都市進出は、全国各地で地元商店街との摩擦を引き起こしていた。そのため一九七三（昭和四八）年には大規模小売店舗法（大店法）が制定され、地元との合意がない出店は不可能な枠組みが作られていた。こうした状況を前提に、市域の商店街をたばねる和泉市商店連合会は、説明会の開催を拒絶するという態度をとり、ダイエー・ニチイの計画を凍結状態とした。ところが事態は一九八七年に至り一変する。当時のメディアは、その経緯を次のように報じている。

……（昭和）六十二年一月大きく環境が変化した。大阪通産局が「大規模小売店舗法（大店法）三条に基づく申請はあくまで届け出制であり、地元が反対していても申請があれば受理する場合もある」と和泉市商工会を通じて地元に異例の通告をして来たのだ。その後、商工会と連合会の役員は連日のように話し合った。絶対反対の声も強かった。しかし、徐々に連合会役員は「出店やむなし」に傾き始める。大きく流れが変わったのは、七月末に商工会の金子正事務局長が行った「大店審会長談話」についての説明会以後のことだ。通産大臣の諮問機関、大店審会長が昨年六月発表した「会長談話」は内需拡大や産業構造調整の必要性を背景に大店法の弾力的運用を求めていた。……こうして連合会役員たちは「通産局、商工会の指導方針の変更を大きなきっかけ」（堀田会長）に軟化する。連合会は昨年十一月に「出店やむなし」で地元の意見を一本化した。現在、試案として店舗面積など調整四項目をダイエー、ニチイに提示している。（『日経流通新聞』一九八八年一月二八日）

政府の方針が転換した背景には、当時外交問題化していた日米貿易摩擦の対策として、大店法などの「非関税障壁」撤廃を求めるアメリカの圧力があった。ともあれ政府の行政指導の下、商店連合会はダイエー・ニチイとの「条件闘争」に入った。その結果一九八八（昭和六三）年末には、キーテナント部分の店舗面積を削減するなどの条件でニチイとの合意が成立し、翌年にはダイエーとも合意がなされた。

先行したニチイの新店舗は、一九九〇（平成二）年三月、和泉府中サティとしてオープンした。和泉府中サティは売場面積一万四六五〇平方メートルのうち一万六六五〇平方メートルを占めるサティを核店舗とし、各種専門店、ファストフード店、レストラン、さらにパーティーやコンサートに使えるホール、スポーツ施設、室内遊園地、映画館なども備えた複合型ショッピングセンターであった。サティは当時のニチイが新しく立ち上げた総合スーパーと百貨店の中間的性格をもつ「生活百貨店」であり、エントランスにスペイン風の回廊・噴水を配した和泉府中サティは、バブル景気の時代を反映した新時代のショッピングセンターであった。和泉府中サティの開業にともないニチイ和泉府中店は閉店となり、客足の落ちた和泉府中駅前商業エリアの商店経営は苦しくなった。なお和気町に予定されていたダイエーの「ショッピングセンター」計画は、最終的に断念された。

和泉府中駅前の市街地再開発事業

すでにみたような和泉府中駅周辺地域の変容は、駅前エリアを対象とする新たな再開発事業の登場を促した。和泉府中駅前エリアを再開発する必要は、スーパーマーケットの進出が始まった一九七〇年代から認識されており、一九七二（昭和四七）年度から七四（昭和四九）年度にかけて市街地再開発に関する調査検討がなされた。この作業は、一九七三（昭和四八）年の石油危機を引き金とする高度経済成長の終焉と市財政の悪化により中断となった。しかしその後も商業環境の変化は進行し、また一九八〇年代になると関西新空港開港を目標とする再開発事業が泉州地域の各地で計画されるようになった。

このようななかで和泉市は、一九八四（昭和五九）年決定の第二次総合基本構想において、和泉府中駅周辺をあらためて「都心」と位置づけ、「和泉市の中心部としての役割をもっと高めるよう、和泉府中駅周辺の市街地の再開発を行」うことを明記した（『広報いずみ』一九八四年六月）。この構想は、一九八六（昭和六一）年度に建設省が創設した都市活力再生拠点整備事業に選ばれたことで具体化し、一九八八（昭和六三）年三月には「和泉府中駅周辺地区再生計画」が策定された。同事業の目的とされたのは、①「和泉市の顔＝玄関口づくり」、②「地区のポテンシャルを発現する都市機能（特に、和泉中央線、駅前広場及びその集散道路）の整備」、③「二一世紀を目指した都市生活、文化・情報拠点の形成」であった。その具体的内容は、駅の東側約四・九ヘクタールを再開発し、①三六階建の超高層住宅、②二四階建のホテル、③百貨店クラスの大規

写真９　竣工した和泉府中駅東第一地区第二種市街地再開発事業

模小売店を核店舗とし、文化施設・スポーツ施設、九〇〇台規模の駐車場などを備えた六階建のショッピングセンターという三棟の大型ビル建設を中心として駅前広場の拡張、道路整備などを実施するというもので、関連して和泉府中駅の橋上駅化を実現するとされていた（和泉府中駅周辺地区再生計画委員会資料）。

右の計画は、当初第一種市街地再開発事業（組合施行）として進められ、一九九一（平成三）年には和泉府中駅前市街地再開発準備組合が設立された。しかし、三三五人に及ぶ権利者の合意形成の困難と、バブル景気の破綻という情勢の変化から、一九九六（平成八）年には対象面積を二・三ヘクタール、施設建物を二〇階建住宅棟、五階建商業公益棟、七階建駐車場とする第二種市街地再開発事業（市施行）へと変更がなされ、一九九八（平成一〇）年に都市計画決定、二〇〇〇（平成一二）年に事業計画決定がなされた（和泉府中駅前東第一地区第二種市街地再開発事業）。しかし種々の事情から建築工事は二〇〇九（平成二一）年にずれ込み、建物の完成は二〇一一（平成二三）年のこととなった。この施設建物には、「フチュール和泉」という愛称がつけられた。二〇一三（平成二五）年五月には和泉府中駅の橋上化工事が完成、二〇一四（平成二六）年には新駅前広場と駅前歩行者デッキが供用開始となり同事業は完成した。こうして構想原案の策定からほぼ四半世紀を要した和泉府中駅前エリアの再開発事業により、現在の和泉府中駅周辺の景観が形成されることとなった。

写真10　和泉府中駅前の丸井繊維工場 1962年ころ。

コラムⅥ　和泉府中駅前（府中一二六〇番地）の工場について

現在のJR和泉府中駅前には、一九六二（昭和三七）年まで丸井繊維工業株式会社という企業の工場が存在した（写真10）。この工場の土地（府中一二六〇番地）を和泉市が買収し、再開発事業を行ったことは第5部第2章に述べられているとおりである。ところでこれまで丸井繊維については、戦前からの毛織物工場であったが、毛織物工業の本場である愛知県一宮市に移転したとされてきた。しかし丸井繊維が府中一二六〇番地に工場を移したのは一九五六（昭和三一）年のことであり、それまで同番地にはさまざまな工場が存在した。

府中一二六〇番地工場の歴史は、大別して三つの時代に区分できる。その最初のものは綿織物工場の時代であり、一九二三（大正一二）年に設立された府中織物株式会社の工場が起点となる。ちなみに現在のJR阪和線の前身である阪和電気鉄道の建設が始まったのは一九二七（昭和二）年、天王寺─和泉府中間が開業したのは一九二九（昭和四）年のことである。府中一二六〇番地の工場は和泉府中駅前に設けられたのではなく、阪和電鉄の線路と和泉府中駅の方が府中織物工場に接する形で建設されたのである。ともあれこの府中織物工場は、その後の企業合併により、一九三六（昭和一一）年四月には和泉織物株式会社府中工場、一九四一（昭和一六）年五月には東洋紡績株式会社府中工場となるが、一九四二年八月には売却されてしまう（第5部第2章）。この一九二三年から四二年にかけての足かけ二〇年間が綿織物工場の時代である。

続く第二の時代は、工具工場の時代である。東洋紡績が売却した府中一二六〇番地を入手したのは、一九三九（昭和一四）年一二月に設立された株式会社日本精密工具製作所であった。大阪市西成区津守で設立された同社は、産業用の切削《せっさく》工具（バイト、ミーリングカッターなど）を製造する会社であり、府中工場への移転は一九四三（昭和一八）年三月ころと推定される。日本精密工具は、一九四二（昭和一七）年に設立された精密機械統制会の会員となっており、広義の軍需工場であったとみなしていい。同社は一九四五（昭和二〇）年の敗戦に伴って日精産業株式会社と社名をあらため、従来の切削工具に加え、各種の鉋《かんな》や斧、農具用利器を生産した。

しかし一九四八（昭和二三）年に至り、日精産業株式会社は突如として、和泉撚糸株式会社と改称する。和泉撚糸は、一九三九（昭和一四）年一二月という日本精密工具・日精産業の創設年を引き継いでいたものの、その役員は総入れ替えとなっており、事実上の新会社であった。和泉撚糸の特徴は、その目的がタイヤコードの生産にあったことである。タイヤコードとは、自動車などのタイヤのゴム層中に織り込まれる特殊な織布のことで、タイヤの骨格を構成する重要部品である。タイヤコードは戦前から国産化されており、和泉撚糸は、戦時中にブリヂストンタイヤ株式会社（一九四一～五一年は日本タイヤ株式会社）が中国に設けていた青島ゴム工業株式会社のコード部門関係者が、日本に引き揚げて設立した会社であった。『ブリヂストンタイヤ五十年史』の年表は、一九四八年七月の項に「タイヤコード自家製織のため、和泉撚糸設立（大阪府）」と記している。こうして府中一二六〇番地工場の第三の時代、タイヤコード工場の時代が始まった。

ところで一九四〇年代後半から五〇年代前半は、タイヤコードの素材が綿糸を用いた綿コードから強力レーヨン糸を用いたレーヨンコードへと移り変わる過渡期であった。ブリヂストンタイヤはこのような転換の急先鋒であったが、同社のレーヨンコードは和泉撚糸に依存していた。そのためレーヨンコードの需要が増大すると、ブリヂストンタイヤは一九五一（昭和二六）年一〇月に和泉撚糸との合併を決定し、両社は

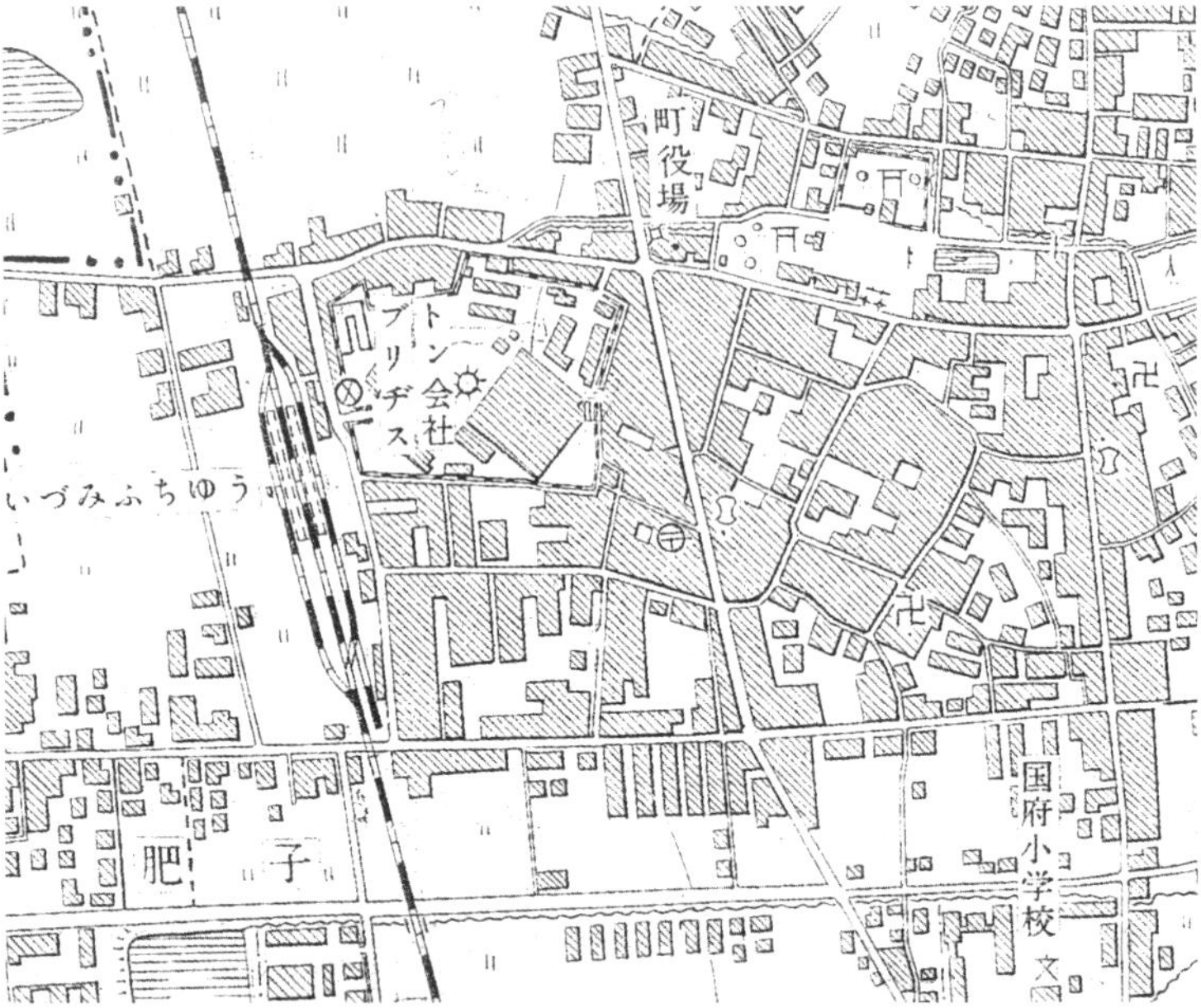

図５　『和泉町全図』（部分）　1952年。和泉府中駅前にブリヂストンの工場が確認できる。

一九五二（昭和二七）年三月に合併した。こうして府中一二六〇番地工場はブリヂストンタイヤ大阪工場となり（図5）、そこで生産されたレーヨンコードは、ブリヂストンタイヤが業界トップへと躍進する原動力となった。しかしながら戦後におけるタイヤ需要の増大は急激であり、大阪工場はその生産規模においても、ブリヂストンタイヤ本社工場（福岡県久留米市）との距離が離れているという点においても限界が感じられるようになった。そのためブリヂストンタイヤは、本社工場内に新たにタイヤコード工場を新設した。一九五五（昭和三〇）年九月に竣工した新工場には、「大阪工場の従業員が全員移り、撚糸機一〇〇台、織機二〇台も大阪工場から移設された」（『ブリヂストンタイヤ五十年史』）。ブリヂストンタイヤ大阪工場の閉鎖は、一九五六（昭和三一）年三月のことであった。

ブリヂストンタイヤが去った後、府中一二六〇番地工場を引き継いだのが丸井織維工業株式会社であった。丸井織維は、一九五一（昭和二六）年に和泉撚糸がブリヂストンタイヤと合併した際、和泉撚糸社長であった雲林院広吉《うじいひろきち》らが設立したタイヤコードメーカーであった。同社は大阪市に本社、京都市下京区と東山区に工場を設けていたが、ブリヂストンタイヤ大阪工場跡を買収すると、京都工場の全設備を府中一二六〇番地に移転した。なお同社の業務は、ほぼ東洋レーヨン株式会社（現　東レ株式会社）のレーヨンコードの賃織であり、東洋レーヨンの系列的企業とみなされていた。

丸井織維は、一九五〇年代半ばの時点で、東洋レーヨンのタイヤコード生産の三割を担っていた。しかし一九六〇年代に入ると、タイヤコードの素材として新たに合成繊維（ナイロン）が台頭するようになり、東洋レーヨンも一九六一（昭和三六）年一一月、強力レーヨン糸の生産収束を決定した。レーヨンコードからナイロンコードへの転換を迫られた丸井織維では、東洋レーヨンが大部分を出資する新会社（東洋タイヤコード株式会社）を設立して、愛知県西尾市に新工場を建設することが決定した。丸井織維の府中一二六〇番地工場は廃止されることとなり、丸井織維株式会社そのものも一九六二（昭和三七）年末に同工場の敷地を和泉市に売却する契約が調印された後に解散した。府中織物株式会社の設立以来、四〇年にわたる府中一二六〇番地工場の歴史はこうして幕を閉じた。

コラムⅦ　高度経済成長期の和泉府中駅前商店街

商店街というと、福引きをともなう大売出しやお祭り、そしてアーケードなどを思い浮かべる人も多いだろう。このような商店街の共同事業は戦前までさかのぼるものもあるが、最も盛んに行われたのが戦後の高度経済成長期だった。当時の和泉府中駅前商店街（ロードインいずみ、以下、駅前商店街）も多くの人でにぎわいをみせていた。駅前商店街の活動やそれを支えた人びとについてみてみよう。

写真11 1975年頃の和泉府中駅前商店街　『創立10周年記念　和泉府中駅前商店街』1975年より。

駅前商店街ができるまで

和泉府中駅東口に広がる駅前商店街は、工場の移転を契機として一九六五（昭和四〇）年に防災建築街区造成事業により新たに生まれた（写真11）。それ以前、和泉府中駅周辺には、大津街道沿いに和泉中央商店街があり、「店が道路わきにずらりと並んで長く続いて」いたという。また、和泉大衆市場と阪和マーケットという二つのマーケットが存在していた。設立年はそれぞれ一九五〇（昭和二五）年、一九五三（昭和二八）年で、八百屋、肉屋、魚屋、パン屋など食料品店や雑貨屋、洋品店など一通りの店がそろっていた。客層は、主婦や女性のほか、会社帰りに寄る人が多く、また府中町以外から訪れる人もいた（『小学校社会科資料集』）。

一九六四（昭和三九）年の住宅地図を見ると、現在の駅前商店街の場所は大きな空地となっている。和泉大衆市場はその東側に位置し、周囲の平均的な敷地数軒分程度の広さしかなく、昭和二〇年代以来の狭小な店舗からなっていた様子がうかがえる。新設された駅前商店街がいかに巨大だったかがわかる。実際、駅前商店街の合計面積は、当時の市内の総売場面積に匹敵するほどであった。

駅付近には駅前商店街のほかにも、異なる由来を持つ複数の商店街が存在した（表14）。現在に続く主要な商店街は、一九六〇年代に設立されている。その後、一九七三（昭和四八）年にスーパーマーケットのニチイが駅前商店街の北東に隣接して出店し、同年にイズミヤ（現在のカナートモール和泉府中）、一九九〇（平成二）年に和泉府中サティ（ニチイが移転）と、大規模ショッピングセンターが商店街とは駅を挟んで反対の西側に進出し、駅付近の商業集積が広がっていった。

名称	設立年
和泉市中央商店街	1960(昭和35)年
和泉府中駅前商店街	1965(昭和40)年
和泉ショッピングセンター	1965(昭和40)年
阪和ストア	1965(昭和40)年
府中センター	1965(昭和40)年
和泉府中駅前南通商店街	1968(昭和43)年
イズミ通り商店街	1973(昭和48)年
和泉府中駅西商店街	1975(昭和50)年
和泉府中サティ協友会	1990(平成２)年

表14　和泉府中駅周辺の商店街　『和泉市中心市街地活性化基本計画』1991年より作成。なお、和泉市中央商店街は、1960年以前から存在している。

商店街の賑わいと共同事業

駅前商店街は創業以来、さまざまな共同事業を実施した（『創立一〇周年記念　和泉府中駅前商店街』）。

一九六五（昭和四〇）年七月二五日の創業時には約一〇日間の大売出しを行い、乗用車など景品総額四〇〇万円の福引きを行った（写真12）。この年は合計四回の大売出しを行い、ラジオ、テレビはもとより飛行機まで動員して広告・宣伝を行ったほか、一二月には南海バスの駅前乗り入れを実現させている。

翌年からは毎年三月か四月の春の祭典か、七月の創立記念行事に催しを開催している。長崎の竜おどり、鳥取のしゃんしゃん踊りのほか、毎年のように阿波踊りを招いて、市民も一緒に数日間、踊りを楽しんだという。このほかにも従業員の制服の統一、商品券の発行、駅前ロータリーでのシンボル塔の建設、

写真12　駅前商店街完成パレードでの北池田小学校鼓笛隊　『創立10周年記念　和泉府中駅前商店街』1975年より。

共同駐車場・共同放送設備・街路灯の設置など、さまざまな共同事業を行っている。講習会の実施、納税貯蓄組合結成などの店主や従業員向けの事業や、通行量調査、他商店街の視察、コンサルタントによる店舗診断などの経営向上に取り組んでいるのも特徴である。

駅前商店街ができる以前、和泉市民の地元購買率はせいぜい四〇パーセント程度であったのに対し、駅前商店街完成後の地元購買率は、八四パーセントに上昇したと推定されている（大阪府商工部の商業診断）。現在のように、大規模ショッピングセンターはまだ少なく、商店街がその買い物需要を担っていた。とくにニチイの出店は相乗効果を生み、一九七〇年代に商店街は繁栄のピークを迎えた。

商店主への聞き取りによれば、当時の駅前商店街は平日でも人がいっぱいで道路が見えなくなるほど混雑していたという。朝九時から夜九時まで通しで営業し、大みそかは午前二時まで営業したほどで、当初、月一回だった商店街の休みが月二回に増えたのがうれしかったと回想している。

当時は生活と商売の場が一緒だったこともあって、商店街としてお祭りを開催するなど新たに地域を統合するような役割を果たした。また、商店街は道路を挟んで共通の利益を追求する者同士が集まってできた新たな共同体でもあった。和泉府中や泉佐野の再開発に関わった当時の都市計画コンサルタントによると、当時の商店主は店舗の面積と間口を広げたいという願望が強く、個別に建て替えるより間口を広くとれる共同建築を大いにアピールする一方で、個別の利害関係が噴出して苦労があったという。また、小学校のＰＴＡ役員からスタートし、商店会役員を経て市議会議員候補にという人事構想が語られるなど、商店街を介して人材を育成するシステムもあったという。

商店街の人びとの経歴

駅前商店街と近くのショッピングセンターで働いていた人びとへの聞き取りをもとに、商店主と従業員の経歴を見てみよう（聞き取り調査は二〇二三（令和五）年に実施）。

A氏は一九四〇（昭和一五）年に堺市で生まれ、空襲で和泉市観音寺町に転居した。もとは母方の実家の稼業だった花屋を近くの市場で営業していたが、二六歳の時、駅前商店街の設立を契機にここでおもちゃ屋を開業した。コンサルタントの指導で子ども向けの店が欠けていると指摘されたためだった。

B氏は一九四一（昭和一六）年に生まれた。実家は中央通り商店街にあり、もとは八百屋だったが、一九五五年ごろからは洋品雑貨店を営んでいた。その後、駅前商店街の開設にあたり、母親の勧めを受けて、二三歳で洋品店を開業した。開業にあたっては、住宅金融公庫や銀行による融資と中小企業高度化資金の融資を受けた。他店での修業などもせず、実家から仕入れのルートを引き継いだ。同年に結婚し、夫婦二人で営業した。後にサンピア光明池と和泉府中サティにも出店している。服飾業は経験者が開業する例が多く、近隣にショッピングセンターが開設された際に、駅前商店街から出店する例はほかにも多くあったという。

C氏は一九四六（昭和二一）年に生まれた。家業は明治時代から続く薬局で、大阪府庁に薬剤師として勤務していたC氏の父が駅前商店街の設立に参加した。C氏は駅前商店街ができると聞いて、大学卒業後は和泉市に戻った。化粧品店及び家業の薬局を承継し、二六歳からは商店街の役員も務めた。C氏の母は終戦直後に東京で編物を学んでおり、近隣の女工さん向けに編物手芸や和洋裁、料理教室を開いていた。それもあってお客は地元だけでなく九州出身の女工さんも多く、給料日には若いお客で溢れたという。C氏の妻も薬剤師で、家事・育児だけでなく調剤業務に励み、C氏の会社の発展は母や妻の献身抜きには語れない。

D氏は一九四八（昭和二三）年に生まれた。実家は中央通り商店街でふとん屋を営業していた。父は終戦後に叔母の住んでいたこの地に引揚げてきて、当時まだ専門店がなかったふとん屋を開業した。そして、駅前商店街開業時に初代理事長となり、造成などの仕事を専業で行った。ふとん屋は当初兄弟二人で継いだが、後に末の弟が引き継ぎ、D氏は学習塾を開業した。

E氏は一九四五（昭和二〇）年生まれで、実家は一九三七（昭和一二）年から中央通り商店街で時計屋を営業していた。実家の前の土地が拡幅で道路になった際に、駅前商店街に店を借りて、宝飾・時計店を開いた。従業員として鳥取や岡山、香川の出身者を何人か雇っていた。

その他、聞き取りによると、和泉市全域に加えて岸和田や泉佐野の出身者もおり、農家の出身者や山を持つような裕福な人もいたといい、さまざまな出自の人が集まり、開業した様子がうかがえる。多くの商店は家族経営で、そこに地方出身の若年の従業員が加わっていた。また、まだ二〇代や大学卒業直後の若い人びとが開業できたのも特徴で、商店街を足場に付近のショッピングセンターなどに店舗展開していく例も見られた。現在の商店街組合の役員には中央通り商店街の出身者が多いようで、近隣商店街の出身者が駅前商店街の中枢を担っていたように見える。

次に、従業員についても、その経歴を見ておこう。

F氏は一九五二（昭和二七）年に山口県萩市に生まれた。実家はお菓子などの小売店を営んでおり、地元の高校卒業後に、親戚も働いていた総合スーパー業のニチイに就職した。当時同社の従業員募集の案内が高校によく出ており、採用面接も地元市民会館で行われた。一、二ヶ月の研修を経て、ニチイ和泉府中店で開業時からレジ打ちとして働いた。社員寮が和泉府中駅の裏にあり、先輩と一緒に二、三人で六畳の部屋に同居した。同僚には山口県のほか中国・四国や鹿児島県の出身者が多かった。社員旅行でさまざまな場所に出かけ、寮には会社の費用負担で茶道や華道、編み物の先生が来ていた。弟二人が高校を出て就職したこともあり、四年間働いた後に実家に帰った。その頃は、四年も働くと辞める人が多く、結婚したらみな退職した。会社が花嫁修業もできるという触れ込みで求人し、親も安心して預けたのだろうという。F氏は様ざまな人と出会うことができ、働きかつ遊んで、貴重な経験だったと振り返っている。

この時期の駅前商店街では慰安大会や優良従業員の表彰、親睦旅行など、従業員向けの福利厚生事業も盛んに行っている。とくに一九七二(昭和四七)年には、鉄筋コンクリート造六階建ての従業員向け宿舎を建設しており、このような施設を持つ商店街は全国的にも珍しかったという。聞き取りからは、従業員には中国地方や九州地方出身の若年層が多かった様子がうかがえる。商店街やショッピングセンターは、採用のために地方まで直接出向くことも多く、従業員を確保するための様ざまな施策を行っていた。商店街とショッピングセンターは高度経済成長期に地方から大都市へ人口移動が進むなかで、それを媒介する役割を担っていた様子がうかがえる。

おわりに

一九五六年に市制が施行された和泉市はその後の二〇年間で、人口が約五万人から一二万人弱へ二倍以上に増えた。とくに一九七〇年代は人口増加率が高く、毎年約五〇〇〇人ずつ増加していった。急速に都市化が進むなかで、商店街は人びとの買い物の需要を担うとともに、そこで働く人びと自体、近隣や地方の出身者からなり、言わばこの時期の都市の縮図となっていた。小売業の歴史によれば、戦前の商店街が失業者や半失業者が就業する「過剰人口のプール」としての側面が強かったのに対し、高度成長期には労働力不足が顕著で、商店街は地方出身の若年層を住み込みで働かせるなど、都市の主要産業として機能し、相対的に収入が高かった。新しく形成された和泉府中の商店街は、このような商店街の時代を象徴する存在だった。

コラムⅧ　和泉を生きる――女性のライフヒストリーから

和泉と綿織物工場

和泉市域は、戦前以来、綿織物業が盛んな地域として知られる。とりわけ、一九五〇（昭和二五）年にはじまる朝鮮戦争による「特需」で大きく発展した（第5部第2章）。

綿織物工場では、多くの女性が働いていた。一九五二（昭和二七）八月段階の和泉町職業別人口によれば、製造工業に従事する男性が九八三人であったのに対し、女性はその四倍、四〇八一人を数えた。製造工業の多くが綿織物業であった。本コラムでは、聞き取り調査等にもとづき、この綿織物業を支えたひとりの女性のライフヒストリーを紹介し、女性が「働くこと」の意味を地域の歴史のなかに位置づけてみたい。

戦時下を生きる――小学生のころ

S子さんは、一九三二（昭和七）年七月四日、岸和田の土生で生まれた。六人きょうだいの四番目で、長女だった。幼いうちに、両親の商売のため大阪市港区田中元町五丁目に引っ越した。両親は塩干物や茹でたタコを売っていて、店は「たこや」と呼ばれていた。忙しかった両親にかわって幼稚園の送り迎えをしてくれたのはお手伝いさんだった。

S子さんがはじめて和泉市域を訪れたのは、錦国民学校（港区田中元町三丁目）に通っていた一九四四（昭和一九）年のことである。大阪市では、学童疎開に先立って、学童避難が実施された（『近現代編』）。港区を含む、空襲時にもっとも危険な地域とされた甲地区第一区の学童が集団避難を開始したのは六月一六日だった。S子さんは、四年生の妹と一年生の弟と参加した。和泉府中駅に到着したのち、低学年はトラックで、S子さんを含む高学年は歩いて横山国民学校（現横山小学校）に移動した。弟が寝小便をしないか心配だったという。

その後、多度津（香川県）のお寺に集団疎開した。疎開中に妹が肺炎を患って亡くなった。卒業式のために帰阪したとき、大阪大空襲に遭遇した。およそ三時間半にわたって大阪市の中心部が攻撃され、S子さんと同じように卒業式のために帰阪した学童の多くが犠牲・行方不明になった。田中元町も空襲で焼けた。便所の便器だけが焼け残っていたのを記憶している。卒業式は中止になった。

その後、高等科に進学するも、一年生のときに親が辞めさせた。「卒業式に出たことがない」とよく口にしていたS子さんがようやく卒業式に出席したのは、ピースおおさか（大阪平和国際センター）が二〇一一（平成二三）年度から大阪大空襲で卒業証書がもらえなかった方のために開催している「幻の卒業式」だった。二〇一七（平成二九）年、S子さんは七二年ぶりに卒業証書を手にした。

機織りとの出会い

空襲後は、岸和田の親戚方に避難した。進学した高等科では、織物工場に学徒動員された。兵舎用の蚊帳を織っていた工場だった。一年生が管巻（織機の杼《ひ》に入れる管によこ糸を巻きつけること）をし、二年生が機を織った。

高等科を辞めた後、府中の森田紡績に住み込みで働くことになった。機織りの技術はそこで身につけた。しかし、食事が不十分だったため、同僚六人と山に逃げて、川中（三林）の辻本織布に移った。敗戦直後は、大きな工場には昼間に電気が来るが、個人工場は夜に電気が来た。辻本織布は個人工場だったので、昼は寝て夜に働く昼夜逆転の生活になった。食事もどうにもならず、また六人で逃げた。

次に募集人が紹介してくれたのが、新しくできたという好本産業株式会社（黒島）だった。六人で一緒に移った。好本産業で、織機を前後五台ずつ、合計一〇台ほどを担当し、糸切れなどに対応した。

好本産業は、好本粂治が大正期に創業した好本織布工場にさかのぼる。一九三四（昭和九）年には、他の工場も継承し、黒鳥織布株式会社を設立した。黒鳥織布は、従業員を数百名雇用し、紀州や美木多（堺市南区）方面からきた女子工員のための寄宿寮も備える大工場であったが、一九四三（昭和一八）年には、早川電機工業株式会社（現シャープ）に合併されて通信機を製造する軍需工場となった。この早川電機和泉工場の跡地に、一九四八（昭和二三）年三月に設立されたのが、好本産業である。粂治は早川電機監査のまま好本産業の取締を兼任した（第5部第2章）。

工場には意地悪な同僚もいたが、つらかったことはなかった。工場の空き地でダンスを教えてもらったことが楽しい思い出として残っている。給料日のあとは、今もある和泉府中駅前の食堂「かどや」へうどんを食べに行くのが恒例だったが、府中にいく道中、小栗街道沿い「石屋」のあたりで陰に隠れている人がいて危ないので、会社の男の人が用心棒についてきてくれていた。なお、泉南地方の例であるが、このころ「あそび相手にするなら工場の子」を合い言葉に、工場で働く女性たちに近づく男性もあったという（「泉州の繊維産業に働く若年女子労働者たちへのとりくみ」）。

結婚と出産

友人の紹介で、同い年で黒鳥在住のS夫と結婚したのは一九五六（昭和三一）年だった。半数以上が見合い結婚で、恋愛結婚（友人の紹介を含む）が三割ほどであった時代のことである。一九五六年一一月一〇日、好本産業の社長宅で結婚式を挙げた。仲人は好本粂治に頼んだ。

一九五九（昭和三四）年一月、二七歳で長女を出産した。会社は出産を機に退職した。翌年に次女を出産し、一九六五（昭和四〇）年に三女を出産した。三女は一月一日の生まれで、おせち料理を作ってから病院に向かった。長女が生まれてからまもなく、夫の両親と同居するため、府中から黒鳥に引っ越すこととなった。義実家は、駄菓子屋を営んでいた。おもに義母（一九〇七年生まれ）が店番をしていたようだ。

じつは、S夫は養子で、義父（一九〇〇年生まれ）の妹の息子であった。義父は、酒好きで博打好きだった。S夫が働く会社にもやってきては勝手に給料を受け取って博打に遣ったりした。心配して世話をしてくれる人がいて、一九五二（昭和二七）年、鋳物・ボイラー技士として大阪金属工業株式会社（ダイキン）堺製作所に転職した。義父はダイキンにも給料を受け取りにやってきたが、会社は渡さなかったらしい。

義父の反動か、S夫は酒も飲まず、優しく慎ましい人柄で、夫婦仲はとても良かった。ただ、地車が大好きで、お祭りで鳴り物が聞こえると家を出て行ったきり、鳴り終わるまで帰ってこなかった。S夫が亡くなる直前、上泉町会が地車を新調した。すでに寝たきりになっていたS夫のために青年団が家の前まで地車を持ってきて、鳴り物を鳴らしてくれた。娘や孫の記憶にはそのときのS夫の姿が印象深く残っている。

再び工場へ

三女が生まれてまもなく、S子さんは好本産業に復職した。会社から強く乞われたのだという。

なお、表15によれば、好本産業は、一九六〇（昭和三五）年から急速に業績を伸ばしている。従業員も前年に比較して二倍となっている。注目したいのは、織機の数である。一九五九年に一二〇台あった織機は、翌年に八台となっている。これは、カーペット織機に転換したためで、一九六七（昭和四二）年にはカーペット織機を四台増やしている。

カーペットへの転換の背景には、次のような事情があった。まず、高度経済成長期に安価な女子労働力の確保が困難になったこと、安い外国製品の台頭により輸出入ともに苦しい状態におかれたことである。くわえて、泉州地方は付加価値の少ない白木綿や、労働生産性の低い小幅物の生産が多かったことがあった。そこで、綿織物の過剰生産を避けようとしてカーペットなどへの転換が進められたのである（『黒鳥郷土誌』）。

S子さんが復職したのはそのような時期だった。復職後のS子さんは、カーペットの糸が切れて柄がなくなっている箇所を「こしらえる」作業をした。カーペットはベルギーなどから輸入していたという。カーペットの補修作業は、白木綿よりも難しかった。しかし、手先の器用なS子さんはすぐに慣れ、会社に重宝がられた。最初はパートだったが、のちに正社員になった。

工場勤務は、朝八時から夕方五時までで、休日は日曜だけだった。お昼休みには昼食をとりに一度帰宅し、また工場へ行った。給料などの条件は「まあまあ」よかったという。

好本産業を辞めることになったのは、一九九五（平成七）年二月のことである。販売不振で五三億円の負債を抱えた好本産業が破産申告したのだった（『Credit&Law』六六号）。六二歳のときだ。好本産業に一緒にきた同僚六人のうち、最後まで勤めたのはS子さんだけだった。好本産業からは退職金もきっちり払われた。

年	資本金	従業員	建物	年商	織機台数
1957（昭和32）年	100万	55	785坪	—	95
1959（昭和34）年	100万	40	785坪	1600万円内外	120
1960（昭和35）年	100万	80	2479㎡	5千万円内外	8
1963（昭和38）年	100万	50	2479㎡	6千万円内外	8
1965（昭和40）年	100万	50	敷地1200坪、建物750坪	400百万円内外	8
1967（昭和42）年	800万	82	敷地2475㎡、建物3960㎡	2億円	12
1969（昭和44）年	800万	95	—	5億円	—

表15　好本産業の業績変遷　『帝国銀行・会社要録』各年版より作成。

「働くこと」と女性

日本の高度経済成長期に、女性が育児期に労働市場から一時的に撤退し、子育てが一段落してから再就職するというライフスタイルが広がったことを指して、「戦後、女性は主婦化した」と言われる。他方で、同時期に「主婦化」というトレンドを上回る勢いで既婚女性の雇用労働化が進行することに注目し、一九六〇年代を「主婦化と雇用労働者化のせめぎあい」の時代として捉えるべきとの見方もされている。それに対してS子さんのライフヒストリーで興味深いのは、主婦化と雇用労働者化の両方の経験がみられることである。

写真13　好本産業の社員旅行　鬼怒川温泉。1973（昭和48）年。

S子さんが、長女の出産を機に好本産業を退職したことは、一見すると「主婦化」のトレンドをなぞらえているようにみえる。しかし、S子さんは、好本産業から強く乞われて三女出産後まもなく職場に復帰した。背景には、高度経済成長期に製造業を中心とする若年労働力の不足があり、既婚女性が働き続けることを、むしろ企業側が労働力確保のために歓迎したことがある。くわえて、S子さんの場合、S子さん個人の職業能力が高く買われた。S子さんが「働くこと」に自負を抱いていたことは、その語り口からうかがえる。

しかもS子さんは、再就職後に正社員として働いた。一九六〇年代当時、中高年女性が子育て後に再就職する際、パートタイムではなく、ふたたび正社員として雇用される道が閉ざされていなかったことがうかがえる。好本産業の社員旅行の写真には、中高年の女性たちの姿が少なくない。和泉の繊維工場では、その職業能力を活かして働き続ける既婚女性が少なくなかったと言えるだろう。

ところで、S子さんは育児日記に「祖父・祖母と別居して父母はとても幸に暮していました」と、長女の目線から書いている。だとすれば、長女出産後に義両親と同居したことはS子さんの本意ではなかったかもしれない。S子さんにとって好本産業で働くことは、家からの（一時的な）解放の意味もあったのではないかと思われる。

一九八〇年代は、民法改正による配偶者の法定相続分の引き上げ、主婦の基礎年金の創設、配偶者特別控除の創設など「主婦化」が制度化され、結婚・出産を機にいったん就業を辞め、出産・育児を経てパートタイマーとして再就職するという働き方が大きな流れとなった。現在でも、働き続ける女性が増えているとはいえ、男性を主要な稼ぎ手として女性を被扶養者とみる傾向は根強い。そうしたなかで、S子さんの次女は看護師として働き、長女・次女を出産後まもなくパートとして復職し、長女が小学校にあがるころには正職員となった。それから三〇年以上看護師として働き、現在は管理職を務めている。次女の長女も次女も（S子さんの孫）専門職としてキャリアを積んでいる。思えば、S子さんの両親も商売を営んでいた。S子さんにとって職業を持ち「働くこと」は当たり前であったし、「働くこと」で獲得した技術や賃金はS子さんの誇りでもあった。S子さんの生き方は、娘や孫の「働くこと」をめぐる選択に何かしらの影響を与えたかもしれない。

第3章　「府中」地域における町とその変容――小社之町の運営文書から

1　明治初期の公事家中と町

小社之町の運営文書

二〇一八（平成三〇）年に府中町を対象に実施した合同調査に際して、府中西町会の田所家（家号甚兵衛）に伝わる「小社之町公事家中文書《うぐすのちょうくじやちゅう》」と記された木箱の中から、厚さ二〇センチメートル近くもある分厚い帳面束が発見された（写真14）。小社之町は、府中村の内部にある五町のうちのひとつであり、（第4部第1章・第3章）のちの府中西町会につながる。みつかった帳面束は八〇点以上に及ぶ帳面が綴られたもので、その大半は横帳形式の町運営文書である。このうち、もっとも数が多いのが、「諸費勘定帳」である。この帳面は、当初は表紙も標題もなかったが、一九〇六（明治三九）年以降に表紙が付され、「支配割方帳《わりかた》」あるいは「町内支配割方帳」と名付けられるようになる。その内容は、毎年、町の経費と収入を差し引きし、不足分を町内から等級別に徴収して賄い、収支を合わせたことを記録したものである。多少の欠落はあるが、元禄一五（一七〇二）年から一九二六（大正一五）年の分までが継続して残されている。また、これらとは別に、一九〇〇（明治三三）年の「町内申合せ規約」のほか、地車や幟の新調などに関わる集金帳など、町内で生じた個別案件に関する帳面類も含まれ、それらの中には昭和初年のものもある。これらの史料から、府中村内部の町である小社之町が近代化過程で示した持続と変容の様相をみてみよう。

写真14　小社之町公事家中文書からみつかった帳面束　田所家蔵。

明治一一年の「町内諸費勘定帳」

まず、一八七八（明治一一）年の「町内諸費勘定帳」を例に、小社之町の町運営と公事家中のあり様についてみておこう。本史料は（甲）明治一一年の町内支配割勘定にあたる部分と、（乙）明治一一年の公事家連名改め帳に相当する部分に分けられる。

（甲）は、以下の三つの内容で構成されている。

(A)旧暦一二月二五日に行われた支配割勘定の会合における出費の費目（酒・醤油・水菜・にぼし・小豆・砂糖など）、金額と立て替え者、支払先の記載（計一一件、合計金額六七銭八厘）

(B)支配割勘定の日までの一年間の諸経費の費目・金額、及び立て替え者・支払先の書き上げ（計一〇件、六円一五銭一厘五毛）

(C)上記の(A)と(B)の合計金額から、控除すべき「出物」を記載した部分（五件、六銭四厘）

最後に、(A)と(B)の合計から(C)を差し引き、明治一一年の町内支配割勘定からの支出総額六円七六銭六厘が算出されている。本来であれば、この続きにその不足分を町内で分担するための賦課・徴収金額の記載があるべきだが、この帳面にはその記載はない。ちなみに、前年の一八七七（明治一〇）年の場合、三五銭～三銭の九つの等級、翌一八七九（明治一二）年には五つの等級に分けて徴収している。こうした等級別の徴収も、近世にはすでに行われていた（第４部第３章）。

次に（乙）公事家連名改め帳にあたる部分には、同年の一二月二五日に再確認された、町内の公事家（家

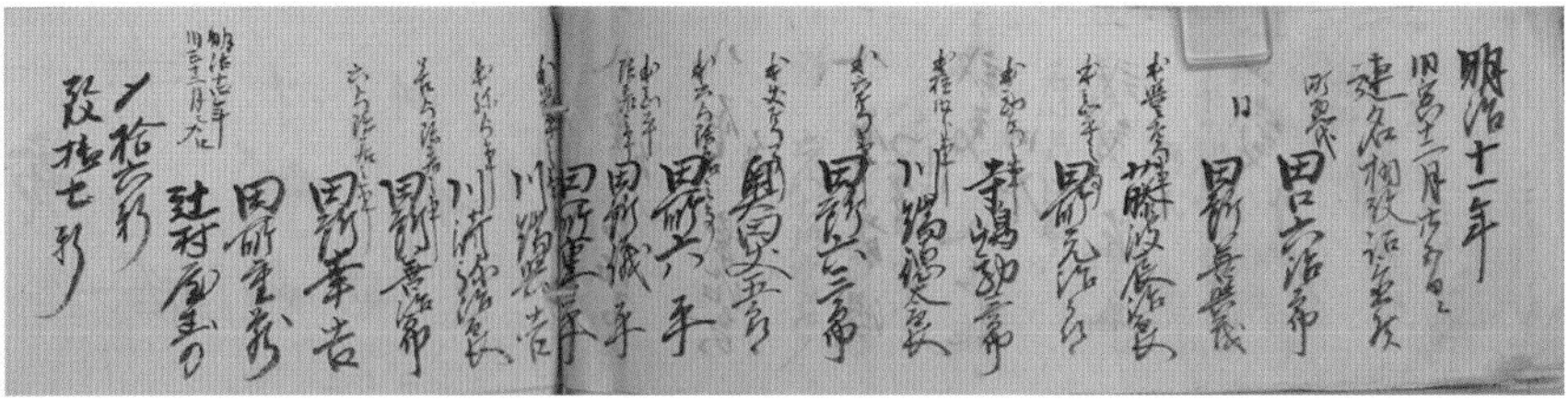

写真15　「公事家連名改め帳」　1878（明治11）年。田所家蔵。

①町惣代［六左衛門］　田口六治郎
②　同　［善右衛門］　田所善与茂
③本豊左衛門事　藤波辰治良
④本甚平之事　田所元治郎
⑤本勘右衛門之事　寺嶋勘三郎
⑥本権四郎事　川端徳太良
⑦本六右衛門事　田所六三郎
⑧本丈左衛門事　奥田丈五郎
⑨本六右衛門隠居之事　田所六平
⑩本甚平隠居之事　田所儀平
　田所重平
⑪本与平之事　川端与吉
⑫本弥右衛門事　川崎弥治良
⑬善右衛門隠居之事　田所善治郎
⑭六右衛門隠居之事　田所幸吉
　田所重蔵
⑮明治十四年
旧巳十二月ニ入ル　辻村やす
〆拾七軒
改拾七軒

持のことだと思われる）の構成員①～⑭とその肩書きが記載されている（写真15）。⑩・⑭には二人の名がみえるが、これも含めてこの段階での公事家は合計一六軒であった。その三年後の一八八一（明治一四）年一二月に新たに⑮の辻村やすが加入し、公事家は一七軒に増えた。

町と公事家中

この明治一一年の帳面から、どのようなことが読み取れるだろうか。小社之町では毎年一二月下旬に、飲酒・飲食をともなう「支配（勘定割）」の会合を大泉寺で開き、一年間に支出された町内経費を確認・精算していた。町内経費には、たとえば、地車と地車小屋の維持費や地租のほか、南之町・馬場之町（いずれも府中村内部の町）と共同で借りていた髪結床《かみゆいどこ》の地代（年貢）などがある。桑畑井の用水を利用する三ヶ町の枠組での支出があったことも注目される。

一方、町の収入として、「町入《ちょういり》」（＝町への加入料（金二銭））を徴収している。明治一一年に「町入」を納

年次	戸数		
	家	商店・工場	合計
1877（明治10）年	37	2	39
1883（明治16）年	40	0	40
1887（明治20）年	37	1	38
1892（明治25）年	34	0	34
1897（明治30）年	35	0	35
1902（明治35）年	33	0	33
1907（明治40）年	35	1	36
1913（大正２）年	42	0	42
1917（大正６）年	44	1	45
1920（大正９）年	48	2	50
1926（大正15）年	52	2	54

表16　「町内支配割方帳」に見える小社之町の戸数（1879～1926年）　田所家文書の帳面類により作成。

めた「八尾嘉」と「佐平」は（乙）「公事家連名改め帳」に書き上げられていないことから、町入りはしたが公事家ではない構成員（おそらく借家人）がいたことになる。この時期、小社之町では三九軒分の氏名が確認できるため、公事家一五軒のほかに借家が二四軒ほどあったとみられる。この点は、近世中後期の小社之町の状況（第4部第3章）を引き継いでいることが確認できよう。

公事家中は町運営の中核を担い、①②の町惣代二軒のほかは、③の「本豊左衛門事」や⑨「本六右衛門隠居之事」のように本家・隠居（分家）の別を伴う家号で記されているように、固有の家筋が意識されていた。これらの家筋では、隠居も公事家となる場合があった。また、町内支配勘定を差配する役割は「宿」と呼ばれ、公事家の中から毎年一軒ずつ、順番で務めた。こうした年一回の支配勘定割の会合は、小社之町では元禄末年（一八世紀初頭）から、おそらく大泉寺で行われていた。近世の町の寄合と同様のものであり、府中村の場合、こうした町の会合が、市域内の各村にある座や講と同様の機能を有した可能性もある。

明治一〇～二〇年代の町運営

明治一一年以後の帳面を確認すると、その内容に大きな変化はみられない。近世以来の公事家と借家を含んだ町の儀礼や運営が継続的に営まれたと言えよう。

帳面に記載された町内の軒数（毎年の徴収金を負担している家や商店などの総数）をみてみよう（表16）。これによると、小社之町の戸数は、明治一〇年以降いったん増加したが、明治二〇年代を通じてむしろ停滞し、一九〇七（明治四〇）年まで三五戸前後にとどまっていた。しかし、それ以降、大正期には再び増加に転じ、一九一三（大正二）年に四二戸、同末年には五二戸となっており、第一次世界大戦から第二次世界大戦に至る時期（両大戦間期）に比較的顕著な増加を示したことがわかる。次に見る一九〇〇（明治三三）年の町運営改革は、こうした戸数動向の転換点とも重なっていたと言える。

2 明治三〇年代の変化―「町内申合せ規約」と「共有財産売却及基本財産保存規約書」―

「明治三十三年諸入費」から

一九〇〇（明治三三）年以降、帳面の記載内容に変化がみられる。「明治三十三年諸入費」には、同年の宿における会合の経費支出（六円一〇銭余）のほか、分家料・樽料などの町内からの収入である「貰」（二円一二銭）、前者から後者の差引不足分（三円九八銭余）を賄うため行った等級別の徴収金（一八銭一〇戸、一六銭六戸、一一銭五戸、八銭六戸、五銭五戸の五等級、合計三二戸）が記されている。

記載の変化は支出の内容にみられる。支出記載の末尾に、陸軍に入営する者への祝いとして酒・旗代を用意したが、入営延期になったため、これを「沢淵川橋石」（現小社之町地車倉庫付近）の購入費に宛てることとし、翌明治三四年の「整理委員」に預ける旨の記載があり、注目される。翌三四年六月一日には、入営に際して全額を酒・旗代に宛てた旨の追記もある。一九〇〇（明治三三）年は、日清戦争と日露戦争の間の時期にあたっており、入営・応召軍人やその家族を支援する役割が町に新たに求められるようになっていたのである。それが次節でみるように、新たな町規約制定につながったとみられる。

「町内申合せ規約」

一九〇〇（明治三三）年一〇月に制定された「町内申合せ規約」（写真16）は全八条からなり、町内の儀礼の方法と整理委員の役割を示している。まず、第一～三条では、整理委員を抽選で二名ずつ、任期を一年として町内に置くこと、第四～六条では、儀礼の際に整理委員に相談、協議の上で方法を定めること、第七条では、葬式での飲酒、配り米、「野還り七日仕上げ」を禁止した上で、寺人足には白米一升ずつ渡すこと。第八条では、軍人送迎の際は町から幟旗二流と酒五升で祝うこと、除隊時の飲食については一切禁止することなどを規定している。「虚礼廃止・冗費節約・勤倹貯蓄」のイデオロギーの影響がうかがえよう。

写真16　「町内申合せ規約」
1900（明治33）年。田所家蔵。

規約の次に、抽選で決められた明治三三～四〇年度の八年分の整理委員の年番（予定）を記している。整理委員とは、従来の宿あるいは年行司にあたるものとみられるが、町内の会合を催す立場から、町内行事の開催方法を当事者の家と協議し、倹約の視点から統制する立場へと役割を変化させたものだと考えられる。

規約の最後に三九人が署名・捺印しているが、同年に作成された「明治三十三年諸入費」帳で金の徴収先として記載されている三二軒より七軒多い。規約に署名している家のなかに徴収金を免除されている家が存在する可能性もある。また、この三九軒の中には女性名前の家が三軒ほどある点も注目される。公事家中（家持）だけでなく借家を含めた町内全戸三九軒が規約に署名したと考えられる。ただし、この時定められた整理委員の年番は、二名ずつ八年分の一六名であり、明治一〇年代の公事家の軒数とほぼ同数である。依

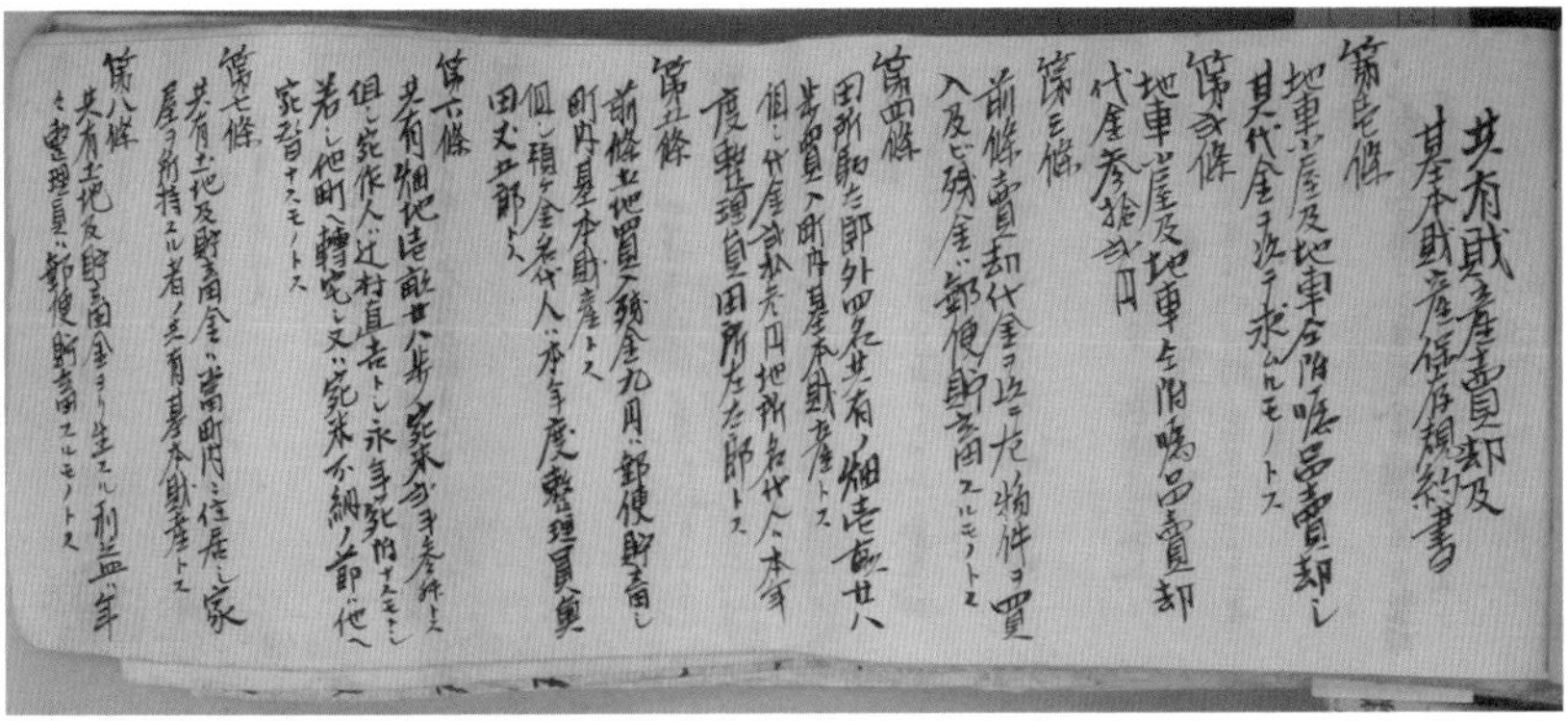

写真17 「共有財産売却及基本財産保存規約」 1905（明治38）年。田所家蔵。

然として町内の役職者である整理委員には、公事家中（家持）から選ぶ秩序が維持されていたと考えられる。

「共有財産売却及基本財産保存規約書」

整理委員の記載の次に、一九〇五（明治三八）年の「共有財産売却及基本財産保存規約書」が記されている（写真17。以下、「明治三八年規約」とする）。

明治三八年規約は、本文部分（全一六条）と、明治三三年規約に追加する形で取り決められた整理委員の年番の記載から構成されている。

規約前半では、地車と関連物を売却した代金三二円で、畑地一畝二八歩を二一円で買い入れ、残額九円は郵便貯蓄として、両者を町内の「家屋ヲ所持スル者」の基本財産とすることを定めている。なお、土地（畑）および郵便貯金の名義人は整理委員とし、土地を小作に貸し出して得られる小作料は町が収納するとした。

規約の後半では、町内の葬式・結婚式・出産について、等級に応じて町に出金（負担）するべき金額を定めている（一等一円、二等八〇銭、三等六〇銭、四等四〇銭、五等二〇銭）。この収入も整理委員が郵便貯金として管理し、余剰分は配当することとした。貯金額が五〇〇円に満ちれば毎年一二月に利益配当を行うが、その金額は等級に基づいて行うとある。配当の際の等級については明記してないが、出金と同じ基準が用いられたとみられる。なお、利益の配当は家持だけでなく、借家も含めた町内居住者すべてを対象にしていたことが注目される。ただし、儀礼の際に出金しなかった者には余剰利益は配当されないとある。

本文の後ろには、整理委員の年番が記載されている。明治四一〜五〇年度（大正六年にあたる）まで二人ずつ一〇年分で二〇人である。同じ氏名の人物が、明治四一年度と五〇年度の両方に出てくるため、実数一九人が整理委員を務め、一周するとまた元に戻る形になっていたことになる。明治三三年規約と同様、整理委員を務める人物が公事家中に限定されていたとすれば、人数が四人増えたことになる。

以上のように、この明治三八年規約は、地車と関連物の売却によって創出された町の共有財産や町内の諸儀礼における収入の管理方法を定めたものといえよう。

明治三〇年代の変化が持つ意味

以上のような明治三三・三八年の二つの規約からは、どのような町運営の変化が読み取れるだろうか。

第一に、注目されるのは、明治三三年の規約制定のきっかけの一つとして入営軍人への祝い金が問題となり、実際、軍人送迎に関する規定が設けられた点である。明治一〇〜二〇年代に町組織がおおむね解体した大阪市内では、日清戦争や日露戦争に際しての軍人・遺家族援護を機に、新たに有志による尚武団体として町内会組織が結成される場合があった。大字府中の場合は、近世以来の町組織がかなり強い持続性をともなって存在していたところに、新しく入営・出征軍人援護という要素が加わって、町内組織のルールを再編させた。つまり町に近代固有の新たな機能が付け加えられたのである。

第二に、明治三三年・三八年規約のいずれにも「虚礼廃止・勤倹貯蓄」のイデオロギーの影響がみられる。すでに三三年規約に葬式での禁酒や除隊時の飲食廃止が盛り込まれていたが、日露戦争直後の三八年規約は共有財産を売却したり、儀礼出金を貯蓄するなどして町の基本財産を確立し、保存することが定められている。よく知られている地方改良運動で喧伝された勤倹貯蓄と、行政町村の財産確立策の影響が、ここでは行政町村内の大字よりさらに下位にある町組織に及んでいる点が注目される。

しかし、第三に、政府が地方改良運動で目指したのは、むしろ行政町村内の旧村（ここでは大字府中）が保持している部落有財産を解体し、行政町村（ここでは国府村）がそれを吸収する形でその財政基盤や社会的結合関係を強固にすることであった。ところが、ここでは、あたかもそれを見習うかのように、大字よりさらに下位の町組織が、地車の売却と独自の徴収ルールの設定により共有財産を構築し、むしろその長期的な維持基盤の強化を目指そうとしたのである。見ようによっては、政府の意図とは真逆の対応とも言えよう。

以上のように、世紀転換期、具体的には明治三三〜三八年の時期における小社之町の町運営の変容からは、近世以来の町村内部の町が、国家的な政策の影響を受けて近代的変容を強いられる一方で、国家の意図とは別に独自の基盤を再編・構築し、持続性を高めるという逆説的なあり方をうかがうことができよう。

3　一九二〇年代の動向

戦間期の町内戸数増加

一九一九（大正八）年の「町内支配割方帳」は、これまでの帳面と同様に、「諸入費」（支出記載）、「貫之部」（収入記載）、町内割の三つの部分から構成される。小社之町の町運営文書は、世紀転換期の二つの町規約制定による収支ルールの整備と基本財産構築を経て、より安定した形式のもとに持続的に作られたといえよう。大正一〇・一一年の帳面が欠けており、また昭和期の帳面類が残っていないため、その後の動向は未詳であるが、一九二〇年代後半にあたる時期の動向については、断片的な情報から見通しを述べよう。

年次	戸数			町入件数
	家	商店・工場	合計	
1900（明治33）年	32	0	32	1
1901（明治34）年	31	0	31	1
1902（明治35）年	33	0	33	4
1903（明治36）年	34	0	34	3
1904（明治37）年	35	1	36	7
1905（明治38）年	36	1	37	3
1906（明治39）年	38	1	39	1
1907（明治40）年	35	1	36	1
1908（明治41）年	34	1	35	4
1909（明治42）年	41	1	42	1
1910（明治43）年	40	0	40	2
1911（明治44）年	40	0	40	2
1913（大正２）年	42	0	42	2
1914（大正３）年	39	0	39	1
1915（大正４）年	41	0	41	5
1916（大正５）年	44	0	44	4
1917（大正６）年	44	1	45	2
1918（大正７）年	46	2	48	5
1919（大正８）年	47	5	52	2
1920（大正９）年	48	2	50	2
1923（大正12）年	—	—	—	3
1924（大正13）年	—	—	—	3
1925（大正14）年	54	2	56	8
1926（大正15）年	52	2	54	0

表17　「町内支配割方帳」に見える小社之町の戸数（1900～1926年）　田所家文書の帳面類により作成。

表17は、一九〇〇～二六年の戸数の情報と「町入《ちょういり》」（町への加入料支払い）の件数を示したものである。ここからうかがえるのは以下の点である。

第一に、先にも見たとおり、一九一五（大正四）年以降の好況期に、町内戸数が増加し、大正一〇年代初めには五〇戸を超えたことである。同様の傾向は、隣接する大字肥子でもみられた現象である。分家の進展もあって、この時期に市域平野部の多くの地域で戸数・人口の増加がみられ、同時に宮座の秩序が座儀の改訂を伴う形で変容を遂げた時期にあたる。

第二に、そのかん町入の件数は、毎年一～五件を記録し、徴収金負担戸数以上の増加を示した。毎年の町入の件数と徴収金負担戸数の増加が一致していないのは、先述のように負担金を免除された借家などの住民が増加した可能性があるほか、町からの絶え間ない流出があった可能性も考えられる。ただし、一九二五（大正一四）年の帳面では新たに町入をした八軒が、そのまま最下等の五等の徴収金負担者に位置づけられており、明治三三年時点でみられた徴収金負担戸数と町内総戸数のズレは、この時点で解消された可能性もある。いずれにしても、これらは、明治期にはみられなかった町内社会の流動性の増大とそれへの町自身による対応の結果だと言えよう。また、戸数増加の中に「中西工場」や「岸本工場」など、戦間期の好況に乗った工場が含まれることも注目される。

第三に、以上のような町内戸数の増加を反映してか、一九二〇（大正九）年以降、町内支配勘定割り当日に行われていたとみられる会食の経費負担が、町の収支内部で別立てとされ、実際に会食に参加したとみられる公事家中の負担になった点である。年末の会合に参加しない借家層の利害を反映した面もあるが、逆に言えば、年末の勘定割りという町の最重要行事が、依然として公事家中によって独占され続けたことの反映でもあろう。

以上のように、二〇世紀に入って、近世以来の町運営に重要な変化が現れた。一方で、そうした条件の変化に抗して、あるいはそれをも条件としつつ、公事家中を中核とする町運営の秩序とそれに沿った文書作成が継続されたと言えるのである。

小社之町の長期的変化

以上のように、小社町公事家中文書からは、明治～大正期の府中村ないし大字府中内部における町運営の実態とその特徴的な長期的変化を読み取ることができる。

大字府中では、他の郡村部地域における旧村（大字）に相当するのが、小社之町などの府中内部の町であった。その町の収支帳面からうかがえる様相は、農村部の大字と類似の性格を持つ一方で、都市的な単位組織である町としての性格も併せ持っており、固有のものである。それは、大字―「三ヶ町」の枠組み―各町という重層的なあり方であり、町が大字の宮座を代替するような性格を維持しつつ、むしろ二〇世紀に入って以降もしぶとく、その持続性を高めていく点などに現れている。

また、町運営が長期にわたって近代化していく過程で、画期として見出せるのは、明治一〇年前後（地租改正による村請制の解体期と重なる）、明治三三〜三八年ごろ（日露戦争をはさむ時期で地方改良運動期と重なる）、一九二〇年代などであり、その背景には、倹約・勤倹貯蓄イデオロギーに基づく政治社会の圧力という外在的要素とともに、戦間期には、戸数増加にともない、人口や家構成が流動化する中で、家持・借家の区分を相対化しようとする変化が進むという内部的要素もあったと思われる。

4　府中周辺の多様な事例から

これまでにみた大字府中内部における小社之町の町内運営の長期的変化は、府中周辺の他の大字における多様な動きも踏まえると、どのように位置づけられるだろうか。最後に、この点について展望しよう。

観音寺

二〇一九（令和元）年に合同調査を実施した観音寺町では、村内取締規約が、一八九二〜九七（明治二五〜三〇）年の間、数次にわたって改定されている（井阪家文書）。そこでは山林の盗伐だけでなく、家に他村の者を泊めて博奕《ばくち》を行うことや不正な者をかくまう行為の禁止なども盛り込まれている。ここには、身分制の解体や近代化・資本主義化にともなう新たな事態に対応する形で、大字が、その機能や役割を次第に変化させている状況がうかがえる。大字観音寺のその後の動向や宮座については未検討であるが、明治期の半ば〜後半における大字の変化を示す事例として注目される。

黒鳥

近世の段階で村内に四つの村請制村が存在した点で、黒鳥は府中の「町村《まちむら》」と類似する。大字黒鳥の内部では、近現代において辻・上泉《かみいずみ》・坊《ぼう》・郷庄《ごうしょう》の四つの小路が単位組織として存在し、祭礼は、菅原神社で四小路が合同で催したが、宮座組織は各小路に存在した。二〇二三（令和五）年度の合同調査では、このうち辻小路と坊小路の宮座関係文書を検討することができた。

辻小路座では、明治九年ごろから大正末年までの宮座の収支や座衆書き上げ、毎年の座儀の運営役の変遷などを追える帳面類が複数、確認できる。そこでは、大きな座儀改訂の動きははっきりとは読み取れず、宮座は持続しているようにみえる。しかし、明治半ばに座衆から宮座に渡される祝儀などのうち複数の項目が廃止になったほか、世紀転換期には、それまでの前例を破って他小路居住のまま「当座」（他例でいう当《と》家《や》・宿にあたるもの）を務めた例が見出せるなど、次第に座の規律や秩序が変容する状況が読み取れる。

他方、坊小路の座講文書には、明治以降、繰り返し行われた座儀の改定記録帳簿が残っている。座儀改正と新帳面作製は、一八八六（明治一九）年、一八九九（同三二）年、一九一六（大正五）年、一九三二（昭和七）年に及んでおり、年四回ほどの儀礼における膳の内容や参加者、「呼方」や「当家」「宿」などと呼ばれる、座儀の膳などを準備する役の担当順などについて、改訂を繰り返し行っている。一八九九年の改訂では、府中西町会（小社之町）の場合と同様、徴兵への対応を盛り込む変更が行われた。一九二六（大正一五）年にはそれまでの三人衆を六人衆に増員するという比較的大きな改訂（ただし実施は一九三二年）があるなど、府中西町会や、後述する大字肥子の事例と同様、戦間期における戸数増加や構成員の変化に伴う秩序の変容がうかがえる。一九三二（昭和七）年以降も数次にわたる座儀の改訂があり、かなり頻繁に規定の改訂を行い、記録も残した点で、坊小路の事例は興味深い。

なお、大字黒鳥は、他の大字に遅れて神社合祀に対応した点でも注目される。大字黒鳥共有文書に残された一九〇九（明治四二）年の「契約書」によると、大字府中の泉井上神社に黒鳥の菅原神社を合祀するにあたって、菅原神社の境内地を泉井上神社に無代譲与した上で、それを大字黒鳥が一〇〇円で買い戻し、その一〇〇円は公債証書の形で泉井上神社に渡し、「神社合祀が分離」するまでの間は公債を転売せずに配当を菅原神社が収納する、というきわめて興味深い契約を両神社の氏子総代が取り結んでいる。これは、部落有財産を行政村に統合する目的で実施された神社合祀の趣旨を骨抜きにするものであり、将来の分離を視野に大字が合祀された神社の境内地を買い戻してでも所有し続けた点が注目される。この点は、次に見る大字伯太下之宮の事例にも共通する、神社合祀の目的を大字が事実上無効化する動きと言えよう。

伯太

大字伯太には、近世以来、上之天神・下之天神・丸笠（熊野権現）の三神社があり、上之天神・下之天神にはそれぞれ宮座組織があった。伯太村の神社合祀は大字伯太の神社だけで一九一六（大正五）年に行われ、右の三神社が、上之天神の地にある伯太神社へ統合された（丸笠神社は飛地境内として存続）。二〇一三（平成二五）年度の合同調査で調査した天神団所蔵文書によると、下之天神の宮座組織は、もともと一定数の土地を保有していたのに加え、明治以降も所有地を増やしていた。国策として神社合祀が進められるなか、一九〇八（明治四一）年には共有金取扱い規程を定めて、その財産基盤を確立した。合祀して社を失った後も、宮座としての性格を引き継ぎ、毎年一月の総会や三年に一度の遠隔旅行を開催しながら、昭和初年段階には郵便貯金だけで三五〇〇円もの財産を所有する財団的性格を持っていた。下之天神は、政府が目指した部落有財産の行政村への統合方針とは、ほぼ真逆の経過をたどった事例と言える。ただ、明治期に新たな不動産を取得した点や、一九〇七（明治四〇）年前後に共有財産の運用ルールを定めて財産基盤を確立したという経過から、単に近世以来の宮座の継続とは言えず、むしろ近代化の過程を経て、財団としての性格を加える形で大きな変化を遂げた例だとも言えよう。その際、明治半ば〜後半期に画期がある点は府中の事例ともある程度共通するといえる。

肥子

一九二〇年代は、大規模な社会変動が進み、家と村（大字）に関わる重要な変化がみられた時期でもある。その点をうかがわせるのが、二〇一六（平成二八）年に合同調査を実施した大字肥子の宮座（現在は「座講」）の事例である。「敬白善法寺恒例修正月会人名之事」という史料（菅原神社座講所有文書）から、明治四（一八七一）年から一九二五（大正一四）年までのほぼ毎年、座入りした構成員（男性のみ）の人数が判明する。これによると、宮座構成員数は、明治四（一八七一）年の四八人から次第に増加し、一八八八年以降は六〇人余で推移するが、二〇世紀に入り再び増加し、一九〇六（明治三九）年に七〇人を超える。さらに、第一次世界大戦の直前にあたる一九一三（大正二）に八六人に急増し、一九一五（大正四）年に一〇〇人を記録し、一九一九〜二五年にはほぼ一一五人前後となる。つまり、宮座構成員数は、第一次世界大戦の好況期には、明治初年の二倍以上に達したのである。これは、分家などによる大字戸数自体の増加に負うところが大きいとみられる。しかし、同時に、明治期には区別されていた「生子《うぶこ》入り」（出生時の名前登録）と「座入り」（四歳で正式に座入り）が、大正期に一本化され、男子は出生と同時に「生子祝儀」と「座入祝儀」の両方を支払って宮座に加入する形に変更されており、宮座にも変化が生じたのである。

その背景には、乳幼児の死亡率が減少したことのほか、府中周辺地域の都市化という事情もあったと想定される。実際、大字肥子では、一九二九（昭和四）年の阪和電鉄開通や一九三三（昭和八）年の和泉町制施行と前後する時期に、大字自体が主導する形で集落を横断する道路の開発を進め、和泉府中駅周辺の都市的開発の一部を担おうとする動きも確認できる。都市化の影響が部分的とはいえ、直接及んだ肥子では、従来とは全く異なる機能を大字が担う場合があったことが注目される。

伝統社会の固有性と多様性

以上のように、府中周辺の地域でも各大字は、宮座も含めた近世以来の共同組織を根強く持続させ、事例によっては、むしろ明治期以降にその財産的基盤の強化さえしたことがわかる。こうした大字や町あるいは小路の段階的な変化の画期は、明治半ば〜日露戦後期（神社合祀まで）や一九二〇年代などにおいて、ある程度共通してみえる。しかし、その変化の時期や度合い、具体的な形態はきわめて多様であることに注意が必要である。

本章では、近世以来の「町村」であった大字府中の西之町の事例を主に紹介したが、こうした小さな単位組織の変化には、日本の近代史全体が経験した、近世以来の伝統的社会から現代社会への長期的移行の姿が、それぞれの地域の個性をともなう形で表現されていると言えよう。

むすび　「府中」地域の現在

完成直後の新庁舎

むすび　「府中」地域の現在

「地域叙述編」の最終巻である本書では、谷山池用水組合に連《つら》なる村むらと行政町村である和泉町という二つの側面がクロスする平野部を対象に、時代ごとに相互に関連しつつも微妙に異なる軸を設定し、「府中」地域の歴史を明らかにした。むすびにあたり、こうした歴史の上に成り立つ地域の現在を確認しておこう。

「府中」地域は、弥生時代から古墳時代にかけて、池上曽根遺跡や観音寺山遺跡、府中・豊中遺跡などの集落が築かれ、古代・中世には、和泉監《いずみげん》や和泉国府（国衙《こくが》）が置かれた。熊野（小栗）街道と槇尾―大津道の交わる地点には、「和泉」という国名の由来となったとされる泉井上《いずみいのうえ》神社が鎮座しており、そのそばに和泉五社惣社《ごしゃそうじゃ》が祀られた。府中は、古代・中世を通じて和泉国の政治的社会的な中心としての位置を占めていたのである。近世になると、府中村は、他村と比べて規模が大きく、領主の支配役所が置かれたり、内部に五つの町を抱える点で特異な存在であったが、和泉国全体に影響力を持つような存在ではなくなった。

近現代に入って、府中村とその周辺の村むらは、国府《こくふ》村、伯太《はかた》村、郷荘《ごうしょう》村という三つの行政村となり、のちに三村が合併して和泉町となった。第一次大戦以降、綿織物業が急速に発展し、和泉町には泉州を代表するような綿織物工場が相次いで誕生した。また昭和初期には、阪和電鉄（現JR阪和線）や府道鳳佐野線（いわゆる一三号線）が開通するなど、市域のなかでも、いち早く都市化・産業化が進展した。一九五六（昭和三一）年には、この和泉町を中心に一町六村が合併し、和泉市が誕生した。市役所は府中に置かれ、多くの公共施設が府中とその周辺に設置された。また、和泉府中駅前は市の玄関口にふさわしく商店街が整備され、賑わいをみせた。「府中」地域は、和泉市の中心（都心）として発展した。

しかし、一九七〇年代半ば以降、綿織物業は斜陽化し、モータリゼーションの波の中で商店街の賑わいも陰りを見せはじめた。綿織物と並んで人びとの生活を支えてきた農業は衰退し、光明池の築造とも相まって、多くの溜池が姿を消した。「府中」地域の村むらを関係づけてきた谷山池水利のもつ重要性も失われつつある。それと入れ替わるように、一九八〇年代から和泉中央丘陵の開発が進んだ。一九九二（平成四）年にはトリヴェール和泉が街びらきを迎え、一九九五（平成七）年に泉北高速鉄道和泉中央駅が開業するなど、和泉市の「新都心」が誕生し、成長を遂げている。

和泉町―和泉市のもとで、町会は、住民生活のもっとも身近で基礎的な自治単位として重要な役割を果たしてきた。府中町内では近世の五つの町の単位を引き継ぐ五つの町会が、周辺地域においても、近世村《きんせいそん》（近代の大字）の単位を引き継ぐ町会が同様に存在し続けているが、地域社会の変容のなかで、座の行事やだんじり曳行などの運営において、多くの困難に直面している。こうしたなかで、各町会では、地域社会を維持するためのさまざまな努力が重ねられており、たとえば芦部《あしべ》町では、市史の合同調査報告会をきっかけに、文化年間に村を挙げて取り組んだ寺の釣鐘鋳直しの事例にヒントをえて、鐘楼再建にあわせて大般若転読法要を復活させた。また、一九九三（平成五）年から旧和泉町域の一四町の連合によるだんじり曳行《えいこう》（和泉だんじり大連合）が始まった。だんじり祭りを通じて地域社会の再結合をはかろうとするもので、翌年からは一八町が参加している。近年では、文化庁の地域文化財総合活用推進事業補助金を活用した、伝統行事継承の取り組みが進められている。

和泉市は、二〇一六（平成二八）年度に策定した第2次和泉市都市計画マスタープランにおいて、おおよそ旧和泉町域に相当するエリアを北西部地域と区分し、その将来像を「都市拠点としての機能が充実し、緑豊かな空間や魅力的な地域資源を活かすまち」とした。これは、公共施設や商業施設などが集積し、古くから和泉市の都市拠点としての役割を担ってきた地域であり、和泉国府跡や泉井上神社、禅寂寺《ぜんじゅくじ》、西福寺雷《かみなり》井戸《いど》などの歴史文化遺産や小栗街道沿いの古いまちなみが残り、黒鳥山公園や桑原の花卉《かき》栽培、軽部《かるべ》池など緑や水などの豊かな自然環境に恵まれている地域であるという歴史を踏まえたものである。第2次マスタープランの策定と並行して、北西部地域では、二〇一五（平成二七）年に完了した和泉府中駅周辺の市街再開発事業や二〇一八（平成三〇）年にオープンした和泉市立総合医療センターの設置などがすすめられた。

　また、都市拠点の整備という点では、老朽化した市役所庁舎の整備も大きな課題であり、市は、庁舎の耐震改修ではなく、新たに建て替えることを決めた。建て替え場所については、府中の現庁舎敷地を基本に検討したが、新都心として発展する和泉中央とする意見も出されたことから、市庁舎整備に関する住民投票を実施し、市民の意思を確認することとなった。二〇一五（平成二七）年一一月におこなわれた住民投票では、「和泉中央住宅展示場跡への新築移転に賛成」が、「現庁舎敷地での建て替えに賛成」を上回ったものの、市が庁舎移転の判断基準とした有効投票の三分の二には達しなかった。翌月の市議会には議員提出議案として「和泉市役所の位置を定める条例の一部を改正する条例案」が上程されたが、賛成が可決に必要な三分の二に満たず否決され、現地において建て替えることとなった。こうして、二〇一九（令和元）年に新庁舎の工事がはじまり、二〇二一（令和三）年五月から新庁舎での業務が始まっている。

　豊かな歴史と自然に支えられた「府中」地域は、これからも本市の都市拠点として重要な役割を果たしていくであろう。その際、本書で明らかにした地域の歴史に学び、よりよい未来が展望されることを願うものである。

*　　*　　*

最後に、本書は、史料所蔵者の方がた、合同調査に協力いただいた町会の皆さまをはじめ、多くの市民の皆さまの協力があって刊行することができた。記して御礼申し上げるとともに、引き続き、市史編さん事業へのご理解とご協力をお願いする次第である。

関連年表

西暦	和暦	事柄
縄文草創期		有舌（茎）尖頭器が用いられる（大園遺跡、伯太北遺跡）
縄文中期		府中町、肥子町付近に集落が形成される（府中豊中遺跡、板原遺跡）
弥生前期後半		泉大津市曽根町、池上町付近、虫取町付近、高石市綾園付近に集落が形成される（池上曽根遺跡、虫取遺跡、大園遺跡）
弥生中期初め		池上曽根遺跡に新たな環濠が掘削され、集落規模が大幅に拡大する
弥生時代中期前半～後期		池上曽根遺跡が最盛期を迎える。府中遺跡、軽部池遺跡、寺田遺跡、和気遺跡などが営まれる
弥生時代後期～末期（一～二世紀後半）		観音寺山遺跡が丘陵上に営まれる
一世紀前半		池上曽根遺跡の大型建物や大井戸が廃絶され、集落規模が急激に縮小する
四世紀後半頃		和泉黄金塚古墳（上代町）など、和泉地域における古墳の展開が始まる
六世紀前半		茅渟県主氏が府中地域を本拠地とする
五五三	欽明天皇一四	このころには「泉評」が存在する
七世紀中葉（六四〇年代か）		坂本寺の造営始まる。和泉寺もこのころ造営される
七一三	和銅　六	行政地名の一斉改正により「泉郡（評）」が「和泉郡」とされる
七一六	霊亀　二	河内国から大鳥・和泉・日根の三郡を分割し、和泉監が置かれる
		このころ軽部池が築造されるか
七四〇	天平一二	和泉監が河内国へ併合される
七四七	天平一九	「法隆寺伽藍縁起幷流記資材帳」に、和泉郡軽郷（軽部郷）が記載される
七五七	天平宝字元	河内国から和泉国が分立する
一〇世紀初頭		『延喜式』「神名帳」が作成される。泉井上神社などが掲載される
一〇一四	長和　三	宗岡光成が坂本郷・上泉郷の田地を開発する

一〇八八	寛治　二	酒人盛信が上泉郷白木谷の池司職に任じられる
一〇九二	寛治　六	酒人盛信が上泉郷にある池の修理と再開発のため、国衙に人夫と食料を申請する
一一〇九	天仁　二	朝廷の熊野詣の宿所として「和泉館辺下人小屋」が利用される
一一六五	永万　元	和泉国から神祇官へ年貢を納める神社として、一宮から五宮までが記録される
一一八四	寿永　三	源平内乱で鎌倉幕府の軍勢が和泉に進駐する
一二〇一	建仁　元	後鳥羽上皇による熊野詣にあたり、「平松王子新造御所」が設けられる
一二〇七	承応　元	後鳥羽院政のもとで和泉守護が廃止される
一二一九	建保　七	黒鳥村にある安明寺の存在が記録される
一二二一	承久　三	承久の乱。こののち、和泉守護が再設置される
一二四〇	延応　二	和泉守護が国府の「市庭」に人身売買禁止法の「札」を掲示する
一二五六	建長　八	沙弥蓮覚が上泉御庄梨子本里の山林荒地を黒鳥村の安明寺御寺寺僧等へ売却する（黒鳥村の初見）
一二五八	正嘉　二	信太氏ら和泉国御家人が上皇の熊野詣の御所宿直を勤める
一二六〇	正元　二	「坂本郷桑原村仏性寺」にて大般若経の校合が行われる
一二七二	文永　九	和泉上方（大鳥郡・和泉郡）御家人の京都大番役支配状に大鳥氏・信太氏・高石氏らが記録される
一二八一	弘安　四	亀山上皇の熊野詣にあたり、平松御所の衰微が記録される
一二八三	弘安　六	観音寺兵衛入道連性が「和泉国寺門村」の大般若経を補修する
一二八九	正応　二	府中付近の神社（小社、泉社、酒人社、市辺社）を記載する『和泉国神名帳』が書写される
一三世紀後半		和気遺跡で在地領主の居館が築かれる
一三一九～一三二二	元応年間	大泉庄で悪党が濫妨を起こす
一三一二	正和　元	在庁官人の惣官が六波羅探題から田数注進状の提出を命じられる
一三一五	正和　四	梨子本里地頭の藤原資員が勧進聖の申請を受けて「里内百姓」に下文を発給する
一三一八	文保　二	坂本郷の小地頭・公文の解任と武田義泰の勝利を祈った立願文が黒鳥村安明寺に納められる
一三二五	正中　二	梨子本里地頭の藤原資員が、上泉御庄梨子本里の山野と池を黒鳥村安明寺の支配地と認める
一三三〇	元徳　二	青蓮院門跡の関係とみられる給主が、梨子本里の池から公方（上級権力）の介入を排除する
一三三三	元弘　三	鎌倉幕府が滅亡する。護良親王令旨により宇佐美為成に黒鳥村が与えられる
一三三四	建武　元	後醍醐天皇の親政がはじまる
一三三六～	建武三・延元元～	後醍醐天皇が吉野に逃れ、南北朝時代がはじまる。室町幕府と南朝が和泉国で合戦する

西暦	和暦	事柄
一三三九	暦応 二	黒鳥村安明寺の共有財産や年預に関する置文が定められる
一三五四	文和三・正平九	南朝が「五社ならびに惣社領」の所管を府中神主に認める、後村上天皇綸旨を発する
一三六九	正平二四	黒鳥村安明寺の置文に、制定主体として本座・南座・新座・弥座・僧座（五座）が記録される
一三九二	明徳三・元中九	南北朝が合一される
一三九五	応永 二	成田氏（信太氏）が室町幕府へ年貢免除を求める。和泉国内の武士が成田氏を支援する
一三九六	応永 三	田所氏や惣官氏らが、淡輪長重の紛失状に署名する
一三九九	応永 六	室町幕府が和泉守護大内義弘を打ち取る（応永の乱）。足利義満が和泉国坂本郷を北野天満宮松梅院に寄進する
一四一五	応永二二	室町幕府が和泉上守護細川持有に「和泉国々職半分」を与える
一四二六	応永三三	和泉国惣講師職をめぐる紛争にあたり、在庁が国内四ケ寺に報告を依頼する
一四二七	応永三四	足利義満側室北野殿らの熊野詣にあたり、和泉守護代官が国府の禅宗寺院で宿を用意する
一四五〇	宝徳 二	和泉上守護細川常有が信太郷の善法寺を祈願寺とする
一四五七	長禄 元	白木谷の池料をめぐる紛争が生じ、翌年には黒鳥村安明寺の五座が置文を定める
一四六七	文正二（応仁元）	応仁・文明の乱が始まる
一四七三	文明 五	和泉国の在地勢力が国一揆に結集する。文明一五（一四八三）年にも国一揆に結集。上泉郷包近名は府中西泉寺へ五〇石の兵粮米を納入するよう命じられる
一四八五	文明一七	太田井をめぐる紛争を記したとみられる「言上書」が作成される
一四八六	文明一八	紀伊国根来寺の軍勢が和泉国に侵攻する
一四八八	長享 二	玄番頭細川元治の被宮が「黒鳥備光寺」に乱入し、坂本郷庄の請負代官吉井氏が撃退する。北野宮寺が吉井源三郎を坂本郷庄の代官に任命する
一五世紀		黒鳥村安明寺の五座が麹荷売場を商人に与える
一五四二	天文一一	玉井氏ら和泉国の武士が細川氏綱と結んで挙兵する
一五六一	永禄 四	このころ十河一存が法隆寺領珍南庄を侵略する
一五七三	天正 元	室町幕府が滅亡する
一五七五	天正 三	織田信長が五社大明神領を安堵する朱印状を発給する
一五七六	天正 四	織田信長が大坂本願寺と衝突する。天正六（一五七八）年にも衝突

一五七九	天正 七	槙尾山僧侶南室坊快恵が禅寂寺の鎮守社（現在の郷荘神社）の社殿を建立する
一五八五	天正一三	豊臣秀吉が関白になる。西泉寺（府中）が、秀吉から府中清水の「茶水」馳走を命じられる
一五八六	天正一四	豊臣秀吉が片桐貞隆に対して上条郷に知行を与え、黒鳥坊村、池上村、肥子村などが片桐家領となる。府中村西泉寺家の所持地が秀吉と片桐主膳正によって安堵される
一五九四	文禄 三	太閤検地（文禄検地）が行われる
一六〇三	慶長 八	徳川家康が征夷大将軍になる
一六〇五	慶長一〇	国絵図と郷帳が幕府に提出される。五社惣社本殿などが片桐且元によって再建される
一六一一	慶長一六	慶長検地が行われる
一六一四	慶長一九	大坂冬の陣。府中村西泉寺家が徳川方から警固を命じられる
一六一五	慶長二〇	大坂夏の陣がおき、豊臣氏が滅亡する。府中村などの豊臣家直轄地が幕府領になる
一六六一	寛文 元	黒鳥下村（郷庄黒鳥村）・伯太村・池上出作（上泉）が、大坂定番渡辺家領となる
一六六二	寛文 二	坂本村・今在家村・桑原村が大坂城代青山宗俊領となる
一六七五	延宝 三	坂本村の一部を切り開き、坂本新田が開発される
一六七七～一六七九	延宝五～七	このころ延宝検地が実施される
一六八一	天和 元	観音寺村と寺田村の一部が堺奉行稲垣家の領知となる
一六八四	貞享 元	五社惣社の神主が境内山の利用に関する取り決めを結ぶ。こうこうず井と久保津戸井が用水をめぐり対立する
一六八六	貞享 三	黒鳥上村・小田村・府中村・一条院村・和気村・井口村などが岩槻藩（松平家）領になる
一六九六	元禄 九	和泉国分間絵図が作成される
一七〇一	元禄一四	池上出作（信太）が伯太藩領となる
一七〇二	元禄一五	小社町公事家中文書のうち、現存するもっとも古い帳面がつけられる
一七〇三	元禄一六	久保津戸井四ヶ村の番水争論が起こる。翌宝永元年に京都町奉行所が裁許を出す
一七〇八	宝永 五	府中清水をめぐり、下条郷と府中村が対立する
一七一〇	宝永 七	岩槻藩領の村むらが幕領に戻る。「府中村清水論絵図」が作成され、京都町奉行所の裁許が出る
一七一一	正徳 元	和気村・同郷庄が再び幕領となる
一七一七	享保 二	谷山池の修築をめぐる対立をきっかけに、谷山池用水一〇ヶ村全体で大規模な争論が生じる。享保一二（一七二七）年まで継続

西暦	和暦	事柄
一七二〇	享保　五	池上村で「轡出渕」の利用をめぐる対立が起きる。享保九（一七二四）年に再燃
一七二七	享保一二	大坂町奉行所が、谷山池争論の二つの裁許を出す。伯太村で譜代大名渡辺家が陣屋の建設を開始する
一七二九	享保一四	こうこうず井と久保津戸井が対立し、大坂町奉行所が裁許を出す
一七四〇	元文　五	観音寺村の一部が幕府領になり、旗本稲垣家との相給になる
一七四七	延享　四	府中村など五四ヶ村が御三卿一橋家の領知となり、府中に支配役所が置かれる。池上村内三つの井戸仲間が仲間掟を再作成する
一七七四	安永　三	府中村五ヶ町が地車の宮入順についての申し合わせをする。一橋家が竹田玄節らに御用金の納入を命じる
一七八二	天明　二	千原騒動が起きる
一七八三	天明　三	五社惣社の御供田管理が問題になる
一七八四	天明　四	和気村・和気郷庄・井口村が稲葉家（淀藩）領となる
一七八五	天明　五	府中村五ヶ町で神輿御渡について対立が起きる。一橋家の府中役所が大坂の川口へ移転する
一七八六	天明　六	和気村の座儀「恒例之祭礼古例法式目録」が作成される
一七八九	寛政　元	稲垣家知行所の代官が、観音寺村神山家から井阪家に代わる
一七九五	寛政　七	小田村で用水の取水方法をめぐる「申合書之事」が作成される。寺田井と尾井用水（小田）の間に対立が生じる
一七九七	寛政　九	こうこうず井と観音寺村の小井との間に争論が生じる
一八〇二	享和　二	府中村が新しい村運営案を作成し、領主役所へ提出する
一八一二	文化　九	小田村で「座儀定書帳」が作成される
一八一六	文化一三	五社惣社の支配をめぐり神主間で争論が起きる。翌年「惣社明神取締規定之事」が取り交わされる
一八二二	文政　五	一橋家川口役所が郡中取締役所を設置し、府中村有力百姓らが取締役に任命される
一八二四	文政　七	和気村が新池（現和気小学校敷地）を築く
一八二八	文政一一	府中村が南北二組に分かれる
一八三一	天保　二	一橋家領知「和泉国大鳥郡・泉郡村々様子大概書」が作成される。五社惣社本殿と八幡社の葺き替えが行われる
一八三八	天保　九	和気村が幕府禁制の日蓮宗不受不施派の嫌疑をかけられる

一八四二	天保一三	和気村で「村方一統取締書」が作成される。池田下村高橋重太夫が府中村の兼帯庄屋に就く（嘉永二［一八四九］まで）
一八四三	天保一四	府中村が町ごとに若者取締役を設ける
一八四五	弘化　二	こうこうず井が設置した蛇籠をめぐり、久保津戸井との対立が生じる。安政四（一八五七）年にも再燃
一八六二	文久　二	府中村の村政改革が行われる
一八六八	慶応　四	鳥羽伏見の戦いにより、徳川慶喜が大坂から江戸へ退去する。一橋家領は岸和田藩に預けられたのち、戻される。堺県が設置され、幕府領や旗本領などを管轄するようになる。
一八七〇	明治　三	一橋家領が堺県の管轄となる。五社惣社と八幡社が統合され、泉井上神社と改称する
一八七一	明治　四	藩が廃止され、県が置かれる。泉州の伯太県・小泉県・淀県管轄地が堺県に編入される
一八七二	明治　五	学制発布
一八七三	明治　六	地租改正が始まる。妙源寺（府中）に第七七番小学、伯太藩校跡に第一七番小学が設置される
一八七四	明治　七	大区小区制が施行される。出作村が解消される
一八七五	明治　八	第一七番小学が伯太小学校、第七七番小学が府中小学校と改称する
一八八一	明治一四	堺県が廃止され、大阪府に編入される。大阪府が学区を再編する
一八八四	明治一七	戸長役場制度設置。旧和泉町の村むらは第三一、三二、三四の戸長役場に再編される。学区再編
一八八五	明治一八	郷荘村に芦部小学校が設置され、黒鳥小学校、寺門小学校が同校へ統合される。
一八八六	明治一九	伯太在住が伯太村に統合される
一八八七	明治二〇	芦部小学校に高等科が仮設される。このころ、黒鳥でばったん機（チョンコ機）が導入される
一八八九	明治二二	市制・町村制の施行。伯太村、国府村、郷荘村の三つの近代行政村が成立する
一八九四	明治二七	日清戦争が勃発する
一八九五	明治二八	泉井上神社が府中清水のそばに新築移転し、五社惣社と分祀される
一八九七	明治三〇	府中小学校が国府尋常小学校と改称する
一九〇〇	明治三三	小社之町（府中）の「町内申合せ規約」が作成される
一九〇四	明治三七	日露戦争が勃発する
一九〇八	明治四一	神社合祀が行われる。泉井上神社（府中）や郷荘神社（阪本）、春日神社（春木）などへ合祀される
一九〇九	明治四二	伯太村大字黒鳥の菅原神社が泉井上神社に、大字池上の各社が曽根神社に合祀される

西暦	和暦	事柄
一九一一	明治四四	国府小学校が現在地に移転する
一九一四	大正 三	第一次世界大戦勃発。綿織物が隆盛し、和泉町でも織物工場が急増する
一九一六	大正 五	大字伯太の神社が伯太神社に合祀される。下天神座が伯太天神団になる
一九二〇	大正 九	戦後恐慌が起きる。伯太小学校に高等科が設置される
一九二二	大正一一	丸三織物合資会社が設立される
一九二三	大正一二	府中織物株式会社が、今の和泉府中駅前商店街の場所に設立される
一九二八	昭和 三	光明池築造の事業主体となる泉北耕作整理組合が結成される。和気・小田の各神社が泉井上神社に合祀される
一九二九	昭和 四	世界大恐慌が起きる。阪和電鉄が天王寺駅から和泉府中駅まで開通する
一九三一	昭和 六	光明池築造工事がはじまる。満州事変勃発、十五年戦争はじまる
一九三二	昭和 七	こうこうず井と久保津戸井の「水利交渉事件」が起きる
一九三三	昭和 八	伯太村、国府村、郷荘村が合併し、和泉町が誕生する。森田織布株式会社が設立される。産業道路（一三号線）が信太山まで開通する。翌年、八木（岸和田市）まで開通する
一九三四	昭和 九	黒鳥織布株式会社が設立される
一九三六	昭和一一	光明池本堤防が竣工する
一九三七	昭和一二	和泉町役場が国府小学校南側から府道鳳佐野線沿いに移転する。日中戦争勃発
一九四〇	昭和一五	和泉厚生鉄工廠が設立される（のちの森田鉄工、森田綿業）
一九四一	昭和一六	伯太小学校が現在地に移転する。アジア太平洋戦争勃発
一九四五	昭和二〇	ポツダム宣言を受託し、十五年戦争が終結する
一九四七	昭和二二	日本国憲法施行、地方自治法施行、教育基本法・学校教育法公布。和泉中学校が開校する
一九五〇	昭和二五	朝鮮戦争の特需により、綿織物業が発展する。森田織布が紡績業に進出する（一九五六年に森田紡績と改称）。一九五〇年代に市新晒工業が和泉町に工場を新設する。和泉大衆市場が誕生する
一九五三	昭和二八	阪和マーケットが設立される
一九五六	昭和三一	和泉町が南部六ヶ村と合併し、和泉市になる
一九五八	昭和三三	和泉市役所市庁舎が完成する
一九六〇	昭和三五	和泉市と信太村・八坂町が合併する。和泉市中央商店街が誕生する

一九六一	昭和三六	和泉市民会館が設置される
一九六三	昭和三八	和泉病院分院が開設される
一九六五	昭和四〇	和泉府中駅前商店街、阪和ストア、府中センターが誕生する
一九六六	昭和四一	三井不動産による和泉中央丘陵の開発計画にともない、観音寺山遺跡で発掘調査が行われる
一九七〇	昭和四五	ニチイ和泉府中店が開業する。黒鳥小学校が設置される
一九七三	昭和四八	和気小学校、郷荘中学校が設置される。イズミヤ和泉府中店が開業する
一九七六	昭和五一	和泉府中駅前商店街に駐車場が設置される
一九七八	昭和五三	伯太高校が設置される
一九八〇	昭和五五	池上小学校が設置される
一九九〇	平成　二	ニチイが肥子池南側に移転し、和泉府中サティとして開業する
二〇〇〇	平成一二	和泉府中駅前東側第一地区第二種市街地再開発事業計画が決定される
二〇一一	平成二三	フチュール和泉が竣工する
二〇一三	平成二五	和泉府中駅橋上化工事が竣工する
二〇一四	平成二六	和泉府中駅新駅前広場と歩行者デッキの供用が開始される
二〇一五	平成二七	和泉市庁舎整備に関する住民投票が実施される
二〇二一	令和　三	和泉市役所新庁舎が竣工する
二〇二三	令和　五	和泉市役所新庁舎完成式典が挙行される

主要参考文献

▼全体を通じて

『和泉市史』第一巻・第二巻　一九六五・一九六八
『和泉市の歴史1　横山と槙尾山の歴史』二〇〇五
『和泉市の歴史2　松尾谷の歴史と松尾寺』二〇〇八
『和泉市の歴史3　池田谷の歴史と開発』二〇一一
『和泉市の歴史4　信太山地域の歴史と生活』二〇一五
『和泉市の歴史6　和泉市の考古・古代・中世』二〇一三
『和泉市の歴史7　和泉市の近世』二〇一八
『和泉市の歴史8　和泉市の近現代』二〇二一
『和泉市の歴史別編　和泉市50年のあゆみ』二〇〇六
『旧和泉郡黒鳥村関係古文書調査報告書1』一九九六
『和泉市史紀要』
第1集『旧泉郡黒鳥村関係古文書調査報告書2』一九九七
第2集『小田町関係史料調査報告書』一九九八
第4集『近世黒鳥村の地域社会構造』一九九九
第11集『古代和泉郡の歴史的展開』二〇〇六
第12集『和泉市の成立と展開』二〇〇七
第14集『伯太藩関係史料目録』二〇〇七
第18集『和泉市旧町村役場公文書目録』二〇一一
第19集『和泉郡の条里』二〇一二
第20集『和泉の村の明細帳Ⅰ』二〇一四
第21集『和泉市歴史的建造物調査報告書Ⅰ』二〇一四
第24集『和泉の寺社改帳Ⅰ』二〇一六
第27集『近世和泉の村と支配』二〇一七
第28集『近現代和泉の調査・研究Ⅰ』二〇一九
第29集『近現代和泉の調査・研究Ⅱ』二〇一九
第30集『和泉府中の調査・研究Ⅰ』二〇二二
第31集『池上曽根遺跡の研究』二〇二二
第32集『中世「黒鳥村文書」「泉井上神社文書」の研究』二〇二三
第33集『重要文化財泉井上神社境内社和泉五社惣社本殿修理工事報告書　付追加史料』二〇二四
『泉大津市史』第一～五巻　一九八三～二〇〇四
「和泉市合同調査報告」芦部町『市大日本史』一八　二〇一五
「和泉市合同調査報告」池上町『市大日本史』九　二〇〇六
「和泉市合同調査報告」観音寺町『市大日本史』二三　二〇二〇

「和泉市合同調査報告」　伯太町　『市大日本史』一七　二〇一四
「和泉市合同調査報告」　肥子町　『市大日本史』二〇　二〇一七
「和泉市合同調査報告」　府中町　『市大日本史』二二　二〇一九
「和泉市合同調査報告」　和気町　『市大日本史』一六　二〇一三
『和泉伯太郷土史事典』　伯太小学校ＰＴＡ　一九五三
『大阪府史』第一〜八巻　一九七八〜一九九一
『大阪府全志』大阪府全志発行所　一九二二
『大阪府の地名Ⅱ』〈日本歴史地名大系〉第二八巻　一九八六
『岸和田市史』第一〜八巻　一九七六〜二〇〇五
『黒鳥郷土誌』　黒鳥郷土誌編集委員会　一九八四
『高石市史』第一〜四巻　一九八四〜一九八九

▼第1部

『大阪府和泉市　観音寺山遺跡発掘調査報告書』同志社大学歴史資料館調査報告書二　一九九九
『大阪府和泉市　惣ヶ池遺跡発掘調査報告書』和泉市文化遺産報告一　二〇一三
大阪府立泉大津高等学校『信太千塚の記録』一九六三
『大園遺跡発掘調査概要』Ⅲ　大阪府文化財調査概要　一九七五
『上フジ遺跡Ⅲ・三田古墳　都市計画道路泉州山手線建設に伴う発掘調査報告書』大阪府埋蔵文化財協会調査報告書第八〇輯　一九九三
『軽部池遺跡発掘調査報告書―ラーバン和泉建設工事に伴う発掘調査―』和泉市埋蔵文化財調査報告第八集　二〇一三
岸本直文「津堂城山古墳と河内政権」『塚口義信先生古希記念日本古代学論叢』二〇一六
岸本直文『倭王権と前方後円墳』塙書房　二〇二〇
岸本直文「倭王権と倭国史をめぐる論点」『国立歴史民俗博物館研究報告』第二一一集　二〇一八
『市道市場岡田線新設に伴う岡田西・氏の松遺跡発掘調査報告書』泉南市文化財調査報告書第二八集　一九九五
高石市教育委員会『大園遺跡発掘調査概要』三　一九七九
都出比呂志「古墳時代首長系譜の継続と断絶」『待兼山論叢史学篇』二二　一九八八
道上祥武「古代畿内における集落再編成と土地開発」『考古学研究』六三―四　二〇一七
若林邦彦「『倭国乱』と高地性集落論・観音寺山遺跡」シリーズ『遺跡を学ぶ』０９１　新泉社　二〇一三

▼第2部

池邊彌『和名類聚抄郡郷里駅名考證』吉川弘文館　一九八一
井上薫「穴師神社の一考察」橿原考古学研究所編『近畿古文化論攷』吉川弘文館　一九六三
井上薫「和泉監正税帳の復原をめぐって」『奈良朝仏教史の研究』吉川弘文館　一九六六
植垣節也『風土記』新編日本古典文学全集五　小学館　一九九七
亀田隆之「古代勧農政策とその性質」『日本古代用水史の研究』吉川弘文館　一九七三
斎藤静隆「允恭紀「衣通郎姫」伝承の複合性」『古事記年報』二四　一九八一
坂江　渉「古代国家と敏売崎の外交儀礼」『日本古代国家の農民規範と地域社会』思文閣出版　二〇一六
栄原永遠男「正倉院文書からみた珎努宮・和泉宮」『大手前比較文化学会会報』一二　二〇一一
鷺森浩幸『日本古代の王家・寺院と所領』塙書房　二〇〇一
式内社研究会編『式内社調査報告　京・畿内5』皇學館大學出版部　一九七七
薗田香融「和泉監正税帳について」『日本古代財政史の研究』塙書房　一九八一
虎尾俊哉編『訳注日本史料　延喜式　上・中』集英社　二〇〇〇・二〇〇七
直木孝次郎「阿比古考」『日本古代国家の構造』青木書店　一九五八
中野高行『日本古代の外交制度史』岩田書院　二〇〇八
林陸朗・鈴木靖民編『復元　天平諸国正税帳』現代思潮社　一九八五
舟尾好正「古代の稲倉をめぐる権力と農民（上）・（下）」『ヒストリア』六九・七四　一九七五・一九七七
前澤和之『上野国交替実録帳と古代社会』同成社　二〇二一
前澤和之『上野国交替実録帳を読む―千年前の県政白書―』みやま文庫　二〇二二

▼第3部

網野善彦『日本中世の非農業民と天皇』岩波書店　一九八四
生駒孝臣『楠木正行・正儀』ミネルヴァ書房　二〇二一
泉佐野の歴史と今を知る会『地域論集V　南北朝内乱と和泉』二〇一五
井田寿邦「和泉国」『講座日本荘園史』八　吉川弘文館　二〇〇一
大阪府文化財センター『伽羅橋遺跡現地説明会資料』二〇〇二

河音能平「和泉河野家文書中の平安末期の文書について」『河音能平著作集5　中世文書論と史料論』文理閣　二〇一一
河音能平「蔵人所の全国鋳物師支配の成立過程」『河音能平著作集4　中世畿内の村落と都市』文理閣　二〇一一
河音能平「中世前期大阪の荘園と公領」『河音能平著作集4　中世畿内の村落と都市』文理閣　二〇一一
岸和田市郷土資料館『久米田寺の歴史と美術』一九九九
黒川光子「和泉国における南北朝内乱」『ヒストリア』七三　一九七六
小西瑞恵「堺荘と西園寺家」『日本中世の民衆・都市・農村』思文閣出版　二〇一七
小山靖憲『熊野古道』岩波書店　二〇〇〇
堺市博物館『重要文化財指定記念 和田家文書の世界』二〇二一
佐久間貴士「発掘された中世の村と町」『岩波講座日本通史第九巻』一九九四
渋谷一成「巻三所収文書の内容と翻刻―史料紹介　和泉国大鳥郡和田文書（二）」『堺市博物館研究報告』三七　二〇一八
田村正孝「中世における和泉五社の展開」『史敏』五　二〇〇八
張洋一「日蓮宗における近世仏像彫刻―泉佐野・妙光寺の仏像を中心に―」『泉佐野市史研究』六　二〇〇〇
豊中市史編さん委員会編『新修豊中市史 第六巻 美術』豊中市　二〇〇五
丹生谷哲一「春日神人小考」『日本中世の身分と社会』塙書房　一九九五
広瀬和雄「中世への胎動」『岩波講座 日本考古学6　変化と画期』岩波書店　一九八六
廣田浩治「和泉・紀北の宿と交通」『生活と文化の歴史学10　旅と移動』竹林社　二〇一八
廣田浩治「和泉国の国衙・寄人・荘園公領制」『おほつ研究』四　二〇〇七
廣田浩治「楠木一族と南北朝内乱」悪党研究会『南北朝「内乱」』岩田書院　二〇一八
廣田浩治「荘園制解体期の遠隔地の散在型荘園」『研究論集歴史と文化』三　二〇一八
廣田浩治「中世中後期の和泉国大津・府中地域」『市大日本史』八　二〇〇五
廣田浩治「南北朝内乱期の畿内在地領主と地域」『日本史研究』六五八　二〇一七
福島雅蔵「『泉邦四県石高寺社旧跡并地侍伝』について」『大阪経大論集』四二（六）一九九二

法隆寺昭和資財帳編集委員会編『法隆寺の至宝 昭和資財帳』第8巻 古記録・古文書 小学館 一九九九
堀内和明「悪党の系譜」（上）『三浦圭一教授追悼記念日本史論文集』Ⅰ 一九九一
堀内和明「悪党の系譜」（下）『立命館文学』五二三 一九九二
堀内和明「楠木一党と大鳥荘悪党をめぐって」『ヒストリア』一四六 一九九五
堀内和明「楠木合戦と摂河泉の在地動向（上・下）悪党の系譜をめぐって」『立命館文学』六一七・六一八 二〇一〇
堀内和明「治承・寿永内乱期における大鳥郷の位置」『高石市史紀要』一 一九八四
三浦圭一「南北朝内乱と畿内村落」『中世民衆生活史の研究』思文閣出版 一九八一
三浦圭一「日本中世における地域社会」『日本中世の地域と社会』思文閣出版 一九九三
三浦圭一「日本中世の立願と暗号」『中世民衆生活史の研究』思文閣出版 一九八一
三浦周行『大坂と堺』岩波書店 一九八四
宮川満『宮川満著作集2 摂河泉の荘園』第一書房 一九九九
村上絢一「中世後期における近江国葛川の領有体系」『史林』一〇二（四） 二〇一九
吉井敏幸「和泉国国衙領支配と別名制」『日本史研究』一八四 一九七七
吉井敏幸「和泉国における新補地頭について」『古代研究』二一 一九八〇
和気遺跡調査会『和気Ⅱ和気遺跡発掘調査報告書Ⅱ』一九八一

▼第4部

朝尾直弘「太閤検地における二五〇歩一反説について」『日本歴史』二八七 一九七二
『江戸幕府撰 慶長国絵図集成』柏書房 二〇〇〇
熊谷光子『畿内・近国の旗本知行と在地代官』清文堂出版 二〇一三
齊藤紘子『畿内譜代藩の陣屋と藩領社会』清文堂 二〇一八
齊藤紘子「近世泉州泉郡平野部における水利と生産—池上村の稲・綿輪作を素材として—」『市大日本史』一三 二〇一〇
永野仁『堺と泉州の俳諧』新泉社 一九九六
中森晶子『一九世紀を向える村・地域社会の変容—泉州一橋領知の府中村・今在家村を中心に—』二〇〇六年度大阪市立大学文学研究科提出修士論文

町田哲『近世和泉の地域社会構造』山川出版社　二〇〇四
町田哲「泉州一橋領知における惣代庄屋について」『ヒストリア』一七八　二〇〇二
町田哲「一橋領知上方支配と川口役所」『大阪における都市の発展と構造』塚田孝編　山川出版社　二〇〇四
三木栄「室町時代の堺の医事」『和泉志』一九　一九五九
三田智子『近世身分社会の村落構造　泉州南王子村を中心に』部落問題研究所　二〇一八
森杉夫「和泉一国高附名所誌」『大阪経大論集』一九二　一九八九
森杉夫「和泉国の太閤検地（二）」『大阪経大論集』一九五　一九九〇
森杉夫編『岸和田市史史料第三輯　和泉国正保村高帳』一九八六
森杉夫『近世徴租法と農民生活』柏書房　一九九三
安浪皓星「近世和気村の村落構造―座と村政の両面から」『和泉市史紀要』二七　二〇一七

▼第5部

荒木タミ子「泉州の繊維産業に働く若年女子労働者たちへの取組（集団就職・寮生活者）」（財）日本女子社会教育会平成六年度「女性の学習活動史」研究レポート　一九九五
有賀正晃「遠景としての再開発・近景としての街並み（その1）～「道」をめぐる感傷的回想～」『市街地再開発』公益社団法人全国市街地再開発協会　五三九　二〇一五
落合恵美子『二一世紀家族へ――家族の戦後体制の見かた・超えかた』有斐閣　一九九四
木本喜美子「現代日本の女性」『日本の時代史28　岐路に立つ日本』吉川弘文館　二〇〇四
佐賀朝「近代大阪の町・町会・学区」『シリーズ三都　大坂巻』東京大学出版会　二〇一九
佐賀朝「合同調査のここ一〇年と私の地域史研究」『市大日本史』第二一号　二〇一八
『産経日本紳士年鑑　第2版』産経新聞年鑑局　一九六〇
『小学校社会科資料集［第3学年］（昭和36年度）』和泉市小学校社会科研究部　一九六二
『創立一〇周年記念　和泉府中駅前商店街』和泉府中駅前商店街協同組合　一九七五

高岡裕之「ポスト高度成長期の地域政策と地域社会」『歴史評論』七八二号　二〇一五
塚田孝「『和泉市の近世』と地域史研究」『歴史科学』二四〇号　二〇二〇
塚田孝『身分論から歴史学を考える』校倉書房　二〇〇〇
日本史演習Ⅳ受講生・佐賀朝「黒鳥町の近現代史を復元する―合同調査と日本史演習Ⅳの成果から―」『大阪公大日本史』二七　二〇二四
藤田錦司『日本別珍コール天五十年史』纖維振興協会　一九五四
満薗勇『日本流通史　小売業の近現代』有斐閣　二〇二一
南清彦編『ふるさとの想い出写真集　明治大正昭和　和泉』国書刊行会　一九八一
宮下さおり・木本喜美子「女性労働者の一九六〇年代」『高度成長恩時代1　復興と離陸』大月書店　二〇一〇
湯沢雍彦『昭和後期の家族問題　1945~88年、混乱・新生・動揺のなかで』ミネルヴァ書房　二〇一二

▼本書で使用した主な史料群（五十音順）

浅井竹氏所蔵史料（黒鳥町）井阪武範氏所蔵史料（観音寺町）泉井上神社文書（府中町）和泉市旧町村役場公文書（教育委員会蔵）遠藤健治郎氏所蔵史料（黒鳥町）大谷久雄（久次）氏所蔵史料（観音寺町）小田座所有文書　小田町会共有文書　門林啓三氏所蔵史料（池田下町）河合計規氏所蔵史料（和気町）黒鳥村文書（教育委員会蔵）佐野逸郎氏所蔵史料（府中町）正倉院文書　高橋昭雄氏所蔵史料（池田下町）竹田博司（有毅）氏所蔵史料（府中町）黒鳥立石家文書（教育委員会蔵）田所秀一氏所蔵史料（府中町）田所英次（貞俊）氏所蔵史料（和気町）辻村榮三氏所蔵史料（府中町）伯太天神団所蔵史料（伯太町）髭家所蔵史料（小田町）肥子座講所蔵史料　一橋徳川家文書（茨城県立博物館蔵）前岡家資料（教育委員会蔵）前田幸子氏所蔵史料（芦部町）南和男氏文書（教育委員会蔵）南清彦氏所蔵史料（池上町）和気座六人衆所蔵史料

史料所蔵者・協力者一覧（敬称略）

個人

浅井市次　浅井竹　浅井幹男　浅井睦夫　池田朗
井阪武範　井坂英雄　遠藤健治郎　大谷久雄　大谷久次
小川幸一　奥野千恵子　奥村博　小瀬育子　小野昭雄
小野林治三夫　片桐昌美　門林啓三　河合計規　河合徹
河野時治　川端寿一　古下悦朗　古下幸子　古下猛
古下義隆　佐野逸郎　清水厚子　高橋昭雄　竹田辰男
竹田明郎　竹田博司　竹田有毅　立石一美　立石康二
田所貞俊　田所貞文　田所秀一　田所英次　辻村榮三
辻村桂祥　露口六彦　長澤睦子　堀田徳雄　堀内善男
前岡優寛　前田幸子　光安秀樹　南和男　南清彦
横田秋吉　横田寛　好本秀夫

機関・団体

芦部座　芦部町会　阿弥陀寺（府中）　池上町会
泉井上神社（府中）　和泉府中駅前商店街協同組合
茨城県立歴史館
大阪大谷大学文学部歴史文化学科吉原研究室・田中研究室
大阪市立大学（現大阪公立大学）文学部日本史研究室
大阪府教育委員会　大阪府公文書館
大阪府文化財センター　大阪府立狭山池博物館
大阪法務局岸和田支局　小田座　小田地蔵講
小田水利組合　小田町会　観音寺町会
春日大社（奈良市）　観音寺町小山池水利組合
北野天満宮（京都市）　京都府立京都学・歴彩館
黒鳥第一・第二・第三・第四町会　黒鳥辻小路座
黒鳥天満宮（黒鳥）　黒鳥坊小路座
宮内庁正倉院事務所　郷荘神社（阪本）
光明池土地改良区　堺市博物館　西福寺（桑原）
西福寺（岸和田市）　地福寺（小田）　成福寺（芦部）
禅寂寺（阪本）　専称寺（高石市）
善福寺大日堂（小田）　善法寺（肥子）　大泉寺（府中）
忠岡町図書館　長命寺（黒鳥）　長楽寺（黒鳥）
つくば市教育委員会　筑波大学図書館
東京大学史料編纂所　同志社大学歴史資料館
伯太町会　伯太町実行組合　伯太天神団
肥子菅原神社座講　肥子町会

広島大学文学部日本史研究室
府中北・東・中央・南・西町会
法隆寺（奈良県斑鳩町）　美木多地域歴史資料調査会
妙源寺（府中）　妙泉寺（和気）　妙福寺（井ノ口）
妙福寺（黒鳥）　歴史館いずみさの
和気座六人衆　和気町会　和気町実行組合
合同調査に協力いただいた各町会のみなさん

編集・校正・図表作成
エストラーダ・リース
門林真由美　篠原七彩　清水亜弥
竹内ひとみ　田坪賢人　田中ひとみ
豊島享志　中家まどか　西川由紀子
水野亜希子　室山恭子　森澤祐樹
谷内田智成

執筆者一覧（執筆順）

塚田　孝　和泉市史編さん委員（大阪市立大学名誉教授）
岸本直文　和泉市史編さん専門委員（大阪公立大学教授）
乾　哲也　和泉市教育委員会
上田裕人　和泉市教育委員会
千葉太朗　和泉市教育委員会
鷺森浩幸　和泉市史編さん調査執筆委員（帝塚山大学教授）
磐下　徹　和泉市史編さん調査執筆委員（大阪公立大学准教授）
栄原永遠男　和泉市史編さん委員（大阪市立大学名誉教授）
廣田浩治　和泉市史編さん調査執筆委員（静岡市歴史博物館）
大澤研一　和泉市史編さん専門委員（大阪歴史博物館）
村上絢一　和泉市教育委員会
仁木　宏　和泉市史編さん委員（大阪公立大学教授）
田中健一　和泉市史編さん調査執筆委員（京都大学准教授）
吉原忠雄　和泉市史編さん調査執筆委員
三田智子　和泉市史編さん調査執筆委員（就実大学准教授）
山下聡一　和泉市教育委員会
永堅啓子　和泉市教育委員会
町田　哲　和泉市史編さん専門委員（鳴門教育大学教授）
齊藤紘子　和泉市史編さん調査執筆委員（大阪公立大学准教授）
熊谷光子　和泉市史編さん調査執筆委員
森下　徹　和泉市教育委員会
高岡裕之　和泉市史編さん調査執筆委員（関西学院大学教授）
初田香成　和泉市史編さん調査執筆委員（工学院大学准教授）
人見佐知子　和泉市史編さん調査執筆委員（近畿大学准教授）
佐賀　朝　和泉市史編さん専門委員（大阪公立大学教授）
広川禎秀　和泉市史編さん委員長（大阪市立大学名誉教授）

▼執筆分担

序		塚田　孝
第１部	第１章	岸本直文・乾　哲也
	コラムⅠ	上田裕人
	第２章	岸本直文・千葉太朗
	コラムⅡ	岸本直文
第２部	第１章	鷺森浩幸
	第２章	磐下　徹
	第３章	栄原永遠男
第３部	第１章	廣田浩治（１～５） 大澤研一（６）
	第２章	村上絢一
	第３章	仁木　宏（１～４） 大澤研一（５）
	コラムⅢ	田中健一・吉原忠雄
第４部	第１章	三田智子・山下聡一
	コラムⅣ	三田智子
	第２章	塚田　孝
	第３章	山下聡一
	コラムⅤ	永堅啓子
	第４章	町田　哲（１・５） 齊藤紘子（２）・熊谷光子（３） 塚田　孝（４）
第５部	第１章	森下　徹
	第２章	高岡裕之
	コラムⅥ	高岡裕之
	コラムⅦ	初田香成
	コラムⅧ	人見佐知子
	第３章	佐賀　朝
むすび		広川禎秀・森下　徹

編集　和泉市史編さん委員会

内容調整　市史編さん委員会事務局（森下徹・千葉太朗・村上絢一・乾哲也・永堅啓子・山下聡一）

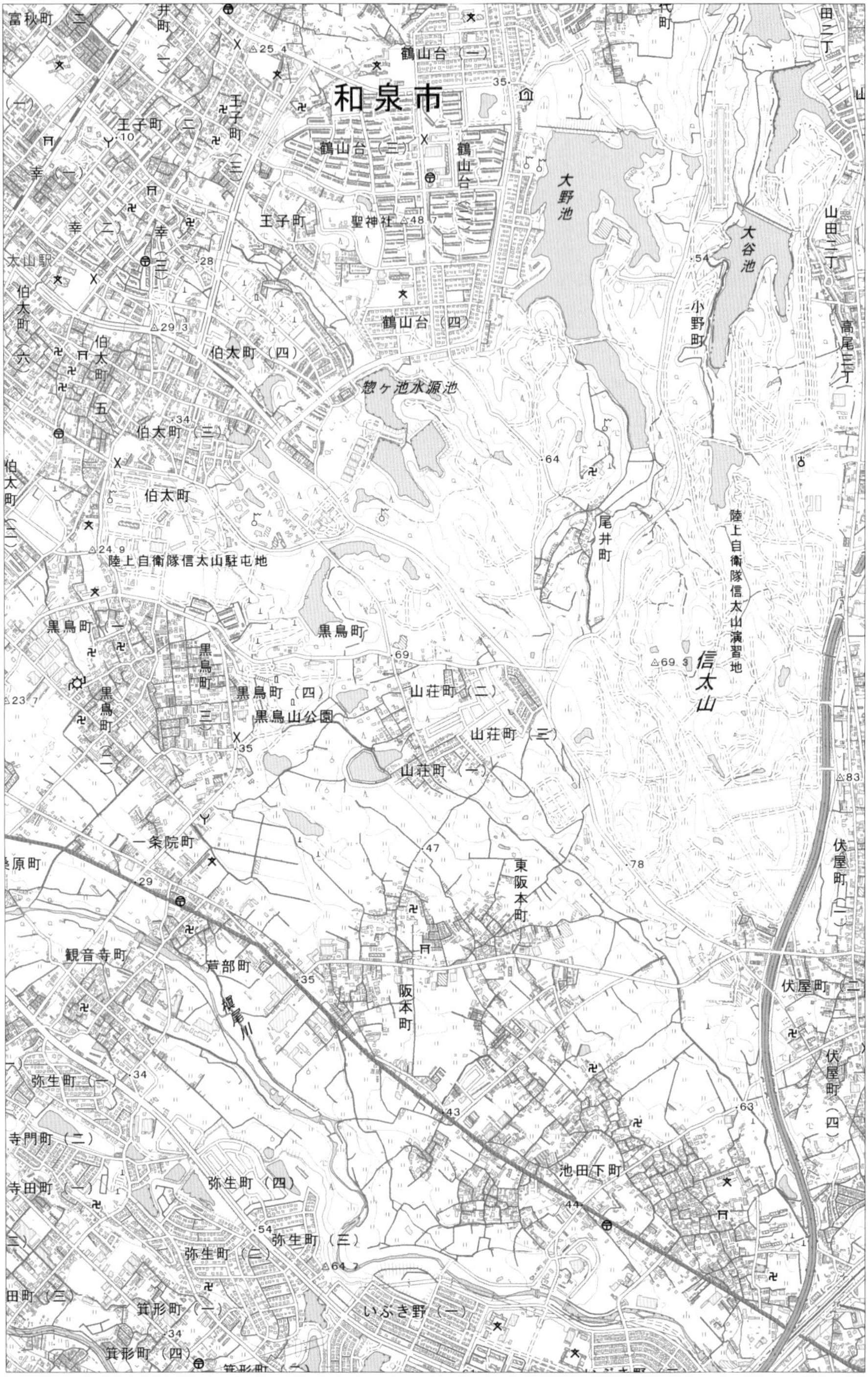
和泉市
富秋町（三）
王子町（二）
王子町（三）
幸（一）
幸（二）
幸（三）
太山駅
伯太町（六）
伯太町（五）
伯太町（四）
伯太町（三）
伯太町（二）
伯太町
鶴山台（一）
鶴山台（二）
鶴山台（三）
鶴山台（四）
王子町
聖神社
惣ヶ池水源池
大野池
大谷池
小野町
尾井町
山田二丁
高尾三丁
陸上自衛隊信太山駐屯地
陸上自衛隊信太山演習地
信太山
黒鳥町
黒鳥町（一）
黒鳥町（二）
黒鳥町（三）
黒鳥町（四）
黒鳥山公園
山荘町（一）
山荘町（二）
山荘町（三）
一条院町
東阪本町
阪本町
観音寺町
芦部町
槇尾川
伏屋町（一）
伏屋町（二）
伏屋町（四）
弥生町（一）
弥生町（二）
弥生町（三）
弥生町（四）
寺門町（二）
寺田町（一）
池田下町
箕形町（一）
箕形町（四）
いぶき野（一）
500m
0
500
1000
1500

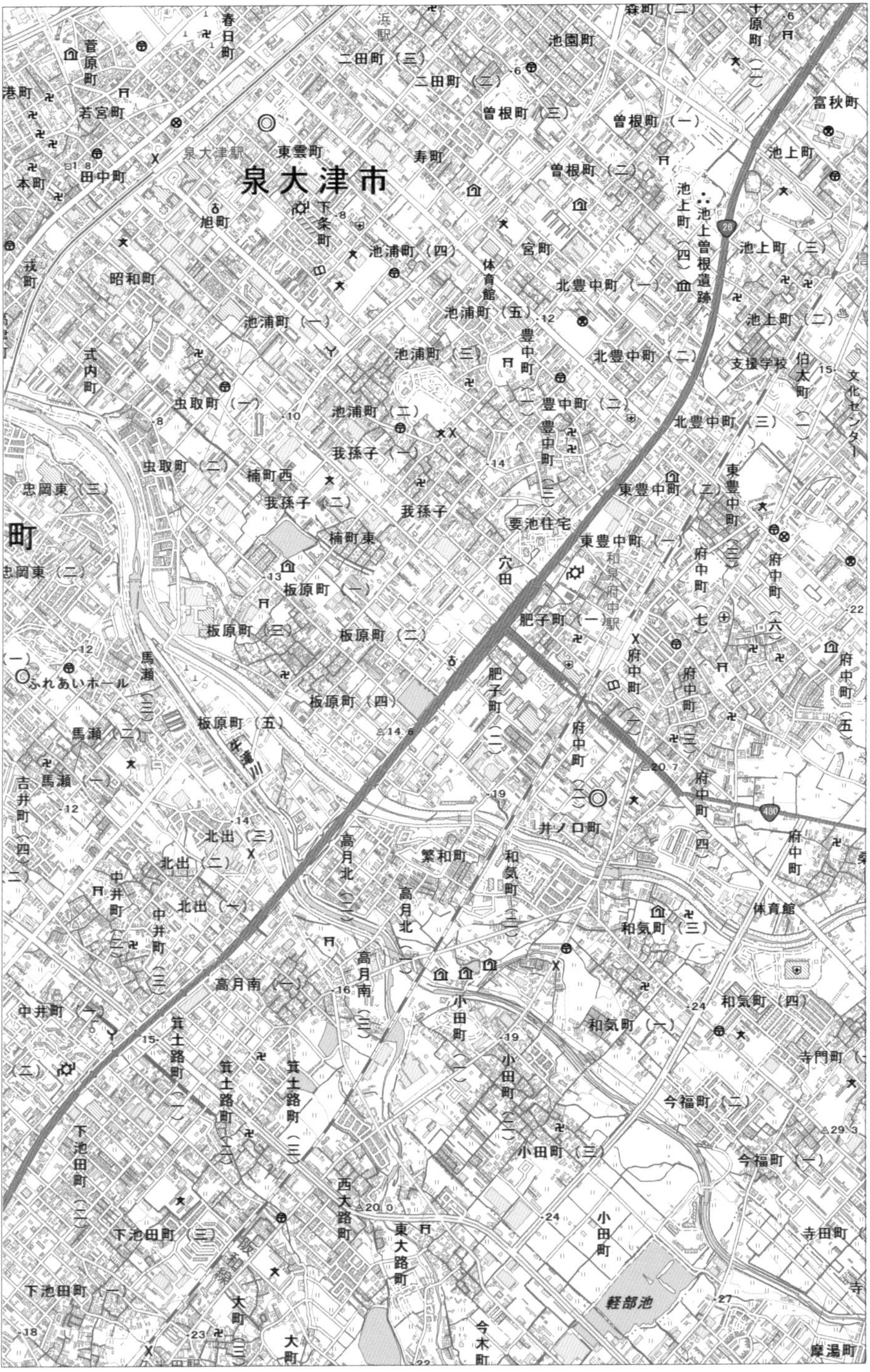

府中地域現況図　国土地理院2012年電子地形図25000図式を縮小調製した。

や　行

ら　行

わ　行

ま　行

は行

【な　行】

た　行

さ　行

か　　行

索　引

あ　行

和泉市の歴史5　地域叙述編

府中地域の歴史と生活

2024（令和6）年3月

編　集　和泉市史編さん委員会

発　行　和　泉　市

大阪府和泉市府中町2-7-5（〒594-8501）

電話（0725）41-1551

発　売　株式会社　ぎょうせい

東京都江東区新木場1-18-11（〒136-8575）

フリーコール　0120-953-431

＊乱丁、落丁はおとりかえします。印刷　ぎょうせいデジタル㈱

ISBN978-4-324-80144-4　Ⓒ2024 Printed in Japan.

（5300347-00-000）

〔略号：和泉市の歴史第5巻〕